칭의 교리의 역사적·성경적 개관

칭의 교리의 진수

제임스 뷰캐넌 | 신호섭 옮김

지평서원

The Doctrine of Justification

An Outline of its History in the Church and of its Exposition from Scripture

James Buchanan
(1804–1870)

칭의 교리의 진수

칭의 교리의 역사적·성경적 개관

차례

책 머리에 | 박순용 · 6
옮긴이 머리말 | 신호섭 · 9
예비적 서론 | 제임스 I. 패커 · 15
개론 | 저자 제임스 뷰캐넌 · 26

제1부

칭의 교리의 역사

제1강 | 구약에서의 칭의 교리의 역사 · 42

제2강 | 사도 시대의 칭의 교리의 역사 · 70

제3강 | 교부 시대와 스콜라 철학에서의 칭의 교리의 역사 · 99

제4강 | 종교개혁 시대의 칭의 교리의 역사 · 126

제5강 | 종교개혁 이후의 로마 가톨릭교회의 칭의 교리의 역사 · 154

제6강 | 개신교 내에서 논쟁의 주제가 되었던 칭의 교리의 역사 · 178

제7강 | 영국 국교회의 칭의 교리의 역사 · 218

제2부

칭의 교리의 주해

칭의 교리의 주해, 개론 · 246

제8강 | 칭의; 용어의 성경적 의미 · 250

제9강 | 칭의; 축복의 고유한 본질 · 274

제10강 | 칭의; 하나님의 율법과 정의와의 관계 · 292

제11강 | 칭의; 그리스도의 중보적 사역과의 관계 · 317

제12강 | 칭의; 즉각적이고 유일한 기초로서의 그리스도의 의의 전가 · 342

제13강 | 칭의; 은혜와 행위의 관계 · 366

제14강 | 칭의; 믿음과의 관계 속에서의 칭의의 본질과 이유 · 392

제15강 | 칭의; 성령의 사역과의 관계 · 415

결론 · 434

저자 소개 | 찰스 왈커 · 442

부록 1. 본문의 각주 · 448

 2. 찾아보기 · 546

책 머리에

청교도 신학 시리즈
출간에 즈음하여

박 순 용 목사

　지금까지 청교도들과 그 전통에 서 있는 경건한 사람들의 귀한 저서들이 지평서원에서 많이 번역·출간되었습니다. 그것은 분명 조국교회에 큰 유익이 되었을 것입니다. 특히 경건을 갈망하는 많은 사람들에게는 두말할 것 없이 풍성한 영적 유익을 주었으리라고 저는 믿어 의심치 않습니다.
　확실히 청교도들과 그 전통에 선 분들의 저서는 그 내용의 깊이에 있어서, 그리고 그 진리의 풍요로움에 있어서 오늘날 대중을 사로잡는 대표적인 기독서적들과는 비교가 안 될 정도로 돋보입니다. 물론 그들의 책에 대해서 사람들이 다소 고루하다는 듯이 말하며 현대인의 취향과 입맛을 운운하지만, 그들의 책들은 신앙서적의 생명이라고 하는 건전하고 바른 진리를 깊이 있고 풍요롭게 담고 있습니다.
　따라서 대중들이 외면하고 있는 책이라 해도 그런 책들이 여전히 이 시대에 존재한다는 것과 그것들이 계속 소개된다는 사실 자체만으로도 가치가 있고, 시대적인 기여를 한다고 봅니다. 다소 희망적인 사실은 그

책들의 가치를 알고 찾으며, 계속 소개되기를 바라는 사람들이 점점 늘어가고 있다는 것입니다.

이러한 흐름과 함께 이제 한 걸음 더 나아가서 좀더 깊이 있고 체계적인 진리탐구의 책들, 곧 청교도 전통의 신학적인 책들이 소개되어야 할 시점에 이르렀다고 할 수 있습니다. 그러한 부응과 요구에 시의적절하게 지평서원이 반응하여 경건의 뿌리가 될 더욱 깊이 있는 청교도 전통의 교리서들을, 이 책을 시작으로 출간한다는 것은 너무도 뜻 깊고 감사할 일이 아닐 수 없습니다.

특히 그 무엇보다도 기독교 교리의 핵심인 칭의 교리를 가장 탁월하게 다룬 제임스 뷰캐넌(James Buchanan)의 『칭의 교리의 진수』(원제는 *The Doctrine of Justification-An Outline of its History in the Church and of its Exposition from Scripture*: 칭의 교리 - 그것의 교회사적인 개요와 성경 강해입니다)를 시작으로 해서 청교도 신학 시리즈를 출간한다는 면에서 더욱 의미가 깊습니다.

제가 영국 유학에서 돌아왔을 때, 가장 먼저 번역·출간되었으면 하고 바랐던 책이 뷰캐넌이 쓴 두 권의 유명 저서였습니다. 곧 『칭의 교리의 진수』와 함께 로이드 존스(Lloyd Jones) 목사가 성령에 대해서 다룬 책들 중 가장 탁월한 책 중 하나라고 여겼던 『성령 회심과 부흥의 사역』(*The Office and Work of the Holy Spirit*, 출간 예정)입니다. 마침내 이 도전의 책이 지평서원에서 '청교도 신학 시리즈'로 번역·출간되니 너무도 기대되고 흥분이 됩니다.

신학을 공부하는 사람들과 사역자들은 이 책들을 반드시 읽어야 할 것입니다. 그것은 무엇보다도 먼저 다루어지는 내용의 중요성 때문이며, 그 다음은 그중요한 내용이 경건하고 탁월한 저자에 의해서 잘 다루어졌기 때문입니다. 물론 이러한 책들이 차가운 신학적 연구를 위해서 쓰여진 것은 아닙니다. 모두가 견고한 신앙과 뜨거운 경건의 기초가 되게 하는 교리서요 신학서입니다. 그러하기에 경건에 대한 열망을 가진, 그리고 견고한 신앙을 갖고자 하는 이 땅의 모든 그리스도인들이 붙들고 읽기를 바랍니다.

끝으로 이 책들을 필두로 해서 계속적인 청교도나 그 전통에 서 있는 탁월한 신학자의 교리서들을 대중의 냉대 속에서도 인내하며 출간하고자 하는 지평서원의 사명감과 집념을 치하하고 싶습니다.

박순용(朴淳用) 목사는 총신대 신학과를 거쳐 동대학 신학대학원을 졸업한 후, 영국 Free Church College of Edinburgh와 The Evangelical Theological College of Wales에서 영국의 18세기 부흥과 청교도를 연구했습니다. 그 후 호주 퍼스(Perth) 한인 장로 교회에서 담임목회를 하다가 귀국하여 현재 서울 성동구 행당동 소재 하늘영광교회를 담임하고 있습니다.

옮긴이 머리말

칭의 교리,
교회가 서고 넘어지는
가장 근본적인 신앙의 조항

옮긴이 신 호 섭 목사

　오늘날 개혁주의 교회는 무엇보다도 오직 믿음으로 말미암는 칭의 교리를 변증하고 옹호해야 할 긴급한 필요성을 요구하고 있습니다. 예수님의 선지자적 심판의 선고를 받았던 역사적인 신약 시대를 살아갔던 바리새인과 서기관들이 오직 믿음으로만 말미암는 칭의 교리를 오염시키고 부패시켰던 것처럼, 오늘날의 개신교권 내에 있는 어떤 현대복음주의 신학자들이 지난 1천 년 동안 그리스도의 복음을 왜곡했던 로마 가톨릭과 연합해서 불행한 타협 문서를 만들어 냈기 때문입니다.
　"화 있을진저 외식하는 서기관들과 바리새인들이여, 너희는 천국 문을 사람들 앞에서 닫고 너희도 들어가지 않고 들어가려 하는 자도 들어가지 못하게 하는도다"(마 23:13).
　이러한 복음의 왜곡은 예수님 생전 당시뿐만 아니라 모든 세기에 걸쳐 동일하게 존재해 왔습니다. 그중에서도 19세기를 살았던 뷰캐넌 박사가 본서에서 감지하고 있던 칭의 교리의 오염과 부패의 위험들은 한 세기가 지난 지 얼마 안된 작금에 현실로 드러났습니다. 485년 전 루터가 일으킨 종교 개혁이 오해로부터 비롯된 것이라면서 주류복음주의자(1994)와 성공회(1987), 그리고 루터교(1983,1998)가 잇달아 로마 가톨릭과 칭의 교리의 합의 문서에 서명한 것이 바로 그것입니다.

만일 루터가 그렇게 소중히 여겼던, 교회가 서기도 하고 넘어지기도 하는 신앙의 가장 근본적인 조항인 '이신칭의'(以信稱義) 교리가 이들이 주장하는 것처럼 단순히 루터의 오해에서 비롯된 일이며, 그렇기 때문에 로마 가톨릭과 개신교 사이에 아무런 차이점도 없다는 것이 사실이라면, 우리는 저 위대했던 16세기를 어지럽힌 죄목으로 독일의 종교개혁자 루터(Martin Luther)와 제네바의 종교개혁자 칼빈(John Calvin)의 무덤을 파헤쳐서 그들을 다시 종교 재판에 회부시켜야만 할 것입니다. 뿐만 아니라 로마 가톨릭의 신봉자였던 피의 여왕 메리(Bloody Queen Mary)를 평생 동안 공격했던 스코틀랜드의 불 같은 개혁자 존 낙스(John Knox)와 영국의 개혁자 토마스 크랜머(Thomas Cranmer), 니콜라스 리들리(Nicholas Ridley), 그리고 휴 라티머(Hugh Latimer)의 잿더미로 변한 뼈들을 찾아 다시 두 번째 화형식을 거행해야만 할 것입니다.

우리는 변증 철학자 헤겔의 "역사를 통해 아무것도 배우지 않는다는 것을 배운다"는 말을 기억할 필요가 있습니다. 이는 기독교 역사에도 동일하게 적용되는 말입니다. 오직 '하나님의 의'만을 소망했던 수많은 신앙의 선배들이 로마 가톨릭과의 싸움에서 자신의 목숨을 아끼지 않고 수호했던 이신칭의(以信稱義)의 교리를 오늘날 우리들은 헌신짝처럼 홀대하며, 너무 쉽게 팔아먹고 있기 때문입니다.

우리는 소위 포스트모던(Post-Modern)이라 불리는 시대에 살고 있습니다. 이는 다원주의의 시대요, 상대주의의 시대이며, 지각없는 광신의 시대입니다. 대중들의 마음을 지배하는 것은 더 이상 진리가 아니요 극도의 무지이며, 그것에 기초한 타락한 인간 본성의 욕구는 육체가 원하는 멋대로의 삶을 살게 하고 있습니다. 진리보다는 감성이 존중을 받고, 교리적 논쟁보다는 무조건적인 타협과 연합 또는 합동이 대접을 받는 시대입니다.

여기에 그리스도의 교회의 본질이 무엇인지 알지도 못하는 일반 여론 역시, 시대적 조류에 휩싸여 신학적 엄밀성을 혐오하고 기독교의 배타성을 비판하기 시작했습니다. 설상가상으로 개신교 목사와 신학자가 나서서 『예수는 없다』라는 망발을 서슴지 않는, 참으로 통탄을 금할 수 없는 시대입니다. 결국 기독교나 불교나 유교나 이슬람교는 모두 신적 구원을 향해 가는 여러 종류의 다른 길들일 뿐이라며, 이 종교들 사이에 근본적인 차이점은 없다는 소위 종교 크로스오버(Cross-Over)가 만연하고 있는 것입니다.

그러나 진리는 하나입니다. 구원도 여러 종류가 아니라 오직 하나 뿐입니다. 구원에 이르는 길 역시 여러 종류의 다른 길이 아닌 오직 한 길 뿐입니다. 하나님도 한분이시요, 메시야도 한분이시요, 성령도 한분이시요, 세례도 하나요, 구원도 하나인 것입니다.

"다른 이로서는 구원을 얻을 수 없나니, 천하 인간에 구원을 얻을 만한 다른 이름을 우리에게 주신 일이 없음이라 하였더라"(행 4:12).

"예수께서 가라사대 내가 곧 길이요 진리요 생명이니, 나로 말미암지 않고는 아버지께로 올 자가 없느니라"(요 14:6).

"그 길은 우리를 위하여 휘장 가운데로 열어 놓으신 새롭고 산 길이요, 휘장은 곧 저의 육체니라"(히 10:20).

그러므로 뷰캐넌 박사의 오랜 확신이기도 했던 이러한 진리기 오늘날 다시 수립되기만 한다면, 수많은 오류들은 사라질 것으로 확신합니다. 말하자면, 오늘날 현대의 기독교가 너무 홀대하고 있는 이신칭의의 교리를 우리 개혁주의 교회들은 다시 높이 외쳐야 할 사명이 요구되는 것입니다. 구원에 있어서 전적으로 배타적인 유일무이한 진리로서의 이신칭의 교리를 다시 한번 높게, 넓게, 깊게 외쳐야 하는 시대를 맞이하고 있는 것입니다.

본서에서도 잘 밝히고 있듯이, 본서의 저자인 제임스 뷰캐넌 박사가 그리스도 복음의 유일무이성을 교묘하게 왜곡하고 남용했던 19세기 당시 두 가지 종류의 단체와 경향, 즉 이성주의(Rationalism)·의식주의

(Ritualism)와 치열한 전투를 벌이며 이신칭의의 복음을 수호했다면, 이제 21세기를 살아가는 우리 개혁주의 교회는 로마 가톨릭뿐만 아니라, 총 천연색으로 무장한 다양한 종류의 복음주의, 그리고 진리의 폐기와 그리스도의 복음을 도전하는 포스트모더니즘(Post-Modernism)에 기초한 다양한 현대 사조들과 한판 승부를 벌이며 이신칭의의 복음을 수호해야 할 것입니다. 왜냐하면 이신칭의 교리야말로 예수님 시대나, 루터와 칼빈 시대나, 뷰캐넌이 살았던 19세기나, 심지어 오늘날 21세기를 살아가는 우리 시대에도 변함없이 동일하게 적용되는 진리로서, 교회가 서기도 하고 넘어지기도 하는 기독교 신앙의 가장 중요한 근본 조항 가운데 하나이기 때문입니다.

시대가 바뀌었어도 그리스도의 구원의 복음은 변하지 않았습니다. 시대의 성격이 고대에서 포스트모던으로 바뀌었어도 그리스도의 구원의 복음을 필요로 하는 죄인들 역시 동일하게 바뀌지 않았습니다. 그러므로 이 만고불변의 진리, 즉 그리스도의 구원의 복음과 이 구원의 복음을 필요로 하는 인간들이 한 사람도 예외 없이 죄인이라는 사실은, 이 죄인을 구원할 방법으로서의 이신칭의 교리 역시 어제나 오늘이나 영원토록 변함없는 만고불변의 진리라는 사실을 웅변적으로 선포하는 것입니다. 이런 의미에서, 오늘날에도 바울을 본받아 이신칭의의 복음을 사랑하고 수호하기를 원하는 사람이라면 뷰캐넌 박사의 본서를 반드시 소장하고 사랑하며, 정독해야 할 것입니다. 패커(J. I. Packer) 박사가 잘 지적했듯이 뷰캐넌 박사의 본서는 고전적 언약신학의 관점에서 볼 때 그 주제인 칭의 교리에 관한 한, 우리가 찾을 수 있는 최고의 작품임을 의심할 여지가 없기 때문입니다.

본서는 제1부와 제2부로 구성되어 있습니다. 제1부는 주로 칭의 교리의 역사를 다루고 있고, 제2부는 칭의 교리의 성경적 주해를 다루고 있습니다. 제1부는 구약 시대로부터 사도 시대, 교부 시대, 종교개혁 시대, 종교개혁 이후의 로마 가톨릭과 프로테스탄트, 그리고 영국 국교회의 칭의 교리에 이르기까지 칭의 교리의 역사적 과정을 자세하게 추적했으며, 이어서 제2부는 '칭의' 용어의 성경적 의미로부터 축복의 적절한 본질, 하나님의 율법과 정의와의 관계, 그리스도의 중보 사역과의 관계, 그 기초로서의 그리스도의 의의 전가, 은혜와 행위와의 관계, 믿음과의 관계, 그리고 성령의 사역과의 관계와도 같은 중대한 주제들을 성경을 통해 매우 심오하게 주해했습니다.

본서는 1677년 출판된 청교도 신학의 거장 존 오웬(J. Owen)의 역작 『The Doctrine of Justification By Faith』(Volume 5 of the Works of John Owen) 이래 영어권에서 출간한 칭의론 가운데 최고의 작품이라고 할 수 있습니다. 오웬이 『The Doctrine of Justification By Faith』를 목회자들에게 도움을 주기 위한 목적으로 저술했다면, 뷰캐넌의 『The Doctrine of Justification』은 목회적 관점뿐만 아니라 신학적 관점에서도 가히 타의 추종을 불허할 만한 작품입니다. 물론 로버트 트레일(Robert Trail)이나 죠나단 에드워즈(Jonathan Edwards)와 같은 목사와 신학자가 영국과 뉴잉글랜드에서 칭의 교리를 변증하고 수호했지만, 그 방대함과 세밀함에서 뷰캐넌의 작품을 능가하지는 못합니다. 따라서 본서는 정말 시의(時宜) 적절한 책이며 모든 사고하는 그리스도인(Thinking Christian)들의 책입니다! 이러한 뷰캐넌의 역작이 한 세기만에 국내에 번역 소개됨을 진리를 사랑하는 모든 이들과 함께 기뻐하지 않을 수 없습니다.

끊어지지 않는 청교도 후예다운 특유의 스타일과 문체로 집필된 본서를 번역하는 것은 그다지 쉬운 일이 아니었으며, 심지어 고통스럽기까지 했음을 고백하지 않을 수 없습니다. 그러나 가능하면 저자의 원의(原意)를 훼손하지 않는 범위 내에서 역동적으로 번역했고, 반드시 필요한 곳에서만 역주를 통해 독자의 이해를 돕고자 했습니다.

라틴어를 포함한 성경언어에 해박했던 뷰캐넌의 학문적 입장과 진지한 독자를 위해 기록한 난외주(Note)는 더 깊은 연구를 계속하기 원하는 국내의 독자들을 고려해 원문 그대로 본서 뒤에 부록으로 게재했음을 밝히는 바입니다.1) 또한 몇몇 특정한 신학적 용어, 예를 들면

---

1) 각 장 본문 속에 아라비아 숫자로 기록된 난외주 번호를 따라가면, 부록에

'Antinomianism'과 같은 단어들은 때로는 '도덕률폐기론'으로, 때로는 '율법폐기론'으로 문맥에 맞게 혼용하여 번역했음을 밝힙니다.

본서는 결코 인스턴트(Instant)식으로 가볍게 읽을 수 있는 책이 아닙니다. 오랜 시간 동안 읽고 생각하고 묵상하며, 때로는 눈을 감고 기도하고 정독해야 할 책입니다. 그렇다고 해서 읽고 이해하기에 어려운 책도 결코 아닙니다. 왜냐하면 중생받은 그리스도인이라면, 누구든지 후히 주시고 꾸짖지 아니하시는 하나님께 진리의 이해와 조명을 기도할 것이기 때문입니다(약 1:5). 이러한 점을 마음에 두고 본서를 정독한다면, 칭의 교리를 연구하는 학자들뿐만 아니라 칭의 교리를 사랑하는 목회자들과 그리스도인들의 신앙적 성장에 지대한 유익을 끼칠 수 있는 명저임을 의심치 않습니다.

무엇보다도 본서의 번역을 격려해 주신 하늘영광교회 박순용 목사님과 바쁘신 중에도 본서의 한국어판 출판을 축하하며 추천의 글을 써 주신 이안 머레이(Iain H. Murray) 목사님께 감사를 드립니다. 또한 상업주의적 출판 경향에도 불구하고, 지난 20년 동안 주옥 같은 청교도 저작들을 계속해서 출판해 온 지평서원 대표 박은 장로님과, 수고해 주신 모든 지평서원 가족들에게 진심으로 감사를 표합니다.

마지막으로, 본서가 진리를 사랑하는 모든 그리스도인들에게 하나의 이정표가 되기를 소원하며, 본서를 번역하고 교정하는, 결코 짧지 않은 시간 동안 두 아이들을 믿음으로 잘 양육해 준 사랑하는 아내와, 본서의 번역과 출판을 기대하며 기도해 준 몇몇 기도의 동역자들, 그리고 앞으로 지혜와 키가 자라가며 더욱 칭의 교리가 필요하게 될 하나님께서 허락하신 두 자녀, 하은이와 하준이에게 제일 먼저 본서를 선물하고 싶습니다.

2002년 8월,
고려신학교 아카데미 캠퍼스에서

나와 있는 자세한 설명을 원문 그대로 접할 수 있도록 했습니다.

예비적 서론

칭의 교리에 관한
가장 방대하고도 독보적인 명저

제임스 I. 패커
(James I. Packer)

마틴 루터는 오직 믿음으로 말미암는 칭의 교리를 교회가 서기도 하고 넘어지기도 하는 믿음의 조항, 또는 교회가 서고 넘어지는 것을 결정하는 믿음의 조항(articulus stantis vel cadentis ecclesiae)이라고 불렀습니다. 루터의 이 말은 신약 시대의 교회들이 그러했던 것처럼 이 교리를 바르게 이해하고 믿으며 설교한다면 교회가 하나님의 은혜 안에서 생동력 있게 서게 됨을 의미합니다. 그러나 중세 로마 가톨릭교회가 그랬던 것처럼 이 교리를 홀대하고 질식시키며 부인한다면, 교회는 은혜에서 떨어지게 되고 그 생명은 유출되며 결국 흑암과 사망의 상태에 떨어지게 되는 것을 의미하게 됩니다.

종교개혁이 발생하고 개혁교회가 존재하게 된 근본적인 이유가 무엇입니까? 그것은 루터와 그와 동시대 개혁자들이 로마 교황이 이 점에 있어서 참된 복음으로부터 완전히 배교하여 다른 복음을 좇아갔기에 선한 양심을 소유한 신실한 그리스도인이라고 하면 타락한 로마 가톨릭교회의 성직자들과 한 길을 계속 걸어가는 것이 전혀 불가능했기 때문이었습니다.

　오직 믿음으로 말미암는 칭의 교리는 전통적으로, 그리고 올바르게 종교개혁 신학의 기초적이며 지배적인 원리로 간주되어 왔습니다. 개혁 신학의 명목적인 원리로서 칭의 교리의 방법과 진리의 시금석을 결정하는 성경의 권위가 그것이고, 그 내용을 결정하는 내용적인 원리로서의 오직 믿음으로 말미암는 칭의가 바로 그것입니다. 신학이 단지 성경적 메시지의 정수 그 자체에 관한 도움을 주는, 성경을 추구하는 것이 아니기에 사실상 이 두 가지 원리는 불가분리의 관계로 연결되어 있습니다. 성경이 함유하고 있는 복음의 완전한 진술이 로마서에서 발견되지만 만일 로마서에서 오직 믿음으로 말미암는 칭의를 제외한다면 그것은 셰익스피어의 희곡 햄릿에서 왕자를 제외하는 것과 같습니다.

　나아가 더 강조되어야 할 사실은 믿음으로 말미암는 칭의가 종교개혁 시대로부터 오늘에 이르기까지의 모든 부흥의 시기와 영적 대각성의 시기에 설교의 대 주제가 되어왔다는 사실입니다. 모든 참된 부흥의 시기에 발생했던 본질적인 요소는 성령께서 교회들에게 믿음으로 말미암는 칭의 교리의 실재를 진리로서, 그리고 살아 있는 경험으로서 새롭게 가르쳤다는 것입니다. 이는 우리가 지금 가지고 있는 부흥의 기록들로부터 역사적으로 증명될 수 있습니다.

　또한 오직 믿음으로 말미암는 칭의의 공식적인 고백이 아니라도 적어도 그것에 대한 그 어떤 살아 있는 이해를 나타냄으로 단순히 성령 하나님께서 이전에 교회들이 이 교리를 폐지한 곳에서 이 칭의 교리의 사역을 시행하시는 것으로 부흥을 정의하는 것은 신학적으로 올바른 것입니다.

　이로 볼 때 한 세기를 넘은 이 뷰캐넌의 고전은 오직 믿음으로 말미암는 칭의 교리에 관한 한 영어권 프로테스탄트 세계가 생산한 가장 방대한 규모의 연구서라 할 수 있습니다. 우리가 본서의 문학적 작품의 크기만 따져 본다면 지난 수백년 동안 본서만큼 열정적인 신학적 사역은 찾아볼 수 없습니다. 가지각색의 잡다한 신학적 작품 중에 칭의 교리에 관한 단행본은 나오지 않았습니다.

이런 방식으로 지난 수세기 동안 우리가 칭의 교리를 홀대해 왔다는 것을 깨닫는다면, 우리는 이미 이 세기야말로 종교적 배교이자 쇠퇴의 시기이며 우리가 이미 이 교리적 배교의 시기에 살고 있다는 결론을 내려야 할 것입니다. 이런 무관심과 홀대의 원인이 무엇인가를 파악하는 것과 오늘날의 프로테스탄트 공동체에 이것이 미친 결과와 영향이 무엇인지를 파악하는 것은 매우 중대한 일이자 가치 있는 일입니다. 그리고 난 후에야 우리는 우리의 상황을 치료하기 위해서 무슨 일을 해야 할지를 올바르게 인식할 수 있을 것입니다.

그러나 우리는 먼저 이러한 무관심이 얼마나 치명적인 결과를 양산했는지, 그리고 그로 말미암아 우리가 무엇을 상실했는지를 잘 관찰해야 합니다. 믿음으로 말미암는 칭의 교리는 마치 대들보와도 같습니다. 칭의 교리는 구원의 은혜에 대한 전체 복음적 지식이라는 세계를 그 어깨에 짊어지고 있는 것과도 같습니다. 선택, 유효적 소명, 중생, 회개, 양자, 기도, 교회, 사역, 성례 교리와 같은 모든 기독교 교리들이 오직 믿음으로 말미암는 칭의 교리의 견지에서 해석되고 이해되어야 합니다.

그러하기에 성경은 하나님께서 영원 전부터 때가 차매 그들을 그리스도 예수 안에서 믿음을 통하여 의롭게 하시기 위해 사람을 택하셨다고 가르칩니다. 그분은 당신께서 그들의 믿음을 통해 그들을 의롭다 하시기 위해 말씀을 통해 그들의 심령을 새롭게 하시고 유효적 소명으로 그들을 그리스도께로 인도하시는 것입니다. 하나님의 아들로서의 그들의 양자는 그들의 칭의의 결과물입니다. 실제로 그것은 하나님의 의롭다 하시는 선포의 긍정적인 국면인 것입니다. 그들의 전체 신앙생활, 즉 그들의 기도생활과 매일의 회개와 선행들은 하나님의 의롭다 하시는 은혜의 지식으로부터 연원(淵源)되는 것입니다.

이런 의미에서 교회는 신실한 신자들의 모임이며, 의롭다함을 받은 죄인들의 교제를 뜻합니다. 그리고 말씀의 선포와 성례의 시행은 그것들이 하나님께서 의롭다 하시는 믿음을 출생시키며 자라게 하시는 의미에서의 은혜의 방편으로 이해되어야 합니다. 이러한 것들의 올바른 견해는 칭의 교리의 올바른 이해 없이는 불가능합니다. 그렇기 때문에 칭의 교리가 넘어지면 인간의 삶에 나타나는 하나님의 참된 은혜의 지식 모두가 넘어지는 것과도 같습니다. 루터가 말했던 것처럼 교회 자체가 넘어지는 것과도 같은 것입니다.

자신들의 공식적 신조 발표로 말미암아 칭의 교리를 변질시키고 곡해하는 로마 가톨릭교회 같은 단체는 칭의 교리 자체를 구원의 모든 부분에 있어서 왜곡된 이해 체계라고 악선전합니다. 만일 로마 가톨릭의 칭의 교리가 올바른 교리로 교정되지 못한다면 다른 모든 왜곡된 교리들 역시 영원토록 제자리를 찾을 수 없을 것입니다. 그리고 프로테스탄트들 역시 칭의 교리를 그들의 마음에서 제외시킨다면 로마 가톨릭교회와 유사한 일들이 그들에게 발생할 것입니다. 칭의와 함께 구원에 대한 참된 지식이 제외된다면 칭의 교리의 진리가 제자리에 돌아오지 않는 한 다른 진리들도 회복되지 못할 것입니다. 대들보가 무너지면 그 대들보의 어깨에 있는 모든 것들도 한꺼번에 무너질 것이기 때문입니다.

이렇게 치명적으로 중대한 교리가 어떻게 해서 오늘날처럼 이토록 홀대받는 상황에 처하게 되었을까요? 그 대답을 찾는 것은 그다지 어려운 일이 아닙니다. 마치 많은 무거운 것들을 짊어지고 있는 대들보처럼, 그것이 대기 중에 떠 있을 수 없기에 서 있어야 할 확고한 기초를 필요로 합니다. 역시 마찬가지로 칭의 교리 또한 이러한 확고한 기초를 필요로 합니다. 그것은 특정한 기본적 전제들에 기초하고 있으며 이것들이 없으면 더 이상 나아갈 수가 없습니다.

마치 교회가 칭의의 복음이 없이는 설 수 없는 것처럼, 복음은 그 복음의 기본적 전제들이 제공되지 않는 한 설 수 없습니다. 그것들은 세 가지입니다. 성경의 신적 권위와 인간의 죄를 대적하시는 하나님의 진노, 그리고 그리스도의 대속적 죽음의 만족이 그것입니다. 교회는 이러한 진리들을 상실했습니다. 뿐만 아니라 교회는 칭의 교리의 진리 역시 상실해 버렸습니다. 이와 마찬가지로 복음 자체에 대해서도 역시 그러했습니다. 이것이 바로 오늘날의 개신교 전반에 걸쳐 발생한 불행한 현상입니다. 이 세 가지 진리를 순서대로 상세하게 살펴보도록 합시다.

1. 성경의 신적 권위

청교도들, 초기 복음주의자들, 그리고 뷰캐넌과 같은 신학자들을 포함하는 종교개혁의 신학자들에게 있어서 성경이 말씀하는 것은 곧 하나님께서 말씀하시는 것이었습니다. 그들에게는 모든 성경이 인간의 입술을 통해 말씀하시는 하나님의 말씀으로서의 성경적 예언의 성격을 가진 것이었습니다. 말하는 목소리는 사람이었으나 선포되는 말씀은 신적이었습니다. 마찬가지로 성경 역시 그것을 기록한 펜과 문체는 사람으로 말미암은 것이나 기록되어진 말씀은 하나님의 것이었습니다. 그러므로 성경은 사람의 말이자 하나님의 말씀이십니다. 그것은 사람이 하나님에 대해 증거하는 것이 아닌, 하나님께서 친히 자신을 증거하시는 말씀입니다.

따라서 종교개혁 당시의 신학자들은 구원과 죄에 관한 성경적 교리를 있는 그대로 받아들였습니다. 그들은 바울의 사상과 요한과 베드로, 그리고 그들이 하나님의 사상을 생각하고 있다는 사랑의 관심으로 성경을 주해한 다른 모든 사람들의 사상을 더듬어 올라갔습니다. 따라서 그들이 인간과 하나님과의 관계가 하나님의 율법에 의해 규정되었다는 성경의 진리를 발견했을 때, 오직 하나님의 율법에 의해 정죄를 당하지 않는 자들만이 그분과 교제할 수 있다는 진리를 믿었습니다. 그리고 또한 그들이 신약 복음의 심장이 죄인들에게 하나님의 율법 앞에서 의로운 자로 여김을 받는 길을 보여 주는 칭의 교리와 죄의 용서함을 발견했을 때, 그들은 이 복음을 그들의 메시지의 심장으로 여겼습니다.

그러나 현대 개신교는 더 이상 이러한 메시지의 심장을 거부했습니다. 왜냐하면 그들이 성경의 영감과 권위에 대한 역사적 이해를 폐기했기 때문입니다. 성경의 영감을 자연적이며 문학적으로 분석하는 것이 일반적이게 되었고, 그것을 단순히 종교적인 통찰력으로 끌어 내렸습니다. 현대 신학은 성경의 말씀을 하나님의 말씀으로 인정하는 것을 거부했습니다. 왜냐하면 성경이 영감되었고, 따라서 오류가 없으며 신적인 권위를 가지고 있다는 것 때문에 그것을 주장하는 것을 매우 싫어했기 때문입니다. 그러므로 성경은 그것의 저자가 많은 옳은 말을 하는 통찰력 있는 사람이라는 전제의 기초 아래 기록된 것으로 여겨지기에 상대적인 권위를 가지게 된 것입니다.

그러나 이것은 결국 성경이 거짓을 말할 수 없는 하나님의 말씀에 속한 것이라는 성경의 권위를 부인하는 결과를 낳고 말았습니다. 이러한 현대적인 견해는 성경의 기록자들이 그들의 시대적 환경에 지배를 당해 그 마음과 생각이 편협해짐으로 자신도 모르는 사이에 하나님의 진리의 말씀을 종종 왜곡하고 잘못 진술했다는 가능성을 활짝 열어 놓은 것입니다. 그리고 어떤 종류이든 특별한 성경적 사상이 오늘날 사람들이 생각하는 것과 같아진다면, 결국 위의 언급은 현대 개신교가 성경이 왜곡한 것을 오늘날 다른 환경에 처한 자신들이 그것들을 바르게 해석한다는 심각한 결론에 이르게 되는 것과 같은 것입니다.

여기서도 역시 같은 현상이 벌어지고 있습니다. 이교도들과 마찬가지로 현대인들은 자신들을 창조로 말미암아 이미 하나님의 가족으로 태어나 하나님의 영원하신 부성적 사랑을 받는 하나님의 아들인 것으로 생각합니다. 이러한 생각은 매우 매력적이며 위로적인 것이기에 환영을 받으며 마치 하나님의 사랑을 우리들이 직접적으로 요구할 수 있는 듯한 인상을 줍니다.

따라서 그들이 매우 현대적이라고 자랑하는 오늘날의 개신교는 인간을 다루시는 하나님의 방식이 율법에 의한 것이며, 인류를 향하신 하나님의 우주적인 관계가 아버지의 관계가 아닌 율법의 수여자와 심판자의 관계라는 통일적인 성경의 주장을 진지하게 받아들이는 것을 매우 싫어합니다. 그들은 이러한 그들의 생각이 그의 랍비적 조건 때문에 대단히 바울적인 것이며, 법적인 개념이 그들 시대의 르네상스 문화를 완전히 점령했기 때문에 그것이 종교개혁자들의 것과 유사하다고 생각합니다.

그러나 이러한 개신교들의 발언은 법정적 사상이 하나님께서 그의 피조물인 사람들과 관계하시는 사적이며 부성적인 성격의 본질을 전혀 표현하지 못한다고 주장하는 것과 마찬가지입니다. 법정은 아버지의 집에 있어서 매우 빈약한 비유이며, 바울은 칭의 교리를 다룰 때 최선을 다하지 않았다고 그들은 주장합니다. 그러나 우리는 엄밀히 말해서 그의 피조물들을 다루시는 하나님의 방식이 전혀 법적이지 않음을 잘 알고 있습니다. 따라서 오늘날의 개신교는 성경이 우리에게 우리와 하나님의 관계를 설명하시는 법정적 용어의 모든 효용성을 부인하고 있습니다.

그러므로 오늘날의 개신교는 인간을 방황하는 아이, 즉 그의 하나님 아버지가 계신 집으로 돌아가는 길을 찾을 필요가 있는 탕자로 보기를 주저하지 않습니다만 일반적으로 말하자면, 그를 모든 세상을 심판하시는 하나님 앞에 소환되어 심문받는 죄인으로는 절대로 보지 않을 것입니다. 그러나 기소된 율법 파괴자의 심각한 문제, 즉 "내가 어떻게 하나님의 율법 앞에서 의로울 수 있습니까? 내가 어떻게 하나님 앞에서 의로운 사람이 될 수 있습니까?"라는 질문에 해답을 주는 것은 오직 성경의 칭의 교리뿐입니다.

따라서 그들이 처한 상황을 이러한 용어로 파악하기를 거절하는 사람들은 이 칭의 교리를 중요하게 생각하지 않을 것입니다. 오늘날의 개신교에 관한 한, 누구라도 이 질문에 대한 대답에 관심을 기울이지 않을 것입니다. 그러므로 오늘날의 개신교는 기초적인 성경적 용어로서의 하나님과 사람의 관계를 생각하기를 거부함으로써 칭의를 인간의 기초적인 필요에 부적절하게 만들어 버림으로써 칭의 복음의 기초를 깎아 내렸습니다. 칭의 복음이 전제하는 두 번째 교리는 바로 아래와 같습니다.

2. 인간의 죄를 대적하시는 하나님의 진노

현대 개신교가 오늘날 사람이 하나님을 아버지로서가 아니라 심판자로서 다루는 일에 미온적인 것과 마찬가지로 그들은 일반적으로 하나님 안에 하나님의 율법이 깨졌을 때 의롭게 복수하시게 만드는 죄를 적대하시는 거룩한 질투가 있으며, 악을 미워하시는 의로운 혐오가 있음을 기꺼이 믿지 않으려 할 것입니다. 따라서 그들은 인간이 죄인이며 하나님의 진노 아래 있다는 성경적 증거를 심각하게 여기지 않는 것입니다.

어떤 이들은 하나님의 진노가 또 다른 바울의 실수의 결과물이라고 치부해 버렸습니다. 또 다른 이들은 그것을 우리의 집으로 휴식하러 다가오는 악의 비인격적인 원리라고 그 의미를 감소시켰습니다. 오직 극소수만이 하나님의 진노가 범죄함으로써 하나님을 자신의 적으로 만들어 버리는 그 죄를 향하신 하나님의 인격적인 반응이라고 인정할 것입니다. 그러나 종교개혁 시대의 신학자들은 언제나 이 하나님의 진노를 믿었습니다. 그것은 첫째로, 성경이 그것을 교훈하기 때문이요, 둘째로, 그들 자신의 타락한 양심 가운데 가득한 하나님의 진노를 스스로 느끼고 있었기 때문입니다. 그래서 그들은 그것을 설교했습니다. 그리고 그들은 이미 오래 전에 칭의 교리를 선포하기 위한 기초를 닦아 놓았던 것입니다.

그러나 죄인들이 하나님의 법정적 진노 아래 있다는 사실을 의지적으로 인정하지 않는 한 칭의의 복음의 전부를 의미하는 이 하나님의 진노로부터의 구원에 관한 설교의 기초는 전제되지 않을 것입니다. 그러므로 이 두 번째 방법을 통해 오늘날의 개신교는 이 복음을 깍아 내렸으며 하나님과 사람과의 관계의 타당성을 강탈해 버린 것입니다. 마지막 세 번째 전제는 다음과 같습니다.

3. 그리스도의 대속적 죽음의 만족

종교개혁 시대에 그리스도의 죽음의 법정적이며 대속적 성격과, 오직 믿음으로 말미암는 칭의 교리의 중요성이 동시에 올바르게 인식된 것은 결코 우연이 아닙니다. 성경에서 이 두 가지 교리는 절대적으로 연합되어 있습니다. 칭의는 하나님의 어린양이 죄를 짊어지시는 사역에 기초하고 있습니다. 그것은 하나님께서 그리스도를 죄로 삼으시고 믿는 신자가 그(그리스도) 안에서 하나님의 의가 되는 위대한 이중(二重·double) 화해 안에서의 완전한 상태를 의미합니다(고후 5:21).[1]

---

1) **고후 5:21** 하나님이 죄를 알지도 못하신 자로 우리를 대신하여 죄를 삼으신 것은 우리로 하여금 저의 안에서 하나님의 의(義)가 되게 하려 하심이니라.

성경의 구원은 대속과 교환에 의한 것입니다. 인간들의 죄가 그리스도에게 전가되고 그리스도의 흠 없는 의가 죄인들에게 전가되는 것을 뜻합니다. 이런 수단으로 말미암아 율법과 율법의 주인이신 하나님이 만족되어지고 죄가 형벌로부터 면죄되었음을 올바르게 선언할 수 있는 것입니다. 정의는 실현되었고 그것을 실행함으로써 자비는 승리를 얻었습니다. 그러므로 칭의 안에서 죄인들에게 의를 전가하는 것과 죄인들의 죄를 갈보리의 그리스도에게 전가시키는 것은 서로 긴밀하게 연결되어 있는 것입니다.

그리고 만일 많은 오늘날의 개신교가 그렇게 하는 것처럼 이러한 그리스도의 십자가의 형벌적 해석이 거부된다면 의의 전가가 이루어질 수 있는 기초가 사라지게 됩니다. 그렇게 되면 죄인들을 향한 기초가 없는 의의 전가는 단순히 법정적 허구(Legal Fiction), 즉 하나님 편에서 볼 때 독단적인 겉치레에 불과하게 되고, 그것은 우주의 도덕적 질서의 전복과 하나님 자신의 본질과 성품을 표현하는 율법의 파괴를 의미하게 될 것입니다. 그것은 단기적인 안목에서 볼 때 전적으로 불가능한 일이며 심지어 묵상하기에 참람된 일이기도 합니다.

그러나 전혀 그렇지가 않습니다. 만일 그리스도의 죽음의 법정적이자 형벌적 성격이 부인된다면, 그것은 하나님께서 전혀 어떤 죄인도 의롭다 하신 적이 없고 앞으로도 의롭다 하시지 못하게 될 것을 의미합니다. 그러하기에 오늘날의 개신교는 이러한 형벌적 대속을 거부함으로 인해 오직 믿음으로 말미암는 칭의의 복음을 평가절하하는 세 번째 과오를 범하게 되는 것입니다. 만일 칭의의 도덕적 의미가 부인된다면 그것이 아무리 거룩한 것이라 할지라도 칭의 교리는 설교되지 못할 것입니다. 그러므로 칭의의 주제가 오늘날에 이렇게도 광범위하게 홀대받게 된 것은 결코 놀라운 일이 아닙니다.

그렇다면 이 칭의 교리를 우리의 강단과 교회에서 다시 회복하기 위해서 어떤 일을 해야 합니까? 우리는 반드시 이 위대한 교리의 성경적 배경을 설교해야 합니다. 우리는 반드시 그 전제들을 다시 확립해야 합니다. 우리는 반드시 하나님의 입으로부터 나오는 진리의 말씀으로서의 성경의 권위를 확증해야 합니다. 우리는 성경이 이러한 것들을 잘 묘사하고 있듯이 폐기할 수 없는 심판자로서의 하나님의 의와, 죄를 대적하시는 하나님의 진노의 무시무시한 실재를 반드시 확증해야 합니다. 그리고 우리는 반드시 이 어두운 배경을 대적하시는 그리스도와 그의 백성들 사이의 위대한 교환, 즉 칭의를 완전하게 만드는 구원의 화해를 제시해야 합니다.

우리 안에 내재하시는 그리스도의 복음은 아직까지도 여전히 세상에 말씀하시는 하나님의 말씀입니다. 그것은 하나님께서 믿는 자들을 구원하시기를 기뻐하시는 일이 사람들이 그렇게 표현하는 것처럼 오직 이 메시지의 어리석음을 통해서만 가능하기 때문입니다. 오늘날 뷰캐넌의 저서의 가치는 우리로 하여금 현대인들이 반드시 들어야만 하는 이 메시지를 더욱 잘 이해하게 하며 그것을 완전한 이해와 확신 가운데 설교할 수 있도록 만든다는 데 있습니다.

4. 저자 제임스 뷰캐넌

이제 저는 본서의 저자에 대해 잠깐 말해야 하겠습니다.

저자 제임스 뷰캐넌은 1804년에 페이슬리(Paisley)에서 출생했고, 1827년 23세의 나이에 목사안수를 받았습니다. 1828년에 그는 진지하며 웅변적이고 복음적인 설교자로 명성을 얻었던 북부 레이스(Leith)에서 성공적인 목회를 시작했습니다. 1845년 2년간의 교회 분열(Disruption)[2] 끝에 그는 에딘버러(Edinburgh)의 뉴칼리지(New College)의 변증학 주임교수로 임명을 받았습니다. 그 후 1847년 그는 조직신학 교수였던 찰머스(Chalmers)를 계승했습니다. 그리고 그는 1868년 은퇴했고 2년 후에 그의 인생을 마감했습니다.

그는 대중적이며 다작의 저술가였습니다. 그의 첫 번째 책 『고난 가운데서의 위로』(*Comfort in affliction*; 1837)는 거의 3만 부가 팔렸습니

---

2) **역자주**-1843년 영국 국교회로부터 탈퇴해 자유교회를 설립한 사건.

다. 그리고 그의 가장 가치 있는 두 가지 책은 오늘날에도 중요 강해서로 각광받고 있는 『성령의 직임과 사역』(*The Office and Work of the Holy Spirit*; 1842)이라는 책과, 1866년에 커닝험 강좌(Cunningham Lectures)로 강의했던 바 이 책 『칭의 교리의 진수』(*The Doctrine of Justification*)입니다. 『국가인물사전』(*The Dictionary of national Biography*)은 그에 대해 다음과 같이 말하고 있습니다.

> "초기에 그렇게 저명하지는 않았으나 뷰캐넌은 다른 사람들의 논문과 연구물들을 수집하고 그것을 명백하고 명쾌한 필체로 정리하는 탁월한 능력의 소유자였다."

뷰캐넌의 저서 칭의 교리는 바로 이것을 잘 증명해 줍니다. 뷰캐넌의 칭의 교리에 관한 교훈은 그 자신의 착안이거나 자신이 그것을 의도한 것이 아닙니다. 뷰캐넌은 교회가 이 교리에 어떻게 도달했는지, 그리고 다른 이들은 어떻게 해서 이 교리에서부터 일탈했는지, 그리고 당시의 복음적 연구자들이 주해를 통해서 생각하고 말해 왔던 헌신적인 내용들 중 최고의 것을 모으기 위해 역사적 웨스트민스터 신앙고백서의 교훈과 17세기 개혁주의 신학자들의 사상을 재진술하고 분류한 것입니다. 독자들이 발견하겠지만, 그는 이 사명을 가장 능숙한 솜씨로 성취했습니다.

그는 근본적으로 설교자였습니다. 많은 설교자들은 다분히 장황한 경향이 있습니다. 그래서 사람들은 때때로 그것을 지루해하고 재미없어하는 설교의 장황함을 견디어 내야 하기도 합니다. 그러나 정말 훌륭하게 전개된 전체 하나님의 진리와 관계하고 있는 칭의에 관한 뷰캐넌의 분석에 관한 한 우리는 그것을 쉽게 견딜 수 있습니다. 우리는 칭의 교리에 관한 한 정말 이보다 더 좋고 훌륭한 주해가 있는지 의심스러울 정도입니다.

그리고 그의 설교 스타일은 변호사 같은 스타일의 커닝험의 작품에서는 발견할 수 없는 그의 저작에 따뜻한 영향을 미쳤습니다. 우리는 현재에도 이 뷰캐넌의 본서가 고전적 언약 신학의 관점에서 볼 때 그 주제인 칭의 교리에 관한 한 우리 학생들이 찾을 수 있는 최고의 교재임을 의심할 여지가 전혀 없습니다.

개 론

어떤 사람들은 칭의라는 주제가 종교개혁 시대에 완전히 결정되고 완성된 진부한 신학으로서 재미없는 케케묵은 주제라고 생각한다. 그리고 그것을 토의하고 논하는 것은 전혀 새롭거나 흥미로운 일이 아니라고 주장하기도 한다. 그러나 우리는 그렇게 하는 어떤 이들처럼 '신학에 있어서 새로운 것은 전혀 진리가 아니며 동시에 진리인 것은 전혀 새로운 것이 아니다'라는 이런 생각에 답변할 필요가 없다.

전 기독교회사를 통하여 증명되는 것처럼, 우리는 신학이 다른 모든 학문들처럼 점진적으로 진보하는 것임을 믿기 때문이다. 그것은 단번에 모두 영감된 하나님의 말씀으로서의 진리에 무엇을 첨가하는 의미에서가 아니라, 하나의 교훈에 이은 또 다른 교훈을 밝히고 각각의 주제를 명백하고 확실하게 설명하는 것과 위대한 계시 구조의 전 구성 요소의 관계와 그 상호의존성과 조화를 발견하기 위해 이미 내포하고 있는 진리를 도출해 내고 전개하는 의미로서의 점진적 진보를 뜻한다.

이러한 의미에서 과학과 신학은 둘 다 점진적이다. 하나는 하나님의 역사하심을, 또 다른 하나는 하나님의 말씀하심을 다루고 있기 때문이다. 또한 인간의 과학이 자연의 광대함을 다 파악하거나 그것과 관련된 가능한 발견의 제한에 다 도달하지 못한 것처럼, 인간의 신학 역시 성경의 위대한 깊이를 다 이해하거나 '하나님의 지혜의 부요함'을 제대로 파악하지 못한다. 그러므로 신학에는 반드시 그 내용에 있어서가 아니라 그것을 다루는 방법에 있어서 새로운 어떤 것이 존재하게 되는 것이다. 심지어 위대한 칭의 교리에 있어서도 마찬가지인데 그것의 성경적 의미를 주해함에 있어서, 그리고 그것의 성경적 증거의 실례(實例)들을 예증하고 배열시키며 적용함에 있어서 더욱 그러하다.

그러나 이 외에도 우리의 동시대적 학문을 살펴보면, 이 시대의 대다수 사람들에게 있어서 종교개혁의 옛(old) 신학보다 더욱 새로운 것이 없다고 말하는 것은 정말 옳은 말 아닌가? 복음은 루터 이전에도 존재하고 있었다. 그럼에도 불구하고 모든 이어지는 세대에 있어서 복음은 언제나 처음 영감의 물줄기에서 흘러나올 때처럼 신선한 하나님으로부터 오는 좋은 소식인 새로운 것이다.

그것은 우리 자신들에게도 역시 새로운 것이다. 이상하게도 그것은 마치 맨 처음 하늘의 빛으로부터 우리의 어둡고 곤란한 마음에 비추어서 '모든 지성과 이해를 뛰어넘는 평강'을 흘러 넘치게 했던 것처럼, 우리를 깜짝 놀라게 하고 각성시키며 우리에게 영향을 주는 너무나 진실하고 좋은 것이다. 그것은 그들이 용서받을 죄들과 구원받을 영혼들을 소유하고 있음을 알게 될 때, 우리 후손들과 후손들의 후손들에게도 역시 동일하게 새로운 것이 될 것이다.

뿐만 아니라 그것은 세상에서 마지막으로 회개하고 돌아서는 죄인에게도 역시 동일하게 '먼 나라에게도 전해지는 복된 소식'과 '목마른 영혼들에게 제공되는 생수'와도 같이 정말 새로운 것이다. 이것은 전혀 옛 것일 수 없고 진부하지도 않다. 이것이 '영원한 복음'이라는 명백한 이유 때문에, 그리고 이 복음의 저자가 '어제나 오늘이나 영원토록 변치 아니하시는 분'이시기 때문에 이 복음에 무지한 악한 경향과 마음을 지니고 있으나, 이 복음이 절대적으로 필요하고 이 복음이 없으면 평화를 누릴 수 없는 모든 이어지는 세대에 있어서 이 복음은 절대적인 것이다.

그리고 이들이 이 복음을 '그리스도께서 죄인을 구원하시기 위하여 세상에 오셨다는 신실하고 수용할 만한 값진 것'으로 받아들일 때, 이전에 완전히 낯선 것이었던 이 옛 진리는 여전히 새로운 생명과 새로운 평화와 새로운 소망과 새로운 영적 실재를 생산하는 '새 창조'가 된다.

이 건전한 복음에 오랫동안 익숙해 있던 많은 사람들이, 심지어 개신교 단체들이 이 복음을 자신들의 영혼에 적용함에 있어서 새로운 영적 계시이자 동시에 옛 진리로 여겼다. 그리스도 안에서 은혜로 말미암아 오직 믿음을 통하여 얻어지는 칭의 교리는 종교개혁의 오래된 진리이자 여전히 오래된 복음의 교리이다.

그럼에도 불구하고 그 의미에 대한 생생한 이해와 그 진리에 대한 충심 어린 수용은, 그들이 최초로 그것을 깨닫고 믿게 되는 그 순간 모든 사람들의 경험에 있어서 반드시 새로운 것이어야 한다. 오직 하나님의 은혜로만 수여되며, 주 예수 그리스도의 구속과 의에만 기초한 모든 죄에 대한 무조건적인 용서와 영생에 대한 확신은, 모든 죄인들에게 즉각적이며 실제적인 특권을 부여하는 것이다.

그것은 예수 그리스도께서 복음 안에서 각 개인을 위해 자신을 희생 제물로 드리셨기 때문에, 구원에 있어서 유일하신 그리스도만 의지할 때 거듭남의 생생함과 함께 즉시 발생하게 되는 것이다. 그것은 그리스도인이라는 이름을 증거하는 모든 사람들에게 공통적으로 나타나는 특징이다. 그리고 그들 자신들의 영혼의 의식 경험 속에서 이것을 자각하는 것은 오늘날 '모든 기독교 교리를 동요시키는 온갖 종류의 시대적 오류와 위험들'에 노출된 현 시대로부터 자신을 보호하는 안전 장치를 갖추는 것과도 같다.

오늘날 우리가 직면하고 있는 종교적 감상의 위기를 천천히 살펴보면, 이것은 정말 우리가 우리 눈으로 관찰할 수 있을 정도로 많은 사람들의 생각을 불편하게 하고 안절부절 못하게 만드는 엄청난 위기의 시대임에 분명하다. 많은 사람들은 안식하지 못하고 불안해하고 있다. 그리고 이러한 정서는 주로 명백하게도 현 시대에 그것의 현저한 특징과 성격을 구성하기 위해 놀라운 속도로 발전한 두 가지 양극단의 경향을 우리에게 보여 주고 있다.

이 두 가지 가운데 첫째는 그 최종 목적이 우울하고 황량한 무신론인 이성주의(Rationalism)에 대한 경향이다. 둘째는 로마 가톨릭교회에서 가장 현실화된 의식주의(Ritualism)이다. 우리는 마치 그들의 구원에 있어서 이런 것들이 전혀 필요 없는 것처럼 생각하고, 오직 자연의 빛과 적어도 이성적 논쟁을 통해서만 배울 수 있는 이성으로만 만족하며, 기독교회의 많은 믿음의 근본적인 조항들을 폐지하는 똑똑한 사람들을 발견하게 된다.

뿐만 아니라 우리는 마치 그리스도 안에 있는 하나님의 은혜의 단순한 복음에서는 그것에 인간의 고안품과 발명품, 심지어 로마교황체계의 부패한 조항들을 첨가하지 않고서는 그들의 영혼에 필요한 것들을 찾을 수 없는 것처럼, 성사적 은혜와 고행의 실천과 비밀 참회와 신부들의 사면 언도 등과 같은 많은 형식들과 그 의식들에 몸 바쳐 전념하는 유식한 사람들을 매우 쉽게 발견할 수 있다. 이러한 각각의 경향들은 그릇된 방법을 통하여 참된 평화와 좋은 소망을 얻고자 하는 급진적인 악의 현상들이다.

"내게로 오라. 내가 너희를 쉬게 하리라"라는 그리스도의 음성을 듣고 그의 은혜로우신 초청에 응하는 사람들은 오늘날 유행하고 있는 온갖 인간적 견해의 요동과 탁류의 한가운데서 확실하고 흔들리지 않는 닻을 소유하게 되는 사람들이다. 이들에게 있어서 무신론과 미신은 전혀 매력적인 것이 되지 못한다. '그들은 이미 오래된 포도주를 맛본 자들이며, 이제 갓 만든 포도주에 대한 욕망이 전혀 없는 사람들이다. 왜냐하면 그들 스스로 옛 것이 훨씬 좋다고 말하기 때문이다.'

이 두 가지 경향들을 취하는 사람들은 여러 국면에서 볼 때 서로 다르지만, 그들 모두 성경 복음에 계시되고 종교개혁 시대에 부활한 이 옛 칭의 교리를 버렸다는 데서는 한결같이 의견을 같이 하고 있다. 루터의 시대에 그랬던 것처럼 이 중대한 교리만이 그들의 실수와 오류들을 해결할 수 있다.

뿐만 아니라 신학자들의 억측과 로마 가톨릭교회의 미신들을 한꺼번에 타도할 수 있는 능력을 가진 것 역시 오직 이 옛 칭의 교리뿐이다. 그들은 죄의 확신 문제에 있어서 서로 의견을 달리하며, 구원의 길을 찾음에 있어서도, 하나님의 말씀에 대한 경외적 믿음을 고백함에 있어서도 역시 그러하다. 원기 왕성한 이성주의는 이 점에 있어서 불안한 의식주의자들과 잘 비교된다.

  그러나 성경에 충만하게 설명되고, 다른 위대한 성경적 교리들의 연결과 관계성 안에서 표현된 복음적 칭의 교리는 이성주의자들의 잘못된 안심으로부터 그들의 양심을 단번에 고무시키는 가장 효과적인 도구이며, 의식주의자들의 노예적인 불안과 두려움으로부터 그들의 양심을 안도케 하는 가장 효과적인 수단이 될 것이다.

  이성주의의 그릇된 확신과 보증은 그리스도의 복음의 지식과 믿음으로부터가 아닌 하나님의 율법의 요구와 제재(制裁)에 관한 무식과 불신앙으로부터 야기된다. 칭의 교리는 성경에서 교훈하고 있는 것처럼 이러한 거짓된 확신을 분쇄하는 무기이며, 하나님의 면전에서의 사람의 참되고 본질적인 상태를 깨닫게 해 주는 알맞은 도구이다.

  그것의 부정적 측면에서 보자면, 칭의 교리는 무엇보다도 먼저 우리가 타락한 상태로는 우리의 선행으로든지 순종으로든지 하나님 앞에서 도저히 의로워질 수 없는 자임을 가르친다. 그것은 용서의 가능성과 하나님 앞에서의 용인의 가능성을 전적으로 제외시킨다. 또한 그것은 죄에 대한 하나님의 무한하신 혐오에 상응하는 것으로서의 신적 정의에 대한 만족의 필요성과 하나님의 도덕적 통치로부터 발원되는 형벌을 종결시키는 효과적인 수단들의 필요성을 요구한다.

  이성주의자에게 가장 시급히 필요한 것은 부인할 수 없는 자신을 향한 고소, 특별히, 다가오는 엄청난 위험에 그를 노출시키는 범죄로서의 뿌리 깊은 죄를 자각하게 해 주는 그의 양심에 역사하는 율법 - 명백하고 인상적인 영성의 이해와 그것의 명령적인 요구들의 범위를 포함한 - 의 사역이다. 그것은 죄를 미워하시는 하나님의 거룩한 혐오를 표현하는 율법의 위협적인 형벌과 그것을 형벌하시려는 확고한 결심에 대한 자각을 포함하고 있으며, 무시무시한 하나님의 법정에 서서 의로우신 재판관으로서의 하나님의 엄위하신 판결을 기다리는 죄인으로서 전체 율법을 자신에게 개인적으로 철저하게 적용하려는 깨달음을 포함한다.

  이러한 특별한 경험이 없이는, 그는 이 칭의 교리의 논점에 관심을 기울일 수 없을 뿐만 아니라, 그것이 무엇을 의미하는지, 그것과 어떤 영적 원리들이 관계하고 있는지도 전혀 이해할 수 없을 것이다. 그러나 만일 칭의 교리가 성경적으로 올바르게 진술되고 설명되었다면, 그것은 율법뿐만 아니라 복음과도 역시 관계된다. 이러한 이유 때문에 칭의 교리는 이성주의자에게 훌륭하게 적용되는 것이다. 왜냐하면 칭의 교리는 이성주의자의 양심 앞에 인간의 용서받을 수 없는 죄의 가장 근본적인 원리들과 굽히거나 막을 수 없는 하나님의 정의를 적나라하게 폭로하기 때문이다.

이와 동시에 칭의 교리가 구속과 은혜의 계획들을 드러낼 때, 그것은 죄인을 향하신 하나님의 자비의 무조건적인 시행을 의미하는 하나님의 율법의 변호를 위한 신적 공급인 이러한 원리 자체들을 전혀 감추지 않고 밝히 나타내며, 더욱 인상적으로 예증하고 표현하기 때문이다. 이제 무엇보다도 먼저 이 교리가 법적인 측면에서 영향을 끼치게 해야 한다. 거룩하시고 의로우신 하나님의 면전에 서 있는 죄인으로서 그가 초래한 범죄의 확신과 그가 받아야 하는 형벌에 대한 자각을 가져오게 하는 것이 바로 율법이기 때문이다. 그리고 나서야 그는 복음적 국면에서 칭의 교리가 무조건적인 용서를 선언할 때, 그 칭의 교리의 진수에 대해 감사할 수 있는 이해력을 가지게 될 것이다. 그러나 이 용서는 하나님께서 친히 준비하신 당신의 진노를 위무(慰撫)시키는 구속의 수단으로서의 신적 화목 제물을 통해서만 발견된다. 완전한 구원은 하나님의 영원하신 정의를 만족시킴으로써 얻어지는 것이기 때문이다.

의식주의자들의 근심은 구원에 대한 다소간의 진지한 욕구와 결합된 죄에 대한 약간의 자각에서 출발한다. 그러나 이것은 하나님의 즉각적인 용서와 용인을 제공하시는 복음의 충만하고 무조건적인 공급에 대한 무지와 동시에, 하나님의 무시무시한 진노를 피하고 정의를 만족시키며 하나님의 의로우신 심판을 화목하는 은총의 방법으로 무언가 자신 스스로 고난을 받아야만 할 어떤 것이 아직도 남아 있다는 보이지 않는 감정에 기인하고 있다.

그는 정말 '하나님을 위한 열심'을 가지고 있는 자임에는 틀림이 없다. 그러나 그것이 바른 열심에 기초하지 않고 있다는 데 문제의 심각성이 있다. 더욱이 그는 '하나님의 의' 앞에 즉시 부복(俯伏)하고 순종하는 대신 '자신의 의'를 수립하려고 하는 자이다. 따라서 그는 단순히 죄에 대한 금욕의 의미에서가 아니라, 용서받지 못한 범죄로부터의 안전의 의미로서 고해와 고행을 의지하는 사람이다.

그러므로 그의 자선과 선행에 대한 열심은 받은 은혜에 감사하는 표현이 아닌 진노에 대한 항의의 수단이며, 또한 하나님의 은총을 보증하는 수단이기도 한 것이다. 그의 마음은 복음 안에 있는 자비의 메시지의 부분적인 지식을 받았음에도 불구하고, 용서받을 죄가 있다거나 영혼이 구원받아야 한다는 감정을 전혀 느껴보지 못한 시온에 있어 깊은 안심을 느끼며 불신앙으로 완고해져 평안하다고 느끼는 대다수 대중들의 영적 무관심과 매우 잘 대조된다.

우리는 많은 영혼들이 죄와 그것의 위험에 대한 깊고도 섬세한 감성, 그리고 그것으로부터 구원받고자 전투하고 있음을 반드시 느낄 수 있다. 많은 의식주의자들은 바로 이 상태에 있는 사람들에 해당되는 것이다. 그러나 이러한 의식주의자들에게 정말 필요한 것은 죄인으로서 철저하게 파괴되고, 무력한 상태에 대한 더욱 깊고도 완전한 확신과 그 자신의 고행으로는 도무지 자신이 범한 과거의 죄악들을 속할 수 없는 철저하게 무능력한 자임과 그가 성취한 것이나 앞으로 성취할 그 어떤 것으로도 하나님의 용인을 받을 수 없는 자임을 철저하게 자인하는 것이다.

이와 동시에 그에게는 구원에 관한 한, 그리스도를 믿고 그 안에 안식하기만 하면 그에게 즉시 임하시는, 모든 죄인에게 즉각적이고도 완전한 칭의를 제공하시는 그리스도 자신께서 성취하신 사역의 완전성과 충족성에 대한 확실한 인식이 필요하다. 그러므로 성경에 진술되고 설명된 칭의 교리는 사도 시대의 유대 의식주의자들과 종교개혁 시대의 로마 가톨릭 의식주의자들에게 필요했던 것처럼, 현대의 의식주의자들에게 정확히 필요하고 적용되는 교리이다.

부정적 측면에서 볼 때, 개혁주의 칭의 교리는 믿음 이전의 행위이든 믿음 이후의 행위이든, 그가 하나님 앞에 용인되는 이유로서의 행위를 제외하기 때문에 가장 매력적이고 간교한 형태로 나타나는 자의(自義)의 원리들을 근절한다. 반면에 긍정적 측면에서 볼 때 칭의 교리는 철저하게 다른 종류의 의를 제공한다. 그것은 단연코 '하나님의 의'라고 불리는 '의'이며, '시온의 안전한 기초'로 놓여지는 '의'이다. 이 의는 우리의 현재적 용인과 영원한 영적 복지를 즉시 보증하는 기초로서 이미 우리 심령 가운데 쓰여졌으며 용인되었고, 우리에게 개인적으로 적용된 하나님 자신으로부터 제공되어진 의이다.

우리가 이 의의 기초에 전념하고 오직 이 안에서만 안식을 누리면, 우리는 용서받지 못한 범죄의 모든 근심으로부터 즉시 자유로워지며, 우리의 곤란한 영혼을 유지시키는 데 알맞은 하나님의 축복을 경험할 것이다. 또한 우리는 '두려움 속에 있는 노예의 영'에서 즉시 자유함을 얻을 것이다. 뿐만 아니라 우리는 '모든 이해를 초월하는 평화와 기쁨', 즉 예수 그리스도를 통하여 통치하시는 하나님의 평화를 믿음 안에서 얻게 될 것이다. 그의 사역에 있어서 '힘'이시요, 그의 시험 당하심에 있어서 그를 지탱해 주었던 이 '여호와의 기쁨'은 예수께서 그의 심장을 파열하실 때 하나님의 명령을 잘 좇을 수 있게 해 주었던 것이다.

위대하신 하나님의 영적 부흥이 유럽 일대를 강타하기 전, 종교개혁자들이 법적 두려움의 속박으로부터 자유함을 얻고, 그리스도께서 그의 백성들을 자유하게 하시는 그 자유로 진입하게 된 것은 믿음을 통하여 은혜로 주어지는 칭의 교리가 이미 그들의 영혼에 임했기 때문이다. (1)

이 칭의 교리는 마치 하늘로부터 그들의 마음에 비추는 광선과도 같았다. 그들로 하여금 많은 근심 어린 질문들에 대해 즉각적인 평화와 위로를 나누어 줄 수 있게 만든 것은 바로 이 동일한 교리의 두려움 없는 선포 때문이었다. 심지어 그 어떤 가톨릭교회의 의식도 하나님의 진노를 위무(慰撫)시키지 못했지만, 로마 가톨릭교회의 수도원에서도 각성시키는 하나님의 율법을 통한 죄의 확신으로 말미암아 많은 사람들이 이러한 평화와 위로를 맛보았던 것이다. 이렇게 이어지는 많은 세대 가운데 유행했던 초대교회의 신앙과 단순한 믿음을 부패시켰던 수도원적 오류들과 미신적 행위들을 과감히 청산해 버리고, 그들의 양심들을 '말할 수 없는 성령의 증거와 능력 안에서' 안식처로 이끌었던 것은 결국 주로 이 하나의 진리의 영향력 때문이었다.

루터는 "우리 설교의 처음부터 믿음의 교리는 가장 행복한 주제이며 로마 가톨릭교회의 사면과 연옥과 맹세와 미사들과 그리고 이런 것들과 같은 모든 가증스러운 것들을 무너뜨리는 교리이다. 만일 우리가 계속 이 교리로, 즉 우리가 율법의 의나 우리 자신의 의로 의롭다함을 받는 것이 아닌, 오직 예수 그리스도 안에 있는 믿음으로 말미암는다는 교리로 무장하여 전진하고 그것을 교훈하며 계속해서 신실하게 강조한다면, 의심할 여지 없이 이 하나의 믿음의 조항은 조금씩 그리고 조금씩 로마 가톨릭교회의 전체 조항을 무너뜨리게 될 것이다"라고 말했다. (2)

만일 오직 믿음을 통하여 은혜로 말미암는 칭의 교리가 이 두 가지 중대한 현대적인 경향, 한편으로는 이성주의에 대한 경향과 또 다른 한편으로는 의식주의에 대한 경향에 대한 주권적이고도 효과적인 유일한 치료책이라면, 이것을 확산되고 있는 오류들을 향하여 오늘날의 세대에 적용될 수 있는 형태로 다시 주해하고 설명하는 일은 적어도 오늘날 우리들에게 긴급히 요구되고 필요한 것으로서, 이 옛 진리를 새롭고 적실성(的實性) 있게 적용하는 것이 된다. 그리고 이것은 종교개혁의 교리가 개신교회의 교리로 승인되었음에도 불구하고 우리에게 계속해서 흥미롭고 유익한 교리가 될 것이다.

이제까지 종교개혁의 독특한 원리로서 만장일치로 인식된 이 진리의 새로운 제출에 대한 부가적인 이유는 후기 개신교주의 그 자체와 개신교의 단체 안에서 이 교리가 공공연하게 공격을 당했다는 사실에서 발견할 수 있다. 그것은 이 칭의 교리가 영국 국교회의 교리서와 기독교 교부들의 저작들, 그리고 심지어 하나님의 말씀 안에서조차 발견되지 않는다고 주장하는 것이다.

기독교의 옛 진리들이 새로운 무기들에 의해 공격을 당할 때, 이 옛 진리들은 가장 최근의 오류들을 제대로 파악할 수 있는 새로운 종류의 방어 체계에 의해 반드시 변호되어야 한다. 사실 중대한 칭의 교리에 대한 이러한 공격들은 오늘날에도 계속되고 있는 실정이다.

무엇보다도 칭의 교리가 주도적인 종교개혁자들이 가장 중대하게 여겼던 교리였으며, 루터주의 교회도 아니고 칼빈주의 교회도 아니며, 물론 개신교회는 더더욱 아니고, 그렇다고 로마 가톨릭도 아닌, 보편적이며 사도적인 교회로 간주되는 영국 국교회에는 예외이지만, 루터주의 교회이든 칼빈주의 교회이든 그들이 설립한 거의 모든 교회들에 의해 만장일치로 채택되고 고백되어진 교리라는 것은 최근 공격자들에게 공격당했다해도 결코 부인될 수 없는 사실이다.

그러나 개혁주의 교리로서의 이 칭의 교리는 지난 1400년 동안 로마 가톨릭과 보편적 일반 교회에는 전혀 알려지지 않았고, 종교개혁자들에 의해 만들어진 '신고안품'으로서 16세기에 최초로 소개된 것이라는 대적자들의 주장이 강력히 제기되었다. 그리고 언제나 복합적인 신앙의 규칙을 제정했던 영국 국교회는 이 점에 있어서 다른 모든 개신교회와는 달리 그들의 공식적인 신조의 한 부분으로서 이 '고안품'을 채택하지도 재가하지도 않았다.

이 '시대의 표적'을 더욱 중대하고 불길하게 하는 것은 바로 다음과 같은 부가적인 사실에 근거하고 있다. 종교개혁의 중대한 교리를 향해 모든 무기들을 총 동원하고 있는 이 모든 공격들은, 그것들이 이성주의에 근거하고 있든지, 아니면 의식주의에 근거하고 있든지 간에 하나의 동일한 목적과 방향 안에서 일치하고 있다. 그것은 바로 구조적으로 그렇게 할 수 없다면, 내용적으로라도 로마 가톨릭교회의 부패하고 타락한 교리로 돌아가고자 하는 목적과 방향이다.

많은 중요한 단체들에 의해 공개적으로 고백되는 이 중대한 주제에 대한 견해들은 종교개혁 시대에 폭발했던 칭의 교리와 본질적으로 동일하지 않다. 오히려 그들은 로마 가톨릭교회가 주장하는 논쟁과 해석들과 유사한 것들이다. 데브넌트(Davenant), 다운함(Daunhame), 발로(Barlow), 프라이데욱스(Prideaux), 그리고 후커(Hooker)와 같은 영국 국교회의 주목할 만한 신학자들은 신학적으로 놀라운 세기였던 17세기에 바로 이러한 잘못된 견해들과 심각히 투쟁했으며, 그것들을 파괴하고 분쇄하기 위해 노력했다. 그럼에도 불구하고 오늘날의 어떤 개신교 도들은 로마 가톨릭의 벨라마인(Bellamine)과 오소리오(Osorio)가 만들었던 무기들을 다시 새롭게 현대적으로 개조하여 우리 신앙의 근거지를 새로이 공격하려 시도하고 있음에 통탄을 금할 수 없다.

지난 30년 동안, 몇몇 영국 아일랜드 연합교회 출신의 비범한 저술가들이 이 칭의 교리에 관해 개신교의 강경한 대적자로 자처하고 나섰고, 로마 가톨릭의 칭의 교리의 열광적인 옹호자와 변증가가 되었다. 그중에 첫째 인물은 주교 보좌인이었던 더블린의 낙스(Mr. Knox) 씨이다. 낙스(Knox)는 한 때 캐슬리그(Castlereagh) 경의 개인 비서로 일했으며, 아일랜드 총독을 지냈던 윌버포스(Wilberforce), 존 웨슬리(John Wesley), 한나 무어(Hanna More)의 친구이자 서신 왕래자였다. 낙스의 모든 저작들(Remains)의 중요한 관심은 법정적 칭의 교리를 강력하게 반대하는 것이었으며, 그것을 인간에게 내재해 있는 선천적인 의로 말미암는 도덕적 칭의로 대체하는 것이었다. 이 칭의 교리는 로마 가톨릭의 근본적인 독특한 원리들과 전적으로 일치하는 교리였다.

이에 대응하여 개신교회에서는 이에 상응하는 교정 수단들과 대책들이 『믿음의 본질과 결과들』(*The Nature and Effects of Faith*)이라는 책에서 오소리(Ossory)의 감독인 오브라이언(O'Brien) 박사에 의해 제시되었다. 그러나 무엇보다도 이 책은 우리의 칭의가 믿음과 행위들에 함께 근거해 있다고 주장한 불(Bull) 감독의 교리를 대항하기 위해 제시되었다.

또 다른 저작이 조지 스탠리 페이버(George Stanly Faber)에 의해 출현했다. 페이버(Faber)는 낙스(Knox) 씨의 두 권으로 된 결론적인 저작들(Remains)을 편집한 편집장에 의해 그의 옛 견해를 던져 버리고 낙스(Knox) 씨에 의해 주장된 새로운 견해, 즉 법정적 칭의 교리는 종교개혁에 의해 최초로 소개된 신고안품이며, 보편적 교회에서는 결코 발견되지 않는 교리라는 견해를 받아들이라는 요구를 받게 되었다.

이에 대하여 답변이 이루어졌는데, 그것은 그들에게 매우 놀랍고 실망스러웠다. 페이버(Faber)의 답변은 철저하게 개신교의 교리를 변호하는 것이었고, 불(Bull)과 낙스(Knox)와 트렌트(Trent) 공의회에 대해 그가 도달한 결론은 그것들이 고대 교회에 전혀 발견되지 않는 것들이어서 개신교의 진리를 변호할 필요성도 느끼지 않는다는 이유였다.

개신교의 칭의 교리에 대한 그의 진술과 그것이 몇몇 교부들에 의해 교훈되었다는 증거는 매우 만족스러운 일이다. 그러나 진술된 그의 결론은 전혀 이치에 닿지 않으며 교부들과 만장일치로 동의하지 않는 사람들은 그것을 아예 채택할 필요도 없는 것으로 간주되고 있다. 왜냐하면 아이삭 테일러(Issac Taylor)에 의해 쓰여진 『고대 기독교』(*Ancient Christianty*)를 읽은 사람이라면, 기독교회의 교리와 예배에 영향을 미쳤던 많은 통탄스럽고 중대한 오류들이 2세기가 끝나기 전에 기독교회에 살금살금 기어들어 왔으며, 가장 존경을 받는 교부들의 저작들 안에서 많은 소중한 진리들과 혼합되어 있었다는 사실을 쉽게 발견할 수 있기 때문이다. 실상 이러한 오류의 병균은 심지어 초대교회에서조차도 존재하고 있었던 것들이다(살후 2:7 : 요일 4:3).1)

뉴먼(J. H. Newman) 박사는 그의 『칭의 교리 강좌』(*Lectures on Justification*)에서 오브라이언(O'Brien)과 페이버(Faber)의 주장들을 피상적으로 언급하지만, 전혀 공식적인 응답을 하지 않으면서, 자신의 강좌를 통해 개신교와 로마 가톨릭의 칭의 교리 사이의 중도(middle way)를 수립하고자 의도했음에도 불구하고, 불(Bull)과 낙스(M. Knox)와 트렌트(Trent) 공의회의 그것과 그중대한 원리들에 있어서 본질적으로 동일한 그 자신의 이론을 주해하고 세우는 노력을 기울였다.

뉴먼(Newman)의 이러한 주장은 베넷(James Bennett) 박사와 다른 이들에 의해 솜씨 있게 반론되기도 했다. 뉴먼 박사는 영국 국교회의 목사였으나 이제는 로마 가톨릭의 신부가 되었다. 그가 로마 가톨릭 신

---

1) **살후 2:7** 불법의 비밀이 이미 활동하였으나 지금 막는 자가 있어 그중에서 옮길 때까지 하리라.
 요일 4:3 예수를 시인하지 아니하는 영마다 하나님께 속한 것이 아니니 이것이 곧 적그리스도의 영이니라. 오리라 한 말을 너희가 들었거니와 이제 벌써 세상에 있느니라.

부가 되었다는 사실은 1833-41년 사이에 영국 국교회의 진흥을 부르짖은 논문집으로서, 보통 옥스퍼드 소책자(Oxford Tracts)라고도 불렸던 『시국 소책자』(*Tracts for the Times*)에서 그가 주장했던 견해들의 경향을 보여 주는 매우 중대한 징후이다. 이 점에 있어서 그의 초기 생애와 회심 시절의 이야기를 매우 명백하게 진술한 그의 최근의 『변증서』(*Analogy*)에 나타난 부가적인 사실을 아는 것은 매우 교훈적인 일이 될 것이다.

그는 분명히 위대한 종교개혁자 칼빈 학파를 통해 처음으로 '한정되고 명확한 신조'의 영향을 받았고, 절대로 없어지거나 왜곡되지 않을 영향을 받았던 것으로 보인다. 그가 자신의 영혼의 빚을 지고 있다고 스스로 밝히고 있듯이 그의 마음과 정신에 가장 큰 영향을 끼쳤던 저술가는 바로 위대한 주석가였던 토마스 스콧(Thomas Scott)이었고, 로메인(Romaine)의 저작들을 존경했으며, 언제나 다니엘 윌슨(Daniel wilson)의 말에 귀를 기울였다. 그럼에도 불구하고 이 모든 복음적 교훈들, 심지어 칼빈주의적 교훈들이 그로 하여금 개신교와의 관계를 끊고, 하나님 앞에서 죄인의 용인에 관한 로마 가톨릭의 교리에 귀의하는 결과를 낳았던 것은 정말 아이러니한 일이 아닐 수 없다. (3)

위에 언급한 실례는 특정한 단체 속에서 지난 수년간 광범위하게 진행되어 온 것으로서, 언급될 수 있는 많은 경우들의 한 견본에 불과하다. 이러한 실례들은 명백하게도 부분적으로는 죄의식과 인간의 범죄와 죄인들로서의 철저한 비참과 무능력의 피상적인 견해에 기인하고 있을 뿐만 아니라, 또 부분적으로는 그들을 위해 복음 안에 계시된 치료책의 본질과 가치와 유효성에 대한 부적절한 인식에 근거하고 있는 것이다. 그러하기에 이 치명적인 중대한 시기에 복음적 개신교의 유익을 위해 복음의 근본적이며 중대한 교리, 즉 오직 그리스도 안에서 믿음을 통한 은혜로 말미암는 완전하고 무조건적인 칭의 교리의 온전한 의미와 성경적 증거들을 다시 한번 새롭게 주해하는 것은 대단히 중대하고 필요한 일이다.

내가 이제까지 언급한 저작들이 아마도 학식 있는 부류들에게만 한정되며, 전체 개신교 공동체에 직접적으로 영향을 끼치지 않는 것이라는 주장은 일리가 있는 주장이다. 그러나 이 일반적인 학문의 세계에서 고상한 문화에 사는 지성인들이 언제나 대중적인 견해에 필연적인 영향을 미치고 있다는 사실은 언급할 필요도 없는 사실이 아닌가? 이 주제에 대해서 그릇된 교훈보다는 그 이면에 더욱 심각하고 뿌리 깊은 오류의 근원이 있음을 잊어서는 안 될 것이다. 말하자면 이 오류에는 여러 지적인 공모자가 있다는 것이다.

오늘날의 개신교는 로버트 트레일(Robert Trail)의 잊혀지지 않는 명언에 담겨 있는 심오한 진리를 음미해야 할 것이다.

"인간의 영혼을 심각하고도 주도면밀하게 다루는 목사라면, 모든 중생받지 못한 영혼들 안에 알미니안(Arminian) 체계의 칭의 교리가 존재하고 있음을 발견하게 될 것이다."2) (4)

오늘날과 같은 이 긴박한 위기의 시대에 반드시 필요한 칭의 교리의 역사와 주해에 대한 본 강좌들을 적용할 때, 우리는 최근에 새롭게 발생한 이론들과 사변적 고찰들을 계속해서 끊임없이 조망하고 고려해야 하며, 본 강좌의 연구를 통해 그들의 해악적인 영향들을 폐기처분하고 좌절시키기 위해 노력해야 할 것이다.

---

2) **역자주** - 로버트 트레일(Robert Trail: 1642-1716)은 스코틀랜드 장로교 목사이자 언약도의 아들로서, 아버지를 따라 장로교 목사가 되었으며, 환란의 시대였던 스코틀랜드의 '살인의 시대'(Killing Times)를 살았던 인물이다. 유명한 윌리엄 거스리(William Guthrie: 1620-1665)의 나이 어린 친구였으며, 1661년 그의 사촌인 제임스 거스리(James Guthrie)의 공개 처형식을 목격하기도 했다. 그 후 그는 1672년 에딘버러(Edinburgh)에서 은밀히 설교하다가 몇 개월 동안 투옥되기도 했다. 그는 당시 크리숍(Crisp) 박사에 의해 주도되고 만연되었던 그릇된 칭의 교리를 반박하기 위해 종교 개혁의 주도적인 교리였던 칭의 교리를 변호하기 시작했다. 그는 1692년 『*Vindication of the Protestant Doctrine concerning Justification from the Unjust Chargeof Antinomianism*』을 출판했으며, 칭의 교리에 관한 트레일의 이 역작은 2002년 영국 '진리의 깃발'사에서 『*Justification Vindicated*』라는 제하로 재출판되었다.

그러나 이 강좌들은 논쟁적으로 기술되었다기보다 교훈적으로 짜여졌다. 왜냐하면 나는 이제까지 오류들을 논박하고 배격하는 유일한 길이 진리를 선포하고 수립하는 것이라고 확신해 왔기 때문이다. 진리의 선포는 곧 오류의 논박이 될 것이다. 진리는 하나인 반면, 오류는 여러 다양한 형태이다. 따라서 진리가 한번 확고히 서기만 하면, 진리를 대적해 왔거나 진리를 대적하기로 고안된 모든 것들은 전복되고 파괴될 것이다. 오류를 폭로하고 내쫓는 신실한 주의 종들은 그 일을 잘 수행해야 할 것이다. 왜냐하면 진리를 확고히 마음에 품은 후 영원히 문을 잠그기까지, 칭의 교리에 관한 대적자들의 오류들은 반드시 또 다른 모습을 띠고 돌아올 것이기 때문이다.

그러므로 우리의 가장 중요한 목적은 칭의 교리의 완전한 의미를 반드시 성경에 계시된 대로 주해하고, 그것에 포함되고 암시되어 있는 위대한 원리들을 설명하며, 이 원리들이 근거하고 있는 성경적 증거들을 인용하고 적용하며, 그리고 이 완전한 칭의 교리를 인간이 하나님 앞에서 사면과 용인을 획득하기 위해 인간들이 고안해 낸 여러 다른 방법들과 대조해 보는 일이다. 우리는 다음과 같은 두 가지 실제적인 결과를 목적으로 이러한 일들을 수행할 것이다.

그 첫째는, 양심들이 각성되었으나 아직 완전히 평화를 누리지는 못하는 자들을 즉각적인 사면과 용인의 확실하고 안전한 근거로 인도하는 것이고, 둘째는, 아직도 여전히 의심과 두려움의 죄짐으로 인해 괴로워하는 신자들을 이 위대한 복음적 특권의 본질과 근거들과 증거들로 인도하는 것이다. 이 즉각적인 사면과 용인의 확실하고 안전한 근거와 여러 복음적 특권들은 그들에게 '믿음의 보증' 또는 '믿음의 확신'과 '이해의 보증'을 향한 '소망'을 수여함으로써 이 칭의 교리를 더욱 즐거워하게 만들 수 있기 때문이다.

제1부
창의 교리의 역사

제1강

구약에서의 칭의 교리의 역사 ⑴

　칭의 교리는 하나님의 진노와 저주의 대상으로서가 아닌 하나님의 은총과 복의 대상으로서 하나님 앞에서의 인간의 용인, 또는 그의 면전에서 의로운 자로 간주되거나 다루어짐을 의미한다. 이는 그것이 하나님 편에서의 사역으로 간주되든 인간 편에서의 특권으로 간주되든 관계없이 칭의에 대한 공식적인 정의이며 포괄적인 의미이다.

　많은 사람들이 이 주제에 대해서 마치 칭의가 단순히 죄의 용서만을 의미한다면서 칭의의 부분적인, 또는 불완전한 견해를 피력한다. 그러나 칭의는 마치 그 '처음 지위를 지켰던 천사'와 같이 용서받을 죄가 전혀 없는 존재가 대신 유기(遺棄)의 상태에 처하고 그것에 대한 보응과 형벌을 받음으로 말미암아 칭의를 가져올 수 있는 도덕적이며 책임 있는 중재자를 필요로 하는 교리이다.

　따라서 칭의가 바르게 정의되고 묘사되기 위해서는 반드시 무죄하고 타락하지 않은 존재가 있을 때와, 그리고 그 존재가 전혀 범죄하거나 부패할 가능성이 없을 때에만 가능하다. 그렇기 때문에 칭의는 순전한 율법 위에, 그리고 그것에 대한 개인적 순종 위에 기초하는 것이다. 왜냐하면 그 율법이 하나님의 의로우신 심판의 통치이기 때문이다. 그의 심판은 영원토록 진리 위에 기초하고 있다. 하나님은 의인을 정죄하실 수 없음보다 더욱더 악인을 의롭다 하실 수 없는 분이시다.

 죄의 심판을 선고하는 율법은 전혀 죄를 용서하는 사면의 은총을 제공하지 못한다. 만일 이것만이 우리가 의롭다함을 받을 수 있는 사면과 사죄의 유일한 길이라면 우리의 칭의는 전혀 가능하지 못했을 것이다. 왜냐하면 '우리 마음 자체가 우리를 정죄하는 동시에 하나님은 우리의 마음보다 위대하시며 모든 것을 아시기 때문'이다. 만일 우리가 지금 단순한 자연의 빛 가운데 있으며 '우리 구원을 위한 하나님의 뜻이 담겨 있는 초자연적 계시'를 소유하지 못했다면, 우리는 결코 "사람이 어찌 하나님 앞에 의로우랴?"는 질문에 전혀 답할 수 없었을 것이다.

 이것이 바로 오직 그리스도의 복음만이 해결할 수 있는 엄청난 난제이다. 복음은 이 난제를 해결하는 하나님의 해답이다. 그것은 그동안 태초로부터 지금까지 인간들이 만들어 낸 고안품들과 대조되어 있는 하나님의 해답인 것이다. 율법과 복음 두 가지 모두에게 공통으로 발견되는 근본적인 원리들에 대한 약간의 지식이 없이는 우리는 율법과 복음 사이에 존재하는 관계를 올바르게 이해할 수 없다. 이런 이유 때문에 우리는 무엇보다도 먼저 의인들의 칭의를 고찰해야 하며, 이어서 죄인들의 칭의를 살펴보아야 할 것이다.

1. 선행(先行)하는 의인들의 칭의

 칭의 교리는 원시 시대 우리 인류의 첫째 부모들에게 나타났던 초기의 계시로부터 기원된다. 소위 자연종교라 불리는 종교는 진리들 가운데 하나로 평가받을 수 없다. 비록 그것에 하나님의 존재와 속성과 섭리적이며 도덕적인 통치, 인간의 책임과 인간 영혼의 불멸성, 그리고 많은 보응 사상에 대한 제안과 미래적 심판의 전조에 대한 자각 등에 관한 약간의 유용한 자연적 증거가 발견된다 하더라도 말이다. 그럼에도 불구하고 생명이 보존되고 하나님의 은총이 계속해서 향유되어지려면 그것은 하나님의 주권적인 의지와 권위적인 계시에 의해 선언되어지는 당신의 무조건적인 행위에 의해서 결정되어야 하는 것이다.

단순히 이성과 양심의 견지에서 보자면, 도덕적 통치의 법이 죄를 형벌하는 것은 너무나 명백한 일이다. 그리고 무죄한 상태에서 형벌적 고난을 면제해 주는 일보다 죄에 임할 형벌은 더욱 확실하고 명백하게 발생할 일이다. 왜냐하면 인간은 자신이 행한 순종 중 그 어느것 하나라도 상급을 받기에 합당한 일이라고 결코 주장할 수 없기 때문이다. 그럼에도 이것은 이성적이고 책임감 있는 불멸의 존재가 던지는 사려 깊은 질문과 관계되는 주제이며, 인간으로 하여금 그것에 관한 하나님의 뜻이 무엇인가를 간절히 알기를 열망하게 만든다.

그러므로 우리는 태초에 하나님께서 자신을 세상의 창조주로 계시하시고 경건한 안식과 경배의 날로 안식일을 제정하신 후에 동일한 조상인 인류의 대표자에게 주신 이어지는 다음의 계시가 바로 이 엄밀하고 정확한 요점인 것을 알게 된다. 그 요점은 본질적으로 하나님의 은총과 형상 안에 존재하는 것으로서 우리에게 단순히 의식적인 개인적 존재의 계속으로서가 아닌 본래의 의의 상태 안에서 향유되어지는 거룩하고 행복한 삶의 연속으로서의 '영생'이라고 알려진 것이었다. 이 영생은 발현된 약속과 하나님의 불변하시는 신실하심으로 인해 그의 모든 후손들에게 확실하게 보장된 것이다.

이 원시 시대의 계시 안에서 하나님은 우리 처음 조상에게 당신 자신을 단순히 창조주와 은혜의 수여자로뿐만 아니라 그들의 율법 수여자와 통치자, 그리고 심판자로 알려주셨다. 하나님께서 이미 우리 심비(心碑)에 쓰신 도덕법에 근거하여 우리는 그가 말씀하시는 것은 무엇이든지 믿어야 하며, 그가 명령하시는 것은 또한 무엇이든 행해야 한다. 하나님께서는 이것을 근거해서 한편으로는 죽음이라는 형벌과 또 다른 한편으로는 영생이 약속되어 있는 이 한 가지 규율을 그들의 순종을 시험하시는 수단으로 주신 것이다.

그 계율, 그 형벌, 그 약속은 그 당시의 성찬과도 같았던 생명의 나무라는 가시적인 표지 또는 상징으로 표현되었다. 그러므로 우리가 계시되어진 칭의의 방법의 정확한 개념을 바르게 인식하기를 원한다면 먼저 계율과 약속, 그리고 영생, 이 세 가지 모두의 참된 취지를 확실하게 이해해야 한다.

계율은 온전한 순종을 요구한다. 그것은 긍정적 준수의 형태라는 하나의 의무로 제한되어 있다. 그러나 이 의무는 하나님의 권위에 대한 인간의 복종, 하나님의 말씀에 대한 그의 믿음, 하나님의 뜻에 대한 그의 순종, 하나님을 향한 그의 사랑, 그리고 하나님의 은총과 그분과의 교제에 대한 계속되는 기쁨으로서의 인간의 욕구를 시험하는 시금석으로써 우리에게 부과된 의무이다. 그리고 이러한 시금석은 '모든 죄가 하나님의 진노와 저주를 받기에 합당하다'는 원리와 '누구든지 전체 율법을 지키다가 하나라도 범하면 그는 율법 전체를 범한 자'라는 원리에 명백하게 부합되어 있다(약 2:10).

형벌은 죄의 값 혹은 죄의 보응으로서의 '사망'을 선고한다. 그것은 어떤 이들이 말하는 것처럼 단순하고 일시적인 사망이나 또는 육체와 영혼의 연합에 대한 일시적인 분해가 아니다. 더욱이 영혼의 멸절이나 의식적인 존재의 파괴는 더더욱 아니다. 그것은 단순히 영적 생활에 파괴적인 작용을 하는 상상적인 악으로서의, 또는 불유쾌하고 치명적인 영혼의 질병으로서의 죄의 자연적 영향이 결코 아니다. 오히려 이 선고되어진 사망은 무엇보다도 먼저 생명 그 자체이신 하나님의 '은총'과 인간의 생명보다 더 나은 하나님의 '자비하심'의 상실을 뜻하며, 결국 죄로 인한 하나님의 '진노'와 '저주'의 무시무시한 형벌적인 고난의 부과를 뜻한다. (2)

약속이 우리에게 보장되어 있는데 그것은 오직 죄를 범할 경우에만 사망이 임한다는 위협 안에서 암시되었으며 '생명 나무'에 가시적으로 구현되었고 상징되었듯이 단순히 일시적인 생명의 지속이나 불멸의 상태로서의 영원한 지속이 아니라 하나님의 은총과 교제 안에 존재하는 거룩한 지복(至福)의 영원을 뜻하고 있다.

약속되어진 생명은 위협되어진 사망과 대조되고 있다. 그리고 이것은 바로 하나님의 '복'과 하나님의 '저주'와 일맥상통하고 있는 말이기도 하다. 신명기 저자는 "내가 오늘날 복과 저주를 너희 앞에 두나니 너희가 만일 너희 하나님 여호와의 명령을 들으면 복이 될 것이요, … 그리고 너희 하나님 여호와의 명령을 듣지 아니하면 저주를 받으리라"라고 말했다(신 11:26-28 참조).

이 하나님의 '복'과 하나님의 '저주'는 하나님의 율법의 재가를 받은 것이다. 복은 그것으로부터 발원하는 모든 선함을 포함하고 있으며 동시에 저주는 그것으로부터 연원되는 모든 악함을 함축하고 있다. 하나는 은혜가 수여되는 것이며 또 다른 하나는 형벌이 부과되는 것이다. 그 은혜는 하나님의 은총의 나타나심 혹은 영향의 결과인 생명이며, 그 형벌은 하나님의 저주인 사망이다.

그러므로 선고되어진 율법은 하나님 자신의 약속으로 말미암아 당신을 묶기를 기뻐하시는 신적 언약인 동시에 보스톤(Boston)이 잘 말했듯이 '하나님 자신의 신실하심에 대한 차주(借主)'가 된 것이다. 그 성취에 있어서 하나님은 신적으로 임명된 그의 후손의 대표자와 머리로서의 전 인류의 조상과 불순종의 경우 형벌적인 저주의 위험을 동반한 이 계율의 의무에 기초하여 언약을 맺으신 것이다.

영생이라는 선물은 절대로 인간의 정의나 공로에 기초하여 얻어지거나 주장되어질 수 없는 것이기에 이 신적 언약 안에는 엄청난 은혜가 존재하는 것이다. 그러나 이제는 율법의 계율에 대한 완전한 인간의 순종이 하나님의 무조건적이며 불변하시는 약속에 근거하여 이루어질 수 있게 되었다. 하나님의 진리와 신실하심에 기초하여 영생이 청구되어질 수 있게 된 것이다.

더 나아가 그 계율 자체는 그것이 심각한 형벌과 관련되어 있음에도 불구하고 '보호적인 특징'을 지니고 있다. 왜냐하면 그것이 유기와 시험의 상태와 필요 적절하게 관계되어 있는 것처럼 보이는 죄의 가능성을 배제하지 않음에도 불구하고 전체 율법에 대한 그의 순종의 시금석으로서의 하나의 명확한 계율 안에 그 의무를 요약함으로써 그것을 범할 인간의 위험의 범위를 대단히 좁혀 놓았기 때문이다. 또한 그가 자신의 자유를 한정하고 있는 이 유일한 계율을 확고하게 지키기만 한다면 다른 모든 죄의 요소들에 대해서도 자유로울 것이기 때문이다. (3)

이 계율 안에 엄청난 은혜가 존재함에도 불구하고 이 법은 행위 언약이라고 불리워진다. 왜냐하면 그것이 행위와 보응 사이에 존재하는 어떤 것과 마찬가지로 순종과 상급 사이의 특정한 관계를 제정하고 있기 때문이다.

영생은 순종의 조건에 기초하여 약속되었다. 그런데 만일 이 조건이 성취되어졌다면 '은혜의 상급'이 아니라 '채무적인 상급'이 요구되었을 것이다. 그러므로 마치 상급이 우리의 순종에 부합된 정의로운 행동의 결과인 것처럼 공로에 기초해서 요구되어질 수가 없었던 것이다. 그것은 오히려 언약의 신실하심과 개인적 순종에 기초해서 얻어질 수 있는 것이었다. (4)

바로 이것이 칭의의 첫째 방법이었다. 생명으로 향하는 언약적 형태로서의 율법이 제정되었던 것이다. 이는 "이것을 행하면 네가 살리라", 그러나 "죄를 범하면 반드시 죽으리라"는 단순한 말이다. 이 법이 의인의 칭의를 제공했고 오직 의인들만 이 칭의를 수여받을 수 있었다. 그것은 명백하게도 오직 무죄하고 순결할 뿐 아니라 원의(原義)를 소유함으로 '생명 자체이신 하나님의 은총'을 즐거워하며 그가 피조되었을 당시에 받았던 하나님의 '형상'을 계속 유지하고 있는 자의 경우에만 적용되었다.

그러나 하나님의 은총은 박탈당했고 죄로 말미암아 영혼에는 사망의 어두운 그림자가 드리워졌다. 이것이 바로 '율법이 할 수 없는 어떤 것'[1]이 되어 버리고 만 것이다. 그 안에서 그것은 엄청나게 약하여졌다. 그러나 율법 그 자체가 약해진 것이 아니라 '육체를 통하여', 또는 '인간의 타락한 상태를 통하여' 약해진 것이다. 의가 파괴되어진 율법으로 말미암아 올 수가 전혀 없기 때문에 그것은 더 이상 생명을 줄 수 없게 되었다.

율법이 아직도 강력한 힘을 발휘하고 있기는 하지만 그것은 이제 단지 '죽음의 직분'과 '저주의 직분'을 감당할 뿐이다(고후 3:7,9).[2] 이런

---

1) Τὸ ἀδύνατον τοῦ νόμου

이유로 인간이 계율을 범하자마자 그는 이 언약의 성찬에서 제외된 것이다. 그는 에덴동산에서 쫓겨났고 하나님께서는 선악을 알게 하는 실과의 나무로 들어가는 모든 길을 막기 위해 그룹(cherubim)들과 불타는 칼로 그 주위를 두르셨다(창 3:24).

거룩한 무죄 상태 하에서 공포된 율법은 아직 사람이 하나님의 모양과 형상을 보유하고 있을 때 타락하지 않은 존재로서의 능력에 알맞게 적용되고, 그것은 오직 의로운 자들의 칭의에만 관계되는 것이었다. 그것은 미래를 제공하지 못했으며 죄인들의 용인을 위해서는 본질적으로 아무것도 하지 못했다. 이것은 율법으로 말미암는 칭의의 방법이었다. 그리고 그러한 율법이 심판시에 적용될 때, 그것의 기능은 반드시 의롭든지 정죄하든지 둘 중의 하나여야 했다.

우리가 복음이 계시하고 있는 칭의의 또 다른 방법을 올바로 이해하고 그것에 감사하기 위해서는 왜 율법이 의인들을 의롭다하고 모든 죄인들을 정죄하는지에 대한 이유들에 대해서 반드시 주의 깊게 살펴보아야 한다. 율법과 복음은 하나가 다른 하나를 전제하고 그것에 기초하고 있는 것과 같이 매우 깊이 관계되어 있다. 그리고 놀랍고 기이한 하나님의 지혜로 말미암아 죄인들의 칭의는 그것에 의해서 유죄로 선고되고 정죄된 동일한 율법과 긴밀히 연결되게 되었다.

율법은 '진노'를 이루지만 복음은 '화목'을 선포한다. 그러나 이 둘은 '우리를 율법의 저주로부터 구속하시고 자신이 우리를 위한 저주가 되신' 한분에 의해 성취된 '구속'이라는 수단으로 연결되어 있다. 율법의 죄값이 죄인에게 임하는 대신 도리어 신적인 대속자에게 임하게 된 것이다. 이로 말미암아 형벌의 종결이 보장되었고 화목 제물에 기초한 사면이 선포되어진 것이다.

---

2) **고후 3:7** 돌에 써서 새긴 죽게 하는 의문의 직분도 영광이 있어 이스라엘 자손들이 모세의 얼굴의 없어질 영광을 인하여 그 얼굴을 주목하지 못하였거든.
고후 3:9 정죄(定罪)의 직분도 영광이 있은즉 의의 직분은 영광이 더욱 넘치리라.

그러나 이 죄인들을 위한 칭의의 방법은 그것이 단순히 율법이 제공할 수 있는 차원을 뛰어넘는 것으로서 율법으로 말미암은 것이 아니라 할지라도 율법의 계율적이며 형벌적인 요구들과 긴밀히 연결되어 있다 (롬 3:21).[3] 따라서 우리는 하나의 적절하고 완전한 개념 없이 다른 하나의 완전한 성경적 개념을 형성할 수는 없는 것이다. 따라서 행위 언약으로서의 율법에 대한 주의 깊은 연구는 은혜 언약으로서의 복음에 대한 올바른 이해를 위해서 언제나 필요한 것이다. 또한 그것은 하나님의 율법이 어떤 사람들에 의해서 폐지되었다고 주장되고, 또 다른 이들에 의해서는 수정되고 타협되고 있는 현 시대에 살고 있는 우리에게 매우 시의 적절한 것이기도 하다.

우리가 그리스도의 복음이 절대적으로 필요하다고 느낀다면 우리는 아직까지도 하나님의 율법이 그 전체 영성과 한도 안에서 계속해서 우리를 속박하고 있다고 믿어야 하며, 우리가 '의의 계시'를 통해 구원과 위로를 획득하기를 원한다면 또한 마땅히 '진노의 계시'하에 있는 우리 처지에 대해 몹시 근심해야 할 것이다. (5)

2. 타락 이후에 즉시 시작된 죄인들의 칭의

죄인들의 칭의 교리는 인간의 전적 타락 이후로 그 기원(起源)을 찾을 수 있다. 의지적인 범죄 행위로 인해 언약의 조항이 파괴됨으로써 우리의 첫 조상은 하나님의 말씀을 믿지 않고 하나님의 뜻에 순종하지 않는 이중적인 죄악을 초래했다. 결국 그들은 이것 때문에 생명의 약속을 상실했고, 사망의 형벌을 선고 당했다.

그들은 먼저 사탄이 하나님의 금지에 대한 의심을 불러일으키는 술책을 제안했을 때 이 유혹자의 술책을 들었다. 또한 그가 하나님의 형벌의 실행을 부인했을 때도 이 유혹자의 말에 귀를 기울였다. 그러나 결

---

3) χωρὶς νόμου. **롬 3:21** 이제는 율법 외에 하나님의 한 의가 나타났으니 율법과 선지자들에게 증거를 받은 것이라.

국 그들 자신의 양심적 경험을 통해 이 유혹이 그릇되었다는 사실을 깨닫게 되었다.

그들이 죄를 범하자마자 그들 자신의 가슴에 있는 하나님의 대리인으로서의 양심이 각성되었고, 그들은 스스로 자신들에게 유죄를 선고했으며 스스로 정죄된 것이다. 이 하나의 작은 행동이 하나님과 그들과의 전체 관계에 엄청난 변화를 초래했다. 그리고 이와 동시에 하나님을 향한 모든 감정들도 변하게 되었다. 그들은 하나님의 은총을 상실했고 도리어 하나님의 진노를 맛보게 된 것이다. 그들의 사랑과 신뢰의 지고의 대상이셨던 하나님은 이제 질투와 의심과 불신의 대상으로 바뀌게 된 것이다.

두려움과 적개심을 통해 하나님의 불만이 그들에게 나타나게 되었고, 이 적개심은 그들의 영적 복지를 향한 하나님의 자비의 표적과 그들을 다시 하나님의 은총 안으로 인도하시는 섭리가 없는 한 전혀 사라지지 않는 것이었다. 따라서 하나님을 향한 인간의 모든 관계와 감정들에 일대 변화를 불러일으킨 이 죄는 너무나 놀랍고 엄청나고 무시무시한 것이었다.

그들은 부끄러워했으며 두려워했을 뿐만 아니라 할 수만 있으면 '여호와 하나님의 면전'을 피해 숨으려 했다. 그들은 이제 그들이 마땅히 당해야만 할 이 형벌에 공포를 느끼기 시작한 것이다. 그들은 그것이 단순히 고통을 수반하고 있기 때문만이 아니라 하나님의 불만족과 하나님의 진노를 나타내는 표현이기 때문에 이 죄의 결과를 두려워하기 시작한 것이다.

그들의 심판자이신 하나님 앞에 피고인으로 불려나왔을 때 그들은 율법이 선고하는 정죄의 판결을 들어야 했다. 그러나 하나님께서는 이 중대한 순간에 그들의 즉각적이고도 유효적인 구원을 위해 이 사건에 개입하시기를 기뻐하셨다. 하나님은 그들이 듣는 앞에서 '뱀과 그의 후손'에게 저주를 선언하셨다. 그리고 이 저주의 한복판에서 죄인들을 향하신 하나님의 은혜의 주권적 목적과 자비를 암시하셨다.

간결하고 단순한, 그러나 매우 포괄적인 이 하나님의 목적적인 진술에는 그들의 마음을 각성시킨 선고의 정황과 연계해서 생각해 볼 때 매우 심오한 뜻이 담겨져 있다. 그것은 하나님께서 그들의 적대자로 나타나시는 대신 그들의 친구로서 이 사건에 개입하심을 의미한다. 하나님께서는 그들을 향하신 은혜와 자비의 목적을 구상하신 것이며, 그들의 구원과 회복을 위한 계획을 의도하신 것이다. 그것은 그들의 궁극적인 구원의 목적하에 그들을 살려두고 하나님의 형벌적 판결의 실행이 일시 중지되는 기간인 오래 참으시는 용서의 시대를 두신 것이다.

그들의 '후손'이 독특하게 언급되어 있는 것은 그들의 생명이 연장되고 있음을 암시하는 말이다. 그것은 또한 하나님께서 당신의 주권을 실행하실 때 마치 오직 하나님만이 이 문제를 올바로 다루실 능력과 권리가 있는 것처럼 완전히 하나님 자신의 손으로 실행하심을 내포하기도 한다.

'내가 너로 여자와 원수가 되게 하고 너의 후손도 여자의 후손과 원수가 되게 하리니'라는 말씀은 하나님의 주권적 목적 안에서 움직이는 그들의 구원에 관한 전체 계획을 암시하는 말인 동시에 그 구원이 하나님 자신의 능력을 통해 성취되어질 것임을 내포하는 말이다. 그것은 또한 그들을 향한 하나님의 자비의 시행이 하나님의 주권적 의지의 표현으로서의 즉각적이고 직접적인 보상적 행위나 하나님의 전능하신 능력의 직접적인 행사로 말미암는 것이 아니다.

그것은 세상에 태어나시고 사탄에게 고난을 받으시며 그 자신이 고난자가 되시는, 그러나 궁극적으로 승리를 쟁취하시고야 말 '그 여자의 후손'으로 오실 중보자에 의해 이루어지는 것임을 암시한다. 그것은 하나님께서 이 인간적 구원자를 통하여 악한 영의 통치로부터 그들을 해방시키시고, 그의 권세를 진압하시고 그의 계략을 좌절시키며 그의 사역을 파괴함으로써 인간과 이 악한 영 사이에 존재하는 이 거룩하지 못한 부적절한 동맹을 종결시키시는 것을 포함하고 있다.

또한 조건이 명시되지도 않았고 행위가 요구되지도 않았으며 '여자의 후손'의 고난과 사역 외에는 그 어떤 인간적 중개가 언급되지 않았기 때문에 그들의 구원이 '하나님의 기뻐하시는 뜻'과 무조건적인 약속에만 좌우되는 하나님의 절대적인 은혜의 목적에 의해 보장된 것이다. 이제 이 약속된 구원자이신 '여자의 후손'이 세상의 소망이 되었으며 율법의 저주에서 구원하고 하나님의 은총과 그분과의 교제를 회복시키시는 구속받은 백성들의 대표자가 된 것이다.

옛 언약의 대표자였던 아담이 이제 예언되었고 '여자의 후손'으로 약속되어진 새 언약의 대표자로 대체된 것이다. 이것은 또한 '여자의 후손'과 '뱀의 후손'이라는 독특한 표현이 명시되어 있는 것으로 미루어 보아, '은혜에 의한 특별한 선택'을 암시하고 있으며 여자의 후손이 다가오는 저주로부터 구원받는 대신 뱀의 후손은 바로 이 저주 아래 처하게 됨을 내포하고 있다.

결국 이것은 우리에게 사탄과 약속된 구원자 사이의 공통적인 '적개심'과 '상함'이 존재하며 양편의 대립과 고난이 존재하고 있음을 우리에게 시사하고 있는 것이다. 그러나 이 전투는 악한 자를 눌러 이기시는 여자의 후손의 승리로 막을 내리는 결과를 낳게 될 것이다.

그 당시에 하나님의 자비의 목적의 선언은 지금 우리에게 명백하고 완전하게 계시된 것처럼 그렇게 구체적이고 확정적인 정보를 제시하지는 않았다. 그러나 이 선언은 하나님을 향한 우리의 믿음과 소망의 확고한 기초를 놓기에 충분했다. 그리고 이것은 우리가 살고 있는 이 타락한 세상에 최초로 비추인 원시적인 복음의 광선이었다.

만일 이 복음이 구속자를 통하여 하나님의 은혜로우신 약속을 믿는 믿음으로 말미암아 그들의 죄악들을 그들에게 전가시키시지 않고 그들을 의로운 자로 간주하시며, 당신의 은총과 교제로 초청하시고 양심의 화평을 수여하시며 거기서부터 발원되는 영원한 생명의 소망을 주심으로써 죄인들을 하나님과 화목시키시는 '의로우신 하나님과 구세주'로서의 하나님의 계시가 아니라면, 이 복음이 도대체 우리에게 무슨 소용이 있겠는가?

하나님께서는 이미 자신을 율법의 수여자와 통치자, 그리고 심판자로 계시하셨다. 그는 이제 자신을 '의로우신 하나님과 구세주'로 계시하시는 것이다. 의로우신 하나님으로서 그는 뱀에게 저주를 선언하실 뿐만 아니라 여자의 후손이 당할 고난을 예고하심으로 죄를 향하신 그의 거룩한 불쾌하심을 표현하신 것이다.

그럼에도 불구하고 '구세주'로서 하나님은 죄로 인한 고난을 대신 담당하실, 그러나 고난받으심으로 죄인들의 구원을 성취하실 구원자를 약속하셨다. 이러한 하나님의 속성을 살펴볼 때 우리의 믿음의 조상인 아브라함이 '불경건한 자를 의롭다 하시는 하나님'을 후에 믿었던 것처럼 우리의 처음 조상도 이러한 하나님을 믿을 수 있었을 것이다. 그리고 이 '약속되어진 후손'을 믿음으로 후에 아브라함이 그렇게 믿은 것처럼 이 후손 안에서 '땅의 모든 족속이 복을 받을 것'이라는 사실도 믿을 수 있었을 것이다.

이 원시적인 시대의 믿음의 대상은 오늘을 살아가는 우리에게도 역시 사실상 동일한 믿음의 대상이다. 하나님께서는 그의 계시된 '의로우시고 그를 믿는 자를 의롭다 하시는' 분으로서의 속성 안에서 구세주가 오실 것을 약속하셨고 이제 '이미 오신 것'으로 선포하시는 것이다. (6)

바로 이러한 것들이 뱀에게 저주를 선고하신 구세주의 첫 약속 안에 내포되어 있는 진리들이다. 따라서 인간들뿐만 아니라 천사들과 같이 보이지 아니하는 높은 존재들도 역시 위대하신 율법의 수여자이자 통치자, 그리고 심판자이신 하나님께서 역사하시는 하나님의 공의를 경외하는 마음을 가질 수밖에 없는 것이다. 그럼에도 불구하고 그들은 하나님께서 그들의 구원자로 높이 세우신 약속의 구세주를 통하여 하나님의 자비하심 안에 있는 소망과 믿음의 마음을 가질 수 있다. (7)

하나님을 향한 두려움과 소망이 뒤섞인 감정들이 그들의 가장 엄숙하고도 진지한 종교적 경배의 내용인 희생 제사 체계와 의식(儀式) 안에 매우 잘 표현되었다. 그들에 의해서 습관적으로 반복해서 실행되었던 이 의식은 첫 번째 약속만큼이나 중대한 것이었다. 그리고 그것의 의미는 복음이 계시하는 진리들과 상응해서 나타났다.

제사가 '의로우신 하나님'인 동시에 '죄인들의 구주'로 계시된 하나님께 드려진 것이다. 그것은 죄인의 자리를 대신한 무죄한 짐승을 살해하는 일과 관계되었고 그 피를 흘림으로 말미암아 죄인의 영혼을 위한 속죄로서 하나님께 드려진 것이다. 이것은 인간의 죄가 희생 제물에게 전가된 것을 의미하며 죄로 말미암아 사망의 선고를 받은 인간의 생명이 희생 제물의 죽음으로 말미암아 구속된 것을 뜻한다. 그것은 모든 신실한 경배자들에게 있어서 그들의 개인적 범죄의 고백과 형벌적 유기의 감정을 표현한 것이며, 그럼에도 불구하고 하나님의 진노를 돌이키고 하나님의 은총을 간구함으로써 하나님의 용서하심과 용인에 대한 소망을 표현한 것이기도 하다.

가장 엄숙하고 경건한 경배로서의 이 제사 의식에 대한 계속되는 관습적 준수는 저주 안에 나타난 하나님의 계시와 약속 안에 나타난 하나님의 자비를 통한 두려움과 소망, 경외와 신뢰, 회개와 믿음의 감정들을 강화시키는 경향을 지니고 있다. 그것은 또한 당시의 원시 시대에서조차도 모든 신자들의 마음 속에 대속과 전가, 그리고 특별히 '때가 차매' 나타나시는 그 약속된 후손의 성품과 사역에 관계해서만 가장 완전히 발전되고 확실하게 드러나는 하나님의 위대하신 은혜와 구속의 신적 계획과 관계되는 희생적 만족을 잘 알려 주고 있는 것이다.

그동안 이 종교적 경배와 연관된 희생 제사가 인간의 고안품인지 하나님이 제정하신 법령인지에 대한 문제가 제기되어 왔다. 이러한 문제 제기의 유일한 구실은 바로 성경이 그것을 하나님의 제정하신 법령으로 자세하게 서술하지 않고 있다는 것이다. 그러나 그것이 전혀 인간의 의지에서 발동되거나 연원되지 않았다는 사실을 증명하는 성경적 증거는 충분하며, 그것은 결국 이 희생 제사가 하나님의 계시된 의지에 기인한다는 사실을 증거하는 것이다.

한편으로 무죄한 짐승을 잡아 그것을 죽임으로써 하나님의 은총을 회복시킬 수 있다는 희생 제사 그 자체가 단순히 받으심직한 종교적 경배의 일부분이라는 것은 확실하지 않다. 그것은 이 희생 제물이 인간에게 음식으로 허락되지 않은 상황에서 제시되었다는 것을 보아 더더욱 불가능한 일처럼 보인다.

무엇보다도 하나님께서 당신의 의지와 뜻을 계시하신 당시에 단순히 신적 예배에 대한 의지적 경배의 행동과 그 의지와 뜻에 맞추인 행동으로서의 '인간의 교리와 명령을 교훈함으로 헛된 예배를 드린다고 말씀하시는' 하나님께 용인될 수 있었을 것이라는 것은 가장 확실하지 않은 일이다.

그러나 다른 한편으로 하나님께서 아벨의 짐승 제사를 기뻐하셨고 아마도 하늘에서 내려온 불로 제단 위에 있는 제물을 불사름으로 그의 제사가 열납된 것을 증거하셨다는 것은 확실하다. 하나님께서는 피로 말미암은 구속과 전혀 관계가 없는 땅의 소산으로 하나님께 단순한 감사제를 드린 가인의 제사에 비해 아벨의 제사를 선호하신 것이 분명하다.

하나님께서 그의 제사를 열납하지 않자 격노하여 안색이 변한 가인에게 하나님은 다음과 같이 말씀하셨다. "**네가 선을 행하면 어찌 낯을 들지 못하겠느냐? 선을 행치 아니하면 죄가 문에 엎드리느니라**"(또는 속죄제가 '문 앞에' 엎드리느니라: 창 4:7). 그리고 아벨은 그의 제사를 '믿음'으로 드렸다는 말씀도 덧붙이고 있다(히 11:4).[4] 그리고 성경에 의하면 이 믿음은 언제나 그 근거와 보증을 하나님의 계명 또는 하나님의 권위에 기초하고 있다.

정결하고 그렇지 못한 짐승 사이의 구별은 오직 음식이 아닌 희생 제사의 제물에만 적용되는 것이었고, 전적으로 하나님의 신적 지정에 좌우되는 것이었다. 바로 이것이 원시 시대에 존재하는 것이었고 성경에 계속해서 반복적으로 언급되어 있는 내용이다. 나는 이러한 논증들이 가장 엄숙하고 진지한 종교적 경배의 일부분으로서의 하나님의 희생 제사를 지지한다고 믿는다.

그러나 이것은 전에 계시된 진리들과 함께, 그리고 이어지는 모세의 율법들과 그리스도의 복음에서 가장 명백하게 설명되어질 영적인 중요성이라는 부가적 효과를 양산한다. 왜냐하면 이것이 믿음의 눈으로 볼 때 우리가 지금 성만찬 탁자에서 기념하고 있는 십자가의 희생 제사를 예표하는 성찬과 구세주에 대한 첫 번째 약속, 그리고 '세상 죄를 지고

---

4) **히 11:4** 믿음으로 아벨은 가인보다 더 나은 제사를 하나님께 드림으로 의로운 자라 하시는 증거를 얻었으니, 하나님이 그 예물에 대하여 증거하심이라. 저가 죽었으나 그 믿음으로써 오히려 말하느니라.

가는 하나님의 어린양'의 명백한 상징이 되기 때문이다.

우리는 '믿음'으로 이 희생 제사를 드림으로써 그것이 예표하고 상징하는 첫 번째 약속된 복음 안에서 계시되어진 위대한 진리를 믿게 되는 것이다. 이런 방법으로 오늘날의 예배자가 의롭게 되는 것처럼 당시의 예배자들이 의롭게 되었던 것이다. 그는 이제 하나님의 용서를 받을 뿐만 아니라 하나님의 품으로 받아들여진다. 또한 이뿐만 아니라 그는 아벨이 그랬던 것처럼 '하나님께서 자신을 의로운 자라 하시는 증거'를 얻음으로 확신과 보증을 누리며 즐거워하게 된다. (8)

신적 경배의 영원한 한 부분으로서의 제사 제도에 대한 준수로 말미암아 묘사되고 기념된 구세주에 관한 첫 약속은 바로 다름 아닌 원시 복음이었다. 이것은 전통을 통하여 한 세대에서 다른 세대로 전달되었다. 동시에 그 원시 시대에 살던 사람들은 정결한 상태에서 오래오래 보호되었을 것이다. 그들은 하나님의 영의 지도하에서 믿음으로 가인보다 더 나은 제사를 하나님께 드림으로써 의로운 자라 하시는 증거를 얻었다.

또한 그들은 하나님의 면전에서 의로운 자로 인정을 받은 첫 진리의 순교자였던 아벨이 보여 준 참된 신자의 특성을 형성하는 데 충분했으며, 자신들을 계몽되고 고양된 경건으로 무장하기에 충분했다(히 11:4). "에녹이 하나님과 동행하더니 하나님이 그를 데려가시므로 세상에 있지 않았다"는 에녹의 경우에서도 저가 옮기우기 전에 '하나님을 기쁘시게 하는 자', 또는 '의로운 자'로서 용인되었다고 기록했다(창 5:24 ; 히 11:4,5).

우리는 또한 노아의 경우를 잘 알고 있다. 노아는 '여호와께 은혜를 입은 자'로 기록되었다. 왜냐하면 그는 '의인이요, 당세에 완전하고 정직한자요, 하나님과 동행한 자'였기 때문이다. 결국 그는 '믿음으로 말미암아 의의 후손'이 되었다(창 6:8,9 ; 벧후 2:5 ; 히 11:7).

이 모든 경우들은 약속된 구세주를 믿는 믿음을 통한 은혜로 말미암아 값없이 의롭다함을 받았으며 하나님께서 지정하신 고유의 방법대로 피의 희생 제사를 제단에 드림으로 말미암아 거룩하시고 의로우신 동시에 불경건한 자를 의롭다 하시는 하나님을 경배함으로써 그들의 믿음을 증거하고 확증한 원시 시대의 몇 가지 실례들일 뿐이다. 얼마나 많은 인물들이 그렇게 경배했으며 동시에 얼마나 많은 인물들이 그렇게 경배하지 않았는지는 알 길이 없으며 말할 수도 없다.

그러나 만일 원시 복음이 신령과 진정으로 하나님을 경배하는 모든 신자들에게 칭의를 얻기에 충분한 복음이라고 믿는다면, 그리고 하나님께서 의로우신 하나님과 구세주로서의 당신의 속성을 계속해서 계시하시고 있는 한, 또한 전통에 의해 전달되고 희생 제사에 의해서 상징된 하나님의 약속이 아담의 후손과 그 후손의 후손들의 믿음과 소망의 목적이라고 하면, 그것은 정말 '구원을 주시는 하나님의 위대한 능력'이 되는 것이다.

그것이 모든 이들에게 우주적으로 선포되었기에 유대인과 이방인 사이에는 차별이 없으며 사람과 사람들 사이에도 차별이 전혀 없는 것이다(롬 3:22). 그러나 한 가지 예외가 있는데 그것은 바로 첫 번째 약속 그 자체에 나타난 대로 '여자의 후손'과 '뱀의 후손' 사이에 나타난 차별이다. 이 한 가지 차별을 제외하고 그 어디에도 복음의 차별은 존재하지 않는다. 바로 이 한 가지 차별과 제한, 즉 모든 신자들만 의롭다함을 받고 그 외에는 전혀 의롭다함을 받지 못하는 제한이 오늘날 우리가 사는 시대에도 여전히 동일하게 적용되는 것이다.

불신앙은 가인의 의지적 예배 행위 안에서 이미 계시되었고 점진적으로 전 우주적인 확산을 이루었다. 이윽고 하나님께서는 "사람의 죄악이 세상에 관영함과 그 마음의 생각의 모든 계획이 항상 악함"을 보셨다(창 6:5). 그는 초자연적인 거대한 능력으로 자신을 나타내시기로 결심하셨고, 즉시 '뱀의 후손'에게 '저주'를 언도하시고, '여자의 후손'들이 받을 '은혜'를 선포하신 것과 같이 '경건치 아니한 자들의 세상에 홍수'를 내리시고 이 작은 그러나 매우 소중한 남은 자를 통해 그들이 자신들의 조상에게로부터 물려받았던 하나님의 약속이 전달되고 하나님을 향한 예배가 잘 유지되게 하시기 위해 '큰 구원으로 노아와 그의 가족들을 구원'하셨던 것이다.

홍수 이후에 하나님의 구속 은혜의 목적에 대한 계시는 점진적으로 발전했고 더욱 풍성해지고 명확해졌다. 첫 약속에서, 미래적 구세주는 단순히 '뱀의 머리를 상하게 하실' '여자의 후손'으로 계시되었다. 그러나 이 계시가 하나님의 교회를 통해 전개되는 동안 이 여자의 후손에 대한 인격, 즉 그가 유지해야 할 직임의 본질과 그가 수행해야 할 사역, 그의 백성들을 위해 공급하실 축복들, 그리고 그가 나타나실 시간에 관한 부가적인 정보와 지식들이 제공되었다. 이 '여자의 후손'으로 오실 것이라는 약속 안에서 오실 그분이 바로 사람이라는 존재로 오실 것이라는 사실이 암시되어 있는 것이다.

그러나 후에 그는 아브라함에게 당신을 '전능하신 하나님'으로 계시하셨고 그 후에는 모세에게 '여호와 하나님'으로 나타내셨다. 바로 이 하나님이 떨기나무 불꽃 가운데 모세에게 자신을 계시하신 '아브라함의 하나님, 이삭의 하나님, 그리고 야곱의 하나님'이셨다. 하나님은 모세에게 다음과 같이 말씀하셨다. **"내가 아브라함과 이삭과 야곱에게 전능의 하나님으로 나타났으나 나의 이름을 여호와로는 그들에게 알리지 아니하였고 … 이스라엘 자손에게 이같이 이르기를 스스로 있는 자가 나를 너희에게 보내셨다 하라"**(출 6:3 : 3:14). (9)

홍수 시대 이후 출현한 족장 시대에서 가장 주목할 만한 칭의의 수여자는 다름 아닌 '모든 족속의 조상'이자 종말 시대에 이르기까지 모든 시대의 참된 신자들의 조상이 된 아브라함이다. 이 사실은 오늘날 죄인들의 칭의와 전혀 관계가 없는 것처럼 고립되어 있거나 단 한 번만 기록된 사상이 아니라 오늘날을 사는 우리들에게도 동일한 원리와 진리를 드러내 보이는 모형으로서, 특히 신약성경의 복음 안에 더욱 명확하고 온전히 계시되어 있는 성경에 매우 빈번하게 기록된 사실이다. 이런 이유 때문에 아브라함 그는 '모든 믿는 자의 조상'이라고 불리게 된 것이며 당시의 유대인뿐만 아니라 그리스도인들도 '아브라함의 자손'이라고 불리게 된 것이다.

사도들이 오직 믿음을 통하여 은혜로 말미암는 칭의 교리의 가장 강력한 증거들을 하나님의 은혜와 무조건적인 용서를 받고 의로운 자로 인정된 죄인, 아브라함의 경험이 상세히 기록되어 있는 이 성경으로부터 발전시켜 나가는 이유가 바로 여기에 있는 것이다. 그가 아직 갈대아 땅의 우상숭배자였을 때 하나님께서 당신의 주권적 자비로 아브람을 선택하시고 부르셨다(창 13:1 ; 행 7:2-4 ; 느 9:7).

하나님께서는 그와 언약을 맺으시고 그를 하나님의 '친구'로 불러 주셨다(사 61:8). 오늘날 우리에게 선포되는 그 동일한 '복음'이 아브라함에게 설교되어진 것이다. 더욱이 "그와 그 자손 안에서 모든 족속이 복을 받으리라"는 복된 말씀까지 선포되었다(갈 3:8). 바로 이 복음 안에서 믿음으로 아브라함이 의롭다함을 받은 것이다. 그래서 창세기는 이를 "그가 이를 믿으니 하나님이 이를 그의 의로 여기셨다"고 특별히 기록하고 있는 것이다(창 15:6 ; 롬 4:3 ; 갈 3:6 ; 약 2:23).

아브라함은 하나님을 단순히 율법의 수여자와 통치자, 그리고 심판자로 믿었을 뿐만 아니라 '불의한 자를 의롭다 하시는 하나님'으로 믿었고 "그 안에서 모든 족속이 복을 받는 그 약속된 후손"으로서의 그리스도를 믿은 것이다(롬 4:5). 그래서 우리 주님 자신께서도 "너희 조상 아브라함은 나의 때 볼 것을 즐거워하다가 보고 기뻐하였느니라"고 말씀하신 것이다(요 8:56).

사도들은 칭의 교리의 모든 중대한 요소들을 증거하기 위해 성경에 기록된 이 아브라함의 기사를 사용하기를 주저하지 않았다. 그들은 이 기사를 하나님께서 그의 영감된 말씀을 통하여 하나님 자신에 의해 확증되고 선언되기 이전에 이루어진 참된 칭의 교리의 모형으로 여겼던 것이다. 그럼에도 불구하고 모든 본질적인 면에서 볼 때 이 칭의는 다른 모든 죄인들의 칭의의 그것과 동일하다. 사도들은 특별히 이 기사를 유대인들의 그릇된 견해를 대적하기 위해 아래와 같은 다섯 가지 논제를 사용했다.

첫째로, 그는 행위가 아니라 믿음으로 의롭다함을 받았다는 것이다. 왜냐하면 "일하는 자에게는 삯이 은혜가 아니고 빚으로 여겨지지만 일을 안해도 경건치 아니한 자를 의롭다 하시는 이를 믿으면 그의 믿음이 의로 여겨지기 때문"이다(롬 4:4,5).

둘째로, 믿음으로 말미암아 의롭게 된 그는 결과적으로 은혜로 의롭게 된 자라는 것이다. 왜냐하면 의롭게 되는 것이 "은혜에 속하기 위하여 믿음으로 되는 일"이기 때문이다(롬 4:16). 따라서 믿음 그 자체나 혹은 그 믿음의 어떤 열매라도 그것 자체가 하나님의 칭의와 용인을 받는 공로적 원인이 되거나 근거가 되는 것은 전혀 아니다.

셋째로, 오직 은혜로 말미암아 믿음을 통해 의롭게 되었기 때문에 그에게 칭의가 온 것은 율법 때문(율법으로 말미암음)이 아니요, 약속 때문(약속으로 말미암음)이라는 것이다. 왜냐하면 "만일 유업이 율법으로 말미암으면 더 이상 약속이 아닐 텐데 하나님께서 아브라함에게 그것을 약속으로 주셨기 때문"이다. 또한 "만일 율법에 속한 자들이 후사이면 믿음은 헛것이 되고 약속은 폐하여지기 때문"이다(갈 3:18 ; 롬 4:14).

넷째로, 하나님의 무조건적 약속 안에서 믿음으로 말미암아 의롭다함을 받았기 때문에 그는 할례나 다른 그 어떤 외적인 특혜로 받은 것이 아니라는 것이다. 왜냐하면 "이 행복이 오직 할례자에게만이 아니라 무할례자에게도 임하는 것이요, 아브라함이 할례시가 아니라 무할례시에 의롭다함을 받았고 아브라함이 받은 할례의 표는 이 믿음으로 된 의를 인친 것"이기 때문이다(롬 4:9-11).

다섯째로, 하나님의 약속 안에서 오직 은혜로 말미암아 믿음을 통하여 의롭다하심을 얻었기 때문에 아브라함은 자랑하거나 의기양양해할 근거나 자의(自義)를 확신할 기초를 갖고 있지 않다는 것이다. 왜냐하면 "만일 아브라함이 행위로 의롭다하심을 얻었으면 자랑할 것이 있었겠지만 하나님 앞에서는 전혀 자랑할 것이 없었기 때문"이다. 그가 의롭다함을 받은 것은 "법으로나 행위로가 아니요 오직 믿음의 법으로 말미암은 것"이기 때문이다(롬 4:2 ; 3:27).

아브라함의 성경적 기사로부터 연역(演繹)된 이러한 다섯 가지 논제들은 사도 시대의 유대인들과 사도 시대 이후 기독교회에서 발생한 칭의 교리에 대한 거의 모든 오류들을 배격하고 차단해 줄 것이다. (10)

아브라함을 계승한 다른 족장들도 역시 갱신된 동일한 약속을 소유했으며, 또한 믿음으로 말미암아 의롭다하심을 받았다. 그들은 약속된 후손의 직접적인 계보를 형성하는 특별한 특권과 소망을 부여받은 것이다. 그러나 여기에는 육적인 아브라함에 속하지 않는 '지극히 높으신 하나님의 제사장'과 '그리스도의 뛰어난 예표'로서의 멜기세덱과 같은 참된 신자들도 있었다(창 14:18 ; 히 7장 ; 시 110:4 ; 히 5:6).

뿐만 아니라 하나님께서 자비를 베푸신 '의로운 롯'(창 19:16 ; 벧후 2:7,8)도 있었고, 여호와 하나님께서 자신을 계시하시고 그의 마음을 '온전한 마음'이라고 인정해 주신 아비멜렉(창 20:6)도 있었으며, 순전하고 정직하며 하나님을 두려워하고 악을 떠나 "혹시 내 아들들이 죄를 범하여 마음으로 하나님을 배반했을까 하여" 그의 자녀들을 위해 계속적인 '번제를 드린' 욥(욥 1:1,5)도 있었다.

위의 인물들은 모두가 다 혈통적인 아브라함의 자손들이 아니었으며, 하나님의 특별하신 약속으로서의 언약을 직접적으로 맺은 사람들이 아니었음에도 불구하고 하나님으로부터 받아들여진 참된 신자들이었다. 그러나 그들은 모두 구세주의 첫 약속을 공유한 사람들이며 하나님의 계시된 거룩한 속성으로서의 여호와 하나님을 경배하고 그의 제단에 희생 제사들을 드림으로써 그 믿음을 증거했다. 이러한 신자들은 유대인과 이방인 사이의 구별이 처음 나타나던 시기에도 그들의 특권과 소망을 빼앗기거나 박탈당하지 않았다. (11)

구약 시대에 있어서 칭의의 역사에 대해 다음으로 중대한 시기는 모세의 시대와 시내산에서의 율법이 선포되던 시대였다. 족장 시대의 체계와는 많은 국면에서 다른, 그러나 여전히 하나님의 자비하심의 목적을 발전시키고 때가 차매 그 목적을 성취시킴에 있어서 합당하게 설계된 새로운 질서 체계와 법이 선언된 것이다. 성경 여러 곳에 다양하게 기록된 이 새로운 법은 다음과 같은 두 가지 독특한 국면에서 생각하지 않으면 바로 이해되어질 수 없다.

첫째로, 그것은 연속성의 조건하에서 유대인들의 직접적이고 즉각적인 사용을 위한 종교와 통치 체계로서 이해되어져야 한다.

둘째로, 그것은 그 임시적이고 유한적인 목적이 성취될 그때 대체될 또 다른, 그리고 더 나은 법을 위한 계획으로서 이해되어져야 한다.

이 법은 무엇보다도 먼저 아브라함과 그의 후손들에게 주시기로 약속했던 그 땅에 나라를 세우게 될 유대인들의 훈계를 위해 주어졌다. 그리고 둘째로, 그것은 법을 통한 훈련과 교육과정을 통해 '그 안에서 땅의 모든 족속이 복을 받으리라'는 그분의 오심을 준비하기 위해서 주어진 것이다.

그들은 '아버지께서 지정하신 시간이 이르기까지 교사와 통치자들'에 의해 교육을 받게 된 것이다. 그래서 "율법은 그들을 믿음으로 의롭다 하심을 받게 하기 위하여 그리스도께로 인도하는 몽학선생(schoolmaster)"이 된 것이다(갈 4:2 ; 3:24). 이 같은 이유로 이 법은 몇 가지의 성격을 띠게 되었다. 모세로부터 온 '율법'이 아브라함에게 주어진 '약속'에 부가된 것이 그것이다. 이것은 전적으로 복음적인 것도 아니요, 그렇다고 전적으로 법적인 것도 아니다. 그것은 복음을 포함하고 있는데 율법이 "인간의 범법함을 인하여 약속하신 자손이 오시기까지 더해진 것"이다(갈 3:19).

율법의 더함은 약속을 믿는 믿음을 율법에 대한 순종으로 대치함으로써 죄인의 칭의의 근거나 방법을 변경하기 위한 것이 아니다. 율법은 근본적으로 '생명을 위한 것으로 제정'되었으나 죄로 말미암아 '죽음에 이르게 된 것'이다.

그러나 이 율법이 '더하여'졌는데 시내산에서의 천둥과 번개를 동반한 무시무시한 상벌을 나타내는 율법으로 말미암아 하나님의 거룩하심과 공의로우심에 대한 인식과 감각을, 하나님께 보여 드려야 할 순종의 영성과 범위를, 극악무도한 그들의 엄청난 죄악들을, 그리고 만일 그들이 하나님의 은혜의 무조건적인 약속으로 즉시 피하지 않으면 하나님의 저주와 진노를 결코 피할 수 없는 그들의 전적 타락과 무능력을 그들을 통하여, 그리고 크게는 전체 교회들에게 각인시키기 위하여 이 율법을 새롭게 재가하신 것이다.

그러므로 신자들은 율법 아래서 행위로가 아니라 믿음으로 의롭다함을 받은 것이다. 믿음으로 그들은 '아브라함의 자손'이 되었으며 '동일한 약속으로 그와 아브라함과 함께 후사가 된 것'이다.

국가적 언약으로 간주되는 율법에 대해서는 가나안 땅에 대한 그들의 계속적인 소유가 인정되는 한 그 율법에 대한 그들의 외면적인 순종에 좌우되어야 했다. 그래서 그들의 임시적이며 제한적인 복지가 율법에 대한 계속적인 고수와 순종에 조건되어 있음을 볼 때 이 율법은 국가적 행위 언약이라 불리는 것이다. 그러나 바로 이 국면에서 볼 때 율법은 각 개인의 영적 구원과는 관계가 없는 것이다.

만일 그렇지 않다면 그들이 은혜의 수단들과 외적인 특권들을 획득하거나 상실할 경우에 따라 그들 각 개인들의 구원도 획득되거나 상실할 수 있게 될 것이다. 또 다른 견지에서 볼 때 율법이 하나님의 진리 체계의 원리들 안에서 유대인 개인들을 교훈하고 있기에 이것은 원 행위 언약을 다시 나타내 보인 것과 같은 것으로 간주될 수 있을 것이다. 사도 바울의 서신들에는 이 사실이 명백하게 표현되어 있다. (12) 이런 점에서 볼 때 율법은 죄인들의 칭의가 아니라 죄인들의 죄의 확신과 정죄를 위해 계획된 것이다.

후에 그리스도의 사도들에 의해서도 율법의 행위로 말미암는 칭의의 불가능성을 증명하기 위하여 이 율법의 기능은 동일한 방식으로 사용되어졌다. 뿐만 아니라 그들은 다른 종류의 의, 즉 믿음으로 말미암는 믿음의 의의 필요성을 강력히 주장했다. 그리고 이와 동일한 목적으로 이 믿음의 의는 계속해서 모든 신실한 복음 설교자의 양심에 적용되고 있는 것이다.

행위 언약의 재(再)전시로서의 율법을 모두 고찰해 보면 그것이 '두려움으로 인도하는 종의 영'을 산출하는 경향을 가지고 있다는 것과 만일 율법이 은혜의 약속과 하나님의 계시의 목적과 관련되지 않았다면 오직 '두려움의 영'만이 율법이 끼치는 유일한 영향이 되었다는 것이다.

그러나 먼저 아브라함에게 선포되었던 복음이 '하나님께서 베푸시는 용서의 역동적인 이해'를 수여하기 위해 알려지고 믿어지게 될 때 죄의 깨달음과 확신은 양심의 가책이 회개로 바뀌는 진정한 깨달음과 뉘우침이 될 것이다. 그렇게 되면 율법은 우리의 양심에 그 사역을 완전하게 수행한 것이 되며 약속된 구세주를 우리 마음 속에서 더욱 기쁘게 영접하게 할 것이다.

따라서 모세의 율법은 그 형식이 어떠하든지 간에 의심의 여지 없이 은혜 언약의 시행을 뜻하고 있는 것이다. 아브라함에게 주신 약속을 대치하거나 그것을 '폐하고 영향력 없게 만드는 대신' 오히려 율법은 이 약속 위에 굳게 세워졌으며 이 약속을 수행하기 위하여 계획되었다. 이 율법 안에, 그것에 선행했던 모든 하나님의 진리들이 요약되어 있는 것이다.

그것은 또한 원시 시대와 족장 시대 때 제정된 안식일, 제사, 할례 등과 같은 제도들을 채택하고 있다. 그것들이 그 자체로 독특한, 즉 '수고하게 만드는 무거운 짐'과 같은 종교적인 관례와 의식들을 준수하게 하는 엄청난 의식들을 더하고 있음에도 불구하고 그것들은 모두 영적 복지를 위한 중대한 상징들이자 전형적인 모형들이었다. 그러므로 예시되어 있는 기호 저편에 있는 상징들과 본질에 대한 그림자로서의 모형을 바라볼 수 있는 신자는 구약 시대의 교회들 안에 제정된 모든 의식들을 통하여 그리스도를 발견할 수 있고 그분을 통하여 약속에 계시된 대로 하나님의 용서와 용인을 받을 수 있는 것이다.

그러하기에 경건한 이스라엘 백성들은 오늘날의 그리스도를 믿는 신자들처럼 오직 은혜로 말미암는 믿음을 통하여 의롭게 된 것이다. 따라서 영적으로 바르게 이해하자면, 하나님의 율법은 죄를 깊이 깨닫게 해 주었다. 그리고 죄를 덮어 줌과 의식적이며 형식적인 오염을 제거해 주는 하나님의 의식들(rituals) 속에서 나타나고 구체화된 하나님의 약속은 대속과 속죄에 기초한 하나님의 구원 방법을 지시했고, 하나님의 자비하심에 대한 신뢰와 그의 은혜로우신 용인에 대한 소망을 생산했던 것이다.

다가오는 더 나은 것들의 모형으로서의 이러한 의식들의 예견되는 성격들, 즉 '죄를 없이 하지 못하는' 철저한 결핍과 '모든 사람을 양심에 거리낌 없이 완전한 자로 만들어 주기에 철저히 부족한' 성격들은 그들의 사고와 생각을 약속된 후손에 의해 구속 사역이 실제로 성취되어지

는 그때를 온전히 바라보게 만들었던 것이다. (13)

율법하에서도 사람들에게 율법을 교훈하기 위해, 그러나 그 안에 나타난 구세주의 약속을 상세히 설명하기 위해, 그리고 미리 예표된 모형으로서의 이 구세주가 지니는 영적 중요성을 해석하기 위해 일어난 일련의 선지자들을 통하여 하나님의 목적과 구속 은혜의 계획에 대한 구원이 제공되었다. 선지자들의 연속적인 선언과 선포는 이 의미의 위대한 정수와 정확성을 묘사한 것이다.

예언이 진보할수록 이 약속된 구세주의 인성과 사역에 대한 묘사는 더욱 완전해지고 명확해졌다. 이것은 율법하에서 전형적인 사역과 직임들이 완전히 제정되고 정례적인 것으로 확정되었을 때였던 다윗과 사무엘 시대에 이르러서 급작스럽고 현저한 발전을 보았다. 그것이 왜 다윗이 그를 가리켜 그 안에 선지자, 제사장, 그리고 왕직이라는 전형적인 직임을 의미하는 기름부음 받은 자가 합병되어 있는 '그리스도'라고 부른 이유가 되는 것이다(시 45:7 ; 110:4).

후에 이사야는 그를 "우리 죄악을 인하여 상하시고 우리의 허물을 인하여 찔리신", "슬픔과 질고를 아는 자"로 묘사했다. 이사야는 그분이 "죄를 위하여 자신의 영혼을 희생 제사로 드리신 분"이라고 했는데, 그것은 "여호와께서 우리의 모든 죄악을 그에게 담당시키셨기 때문"이라고 했다. 그는 계속해서 그의 백성들의 칭의에 관계된 그분의 구속 사역에 대해 "의로운 종이 자기 지식으로 많은 사람을 의롭게 하며 그들의 죄악을 친히 담당하실 것"이라고 했다. 결국 "의와 힘은 여호와께 있나니 이스라엘 자손들은 여호와로 의롭다함을 얻고 자랑할 것"이라고 말했다(사 53:3,5,6,10,11 ; 45:24,25).

예레미야도 그분에 대해 '그 이름은 여호와 우리의 의라 일컬음을 받을 것'이라고 말했다(렘 23:6). 스가랴는 그분에 대해 '여호와의 짝'이시며 '그 이름은 가지'이고 '목자'이시며 '그 옥좌의 제사장'이시라고 말했다(슥 13:7). 다니엘도 그분을 기한이 차면 "지극히 거룩한 자가 기름부음을 받게 되는 메시야"로 보았는데, 이때는 바로 '죄가 끝나며 죄악이 영속되고 영원한 의가 드러날 때'라고 했다(단 9:24).

그러므로 '예수님의 증거는 대언의 영'이시고(계 19:10), '모든 선지자들이 그를 증거'하며 그의 이름을 통하여 '그를 믿기만 하면 누구든지 죄 용서함'(행 10:43)을 받게 되기 때문에 칭의의 복음적인 방법이 '율법과 선지자들에 의하여 증거'된 것이다(롬 3:21). 예수님이 오셨을 때 율법의 대표인 모세와 선지자들의 대표인 엘리야가 하늘로부터 강림해서 예수님과 함께 "장차 예수께서 예루살렘에서 별세하실 것"에 대한 대화를 나누었다(눅 9:31). 그리고 나서 그의 부활 후에 "모세와 선지자의 글로 시작해서 모든 성경에 기록된 그에 관한 말씀을 자세히 설명"하셨다(눅 24:27).

점진적으로 계시된 이 진리들은 유대교회의 믿음과 경건의 근원이다. 모세와 다윗 시대를 지나서 메시야와 그리스도로 알려진 약속된 후손의 직무와 사역과 관계해서 이 진리들이 더 상세하게 설명되었을 때, 율법이 지시하고 있는 모든 성직과 희생 제사들은 이스라엘 백성들에 의해 그 자신이 희생 제사를 드림으로써 죄를 없애시려는 오실 그분의 '모형들'과 '예표들'로 간주되었다. (14)

그러나 그들은 이 진리를 단순히 다가올 미래에만 관련시키지 않았다. 그들은 당시 모든 믿는 이스라엘 백성들에게 교회 안에 나타나는 소중하고 풍성한 이 복음적 교훈, 특히 그들의 경험의 놀라운 기록들인 시편에 잘 나타나 있는 복음적 교훈들을 제공했던 것이다. 그렇기 때문에 칭의의 복음적 교리의 모든 요소와 국면들이 미리 예감되고 구약 시대 신자들의 예배와 믿음을 통해 놀랍게 계시되었다고 말하는 것은 조금도 이상한 일이 아니다.

죄에 대한 동일한 고백이 나타나 있는 부분이 있다. '의인은 없나니 하나도 없다'는 것이 그것이다(시 14:1). 또한 죄악과 과실에 대한 동일한 확신이 그것이다. '여호와께서 죄악을 감찰하실진대 아무도 설 자가 없다'는 것이다(시 103:3). 또한 하나님의 공의로운 심판을 두려워하는 동일한 마음이 그것이다. "주의 분으로 나를 견책(譴責)하지 마옵시며 주의 진노로 나를 징계하지 마옵소서"(시 6:1).

또한 하나님의 율법으로 말미암은 피할 수 없는 정죄에 대한 동일한 인식이 그것이다. "주의 종에게 심판을 행치 마소서", 왜냐하면 "주의 목전에는 의로운 인생이 하나도 없기 때문"이라는 것이다(시 143:2). 또한 과분한 자비에 대한 진지한 간구하심이 그것이다. **"하나님이여 주의 인자를 좇아 나를 긍휼히 여기시며 주의 많은 자비를 좇아 내 죄과를 도말하소서"**(시 51:1).

또한 계시되어진 의로우신 하나님과 구세주를 믿는 동일한 믿음이 그것이다. "여호와는 선하시고 정직하시니 그 도로 죄인을 교훈하시리라"는 것이다(시 25:8). 또한 사면과 화목 안에서의 안식에 대한 소망이 그것이다. "여호와를 바랄지어다", 왜냐하면 "여호와에게 인자하심과 풍성한 구속이 있기 때문"이다(시 130:7). 또한 하나님의 이름을 부르는, 혹은 하나님의 완전한 영광을 위한 기도와 탄원이 그것이다. 왜냐하면 "나의 죄악이 중대하니 주의 이름을 인해 사함을 받을 수 있기 때문"이다(시 25:11).

또한 믿음으로 말미암는 기쁨과 화평이 그것이다. 왜냐하면 "즐거운 소리를 아는 백성은 복이 있으며 주의 얼굴빛에 다니며 종일 주의 이름으로 기뻐하기 때문"이다(시 89:15,16). 또한 하나님과 그의 약속 안에서의 동일한 믿음이 그것이다. 왜냐하면 "내가 여호와의 인자하심을 영원히 노래하며 내 입으로 대대에 주의 성실하심을 알리기 때문"이다(시 89:1,2).

또한 죄인들의 구주에 대한 동일한 믿음이 그것이다. 왜냐하면 "그 아들에게 입 맞추지 아니하면 진노하심으로 너희가 길에서 망하기 때문"이다(시 2:12). 또한 그들 자신의 의가 아닌 다른 의에 대한 동일한 확신과 신뢰가 그것이다. 왜냐하면 "우리를 보지 말고 주의 기름부으신 자의 얼굴을 보시라"고 고백하기 때문이다(시 84:9). 또한 하나님을 향한 동일한 인내와 소망스러운 기다림이 그것이다. "나의 영혼아 잠잠히 하나님만 바라라", 왜냐하면 "나의 소망이 저로 좇아 나기 때문"이다(시 62:5-8).

우리 모두는 단순히 인간의 영적 생활과 체험의 기록으로 여겨지는 구약성경이 현존하는 고대 사상과 문서 가운데 가히 비길 데 없으며 감히 비교할 것이 없는 거룩한 성경임을 깨달아야 한다. 복음과 그리고 그 복음 안에 있는 믿음 말고 그토록 독특한 특성과 초자연적이며 신적인 본질을 수여하는 것이 무엇이겠는가?

시편이 기록하고 있는 기독교회의 예배로서의 모든 회개와 믿음과 소망의 표현들을 충만하게 해 주는 것이 복음 말고 무엇이겠는가? 만일 복음이 지금처럼 구약 시대에도 '구원을 주시는 하나님의 능력'으로 알려지거나 믿어지지 않았다면 사도들 자신들이 무엇 때문에 "믿음으로 말미암아 뛰어난 명성을 얻은 그토록 긴 믿음의 조상들"의 목록을 열거하면서까지 오직 은혜를 통해 믿음으로 말미암는 무조건적인 칭의 교리를 굳게 세우기를 원했겠는가?(히 11장)

그리고 또한 복음이 지금처럼 구약 시대에도 '구원을 주시는 하나님의 능력'으로 알려지거나 믿어지지 않았다면 왜 사도들이 그토록 많은 아브라함과 다윗의 경험들을 인용하고 기록했겠는가?(롬 4장)

그러기에 유대인들의 전 역사를 통하여 오직 은혜를 통해 약속된 구세주를 믿는 믿음으로 말미암는 죄인들을 위한 칭의가 제공되었던 것이다. 그리고 그 유대 역사의 말기에서도 역시 우리는 이 칭의의 영적인 의미를 이해했고 '예루살렘' 안에서의 구속을 대망했던 어떤 참된 신자들이 '이스라엘의 위로'를 기다리고 있었다는 사실을 발견하게 된다.

사가랴와 엘리사벳, 그리고 예수의 어머니와 시므온과 안나는 그토록 대망하고 갈망했던 구세주가 오셨을 때, 그분을 기쁘고 즐겁게 환영했으며 심령 속에서 우러나오는 찬양으로 그들의 믿음을 기쁘게 노래했던 것이다(눅 1:5-24,26-56,67-80 ; 눅 2:25-38). 이들이 그리스도의 출현과 도래를 하나님의 언약적 '약속'과 관계시키고 그들의 조상 아브라함에게 맹세하신 맹세와 연관시킨 것은 정말 놀라운 일이 아닐 수 없다.

마리아는 장엄한 마리아 송가로 잘 알려진 노래를 다음과 같이 기쁘게 노래했다. "**우리 조상에게 말씀하신 것과 같이 아브라함과 및 그 자손에게 영원히 하시리로다**"(눅 1:55). 또한 사가랴는 그의 말씀을 성취하시는 여호와의 신실하심을 다음과 같이 노래했다. "**이것은 주께서 예로부터 거룩한 선지자의 입으로 말씀하신 바와 같이**"(눅 1:70) 이 믿음의 노래들은 유대 종교가 막 사그라져 갈 때 울려 퍼지는, 우리 귓가에 들리는 아름다운 합창과도 같다.

또한 그들은 이 노래를 통하여 '때가 차매' 시작된 새롭고 더 나은 시대의 개막을 알리는 한편, 살아 있는 경건의 증거를 통하여 구약성경이 여전히 그리스도 안에서 계속해서 효력을 발생하고 있는 사실을 제공하고 있는 것이다. 말라기 선지자 이후 중단되었던 예언의 영이 이제 회복된 것이다.

그리고 오랫동안 침묵해 있던 먼지 쌓인 피아노 같았던 유대 종교는 하나님의 전능하신 섭리의 손길을 통해 다시 한번 활력을 얻었고, 그 피아노 악보의 마지막 음표는 결국 우리 주 예수 그리스도의 영광을 널리 찬양하고 있는 것이다.

제2강

사도 시대의 칭의 교리의 역사

　우리는 이제까지 구세주의 첫 약속이 주어졌던 날부터 '때가 차매' 하나님께서 그의 아들을 보내실 때까지 모든 참된 신자들이 이 칭의의 특권을 누려 왔음을 살펴보았다. 그러나 슬프게도 시간이 흐름에 따라 이 신성한 하나님의 교리가 유대인과 이방인 사이에서 심각하게 부패되고 변질되었음을 발견하게 된다.
　우리는 복음이 이방인과 유대인에게 전해졌을 때 이방인뿐만 아니라 유대인들 사이에서조차도 이 교리가 어떻게 변질되었는지, 그리고 그들의 견해가 무엇인지에 대하여 관심을 기울일 필요가 있다. 이것을 다루는 우리의 방법은 우리 주님께서 그의 공생애 사역 동안 그들의 치명적인 오류와 실수들을 다루셨던 동일한 방법이 될 것이며, 후에 그의 사도들에 의해서 다루어졌던 동일한 방법이 될 것이다. 그리고 우리는 이 시대의 교회 안에서 발생했던 본 주제에 관한 심한 논쟁, 즉 한편으로 유대주의 교사들의 영향과 또 다른 한편으로 이방인에 의해 도입된 철학을 다룰 것이다.
　'때가 차매' 하나님의 복음이 선포되어졌을 때 하나님 앞에서 이방인들과 유대인들에게 전해진 칭의의 주제에 대한 진술은 그것이 우리 주님과 그의 사도들이 선포한 교훈을 설명해 주기 때문에 특별한 주의를 기울이며 살펴보아야 하겠다.

죄인들을 위한 하나님의 칭의 교리는 태초부터 구세주의 약속뿐만 아니라 중대한 희생 제사 체계와 연관되어 있었다. 그리고 이러한 관련은 두 가지 측면에서 모든 인류에게 우주적이며 일반적이었다. 첫째로, 옛 세상의 첫 조상 아담이, 둘째로, 새로운 세상의 첫 조상 노아가 모두 하나님과 언약을 맺었기 때문이다. (1)

당시에는 아직 이방인과 유대인 사이에 차별이나 분리가 없었으며 하나님의 계시는 모든 인류에게 동일하게 유효한 것이었다. 이것은 처음부터 아버지가 아들을 통하여, 시대를 거듭하여 구전을 통해 전달되어졌다.

죄와 다가오는 심판으로 말미암아 우리의 양심에 본능적으로 각인된 것으로서, 하나님의 의로우심과 선하심의 증거로서의 하나님의 섭리의 경험으로서, 그리고 직접적인 복수 대신 그 심판의 유예 상태에 진입하게 하는 중대한 표시로서의 희생 제사의 실제적인 준수와 연관되어 있는 이 계시된 구세주의 약속을 믿고 얼마나 많은 사람들이 회개를 했는지, 얼마나 많이 '하나님을 찾고 구했는지' 우리는 알 수도 없고 말할 수도 없다.

그러나 우리는 계시의 여명이 밝아오던 아침에 하나님의 영이 이 기초적인 진리들을 많은 죄인들의 양심과 심령에 적용했을 것이라고 확실히 믿는다. 그러므로 더러는 경건하고 거룩한 슬픔 가운데 그들의 죄를 회개하고 약속된 구주를 통하여 제공되는 하나님의 긍휼하심의 자비를 믿고 소망했을 것이다. 단지 죄인들을 위한 오직 한 가지 방법의 칭의만 있었지만, 그것을 사람들의 영혼에 적용함에 있어서는 '많은 다양한 행정적 시행'이 있었다.

그리고 그것들의 유효성의 많은 질문들에 대해서는 누구든지 하나님의 용서를 받고 하나님으로부터 용인된 모든 시대 모든 나라 사람들은 반드시 하나님의 은혜로 선택되어지고 그리스도의 보혈로 구속되었으며 그 하나님의 성령으로 새롭게 된 사람들임을 말하는 것만으로도 그 대답은 충분할 것이다. 그러나 슬프게도 이 구세주의 첫 약속과 하나님을 향한 경배 체계의 일부분으로서의 희생 제사의 참된 중요성이 엄청나게 왜곡되었고 무시되었다. 결국 희생 제사의 외적인 의식들이 계속 시행될 동안 그것은 많은 부분에 있어서 복음 진리의 참된 지식으로부터 이탈했고 시간이 흐르면서 그것은 근사하지만 우울하고 더러운 미신과 우상 체계로 전락해 버리고 말았던 것이다.

그러므로 모든 시대 모든 나라의 사려 깊은 사람들이 하나님과 인간의 관계와 하나님의 심판과 진노하에 있는 인간의 미래에 대한 위대한 질문들을 던졌음은 의문의 여지가 없는 사실이다. 이방인들뿐만 아니라 유대인들도, 헬라인들뿐만 아니라 야만인들도, 도시인들뿐만 아니라 미개인들도 이러한 형태의 종교적 예배를 준수했을 것이며, 결국 그들 모두는 보이지 않는 어떤 권세와 능력과 관계된 그들과의 관계를 떠올렸을 것이다.

그들의 종교적 견해들과 준수들은 의심의 여지 없이 그들의 선조들로부터 유전으로 물려받은 것이다. 그것들은 그들 자신의 본능적인 양심과 그들 경험의 암시적인 사실들을 통하여 보존되고 유지되어야 했던 것들이었다. 많은 고통받는 영혼들이 두려운 죄의식을 완화시켜 주고 무시무시한 심판을 돌이키게 해 주는 수단의 필요성을 느꼈을 것이다.

그리고 발락이 구했던 동일한 종류의 구원에 대한 소망을 간절히 찾았을 것이다. "내가 무엇을 가지고 여호와 앞에 나아가며 높으신 하나님께 경배할까. 내가 번제물 일 년 된 송아지를 가지고 그 앞에 나아갈까. 여호와께서 천천의 수양이나 만만의 강수 같은 기름을 기뻐하실까. 내 허물을 위하여 내 맏아들을, 내 영혼의 죄를 인하여 내 몸의 열매를 드릴까"(미 6:6,7).

죄책감을 동반하는 양심이 소리를 지르는 이러한 안절부절못하는 질문들은 심지어 이방 세계까지를 포함하는 많은 사람들에게 영향을 미쳤으며, 그것들은 세상의 모든 족속들에게 영구한 짐승 제사의 필요성을 계속해서 요구하고 있다. 엄청난 죄악을 범했을 때, 혹은 주목할 만한 재앙들이 도래했을 때 그들은 하나님의 진노를 피하기 위한 비상한 수단들을 의지해야 했다. 그들은 몸을 씻고 깨끗하게 정화하며 삼베를 입고 재를 뿌리며 금식하면서 공적인 회개와 고백, 그리고 기도에 전념했다. 또한 그들은 그들의 소유물 중에 값비싼 희생 제사를 하나님께 드렸으며, 심지어 그들의 아들과 딸들조차 아끼지 않고 번제로 드렸다(욘 3:5,6). (2)

이런 이방 제사와 예배에는 이러한 슬프고도 야만적인, 그러나 매우 인상적인 종교적 열심이 있었다. 이는 결국 모든 시대 모든 장소에 존재했던 가장 무지하고 원시적인 족속들에게도 발견되는, 살아 있으며 역동적인 양심의 기능에 대한 심오한 진리들, 즉 죄의 사실, 하나님의 진노, 그리고 하나님의 형벌의 응보들로 가득 차 있다는 것을 우리에게 알려 주고 있다. 이러한 진리들은 변함없이 죄에 대한 속죄, 정의에 대한 만족, 용서를 보장해 주는 대속적 수단들, 또는 적어도 형벌을 받지 않는 상태를 우리에게 암시하고 있는 것이기도 하다.

사실 많은 사람들이 단순히 그들의 조상들로부터 물려받은 전통적인 관습의 준수로서 이 희생 제사에 참여했으리라는 것은 그럴듯하지 않다. 또한 그들은 전혀 종교와 경건에 관심이 없고 육적인 삶을 사는 동시에 헛된 안전에 만족하며 살면서 그들 나라의 전통들을 준수하지도 않았을 것이다. 이와 동시에 거룩하시고 의로우신 하나님에 관한 지식이 없었던 곳에는 죄에 대한 정확한 확신에 대한 만족할 만한 해답이 존재하지 않았으며, 동시에 '인간이 어떻게 하나님 앞에 의로우랴?'는 질문에 대한 확실한 대답도 가능하지 않았을 것이다.

그러나 좀더 개화된 부류의 사람들에게는 대중적인 종교가 일반적으로 미신으로 간주되어 멸시와 조롱의 대상이 되었다. 그들 나라의 현인(賢人)들은 자신들의 국가의 관습과 법칙들을 거의 맹종하다시피 했던 것이다. 여러 종류의 철학은 모든 문제에 대한 그들 고유의 이론들을 가지고 있었고 온갖 철학자들은 심오한 관심사들과 중요한 문제들을 사색하는 데 열중했다.

그들은 우주의 구성, 즉 자연의 기원에 대해서 논했다. 그들은 제1원리, 즉 신들의 본질에 대해서 논했다. 그들은 인간의 존재 목적과 최고

선, 즉 도덕적 차이에 대한 본질과 기초에 대해서 논했다. 그들은 또한 행복의 여러 법률들과 조건, 즉 자유의지의 범위와 한계에 대해서도 논했다. 그들은 운명의 능력, 즉 우연의 범위에 대해서, 그리고 죽음 이후의 세계의 삶에 대한 중대한 문제 등에 대해 토론했다.

그들은 둔하고 어렴풋한 지식의 빛으로 인간의 마음을 점령하고 있는 어려운 문제들과 씨름하고 있었던 것이다. 그들은 어느 정도 지성의 능력으로 이 문제들을 고찰했고 진지하고도 간절한 마음으로 이 문제들을 생각했다. (3) 그러나 그들 중 어떤 이들은 무신론자였고 또 어떤 이들은 범신론자들이었으며 또 다른 이들은 쾌락주의자들이었다. 그들은 모두 하나님의 존재를 인정했지만 하나님의 섭리적·도덕적 통치는 부인하는 자들이었다.

자연종교의 모든 진리들을 신봉하며 도덕적 미덕의 원리들을 고상하게 강론하는 어떤 이들은 그들과 하나님과의 관계에 대한 희미하고 의심스러운 견해들을 가지고 있으며, 하나님의 통치하에 있는 그들의 미래에 대해서도 바른 지식을 가지고 있지 않았다. 정확히 말하자면 그들은 명확한, 그리고 단정적인 칭의 교리를 가지고 있지 않았던 것이다.

만일 그들이 사면과 용인에 대해 생각한 적이 있다면 그것은 주로 다음과 같은 세 가지 희망에 근거하고 있는 것일 뿐이다. 그것들은 첫째로 하나님의 온화함, 둘째로 회개의 효능, 셋째로 개인적 올바름의 공로에 관한 것이다. 이 점에 있어서 특별히 스토익 학파의 교만한 자아-충족성 안에서, 그리고 하나님 자신으로부터 독립된 인간의 덕을 강조하는 현대 인간의 마음에 너무나도 자연적인 펠라기우스주의의 요소를 내포하고 있기 때문에 교육받은 유식한 이방인의 교리 역시 소시니안주의자들의 그것과 본질적으로 동일한 것이다. (4)

유대교회에 관한 한 오직 은혜를 통한 믿음으로 말미암는 칭의 교리가 전적으로 사멸한 것은 아니었지만, 슬프게도 그 역사의 후기 시대에 이르러 왜곡되고 부패하였다.

유대인들과 논쟁했던 칭의 교리에 관한 사도들의 추론은 주로 구약성경에 계시된 교리와 관계되어 있다. 이 교리를 영감된 권위를 고려하지 않고 단순히 구약에 기록된 모든 사실로부터 논리적으로 연역(演繹)한 과정으로 간주한다면, 이 교리는 인간이 저술한 모든 저작 중에서 가장 최종적이며 일관성 있는 결정적인 표본 중 하나가 될 것이다. 이 교리는 약속(에판겔리아), 율법(노모스), 그리고 복음(유앙겔리온)의 관계 속에서 광범위하게 발견된다. 인간의 무죄 상태에서는 율법이 먼저 오고 그 후에 약속이 왔다. '이것을 하라'는 것이 교훈적인 명령이었으며 '그러면 네가 살리라'가 약속된 복이었다. 그러나 약속은 이 명령의 순종 여부에 따라 좌우되었고, 결국 인간의 범죄함으로 인해 약속을 상실하고 말았다.

그러나 인간의 타락으로 말미암은 유죄상태하에서는 약속이 먼저 왔고 시간이 많이 흐른 후에 율법이 추가되었다. 그리고 때가 차매 약속뿐만 아니라 율법의 성취로서의 복음이 선포되었다. 약속은 그들의 유혹자에게 선고된 저주를 동반한 채 인간의 조상에게 먼저 찾아왔다. **"내가 너로 여자와 원수가 되게 하고 너의 후손도 여자의 후손과 원수가 되게 하리니, 여자의 후손은 네 머리를 상하게 할 것이요, 너는 그의 발꿈치를 상하게 할 것이니라 하시고"**(창 3:15). 그리고 이것은 우리가 앞서 살펴본 바와 같이 이 약속의 상징과 확증으로서의 희생 제사와 연결되었다.

이 약속은 후에 아브라함에게 "너를 축복하는 자에게는 내가 복을 내리고 너를 저주하는 자에게는 내가 저주하리니, 땅의 모든 족속이 너를 인하여 복을 얻을 것이니라 하신지라"는 말씀으로 갱신되었다. 그리고 그것은 이 형태 안에서 성례적 표식과 보증의 표시로서의 할례 의식과 관계되었다. 이 약속이 아브라함에게 인쳐진 지 430년이 흐르기 전까지 모세에게 율법이 수여되지 않았다.

따라서 사도는 그의 율법의 행위로 말미암지 않고 오직 믿음으로 말미암는 칭의 교리에 대한 논증을 약속과 율법에 대한 역사적 관계에 기초해서 펼쳐 가고 있는 것이다. 환언하면, 하나 이전에 선행하는 것에 기초해서 펼쳐 나가고 있다는 말이다. 유대인들을 향해 선포된 그의 논증은 불가항력적이었다. 그들은 사도에 의해 선포된 복음이 모세에게 주어진 율법을 폐지하거나 무시하는 것을 반대했다.

그러나 오히려 사도 바울은 하나님의 신적인 한 세대가 그것보다 먼저 온 것을 무시하거나 폐할 수 있다고 주장하는 심각한 오류에 빠지지 않도록 주의하라고 말씀한다. 그것은 바로 모세의 율법이 아브라함에게 약속된 그 약속을 대체하거나 대리할 수 없다는 것이었다. "이 약속들은 아브라함과 그 자손에게 말씀하신 것인데, 여럿을 가리켜 그 자손들이라 하지 아니하시고 오직 하나를 가리켜 네 자손이라 하셨으니, 곧 그리스도라. 내가 이것을 말하노니 하나님의 미리 정하신 언약을 사백삼십 년 후에 생긴 율법이 없이하지 못하여 그 약속을 헛되게 하지 못하리라. 만일 그 유업이 율법에서 난 것이면 약속에서 난 것이 아니리라. 그러나 하나님이 약속으로 말미암아 아브라함에게 은혜로 주신 것이라"(갈 3:16-18).

그것이 만일 '약속'으로 말미암은 것이었다면 그것은 반드시 오직 '믿음'으로 수용 가능한 것이었다. 왜냐하면 오직 '믿음'으로만 약속을 받아들일 수 있었기 때문이다. 만일 그것이 율법으로 말미암은 것이었다면 그것은 반드시 행위로 말미암는 것이었다. 왜냐하면 오직 행위만이 율법을 성취할 수 있었기 때문이다. 그러므로 율법이 약속 후에 더하여졌다는 것은 옳은 말이다.

그러나 약속이 유대인들이 주장하는 것처럼 율법을 폐지하거나 대리하지는 않는다. 오히려 약속은 그것 자체로 자비로우신 하나님의 은혜언약의 시행이 된다. 왜냐하면 그것이 '아브라함과 이삭과 야곱의 하나님의 이름'으로 선포되었기 때문이다. 만일 이 약속이 행위 언약의 엄밀함을 다시 공포하는 것이라면 그것은 오직 '약속하신 자손이 오시기까지 범법함을 인하여 더한 것임'을 선포할 뿐이다(갈 3:19).

율법은 우리가 죄인임을 확증한다. 왜냐하면 '율법은 진노를 이루고 사망을 선고'하기 때문이다. 그러나 율법은 "우리를 오직 믿음으로 말미암아 의롭게 함을 얻게 하기 위해 그리스도에게 인도하는 몽학선생"과 같은 역할을 한다(갈 3:21-24). 그렇다면 율법이 약속들을 거스르는가? 결코 그럴 수 없다. 만일 능히 살게 하는 생명의 율법을 주셨다면 의가 반드시 율법으로 말미암았을 것이다. 그러나 성경이 모든 것을 죄 아래 가두었다. 왜냐하면 예수 그리스도를 믿음으로 말미암는 약속을 믿는 자들에게 주려 하기 때문이다. 그러므로 이 믿음을 계시하고 있는 복음은 결국 '약속과 율법의 성취'가 된다. 왜냐하면 아브라함이 이 약속을 바라고 믿었기 때문이다. 그래서 복음은 약속의 성취이다. 또한 복음은 율법의 성취이기도 하다. 왜냐하면 "그리스도께서 모든 믿는 자의 의를 위한 율법의 마침이 되시기 때문"이다(롬 8:3). 그러므로 "육신이 약하여 율법이 할 수 없는 일을 하나님께서 죄를 알지도 못하신 그의 아들을 보내사 우리를 대신하여 육신에 죄를 삼으심으로 우리 안에서 율법이 성취되게 하신 것"이다(고후 5:21).

은혜의 약속이 율법보다 선행했으며 율법에 의해서 폐지될 수 없다는 사실, 그리고 율법 자체가 복음 안에서의 약속 성취를 수행하기 위한 수단으로 약속에 더해졌다는 사실은 구약으로부터 연원되는 사도적 주장의 매우 중대한 기본 사상이다. 심지어 아브라함이 할례받기 이전에 의롭게 되었다는 사실은. 부가적인 것이긴 하지만 사도적 주장의 매우 강력한 증거이다(롬 4장).

유대인들은 율법을 의지했다. 그들은 또한 할례도 의지했다. 그러나 사도는 첫째로, 아브라함이나 그 후손에게 주어진 언약은 율법으로 말미암은 것이 아니고 오직 믿음의 의로 말미암은 것이라는 사실과 "만일 율법에 속한 자들이 후사가 된다면 믿음은 헛것이 되고 약속은 폐하여지는 것"이라는 사실을 상기시킴으로써, 둘째로, 아브라함이 할례받기 전에 의롭게 됨으로 믿는 자의 조상이 되었다는 사실을 상기시킴으로써 그들의 율법 의지함에 정면으로 도전했고 그 동맥을 끊어 버렸다(롬 4:13).

그렇다면 어떻게 의롭다고 인정을 받게 되는 것인가? 그가 할례시에 의롭다함을 받았는가? 아니면 무할례시에 의롭다함을 받았는가? 할례시가 아니라 무할례시에 의롭다함을 받은 것이다. 그리고 나서 그가 아직 무할례시에 받은 의의 믿음의 인증으로서의 할례 의식을 행한 것이다(롬 4:9-11).[1]

그러므로 사도들은 칭의의 복음 교리를 구약으로부터 증거하고 있는 것이다. 왜냐하면 칭의 교리가 완전히, 그리고 명백하게 계시되지는 않았음에도 불구하고 그것은 "율법과 선지자들에게 증거를 받은 것"(롬 1:2 ; 3:21)이기 때문이며, 태초로부터 그들의 사면과 하나님의 용인을 받게 되는 방법으로서 모든 신실한 신자들에 의해 받아들여진 것이기 때문이다.

이 같은 사실을 유대인들에게 선포함에 있어서 사도들은 자신들이 단순히 공인된 진정한 사도로서의 권위로서만 선포하는 것이 아니라, 그들이 다루고 있는 부인할 수 없는 사실들과 이러한 사실들의 교리적 중요성에 대한 놀라운 통찰력, 그리고 부가되는 질문들에 대한 논리적 전달을 증거함으로써 그들 자신이 읽고 경험했던 구약성경의 명백하고 확실한 의미를 전달하고 있는 것이다.

복음이 처음 선포되어졌을 때와 그 이전에 유대인들에게 널리 퍼져 있던 오류들은 그들 자신의 역사적 기원과 발전에 따라서 분류되고 배열되었다. (5) 그러나 우리는 그것을 모두 자세하고 상세하게 다룰 수는 없으며 부패한 유대주의의 가장 중요하고 근본적인 성격들만 고찰하는 것으로 한정해야 할 것이다.

이 문제에 대한 가장 근원적인 정보와 자료의 출처는 신약성경과 구약성경의 지엽적인 관찰과 탈무드 안에서 발견되는 저명한 학자들의 견해들을 주해하고 설명함으로써 얻어질 수 있다. 구약성경에서 유대인들은 율법의 가장 중한 것은 오히려 지키지 않고 태만하면서 단순히 의식들을 준수하고 희생 제사만 드리는 자들로 묘사되어 있다(사 1:11-15 ; 58:2-7).2)

---

1) **롬 4:9-11** 그런즉 이 행복한 할례자에게뇨, 혹 무할례자에게도뇨. 대저 우리가 말하기를 아브라함에게는 그 믿음을 의로 여기셨다 하노라. 그런즉 이를 어떻게 여기셨느뇨, 할례시냐 무할례시냐. 할례시가 아니라 무할례시니라. 저가 할례의 표를 받은 것은 무할례시에 믿음으로 된 의를 인친 것이니, 이는 무할례자로서 믿는 모든 자의 조상이 되어 저희로 의로 여기심을 얻게 하려 하심이라.

2) **사 1:11-15** 여호와께서 말씀하시되, 너희의 무수한 제물이 내게 무엇이 유

신약성경에서 우리 주님은 바리새인들을 "그들 스스로 의롭다 하고 다른 이들을 경멸하는 자"로 묘사하셨다. 또한 바울은 그들이 복음을 버리고 거부한 이유가 "하나님의 의에 대한 무지와 그들 자신의 의를 세우려 했기 때문"이라고 말했다(눅 23장). 그러므로 그들의 가장 중대한 오류와 실수는 바로 스스로 의롭다고 한 자의 의(self-righteousness)이며 이 오류는 율법의 요구에 대한 잘못된 지식, 즉 '죄의 지식'에 관한 견해와 무조건적인 약속의 은혜에 대한 그릇된 견해, 즉 구원에 관한 견해를 포함하고 있다.

이 일반적인 진술이 충분함에도 불구하고 그들의 종교적인 선언의 가장 큰 특색과 그들의 자의적 확신은 그들의 선조들의 유전으로부터 물려받은 매우 독특한 견해에 기인하고 있으며, 그것들은 또한 탈무드와 같은 그들의 저작들 안에서 주해되고 정의되었다. 이렇게 볼 때 우리는

익하뇨. 나는 수양의 번제와 살진 짐승의 기름에 배불렀고, 나는 수송아지나 어린양이나 수염소의 피를 기뻐하지 아니하노라. 너희가 내 앞에 보이러 오니 그것을 누가 너희에게 요구하였느뇨. 내 마당만 밟을 뿐이니라. 헛된 제물을 다시 가져오지 말라. 분향은 나의 가증히 여기는 바요, 월삭과 안식일과 대회로 모이는 것도 그러하니, 성회와 아울러 악을 행하는 것을 내가 견디지 못하겠노라. 내 마음이 너희의 월삭과 정한 절기를 싫어하나니, 그것이 내게 무거운 짐이라. 내가 지기에 곤비하였느니라. 너희가 손을 펼 때에 내가 눈을 가리우고 너희가 많이 기도할찌라도 내가 듣지 아니하리니, 이는 너희의 손에 피가 가득함이니라.

사 58:2-7 그들이 날마다 나를 찾아 나의 길 알기를 즐거워함이 마치 의를 행하여 그 하나님의 규례를 폐하지 아니하는 나라 같아서 의로운 판단을 내게 구하며 하나님과 가까이 하기를 즐겨하며 이르기를, 우리가 금식하되 주께서 보지 아니하심은 어찜이오며 우리가 마음을 괴롭게 하되 주께서 알아 주지 아니하심은 어찜이니이까 하느니라. 보라, 너희가 금식하는 날에 오락을 찾아 얻으며 온갖 일을 시키는도다. 보라, 너희가 금식하면서 다투며 싸우며 악한 주먹으로 치는도다. 너희의 오늘 금식하는 것은 너희 목소리로 상달케 하려 하는 것이 아니라. 이것이 어찌 나의 기뻐하는 금식이 되겠으며 이것이 어찌 사람이 그 마음을 괴롭게 하는 날이 되겠느냐. 그 머리를 갈대 같이 숙이고 굵은 베와 재를 펴는 것을 어찌 금식이라 하겠으며 여호와께 열납될 날이라 하겠느냐. 나의 기뻐하는 금식은 흉악의 결박을 풀어 주며 멍에의 줄을 끌러 주며 압제당하는 자를 자유케 하며 모든 멍에를 꺾는 것이 아니겠느냐. 또 주린 자에게 네 식물을 나눠 주며 유리하는 빈민을 네 집에 들이며 벗은 자를 보면 입히며, 또 네 골육을 피하여 스스로 숨지 아니하는 것이 아니겠느냐.

그들의 오류가 정말 우리에게 완전한 순종을 요구하며 '하나를 범한 자는 온 율법을 범한 자'라는 하나님의 율법의 영적 의미와 범위에 대한 무지에 기인하고 있음을 배우게 되는 것이다.

그들의 선생인 랍비들은 이렇게 율법과 관계해서 사람을 세 등급으로 분류했는데, 첫째는 선한 행위가 악한 행위보다 우세한 사람인 의로운 자이며, 둘째는 악한 행위가 선한 행위보다 우세한 악인이며, 마지막 셋째는 경건하지도 악하지도 않은 중간인이라는 것이다. 이 중간인은 선한 행위와 악한 행위가 서로 정확하게 일치함으로 완전한 평형을 이루는 사람이라고 한다. 그런데 이 세 가지 모든 부류의 사람들에게 죄의 사면이 필요하다는 것이다.

악인들에게는 가장 많은 죄의 사면이 필요한데, 그것은 그들은 선한 행위보다 악한 행위를 더 많이 했기 때문이라고 한다. 그 다음은 중간인인데, 그것은 그들의 선한 행위와 악한 행위가 동등하게 균형을 이루고 있기 때문이며, 마지막으로는 의로운 사람들이라고 한다. 그러나 그들이 어떤 범위에서 완전하지 않든지 간에 그들은 모두 범죄한 죄인들이며 모두가 다 하나님의 용서하심이 절대로 필요한 자들이다.

그런데 문제는 그들이 이 하나님의 죄 용서하심이 신적인 구속자의 대속 사역을 통한 하나님의 무조건적인 은혜가 아닌 인간 자신들의 행위와 고난을 통해 획득되어질 수 있는 것으로 믿었다는 데 있다. 그들은 하나님 앞에서 단순히 의롭든지 불의하든지 둘 중 하나의 도덕적 상태로 서 있는 법정적이며 사법적인 개념, 또는 '좋은 나무는 좋은 열매를 맺으며 나쁜 나무는 나쁜 열매를 맺는다'는 근본적인 영적 성격을 제대로 인식하지 못했던 것이다. 그들은 오히려 하나님의 말씀을 향한 그들 안에 있는 특별한 행위, 즉 외면적인 준수 혹은 그 준수를 원하는 덕스러움 혹은 부도덕함을 생각했던 것이다.

그러므로 이들은 두 가지 근본적인 실수와 오류를 범했다. 그 첫째는 누구든지 죄를 범하면 하나님과의 전인적인 관계가 변경되고 하나님의 은총을 상실당하며, 하나님의 진노를 초래한다는 이 엄청난 영향과 결과를 간과하는 실수이다. 둘째는 그 행위자가 본성적으로 범죄했으며 죄의 세력에 노예가 되었음에도 불구하고 그의 행위가 도덕적으로 선하며 하나님께서 받으실 만한 것이라고 추론하고 가정하는 오류이다.

하나의 오류는 그들의 칭의 교리에 대한 그릇된 견해의 뿌리가 되며, 또 다른 하나는 그들에게 중생이 필요하다는 사실에 대한 감정을 방해하게 된다. 이 두 가지 오류와 실수는 하나님의 율법의 범위와 영성에 대한 그릇된 이해에 기인하여 계속 진행되고 있다. 이것이 그들의 근본적인 욕망이었다.

그러나 그들 교리의 이상한 특징은 행위자에게가 아니라 그들의 행위에, 그리고 모든 악한 행위를 하는 자들에게는 형벌이 임하는 것이 당연한 것인 만큼 모든 선한 행위는 공로적이라는 그들의 신념에 놓여 있는 것이다. 그 어떤 죄도 선한 행위의 공로를 소멸시키지 못하며, 동시에 그 어떤 선한 행위도 죄의 선언을 소멸시키지 못한다는 것이다.

결과적으로 모든 죄는 고난을 통해 속죄받아야 하지만 그럼에도 죄인들은 그들이 행한 선한 행위들로 말미암아 영생에 이르는 공로적인 자격을 소유할 수 있으며, 그의 모든 죄들은 그들이 받는 이 정당한 상을 빼앗거나 취소할 수 있는 능력이 없다는 것이다. 명목적인 그리스도인들은 종종 그들의 죄에 대한 보상으로서의 그들의 선한 행위가 그들의 죄를 갚을 수 있다고 믿고 있다.

그러나 자의적인 유대인들은 그들의 눈먼 심취로 말미암아 감히 이런 것을 생각하지도 않는다. 그들은 실제로 모든 선한 행위는 결코 상실되지 않으며 그 공로 역시 그 어떤 죄의 무게로도 절대로 소멸되지 않는다고 굳게 믿고 있는 것이다.

그러나 그들은 또한 죄와 선한 행위는 결코 중립화되거나 서로 균형을 이룰 수 없으며 그의 선한 행위가 그의 공로에 근거한 상을 받을 수 있게 하기 위해서라도 모든 죄는 변함없이, 그리고 전혀 예외 없이 죄인의 인성 안에서 반드시 형벌받아야 할 것이라고 믿는다. 그러므로 그들에게 있어 죄의 용서는 오직 속죄적인 고난에 의해서만 획득될 수 있는 것이며 영생은 공로적인 순종의 행위로 말미암아 보장되는 것이다.

순종에 관하여 그들은 죄인을 참회하는 자의 수준이나 심지어 무죄한 자의 수준으로 끌어올리는 효능이 있는 것으로 가정하는 '하나님께로 향함' 혹은 회개와 같은 행위와, 특별히 죄의 고백과 외면적인 수치와 슬픔의 표시를 내포하고 있는 속죄적이며 공로적인 것으로 가정되는 기도와 같은 행위와, '가난한 자들을 도와줌으로써 하나님께 무언가 빌려드려 자신에게 갚을 것이 있게 하는' 자선과 같은 행위들을 요구한다.

그들은 또한 율법에 기록된 여러 가지의 씻음과 깨끗이 함과 같은 형식적인 의식을, 그중에서도 희생 제사와 할례 행위와 같은 의식들을 부지런히 준수할 것을 요구한다. 이런 것들은 지옥을 면제받으며 천국으로 들어감을 허락받은 아브라함처럼 할례받은 사람에게 결코 궁극적으로 멸망당하지 않을 주권적인 덕을 소유하게 만들기 때문이다. 그들은 아침과 저녁의 희생 제사와 특별히 대속죄일의 예배와 제사의 준수가 특별한 효험을 제공하는 것으로 여긴 것이다. 그러나 그들은 주로 하나님의 율법에 순종했음으로 그것에 의해서 하나님께 용인되었다. 그 희생 제사 자체가 경배자의 용인을 보장하는 것이 아니라 경배자의 순종이 희생 제사의 용인을 보장하는 것이다.

이렇게 해서 영생에 공로적인 수단으로서의 믿음이 요구되어지는 것이다. 왜냐하면 그들은 자신들의 성경을 통해서 '의인은 오직 믿음으로 말미암아 살리라'라는 말씀을 잘 알고 있었기 때문이다. 그러나 그들이 말하고 있는 이 믿음은 하나님께서 말씀하신 율법의 권위를 인정하며 그것과 모순되지 않은 채 그것과 일치되며 하나님을 신뢰하는 공로적인 덕으로서의 믿음이다.

그러나 이 믿음은 철저하게 메시야의 약속, 즉 구속주의 고난과 속죄 사역을 거부하고 배척하는 믿음이었다. 그들이 기대하고 있던 유일한 메시야는 신적이며 영적인 구세주가 아니라 인간적이고 육적인 현상 세계의 구원자였다. 그러므로 그들의 구원은 철저하게도 모세의 율법의 준수 여하에 좌우되어 있었고 하나님의 일반적인 자비를 신뢰함에 달려 있었던 것이다.

선한 행위가 그들의 칭의 교리의 본질적인 부분을 차지했는데, 이에 덧붙여서 그들은 필수불가결한 죄의 만족의 필요성을 느끼고 있었다.

그들이 바라보고 기대했던 만족은 그들의 선지자들의 저작에서 계시되었고 구약 시대의 희생 제사 제도에서 예표되고 상징되었던 대속적인 만족이 아니었다. 그것은 철저하게 개인적인 것이었으며 전적으로 그들 스스로의 금욕과 고통에 의한 것이었다. 그들은 이것들을 하나님께서 부과하시는 형벌로 생각했고 죄를 위한 고행이라고 생각했다. 이 두 가지 양태 속에서 형벌적인 만족이 표현된 것이다. 이것은 사실 모든 죄는 반드시 형벌을 받아야 한다는 그들의 가장 근본적인 원리들 가운데 하나였고, 면제받을 죄는 전혀 없음을 시사하는 말이기도 하다.

선한 행위가 죄를 옮기지 못할 때 오직 범죄자의 고행과 고통을 통해 그것이 속죄될 수 있다는 것이다. 이러한 고행들 중에는 그들이 스스로 좋아서 행하는 것으로서 자원적 견책, 금식, 깊이 뉘우침과 비탄 등이 있으며, 또는 하나님께서 부과하시는 것으로서의 질병, 가난, 상실과 죽음 등이 있다. 이런 것들은 아버지의 징계로서가 아닌 죄에 대한 전능하신 하나님의 공의의 실현과 만족으로 간주되고 있다.

그리고 만일 죽음의 순간에도 범죄가 완전히 속죄되지 않았다면 정말 자비하게도 12개월 동안만의 제한된 고통을 받게 된다는 랍비의 교리가 가르치는 연옥이 있는데, 그곳에서 이스라엘 족속들은 죄를 사면 받으며 종국에 가서는 모든 죄가 완전히 용서되어 천국에 이를 수 있는 상을 받게 된다고 가르친다. 바로 이러한 가르침이 죄인의 칭의 교리에 대한 바리새인적 교훈이다. 이러한 유대인들 사이에서 널리 만연된 일반적인 교훈들은 우리 주님이 계셨던 때에도 유행했으며 전도자들과 사도들의 많은 저작들을 설명해 주는 열쇠의 역할을 하고 있다. (6)

복음은 유대인과 이방인 모두에게 동일하게 선포되었다. 이제 우리는 그들이 우리 주님의 공생애 기간 동안 주님에 의해서, 그리고 그 후의 사도들에 의해서 어떻게 각기 따로따로 다루어졌는지를 살펴볼 것이다. 복음은 유대인뿐만 아니라 이방인들 사이에서도 널리 만연되어 있는 본 주제에 대한 오류들을 대항하기 위해서 설계되었다. 이러한 오류들은 이방인들의 세계에서, 그리고 유대인들의 교회에서 각기 다른 양태로 표현되고 있다.

그러나 어떤 것들은 본질적으로 같은 점이 아주 많으며 자연적인 무지와 타락한 피조물로서의 모든 인간의 전적 부패라는 동일한 뿌리에서 자라는 줄기와도 같다. 반면에 또 다른 것들은 유대인들만의 독특한 것들인데 하나님과 언약을 맺은 백성으로서 그들의 특별한 특권의 본질과 가치에 관한 전통적인 개념들이 있다.

유대인들과 이방인들이 똑같이 범하는 일반적인 오류와 실수는 두 가지로 요약될 수 있다. 첫째는 그들이 누구인가, 무엇을 했는가, 그리고 앞으로 무엇을 할 것인가를 의지하는 신뢰이다. 그리고 둘째는 종교적 예배의 공식적인 준수와도 같은 의례와 의식들만을 의존하는 것이다. 이 두 가지야말로 두 단체 모두에게 동일하게 만연해 있는 가장 근본적인 오류들이다. (7)

만일 우리가 이것들이 출현하게 된 원인과 그것들이 유지되고 있는 기초를 조사하게 되면, 우리는 그것들 모두가 동일한 근원으로부터 기원함을 발견하게 될 것이다. 우리는 그것들을 가장 정확하게 구분할 수 있으며 유대인과 이방인들 사이에서 강력하게 시행되었던 것임을 증명할 수 있을 것이다. 이 근원들은 다음과 같다.

첫째로, 그들의 범죄를 간과하는 것, 혹은 그들이 다른 어떤 선한 행위를 하든지 관계없이 저주와 정죄를 선고함으로 죄인을 지배하는 죄의 즉각적이고 필연적인 영향, 그리고 그를 율법의 수여자이시자 심판자이신 의로우신 하나님 앞에 서게 만드는 결과를 간과하는 것이다.

둘째로, 인생의 행위들뿐만 아니라 그것을 교정하는 인간의 마음까지 통찰하는 교훈적인 요구를 담고 있는 율법의 영성을 간과하는 것이다.

셋째로, 마치 율법이 아주 심각한 위험을 내포하지 않는 것처럼, 또는 실제로 그 어떤 경우도 영원한 구속력을 가지지 못하는 회개나 교정, 그리고 일시적인 고통을 통해 아주 쉽게 해결될 수 있는 것처럼 율법의 형벌적 선고를 간과하거나 평가절하하는 것이다.

넷째로, 죄인된 자로서의 그들의 전적 무능력을 간과하거나, 혹은 교만하게 부인하는 것이다. 그들은 자신들이 그들의 죄의식이나 죄의 지배로부터의 구원을 효과적으로 보장할 수 있는 어떤 선한 행위를 할 수 있다고 자랑할 뿐만 아니라, 금세에서의 사면과 용인뿐 아니라 저 세상에서의 영생을 위해 잘 기초된 확신과 보증도 제공할 수 있다고 주장하는 것이다. 이것은 다 인간의 전적 무능력을 간과하고 부인하는 데서 기인한다.

죄인의 칭의라는 주제에 대한 이러한 심각한 오류의 뿌리 깊고도 고질적인 원인들은 유대인과 이방인들 사이에서 매우 심각하고 강력하게 성행하고 있었다. 그러나 특별히 유대인들 사이에서 만연했고 부분적으로는 의심의 여지 없이 하나님과 언약을 맺은 백성으로서 그들에게 주어졌던 특권의 본질과 표지에 관한 오해에서 비롯된 오류가 하나 있었다. 그것은 또한 부분적으로 그들의 조상으로부터 받은 것에 대한 인간적인 해석에 근거한 오류이기도 했다. 그것은 그들이 국가적 특권 안에서 안식했던 것이다. 그들은 자신들이 아브라함의 자손이라는 그와의 관계 안에서 안식했다.

그들은 모세를 신뢰했고 '율법을 자랑'했다. 그들은 그들과 하나님과의 독특한 관계를 상징하는 휘장으로서 할례를 자랑했고, 이러한 그들의 조건들을 '이스라엘이 누리는 복지에서 소외되어 약속의 언약들에 대하여는 외인이 된 이방인'의 그것들과 비교하여 교만하게 자랑했다. 왜냐하면 그들에게는 '양자됨이 있고 영광이 있으며, 언약들이 있고 율법을 수여받았으며, 하나님을 예배하고 약속들을 가진 이스라엘 백성들'이었기 때문이다.

우리가 유대인들에게만 독특했던 오류들에 관한 견해를 유대인들과 이방인들 모두에게 동일한 오류들에 관한 견해와 결합해 볼 때, 우리는 어느 정도 그 당시에 만연했던 칭의에 대한 견해를 이해할 수 있을 것이며, 우리 주님과 그의 사도들의 교훈들의 지혜와 적절성에 대한 평가를 바르게 내릴 수 있을 것이다.

우리 주님과 그의 사도들이 이 두 무리들을 다룰 때, 그들은 유대인에게만 독특했던 오류들과 유대인과 이방인들에게 다 동일했던 오류들을 모두 한꺼번에 청소하려 했고, 그들에게 오직 믿음으로 말미암는 죄의 무조건적 용서와 영생에 대한 확실한 소망을 선포하는 하나님의 메시지로서의 복음을 전달하려고 했음을 알게 될 것이다.

우리는 공생애 사역 동안 우리 주님께서 하나님의 율법의 권위에 대한 우월성과 불변성을 대단히 강조하셨음을 발견하게 될 것이다. 우리 주님은 "구더기 한 마리도 죽지 않는 영원히 타는 불못"에서의 영원한 형벌을 의미하는 법적 선고를 제시함으로써 마음의 충성뿐만 아니라 생명의 순종으로서의 이 율법의 영적 의미를 설명해 주셨다. 또한 우리 주님은 단순히 외적이며 표면적인 개혁 이상이 필요한, 그래서 하나님의 나라에 들어가려면 영혼의 내적인 중생이 필요한 모든 인간의 타락한 상태를 강조하셨다(마 5-7장 ; 막 9:44-48 ; 요 3:1-8).

우리는 율법을 사용하시는 주님을 발견하게 되는데, 주님은 심지어 그것을 언약적 형태로서 사용하셨다. 한번은 예수께서 "생명에 들어가려면 계명들을 지키라"라고 말씀하셨다. 또 다른 곳에서도 "네 대답이 옳도다 이것을 행하면 네가 살리라"라고 말씀하셨다(마 19:17 ; 눅 10:28). 왜냐하면 예수님은 생명의 조건으로서의 완전한 순종을 요구하는 가장 강력한 확신의 도구가 순전하고 영적인 율법이며, 동시에 모든 죄인들이 스스로 정죄당하는 감정을 느끼지 않고서는 그들이 하나님의 나라에 들어갈 수 없음을 아셨기 때문이다.

그러므로 예수님은 무엇보다도 먼저 그들에게 죄인으로서의 죄의식과 비참함과 위험을 아로새기셨으며, 율법에 순종하는 행위로 말미암지 않는 새로운 방법의 칭의의 필요성과 그들이 필요하다고 생각조차 못했던, 아니 가능하리라고는 더더욱 생각지 못했던 더욱 깊고 내적이며 혁명적인 마음의 변화를 확신시켜 주신 것이다.

그 후에 그는 자신을 그들의 조상들에게 약속되어진 메시야로 계시하시고, 자신이 오심의 목적이 "자기 목숨을 많은 사람의 대속물로 주시기 위함"이라는 사실을 선언하시고, "하나님이 세상을 이처럼 사랑하사 독생자를 주셨으니 저를 믿는 자마다 멸망하지 않고 영생을 얻으리로다"(요 4:26 ; 마 20:28 ; 마 26:28 ; 요 3:16)라는 전체 복음의 요약 안에 있는 오직 믿음을 통하여 은혜로 말미암는 칭의를 설교하심으로써 풍성하고 무조건적으로 베풀어지는 하나님의 은혜의 복음을 선포하신 것이다.

그는 결국 유대인과 이방인들의 뿌리 깊은 고질적인 오류들을 다루신 것이다. 그리고 특별히 유대인들에게 독특한 오류들을 다루심에 있어서 그는 교만한 바리새인보다 겸손한 세리를 의로운 자라고 말씀하셨다. 또한 예수님은 아버지의 품으로 돌아온 탕자를 말씀하셨고 "회개할 것 없는 의인 아흔 아홉 사람보다 한 사람의 죄인이 회개하면 하나님의 사자들 앞에서 기쁨이 된다"는 말씀을 주셨다(눅 18:10-15 ; 15:11-25 ; 15:7-10).

아브라함의 자손이며 모세의 제자들이라는 그들의 특별한 신분에 대해서 우리 주님은 그들에게 "너희들이 만일 아브라함의 자손들이라면 아브라함의 행사를 할 것"이며 "그러나 너희들의 아비는 마귀이며 너희 아비의 일을 너희들도 행하는도다"라고 말씀하셨다. 예수님은 또 "너희를 고소하는 이가 있으니 곧 너희는 바라는 자 모세니라. 너희가 모세를 믿었다면 또 나를 믿었으리라", "너희 의가 서기관들과 바리새인의 의보다 더 낫지 못하면 결단코 천국에 들어가지 못할 것이라"라고 말씀하셨다(요 8:39,44 ; 5:45,46 ; 마 5:20).

사도들도 역시 이와 같은 방식으로 유대인들과 이방인들 사이에 공통적으로 만연했던 오류들과 유대인들에게만 독특하게 나타났던 오류들을 다루었다. 그들은 유대인들과 이방인들의 오류들에 직접적으로 불만과 불일치를 표시했다. 그들은 죄의 확신을 위해 자신들의 설교와 서신서들에서 본성과 계시에 의해 알려진 율법의 교리를 먼저 적용시켰고, 그 후에 죄인들의 칭의를 위한 복음을 선포하였다.

바울은 특별히 로마서와 갈라디아서에서 유대인과 이방인들이 모두 다 예외 없이 "죄 아래 있다"고 증거하였으며, "하나님의 진노가 모든 경건치 않음과 불의에 대하여 하늘로 좇아 나타나며 모든 입을 막고 온 세상이 하나님의 심판 아래 있다"고 증거했다. 또한 그는 "율법의 행위로는 그의 앞에서 의롭다 할 육체가 하나도 없으며 율법의 행위로는 죄를 깨달을 뿐"이라고 말했다(롬 1:18 ; 3:19-20 ; 갈 3:10).

이로 볼 때 바울은 그들 자신의 의가 아닌 다른 의를 선포하고 있는 것이다. 그것은 그들에게 필요한 다른 방법의 죄의 사면와 용인을 그들 스스로 느낄 수 있도록 율법 외의 다른 의, 즉 '오직 그리스도 안에서 믿음으로 말미암는 하나님의 의'를 선포하는 것이다.

유대인들과 이방인들 사이에 만연했던 이러한 오류들을 다루는 우리 주님과 사도들의 방식은 여전히 교훈적이다. 또한 이 문제를 다루는 우리 주님과 사도들의 방식은 그들이 가르쳤던 칭의 교리뿐만 아니라 모든 시대의 교회들에게 스며들었던 칭의 교리를 반대하는 사상들의 원인과 본질에 대하여 상세한 사실들을 제공해 주고 있다. 이 오류들은 여러 가지 형태로 나타나지만 인간의 타락한 성질이라는 공통적인 기원을 가지고 있다. 그리고 여전히 오늘날에도 만연해 있는 오류들이 나타내고 있는 유사한 특징들을 표현하고 있다.

그것들이 고대의 것이든 현대의 것이든, 유대인의 것이든 이방인의 것이든, 모하메드이든 펠라기안적이든, 교황적이든 소시니안적이든, 아리안주의든 신율법주의이든지 간에 본 주제에 대한 다른 모든 오류들을 비교해 볼 때, 그것들이 상황적인 차이를 지니고 있기는 하지만 결국 그 본질과 근본적인 원리들에 있어서는 동일성을 나타내고 있다는 것보다 더 놀랍고 교훈적인 사실을 발견하는 일은 없을 것이다. 결국 이것은 인간의 발명품이라는 것들이 극단적으로 제한적이며 인간으로부터 시작된 모든 그릇된 종교들이 하나님으로부터 시작된 종교를 반대하기 위한 하나의 특정한 종족의 유사성으로부터 시작된다는 것을 알려 주는 것이다.

고대로부터 '새로운 이단을 발명하는 것은 매우 어려운 일이다'라는 말은 잘 알려진 격언이다. (8) 모든 이단들이 타락한 인간의 본성적 경향이라는 동일한 기원과 뿌리를 가지고 있다는 것은, 본질적으로 본성은 모든 시대 모든 국가들에 있어서 동일하다는 사실을 웅변적으로 선포하고 있다. 칭의의 신적인 방법과 구별되는 것으로서의 인간의 모든 발명 체계의 총괄적인 특징은 다소간의 차이는 있으나 하나님의 은혜를 반대하는 여러 가지 형태를 지닌 자의(self-righteousness), 혹은 자아 충족성(self-sufficiency)이다.

그리고 이 본질적인 오류는 자신들의 성품이나 도덕적 행위의 일반적인 선함들을 의지하거나, 혹은 도덕적 순종에 대한 부족을 보상하는 것으로서의 종교적 형식이나 의식들을 준수하는 방식으로 나타난다. 그것은 또한 하나님의 은총의 특별한 표식으로서의 그들의 독특한 특권의 소유를 의지하는 방식으로 인간들 세계에서 전 우주적으로 나타난다.

전자의 두 가지 그릇된 확신의 기초는 족장 종교 체계의 부패인 이방인 세계에서 나타나는 오류들이며, 또한 유대 종교의 부패인 바리새주의에서 나타나는 오류들이다. 한편 후자는 하나님과 특별한 언약을 맺은 교회로서 그들의 고유한 특권을 의지하는 세 번째 망상과 합병되어 있다. 그리고 이 세 가지는 모두가 다 예외 없이 허울 좋은 명목적인 기독교의 추종자들에 의해 부패하고 타락한 형태로 나타나고 있다.

하나님의 율법에 대한 영성과 범위에 대한 무지와 그 형벌적 제재에 관한 불신앙으로부터 기인하는 악과 죄를 경시하는 이러한 오류들은 근본적으로 동일한 것들이며 그 원인들도 동일하다. 우리가 만일 우리 주님과 사도들이 이러한 오류들을 다루었던 방식들을 신중하게 연구하고 살펴본다면, 우리는 그들이 가르쳤던 이 교리의 참된 취지와 중요성뿐만 아니라 오늘날에도 동일하게 만연해 있는 오류들을 저지할 수 있는 효과적인 유일한 방법을 확실하게 알게 될 것이다.

복음이 선포되기 전 하나님 앞에서 용인을 받는 죄인들에 관해 유대인들과 이방인들 세계에 파고들었던 오류들 외에도 기독교회 자체 안에서 칭의 교리에 대한 중요한 의미를 지니고 있는 특정한 의문들이 제기되었다. 그리고 이것은 이전에 논했던 것과는 다른 원리에 기초해 있는 새로운 논쟁을 불러일으켰고, 결국 이 의문들은 특별하게 독립적으로 다루어져야 했다.

이 질문들은 부분적으로는 유대 교사들의 영향에 의해 제기되었고, 또 한편으로는 이방 철학의 도입으로 인해 제기된 것이었다. 사도 시대의 교회에 존재했던 첫 번째 논쟁은 유대 교사들에 의해 시작되었고, 그것은 모세 율법에 대한 계속적인 의무와 준수와 관계되어졌다. 이것은 당시의 교회가 동일하게 초자연적이고 동일한 최고의 권위에 의해 재가를 받은 하나님의 한 섭리적 세대에서 다른 세대로 넘어가는 과도기에 있었기 때문에 자연스러운 일이었으며, 어찌 보면 불가피한 질문일는지도 모른다.

그것들은 다음과 같은 것들이다. 그리스도를 믿는 유대인들이 반드시 유대교회의 예배를 계속 참석해야 하는가? 아니면 모세 율법의 의식들을 계속해서 준수해야 하는가? 이방인 신자들이 유대주의를 통과하지 않고 그들이 반드시 준수해야 할 모세의 율법이 명한 대로 할례를 받지 않은 채 교회의 구성원으로 받아들여질 수 있는가? 마지막 질문은 앞서 제기한 이 두 가지 질문에서 파생된 좀더 일반적인 질문인 동시에 전체 칭의 교리와 관계된 가장 중요한 질문이다. 그리스도를 믿는 믿음이 의롭다함을 받는 근거나 기초로서의 의식적 혹은 도덕적 율법에의 순종을 제외한 채 하나님 앞에서 용인을 받는 죄인의 죄의 사면으로서 충족한가 그렇지 않은가에 대한 근본적인 질문이기 때문이다. (9)

교회에 살금살금 기어 들어온 특별한 거짓 교사들의 주장들로서 사도들에 의해서 잘 다루어진 이 질문들은, 뿌리 깊은 역사적 질문인 동시에 영원한 가치를 지닌 모든 시대 모든 나라의 죄인들의 칭의의 기초에 대한 결정적인 의미를 지니고 있는 질문이기도 하다. 이것은 지역적이며 한시적인 성격을 띤 상황들에 의해 기원되었고 야기되었으며, 이러한 상황들에 의해 제기된 질문들은 단순히 의식적인 율법의 준수와 관계된 것이었다.

그러나 이것들은 전체 복음의 근본적인 중요성에 대한 더욱 광범위하고 중대한 질문을 파생시켰으며, 하나님 앞에서 인정을 받으며 죄인의 사면의 기초로서의 의식적 혹은 도덕적 율법의 모든 순종을 포함시켰다. 의식적인 율법의 준수와 관계하여 처음 발생한 이 논쟁은 그것이 의식적인 율법에만 관계되었지 도덕적 율법의 순종과는 관계가 없다는 말의 구실이 되었다. 그러므로 바울이 칭의의 기초로서의 '행위'를 배제했을 때 그것은 단지 그리스도인을 구별하는 모세의 율법을 의미하는 것이지 모든 이들에게 동등했던 율법으로서의 도덕적 순종의 행위를 의

미하는 것은 아니었다고 추론하는 것이다. (10)

　그러나 이러한 논의가 우선적으로는 의식적 율법의 준수와 관계하고 있지만, 또 한편으로 순종의 행위로서 간주된 그 준수가 죄인의 칭의에 필요한 준수였는지에 대한 특별한 질문과 관계하고 있다. 그리고 이것은 또한 좀더 일반적인 질문으로 우리를 인도하는데, 그것은 이 율법에 대한 준수가-그것이 의식적 준수이든 도덕적 준수이든- 하나님 앞에서 그의 용인을 받는 기초를 형성했었느냐는 것이다.

　사도들은 모두가 다 도덕적이든 의식적이든 그 어떤 행위들도 예외없이 배제했고 매우 동일한 이유로 소위 율법의 행위와 하나님을 향한 순종의 요소들도 배격했다. 이 두 가지 사이에는 약간의 차이가 있지만 그것들이 죄인의 칭의를 위해 아무것도 할 수 없다는 근본적인 국면에 있어서는 정확히 동일하다. 왜냐하면 의식적인 율법은 오직 유대인들만을 구속하는 절대적인 계율들로 구성되어 있기 때문이다.

　그리고 이 계율들은 그들이 반드시 지켜야 할 신적인 권위로 제정된 도덕적 의무들이었다. 또한 오직 유대인과 이방인들에게 공통적이었던 도덕적 율법의 덕으로 말미암아 이 도덕적 율법은 그들의 구속이 되었던 것이다. 그러므로 죄인의 칭의에 의식적 율법의 준수가 필요한 것이었다면 그것은 죄인이 그의 순종으로 말미암아 의롭게 되어지는 것을 인정하는 것과 같다.

　그러나 사도들은 이것을 인정하기는커녕 유대인이나 이방인이나 율법-유대인들에게 독특했던 율법이나 유대인들과 이방인들 모두에게 독특했던 율법-을 준수함으로 의롭게 된 자는 단 한 사람도 없다고 밝히고 있다. 그들은 오히려 사람이 의롭게 되는 것은 철저하게, 그리고 완전히 믿음을 통한 은혜로 말미암아 무조건적으로 주어지는 것이라고 선포했다.

　칭의와 관련해서 이방인들이 할례를 받아야 한다는 문제의 제기는 결국, 한편으로는 은혜와 믿음을, 또 다른 한편으로는 율법과 행위를 준수해야 한다는 매우 일반적인 논의의 문제가 되었던 것이다. 할례의 절대 필요성을 주장하는 유대주의 교사들을 반대하는 측면에서 이 논의를 진행하면서, 사도들은 그들의 의식적인 율법의 준수를 뛰어 넘어 소위 하나님의 율법 - 그것이 의식적인 율법이든 도덕적인 율법이든 - 에 대한 순종이 하나님의 면전에서 죄인의 칭의에 전적으로 혹은 부분적으로 필요한 기초라면서 그들 스스로를 이 의식적인 율법에 가두어 버리는 거짓된 교리의 근본적인 원리들을 들추어내서 그것들과 격투했다.

사도 바울은 갈라디아서에서 이 율법이 동일한 신적 권위로 새롭게 대체될 때까지 유대인들을 도덕적으로 구속했던 율법이라고 단순하게 언급하고 있다. 또한 그는 율법에 대한 그들의 순종도, 또는 그 어떤 다른 것이라도 하나님 앞에서 그들의 칭의를 안전히 보장해 주지는 못한다고 단언했다. 따라서 그는 그 어떤 종류의 순종적 행위도 배제하고 있는 것이다. 그는 그의 전체 논증을 유대인과 이방인들에게 공통적으로 동일했던 율법에 기초해서 전개하고 있는 로마서에서 '율법의 행위로 그의 앞에 의롭다하심을 얻을 육체가 없나니'라고 결론짓고 있는 것이다.

질문 - 그리스도를 믿는 유대인들이 그들에게 매우 익숙했던 모세 시대 때 제정된 관례들을 합법적으로 준수하는 일을 계속해야 하는지에 대한 질문 - 은 어느 날 갑자기 어떤 교리적 법령에 의해 정해진 것이 아니라 모든 경배자들 스스로의 자유로운 판단에 맡겨졌다. 그들은 이 준수가 그들에게 칭의를 제공해 주거나, 혹은 마치 그것이 구원에 절대적으로 필요한 것으로 여겨 다른 이들에게 그것을 강요하지는 않았다.

율법 아래 시행되었던 표상들이 복음의 지배 아래 본질들로 대체되었을 때, 혹은 '성전의 휘장이 위에서부터 아래로 찢어졌을 때' 유대인의 시대가 종결된 것으로 보는 견해가 지배적이었기 때문이다. 그리고 이미 유대인과 이방인 사이의 구분이 여호와께서 베드로에게 보여 주신 환상과 계시로 말미암아 무너져 버렸다.

그러나 실제로는 하나님께서 예루살렘의 멸망과 그의 옛 백성들을 전 세계로 흩어지게 하심으로써 그것을 궁극적으로 폐지하시기까지 옛 관례들이 어느 정도 계속 진행되었던 것은 사실이다. 이 기간 동안 의식적인 율법이 유대인들에게조차도 구속력을 가지지는 못했지만 그것들은 적어도 부분적으로는 계속 준수되어졌고 그것의 신적인 기원과 그것에 대한 일반적인 평가로 인해 신성하게 여겨졌다.

이 점에 있어서 이 당시에 이 준수의 차이들은 그리스도인들 간에 그다지 큰 분쟁의 요소로 간주되거나 교회의 평화를 깨뜨리는 요소로 여겨지지 않았다. 오히려 그것들은 사도들에 의해서 참된 보편적인 형제애와 가장 성숙한 관용의 원리라는 기초 위에서 다루어지고 간주되었다(롬 14:1,5,6). 그러나 제자들이 이러한 준수들을 점진적으로 버리는 것은 대단히 중요한 것이었다.

히브리서는 이러한 그들을 설득하기 위해 기록된 서신이다. 이제 그들이 소유한 것은 그림자가 아니라 본질이라는 것이다. 새로운 시대는 모든 면에서 볼 때 옛 시대보다 우월하다는 것이다. 그리고 표상들은 이제 원형 안에서 비로소 완전히 실현되어진다는 것이다. 또한 율법을 준수하는 것은 다만 '장차 오는 좋은 일의 그림자'일 뿐이었는데, 그것은 바로 다름 아닌 그리스도시라는 것이다.

또 다른 질문-이방인들이 우상에게 바쳐진 제사 음식을 계속 먹어야 하는지에 대한 질문-은 가장 고상하고도 동일한 원리들에 의해 다루어졌다. 그들은 그들 앞에 놓여진 음식들은 무엇이든지 관계없이 양심에 거리낌이 없으면 먹어도 좋다는 자유를 누렸다. 그러나 만일 그 음식이 우상 제사에 바쳐진 음식이라면 그들은 그 음식을 먹지 않았다. 왜냐하면 그것을 먹음으로써 그들이 은연중에 우상 숭배를 고무하고 격려하는 것처럼 보일 수 있기 때문이며, 또한 그들과 같은 강한 믿음을 소유하지 않아 양심을 거스려 죄를 범할지도 모르는 믿음이 연약한 형제들을 돕기 위해 그 음식에 참여하지 않았던 것이다. 그러므로 우리는 형제의 길 앞에 부딪힐 것이나 거칠 것을 두어서는 안 되는 자들이다(롬 14:2-4,14,15).

또 다른 질문-그리스도를 믿는 이방인들이 반드시 할례를 행하고 율법을 지켜야 하는지에 대한 질문-은 하나님께서 맨 처음 고넬료와 그의 가정에, 그리고 그 후 안디옥의 이방인들에게 성령을 부어 주셨을 때, 베드로와 바나바, 바울(행11:1-18 : 15:5-31)의 공통된 증언에 기초한 예루살렘 공의회의 법령이 제정되고 예루살렘의 야고보에 의해 발의되었을 때 하나님께서 확실하게 규정하셨다.

이 예루살렘 공의회의 법령은 사도들이 모두가 만장일치로 결의하여 모든 형제들에게 알린 신적인 결정이었다. 이 법령은 이방인 개종자들의 할례를 요구하고 주장했던 바리새인들의 견해를 배격했을 뿐만 아니라 유대인 형제들에게도 동일하게 요구되었던 조항들을 이방인 신자들에게 강제로 요구한 다른 많은 구속들도 배격했다. 왜냐하면 그들은 그리스도인으로서의 자신들의 자유의 시행으로 말미암아 다른 이들을 불쾌하게 하거나 물의를 일으키는 일을 중단해야 했기 때문이다.

어떤 이들은 사도들이 이 문제에 대해 서론 의견이 엇갈렸으며, 베드로와 야고보, 그리고 예루살렘 교회가 바리새인들이 주장했던 이방인 개종자에 한해서 할례를 받을 필요성에 동의한 반면, 오직 바울과 이방인 교회들만 이러한 사상을 배격하고 정죄했다고 주장한다. 그러나 이러한 주장은 예루살렘 공의회가 만장일치로 가결한 것이며 야고보 자신에 의해 제안되고 채택된 것으로서 베드로와 바나바와 바울의 증언들에 기초한 거룩한 성경의 기사들에 직접적으로 충돌하는 주장이다.

이 조잡하고 부정확한 진술은 바울이 안디옥에서 외식한 베드로와 대면해서 그를 책망한 진술에 잘 나타나 있다(갈 2:11-16). 바울이 베드로를 책망한 이유가 특별히 진술되고 있다. 베드로가 책망받은 이유는 그의 교리가 바울의 그것과 달라서도 아니었고 그가 바울이 배격했던 이방인 개종자에 대한 할례의 필요성에 동조해서도 아니었다.

그것은 단순히 이 경우에 대해서 베드로의 행위가 일관되지 못했기 때문이다. 그 행위는 베드로가 고백하는 원리들과 그가 과거에 행했던 실천과 일관되지 않은 행위였다. 왜냐하면 베드로는 예루살렘에서 어떤 이들이 오면 이방인들과 함께 자유롭게 음식을 먹다가도 할례자들을 두려워하여 이방인들을 떠나 물러갔기 때문이다. 이것은 교리적인 오류는 아니었지만 윤리적인 모순이었다.

바울은 매우 담대하게 '그를 면책'했다. 왜냐하면 이러한 행위는 이방인들을 적대시하는 행위였으며 여전히 유대주의적 편견을 고수하는 바리새인적 신앙을 확증하는 행위가 되기 때문이다. 남은 다른 이방인들도 외식했고, 심지어 바울의 동역자였던 바나바조차도 이들의 '외식에 유혹'되어 '복음의 진리'를 따라 바로 행하지 않았다.

바로 이때 솔직하고 고결한 성품의 소유자였던 바울은 제일 먼저 베드로의 개인적 행위의 일관성 없음을 지적했다. 그는 다른 사람들에 앞서 제일 먼저 베드로에게 '네가 유대인으로서 이방을 좇고 유대인답게 살지 않으면서 어찌하여 억지로 이방인을 유대인답게 살려 하려느냐'며 그를 책망했다.

그 후에 바울은 베드로와 바나바, 그리고 자신을 포함한 모든 유대인들을 향하여 유대인과 이방인을 위한 칭의는 모두 다 동일한 원리에 기초해 있으며 전혀 모세 율법의 준수에 달려 있는 것이 아니라는 사실을 선언했다. 그는 유대인의 경우에 만연해 있는 악의 뿌리를 강타했으며 그곳으로부터 논쟁해 나갔다.

"우리는 본래 유대인이요 이방 죄인이 아니로되, 사람이 의롭게 되는 것은 율법의 행위에서 난 것이 아니요, 오직 예수 그리스도를 믿음으로 말미암는 줄 아는 고로 우리도 그리스도 예수를 믿나니, 이는 우리가 율법의 행위에서 아니고 그리스도를 믿음으로서 의롭다함을 얻으려 함이라. 율법의 행위로서는 의롭다함을 얻을 육체가 없느니라"(갈 2: 15,16).

할례받은 유대인이나 할례받지 않은 이방인들 모두 함께 의롭게 될 수 있었던 것이다. 그러나 그들은 율법의 행위로서가 아니라 반드시 그리스도를 믿는 믿음이라는 동일한 방법으로서 구원받는 것이다. 이렇게 바울의 마음을 언제나 사로잡았던 가장 큰 문제는 바로 유대인과 이방인들 모두에게 관련된 문제였다. 그것은 그들이 의롭게 되는 것이 사람의 행위로 말미암든지, 그리스도의 의를 통한 하나님의 은혜로만 말미암든지 둘 중 하나였던 것이다. 그리고 이 하나님의 은혜로 말미암는 칭의는 죄의 사면과 영원한 구원에 대한 권리를 수여받는 것으로서 오직 살아 있는 믿음으로만 이해될 수 있는 것이었다. (11)

한편으로는 유대인들의 할례와 또 다른 한편으로는 이방인의 할례에 관계된 바울의 견해는 디모데와 디도의 경우에서 나타난 것처럼 외관상으로는 서로 다른 것처럼 보인다. 디모데는 헬라인에게 결혼한 믿는 유대인으로서 사도에게 그 '순전한 믿음'을 인정받은 유니게의 아들이었다. 바울은 그 지경에 있는 유대인들로 인하여 디모데에게 할례를 행했다(행 16:3 ; 딤후 1:5).

바울 역시 다른 사도들과 마찬가지로 교회가 옛 시대에서 새로운 시대로 변환되는 상태에 있었기 때문에 그 지경에서 유대인들에 의해 계속되고 있던 율법의 행위들을 너그럽게 허용했던 것이다. 또 다른 경우에 그는 의식적인 율법의 요구에 응하기도 했는데, 그에게 서원을 한 네 사람과 함께 자신을 향해 적대적인 유대인들의 선입견, 즉 자신이 유대인들은 반드시 모세를 배반하고 아들들에게 할례를 행하지 말아야 한다고 가르친다는 편견을 고치기 위해 성전에 들어가서 결례를 행한 것이 바로 그것이었다(행 21:20,26).

디도는 헬라인이었다. 당시 유행했던, 가만히 들어온 '거짓 형제'들이 마치 이방인 신자들에게 하나님의 사면을 받기 위해서는 할례가 필요한 것처럼 디도에게 할례받을 것을 강요했다. 그러나 바울은 이방인 교회에 하나님의 복음의 진리가 늘 항상 함께 있도록 하기 위해 한시라도 이 거짓 교훈에 복종하지 않았다(갈 2:3,5).

이 두 가지 모든 경우에 바울은 동일한 포괄적인 원리와 보편적인 사상에 의거해 행동했다. "내가 모든 사람에게 자유하였으나 스스로 모든 사람에게 종이 된 것은 더 많은 사람을 얻고자 함이라. 유대인들에게는 내가 유대인과 같이 된 것은 유대인들을 얻고자 함이요, 율법 아래 있는 자들에게는 내가 율법 아래 있지 아니하나 율법 아래 있는 자같이 된 것은 율법 아래 있는 자들을 얻고자 함이요, 율법 없는 자에게는 내가 하나님께는 율법 없는 자가 아니요, 도리어 그리스도의 율법 아래 있는 자나 율법 없는 자와 같이 된 것은 율법 없는 자들을 얻고자 함이라"(고전 9:19-21).

그는 위선적으로 시치미를 떼는 기회주의자가 아니었다. 그는 유대인의 율법적인 할례와 이방인의 전적으로 비율법적인 정신 모두에 대해 공개적으로 공언했고 그의 확신에 의거해 담대하게 행동했다. 그리고 그는 할례가 믿는 이방인들에게 전혀 무익한 것이며, 심지어 믿는 유대인들에게도 칭의의 기초를 제공하지 못한다는 사실을 명확히 주장했다.

우리가 이제까지 간략하게 설명한 질문들은 직·간접적으로 죄인의 칭의 교리에 대한 중대한 의미를 지니고 있다. 그리고 사도들에 의해 교훈된 이 교리의 정확한 취지는 초대교회의 사도들에 의해서 논의된 사려 깊고 신중한 토론을 통해 가장 명백하게 확인될 수 있을 것이다.

그러나 사도들의 논증뿐만 아니라 대적자들의 반대들도 역시 사도들이 이해하고 교훈했던 것의 요점을 우리에게 매우 명백하게 가르쳐 주는 일을 도와 주고 있다. 예를 들면 사도들의 교훈은 그들이 주장하는 '믿음으로 말미암아 율법을 폐한다'는 이유로 반대에 직면했는데, 사도는 이 반대를 강하게 부인하면서 '도리어 우리가 율법을 굳게 세운다'고 주장했다(롬 3:31). 물론 사도가 굳게 세운다고 말씀한 율법은 도덕법이었다.

사도의 교훈은 또한 만일 행위가 아니라 은혜로 말미암는 사도의 칭의 교리가 진리라고 하면, 은혜를 더하게 하려고 사람이 죄에 거하게 될 것이라는 반대에 직면했다. 사도는 그의 교리를 통해 이러한 거짓된 추론을 배격하고 반박했다. 그러나 이러한 추론이 진리이든 거짓이든 이 추론은 사도 바울이 말했던 칭의가 유대인이나 헬라인 모두에게 성화 교리로 이해되거나, 또는 칭의의 기초로서의 성화로 이해되지 않았다는 것을 매우 명백하게 보여 주고 있다.

만일 사람이 주입되거나, 아니면 타고난 천성의 의로 말미암아 의롭게 된다는 교리를 바울이 교훈했다면 반대의 여지는 전혀 존재하지 않았을 것이다. 그러므로 공공연한 불신자들이나 바리새인적 신앙인들의 반대와 같은 다른 많은 실례들 역시, 사실 사도가 의미하는 바가 무엇이었는지에 대해 여러 사실들을 제공하고 있었던 것이며, 칭의의 복음적 교리에 대한 많은 현대적 질문들을 판결하고 있는 것이다. (12)

사도적 교회 시대의 후기에 발생했던 또 다른 논쟁은 유식한 개종자들에 의해 도입된 이방 철학의 그릇된 원리에 관한 것이었다. 바울은 이러한 원리들로부터 연원된 위험을 제자들에게 경고했다. "누가 철학과 헛된 속임수로 너희를 노략할까 주의하라. 이것이 사람의 유전과 세상의 초등 학문을 좇음이요, 그리스도를 좇음이 아니니라"(골 2:8).

사색하기를 좋아하는 구성원들 사이에 처음 발생하게 된 이단들은 모든 복음의 독특한 교리들에 뿌리 박은 제자들의 믿음을 평가절하하고 위협했다. 이에 대해서 후에 사도 요한은 좀더 특별히 언급하고 있다. 이것은 순전히 꾸며 낸 헛된 철학에 기원된 것으로서 본질적으로 악하며 우리 주님의 몸의 실재, 즉 예수 그리스도의 성육신 교리, 결과적으로 그의 인간적 고난의 교리, 그리고 대속적 죽음 등의 교리들을 부인하는 원리들로 구성되어 있다.

물론 이 이단이 기독교 신앙의 근본적인 기초들을 부인하고 훼손했음은 두말할 필요가 없다. 더욱이 구주 예수 그리스도의 피 흘림 안에 있는 죄인의 칭의의 기초는 더더욱 인정하지 않았다. 이러한 이유 때문에 노(老) 사도 요한은 바울이 유대주의 교사들을 정죄하고 반대할 때와 같은 동일한 열심과 열정으로 이 이단을 강력하게 정죄했던 것이다. "사랑하는 자들아, 영을 다 믿지 말고 오직 영들이 하나님께 속하였나 시험하라. 많은 거짓 선지자가 세상에 나왔음이니라. 하나님의 영은 이것으로 알지니, 곧 예수 그리스도께서 육체로 오신 것을 시인하는 영마다 하나님께 속한 것이요, 예수를 시인하지 아니하는 영마다 하나님께 속한 것이 아니니, 이것이 곧 적그리스도의 영이니라. 오리라 한 말을 너희가 들었거니와 이제 벌써 세상에 있느니라"(요일 4:1-3).

만일 '헛된 속임수로서의 이 철학'에 대한 시의 적절한 경고의 메시지가 이어지는 기독교회의 역사 속에서 잘 적용되고 준수되었다면 기독교회는 매우 높은 수준의 복락을 누렸을 것이다. 왜냐하면 복음적 교리, 특별히 죄인의 사면과 하나님의 용인에 관한 교리의 가장 중요한 부패들이 동방에서는 플라톤 철학과 기독교회의 믿음의 조항과의 혼합에 의해서, 그리고 서방에서는 아리스토텔레스 철학과 기독교 믿음의 조항과의 혼합에 의해 발생했기 때문이다.

제3강

교부 시대와 스콜라 철학에서의 칭의 교리의 역사

사도 시대 이후의 칭의 교리의 역사는 교부들의 저작들로부터 시작된다. 그런데 이 교부들의 저작들은 사도들의 그것들과 달리 하나님의 영감으로 기록된 것들은 아니다. 따라서 성경의 역사적 신학과 교회의 역사적 신학 사이에는 광범위한 상이점들이 존재하는 것이 당연하다.

따라서 이 저작들은 그것이 고대의 것이든 현대의 것이든 '신앙'에 관한 한 전혀 신적인 권위를 가지지 못한 것들이다. 그리고 우리가 다루고 있는 주제들에 대한 그들의 교훈은 그것들이 오류가 없는 정확한 하나님의 말씀과 부합됨을 증명할 때를 제외하고는 전혀 우리의 믿음을 온전히 주장하지 못하는 것들이다. 그럼에도 불구하고 '사실'에 관한 한 이 교부들의 저작들은 모두가 예외 없이 역사의 증인들임을 부인할 수 없다.

또한 이 저작들은 이어지는 기독교회의 역사 속에서 여러 특정한 교리들에 대한 교회의 믿음이 어떠한 것들이었는지를 확인할 수 있는 시도에 있어서 우리가 호소할 수 있는 유일한 권위들이기도 하다. 우리는 사도들의 동역자들에 의해 출판된 소수의 저작들로부터 시작해서 작금의 시대에 이르기까지 끊임없이 계속해서 출간된 일련의 기독교 저작의 보물들을 보유하고 있다. 그것들은 교회의 역사적 신학을 설명해 주는 방대한 기독교 문학과 무진장의 보고(寶庫)를 구성하고 있는 것들이다.

이제까지 언급했던 저작들을 예증으로 인용하기에 앞서 우리는 무엇보다도 먼저 본장에서 다루고자 하는 문제의 본질을 명확히 제시해야 할 것이다. 왜냐하면 이렇게 하는 것이 본장에서의 논증의 조건들을 한정하는 일이 되기 때문이다. 본장에서 다루고자 하는 문제는 모든 교부들이 동일한 칭의의 교리를 여러 다른 방법으로 가르쳤다는 것을 밝히는 것이 아니다.

사실상 교부들 중 단 한 사람이라도 칭의 교리를 완벽하고 순수하게 오염되지 않은 상태로 교훈한 사람은 있지도 않았다. 그들 중에 자신의 저작을 통해 사상의 혼동 없이, 혹은 스스로 자기 모순에 빠지지 않고 칭의 교리를 가르친 사람은 전혀 없었다는 것이다. 이러한 불완전은 결국 성경처럼 하나님의 영감을 통해 기록된 것과는 달리 사람들의 저작속에서 종종 발생하는 것들이다.

그리고 이러한 불완전함은 기독교 교사들이 사도 시대의 교리로부터 점점 멀어지는 것과 비례해서 더욱 빈번해지고 역력해지는 것이기도 하다. 더욱이 초대교회 시대부터 존재했던 기독교 박해의 징조들이 초대교회 시대 이후부터 점진적으로 확산되었고 들끓게 되었다.

올바른 길을 일탈한 로마의 권력이 초대교회의 성장을 방해했던 때로부터 시작해서 기독교 박해는 전 우주적인 것이 되었고, 예언되었던 '배교'는 홍수처럼 발생하기 시작했다. 마침내 이것은 '불법의 비밀'의 가시적인 화신인 '불법의 사람', 곧 '멸망의 아들'이 '하나님의 성전'에 앉을 때 그 절정에 다다를 것으로 성경은 예언하고 있다(살후 2:3-8). (1)

우리는 이 예언된 배교의 시기에 복음의 진리가 그 순수성을 잃지 않고 계속해서 보존되기를 기대하는 것이 매우 어려운 것임을 잘 알고 있다. 사실 이러한 박해와 순교의 시기에도 불구하고 복음의 진리가 상대적인 단순성으로 잘 교훈되고 있었다. 그러나 우리는 2세기 말엽에 들어서부터 이 복음의 진리가 동방교회와 서방교회의 가장 저명한 교부들이 저술한 저작들을 통해 성장한 많은 오류 투성이의 교리들과 미신적인 관습들로 말미암아 심각하게 부패되었음을 발견하게 된다. (2)

그러므로 문제는 모든 교부들이 칭의 교리를 순수하게 교훈했음을 밝히는 것이 아님을 언급해 둔다. 심지어 그들 중 어느 한 사람이라도 교회 내에서 점진적으로 성장하고 있던 부패로부터 완전히 자유로웠던 교부가 있었음을 밝히는 것도 아니다. 오히려 그것은 그리스도의 공로를 믿는 믿음을 통해 오직 은혜로만 말미암는 칭의 교리가 진리를 증거한다고 하는 전체 교회사의 저작들 안에서 올바르게 발견되지 않고 있음을 밝히는 것이다.

또한 이 가장 어둡고 타락한 시대를 살아갔던 많은 참된 신자들이 이 칭의 교리를 통해 영적인 영양을 공급받지 못하고 새롭게 되지 못했음을 밝히는 것이다. 우리는 이어지는 시대를 살아갔던 교부들의 증언들을 실례로 들며 이러한 문제들에 대하여 매우 단정적으로 답하려 한다. 그리고 그렇게 함에 있어서 교부들의 증언을 믿음에 관한 권위로서가 아니라 단순히 사실에 대한 증인으로서 언급하려는 것이다.

우리는 거룩한 하나님의 말씀을 해석하기 위한 안내로서 믿음에 대한 복잡한 규칙들을 제정하고 심지어 그들의 저작들 안에서 어떤 권위를 발견하려 하거나 더욱이 그것들을 무오한 것으로 간주하기 위하여 교부들의 저작들을 하나님의 말씀에 추가하거나 더하려고 하는 것이 결코 아니다. 인간의 말에는 하나님의 말씀인 성경과 견줄 만한 동등한 권위가 존재하지 않기 때문이다.

더욱이 하나님의 말씀의 해석이 '교부들의 동의'에 종속되는 일은 정말 참을 수 없는 일이다. 하나님의 말씀이 어떤 유명한 교부들의 해석에 종속될 수가 없다는 말이다. 우리는 오히려 성경을 올바르게 해석하기 위한 수단으로 루터나 칼빈의 저작들을 사용하는 것처럼 어거스틴이나 크리소스톰의 저작을 사용하는 것이다. 또한 그렇게 함에 있어서 우리는 오직 하나님의 권위로서의 성경에 종속되어 있는 신성한 권리를 인정하는 것이다.

교부들의 권위는 개인적인 판단의 개신교 원리들과 계속해서 상충되어 왔고 변호되어 왔다. 이런 것들은 로마 가톨릭이나 옥스퍼드 운동론자들에게서나 발견될 법한 일이다.

그러나 대단히 놀랍게도 스탠리 페이버(Stanley Faber) 같은 지혜롭고 학식 있는 사람이 이 개신교의 개인적 판단 원리를 '현대 극단적 개신교의 여러 가지 해석의 우상'이라며 반대하는 것은 놀라운 일이다. (3) 그는 마치 이런 일들이 자신에게 한번도 발생하지 않은 것으로 간주한다. 그는 이것을 단순히 복잡한 믿음의 규칙들을 구성하는 조항들로서, 심지어 해석상의 규칙들로 간주하며 결국 이러한 개인적인 판단이나 해석은 불필요하다고 주장한다.

그러나 우리는 단순히 그 범위를 확장하는 것뿐이다. 영감된 성경에 대해 무슨 말을 하든지 적어도 우리의 지적인 능력의 무조건적인 실행을 통한 검증 없이는 교부들의 저작에는 해석상의 원리가 없다. 만일 그렇게 하지 않는다면 우리는 본 장에서 오류가 없는 로마 가톨릭교회의 교훈 앞에 그냥 복종하게 될 따름이다. (4)

그러므로 칭의라는 주제에 대한 교부들의 저작들에 나타난 특별하고 정확한 목적과 이유를 분명히 이해하는 것은 대단히 중대하다. 그것은 이 개신교의 칭의 교리가 루터나 칼빈에 의해 처음으로 고안되어진 신 발명품이라는 오류투성이의 단언과 주장을 반대하는 것으로서의 이 사실을 매우 단순히 증명해 주기 때문이다. 그것은 이어지는 모든 세대의 여러 다른 저자들에 의해 때로는 상세하게, 때로는 애매하게 교훈되었을 뿐이다.

그러므로 이 칭의 교리가 종교개혁 이전 시대인 1400년 동안에는 전혀 알려지지 않은 교리라는 근거 없는 주장은 전혀 진리가 아니다. 결국 우리가 교부들의 저작에 호소하는 이유는 그들이 바로 이 사실의 문제에 대해 확실한 증거를 제공해 주기 때문이다. 그러나 이 사실을 확립하기 위해 우리가 그것이 모든 교부들에 의해 교훈되었거나 그들 중 어느 한 교부라도 이 교리를 손상되지 않은 채, 그 어떤 인간적 오류와 혼합하지 않고 완전하게 지켜 낸 사람이 있다는 것을 증명할 필요는 전혀 없다. 그것은 빈센트와 터툴리안 모두를 고수하는 자들이면 몰라도 아마도 빈센트(Vincent)의 미사 통상문을 로마 가톨릭교회의 교리의 시금석으로 믿고 있는 이들에게는 가장 절망적인 사명이 될 것이다. (5)

성경 이외에 믿음에 대한 새로운 조항을 창조해 낼 수 있는 권리를 가진 개인이나 단체는 전혀 없다는 이 건전한 원리는 바로 개신교의 원리였다. 그것은 로마 교황들의 원리가 아니라 개신교들이 지키던 원리였던 것이다.

우리가 교부들의 저작들을 예로 드는 것은 개신교의 교리를 대적하기 위해 '합법적으로 인정되던 추정'을 단순히 무효화하기 위한 것이다. 그 추정은 다름 아닌 이 칭의 교리가 종교개혁 이전 시대의 교회에는 전혀 알려지지 않았다는 추정이다. 우리는 이 한 가지 목적 이외에 교부들의 증언들을 사용할 마음이 전혀 없다. 이 한 가지 확정적인 목적에 관한 한 그들의 증언은 완전히 결정적이기 때문이다.

우리는 이러한 예비적인 고찰과 함께 이 칭의라는 주제에 대한 교부들의 교리를 살펴볼 것이다. 무엇보다도 먼저 시간적인 순서와 관심도로 볼 때 사도 시대의 교부들, 또는 아직 몇몇 사도들이 생존해 있던 시기에 살고 사역했던 동시대 교부들의 저작들을 먼저 살펴보게 될 것이다. (6)

아마도 남아 있는 이 초기의 교부들의 저작들을 엄밀하게 숙독한 사람이라면 이 저작들이 사도들의 저작들에 비해 대단히 열등하다는 인상을 쉽게 발견하게 될 것이다. 모든 이들은 한 교부의 저작을 연구하고 또 다른 교부의 저작을 연구하며 그것들을 사도들의 저작들과 비교하게 될 때 반드시 이러한 인상을 받게 될 것이다. 그것은 사도들의 저작들 안에 내재된 영감(inspiration)과 이어지는 계승자들의 저작들 안에 존재하지 않는 영감 때문일 것이다.

그러나 여기에는 이와 동등하게 명백한 또 하나의 사실이 있다. 사도 시대의 교부들의 저작들과 – 그것들은 비록 정경적인 성경들에 비해 열등하다 할지라도 – 그와 동시대인 헬라와 로마, 그리고 유대 전체 문학 저작들 사이에 존재하는 놀라운 대조가 바로 그것이다.

우리는 교부들의 저작들에서 로마 세계에서는 전혀 발견할 수 없는 새롭고 역동적인 믿음의 표현들을 발견하게 된다. 로마 세계의 한 믿음의 소유자는 마치 자기들이 그것을 발견한 것처럼 확신에 차서 '진리가 무엇이냐?'는 회의적인 질문을 던지기에 이르렀다. 그들은 너무나 확신에 넘쳤으며 그것을 위해 죽을 각오까지 되어 있었다. 그러나 교부들의 저작에 표현된 사랑의 불로 불붙은 이 역동적 믿음의 표현은 모든 사람을 포용했고 모든 시험과 고난을 극복하게 했으며, 평화와 기쁨은 이 고난 자체를 오히려 즐거워하게 만들었다. 사람들에게 이전에는 알려지지 않았던 새로운 영적 삶이 시작된 것이다.

아니 우리가 발견한 것은 이 정도가 아니다. 우리가 정말 발견한 것은 그 믿음, 그 사랑, 그 평화, 그 기쁨, 그리고 그 새로운 영적 생활이다. 이것들은 그들이 하나님의 구속자로 경배하고 신뢰했던 죽으시고 다시 살아나신 한 분의 인성과 사역 안에서 그들 삶의 뿌리가 되었으며 그들 동맹의 끈이 되었던 것이다. 이것이 그들만의 고유한 성격이었으며 그들의 독특한 특징들이었다.

그들의 단순하지만 탁월한 경건이 잘 표현된 저작들과 그와 동시대에 살았던 가장 위대하고 웅변적인 저자들의 글들을 비교해 보면, 우리는 그 둘 사이를 분리해 주는 측량할 수 없는 거리감을 매우 쉽게 발견할 수 있다. 또한 우리는 교부들이 비록 천재성과 학문에 있어서 그들과 동시대를 살아갔던 위대한 지혜자들에 비해 열등하다고 할지라도 그들의 스승들에게 복음을 전수받고, 또한 그들의 제자들에게 그 복음을 잘 전달했음을 느낄 수 있다. 이 복음은 천재성과 학문의 왕자들인 이 세상의 지혜의 왕자들이 결코 마음에 품지 못했던 위대한 복음이었던 것이다. (7)

십자가에 못박히시고 다시 살아나사 승천하신 구속자를 믿음으로 말미암는 영생과 사죄의 교리는 그들 저작의 모든 국면을 세밀하게 파고들었다. 그것들은 이전에는 공식적으로 혹은 명료하게 확인되지 않았으나 분명하게 확증되고 적용되었다. 그들 사상의 전체 체계는 기록되어진 사실들을 전제로 했으며, 특별히 교훈되어진 신약성경의 교리들에 근거했다.

　초대교회의 믿음은 사실 매우 단순한 것이었다. 그것은 성경에서 연원된 많은 교리들이 거의 발전되고 정의되기 전이었기 때문에 사실상 '신조라기보다는 생활 그 자체'였다. 또한 신학이라는 것 역시 조직적으로 체계화되기 이전인 때였다.

　믿음의 조항들이 논쟁적인 토론의 주제가 되기 전까지는 정확하게 진술되지 않고 오히려 종종 막연하게 정의되었다는 진술은 사실이다. 사실 이것은 모든 평안한 시대를 지탱하고 있었던 것이기도 했다. 그러나 이 말이 초대교회가 후에 정의되어진 동일한 교리들의 그것들과 다른 내용을 믿었다거나, 또는 초대교회의 구성원들이 그들이 믿고 소망해 왔던 것들에 대한 충분한 이유를 제시하기에 무능력했다는 것을 암시하는 것으로 이해된다면, 그것은 전혀 내가 의도하는 바가 아니다.

　초대교회들은 사도들과 사도들의 사역을 통해 지도를 받고 있었을 뿐만 아니라 복음서들과 서신서들을 통해 그 자양분들을 잘 흡수하고 있었다. 초대교회는 모든 교회들, 즉 로마에 있는 교회, 에베소에 있는 교회, 고린도에 있는 교회, 빌립보에 있는 교회, 골로새에 있는 교회, 데살로니가에 있는 교회들을 모두 총칭하는 것이다.

　바울은 이 교회들에게 자신감 있는 설득력으로 가득 찬 매우 심오한 논쟁들이 담겨 있는 편지들을 전달했다. 그리고 그들이 자신의 편지를 매우 잘 이해할 수 있을 것이라 확신했다. 그리고 그의 편지에 적나라하게 설명한 거짓 교사들과의 논쟁 속에서 바울은 명백하고도 분명한 은혜의 교리를 충분히 전달할 수 있었다.

　특별히 칭의 교리에 대해서는 사도들의 저작들에 매우 상세하게 논의되고 있다. 그것은 특별히 이어지는 바로 다음 세대가 그것들을 마치 결정되지 않은 질문인 양 자기들 마음대로 다루지 못하도록 유대인과 이방인의 논쟁, 특별히 율법주의적 논쟁 속에서 논의된 교리였다. 사도들은 모두 그것을 확립되고 의심의 여지가 없는 일반적인 믿음에 대한 조항으로 여겼다. 또한 그들은 그것을 그들의 모든 저작 안에서 특별히 설명하거나 증명할 필요가 없는 교리로 간주하고 적용시켰다.

그러나 이윽고 사도들의 저술들은 그리스도의 성육신과 속죄 사역을 부인하던 영지주의자들(the Gnostics)과 에비온파(the Ebionite) 이단에 의해서 매서운 공격을 받기 시작했다. 이들과 대적함에 있어서 사도들은 복음 역사의 위대한 사실들을 강조하기 시작했다. 그리고 그들은 구속자이신 예수 그리스도의 참되고 실제적인 고난에 대한 복음적 교리의 본질을 진술했다. 그것은 신적 정의를 만족시키는 사법적 성격의 만족이었으며 '죄의 사면'을 위한 속죄적인 목적으로 수행된 것이었다. (8) 우리는 이 문제에 대해서 단지 몇몇 교부들의 저작들을 실례로서 인용하고자 한다.

교부들의 교부였으며 바울(빌 4:3)과 동시대에 사역했던 로마의 클레멘트(Clement of Rome)는 고린도교회 교인들에게 보내는 그의 서신에서 다음과 같이 말했다.
"오직 그리스도의 보혈만 바라보라. 오직 우리의 구원을 위해 흘리신 당신의 보혈이, 온 세상에 회개의 은혜를 가져 온 이 보혈이 얼마나 소중한 것인지를 보라!"
그는 계속해서 말했다.
"율법 이전에 살던 사람이든지, 율법 아래 있던 사람이든지 관계없이 아브라함으로부터 고대의 조상들에 이르기까지 그들은 결코 그들 자신들을 높이거나 영광을 취하지 않았으며, 또한 그들이 행한 의로운 일들을 자랑하지도 않았다. 오히려 그들은 오직 하나님의 뜻만을 높이며 자랑했다. 그러므로 그리스도 예수 안에서 하나님의 뜻 가운데 부르심을 받은 우리 역시 우리 자신이나 우리의 거룩한 심성에서 연원된 그 어떤 지혜나 지식, 경건, 그리고 행위들로가 아니라 오직 믿음으로만 의롭다 여김을 받아야 할 것이다. 우리 산 자 모두를 의롭다 하시는 전능하신 하나님을 통한 믿음으로만 의롭게 여김을 받아야 하는 것이다. 영광이 그에게 세세토록 있으리로다, 아멘!"

이 클레멘트의 증언은 정말 완전하고 명쾌한 것이다. 그것은 '우리의 구원'을 '그리스도의 보혈'과 연결시키고 있다. 이는 피가 우리의 믿음의 대상임을 상징하고 있으며 '회개의 은혜'를 획득하는 원인이 됨을 상징하고 있다. 바로 이것이 아브라함의 칭의와 율법 이전과 이후 시대를 살았던 구약의 모든 신자들의 칭의가 하나님의 은혜로우신 뜻이었음을 밝혀 주는 이유가 된다.

이것은 신약 시대의 신자들에게도 동일한 기초로서의 칭의를 제시한다. 이 칭의는 그들 자신들의 '행위들'을 완전히 배격한다. 심지어 그것들이 '거룩한 마음'으로부터 연원된 행위나 하나님께 회심한 이후 행한 행위라 할지라도 말이다. 이것은 완전히 믿음으로만 말미암는 칭의이다. 이것은 태초로부터 하나님의 백성들이 의롭다하심을 받은 동일한 믿음으로만 말미암는 칭의이다. (9)

사도 요한의 제자였던 익나티우스(Ignatius)는 말한다.
"내게 있어서 유일한 권리증서이자 방어수단은 그리스도 뿐이시다. 그의 십자가와 그의 죽음, 그리고 그의 부활과 그를 통한 믿음이 나의 오염되지 않은 방어 수단이다. 오직 이것들 안에서만 나는 즐겁게 의롭다 여김을 받을 것이다."

사도 요한의 또 다른 제자였던 폴리갑(Polycarp)은 빌립보교회 교인들에게 편지를 보내면서 다음과 같이 말하고 있다.
"우리 죄를 위하여 자신을 죽음에 내어 맡기시기까지 순종하셨던 주 예수 그리스도를 하나님께서 다시 살리셨다. 이분 안에서 우리는 그를 아직 보지 못하였으나 믿고 말할 수 없는 기쁨과 영광의 충만함으로 즐거워하는 것이다. 그것은 행위로 말미암는 것이 아닌 예수 그리스도를 통한 하나님의 뜻으로 말미암는 은혜를 통하여 구원받았음을 아는 것이다."

초기 변증가였던 저스틴 마터(Justin Martyr)는 다음과 같이 말했다.

"우리는 더 이상 수소나 양의 피, 또는 암소의 재를 통해 제사를 드리거나 우리 죄를 정결케 하지 않는다. 우리는 이제 그리스도의 피와 바로 이 점을 위해 돌아가신 그의 죽음을 통한 믿음으로만 말미암아 죄 용서함을 받는 것이다. 아브라함은 하나님으로부터 의인이라는 증거를 받았다. 그러나 그가 의롭다함을 받은 것은 그의 할례 때문이 아니요 그의 믿음 때문이었다. 그가 할례받기 이전에 성경은 '아브라함이 하나님을 믿으니 하나님께서 이를 그의 의로 여기셨다'고 말씀했기 때문이다."

칭의 교리의 진술 중 디오그네투스(Diognetus)에게 보내는 편지의 저자의 증언보다 더욱 확실하고 명료한 진술은 찾아보기 어려울 것이다.
"하나님께서는 그의 아들과 함께 모든 것을 계획하셨으며 그때부터 그의 선하심과 능력을 보이셨다. 그는 우리를 미워하지도, 버리지도 않으실 뿐 아니라 우리를 사악하다고 간주하시지도 않으시고 오래 참으시며 인내하시고 우리를 불쌍히 여기사 우리 죄를 친히 담당하시고 당신이 친히 그의 독생자와 함께 우리를 위해 속죄 제물이 되셔서 무법자를 위해 거룩한 자가, 악한 자를 위해 죄 없는 자가, 불의한 자를 위해 의로운 자가, 부패한 자를 위해 썩지 않을 자가, 죽을 자를 위해 죽지 않을 자가 되신 것이다. 그의 칭의가 아니고서 우리의 죄를 가리울 수 있는 것이 무엇이겠는가? 오직 하나님의 아들 예수 그리스도 안에서를 제외하고 불경건하고 무법한 자가 의로움을 받는 다른 길이 가능하겠는가? 오! 달콤한 변화, 헤아릴 수 없는 창조, 기대하지 못했던 은혜, 이것이야말로 수많은 사람들의 불법이 한 의로운 사람 안에서 가리워지고, 한 사람의 의가 많은 불법한 자를 의롭게 하는 것이라네." (10)

카타콤의 교회는 매우 신속하게 로마제국의 교회가 되고 말았다. 그리고 로마제국의 박해의 불구덩이 속에서 빛나고 정결하게 된 그 믿음은 외면적인 무사안전과 세속적인 번영의 시기에 점점 희미해지고 빛을 잃어 가는 촛불처럼 쇠약해져 갔다. 믿음을 대적하던 모든 위험들은 제거되었고, 그리스도인이라고 고백하면 순교를 당해야만 했던 박해의 상황들은 모두 사라져 버렸기 때문이다.

이내 교회에는 단지 그리스도인이라고 말하기만 하면 모두가 다 그리스도인이 되는 사람들로 가득 차게 되었다. 교회 내에 만연하기 시작했던 형식주의와 냉담함으로 인해 죄의식은 점점 희미해졌고, 특별한 복음적 교리들에 대한 그들의 애착은 점점 약화되기 시작했다.

결국 믿음의 가장 근본적인 조항들에 대한 사악한 이단들이 조금씩 열려진 문을 통하여 살금살금 기어 들어오기 시작한 것이다. 죄에 대한 깊은 확신과 하나님의 면전에서 무한한 오류들과 결점을 인정하지 않기에 그들은 더 이상 신적 구속자의 필요성을 느끼지 않게 된 것이다.

결국 이러한 생각은 그들이 그리스도의 신성을 부인하고 그를 단순히 창조된 피조물들 가운데 가장 고상한 존재라고 말하기 시작했을 때 매우 쉽게 아리우스(Arius)와 그의 추종자들의 먹이가 되기에 충분했던 것이다. 그들이 단지 그리스도의 최고의 신성을 부인하고 논박함으로 말미암아 아리안주의는 지금까지 교회 안에서 설득력 있는 믿음이라는 인정을 받게 된 것이다.

도케티안(Docetians)들과 말시온주의자(Marcionites)들에 의해 처음으로 공격당했던 것은 그리스도의 신성이 아니라 그리스도의 인성이었다. 심지어 지금까지도 아리안에 의해서 확증을 받는 것은 반대로 그리스도의 인성이 아니라 그리스도의 완전무결한 신성이다. 그러나 비록 다른 이유일지라도 두 경우는 모두 한결같이 그리스도의 속죄를 폐기처분해 버렸다.

영지주의자들은 그리스도의 인성을 부인함으로써 구속의 실재성을 폐기했고, 반면에 아리안주의자들은 그리스도의 완전무결한 신성을 인정하나 하나님의 정의를 만족시키는 충족성으로서의 신성을 부인하기에 그리스도의 속죄 교리는 확립되어질 수 없는 것이다. 그러므로 그리스도의 희생적인 속죄의 교리는 의심에 빠지게 되었다. 결국 '그의 피를 믿는 믿음'을 통한 은혜로 말미암는 칭의 교리 역시 모호하게 되었으며 회개를 통해서 하나님 앞에서 용인을 받는 다른 방법이 강구되었고 죄인들의 개혁은 새롭게 대체되어 버렸다.

성경의 모든 독특한 교리들은 결코 분리될 수 없는 관계를 유지하고 있다. 그러하기에 하나에 대한 오류는 결국 모든 국면에의 오류를 초래하게 되어 있다. 결국 죄인들과 그들의 죄의 결점에 대한 불완전하고 결함 있는 견해는 어떤 명목적 그리스도인들로 하여금 그들에게 신적 구속자가 필요하다는 생각을 하지 못하도록 방해했던 것이다. 이러한 이유로 그들은 그리스도의 속죄 제사를 거부함으로써 그리스도의 신성을 부인하기에까지 이르렀다. 결국 그들은 그리스도의 피를 믿는 믿음으로 말미암는 칭의의 옛 방법을 완전히 저버린 것이다.

첫 번째 중요한 이단들, 즉 영지주의, 에비온파, 그리고 아리안주의는 하나님에 대한 교리(엄밀한 신학)와 관련되어 있다. 이는 삼위일체 하나님, 특히 하나님의 아들의 성육신과 그분의 두 본질, 즉 신성과 인성과 관련되어 있다.

두 번째로 중요한 이단들, 즉 마니교(Manichean)와 펠라기우스주의(Pelagianism), 그리고 반(半)펠라기우스주의(Semi-Pelagianism)는 사람에 대한 교리(인간론)와 관련되어 있는데, 특별히 죄인으로서의 그의 자연적 특성과 실제적 상태, 그의 자유 의지와 노예 의지, 자신을 회복시키고 소생시키는 능력과 무능력 등과 관련되어 있다. 이 두 가지 관련은 결국 구원의 전체 교리(구원론), 특별히 하나님 앞에서의 죄인의 칭의의 기초와 방법과 관련되고 있다.

하나님에 대한 교리와 인간에 관한 교리들은 교회에 의해, 거의 완전히 논의되고 토론되었다. 신론은 아다나시우스(Athanasius)에 의해, 그리고 인간론은 어거스틴(Augustine)에 의해 정의된 것이 그것이다. 그리고 이 빛나는 믿음의 수호자들이 먼저 첫째로 하나님의 독생자의 실재적 성육신과 최고의 신성을 확립하고, 둘째로 인간의 전적 무능력과 하나님의 무조건적 은혜의 유효성을 확립함으로 말미암아 오직 믿음을 통한 은혜로만 말미암는 칭의 교리의 기초를 강화시키는 데 공헌한 것이다.

이 교리는 참된 신자들에 의해 언제나 수호되어 왔다. 그러나 이 칭의 교리는 저 16세기 로마 가톨릭교회와 개혁교회들 사이에 벌어졌던 엄청난 논쟁으로 인해 그것의 엄밀한 정의가 이루어졌고 완전한 발전을 보게 되었다.

한편 사도들을 계승했던 동료들과 후계자들이 기록했던 현존하는 저작들을 통해 살펴볼 수 있는 교부들의 칭의 교리는, 분명한 이유로 인해 로마 가톨릭주의자들과 개신교도들 사이에 언제나 논쟁거리가 되어 왔다.

그러나 최근에 로마교회에 낯설은 칭의 교리의 그 어떤 정의도 거부하며 동시에 고대 로마 가톨릭교회의 동의에 무조적적인 복종을 선언하는 어떤 개신교도들은 루터와 칼빈이 가르쳤던 법정적 칭의 교리가 종교개혁의 시대에서야 비로소 신학으로서의 주목을 받았던 '신고안품'이라고 주장했다. 다시 말하면 법정적 칭의 교리는 사도 시대 이후로부터 지난 1400년 동안 교회에 전혀 소개되지 않았던 교리라는 말이다. 그러므로 이 교리는 헬라와 라틴계의 모든 교부들의 공통적이며 한결같은 교훈과 전혀 조화되지 않는 교리라는 것이다. (11)

그들은 이 점을 주장하기 위해서 특별히 은혜 교리의 위대한 신학자로 알려진 어거스틴을 선택했다. 어거스틴은 종종 도덕적 칭의를 강조하고 옹호하는 자로서 법정적 칭의 교리의 대적자로 이용되고 있다. 왜냐하면 다른 부분에 있어서 어거스틴의 사상은 모두 종교개혁자들의 교리들과 일치하고 있기 때문이다. 바로 이 점 때문에 어거스틴의 도덕적 칭의 사상이 개신교의 법정적 칭의 교리가 신고안품이라는 것을 증명해 주는 증거 수단이 되는 것이다.

그러나 만일 어거스틴이 도덕적 칭의 사상을 주장한 것이 정말 사실이라면, 우리의 성화 문제에 있어서 자유 의지를 대적하기 위해 무조건적인 은혜의 교리를 그토록 확립하려 애썼던 어거스틴이 우리를 의롭다 하는 문제에 있어서 자의(自義)를 대적하기 위해 무조건적인 은혜의 교리를 더욱 확립하지 않고 오히려 평가절하했을 것이라는 주장은 정말 별스럽고 이상한 일이 아닐까?

그러나 성급하게 결론을 내리기 전에 우리는 어거스틴이 열중했던 이 논쟁의 진정한 이유와 본질을 좀더 진지하게 살펴볼 필요가 있다. 그것은 사실상 이어지는 로마 가톨릭교회들과 종교개혁자들 사이에 존재했던 논쟁과는 현저하게 다른 문제였기 때문이다. (12)

어거스틴과 논쟁을 벌였던 펠라기우스(Pelagians)는 죄의 사면에 대한 은혜의 교리를 믿었다. 그러나 한편 그는 죄인의 회심을 위한 유효적인 은혜의 필요성은 부인했다. 그러므로 그들의 이단성은 하나님 앞에서의 죄인의 칭의에 대한 문제를 직접적으로 야기시키지는 않는다. 그들은 '하나님의 용서'를 믿었다. 그러나 그들은 또한 인간이 스스로 '회개하고 하나님께 향할 수 있는 능력이 있음'도 믿었다.

결국 어거스틴은 펠라기우스의 이 두 번째 믿음을 공격함으로써 은혜의 교리를 변호했던 것이다. 이렇게 함에 있어서 어거스틴은 펠라기우스 교리에 내재해 있는 자의적 칭의의 체계를 좌절시킬 수 있는 위대한 원리를 확립하기에 이른 것이다. 특별히 어거스틴은 두 가지 근본적인 원리를 확립하고 가르쳤다. 우선 첫째로, 믿음 이전의 모든 행위들은 선한 것이 아니라 다 한결같이 악한 것(splendida peccata)이라는 원리이다. 둘째는, 믿음 이후에 행해진 신자에게 임한 은혜의 열매로서의 행위들은 그것이 비록 매우 선한 것이라 할지라도 그것 자체로는 매우 불완전하며 남아 있는 죄성으로 인해 더럽혀질 수 있는 것이기 때문에, 그것들은 그리스도의 보혈로 정화되어야 하며 오직 그리스도의 공로로만 하나님께 인정을 받을 수 있다는 원리이다. 이 두 가지 원리는 좀더 일반적인 교리로서의 무조건적, 주권적, 유효적 은혜의 교리와 함께 개신교 교리의 실체를 구성하고 있다.

어거스틴은 인간의 자유 의지를 배격하고 죄인의 구원의 근원과 원동력으로서의 하나님의 무조건적 은혜를 주장했다. 이 구원이 그의 칭의 교리와 그의 성화 교리를 함축하고 있는 것이다. 이 구원이 그의 죄의 사면과 그의 본질의 개혁을 포함하고 있는 것이다. 그리고 어거스틴은 이 모든 구성 요소의 원인이 오직 하나님의 무조건적이며 값없이 주어지는 은혜에 기인한 것이라고 주장하는 것이다. 이 근본적인 진리들을 확립함에 있어서 그는 그리스도 안에 있는 믿음을 통한 은혜로만 말미암는 무조건적이고 특별한 칭의 교리의 확고한 기초를 세운 것이다.

그리고 그의 이러한 저작들은 후기에 로마 가톨릭과 개신교 사이의 공식적인 논쟁의 주제가 되었던 이 위대한 진리의 이해에 큰 공헌을 했다. 이러한 방법으로, 그리고 이러한 범위 내에서 어거스틴은 인간의 공로를 제외하고 하나님의 은혜를 높이고 찬양함으로써 루터와 칼빈의 길을 예비했던 것이다.

그러나 사실 어거스틴은 오직 믿음으로 말미암는 '법정적' 칭의 교리에 대해 전혀 몰랐을 뿐만 아니라 오히려 법정적 칭의 교리와 정반대인 주입된 의, 혹은 내재된 의로 말미암는 '도덕적' 칭의 교리를 가르쳤다는 주장이 강력하게 제기되었다. 이 주장은 주로 두 가지 이유에 근거하고 있다. 첫째는 어거스틴이 선한 행위를 언급할 때 사용한 단어인 '공로'의 용법에 관한 것이며, 둘째는 복음에 의해 수여받는 유익을 언급할 때 사용한 단어인 '칭의'의 의미에 관한 것이다.

첫 번째 문제에 대해서, 어거스틴은 다른 모든 라틴 교부들과 마찬가지로 '공로'라는 용어를 법정적 혹은 도덕적 공과를 나타내는 용어로 사용하지 않았고, 오히려 단순히 축복을 획득하는 수단, 또는 기껏해야 '채무로서가 아닌 은혜로 말미암아' 보답받을 만한 행위를 의미하는 용어로 사용했다. 이는 로마 가톨릭교회와 논쟁했던 우리의 위대한 신앙의 선배들의 저작들 안에서 결정적으로 증명된 사실이다.

사실 공로 신학이라는 개념은 상당히 후기에, 그리고 특별히 주로 스콜라 신학을 통해서 구성된 것이다. 교부들이 사용한 기존개념으로서의 공로 신학이라는 용어에 적잖게 공격적인 의미가 부여된 것은 극히 후에 일어난 일이라는 것이다. 그 전까지 이 용어는 단순히 유익을 수여받는 수단을 의미했다. 무언가를 획득하고 얻는 것을 의미하는 이 일반적인 의미에서만 우리는 그리스도를 얻고 성령님을 얻으며 영생을 얻는 것이다.

그러나 우리는 이것들 중에 그 어느 것도 받을 만한 가치나 자격이 없는 자들이다. 그것들이 우리에게 수여될 의무나 이유도 없다. 이것은 정말 생각할 수조차 없는 일이다. 그것은 우리의 공로를 통해서 단순히 얻어지고 우리는 그것을 즐거워하게 되는 것이다. 아우구스부르크(Augsburg; 루터교) 개신교 신앙고백서에 표현된 동사는 바로 이러한 의미에서 사용되었다. 그러나 이제 그 의미가 완전히 변경된 지금, 그리스도의 공로 외에 다른 공로를 말하는 것은 더 이상 안전하지 않게 되었다. (13)

어거스틴이 사용한 칭의라는 용어에 관한 한 그가 이 용어를 죄인의 지위와 특질에 관한 전체의 변화를 지시하는 용어로 사용했다는 것에 대해서는 이견의 여지가 없다. 그것은 죄인의 회심의 시기에 발생하는 하나님과 죄인과의 관계와 인간의 마음과 영에 관한 상태에 관한 것이었다. 어원학적으로 볼 때 이 용어가 이러한 적용적 의미로 사용된 것은 충분히 이해할 만한 일이다.

이러한 광의적 의미를 존 포브스(John Forbes)와 같은 개신교 저자는 매우 즐겨 사용하기도 한다. 그는 이 용어를 우리가 실제로 의롭게 되는 모든 의를 지시하는 의미로 사용하고 있다. 곧이어 그는 이 의가 두 가지를 의미한다고 부가해서 말한다. 그 첫째는 우리에게 믿음으로 말미암아 수여되며 하나님에 의해 전가된 칭의의 의로서의 그리스도의 의를 말한다. 그리고 또 다른 하나는 신자의 내부에 내재된 개인적 의인데, 그것은 성령으로부터 주입된 의라고 말한다. 그는 이 의를 성화의 의라고 불렀다. (14)

어거스틴은 의라는 용어를 이와 동일한 포괄적인 의미로 사용한 것이다. 그러나 어거스틴이 이 두 가지 포괄적인 의미하에서 죄인의 혁신뿐만 아니라 죄인의 용서와 하나님 앞에서의 용인을 다루고 있음에도 불구하고 그가 하나님의 은혜의 이 두 가지 복을 혼동했거나 그중에 하나를 다른 하나의 기초나 이유로 제시했다는 증거는 전혀 찾을 수 없다. 바로 이것이 우리가 살펴야 할 중대한 문제이다.

그가 어떤 특별한 용어를 어떻게 사용했는지가 중요한 것이 아니라, 그의 교리의 본질적인 실체가 무엇인지를 밝히는 것이 훨씬 중요하다. 그는 범죄와 그 오염, 죄의 사면과 죄인의 갱신, 하나님 앞에서의 인간의 외면적이며 객관적인 관계와 인간에게 내재되어 있는 영적 특질 등과 같이 너무나 확실한 진리들을 서로 혼동할 만큼 어리석은 신학자가 아니었다. 그는 서로 불가분리의 관계에 있으나 너무나 독특한 이 복들을 혼동하지 않았으며 그것들을 아주 잘 다룰 수 있었다.

그러하기에 어거스틴이 인간이 그의 회심 이전에, 혹은 이후에 그에게 내재된 의를 죄인의 용서뿐만 아니라 하나님의 용인을 획득하고 확보하는 수단으로 제시했다는 증거는 전혀 터무니없는 주장인 것이다. 인간의 회심 이전에 그럴 가능성은 전혀 없다. 왜냐하면 어거스틴 교리의 전체 사상은 갱신되지 못한 상태로서의 인간이 전혀 의를 소유하고 있지 않을 뿐만 아니라 오히려 죄의 용서뿐만 아니라 수여받아야 할 믿음의 선물에 있어서도 하나님의 주권적 은혜에 빚진 자임을 증거하고 있기 때문이다.

또한 인간의 회심 이후에도 그럴 가능성은 전혀 없다. 왜냐하면 어거스틴의 교리는 성도는 그가 중생받은 신자임에도 불구하고 세례를 통해서도 지워지지 않고 중생 그 자체로도 완전히 파괴되지 않는 그에게 남아 있는 죄 때문에 매일매일의 사면과 용서를 필요로 함을 증거하고 있기 때문이다. 이 죄는 가장 고상하고 위대한 신자의 행위도 더럽게 만드는 능력이 있다.

우리는 어거스틴의 교리의 특징을 아마도 버나드(Bernard)의 기억할 만한 다음과 같은 말로 대변할 수 있을 것이다. "내가 나의 죄를 해결함에 철저하게 무능력하기에 나는 나의 의를 얻기에도 아무런 능력이 없도다!" (15)

만일 우리가 어거스틴과 많은 교부들이 사용한 '공로'와 '칭의'라는 두 용어의 의미를 정확하게 이해한다면, 그들이 '법정적 칭의' 교리를 주장했는지, 아니면 '도덕적 칭의' 교리를 주장했는지를 매우 쉽게 결정할 수 있을 것이다. 이것은 사실상 그들이 남긴 저작들을 통하여 그들이 이미 확실히 결정할 문제이다.

이러한 결정은 사실상 과거 우리의 선배들인 다운함(Downham), 다브넌트(Davenant), 어셔(Usher)에 의해서, 그리고 가장 최근에는 오브라이언(O'Brien), 페이버(Faber) 그리고 베넷(Bennett)에 의해서 이루어졌다. 사도 시대로부터 마지막 교부인 버나드(Bernard)에 이르기까지 수많은 고증과 저자들은 한결같이 오직 믿음만을 통하여 은혜로만 말미암는 칭의의 교리를 모든 이어지는 교회 시대에 증거하기에 너무나도 충분했다.

그러나 사실상 이 교리가 전 우주적으로 받아들여진 것은 아니다. 그것은 오늘날 우리가 사는 시대에도 동일한 현상이다. 그것은 언제나 자의의 영(the spirit of self-righteousness)에 의해 공격을 받았고 인간의 여러 가지 고안품에 의해 더럽혀졌다. 어떤 때는 도덕률폐기론자에 의해 남용되고 왜곡되기도 했다.

그러나 그것은 동시에 당시와 현재의 수많은 참된 성도들의 교리이며, 그들은 이 교리를 그들의 심장으로 사랑하고 즐거워했다. 그러므로 지난 1400년 동안 이 교리가 잊혀진 교리라는 것은 정말 말도 안 되는 소리이다. 오히려 이 교리는 지난 1400년 동안 깨어 있는 신자들의 안식처요 죄인들의 피난처였으며, 겸손한 세리들의 구원의 반석이었다.

신학자들은 교부들의 저작들에서 이러한 영향력 있는 간증과 증언들을 수집했고 그것들을 연대기적 순서로 구성했다. 교리의 증명으로서의 권위가 아니라 사실의 증명에 있어서 단순한 증거로서의 이 간증과 증언들은, 우리가 지금 다루고 있는 유일한 문제를 결정하기에 충분한 것들이다.

페이버(Faber)는 15세기 이전에 저술 활동을 벌인 16명의 교부들과 어셔(Usher) 대주교에 의해 인용된 12명의 글을 포함한 28명의 교부들의 증언들을 인용하고 있다. 그는 12세기에 이르기까지 거의 모든 세기에 때로는 한 명, 혹은 그 이상의 증인들이 이 교리를 증거하고 있음을 밝히고 있다. (16) 이 증언들은 단순히 믿음을 통한 오직 은혜로만 말미암는 법정적 칭의 교리가 이 교부들에 의해 잘 견지되고 있었음을 증명할 뿐만 아니라, 이 교리가 의존하고 있는 다른 진리들과 깊은 관계가 있음을 증명해 주고 있다.

이 진리들은 칭의의 원인으로서의 하나님의 무조건적인 은혜와 은총,

칭의의 기초(근거)로서의 그리스도의 공로적 의와 구속적 보혈, 우리의 죄가 그리스도에게 전가되고 그리스도의 의는 우리에게 전가되는 상호간의 전가, 그리고 성령의 은혜로 말미암아 우리에게 적용되는 도구적 수단으로서의 믿음 등을 지칭한다.

이제 나는 아래에 대표적인 교부들의 위대한 칭의 교리에 대한 간증과 증언을 인용하고자 한다.

폴리갑의 제자였던 이레니우스(Irenæus)는 다음과 같이 말했다.
"한 사람의 불순종을 통하여 많은 사람이 죄인 되었으며 생명을 잃어버렸다. 이와 마찬가지로 처녀에게서 나신 한 사람으로 말미암아 많은 사람이 의롭다함을 얻고 구원을 받을 것이다."
"사도 바울은 그의 로마서에서 '이제 율법 외에 하나님의 한 의가 나타났으니 율법과 선지자들의 증거를 받은 것이라. 그러므로 오직 의인은 믿음으로 말미암아 살리라'고 말했다. 그러나 '오직 의인은 믿음으로 말미암아 살리라'는 말은 선지자들에 의해 미리 예언되어진 것이다."

칼타고의 교부였던 키프리안(Cyprian)은 다음과 같이 말한다.
"아버지이신 하나님께 희생 제사를 올리신 우리 주 예수 그리스도 외에 누가 거룩하시고 위대하신 하나님의 지극히 높은 제사상인가? … 만일 아브라함이 '하나님을 믿으니 이를 저의 의로 여기셨다면' 하나님을 믿으며 오직 믿음으로 말미암아 살아가는 각 개인이 의로운 자로 여김을 당하는 것은 아브라함이 그랬던 것처럼 축복스러운 일이다."

아니다나시우스(Athanasius) 역시 다음과 같이 말했다.
"아브라함처럼 사람이 의롭다함을 받는 것은 행위들로 말미암은 것이 아니요 믿음으로 말미암는 것이다."
"이스라엘과 이방인에게 임하는 은혜와 구속이 다른 방법으로 이루어지지는 않는다. 만일 그렇다면 아담 이후에 인류를 파고든 원죄로 말미암아 우리에게 임한 구속과 은혜는 결함 있는 구속이 될 것이다. 그러나 이 문제에 대해 그(사도)는 하나님의 아들을 통하지 않는 모든 방법은 파괴되어야 한다고 말한다."

"그러므로 우리는 성경을 믿고 모든 위대한 세대를 하나님의 세기로 만들었던 우리의 첫 열매가 되신 그리스도를 고백하는 것이 필요하다. 우리는 더 이상 율법으로 말미암는 저주를 두려워할 필요가 없다. 왜냐하면 '그리스도께서 율법의 저주로부터 우리를 구속하셨기 때문'이다. 그러므로 그 첫 열매를 통한 모든 율법의 성취는 모든 인류에게 전가된 것이다."

바실(Basil)은 말한다.

"사람이 자신의 의를 드러내지 않고 참된 의를 갈망하며 오직 그리스도를 믿는 믿음으로만 말미암아 의롭게 되기를 원하는 것이야말로 참되고 온전히 하나님을 영화롭게 하는 것이다. 그렇기에 바울은 그 자신의 의를 경멸하며 그리스도를 통한 참된 의, 즉 믿음으로 말미암는 하나님으로부터 온 의 안에서 영광 돌리고 있는 것이다. … 그대는 그대의 편에서 이루어진 의를 통해 하나님을 안 것이 아니요, 오직 하나님께서 당신의 선함을 통해 그대를 먼저 아신 것이다. 그대는 그대의 덕과 선행을 통해 그리스도를 발견한 것이 아니요, 그리스도께서 친히 오심으로 그대를 발견해 주신 것이다."

암브로우스(Ambrose)도 우리에게 증언한다.

"율법 없는 이방인이 율법으로 말미암지 않고 그리스도를 믿기만 해도 하나님은 아브라함에게 그랬던 것처럼 그것을 '그의 의'로 여기신다. 그렇다면 아브라함이 율법의 행위로가 아니요, 오직 믿음으로 의롭다함을 받은 것을 알고 있는 유대인들이 어떻게 아브라함의 칭의와 함께 율법의 행위로 의롭다함을 받을 수 있다고 생각하는가? 그러므로 죄인이 하나님 앞에서 의롭다 여김을 받음에 있어서 율법은 전혀 필요가 없는 것이다."

오리겐(Origen)도 다음과 같이 증언한다.

"한편 강도는 율법의 행위로가 아니라 믿음으로 의롭다함을 받았다. 왜냐하면 우리 주님이 그에게 요구하신 것은 그가 전에 행한 행위나 주님을 믿고 난 이후에 행해질 어떤 일들이 아니라 믿음이었던 것이기 때문이다. 낙원에 들어갈 때 그는 오직 믿음을 통해 의롭다함을 받고 주님을 동반자로 모신 채 들어가기 때문이다."

교부학자 제롬(Jerome)은 말한다.

"죄인이 회심할 때 하나님께서는 그가 전혀 소유하지 않은 그의 행위를 통해서가 아니라 오직 믿음만을 통해 그를 의롭다 하신다. 그렇지 않고 그의 불경건한 행위로 의롭다함을 받아야 한다면 그에게 임할 것은 오직 파멸과 멸망뿐일 것이다. 그러나 하나님께서는 '죄를 알지도 못하신' 그리스도를 '우리를 위한 죄'로 정하셨다. 죄인들은 율법이 정한 죄를 위한 희생 제물을 드려야 했다. 마찬가지로 그리스도는 우리의 죄를 위하여 희생 제물로 자신을 드리셨고 '죄'라는 이름을 받으셔야 했다. 그러나 결국 그리스도는 우리의 의나, 또는 우리 자신 안에서가 아닌 그리스도의 의와 그리스도 안에서 우리를 하나님의 의로 만드신 것이다."

초대 교부 크리소스톰(Chrysostom)도 다음과 같이 말한다.

"사도는 이방인들을 고소했고 유대인들도 고소했다. 이제 사도가 말하려고 하는 것은 '오직 믿음으로만 말미암는 의'이다. 왜냐하면 만일 본성적 율법이 의를 얻음에 있어서 아무런 유익도 줄 수 없으며 또한 기록된 율법 역시 아무런 소용이 없다면, 만일 두 가지 모두가 다 그것들을 자랑하는 자들을 무섭게 덮치고 단지 엄청난 형벌만을 가져온다면 이제 오직 은혜만을 통한 구원이 필요하지 아니한가? … 그러면 이제 하나님께서 어떤 일을 행하셨는가? 사도는 하나님께서 '죄인들을 의롭다 하시기 위하여 의로운 자를 죄인으로 만드셨다'고 말한다. 그것은 하나님께서 우리를 단순히 의로 만드신 것이 아니라 '하나님의 친백성되는 의'로 만드신 것이다. 우리가 행위(우리가 행위로 말미암는다고 말할 때 그것은 전혀 한 점 결점도 없는 상태를 뜻한다)로 말미암지 않고 은혜로 말미암아 의롭게 될 때, 이 의가 확실히 하나님의 의이시기 때문에 우리의 모든 죄는 사라지게 된 것이다."

개혁 신학의 대가인 어거스틴(Agustine)이 말한다.
"보라! 그리스도는 우리들이 더 이상 '율법 아래 있지 않고 은혜 아래 있게 하기 위하여' 율법 아래 있는 자들을 구속하시기 위한 이 목적을 위해 오시었다. 그리스도를 통하여 모든 의롭다함을 받은 자들은 그들 안에서 의로운 자들이 아니요 그리스도 안에서 의로운 자들이다. … 우리가 처음 받은 은혜는 무엇인가? 그것은 믿음이다. 우리가 믿음 안에서 걸어갈 때 우리는 은혜 안을 걸어가는 것이다. 그렇다면 도대체 우리가 칭의를 획득하기 위해 공헌한 적이 있는가? 우리의 어떤 전례가 그런 공헌이나 공로를 제시했다는 말인가? 아무도 당신을 기만하지 못하게 하라. 오히려 당신의 양심으로 돌아가 조용히 생각해 보라. 당신의 사상의 은밀한 곳을 탐사하게 하라. 당신의 일련의 행위들을 돌아보게 하라. 그렇다면 이제 아무것도 아닌 당신 자신을 보고 자신을 의지하는 어리석음을 범하지 말라. 과거에 당신이 어떠했는지를 생각해 보라. 그렇다면 당신은 형벌 외에 받을 것이 전혀 없음을 깨닫게 될 것이다. 만일 이제 당신이 형벌 외에 받을 것이 없음에도 불구하고 그리스도께서 오셔서 그 죄를 허물치 않으시고 형벌치 않으시며 오히려 용서해 주신다면 그것은 죄 값을 당신에게 묻지 않으시고 오히려 은혜를 베풀어 주신 것이 되는 것이다. 그렇다면 왜 은혜라고 부르는가? 그것이 무조건적으로 베풀어진 것이기 때문이다. 당신이 전에 행한 공로나 행위로 당신이 받은 것을 산 것이 전혀 아니라는 말이다. 그러므로 죄인은 무엇보다도 자신의 죄를 용서받는 이 은혜를 받은 것이다.

그리고 선행이라는 것은 의롭다함을 받기 이전이 아니라 의롭다함을 받은 이후에 수반되는 것이다. … 우리는 '그의 만드신 바요, 그리스도 예수 안에서 선한 일을 위하여 지으심을 받은 자'이다. 왜냐하면 인간이 먼저 의롭다함을 받기 이전에는 결코 의를 행할 수 없기 때문이다. 사도는 '경건치 아니한 자를 의롭다 하시는 이를 믿으라'고 말씀한다. 그는 칭의가 선한 행위로 말미암지 않는 것이라는 사실을 명확히 하기 위하여 믿음으로 시작하며 선한 행위라는 것은 사람이 칭의를 받은 이후에 그가 무엇을 받았는지를 보여주는 것이라고 말씀하고 있는 것이다."

안셀무스(Anselm)는 구속과 칭의에 대한 탁월한 개신교적 견해를 (17) 견지하고 있었는데, 우리는 그가 어떤 병자를 방문해서 한 말 가운데 아래와 같은 고귀한 증언을 발견하게 된다.

"당신은 오직 그리스도의 죽음으로만 말미암지 않고는 구원받을 수 없음을 믿는가? 만일 그대가 그리스도 안에 머물고 있다면 그대의 모든 소망을 오직 이 그리스도의 죽음 안에만 두라. 그대의 신뢰를 다른 곳에 두지 말라. 오직 이 죽음에만 몰두하라. 이 그리스도의 죽음만이 당신의 몸 전체를 덮게 하라. 당신의 전부를 이 죽음에 송두리째 던지라. 이 그리스도의 죽음만이 당신의 몸을 감싸게 하라. 그리고 만일 하나님께서 당신을 심판하려 하신다면 다음과 같이 외치라. '하나님, 당신의 심판과 나 사이에 오직 주 예수 그리스도의 죽음을 둡니다. 그렇지 않으면 저는 서지 못할 것이며 당신의 심판이 나를 두렵게 할 것입니다.' 그리고 만일 하나님께서 그대에게 그대가 죄인이 아니냐고 물으신다면 '나는 주 예수 그리스도의 죽음을 나와 내 죄악들 사이에 둡니다'라고 말하라. 만일 하나님께서 그대가 저주를 받기에 합당하지 아니하냐고 물으신다면 '여호와여! 하나님과 나의 모든 죄악들 사이에 저는 우리 주 예수 그리스도의 죽음을 둡니다. 나는 내가 소유해야만 하는 그리스도의 공로만을 나의 공로로 여깁니다'라고 외치라. 만일 하나님께서 그대에게 진노하신다면 '여호와여! 나와 당신의 진노 사이에 나는 오직 우리 주 예수 그리스도의 죽음만을 두겠습니다'라고 크게 외치라."

우리는 이제 가장 후기의 교부인 버나드(Bernard)의 아래와 같은 증언을 마지막으로 인용하면서 그동안의 교부들의 증언들에 대한 인용을 마치고자 한다.

"하나님 앞에서 우리의 모든 의는 도대체 무엇인가? 선지자들에 의하면 그것은 '더러운 누더기'에 불과하지 아니한가? 만일 이 더러운 누더기 같은 우리의 의들을 엄밀하게 판단한다면 결국 불의와 결핍으로 나타나게 될 것은 분명하지 아니한가? 만일 우리의 의(義)조차 이것에 대해 아무런 대답을 해 주지 못한다면 우리의 죄는 도대체 어떻게 될 것인가? 그러므로 우리는 격렬하게 외치는 선지자들의 소리를 들어야 한다. '오, 여호와여! 주의 종에게 심판을 행치 마소서!' 겸손히 오직 우리의 영혼을 구원할 수 있는 자비의 날개 아래 피하게 하소서. 누구든지 죄의 가책을 느끼며 의에 주리고 목마른 자는 '불의한 자를 의롭다 칭하시는' 구주를 의지하게 하소서. 그리하면 오직 믿음으로 의롭다함을 받으며 그는 하나님과 함께 평화를 누릴 것이라. 당신의 수난은 마지막 피난처이며 오직 유일한 치료라네. 지혜가 실패하고 의로움이 충분치 못하고 거룩이라는 공로가 쓰러질 때 그리스도는 우리를 구원하시네. 그렇다면 자기 자신의 지혜나 의나 거룩을 의지해서 구원을 얻을 자가 누구인가?"

"오, 여호와께서 죄를 전가하지 않으시는 자만이 복된 자라. 왜냐하면 죄를 짓지 않은 자는 하나도 없음이기 때문이라. '모든 사람이 죄를 범하였으매 하나님의 영광에 이르지 못하더니' 내게는 내가 범한 죄를 속하시는 그리스도 한 분만으로 충분하네. … 사도가 말씀하는 '만일 한 사람이 모든 사람을 위해 죽었다면, 모든 사람이 그 안에서 죽은 것'이라는 이 말씀은 한 분으로 말미암는 죄의 만족과 구속이 모두에게 전가되었음을 의미하는 것이라네." (18)

교부들의 저작들에 대한 인용의 결과는 간단하게 진술될 수 있을 것이다. 그것은 무엇보다도 이 증언들이 먼저 모든 논쟁을 뛰어넘어 오직 믿음을 통한 은혜로 말미암는 개신교의 칭의 교리가 루터나 칼빈에 의해 처음 소개된 신고안품이 아니라는 사실을 증명해 주고 있다. 둘째로, 이 칭의 교리는 이어지는 모든 세기의 위대한 저술가들이 유지하고 교훈했던 교리임을 증명하고 있다. 마지막으로, 이 교리가 지난 종교개혁 시대 이전부터 약 1400년간 알려지지 않은 교리였다는 근거 없는 진술이 결코 사실이 아니라는 것을 증명해 주고 있다.

그러나 현존하는 교부들의 저작들에는 초기 교회 역사의 시대에서도 오직 그리스도만을 믿는 믿음을 통한 은혜로 말미암는 무조건적인 칭의 교리가 왜곡되고 부패되었다는 많은 증거들이 존재한다. 하나님의 진리에 대한 인간적인 부가물들과 하나님의 예배에 대한 인간의 고안품들이 점진적으로 교회 안에 살금살금 들어오기 시작했고, 심지어 사도 시대에서조차도 이것들이 병균처럼 존재하게 되었다. 그것들은 교부들이 진리의 본질을 확고하게 붙잡고 있었음에도 불구하고 어느 정도는 초대 교부들의 신학들을 감염시키고 말았다.

그러나 교부 시대의 말기에 안셀무스와 버나드와 같은 건전한 신학자들이 존재했음에도 불구하고 그것의 출현으로부터 이름지어진 중세라고 하는 신학의 새로운 방법론, 즉 스콜라 신학의 체계가 대두되기 시작했다. 그것은 한편으로는 교부 신학을 연결하면서, 또 다른 한편으로는 완전히 발전되어진 로마 가톨릭의 교리를 연결시켰다. 그리고 그것은 신학의 성격과 형태를 규정하는 데 중대한 영향을 행사하며 신학의 본질과 교회의 신조들을 부패시키고 오염시켰다. 결국 이 중세 신학은 종교개혁의 불길을 불가피하게 만들고 말았다.

스콜라 신학은 일반적으로 교회의 교리들을 학자들의 철학으로 설명하고자 시도했던 체계라고 묘사할 수 있을 것이다. 이것은 사실상 이전 세기에 주류였던 전통적 방법과는 본질적으로 다른 것이다. 그것은 실상 믿음에 대한 어떠한 조항들도 결정하기에 충족하다고 판단하는 교부들과 교황들, 그리고 공의회들의 '결정 사항들'로 구성되어 있다. 이것은 기독교 교리의 기초로서의 전통을 대체하는 철학적 시도이며 모든 계시된 진리들을 지식적인, 혹은 윤리적인 판단으로 시험하는 결과를 낳고 말았다. (19)

당대에 만연된 철학은 아리스토텔레스(Aristotle)의 철학이었는데, 아리스토텔레스의 원(原)철학이 아닌 아라비아 주석자들에 의해 오염되고 주석된 철학이었다. 이방의 현자(賢者)들은 인간적이며 개인적인 의를 제외하고는 성경이 말씀하는 이 의에 대해 전혀 무지했기 때문에, 그의 교리를 계시된 진리의 체계에 적용함으로써 하나님 앞에서의 칭의의 기초로서의 그리스도의 전가된 의를 인간의 내재된 의로 바꾸어 버렸던 것이다. 바로 이것이 스콜라 철학(Scholasticism)의 근본적인 오류였다. 그리고 이것은 그것으로부터 파생되었던 여러 가지 유사한 오류들의 근본적인 오류가 되었다.

스콜라주의는 특별히 성경을 직접적으로 반대하는 세 가지 교리들을 생산해 냈다. 첫째는, 의롭다 하는 은혜가 하나님의 무조건적인 은총과 복으로 구성된 것이 아니라 주관적 은혜, 혹은 주입된 은혜로운 특질로 구성되어 있다는 교리이다. 둘째는, 선행은 사죄와 사면, 그리고 하나님의 용인을 획득하는 조건으로서 공로적인 것이며 하나님의 의를 만족시키고 그의 불만족을 바꾸는 효과적인 수단이 되며 금세에서의 생명과 내세에서의 영원한 삶을 보장하는 수단이 된다는 교리이다.

마지막 세 번째 교리는 모든 인간을 묶는 하나님의 율법의 교훈과 어떤 이들이 자원해서 성취해 낼 수 있는 어떤 '완전한 종교 회의' 사이에는 차이점이 있다는 교리이다. 그들은 이 종교 회의를 통해서 영생을 확보할 뿐만 아니라 다른 이들의 칭의를 위해 공급해 줄 수 있는 남아도는 공로를 취득할 수 있게 된 것이다. 그것은 소위 '공덕의 행위'로부터 연원(淵源)되는 공로인 것이다. 이것을 온화한 성격의 소유자인 멜랑톤(Melancthon)조차도 '쇠같이 단단한 마귀의 궤계'라고 규정지었다.

죄인의 칭의의 기초로서의 그리스도의 전가된 의를 인간의 내재된 의로 바꾸어 버리는 이 변경은 바로 위에 언급한 유사한 오류들을 양산하고 말았다. 결국 스콜라 신학자들에 의해 정교하게 발전된 공적(공로) 교리는 교황 체계의 모든 미신들과 부패들의 기초를 제공하게 되었다. (20)

스콜라 철학은 교황(가톨릭)주의라는 병균을 포함하고 있으며 교황주의는 사실상 스콜라 철학의 완전한 발전이기도 하다. 교회의 모든 부패와 유착된 모든 학자들의 상상 중에 가장 가증스럽고 더할 나위 없이 혐오스러운 것은 역시 다름 아닌 면죄부의 판매였다.

제4강

종교개혁 시대의 칭의 교리의 역사

　복음적 칭의 교리의 부흥은 16세기 유럽의 종교개혁을 가장 강력하게 만든 중요한 수단이자 무기였다. 이 칭의 교리의 본질과 그것의 긴박한 필요성에 대한 적절한 평가와 이 위대한 부흥의 실제적 결과들을 올바르게 평가하기 위해서는 당시 로마 가톨릭교회에서 시행되고 있었던 이 교리의 부패가 어떠했는지를 살펴보아야 한다. 그리고 그들과 대조되는 종교개혁자들의 교리들을 살펴보는 것 역시 절대적으로 필요하다. 로마 가톨릭주의자들은 죄인의 사면과 하나님 앞에서의 용인에 대한 주제를 즉각적으로 토론하고 그것에 문제를 제기하는 일을 매우 흥미로워했다.
　이 시대에 즉각적인 토론과 질문을 낳았던 주제는 다름 아닌 죄인의 용서와 하나님의 용인에 관한 문제였는데, 그것은 로마 가톨릭교회가 실제적으로 대단히 남용한 주제였다. 스콜라 신학자들의 공로 신학은 면죄부 판매를 개시하면서부터 그 절정에 다다랐다.
　교황적 사면을 내포하는 면죄부의 판매는 하나님 앞에서의 죄인의 칭의에 대한 첨예한 논쟁을 야기시켰다. 이것은 지난 수세기 동안 축적되어 있던 타기 쉬운 문제들을 점화시켜 버렸을 뿐만 아니라 교회의 기초를 뿌리째 흔들어 버리고 말았다. 그러나 외관상으로 볼 때 이것은 이

단적 교리이기보다 일견 단순히 어둡고 미신적인 시대에 자라나서 신적인 칭의의 방법을 전복시키려 했던 여러 실제적인 남용과 부패 중 하나로 보이기도 했다.

사실상 많은 사람들이 이 교리에 관한 한 처음에는 개신교나 로마 가톨릭교회 사이에 심각한 차이점은 없었다고 말하기도 한다. 그것은 종교개혁자들이 단순히 금전상의 동기로 이루어지는 지저분한 실제적인 남용에 대해서만 그들의 목소리를 높인 것이라고 말한다. 그래서 사도 바울이 마술사 시몬에게 '그대의 돈이 그대를 멸망하게 할 것은 그대가 하나님의 선물을 돈으로 사려했기 때문'이라고 분개하여 말한 것처럼 우리들도 그렇게 경고할 것을 격려하는 말씀이라고 주장하는 것이다.

그러나 이것은 단순히 실제적인 남용이 아니다. 이것은 실제적인 남용 이상의 중대한 문제이다. 그것은 하나님을 향한 모든 성경적 믿음과 소망의 기초를 평가절하하거나 전복하려는 거짓 교리의 전체 체계를 보여 주는 가견적인 화신(化身)과도 같은 것이다. 다른 모든 귀족들과 비이기적인 영적 인물들과 마찬가지로 루터는 이 사악하고 불경한 거래를 못 본 척 눈감아 버릴 수가 없었다. 그것은 하나님을 욕되게 하는 것이요, 교회에 수치스러운 것이기 때문이었다.

루터는 단순히 이 실제적인 부패와 관습을 비난했을 뿐만 아니라 이 실제적인 부패의 근원에 교리적인 오류가 있음을 알아차릴 만큼 현명했다. 그래서 그는 이 근원을 공격했던 것이다. 만일 교회가 정말 개혁되기를 원한다면 바로 이 근본적인 문제를 올바르게 정리해야만 했던 것이다. 그 자신이 죄와 구원에 관한 문제를 친히 고민하고 경험했었기에 그는 그의 양심을 짓누르는 죄의 무게와 짐을 느끼고 있었다. 그는 이 고통에서 헤어나올 길을 전혀 찾지 못했던 것이다.

그는 또한 고해자들이 슬픔과 두려움 속에서 그에게 고백하는 수많은 죄악들을 자신의 귀로 직접 들어야 했다. 그러나 교황의 면죄부가 공포되고 실제적으로 루터의 회중들에게 판매되기 시작하자 회중들이 실제로 그것을 구입해서 루터에게 가져와 그들에게 부과된 고행에 나태하게 된 이유로 제시했을 때, 루터는 죄의식을 무감각하게 만들고 죄인의 양심을 마취시켜 버리는 이 면죄부의 악영향을 발견하게 되었다.

루터는 이 문제로 분노하기 시작했다. 왜냐하면 자신에게 필요한 것은 인간의 면죄부가 아닌 하나님께서 수여하시는 참된 면죄부였기 때문이다. 또한 그것은 자신에게뿐만 아니라 동일하게 그의 고해자 각 개인에게 필요한 것이기도 했다. 결국 이러한 그의 생각은 이 면죄부의 황당함과 그리스도의 복음을 비교하게 만들었다.

그는 그의 직관의 생동감으로 그들이 두 가지 칭의 교리에 안식하고 있음을 깨닫게 되었다. 그것들은 서로 다른 것일 뿐만 아니라 전혀 반대의 것들이다. 그 첫째 칭의 교리는 하나님에 의해 계시된 것이며, 또 다른 하나는 교회에 의해 고안되고 발명된 것이다. 전자는 은혜의 교리이며 후자는 공로의 교리이다. 전자는 성취된 그리스도의 사역에 기초하고 있으며 후자는 죄인들의 불완전한 행위들에 기초하고 있다.

이 두 가지 놀라운 대조를 발견하고 빛이 어둠과 합해질 수 없듯이 둘 다 참될 수 없음을 깨달은 루터는 인간적인 교리를 배격하고 하나님의 교리를 고수했다. 이날로부터 그는 그의 전 사역을 통해 하나님의 진리를 설명하고 수립함으로써 사람의 교리를 논박하기 시작한 것이다. 오직 빛이 어둠을 물리칠 수 있는 것처럼 오직 진리만이 오류를 배격할 수 있음을 깨달은 루터는 사람들의 양심과 마음에 단순하지만 탁월하고 웅대한 그리스도의 보혈을 믿는 믿음을 통해 얻어지는 '하나님의 사면'이 있음을 선포했다.

그는 또한 그들로 하여금 로마 교회가 발명하고 고안한 인간적인 개발품이 전혀 필요하지 않음을 느끼게 해 주었다. 그것은 진리를 오염시키고 왜곡하는 것일 뿐이었다. 루터는 단순히 가톨릭의 오류를 항거한 것이 아니라 복음적 칭의의 방법을 선포한 것이었다. 이것이 올바로 이해되고 진심으로 믿어지기만 한다면 이 칭의 교리는 모든 오류들을 몰아내기에 충분한 교리이다. 루터의 선포는 부정적이거나 파괴적이지 않고 오히려 긍정적인 진리를 확립하고 교회를 유일한 기초, 즉 '성도들에게 전달되어진 믿음' 위에 세우는 데 초점이 맞추어져 있었다.

우리는 면죄부를 사고 파는 시대에 어떤 교리적 중요성이 매개가 되어 있었으며 루터가 어떻게 이 괴물 같은 부패의 온상을 파악했는지를 보게 될 것이다. 동시에 우리는 하나님 앞에서의 죄인의 칭의라는 전체 주제를 논의하기 위해서는 교회에 오랫동안 만연되어 있던 이 면죄부의 발단을 추적하고, 이 주제에 대한 로마 가톨릭교회의 견해를 간단하게 드러내야 할 것이다.

면죄부가 발명된 것은 연속적으로 발생하여 치밀하게 구성된 몇 가지 독특한 원리들에 기인하고 있으며, 이것들은 성경에 계시된 복음 교리를 정면으로 반대하는 것들이다. 이 원리들을 서술함에 있어서 우리는 첫 번째 오류를 다루려고 한다. 그리고 이렇게 함에 있어서 이 첫 번째 오류에 기초한 나머지 원리들이 비록 그것들이 논리적으로 추론될 수 없는 것이라 할지라도 그것의 완전한 발전에 도달하기까지 점진적으로 발전한 것임을 보여 줄 것이다.

면죄부 교리의 기원을 추적하고 밝힘에 있어서 우리는 최우선적으로 이 교리가 로마 가톨릭교회의 사죄의 교리와 관련되어 있음을 알아야 한다. 그러나 이것만으로는 면죄부 교리의 기원을 밝히는 설명으로 충분하지 않으며, 그렇기 때문에 또 다른 몇 가지 원인들이 이 면죄부 교리를 태동시키는 데 기여했음을 폭로해야 할 것이다. 그러나 로마 가톨릭의 사죄 교리는 그 이후 수반되는 모든 부가적 원리들의 기초가 되는 가장 근본적인 오류이다.

이 로마 가톨릭의 사죄 교리는 두 가지로 나뉘어 진다. 세례 이전의 죄를 용서해 주는 사죄와 세례 이후의 죄를 용서해 주는 사면이 바로 그것이다. 이 교리에 의하면 어린아이들의 원죄와 같이 세례 이전에 발생했던 모든 죄들, 그리고 성인이 지은 원죄와 실제적 죄들은 모두 세례를 통하여 용서를 받게 된다. 그러나 이 사면은 과거에 발생한 범죄적인 위반을 완전히 파괴해 없애 주는 사면이 아니라 '그의 마음을 새롭게 갱신하게 해 주는', 주입된 은혜의 원리를 통해 세례받은 사람의 마음속에서 그것을 지워 주는 사면을 뜻한다.

이와 마찬가지로 또한 세례 이후에 지은 모든 죄 역시 용서를 받게 된다. 그러나 그것은 그리스도를 믿는 믿음을 통하여 그들을 용서하시는 하나님의 무조건적인 은혜로 말미암아 받는 용서가 아니다. 또한 죄로 인해 마땅히 받아야 할 형벌로서의 죄 값이 단번에, 그리고 완전히 치루어짐을 의미하지도 않는다. 그것은 단순히 영원한 형벌을 감해 주는 것만을 의미한다. 그러나 일시적인 형벌은 계속해서 우리에게 부가되고, 결국 이 죄들의 사면은 고해자의 고백성사를 통하여 이루어지며 사제들의 무죄 언도를 통해 획득됨을 의미한다.

그들은 이생에서의 고해성사(the sacrament of penance)를 통해 사면을 취득하며, 만일 이 고해성사가 충분치 못하면 그 죄들은 다가오는 내세, 즉 연옥에서의 고난을 통해 얻어지게 되는 것이다. 이 일시적인, 그리고 연옥적인 고난으로서의 개인적 고행은 죄로 인한 형벌적 고통으로 간주되며 신적인 정의에 상응하여 없어서는 안 될 필수불가결한 것으로 간주된다. 그러하기에 우리는 여기서 세례 이전이든지 세례 이후이든지 관계없이 모든 죄의 명백한 사면을 발견하게 된다.

그러나 실제로 개혁주의 입장에서 살펴보면 로마 가톨릭교회의 교리에는 전혀 죄의 용서라는 것이 존재하지 않는다. 그것은 죄의 용서라기보다 죄의 삭제일 뿐이다. 더욱이 그것은 죄인을 하나님의 면전에 즉시 은총을 입은 자로 세워 주지도 않으며 하나님과 교제할 수 있는 자리에까지 나가지도 못하게 한다. 그것은 오히려 계속해서 한시적이며, 심지어 내세의 연옥적인 형벌적 고통의 한가운데로 죄인을 내모는 역할을 할 뿐이다.

그것은 인간에게 단지 고행과 금욕의 굴레를 씌우는 것이다. 그것은 그들로 하여금 예수 그리스도의 보혈이 하나님의 정의를 만족시키지 못했기에 그리스도의 공로가 획득하지 못한 하나님의 자비를 그들 스스로 획득하려는 헛된 소망에 쓸데없이 복종하게 할 뿐이다.

로마 가톨릭교회의 사죄 교리는 독특한 두 가지 특징으로 구성되어 있지만 전혀 성경에 기초하고 있지 않으며 성경의 지지를 받지도 못한다. 로마 가톨릭교회의 교리에 기초를 제공한 스콜라 신학자들은 죄의식(Reatus culpæ, Reatus pœnæ)과 형벌의식을 구분한다. 전자는 죄인의 개인적 악행을 뜻하며 후자는 형벌에 따르는 법적 의무를 뜻한다.

전자는 세례시에 수여된 사면으로 인해 제거되었으나 후자는 계속 남아 있기 때문에 고행이나 연옥을 통해 제거되어야 한다고 주장한다.

그러나 성경에 따르면 죄인의 죄는 완전히 용서되었으며, 그것과 함께 형벌에 대한 의무 역시 완전히 사라진 것이다. 다만 죄인으로서의 악한 행실에 대한 사실은 완전히 되돌릴 수 없는 강력한 것이기에 하나님 앞에서 회개와 겸손한 마음으로 자신이 죄인임을 고백하고 자신의 죄와 무능력을 계속해서 인정해야 할 것이다.

또한 스콜라 신학자들은 죄를, 치명적인 죄와 용서받을 수 있는 사소한 죄로 구분해 놓았다. 전자는 영원한 사망을 당하는 죄인 반면에, 후자는 일시적인 형벌만을 받는 죄이다. 그러나 성경은 '모든 죄는 금세와 내세에서 모두 하나님의 진노와 저주를 받기에 합당하다'고 말씀하고 있다.

사실 하나의 죄와 또 다른 하나의 죄 사이에 어떤 죄가 더 흉악하고 가증한지, 또는 신자들의 죄와 불신자들의 죄에는 어떤 차이가 있는지도 모르겠지만, 그 차이가 그 죄의 본질에 있어서 사소하든지 형벌을 받지 않아도 될 정도의 차이가 나는 죄는 전혀 없다.

이와 마찬가지로 어떤 죄는 용서받을 만하고, 또 어떤 죄는 용서받을 수 없는 것은 전혀 아니다. 왜냐하면 율법이 모든 죄를 예외가 없이 치명적인 것으로 선포하고 있기 때문이다. 그러나 복음은 그리스도의 영원한 공로에 기초한 하나님의 무조건적인 은혜를 통해 그 모든 죄들을 용서받을 수 있다고 선포한다.

그러므로 로마 가톨릭교회의 사죄 교리는 그 본질적인 성격에 있어서, 그리고 우리가 앞서 언급한 스콜라 신학자들의 두 가지 구분과 관련해서 참된 복음적 교리를 왜곡시키는 고행과 연옥이라는 만족스러운 체계에 기초하고 있는 것이다. 뿐만 아니라 이는 면죄부의 판매라는 또 다른 타락의 길을 예비하고 말았다.

그러나 로마 가톨릭교회의 사죄 교리는 언제나 모든 과정의 최우선에 위치하고 있다. 이 교리는 신적인 율법의 형벌과 관계하고 있으며 그 교훈의 적절한 배치를 위해 필요한 또 다른 것과 연관되어 있다. 만일 형벌이 '죄의 삯'으로서의 죽음을 선고한다면, 계명은 생명의 권리로서의 순종을 요구한다. 전자는 개인적 회개와 고행에 의해 해결되며 후자는 개인적 의와 공로에 의해 해결되는 것이다.

세례시에 그의 마음에 주입된 은혜의 원리에 의해 죄인은 내적으로 의로운 사람이 될 뿐만 아니라 이것에 기초해서 영생을 요구할 수 있게 된 것이다. 뿐만 아니라 죄인은 이를 통해서 공로적인 선한 행위를 수행할 수 있게 되었다. 이 은혜의 주입 이전에 행한 행위들은 단순히 형평법의 권리(meritum ex congruo)에 따른 공정한 평가를 받게 되지만 이 주입 이후에 행한 행위들에 대해서는 하나님 앞에서의 용인과 은총을 받기 위한 엄밀한 정의(mertum ex condigno)에 따라 심판을 받게 된다.

그러므로 그들은 아마도 '그들 자신의 고유한 의를 확립하기 위한' 최선의 노력을 기울일 것이다. 종교적이며 상대적인 의무들을 수행하기 위해 부지런히 율법을 준수할 것이며, 더 나아가 하나님의 율법 자체가 요구하는 것보다 더 수준 높은 거룩을 추구하려 노력할 것이다. 그렇게 하기 위해서 이들은 수도원적인 맹세와 금욕적인 규칙들에 대해 기꺼이 복종하고 따를 것이다. 이론상으로는 이러한 순종이 이 지상의 생애를 통해 실제적으로 완전해질 수 있다는 견해가 제기되기도 했다. (1)

그러나 그것은 그 자체로 불완전해서 '완전함'을 위한 여지를 남겨두는 율법의 요구를 따라가는 데 사용될 뿐이다. 따라서 모든 개인들 자신을 위한 개인적 공로의 교리, 혹은 공로적 순종의 교리는 개인적 회개와 고행에 의한 사죄의 교리와 어깨를 나란히 하여 면죄부를 개발하게 만든 일련의 또 다른 과정이었던 것이다.

그러나 개인적인 공로에 기초해서 하나님의 용인을 얻으려는 이러한 시도는 불행하게도 아직 여전히 남아 있는 불완전함과 죄로 인한 억제할 수 없는 양심의 죄의식으로 말미암아 좌절되고 말았다. 따라서 자신들의 불완전한 의를 충족시켜 주심에 충분한 그리스도의 공로를 바라보는 자들이 있었는가 하면, 다른 이들은 이른바 공덕 교리(Doctrine of Supererogation)라고 불리는 새롭고 가장 놀랄 만한 신(新)고안품을 발명해 내기에 이르렀을 뿐만 아니라 성인들의 여러 가지 다양한 공로에 안식하고 말았던 것이다.

그들은 성자와 성녀가 그들 자신들의 구원에 필요한 충분한 공로를 획득하게 해 줄 뿐만 아니라 다른 이들의 영적 복지를 위해 사용할 수 있는 여분의 과다한 공로까지 모을 수 있게 해 준다고 배웠다. 사실 그들에게 있어서 이러한 공로는 그것에 참여하기만 하면 자신의 불완전함을 느끼는 모든 사람들에게 융통할 수 있는 것으로서, 하나님으로 하여금 그들의 죄를 사면하고 천국에 최종 입성하게 만드는 능력이 있는 공로이다.

그들은 가난하게 살며 금욕적인 독신 생활, 그리고 고행을 통해, 또는 성자(聖者)의 권면을[1] 준수하고 지킴으로써 그렇게 될 수 있다고 믿는다. 적용하고 싶은 사람들에게 나누어 줄 수 있는 공로로서의 인간의 공로들을 융통할 수 있는, 또는 성인들과 순교자들의 공로가 전가될 수 있다는 교리는 면죄부 발명에 대한 세 번째 수순이었다.

그러나 여전히 또 다른 필수불가결한 수순이 있다. 만일 공로가 신자들의 유익을 위해 적용되어지고 행사되어져야 한다면, 지난 교회 시대를 거쳐 축적되어 온 이 인간적 공로의 적립은 충분한 권위의 보호와 통제 아래 있어야 한다. 그들에게 의심할 나위 없이 교회를 통치하는 교회의 머리로서, 그리고 그리스도 자신를 대리하며 대표한다는 로마 교황보다 더욱 확실한 권위는 존재하지 않는다. 바로 이 교황이 교회의 열쇠를 가진 능력자이다. '매고 푸는' 권세가 교황에게 있다.

그렇다면 교황이 그의 이름으로 이 모든 적립된 공로의 시행과 하급의 대리인들을 임명하고 파견하는 것만큼 자연스러운 일은 없을 것이다. 그래서 교황청에서는 로마 교황의 도장이 찍힌 면죄부를 발행했고 교황의 사죄 증서는 유럽 전역에서 눈송이처럼 빗발치듯 팔려 나갔다. 그것들은 단기간 혹은 장기간에 이르는 일시적인 형벌과 연옥에서의 형

---

[1] **역자주**-로마 가톨릭교회에서 신도들에게 하는 '성자들의 삶을 본받으라'는 권면.

벌을 면제해 주는 의미에서의 사죄의 확신을 제공해 주었다. 그것은 면죄부를 분배해 주는 교황의 관대함에 비례하여 이루어졌다. 아니 심지어 신자가 지불하는 금액과 비례하여 이루어지기까지 했다. (2)

루터를 자극시키고 그로 하여금 하나님 앞에서의 죄인의 칭의의 전반적인 문제를 단계별로 토론하게 만들었던 것은 바로 다름 아닌 이 로마 교황의 교서였으며 텟젤(Tetzel)에 의해 비텐베르그(Wittenberg) 지역에서 즉각적으로 시행된 공개적인 면죄부의 판매였다. 그 자신이 죄로 인해 고통을 당했으며 양심이 고통을 당함으로 인해 편히 안식하지 못하는 수많은 고해자들을 보아 왔기 때문에, 루터는 자신이 자신의 죄를 제거하고 많은 고해자들이 이 면죄부에 기초해서 평화를 누릴 수 있도록 면죄부를 인정하고 수용할 수도 있었을 것이다.

그러나 그가 자신의 마음을 강타하고 있는 엄숙하고도 진지한 영적 책임에 불충한 채 이 면죄부를 수용할 수는 없었다. 바로 이것이 그의 마음에 첫 번째로 제시된 실제적인 것이었다. 그러나 루터가 이 문제를 더 숙고하고 생각하면 할수록, 면죄부가 죄인의 칭의의 문제와 관련해서 오랫동안 교회 안에 만연되어 온 특정한 그릇된 교리에 기초해서 성장하고 그 모습을 갖추어 왔다는 그의 확신은 더욱더 깊어만 갔다. 이러한 확신이 처음으로 그의 영혼을 섬광처럼 강타했을 때 그것은 매우 엄숙한 것이었다. 뿐만 아니라 이것은 루터에게 있어서 매우 중대한 순간이 아닐 수 없었다.

결국 루터는 하나님과 하나님의 말씀 안에서 이 열매를 맺지 못하는 나쁜 나무의 뿌리에 도끼를 들이대는 중대한 결심을 했다. 당시 교회에 만연되어 있던 교리적 남용의 가장 엄청난 주제에 치명상을 입히기로 한 것이다. 그렇게 함에 있어서 루터는 로마 가톨릭교회의 모든 근본적인 오류들과 과감히 맞부딪쳐 그것들을 공격하기 시작했다.

그러나 무엇보다도 성례에 대한 가장 심오하고 미신적인 존경으로 가득 찬 성례성사를 포함한 각종 성사에 직면했을 때 루터는 매우 당혹스러워하지 않을 수 없었다. 이 성사야말로 로마 교황의 가장 강력한 요새지라는 것을 발견했기 때문이다.

인간적인 공덕 교리가 계속해서 성장하고 있었던 반면 그것과 함께 또 다른 교리가 하나 성장하고 있었다. 이것은 그냥 흘깃 스쳐 지나가면 마치 그리스도의 공덕 교리처럼 보이지만, 실제적으로는 하나님 앞에서 죄인을 용납하고 인정해 주는 유일한 기초로서의 그리스도의 가치를 경멸하며 그리스도의 충족성을 부인하는 교리이다. 그것은 다름 아닌 소위 인간적 제사장이라고 불리는 사제 교리와 하나님의 제단에 올려지는 사제적 제사(priestly sacrifice)와 사제적 봉헌(priestly oblation) 교리이다.

인간의 공로나 성자의 공로에 대해서 그 어떤 설명이 이루어지든지 그것은 결국 명백하게도 그리스도의 수난과 죽음을 그들 성자 교리에 추가시킴으로써 그것을 면죄부 판매와 유사한 것으로 전락시켜 버리는 목적에 불과하다. 그들이 이렇게 하는 목적은 그리스도의 수난과 죽음을 그들 성자들의 그것과 하나로 만들어 버림으로써 신자들의 마음에 성자 숭배와 면죄부를 더욱 강력하게 만들고 그것들을 다 합해서 무적의 교리로 만들려는 속셈 때문이었다.

이러한 그들의 속셈은 교회의 희생 제사장직이라는 수단으로 성취되었다. 현재 그들에게 매우 중대해진 그들이 말하는 이 희생 제사장직은 오직 한 분 유일하신 대제사장이신 '하나님과 사람 사이의 한 중보자로서의 사람 그리스도 예수'를 의미하지 않았다. 그것은 '하나님께서 받으실 만한 모든 영적이며 거룩한 희생 제사'를 드리는 모든 신자들의 왕 같은 제사장직을 의미하지도 않았다. 오히려 그것은 율법하에 있었던 레위 족속의 제사장들과 같은 사제들의 계급 제도를 의미했다. 그들은 '죄인된 백성들의 화목 제물을 만들기 위해 하나님과 관계하기 위해 임명된' 특정한 단체의 구별된 사람들이었다.

그리고 그들이 올렸던 희생 제사는 단순히 죄를 위해 단번에 드려진 완전하고 충족한 하나의 제사를 기념하는 제사나 그것에 기초해서 행해지는 성만찬도 아니었다. 오히려 그것은 그리스도와 죄인들이 다시 한 번 제단에 놓여지고 사람의 손에 의해 '하나님께서 받으실 만한 향기로운 제사와 제물'로서의 완전한 희생 제사의 반복이었다. 인간적 사제와 사제직이 위대하신 대제사장의 기능을 대신 수행하는 것이다.

결국 성전 제단의 희생 제사가 십자가상에서 이루어진 희생 제사에 더 추가된 것이다. 그것은 그리스도와 그의 죽음과 수난의 공로가 교회의 믿음 안에서 인식되고 영구적으로 제시되어짐을 의미하는 것이다. 그러나 그것은 인간적 제사장인 사제가 공식적으로 '하나님을 향해 인간을 위한' 행동을 취할 때 그리스도의 대제사장직의 완전성과 그의 유일한 희생 제사의 충족성은 송두리째 부인되고 마는 것을 뜻한다. 그것은 그리스도의 희생 제사가 죄인들의 죄 용서를 위해 반복될 수 있을 뿐만 아니라 반복되어야 함을 의미하기 때문이다.

결국 이러한 방법을 통해 그들은 그리스도께서 드리신 희생 제사를 율법의 지배하에 드려진 제사들로 대치시켜 버린 것이다. 그러나 사도 바울은 율법하에 시행된 제사의 반복성과 그리스도 예수께서 드리신 반복될 수 없는 성질의 제사의 성격을 강조하면서 이 두 제사를 대조시키고 있다. "이 제사들은 해마다 죄를 생각하게 하는 것"이다. 왜냐하면 "황소와 염소의 피가 능히 죄를 없이 하지 못하기 때문"이다(히 10:3,4). 그러나 우리는 예수 그리스도의 몸을 단번에 드리신 보혈의 피로 말미암아 거룩함을 얻었다.

그리스도께서는 자기를 단번에 제사로 드려 죄를 없게 하시려고 세상 끝에 나타나셨다. 많은 사람의 죄를 친히 담당하시기 위하여 자신을 드리신 것이다. 자신을 죄를 위하여 한번 제사로 드리신 후에 예수께서는 즉시 하나님 보좌 우편에 영원히 앉으셨다(히 10:10,12 ; 9:26). 그는 죄를 용서하시고 회개를 수여하시는 왕과 구주로 높아지신 것이다. 이제 "이 모든 것이 용서되었기 때문에 다시 죄를 위하여 제사 드릴 것이 없는 것"이다(히 10:18). 예수께서는 "우리의 허물을 마치시고 죄를 끝내시며 죄악을 영속하시고 영원한 의를 드러내시기 위해 오신 것"이다(단 9:24).

어느 정도 그리스도의 공로로 인식되는 동시에 수난과 고난을 상징하는 제단 위의 희생 제사 제물은 단순한 면죄부 교리가 할 수 있는 것보다 더욱 로마 가톨릭교회의 추종자들의 마음을 강력하게 사로잡았다.

종교개혁 시대의 칭의 교리의 역사 *137*

결국 이것 역시 사적인 성사를 고안해 냄으로 말미암아 산 자와 죽은 자의 영혼, 특히 막 세상을 떠난 친구의 영혼을 위한 사제적 획득의 근원으로 대치된 것이다.

그러나 이 희생 제사의 유효성이 전적으로 사제의 개인적 의도에 달려 있기 때문에 마틴 루터는 다음과 같이 말했다.
"이 조항은(성사) 종교회의(트렌트)에서 종교의 주 요점으로 인정될 것이다. 이것들이 우리들에게 안식을 줄지는 몰라도 지상에서의 완전한 안식은 주지 않는다. 캠페지오(Campeggio)는 아우구스부르크(Augsburg)에서 이 성례성사 조항을 폐지하는 데 동의할 바엔 차라리 내 사지가 찢겨져 나가는 편이 나을 것이라고 했다. 그렇다면 나는 사제가 그리스도를 대리해서 이 성례성사 조항을 시행함으로써 그리스도의 제사를 '산 자와 죽은 자의 죄를 위한 희생 제사'로 만드는 것을 인정할 바엔 차라리 불에 타 한 줌의 재가 되는 편을 택할 것이다." (3)

위에서 길게 설명하고 언급한 것으로 미루어보아 면죄부 교리들은 종교개혁 시대에 일반적으로 이해되었던 것과 같이 여러 진리들의 심각한 부패로부터 지원을 받고 있음이 분명하다. 그러므로 이 주제에 관한 루터의 논제로부터 야기된 논쟁이 칭의의 전 주제를 포함할 뿐만 아니라 하나님의 용인을 받으며 죄인의 사죄의 수단과 기초와 같은 여러 질문들에 대한 모든 요점들에 대답해야 했던 것은 결코 놀라운 일이 아니다.

넓고 대중적인 장소에서 일정 기간 계속되었던 논쟁의 과정 속에서 여러 가지 요점들에 대한 공격과 변증이 이어졌고, 양자 간에 위대한 능력과 지성의 소유자들이 이런 일들을 감당했다. 그리고 결국 중대한 결과들이 이 논쟁으로부터 연원되었다. 사실 이 논쟁 이외에 다른 그 어떤 논쟁도 사회와 교회에 역사적 관심을 일으키고 그들을 흥분시킨 논쟁은 없었다. 신학적 관점에서 볼 때 이는 매우 가치 있는 일이다.

심지어 오늘날에도 로마 가톨릭의 오류와 개신교의 진리 사이에 발생했던 토론에 대한 철저한 연구와 판단은 전체 칭의 교리를 연구하는 가장 최선의 방법이라고 말할 수 있을 것이다. 이러한 토론과 논쟁의 상세한 내용들에 대해서는 매우 믿을 만한 자료를 의지해야 한다. 현재 우리가 할 수 있는 일은 이 두 가지 대립되는 체계가 직접적으로 충돌한 종교개혁 시대에 대한 일반적인 개요를 그리는 일이다. (4)

이 개요를 그리는 일에 있어서 트렌트 공의회에서 제정된 법규와 법령, 그리고 요리문답에서 제공된 자료들로 한정할 필요는 전혀 없다. 왜냐하면 그것들이 종교개혁이 시작된 이후 거의 반세기가 지났음에도 출판되지 않았기 때문이다. 또한 당시 회의에 참석했던 많은 교부들은 당시 유행했던 시대 조류에 영향을 받아 과거에 진리라고 인정되고 유지되었던 교리들을 공공연히 인정하고 고백하는 것에 대한 두려움과 부끄러움을 느꼈다.

이 회의에 참석했던 인물들은 모두 이 교리들에 대해 다양한 견해들을 지속적으로 견지하고 있었다. 그중에는 어거스틴(Augustine)과 안셀름(Anselm)의 신학에 강력한 애착을 가지는 이들이 있었는가 하면, 또 어떤 이들은 베셀(Wesel)과 칸테레너스(Contarenus), 그리고 위클리프(Wickliffe)와 후스(Huss) 같은 종교개혁의 선구자들의 교훈을 받아들이기도 했다. 또 카제탄(Cajetan)과 같은 사람들은 심지어 그들의 대적자들의 글에서 복음의 확실한 개요를 얻기도 했다. (5) 그러므로 그들의 결정들은 장기간 계속되는 토론과 회의가 끝나기 전에는 발표될 수 없었으며 종종 일반적이고 희미한 용어로 표현되곤 했다. 그것은 마치 그들이 논쟁적인 사안에 대해서 명료하고 분명한 진술을 피하려는 듯한 인상을 주었다.

게다가 로마 가톨릭교회의 교리들은 오직 트렌트 공의회의 법령들로부터만 형성된 것이 아니다. 그것들은 또한 오랫동안 이어지는 로마 가톨릭 신학자들이었던 바이어스(Biaus), 퀘스넬(Quesnel), 그리고 얀센주의자(Jansenists)들의 결정들로부터 형성되었다. 이 결정들은 사실 공의회의 법령이 아니었지만 로마 가톨릭교회로부터 동등하게 인가를 받았으며, 로마 가톨릭이 인정한 가장 최근의 법령은 바로 성모 마리아의

무염시태(無染始胎), 즉 원죄 없는 잉태설이었다. (6)

그러므로 이신칭의 교리에 대한 트렌트 공의회의 법규와 법령들은 그것이 공포된 이전과 이후에 그 당시 만연된 여러 가지 견해들을 제공해 주고 있음에도 불구하고 종교개혁 시대를 전후한 교회의 믿음에 대한 충분한 진술을 제공하지 못한다.

특별히 루터가 출현한 이후 발생한 이 논쟁을 정당하게 다룸에 있어서 우리는 존재하는 여러 가지 다른 증거들 또한 참작해야 한다. 예를 들면 당시 사제들에 의해 공개적으로, 그리고 대중적으로 교훈되었으며 사람들에 의해 일반적으로 받아들여지고 가톨릭 신학자들의 저작에 의해 유지되어 온 칭의라는 주제에 대한 교리는 무엇이었는가에 관한 것이다.

우리가 이제까지 트렌트 공의회의 법규에만 우리의 논의를 한정했다면 이제 우리는 이 칭의 교리의 본질을 세상에 알릴 필요가 있다. 왜냐하면 종교개혁 시대 이전에 모든 개신교회들이 알고 있고 사용하고 있었던 이 교리가 거슬리거나 불쾌하지 않은 용어로 애매모호하게 서술되어 있기 때문이다. 우리는 두 가지 형태로 묘사된 중세 스콜라 신학의 공덕 교리와 죄인의 칭의에 있어서 필요한 그리스도의 의를 배격하는 이러한 표현들을 절대로 좌시해서는 안 될 것이다. 이러한 표현들은 루터가 일으킨 종교개혁의 시대에 논의된 수많은 논쟁들 속에서 우리에게 은근히 강요되는 그릇된 표현들이다.

자, 그러면 이제 종교개혁 시대에 교회 안에서 일반적으로 교훈되었고 유명한 로마 가톨릭 신학자들에 의해 제기된 논쟁 속에서 논의된 이 교리를 살펴보도록 하자. 이 로마 가톨릭의 교훈들은 칭의 교리에 있어서 본질적이며 근본적인 요점들을 포함하는 종교개혁자들의 네 가지 교훈과 매우 현저한 대조를 보이고 있다. 이 네 가지 요점은 다음과 같다.

첫째로, 칭의의 본질 혹은 성경에서 말하고 있는 칭의는 무엇인가에 관한 것이다.

둘째로, 칭의의 기초 혹은 하나님께서 '불의한 자를 의롭다 하시는' 이유는 무엇인가이다. 다시 말하면 신자가 그의 용인을 위해 반드시 바라보고 신뢰해야 할 기초가 무엇인가에 관한 것이다.

셋째로, 칭의의 수단 혹은 하나님께서 베푸시고 인간이 받는 죄의 용서, 즉 영생을 얻게 하는 사면에 관한 것이다.

마지막으로, 칭의의 결과 혹은 하나님 앞에서의 인간의 관계의 변화로 말미암아 현재 상태에서, 그리고 그의 미래와 영원한 상태에서 발생하는 결과들은 무엇인가에 관한 것이다.

이것들 중 하나, 혹은 다른 주제하에서 칭의 교리에 대한 모든 중대한 질문들이 올바르게 다루어질 것이다. 사실 이 모든 주제들은 종교개혁 제1세대들과 로마 가톨릭교회 사이에 벌어진 극심한 논쟁의 주제들이었다.

무엇보다도 먼저 칭의의 본질을 다루도록 하겠다. 성경에 언급된 칭의가 무엇인가에 대해서 우선 로마 가톨릭교회의 가장 근본적인 오류는 그들이 이 칭의 교리를 성화 교리와 혼동하고 합성했다는 것이다. 그러나 단순히 이렇게 지적하는 것만으로는 충분하지 않다. 왜냐하면 그들이 주장하는 칭의라는 단어는 죄인이 회심하는 중생의 시간에 죄인의 영혼에 발생하는 전인적이며 위대한 변화를 지칭하기 때문이다. 그것은 죄의 사면뿐만 아니라 죄인의 내적 변화, 즉 본질의 혁신까지 포함하는 것을 의미한다.

이러한 포괄적인 표현은 사실 어거스틴이 종종 사용했던 표현이며 심지어 개신교 작가들이 가끔 사용했던 의미이기 때문이다. 그러나 어거스틴이 하나는 하나님을 향한 죄인의 관계, 그리고 다른 하나는 죄인의 영적 특질이라는 이 하나님의 은혜의 두 가지 결과를 올바르게 구분했던 반면, 로마 교황주의자들은 이 둘을 혼동하고 혼합했으며 실질적으로 동일시했다. 그 결과 그들은 이 하나님의 전체 진리 체계를 완전히 왜곡했다.

만일 이 칭의 교리가 성화 교리와 동일한 것이거나 어떤 부분에서는 성화와 구분될 수 있는 어떤 것이라면 그것은 칭의가 성화 위에서 기초되며 성화에 의존적인 교리가 되는 것이다. 달리 말하면, 죄인은 거룩해짐에 따라 의롭다함을 받게 되는 것을 의미한다는 것이다. 그렇다면 칭의 교리는 우선 하나님의 행위로서의 단순한 주입을 의미하며, 둘째로 그것은 죄인 내부에 발생하는 내재된 의에 대한 인식을 의미할 뿐이다.

환언하면, 칭의는 죄인을 저주에서 구원해 주며 하나님의 용인과 은총을 수여해 주는 선언으로서의 하나님의 은혜로운 사역이 아님을 의미한다. 그렇다면 칭의는 더 이상 목적물로서의 인간의 혐오와 죄를 종결시켜 주는 하나님의 법정적이고 사법적인 선언이 아니며, 하나님과의 관계를 개선해 주고 교정해 주는 선언이 아닌 것이다. 그것은 오히려 인간이 주체가 되어 영적 에너지를 사용함을 의미하며 그 안에서 그의 마음이 새로워짐을 의미하는 것이다.

신자가 받는 특권에 대해서도 그들은 칭의가 죄의 무조건적인 사면과 영생을 보장해 주는 것이 아니라, 언제나 불완전한 의인 동시에 심지어 종종 죄로 얼룩질 수 있는 의로서의 내적이며 개인적인 의의 소유를 제공한다고 주장한다. 그러므로 그들이 주장하는 의를 가지고는 우리가 사는 이 세상에서 그 어떤 신자라도 완전한 의를 취득할 수는 없게 되는 것이다.

칭의의 본질이란 주제하에 나타나는 이러한 종류의 오류에 대항해서 종교개혁자들은 칭의가 '우리의 모든 죄를 사면해 주시고 하나님의 면전에서 우리를 용인해 주시는 하나님의 무조건적인 은혜의 행위'라고 주장하고 교훈했다. 그것은 목적물이라는 대상으로서의 죄인을 향한 하나님의 외적인 사역이시다. 그것은 죄인이 주어가 되는 내적인 사역이 아니다. 그것은 하나님과의 관계 속에서 고소를 당한 상태하에 있는 죄인을 죄 없다고 공포해 주시며 저주를 당한 상태하에 있는 죄인을 용서해 주시는 법정적이며 사법적인 변화이다. 그것은 적대관계에 있는 사람을 화해시키고 친구관계로 회복시켜 주는 법적 변화인 것이다.

그것은 칭의로부터 도덕적이며 영적 변화가 동반되어 흘러나오는 것임에도 불구하고 전혀 죄인의 도덕적이며 영적인 변화를 의미하는 내적 변화가 아니다. 이것이야말로 그들의 신앙이 약하고 그들의 거룩이 불완전하다 할지라도 모든 신자들이 누리는 현재적 특권이다. 왜냐하면 우리가 믿음으로 의롭다함을 얻었으므로 우리 주 예수 그리스도로 말미암아 하나님으로 더불어 "화평을 누리기 때문"이다(롬 5:1). 또한 "그 안에서 우리가 그의 은혜의 풍성함을 따라 구속, 곧 죄사함을 받기 때문"이다. 그러므로 개신교와 로마 가톨릭은 칭의의 '본질'에 있어서 매우 다른 두 단체이다.

계속해서 칭의의 근거에 대해 생각해 보겠다. 칭의의 근거 혹은 칭의의 기초란 다른 말로 표현하면 하나님께서 '불경건한 자를 의롭다 하시는' 이유가 무엇이며 신자들이 그들의 소망의 기초로서 반드시 바라보고 신뢰해야 할 것이 무엇인가에 관련된 것이다.

이러한 칭의의 기초에 관한 로마 가톨릭교회의 가장 근본적인 오류는 구속자의 전가된 의를 중생한 신자 안에 내재하는 의로 대치시켜 버린 것이다. 그렇다고 하면 칭의의 근거에 관한 한 그들의 신학 체계 안에서는 칭의 자체의 독특성을 발견할 여지가 없다.

만일 칭의가 성화와 동일한 것이라면, 그리고 성화가 주입되고 내재된 의로 구성되는 것이라면 이 의는 칭의와 성화 모두의 근거라기 보다는 그것의 본질이자 본체가 되는 것이다. 그러나 그들이 이 둘을 혼합하는 대신 구분할 때, 그들은 늘 주입된 의가 하나님이 우리를 그의 면전에서 의로운 자로 받아들이게 하는 이유와 기초가 되는 것으로 제시하고자 했다. 그러면서 그들은 그리스도의 전가된 의를 완전히 부인해 버리고 말았던 것이다.

그들이 그리스도의 공로에 대해 말하고 있음은 사실이다. 또한 그리스도의 고난과 죽음이 우리의 칭의에 어느 정도 영향을 주고 있다고 주장하기도 한다. 그러나 그들은 철저하게, 그리고 즉각적으로 하나님 앞에서 용인을 받는 직접적인 근거로서의 그리스도의 의가 우리에게 전가되는 것을 부인하고 있다. 뿐만 아니라 이 전가된 의만이 하나님께서 우리의 죄를 용서하시고 그의 면전에서 우리를 의로운 자들로 맞아 주시는 유일한 이유가 되신다는 사실도 배격한다.

그들의 교리 체계에 의하면, 그리스도의 공로는 오히려 우리를 의로운 자로 만드는 중생시키는 은혜를 계속 붙들게 만드는 요인이 되는 것이라고 주장한다. 반면에 한번 생산되어 개인 안에 내재하는 의는 우리의 가장 가깝고 직접적인 칭의의 근거라는 것이다. 기껏해야 그들이 하는 일이란 그리스도의 의가 우리 자신의 의와 함께 일하는 공동 사역이라는 것을 인정할 뿐이다. 그러나 그것도 우리의 의에 어떤 결점이 생길 때 그리스도의 완전함이 그것을 보충해 주고 보완해 주는 정도로서의 공동 사역일 뿐이다.

그러나 오직 그리스도의 전가된 의만이 우리 칭의의 유일하고 효과적이며 완전한 근거이다. 이 그리스도의 의에 고행이든 순종이든 그 어떤 것을 첨가하거나 부가할 필요나 이유가 전혀 없는 것이다. 효과를 발생하게 하는, 주입되고 내재되는 그 어떤 다른 의는 전혀 필요 없다. 그러나 그들은 이 그리스도의 의를 매우 격렬하게 부인한다.

불행하게도 죄인의 칭의의 기초에 대한 로마 가톨릭의 이 근본적인 오류는 제1차 칭의와 제2차 칭의 교리와 같은 이차적이고 부가적인 오류들을 양산하고 말았다. 제1차 칭의는 원색적인 의의 주입을 말하며, 제2차 칭의는 그로 말미암아 내재하여 남아 있는, 그리고 실제적 의가 되는 동일한 의를 말한다. 사도들이 배제한 것은 믿음 전에 발생하는 행위이었지 믿음 후에 발생하는 행위가 아니라는 것이다.

그들은 오직 그들의 교리만이 사도 바울과 야고보의 각기 다른 주장을 완벽하게 조화할 수 있다고 믿었다. 그들의 주장에 의하면 바울은 제1차 칭의를 말했고 야고보는 제2차 칭의를 말했다는 것이다. 이런 그들의 모든 교리들은 우리 칭의의 기초가 소위 사적이며 내재적인 의라고 불리는 동일하고도 근본적인 하나의 원리에 기초하고 있는 것이다. 그것은 그리스도의 공로를 통해 취득될 수 있으며 그의 성령의 중생시키는 은혜로 말미암아 주입될 수 있다고 한다. 그러나 그것은 우리의 모든 다른 내적인 성품과 마찬가지로 실제로 우리 내부의 것으로 변화하며, 그 자체의 본질적이며 내재적인 가치를 통해 하나님의 사면과 용인을 보장할 수 있는 것이라고 한다.

이 주제에 있어서 역시 동일한 오류를 범하는 로마 가톨릭의 교리에 대항해서 개혁자들은 '오직 우리에게 전가된, 혹은 우리의 것으로 간주된 그리스도의 의'를 통하여서만 의롭다함을 받는다고 가르치고 교훈했다. 개혁자들은 다음과 같은 이유들을 그들 교리들의 기초로 삼았다. 그것은 하나님께서 우리를 의로운 자로 인정해 주신다면, 거기에는 반드시 필수불가결한 종류의 의가 존재한다는 것이다. 그 의는 심판에 있어서 하나님의 규칙들인 완전한 율법의 모든 요구 조건들을 만족시키기에 충분한 의이다.

형벌적이며 명령적인 모든 율법의 조항들은 우리 주 예수 그리스도의 수동적이며 능동적인 순종으로 말미암아 완전히 성취되었다. 그러므로 "그리스도는 모든 믿는 자에게 의를 이루기 위하여 율법의 마침"이 되신 것이다(롬 10:4). 심지어 우리의 내재적이며 사적인 의가 아무리 완전하다고 할지라도 그것이 과거 우리의 범죄들을 없이하거나 하나님의 공의에 있어서 그 어떤 만족도 제공해 주지는 못하는 것이다. 중생인의 경우라도 사실 완전하기는커녕 내적인 죄로 말미암아 더럽혀지며 실제적인 범죄로 말미암아 손상되는 것이다.

그러므로 우리 안에서 역사하시는 성령 하나님의 사역이 비록 여러 다른 목적에 있어서 반드시 필수불가결한 것이며 소중한 것이라 할지라도 우리의 칭의를 획득하게 하도록 계획된 것은 아니다. 칭의란 그리스도의 의를 우리에게 적용하시고 우리로 하여금 오직 믿음으로 그것을 수여받고 그 안에 안식하게 하심으로 제공되는 것이다. 그러므로 개신교와 로마 가톨릭은 칭의의 근거에 있어서도 매우 다른 단체임에 틀림이 없다.

이제는 칭의의 수단에 대해서 살펴보도록 하겠다. 하나님께서 의를 수여하시는 통로는 무엇이며 인간이 사죄와 영원한 생명을 수여받는 수단은 무엇인가? 이 부분에 있어서 로마 가톨릭의 가장 근본적인 오류는 '구원에 있어서 그리스도만을 믿고 영접하며 그 안에서 안식하게 하는 믿음으로 말미암아 의롭게 된다는 사실'을 부인함에 있다. 이러한 그리스도는 복음을 통해 무조건적으로 제공된 것이다.

그러나 그들은 우리가 의롭게 되는 것은 단순히 그리스도를 믿음으로써가 아니라 새로운 순종의 근원들인 자비와 사랑으로 충만한 믿음으로 말미암는다고 주장한다. 이 믿음은 과거의 모든 죄를 삭제시켜 주기 위해 세례시에 첫 번째로 주입되는 믿음이다. 이 믿음은 유아들에게 있어서는 원죄를 삭제시켜 주고 성인들에게 있어서는 실제적인 자범죄들을 삭제시켜 준다고 한다. 이 믿음은 또한 세례받은 이후라도 범죄로 인해 소멸될 수 있다고 한다.

그럼에도 불구하고 이 믿음은 고행과 연옥까지 가는 범죄를 제외하고는 죄인들을 모든 형벌로부터 효과적으로 구원해 주는 고해와 사면 선언을 통해 회복되고 갱신될 수 있다고 한다. 이 일반적인 진술은 본 주제에 대한 그들의 교리를 완전히 표현하고 있으며 그 이하 몇 가지의 독특한 입장들을 함축하고 있다. 이 독특한 입장들은 복잡하고도 장기간에 걸친 논쟁의 결과들이었다.

중요한 질문들은 사실 칭의의 수단으로서의 그것의 유효성의 이유와 관계되어 있을 뿐만 아니라 개별적인 각각의 용례들, 또는 믿음과 성례의 기능과 관계가 있다. 일반적 칭의 교리에 관한 믿음의 본질과 영향에 대한 이 질문들의 참된 의미와 취지는 그것들이 모두 하나님 앞에서 우리 죄의 사면과 용인의 근거에 관한 로마 가톨릭 체계의 근본적인 원리들을 세우는 것과 관계가 있다는 사실을 우리가 제대로 알지 못한다면, 우리는 칭의 교리에 있어서 그들이 말하는 믿음의 본질과 영향을 바로 이해하거나 파악할 수 없을 것이다.

그 근본적인 원리는 바로 사면과 칭의의 근거가 그리스도의 전가된 의가 아니라 인간 안에 내재된 의라는 것이다. 이것이야말로 가장 오만한 교리이며, 로마 가톨릭의 다른 모든 교리들은 이 교리로부터 발원하고 있고 이 교리를 설명하기 위해 존재한다. 그러므로 믿음은 무엇보다도 먼저 단순한 지적인 신념, 혹은 계시된 진리에 대한 동의로 정의된다. 그러므로 새롭게 갱신되지 않은 사람이라도 신적 은혜의 도움 없이도 자연적인 기능을 통해 이 믿음을 획득할 수 있다. 그것은 굳이 구원과 관계될 필요가 없다. 그것은 성인들에게 있어서 언제나 선행하는 성질, 혹은 자격으로서 늘 칭의를 수반하지는 않는다.

이 믿음이 효과적이며 구원하는 믿음이 되기 위해서는 반드시 '자비와 사랑으로 충만한 믿음이' 되어야 한다. 그렇게 되면 이전에 불모지와 다름없었던 것이 열매를 맺게 되며 의롭게 되는 것이다. 이것은 결국 그리스도의 의(義) 때문이 아니라 새로 태어남과 새 창조의 결과로서의 우리의 내재적이며 사적인 의 때문에 그렇게 되는 것이다. 이것은 우리 마음과 삶에 있어서 생산적인 거룩의 원리로 간주되며 우리 칭의의 근거로 간주된다.

어떤 이들은 이것이 그리스도의 공로로 말미암아 우리에게 획득되어진 것이며 그의 성령의 은혜로 말미암아 우리에게 주입된 것임을 인정하기도 했다. 그러나 그들은 이것이 우리 마음 안에 주관적인 원리로 존재하며 전가된 의와 우리 죄의 용서, 그리고 우리 자신의 용인과 용납으로 말미암지 않고 그 본래적인 가치를 통해 보존된다고 주장했다.

물론 우리 인간의 의를 구성하고 있다는 '이 자비로 가득 찬 믿음'은 칭의를 수여받는 수단이 될 수가 없다. 왜냐하면 이 믿음 자체가 복음의 축복의 본질이기 때문이다. 그러므로 칭의는 하나님 편에서 전달되는 것이다. 그리고 인간 편에서 믿음이 아니라 성례라는 매개물을 통하여 수여되는 어떤 것이다. 세례를 통하여 중생을 받고 고해와 고행을 통해 시시때때로 정결하게 되는 죄인은 수단으로서의 그리스도를 믿는 믿음이나 근거로서의 그리스도의 의와 사면과 용인 때문이 아니라, 성례적으로 주입되고 공급된 내재적인 의로 말미암아 의롭게 되는 것이다. 그것은 그리스도와 그의 종결된 구속 사역에 대한 확고한 믿음의 유무와 관계없이 이루어지는 것이다.

이 주제에 있어서도 역시 동일한 오류를 범하는 로마 가톨릭의 교리에 대항해서 개혁자들은 우리는 '오직 믿음으로만 말미암아 의롭게 된다'는 사상을 견지하고 그것을 가르쳤다. 그것은 구원에 있어서 믿음이 오직 그리스도만을 영접하고 그것에 기초해 있기 때문이다. 또한 오직 믿음만이 그리스도의 의를 용인의 근거로 인식하기 때문이다. 이들은 물론 사람들이 그들의 자연적인 감각 기관을 통해 얻을 수 있는 종류의 역사적인 믿음이 존재한다는 것을 인정했다. 성경도 이를 인정해 주고 있다.

그러나 그들은 동시에 성경이 명백히 증거하는 것과 마찬가지로 위에 언급한 단순한 역사적인 믿음과는 확연히 구분되는 믿음이 있다는 사실을 단언했다. 그 믿음은 하나님 앞에서의 용인과 사면을 확실하게 확보해 주는 믿음이며 즉각적으로 효과를 발생시키는 불변하는 믿음이다. 그것은 단순히 사실에 대한 이해를 겨우 동의해 주는 정도의 믿음이 아니다.

오히려 그것은 충심에서 우러나온 전인적 동의와 관계된다. 그것은 우리로 하여금 그리스도와 그의 모든 유익들을 인식하고 인정하는 믿음이다. 이 믿음은 구원에 있어서 오직 그리스도만 받아들이고 그 안에서 안식하며, 그리스도의 의를 오직 유일한 그의 탄원과 간청으로 여기게 만드는 것이다.

이 믿음이 어디에 있든, 어떤 정도이든 심지어 이 믿음이 겨자씨만한 작은 믿음이라도 이 믿음의 유효성은 즉각적이며 확실하다. 왜냐하면 이 믿음이 신자를 그리스도와 즉시 연합시키며 그를 예수 그리스도의 의의 참여자로 만들어 주기 때문이다. 이 믿음이 한번 사람의 마음에 심겨지기만 하면 이 믿음은 결코 죽지 않으며 영생에 이르기까지 자라는 믿음이 될 것이다.

종교개혁자들은 이러한 믿음이야말로 우리 구원에 절대 필요한 것으로 여겼다. 그러나 그들은 또한 이 믿음이 구원에 있어서 즉각적이고 불변적이며 절대적으로 효과적인 믿음임을 강조했다. 사람의 마음에 믿음이 존재하기만 하면 그는 '자신이 사망에서 생명으로 옮기어졌으며 다시는 저주를 받지 않을 것임'을 온전히 확신할 것이다. 그러나 개혁자들은 이 믿음이 '사랑으로 역사하는 믿음'이며 새로운 순종의 중요한 근원이 되는 이 사랑을 통하여 '의의 모든 열매들'이 생산된다는 사실을 부인하지 않았다.

그러나 개혁자들은 로마 가톨릭이 그렇게 하는 것처럼 의롭다 하시는 유효성의 이유를 같은 '믿음에 동반되는 사랑'으로 돌리지 않았다. 이 사랑은 단지 반지를 둘러싸고 있는 다이아몬드와도 같은 것이다. 다이아몬드는 반지의 고유한 본질적인 가치를 높일 뿐이다. 오히려 종교개혁자들은 의롭다 하시는 유효성의 이유를 믿음에 동반되는 그리스도에

게 돌렸다. 그리스도의 의만이 유일하게 효과를 발휘하기 때문이다. (7)

그들은 이 사랑으로 역사하는 믿음을 영적 은혜요, 하나님의 선물이요, 그 자체로 하나님이 받으실 만하며 기뻐하실 만한 성령 하나님의 여러 열매들 가운데 하나임을 매우 즐겁게 인정했다. 그러나 그들은 이 살아 있는 믿음의 주입을 하나님께서 그리스도에 의해 성취된 구속을 각 개인에게 적용하는 수단으로 간주했다. 왜냐하면 그것이 죄인으로 하여금 그 자신이 행한, 또는 그 자신이 행할 수 있는 어떤 자의(self-righteousness)라도 포기하고, 오직 그리스도만을 자신의 구주로 바라보며 하나님의 완전하시고 무조건적인 은혜와 구속자의 종결된 사역만 의지하게 해 주기 때문이다.

개혁자들은 로마 가톨릭교회의 성사(sacrament)로 말미암는 전체적 칭의 교리를 배격했다. 왜냐하면 그들은 성경을 통해서 구약 시대의 아브라함이 할례받기 이전에 의롭게 되었고 오직 믿음으로 된 의의 보증으로서의 할례를 수용한 것으로 파악했기 때문이다(롬 4:11).[2] 이와 동일하게 신약에서도 칭의는 세례가 아니라 믿음과 불가분리의 관계에 있게 된다.

많은 사람들이 중생하거나 의롭게 되거나, 또는 구원받지 않고서도 세례를 받는 것과는 달리 모든 참된 신자는 세례받기 이전에, 심지어 세례 없이도 의롭게 된다. 그러므로 칭의의 수단에 있어서도 역시 개신교와 로마 가톨릭은 매우 다른 두 단체이다.

이제 마지막으로 칭의의 효과에 대해서 살펴보도록 하겠다. 칭의로부터 발생하는 의롭다함을 받은 자의 현재적 상태와 미래, 그리고 영원한 결과는 무엇인가? 이에 관한 로마 가톨릭의 가장 근본적인 오류는 칭의가 그 자체로 무언가 더 첨가되어야만 하는 만족을 만들어야 하는 필요성이나, 영생의 소망을 보증하는 그 어떤 것을 생산해야만 하는 필요성을 면제해 줄만큼 완전하거나 확실하게 보장된 것이 아니라고 가르치는

---

2) **롬 4:11** 저가 할례의 표를 받은 것은 무할례 시에 믿음으로 된 의를 인친 것이니, 이는 무할례자로서 믿는 모든 자의 조상이 되어 저희로 의로 여기심을 얻게 하려 하심이라.

데 있다.

여러 가지 점에서 볼 때 로마 가톨릭의 교리는 칭의의 효과를 그들이 칭의와 혼동한 내재적 의의 주입에 두었고 그것을 개혁자들보다 더 강조했다. 왜냐하면 그것의 즉각적이며 변함 없는 효과는 원죄와 실제적 죄 모두를 삭제시킴으로써 타락 전의 아담의 상태와 유사한, 원시적으로 무죄한 상태로 회복시켜 준다고 믿기 때문이다.

만일 본성적 욕망이 남아 있다면 그것 자체는 죄악된 것도 아니요, 타락 상태하에 있는 인간에게 낯선 것도 아니라고 주장한다. 그것은 하나님의 형상으로 지으심을 받은 우리 첫 번째 조상이었던 아담과 하와에게도 존재했었던 것이기 때문이다. 그것은 오직 초자연적인 은혜의 선물에 의해서만 제재를 받고 구속을 받을 수 있을 뿐이라고 주장한다.

이 외에도 그들은 칭의의 효과가 이 지상에서의 삶을 완전한 삶으로 승화시킬 수 있는 것으로 여겼다. 심지어 그 칭의의 효과를 그 자신뿐 아니라 다른 사람들에게도 나누어 줄 수 있는 공로로 간주했다. 이러한 점들로 미루어 볼 때 로마 가톨릭은 개혁자들이 그랬던 것보다 더욱 칭의의 효과를 강조했다. 왜냐하면 개혁자들은 단순히 본성적 욕망만 언급한 것이 아니라 신자의 마음 속에 내재하는 죄와 신자의 최고의 노력까지도 불완전하고 더러운 것이라고 간주했기 때문이다.

그러나 다른 부분에 관한 한 칭의 교리에 대한 로마 가톨릭의 강조는 개신교의 그것보다 약했다. 왜냐하면 그들이 선호하는 교리적 원리에 따르면 칭의는 성화와 동일하며, 아니 적어도 성화에 의존적이기 때문이다. 여기에는 죄인 자신이 성도의 완전한 상태에 이르기 전까지는 실제로 의로워졌다고 믿을 만한 단 한 가지 이유도 없다. 이들에게 있어서 칭의는 현재적 특권일 수가 없는 것이다. 그것은 다만 미래적 소망과 욕구의 대상일 뿐이다. 그것은 성도의 최종적 견인 여하에 전적으로 달려 있다. 그러하기에 전혀 확신할 수 없는 것이다.

결국 이러한 상태는 세례 이후에 범하는 죄에 상응하는 만족으로서의 임시적 형벌을 책임져야만 하는 상태이다. 그러므로 종교개혁자들이 로마 가톨릭의 칭의 교리를 '불확실하고 의심스러운 믿음'이라고 부른 것은 조금도 이상한 일이 아니다. 개혁자들은 로마 가톨릭의 이러한 교리들을 무오하신 하나님의 말씀에 계시된 의로워진 상태의 증거와 표지들과 비교했고, 그리스도를 믿는 믿음으로부터 즉시 발생하는 안락한 보증과 확신과 대조시켰다. 그리스도는 복음의 약속들 안에 계시되었고 성도들의 영적 경험을 통해 확증되었다.

이 마지막 주제에 있어서도 역시 동일한 오류를 범하는 로마 가톨릭의 교리에 대항해서 개혁자들은 칭의가 죄의 무조건적인 사면과 영생에 대한 확신을 제공한다고 가르치고 교훈했다. 이 확신은 모든 신자들이 구원에 있어서 오직 그리스도만 영접하고 의지할 때 즉시 이루어지는 현재적 특권일 뿐만 아니라 진노와 저주의 상태에서 은총과 용인의 상태로 단번에, 그리고 영원히 옮기어진 완전하며 최종적인 결코 변경할 수 없는 하나님의 은혜라는 것을 확실히 했다.

이 세상을 살아가는 동안에는 '하나님의 사랑의 보증과 양심의 평화, 그리고 성령 안에서의 기쁨이 동반되고 은혜가 풍성해지며, 궁극적으로 구원'을 받게 되는 것이다. 뿐만 아니라 칭의의 결과는 오는 세상에서의 '영광과 영원한 생명'과도 뗄래야 뗄 수 없는 불가분리의 관계에 있다. 왜냐하면 "하나님께서 미리 정하신 사람들을 또한 부르시고 부르신 그들을 또한 의롭다 하시고 의롭다 하신 그들을 또한 영화롭게 하셨기 때문"이다(롬 8:30). 그러므로 칭의의 결과에 있어서도 개신교와 로마 가톨릭은 매우 다른 두 단체이다.

죄인의 칭의에 관한 방법에 있어서 종교개혁 시대에 벌어졌던 이 엄청난 전체적 논쟁을 다시 한번 간략하게 요약할 수 있을 것이다. 로마 가톨릭의 교리는 하나님에 의하여 계시된 방법에다 인간이 발명하고 고안한 방법을 뿌리박은 교리이다. 그들은 어떤 진리들은 계속 유지했지만 그러나 인간적인 오류와 실수들을 다른 진리들과 혼합시켜 버렸다. 이런 과정을 통해서 그들은 하나님의 진리를 왜곡시켰고 부패하게 만들었다.

이 로마 가톨릭의 전체 과정이 철저하게 인간의 고안품이자 발명품이었기 때문에 이 교리의 전체적인 경향은 인간을 높이고 자랑하는 데 있다. 그들은 하나님을 영화롭게 하고 영광을 돌리며 하나님의 은혜의 풍성하심과 유효성, 그리고 무조건적으로 베풀어지는 그 은혜에 감사하기는커녕 오히려 인간이 성취한 모든 것을 높이고 자랑했던 것이다.

하나님의 은혜를 인식함에 있어서 로마 가톨릭의 교리는 은혜를 받은 결과 그 은혜와 협동하게 하는 죄인 안에 내재하는 특질들을 강조함으로써 은혜가 철저하게 인간의 자유의지에 의존적임을 주장하고 있는 것이다. 이러한 인간의 자유의지는 심지어 영생을 얻을 수 있는 공로로 사용되기도 한다. 그리스도의 공로를 인식함에 있어서 로마 가톨릭의 교리는 그것이 죄인의 칭의에 관한 한 즉각적이고 전적으로 충분한 근거와 기초로 인정하지 않는다. 그들은 다만 그리스도의 공로를 하나님의 면전에서 실제적으로 죄인을 용납해 주시는 진짜 이유인 인간 안에 내재하는 의를 계속 확보하게 만드는 원격적인 것이라고 교훈한다.

그러므로 그들의 교훈은 하나님의 무조건적인 은혜와 인간의 자유의지를, 그리고 그리스도의 공로와 그의 백성들의 공로 사이를 왔다갔다 하는, 간에 붙었다 쓸개에 붙었다 하는 교리인 것이다. 그렇게 함에 있어서 로마 가톨릭은 마치 칭의가 부분적으로는 은혜에 의존하고 부분적으로는 행위에 의존하며, 부분적으로는 그리스도의 완전한 의에 의존하며, 또 다른 한편으로는 인간의 불완전한 의에 의존적인 것처럼 오해함으로써 결코 합쳐질 수 없는 이질적인 수많은 요소들을 한 체계 안에 넣으려고 시도했던 이상한 단체였다.

그러나 설상가상으로 그들은 매우 이상하고 기묘한 체계들을 더 많이 수립했다. 그들은 오직 유일한 중보자와 죄를 위한 오직 유일한 희생 제사를 인정하지 않았다. 그들은 성자들(saints)의 공로와 중보를 가르쳤고 십자가의 단회적인 희생 제사가 제단에서 계속 반복될 수 있다는 이상한 교훈들을 가르쳤다.

이 외에도 그들은 고행과 연옥에서의 고통 같은, 죄를 위한 부가적인 만족들을 주장했다. 이것은 죄의 용서가 고해자의 죄의 고백과 신부의 사면 선언과 같은 행위에 전적으로 달려 있게 만들었다. 그러므로 로마 가톨릭교회를 그리스도의 자리에 대치하고 죄인과 하나님 사이에 신부를 끼어 넣어 그리스도의 사역을 대신하게 한 것이다.

신부의 사면이 고행이나 혹은 단순히 외면적 순종의 조건으로 보장되어 있기 때문에 이는 결국 사람으로 하여금 오직 그리스도와 그의 종결된 구속 사역만을 믿음으로 신뢰하게 하는 대신 그들이 할 수 있는, 혹은 고난받을 수 있는 어떤 것을 바라보게 만들었던 것이다.

위에서 언급한 것들이 종교개혁 시대에 로마 가톨릭교회가 견지했던 교리들의 일반적인 특징들이었다. 이것들 때문에 종교개혁자들은 가톨릭교회가 주장했던 모든 것들과 현저한 대조를 보이는 교리들을 제시했던 것이다. 그들은 복음을 믿는 모든 죄인들은 유일한 중보자이신 주 예수 그리스도를 통해 하나님을 직접적이며 무조건적으로 만날 수 있다는 영광스러운 진리를 선포했다.

하나님은 모든 신부들의 사면에 완전히 독립적인 분이시다. 왜냐하면 '하나님 외에 그 누구도 죄를 용서할 수는 없기 때문'이다. 하나님은 '하나님과 사람 사이에 오직 유일한 중보자'이신 그리스도의 공로 이외에 다른 공로나 중보에 전적으로 독립적인 분이시다. 오직 그리스도의 이름으로 모든 죄의 완전한 사면과 영원한 생명에 대한 확실한 자격이 무조건적으로 주어진 것이며, 그리스도를 믿는 자는 누구든지 믿음으로 이 사면과 영생을 바라보고 즐거워할 수 있게 된 것이다.

따라서 그가 죄인이며 저주를 받은 자라 할지라도 그리스도를 그의 구세주로 즉시 영접하고 신뢰하기면 하면 그는 이 행복을 누릴 자이다. 그러므로 사람이 이제까지 한 일도, 아니 앞으로 할 수 있는 그 어떤 선행도 하나님 앞에서의 현재적 용인과 마지막 날의 영원한 소망의 근거가 되는 요소가 전혀 될 수 없는 것이다. 오히려 오직 믿음으로 그리스도와 연합하는 자만이 적당한 때에 완전하고 영원한 구원의 모든 축복을 누리는 참여자가 될 것이다. 이러한 것들이 종교개혁자들이 실제로 가르친 요지였다.

로마 가톨릭교회가 제공했던 모든 미사들과 면죄부들이 타락한 인간의 마음에 평안을 줄 수 없었던 반면, 종교개혁자들의 이러한 가르침은 즉각적인 구원을 제공했으며 수많은 고통 당하고 고민하는 영혼들에게 평안을 제공했다. 이 교훈은 마치 전기 충격처럼 온 유럽에 퍼졌고 전 유럽을 강타했다. 수많은 가정들과 수도원들의 작은 방들이, 심지어 주교와 대주교들과 왕족들이 살던 대저택에서 수많은 사람들을 변화시켰다. 이것은 여전히 오래된 '구원을 주시는 하나님의 능력'이었다.

이 교훈은 전 교회를 개혁시켰고 초대교회 이후 새로운 모습으로 교회를 재정비하게 만들었다. 이 종교개혁자들의 교훈은 로마 가톨릭의 전체 교리를 송두리째 뒤집어 엎었으며 하나님의 복음이 회심하는 모든 세상에 빗발치듯 그렇게 세상을 강타했던 것이다. (8)

제5강

종교개혁 이후의
로마 가톨릭교회의 칭의 교리의 역사

　로마 가톨릭과 종교개혁자들 사이의 논쟁은 개신교회가 유럽에 완전히 정착하고 독특한 종교적 형태를 갖출 때까지 양자 간에 예리함과 능력을 겸비한 자들에 의해 계속되었다. 이 긴 투쟁과 논쟁의 기간은 여러 가지 교훈과 중요성을 남겼다. 그중에서도 하나님 앞에서 죄인의 칭의와 관계된 내용보다 더 중대한 부분은 없었다. 이 역사의 한 부분의 현저한 특징은 사실 다음과 같은 내용을 통해 더 효과적으로 설명될 수 있다.
　개신교의 칭의 교리에 대한 로마주의자들의 초기 원색적인 공격은 이어지는 칭의 교리에 대한 그들의 주장과 대조해서 나타난다. 또한 이 양자 간의 적대적인 견해와 체계를 화해시키고 타협시키려는 어떤 이들에 의해 이루어진 끊임없는 노력을 통해 설명된다. 심지어 이들은 개신교의 교리나 로마 가톨릭의 교리에 있어서 각각 독특하고 특이한 견해들을 간과하거나 설명하지 않은 채 이 양자를 조화시키려고 노력했다.
　그러므로 우리는 무엇보다도 먼저 개신교의 칭의 교리를 공격한 로마주의자들의 최초의 원색적인 공격과 고소를 주의 깊게 살펴야 하며, 그것을 이어지는 그들의 주장과 대조해 보아야 한다.

이 개신교의 교리가 처음으로 로마 가톨릭교회의 추종자들에게 전 우주적으로 알려지게 된 것은 아우구스부르크 회의(Diet of Augsburg)에 제출하기 위해 만들어진 '고백서'와 그 후에 그에 따른 반대 의견에 대응하기 위해 준비한 '변증서'로 말미암은 것이었다. 교황과 그의 특사들, 황제와 영주들, 감독과 성직자들, 그리고 일반적으로 시민들과 교황청의 성직자들이 이 고백서와 변증서를 통해서 개신교의 칭의 교리를 듣게 된 것이다.

그들이 알게 된 이 고백서와 변증서는 학식 있으며 사려 깊고 유순한 멜랑톤(Melancthon)에 의해서 신중하게 작성되었으나 루터(Luther)와 섹서니(Saxony)의 선제후(選帝侯)에 의해 수정되고 인정된 것이다. 그들은 모든 종교개혁자들이 견지하고 사랑했던 이 교리를 매우 훌륭하게 작성했고 정리했다. (1) 오직 죄인들의 유일한 구세주인 예수 그리스도의 공로에만 기초하여, 오직 하나님의 무조건적인 은혜로 말미암아, 오직 믿음으로만 의롭게 된다는 칭의의 방법은 여기 이 문서에서 매우 온화하고 부드럽게, 그리고 무례하지 않게 진술되어 있다.

그럼에도 불구하고 이 '고백서'를 읽고 대응하기로 결정된 페이버(Faber)와 에키우스(Eckius)와 같은 로마 가톨릭 신학자들은 이 주제에 관한 개신교의 교리를 송두리째 부인했고 아우구스부르크 회의의 칙령을 통해 실제적으로 이 개신교의 칭의 교리를 배격했다. (2) 이 개신교 교리를 부인하고 배격한 가장 중요한 이유는 당시에 처음으로 새롭게 소개된 이 교훈의 '진기함' 혹은 '새로움' 때문이었다. 그것이 그동안 로마 가톨릭교회에 오랫동안 소개되고 만연된 칭의의 방법과 정면으로 충돌하고 모순되었던 것이다.

이 칭의 교리는 그 어떤 교리들보다 더욱 로마 교황청과 제국들의 적개심을 불러일으켰다. 종교개혁자들은 자신들이 스스로 이 칭의 교리를 버리겠다고 동의하지 않는 한, 아니 적어도 그것을 수정하겠다고 고백하지 않는 한 매우 심각하고 즉각적인 위험에 직면해야 했다.

멜랑톤은 다음과 같이 말했다.

"우리가 우리의 노력이나 선행이 아닌 오직 그리스도만으로 하나님의 은총을 받는다는 이 단순하고 유일한 이유 하나로 인해 위험에 직면하고 곤란에 처할 수 있다는 것은 결코 부인할 수 없는 사실이다. 이 독점적인 단어인 '오직'이라는 단어가 부인된다면 그에 상응하는 사도들의 단어인 '무조건적으로', 그리고 '선행 없이도' 역시 삭제시켜 주기 바란다."

이 교리가 신 고안품이라는 고소에 대해서 생각해 볼 필요가 있다. 사실 종교개혁자들은 이 교리가 로마 가톨릭교인들에게는 새로운 교리임을 인정했다. 왜냐하면 이 교리가 아주 오랜 시간 동안 당시 로마 가톨릭교회의 그릇된 가르침과 미신적인 관습들로 인해 부패해지고 모호해졌기 때문이다. 그러나 동시에 종교개혁자들은 이 교리가 그리스도와 사도들의 복음만큼이나 오래된 교리임을 확증했다. 그렇기 때문에 그들은 전혀 두려움 없이 이 교리를 증거했던 것이다.

마틴 루터는 다음과 같이 확신 있게 이 칭의 교리를 증거했다.

"그러므로 주 예수 그리스도의 가장 미천한 복음 전도자인 나 마틴 루터는 다음과 같이 생각하고 확증하는 바이다. 우리를 하나님 앞에서 의롭다 하시는 행위를 배제한, 오직 믿음으로 말미암는 이 믿음의 조항은 결코 폐지될 수 없다. 왜냐하면 오직 하나님의 아들이신 그리스도께서 우리 죄를 위해 죽으셨기 때문이다. 만일 오직 그리스도께서만 우리의 죄를 사해 주시고 없이 하실 수 있다면 사죄와 칭의를 확보함에 있어서 우리의 모든 동시적 행위들은 완전히 배제되어야 할 것이다. 오직 믿음으로만이 아니고서 어떻게 그리스도를 영접하겠는가? 우리의 행위로는 결코 그리스도를 파악할 수도 믿을 수도 없다. 만일 행위 이전에 오직 믿음만이 우리의 구속자를 깨닫고 이해할 수 있게 해 준다면 그것은 의심의 여지 없이 오직 행위가 오기 전에, 아니 행위 없이 오직 믿음으로만 구속의 유익을 독점할 수 있음을 의미하는 것이다. 이 구속의 유익은 다름 아닌 칭의 또는 죄로부터의 구원을 의미하고 있다. 바로 이것이 우리가 믿는 교리이다. 성령 하나님께서 이 교리를 교훈하시고 모든 기독교회 역시 그러하다. 오직 하나님의 은혜로만 되는 이 칭의 교리 안에서만 우리는 튼튼히 설 것이다. 아멘!" (3)

위에 언급한 것들이 바로 개신교의 칭의 교리를 반대하는 로마 가톨릭교회의 본래의 고소 내용이었으며, 부패한 유전과 전통으로 시작해 사도 시대의 고대 믿음에 이르기까지 그에 대한 응답으로서의 개신교회의 확고한 대답이었다. 그러나 1530년 아우구스부르크(Augsburg) 회의와 1541년 라티스본(Ratisbon) 회의 어간에 로마 가톨릭교회 안에서 매우 현저하고 놀라운 변화가 하나 발생했다. 그것은 개신교의 칭의 교리가 로마 가톨릭교회의 교훈과 정면으로 배치되는 매우 위험한 신 고안품이라며 그것을 비난하고 고발하는 대신, 이 개신교의 칭의 교리를 그들 자신의 것으로 교묘하게 채택하는 작업을 준비하는 것이었다.

그들은 개신교의 칭의 교리를 그들이 이제까지 견지하고 교훈해 왔던 여러 진리들 가운에 극히 일부분이라고 주장하고 나섰다. 그러므로 로마 가톨릭교회인 자신들과 개신교회 사이에는 실제적인, 적어도 근본적인 차이점은 전혀 존재하지 않는다고 주장했다. 그것은 오히려 상호보완적이며 성숙한 설명과 양보를 통해 쉽게 조절되고 조화될 수 있는 교리라는 것이다. 결국 황제를 통해 장기간의 회의가 개최되었고 양보와 타협을 수단으로 양자 간에 차이가 없음을 주장하려는 강력한 선동자들의 후원을 등에 업은 자들이 참석했다.

이러한 작업들은 로마 가톨릭과 개신교의 화해를 목적하고 기술된 에라스무스의 『종교의 일치에 관하여』(*On Concord in Religion*, 1533)라는 저술을 통해 더욱 힘을 받게 되었다. 에라스무스는 종교개혁자들의 은혜와 믿음이 로마 가톨릭의 칭의 사상인 '인간의 마음에 역사하는 정결케 하는 사역'과 상급과 '공로' 교리와 밀접하게 연관되어 있다고 주장했다. (4)

그러나 즉각적인 타협의 결과물이었던 이 책은 독일 퀼른(Cologne)의 한 수도사였던 그로퍼(Gropper)에 의해 번역 편집되었고 이 지역의 대주교였던 헤르만(Hermann)은 1536년 지방분구관장 회의를 통해 이 교구를 개혁하고자 했다. 이 회의는 여러 가지 문서를 결의하고 작성했는데 후에 그로퍼에 의해 요약되어 출판되었다. 이 문서의 중요한 목적은 '로마 가톨릭의 교리들을 새로운 해석들을 덧입혀서 약간 부드럽게 만드는 것'이었다.

이 값어치 없는 책을 본 루터는 본서를 '교활하고 모호한 책'이라고 혹평했고 온유한 멜랑톤도 '교묘한 작업과 능력 있는 궤변론자들의 마술적 감각으로 그럴듯하게 꾸며진 이 책만큼 괴물 같은 책도 없다'고 비난했다. 그러나 결국 책으로 출판된 이 문서는 황제의 손에 들어갔다. 이 문서는 정치인으로서의 황제의 마음을 만족시켰다. 왜냐하면 이 책은 한편으로는 로마 가톨릭을 지지하고 또 한편으로는 개신교를 지지해 주는 교묘한 책이었기 때문이다.

그로퍼는 이 책을 양자 간의 일치와 동의의 원칙으로서 라티스본 회의에 제출했고, 로마 가톨릭과 개신교를 대표하는 3인의 신학자, 즉 로마 가톨릭 편에서는 에키우스(Eckius), 그로퍼(Gropper), 플럭(Pflug)이, 개신교 편에서는 멜랑톤(Melancthon), 부서(Bucer), 피스토리우스(Pistorius)가 각각 이를 검증하고 그 결과를 발표하도록 했다. 그런데 놀랍게도 이 칭의에 관한 문서는 이 신학자들 간의 회의에서 합의된 것이다.

그러나 후에 이 문서는 양자 모두에게 만족은커녕 오히려 양자 모두를 불쾌하게 만드는 문서가 되고 말았다. 이 문서가 당시 로마 가톨릭 고수자들에게 채택되고 있던 새로운 정책에 교훈적인 빛을 제공했고 그이후로 일관되게 이 사조가 지지되어 왔기에, 우리는 첫째로, 개신교의 칭의 교리를 흡수하기 위해 양보한 내용들을 살피고, 둘째로, 다른 해석들을 충분히 받아들일 수 있을 만큼 애매모호하게 묘사된 오직 한 가지 요점을 주목해야 할 것이다. 우리가 면밀히 살펴보고 이해한다면 사실상 이 문서는 하나님의 용인에 관한 개신교의 전가된 의와 로마 가톨릭의 주입된, 또는 내재된 의가 엄청난 차이가 있는 것임을 나태내 주고 있다.

개신교를 위해 양보된 부분들은 명백하게도 매우 광범위하고 자유주의적이었다. 듀 핀(Du Pin)에 의해 보존된 문서는 특별히 일부러 '아담의 타락 이래로 모든 사람이 하나님과 원수로 출생하고 죄로 말미암은 진노의 자녀로 태어난다'고 진술한다. 이 문서는 계속해서 매우 그럴듯한 요점을 진술하고 있다.

"이들은 하나님과 화목할 수 없으며 '오직 유일한' 중보자이신 예수 그리스도로 말미암지 않고서는 죄로부터 구속받을 수 없다. 그들의 마음은 그들에게 약속된 믿음으로 말미암아 하나님을 향하고 하나님께서는 예수 그리스도를 믿는 그의 자녀들을 양자로 받아들이신다. 이 믿음은 우리를 의롭게 하지는 않지만 우리 안에 내재하는 의의 그 어떤 완전함을 통해서가 아니라 예수 그리스도와 그분의 공로를 통해 우리에게 전가되는 자비와 의로 우리를 인도한다. 그러므로 우리는 우리 자신의 행위나 의를 통해 의로워지지도 않으며 하나님 앞에서 용인을 받지도 않는다. 오히려 우리는 '오직 예수 그리스도의 공로로만 의롭다고 인정받는' 것이다." (5)

개신교의 칭의 교리에 대한 본질을 함유하고 있는 이러한 진술들은 매우 명백해 보인다. 만일 그들이 이 진술을 액면 그대로 견지했다면, 멜랑톤이 말한 대로 양자 간에 많은 문제를 해결하고 일치를 볼 수도 있었을 것이다. 당시 멜랑톤은 다음과 같이 말했다.

"칭의를 둘러 싼 논쟁들은 훨씬 부드러워졌다. 왜냐하면 학자들이 한때 격렬한 논쟁거리였던 이 교리에 대한 많은 부분에 일치하고 합의했기 때문이다." (6)

그러나 이 모든 양보와 일치에도 불구하고 매우 근본적이고 치명적으로 중대한 한 가지 요점이 매우 애매모호하게 진술되어 있었다. 이것은 로마 가톨릭과 개신교의 칭의 교리를 논하는 이 문서의 전체 성격을 규정짓고 결정하는 요점이었다.

이 요점은 다름 아닌 우리가 의로워지는 '믿음'에 관한 것이다. 좀더 정확히 명확히 말하자면, 이 믿음에 속해 있는 엄밀한 기능과 그것에 기인하는 유효성의 이유와 근거에 관한 것이었다. 개신교 교리에 의하면, 그것은 칭의의 수단이다. 왜냐하면 그것은 믿음이 단순히 그리스도를 영접하게 하고 오직 그리스도 안에서만 안식하게 하기 때문이다. 그리고 이 믿음만이 유일한 호소로서의 그리스도의 의를 인식하고 감사하게 하기 때문이다. 또한 이 믿음이 자기 자신을 의지하는 자의의 완전한 폐기와 세상 죄를 지고 가는 하나님의 어린양이 되시고, 우리 죄의 화목 제물이시며, 그의 이름을 믿는 모든 이를 위한 율법의 마침이 되시는 그리스도를 향한 심령에서 우러나오는 신뢰와 의지를 암시하고 있기 때문이다.

그러나 로마 가톨릭의 교리에 의하면 믿음은 죄인이 그리스도와 연합하고 그를 그리스도의 의의 참예자로 인정함으로 의롭게 되는 것이 아니라 죄인 안에서 '역사함으로', 그리고 그를 '거룩하게 함으로' 의롭게 되는 것이다. 이는 성령의 한 열매로서 그 필수적인 본질적 존재로 말미암아 의롭게 된다는 것이다. 이 믿음은 실제로 내재하는 의인 사랑으로 역사하는 중대한 원리로서 실제적인 효력을 발생시킴으로써 죄인을 의롭게 만들어 준다. 이는 그 자체로 하나님이 받으실 만한 즉각적인 용인의 근거를 형성해 준다. 요약하여 말하자면, '죄인을 주관적으로 의롭게 만들어줌으로 죄인이 의로운 사람으로 인정'되며 그는 즉시 죄의 사면을 획득하고 영생을 얻을 자격을 획득하게 된다는 것이다.

이렇게 모든 문제가 달려 있는 요점으로서의 이 로마 가톨릭의 기본적 요지는 라티스본 회의에서 아주 모호한 용어로 포장되었다. 그러나 실상 이것은 더욱더 음흉한 계획일 뿐이다. 왜냐하면 그들은 종교개혁자들이 매우 강력하게 견지했던 의롭다 하시는 믿음의 본질과 영향에 관한 진리를 포함하고 있었기 때문이다. 이 문서는 '죄인들이 성령의 활동인 살아 있고 효과적인 믿음'을 선언했다.

이 성령의 활동으로서의 믿음은 죄인들이 과거의 죄를 회개하고, 하나님께로 향하게 하며, 주 예수 그리스도께서 약속하신 참된 자비의 참여자로 만들어 주는 믿음이다. 이는 누구도 손에 넣을 수 없는 것이지만 동시에 사람의 마음에 사랑이 부어진 바 되어서 이제 그는 율법을 성취할 수 있게 된 것이다. 이는 이 믿음과 이 외적이며 내적인 행위를 증가시키도록 사람들을 격려하는 것을 막지 못한다.

사람이 오직 믿음으로만 의롭게 된다고 해도, 회개와 하나님과 그의 심판을 두려워함, 그리고 선한 행위의 연습은 반드시 그들에게 설교되어져야 할 내용이다. 이 모든 요점들은 사실상 진리이다. 그러나 이 요점들을 지금 우리가 논의하고 있는 이 문제에 관계시키는 것은 전혀 적당하지 않다. 이것은 사실상 죄인을 의롭게 하는 것이 아니라 죄인을 거룩하게 만드는 일에 관계되는 것들이다. 오직 그리스도 자신이시며 그의 완전한 의인 의롭다 하는 믿음의 외적 대상으로부터 사람들의 마음과 시선을 다른 곳으로 돌리게 만드는 행위인 것이다.

로마 가톨릭의 가르침은 그리스도와 그의 완전한 의를 신뢰하는 대신 죄인의 행실과 인격을 변화시키고 본래적인, 그러나 불완전한 자신의 의를 생산하게 하는 믿음의 내적 영향에 그 마음을 돌리게 만든다. 이 교리는 그 고유의 장소와 적당한 관계성에 있어서 매우 유익하고 건전하게 보인다.

그러나 그것이 하나님 앞에서의 죄인의 사면과 용인의 이유와 근서와 관계되는 진리와 혼합하고 혼동될 때는 매우 불건전하고 위험한 교리가 된다. 그것은 '**우리를 위한**' 그리스도의 사역을 '**우리 안에서**' 역사하시는 그리스도의 사역으로 대치해 버리기 때문이다. 또는 적어도 이미 성령님에 의해 역사되었고 모든 믿는 신자들에게 즉각적인 칭의를 얻게 하기에 충분한 그리스도의 의와 구속의 단순한 적용으로서의 성령 하나님의 사역을 진술하지 않기 때문이다. 그것은 오히려 전체적으로 혹은 부분적으로 하나님께서 그의 용서와 은총을 수여하시는 이유 혹은 근거로서의 존재를 말하고 있다.

그러므로 로마 가톨릭은 칭의의 수단으로서의 거룩케 하는 믿음의 영향과 제시를 통해 그들이 총애하는 본래적 교리, 즉 내재하는 칭의의 교리로 돌아온 것이다. 그들이 이 교리를 종교개혁자들의 전가된 의를 대적하는 데 사용했고, 그들이 이제까지 명백하게 시도하고 만들어 온 모든 양보를 궁극적으로 무효화한 것이나 다름없다.

그러므로 교묘하게 날조되고, 매우 모호한 용어로 표현된 이 문서는 로마 가톨릭교회나 개신교 모두에게 만족을 주지 못했고 양자에 의해 공개적으로 비난받았다. 이 문서는 지조 있는 로마 교회의 신봉자들의 구미를 당기기에는 너무 많은 복음을 담았으며, 개혁자들이 받아들이기에는 너무나 많은 가장된 관료적 형식주의를 담았던 것이다.

한편 로마 교황의 특사였던 콘타리니(Contarini) 추기경은 후에 바오로 4세가 된 또 다른 추기경 카라파(Caraffa)에 의해 로마 교회의 대의를 배반했다는 죄목으로 특별히 칭의의 문제에 대해 고소를 당했다. 다른 한편으로는, 색소니(Saxony: 독일의 작센 지방) 지역의 선제후(選帝侯)는 이 문서를 매우 강력하게 반대했고 '오직 믿음'으로 말미암는 칭의 교리가 부록과 해석 아래 매장된 것을 불평했다. (7)

위에서 언급한 이러한 내용들을 통해 우리는 몇 가지 중요한 교훈들을 얻을 수 있다. 우선 아우구스부르크 회의와 라티스본 회의 사이인 약 10년 여간에 처음에는 이 칭의 교리가 로마 가톨릭교회의 가르침과 직접적으로 충돌한다면서 칭의 교리를 '신 고안품'으로서 공개적으로 배격했던 그들이 이제는 이 교리를 완전히 다른 의미로 간주하고 심지어 로마 가톨릭교회가 그들의 사제들과 주교들을 통하여 이 교리를 항상 가르쳐 왔다고 주장하고 나섰다는 것이 그것이다.

이러한 로마 가톨릭의 갑작스러운 변화를 감지한 루터는 그의 성난 분노를 절제할 수 없었으며 다음과 같이 외쳤다.

"로마 가톨릭의 저술가들이 우리가 지금 교훈하고 있는 믿음과 선행을 마치 그들이 오래 전부터 가르쳐 왔던 것처럼 위선적으로 행동하고 있다. 그러나 그들은 정반대로 고소를 당한 것이다. 이는 늑대가 양의 우리로 들어오기 위해 양의 탈을 쓴 것에 불과하다."

그러므로 개신교의 칭의 교리를 대적하기 위해 그것이 '신 고안품'이라던 로마 가톨릭의 본래 주장과 칭의 교리가 로마 가톨릭의 '옛 교리'라는 두 번째 주장이 모두 다 진실일 수 없다는 것은 매우 명백해 보인다. 왜냐하면 이 둘은 명백하게 모순되기 때문이다.

로마 가톨릭과 개신교가 동일한 믿음을 채택했음은 결코 있을 법한 일이 아니다. 어떤 이들은 종교개혁 시대 이후에 이 개신교의 칭의 교리에 대해 확실히 인식하기도 했다. 이 칭의 교리를 반박하다가 회심했던 버제리오(Vergerio) 주교의 경우가 그러했고, 추기경 카제탄(Cajetan)의 로마서 주석은 개혁자 루터와의 회의를 통해 많은 것을 배웠음을 증거해 주고 있다.

심지어 황제조차도 자신이 죽을 때가 가까워 오는 시점에 하나님의 법정에 서는 무섭고 두려운 광경에 휩싸였을 때 루터의 중요한 교리들을 가까이 했으며 특별히 믿음으로 말미암는 칭의 교리를 가까이 하기도 했다. (8) 다른 사람들의 경우에는, 진리에 상응하는 확신이 없었음에도 정책의 변화와 가식적인 고백이 일어나기도 했다. 이것은 로마 가톨릭의 대표자로 라티스본 회의에 참석한 인물들에 의해 벌어진 행위이기도 했다.

멜랑톤은 에키우스의 '궤변론과 사실을 왜곡하는 속임수'를 비난했다. 그는 계속해서 "에키우스는 가장 중요하고 심각한 진리를 희롱했으며 그의 상대자들을 난처하게 하고 무안하게 하기 위해 그 참된 의미를 계속해서 속였다. 이러한 종류의 위선적인 아첨꾼과 대화하는 것은 정말 위험한 일이다"라고 말했다.

한때 그가 수용했던 로마 가톨릭의 교리를 강력하게 비난하고 반대했으며, 퀼른의 존경할 만한 대주교직의 파면을 강력하게 외쳤던 마틴 부서는 그로퍼에 대해 말할 때 "그로퍼는 복음적인 교리에 진심으로 동의한 것 같으며 그것을 확신 있게 주장한 것 같다"고 했다. (9)

이러한 로마 가톨릭 인사들의 증언들이 확신으로 말미암은 것이든, 아니면 단순한 정책의 변화로 말미암은 것이든 로마 가톨릭이 이 시기의 개신교 칭의 교리에 대해 진술한 것들은 매우 놀랄 만한 변화를 동반한 것이었음에는 틀림없다. 이 변화는 너무나 엄청나서 옛 로마 가톨릭과 오늘날의 로마 가톨릭 사이에 여전히 존재하는 탁월함을 잘 보증해 주고 있다.

우리는 라티스본 회의에서 벌어진 사건을 통해 또 다른 교훈을 배울 수 있다. 한 가지 요점이 교묘하고 모호하게 포장되어 있는 한 거의 다른 모든 것들을 양보할 수 있다는 가능성을 보여 준 것이다. 그러나 사실상 이 한 가지 요점은 과거에 양자 간에 불일치와 적대감을 일시에 해소하고 정리할 수 있을 정도로 충분하게 다른 모든 것들을 양보할 수 있게 해 준다는 것이다.

믿음에 관한 엄청난 논쟁의 시대에는 서로에게 적대적인 체계의 차이점들이 종종 양자를 위기에 처하게 만들었다. 언제나 이 위기의 한편에는 하나님의 진리가 있었고, 그 다른 편에는 하나님의 진리로부터의 일탈이 있었다. (10)

그런데 라티스본 회의에서, 칭의 교리에 대한 로마 가톨릭과 개신교의 차이점이 한 가지 요점 안에서 해결되는 것처럼 보였고, 양자는 이 한 가지 요점에 공통된 견해를 가지기도 했다. 이 두 단체 사이에 급진적이거나 양립할 수 없는 차이점들은 없는 것처럼 보였다. 그러나 그들이 자신들이 견지하고 있던 고유의 견해를 설명하기 위해 모였을 때, 사실상 그들은 칭의의 방법에 대한 두 가지 다른 적대적인 견해로 다투게 되었다. 로마 가톨릭은 내재하는 의로 말미암는 칭의를, 개신교는 전가된 의로 말미암는 칭의를 주장했던 것이다.

전자는 신자편의 개인적인 순종으로 말미암는 칭의를, 후자는 그리스도의 대속적인 순종을 통한 칭의를 말했다. 전자는 지금 막 성령에 의해 시작된 '사람 안에서'의 불완전한 행위를, 후자는 죽기까지 복종하심으로, 곧 십자가에 죽으실 때 완성하신 '사람을 위한' 그리스도의 완성된 사역을 강조했다(빌 2:8).[1] 이러한 차이점들은 서로 극명하게 다른

---

1) **빌 2:8** 사람의 모양으로 나타나셨으매 자기를 낮추시고 죽기까지 복종하셨으니 곧 십자가에 죽으심이라.

로마 가톨릭과 개신교를 타협을 통해 화해시키려는 것이 얼마나 황당무계하고 어리석은 시도인지를 분명히 보여 주고 있다.

또한 이러한 차이점들은 양자를 화해시키려는 이 목적하에 만나는 모든 사적인 회합들이 얼마나 위험한 것인지도 잘 보여 주고 있다. 오히려 진리라는 것은 공개적인 논쟁에서 명백하고 확실하게 정의된다. 신학자들 간의 비밀회의와 추기경들이 비밀리에 주재하는 회의에서는 오히려 진리는 묻혀 버리고 잊혀진다. 우리는 공개적인 토론보다 이러한 비밀리에 진행되는 절충과 타협을 더 주의해야 할 것이다.

로마 가톨릭과 개신교의 칭의 교리 사이에 정직한 타협과 협상은 결코 있을 수 없다. 이 교리는 단순히 설전이 오가는 불일치와 충돌이 아니라 근본적인 원리와 원칙 모두에 있어서 결코 합의되어질 수 없는 적대적 교리이다. 오직 애매모호한 표현으로만 가능한 상호 간의 성숙한 합의와 양보를 통해서 이루어지는 일치와 조화, 또는 양자 간의 휴전과 평화는 이 칭의 교리가 한번 토론에 붙여지기만 하면 언제든지 깨지는 그러한 얄팍한 합의인 것이다.

바로 이것이 라티스본 회의에서 이루어진 성숙하지 못한 결과였다. 이 회의는 그 어떤 문제에도 합의에 이르지 못했고 아무도 만족시키지 못했으며 후에 수많은 오해와 상호 간의 비난이 난무하는 결과를 낳고 말았다.

로마 가톨릭과 개신교의 차이점들이 이러한 회합을 통해서 화해될 수 있다는 견해에 대해 루터는 단호한 어조로 "그들이 어리석은 일을 계속하도록 하라"고 말하고, 계속해서 다음과 같이 말했다.

"우리는 그들의 성공을 부러워하지 않을 것이다. 아마도 그들은 마귀를 회개시키는 최초의 인물들이 될 것이며 마귀를 그리스도와 화해시키는 인물들이 될 것이다. 여호와의 홀은 구부러지거나 다른 것과 접합하는 것을 전혀 허용하지 않을 것이다. 여호와의 홀은 믿음과 행위의 법칙에 있어서 영원토록 변치 않으실 것이다."

라티스본 회의에서 그 본색이 적나라하게 드러난 로마 가톨릭교회의 이중적 정책, 즉 첫째로 개신교의 칭의 교리는 공인받지 못한 위험한 '신 고안품'이며, 둘째로 개신교의 이 칭의 교리는 실상 그들이 항상 견지하고 교훈해 왔던 교리라는 것을 드러내는 정책은 이어지는 로마 제국의 몇 차례의 회의를 통해서 더욱 교묘하게 전파되었다.

결국 종교개혁자들을 확신시키거나 협박하는 것이 불가능한 일임을 깨달은 로마 가톨릭은 소위 잠정 협정(Interim)이라고 불리어지는 음모를 발표했다. 왜냐하면 이 책략은 표면적으로 서로 논쟁적인 양자 간의 지금까지의 상태를 보존하고 대주교의 평의회가 결정되기까지 그것에 영향력을 행사하기 위한 것이었기 때문이다. 그러나 실상 이 잠정 협정은 로마 가톨릭교회의 신조를 그대로 본 딴 그로퍼의 책에 진술된 칭의 교리를 포함하고 있었다.

그러나 이러한 로마 가톨릭의 신조들은 최고로 '부드럽고 성경적인 표현으로 그러면서도 가장 교묘하고 모호하게' 진술되었다. 마틴 부서는 자신의 목숨을 걸고 이에 동의하는 것을 거절했다. 멜랑톤도 극렬하게 반대했다.

결국 황제는 멜랑톤을 잡아 사형시킬 것을 명령했고 멜랑톤은 선제후(選帝侯)의 도움을 받아 국외로 도망해야 했다. 결국 이 모든 것들은 본질적으로 다른 로마 가톨릭과 개신교를 타협시키려는 모든 시도들과 마찬가지로 실패의 도화선이 되고 말았다. 결국 이는 개신교뿐만 아니라 로마 가톨릭의 제후들에 의해서 교회의 재정비와 교리적 점검을 위한 공의회를 요구하게 만들었고 교황은 마지못해 트렌트 공의회를 명령했던 것이다.

1545년에 처음으로 모인 트렌트 공의회는 1563년까지 수많은 개회와 휴회를 거듭하면서 18년 동안이나 계속되었다. 그러나 실상 이 공의회의 실제적인 회기는 4년뿐이었다. 그리고 이 4년 중 7개월 동안이나 칭의 교리를 다루는 데 할애했다. 이 칭의 교리에 관한 그들의 심의와 토의는 1547년 제6차 회의시에 이루어졌고 결국 로마 가톨릭교회의 4번째 교리로서의 16개 항의 법령이 제정되었으며 33개 조항의 법규가 제정됨으로써 그들의 법령에 반대하는 오류들을 탄핵하는 일들이 뒤따랐다. (11) 후자는 전자보다 더 뚜렷하고 결정적이었다.

결국 개신교의 칭의 교리를 향해 실행된 아나테마(저주와 파문)는 그들의 주장을 뒷받침하기 위해 진술된 내용보다 더욱 심각하게 실시되었다. 그들은 이 주제를 다루는 것이 매우 난처하고 골치 아픈 일임을 알고 있었다. 이 주제는 루터가 그 안에서 다루고 있는 모든 오류들과 마찬가지로 중대한 일로 여겨졌고 동시에 매우 어려운 일로 여겨졌는데, 그것은 이 믿음으로 말미암는 칭의 교리는 전에 한번도 논의되거나 논박해야 하는 교리로 여겨진 일이 없었기 때문이다. (12)

어떤 이들은 이 교리를 '신 고안품'이라고 주장한 반면, 트렌트 공의회 안에서조차 이 칭의 교리를 거부해야 할 근거를 찾지 못했던 사람들이 많이 있었다. 그러므로 이 중대한 주제에 대해 천주교의 신앙을 설명하는 데 공헌했던 법령들을 만들기 위해서는, 모든 표현과 용어들을 희미하고 모호하게 해야 했던 것이다. 이런 일들은 고의적으로 진행되었고 피할 수 없는 일이기도 했다. 왜냐하면 당시 성경적 견해가 온 유럽 국가들에 영향을 미쳤고 심지어 이 트렌트 공의회에 참석한 사람들도 성경적 견해의 영향을 받았으며 각기 그들이 속한 단체로부터의 영향을 받은 사람들이었기 때문이다.

도미니칸(Dominicans) 수도사들과 프란체스코(Fanciscans) 수도사들, 그리고 어거스틴(Augustinians) 수도사들은 자신들의 각기 다른 견해들을 공공연히 고백하기도 했다. 소토(Soto)는 믿음과 행위, 그리고 복음과 율법 사이의 차이점을 주장했다. 그는 이러한 용어들이 단순히 구약과 신약의 시대적 차이점뿐만 아니라 하나님 앞에서 용인을 받는 방법에 대한 보다 근본적인 차이점이 있음을 주장했던 것이다. 마리나루스(Marinarus)는 법정적 개념의 칭의 교리를 견지하면서 '자비로 채워진 믿음'이라는 로마 가톨릭의 교리를 반대하기도 했다. 피기우스(Pighius)와 베가(Vega)는 그리스도의 전가된 의를 인정했고 카바(Caba) 주교는 오직 믿음으로 말미암는 칭의 교리에 찬성했다.

공의회 자체 내에 존재했던 견해들의 이러한 다양성 때문에 그들 각각의 진술들을 희미하고 애매모호한 표현으로 통합하여 구체화하는 법령을 작성하는 것이 필요했다. 법령의 문서가 이러한 특성을 띠게 된 것은 모든 이들의 비위를 거슬리지 않아야 했기 때문이다. 따라서, 도미니칸 수도사였던 소토와 프란체스카회 수도사였던 베가가 1548년에 서로 상충되고 모순되는 논평을 책으로 출간한 것은 전혀 이상한 일이 아니었다.

그러나 이 공의회에 참석한 사람들이 각각 희미하고 모호한 진술을 한 것 외에도, 그들은 당시 사제들이 일반적으로 가르쳤고 로마 가톨릭교회의 구성원들이 믿었던 교리보다 더 부정확한 진술을 낳았다. 그들은 완전하고도 정직한 주해를 하지 않았다. 그들은 종교개혁자들에 의해 제기된 항의와 반대를 제외하고는 당시 우주적으로 만연해 있던 것으로 알려지던 견해들과 습관들에 대한 정직한 답변을 제출하지 않았던 것이다. 당시 로마 가톨릭교회에 호의적이었던 사람들조차도 트렌트 공의회의 법령보다 로마 가톨릭교회의 실제적인 체계가 더 나쁜 것으로 보았다. (13)

그들이 분명히 하나님의 이 은혜를 언급했고 칭의 교리에 그리스도의 공로가 필요한 것으로 포함되어 있었음에도, 공의회의 일부 법령이 희미하고 모호한 언어로 기록되었기 때문에 그들은 이 법령을 통해서 여전히 종교개혁자들의 것과는 언제나 확연히 구분되었던 로마 가톨릭의 급진적인 원리들을 고수하고 있었다. 실제로 이러한 원리들은 로마 가톨릭 적대자들의 글에 언제나 표현된 것처럼 그렇게 눈에 거슬리게 제시되거나 불쾌한 언어로 기록되지는 않았다. 오히려 이 원리들은 복음적 표현들로 채색되고 변장한 채로 이 법령에 여전히 존재하고 있었다.

물론 죤 칼빈(John Calvin)과 쳄나이츠(Chemnitz)는 그의 저서『해독제』(*Anti- dote*)와 『검증서』(*Examinatio*)에서 이 법령에 참된 칭의 교리에 유사하게 접근한 표현들이 있음을 찾기도 했다. 그러나 그들은 동시에 진리에 대한 이 많은 양보들이 다른 많은 오류들에 의해 중화되었고 결과적으로 생산된 것은 수많은 오류들과 진리가 함께 뒤섞여 버린 혼합물이었던 것을 잘 간파했다. 이러한 진리와 오류들의 혼합물은 인간의 영혼에 치명적인 해악을 끼치는 것이었다.

초기의 법령들은 하나님의 은혜와 그리스도의 공로를 많이 말하고 있다. 그러나 시간이 흐르면서 사람과 사람의 자유의지에 대해 많은 부분을 할애했고 결국 칭의 교리가 부분적으로는 은혜에, 또 부분적으로는 행위에 기인하는 것으로 만들어 버렸다. 그들이 칭의 교리가 진노의 자녀에서 예수 그리스도 안에 있는 구속으로 말미암아 사면받고 하나님께 용인받는 하나님과 사람 사이의 관계에 대한 변화라고 진술할 때, 그들의 칭의 교리는 성경적 칭의 교리의 진술과 매우 가까운 것으로 보인다. 그러나 그들은 이 칭의 교리를 인간의 본질에 대한 혁명과 즉시 혼합해 버렸고, 그것이 칭의의 즉각적이고 적절한 근거로서의 주입되고 내재된 은혜의 특질에 전적으로 의존적인 것으로 만들어 버렸다. (14)

이러한 비평들을 마음에 주의 깊에 유념하는 것은 매우 중대한 일이다. 왜냐하면 공로의 주제에 대한 공의회의 정교하고 신중한 진술에 기초한 최근의 저자들과, 그들이 구원의 궁극적인 원인으로서의 그리스도의 고난과 죽음에 대해 언급하는 내용들은 로마 가톨릭교회의 권위 있는 교리가 개신교도들에 의해 오해되었고 잘못 제시되어 왔다는 것을 보여주려 노력하기 때문이다. 결국 과거에 트렌트 공의회의 법규들과 종교개혁자들의 신조들 사이에 일반적으로 늘 존재했던 차이점들은 실상 전혀 차이점이 아니라고 주장하는 것이다.

그러므로 트렌트 공의회의 법령은 적어도 개신교 국가들 세계에서 매우 그럴듯하고 해롭지 않은 것으로 간주되었다. 결국 트렌트 공의회의 법령들의 지원을 받은 전체 로마 가톨릭 교리의 기초를 형성하고 있는 급진적이고 근본적인 오류는 보이지 않게 깊이 은폐되었다.

칭의 교리에 대한 주제를 다루고 있는 전체 16장의 마지막 장은 칭의 교리에 대한 요약된 진술을 포함하고 있다. 그 진술의 본질은 우리가 의롭게 되는 의는 주입된 의이며 내재적인 의라는 것이다. 즉 우리 자신의 의를 말한다. 왜냐하면 그 의가 우리 안에 본질적으로 내재되어 있기 때문이다. 그것은 또한 하나님의 의라고 불리어지기도 한다. 왜냐하면 그것이 하나님에 의해 주입되기 때문이다. 바로 이것이 가장 근본적인 그들의 오류이다.

　로마 가톨릭교회와 개신교회 사이의 모든 문제가 바로 이 근본적인 문제에 놓여 있는 것이다. 우리가 의롭게 되는 것은 우리 자신의 의 때문인가? 아니면 그리스도의 의 때문인가? 우리 안에 주입되고 본질적으로 내재된 의 때문인가? 아니면 우리 안에 있는 것이 아니라 그리스도 안에 있는 의의 전가 때문인가?

　이러한 의미에서 그들의 교리는 안드라디우스(Andradius), 벨라마인(Bellamine), 바스퀘즈(Vasquez), 그리고 오소리오(Osorio) 같은 재능 있는 저술가들에 의해 보호되었다. 이 저술가들은 로마 가톨릭교회의 옛 교리를 신봉해 오던 자들이었다. 안드라디우스(Andradius)는 쳄나이츠(Chemnitz)에, 벨라마인(Bellamine)은 아메시우스(Amesius)와 다운함(Downham), 그리고 데브난트(Davenant) 주교와 많은 사람들의 질문들에 답변해야 했다.

　공로 문제에 대한 극단적인 견해를 취하고 있던 바스퀘즈(Vasquez)의 견해는 웨이크(Wake) 대주교의 『주해』(*Exposition*)와 『변증서』(*Defense*)에서 공개되었다. 오소리오(Osorio)는 순교사가인 존 폭스(John Foxe)의 질문에 능력 있게 대답했다. 그러나 또 다른 일련의 저술가들에 의해 이 변장하고 중화되어 버린 교리가 옹호되었다. 이들은 옛 로마 가톨릭과 대조되는 말로서 새로운 로마 가톨릭교도로 불리운다. 이들의 움직임은 종교개혁 이후에 시작된 운동이었다.

　한편으로는 위험한 '신 고안품'으로서의 개신교의 칭의 교리를 무너뜨리기 위한 목적으로, 또 다른 한편으로는 그들이 언제나 이 칭의 교리를 견지하고 교훈해 왔다는 사실을 퍼뜨리기 위한 목적으로 시행된 로마 가톨릭의 이중적인 정책은 그들이 두 종류의 저술가들을 육성해 왔다는 사실을 잘 보여 주고 있다. 그 하나는 종교개혁 이전부터 존재했던 옛 로마 가톨릭을 대표하는 것이요, 다른 하나는 새로운 로마 가톨릭, 다시 말하면 개혁된 것이 아니라 변질된 로마 가톨릭을 대표하는 것이었다. 이 변질된 로마 가톨릭은 오늘날 우리에게 빛의 천사로 나타난다.

어터버리(Atterbury) 주교는 말했다.

"벨라마인(Bellamine)의 분방한 진리와 콘돔(Condom) 주교의 달콤한 진리를 비교해 보라. 그러면 옛 로마 가톨릭이나 새로운 로마 가톨릭 모두 두가지 형식의 동일한 로마 가톨릭을 과시하는 것뿐임을 깨닫게 될 것이다."(15)

옛 로마 가톨릭의 교리는 지금도 여전히 스페인과 이탈리아, 오스트리아와 멕시코 같은 가톨릭 국가에서 교훈이 되고 있다. 반면에 새로운 로마 가톨릭은 특별히 개신교 국가의 공동체, 즉 프랑스, 영국, 독일, 그리고 미국과 같이 성경이 일반적으로 읽혀지고 존경을 받는 나라에 살고 있는 가톨릭 신자들을 위해 고안된 것이다.

그러나 심지어 개신교 국가에서 로마 가톨릭 성직자들이 두 가지 매우 독특한 책을 유용하게 만든 것은 매우 놀라운 일이다. 하나는 옛 로마 가톨릭의 가르침들이 원색 그대로 보존되어 있고 '예수의 거룩한 마음' 또는 '천상의 의식'과 같은 요리문답서와 경건서적으로 구성되어 있다. 이 책은 그들의 양무리들 중에 아직 거친 양들의 교화를 목적으로 고안되었다. 다른 하나는 그들 공동체의 교양 있는 구성원들과 개신교 이웃들을 위해 만들어졌는데 로마 가톨릭의 모든 야비한 요소들이 교묘하게 감추어졌고, 여러 가지 색깔로 채색되었으며, 그 모든 독특한 교리들은 잘 설명하여 빠져나갈 수 있도록 고안되었다. (16)

매우 초기에, 그 개혁자들은 그들 교회의 옛 교리들과 관습들을 모두 버릴 준비가 되어 있었다. 루터는 로마 가톨릭교회에서 이제까지 가르쳐진 것이 정말 무엇이었는지를 잊지 않게 하기 위해 성 프란시스(St. Francis)에 관한 보고서를 출판하는 것을 매우 필요한 일로 생각했다. 좀더 최근에는 미국에 있는 예리한 개신교도들이 그들의 자비를 들여 방어수단과 현대 가톨릭주의의 그럴듯한 기만에 대항하기 위해 레미쉬(Rhemish) 신약성경을 출판하기도 했다. (17)

동일한 정책을 실행함에 있어서 로마 가톨릭과 개신교의 저술가들에 의해 어떤 시도가 이루어졌는데, 두 교회의 상징적인 책들을 조화시킴으로써 하나님 앞에서 죄인의 칭의에 관한 중대한 주제에 실제적인 차이점은, 아니 적어도 근본적인 차이점은 없다고 주장한 것이었다.

우리는 트렌트 공의회에서 한 사람은 도미니칸 수도원에 유익한 교리를, 또 다른 사람은 프란체스카회 교리에 맞는 교리를 설명하기 위해 매우 활발한 활동을 펼쳐던 소토(Soto)와 베가(Vega)를 발견할 수 있다. 그 후에 스트라스버그(Strasburg)의 예수회의 수도사인 데지우스(Dezius)는 트렌트 공의회와 루터교 신조 사이에는 전혀 차이점이 없다는 것을 증명할 목적으로 계속해서 연구하고 그것들을 출판하기도 했다. 이는 스트라스부르그의 개신교와 로마 가톨릭을 연합할 목적으로 이루어졌다. (18)

다른 많은 사람들 역시 이와 유사한 시도를 했다. 이 가운데서도 가장 영향력 있는 사람은 프랑스의 보수에트(Bossuet)와 영국의 데븐포트(Davenport)라고 불리우는 프란시스 아 산타 클라라(Francis a Sancta Clara)였다. 보수에트(Bossuet)는 '개신교회 변화의 역사'와 그의 '로마 가톨릭 교리 주해'를 이용해 프랑스의 개신교를 로마 가톨릭교회로 되돌리려 노력한 인물이다. 그는 개신교의 신조가 로마 가톨릭의 신조와 다른 것처럼 개신교도들 사이에서조차도 광범위하게 다르다는 것을 보여 주고자 했다. 그는 개혁주의의 요리문답서와 고백서들과 트렌트 공의회의 독특하고 특별한 특징들을 교묘하게 설명함으로써 이 일을 아주 효과적으로 수행했다. (19)

공식적인 '찬성과 칭찬'이 전제되었음에도 불구하고 그의 '주해'는 그 자신의 교회에서조차도 신실한 구성원들의 확신을 얻지 못했다. 견고하고 확실한 로마 가톨릭주의보다 불충분한 개신교가 훨씬 더 칭송받았다. 신학자 루바인(Louvaine)은 이를 '수치스럽고 치명적인 것'이라고 평가했다.

개신교에서 로마 가톨릭으로 개종한 영국인 박사 데븐포트(Davenport)와 찰스 1세 여왕의 고해 신부는 영국 국교회의 신조가 로마 가톨릭의 교리와 전적으로 일치한다는 해석을 도출할 수 있다는 것을 보여주기 위해 노력했다. 이런 의미에서 그들은 로마 가톨릭의 믿음을 견지하는 일에 동의하는 사람들이다. (20) 이 부분에 대해서는 제7장 영국 국교회에서의 칭의 교리의 역사에서 자세히 다룰 것이다. 근대에 들어와서 대륙뿐만 아니라 영국의 지식인들에게 종교개혁자들의 칭의 교리보다 로마 가톨릭의 칭의 교리를 더 선호하도록 강력한 영향을 끼친 작품은 매우 그럴듯하고 정교하게 만들어진 『상징주의』(Symbolism)에 대한 모엘러(Moehler)의 작품이다. 모엘러는 '금세기의 가장 솜씨 있고 조예가 깊은 로마 가톨릭의 변호자'로 생각된다. 그리고 그의 작품은 그 제목이 내포하고 있듯이 로마 가톨릭과 개신교의 상징적인 책들을 비교하고 있으며 그들 각각의 가장 중대한 신학적 교리들을 진술하고 토의하고 있다.

이 작품의 초창기 보급판에서 그는 트렌트 공의회의 법령과 교령들을 로마 가톨릭교회의 유일한 표준으로 여겼다. 그러나 후에 그는 교황이 바이어스(Baius), 얀센주의(Jansenious), 그리고 퀘스넬(Quesnel)의 교리들을 정죄하는 데 사용한 로마 교황의 교서들과 같은 다른 결정들도 또한 동등하게 권위 있으며 믿음의 어떤 조항들에 대해서는 더 분명하고 명백한 지식을 제공한다는 것을 인정했다.

이 교서들은 어떤 조항들에 있어서는 더욱 중요하고 권위 있는 결정들인데 역시 트렌트 공의회의 의원들에 의해 희미하게 진술되었다. 그의 가장 중요한 목적은 '천주교와 개신교의 교리적 차이점들'을 설명하는 것이었다. 그리고 그렇게 함으로써 로마 가톨릭 교리의 우수성을 세우고자 하는 것이었다.

칭의 교리에 대해서 그는 매우 길게 설명하고 있다. 그러나 그는 이 칭의 교리를 그의 가장 근본적이고 중대한 교리인 초자연적인 선물로서의 본래적인 의와 이 본래적인 의의 상실로서의 원죄, 그리고 그 결과로서의 이러한 상실이 당연히 수반된다는 그의 교리와 연결시켜 설명한다. 이를 기점으로 해서 그는 교정책의 본질이 반드시 채택되어야 하며 이것을 통해 죄와 악의 본질이 교정되어야 한다고 주장한다.

그에 따르면 이 죄악은 매우 주관적인 것이다. 그것은 인간의 도덕적 본질의 무질서 혹은 결손을 의미한다. 이는 오직 주관적인 도덕적 변화를 통해서만 치료가 가능하다는 말이다. 환언하면, 인간이 창조된 이후 구원은 그에게 초자연적인 선물로서 부여되었던 그 본래적인 의라는 은혜의 회복을 통해 가능하다는 것이다. 그런데 이 본래적인 의가 타락으로 말미암아 상실되었고 회수되었다. 그러므로 결국 그는 '법정적' 칭의로부터 구별되는 '도덕적' 칭의를 그의 결론으로 제시하고 있는 것이다.

죄와 구원에 관한 그의 교리의 중대하고도 근본적인 오류는 근본적으로 동일한 것이라고 할 수 있으며 한 가지 근본적인 원인으로부터 연원된다. 그것은 우선 죄의 교리에 관한 한, 죄를 단순히 인간의 주관적인 도덕적 악으로 간주하는 것이다. 그것은 인간의 행복을 훼손시키며 파괴하는 어떤 것으로 구성되어 있다는 것이다. 이는 죄와 과실이 하나님을 불순종한 죄악이며 하나님의 진노와 그의 저주를 야기하는 심각한 것임을 온당하게 다루지 않은 처사이다.

그것은 또한 구원의 교리에 관한 한, 그것을 주관적인 도덕적 치유로 간주하게 한다. 그것은 인격을 갱신하는 것이며 그것으로 말미암아 인간의 행복을 회복시켜 준다. 그러나 이러한 주장은 하나님의 면전에서 정죄함을 당하고 저주를 받은 죄인이 의로운 자로 간주되기 위해서는 사면과 용인이 절대 필요하다는 사실을 제대로 다루지 않은 결과이다.

한편으로 인간의 죄에 대한 고찰은 인간의 타락에 대해, 또 다른 한편으로는 그의 사면과 용인에 대한 고찰은 그의 회복에 대해 긍정적인 논의의 여지를 남겨 두게 되었다. 결국 두 가지 경우 모두는 하나님과 관련된 인간의 사법적 관계를 간과하거나 무시한 결과 발생하는 오류임에 틀림없다. (21)

모엘러(Moehler)의 '상징주의'는 그의 '기독교 교리의 발전에 대한 소고'에서 밝힌 대로 뉴먼(Newman) 박사에 의해 권위 있는 것으로 인정됐다. 이 소고는 그동안 로마 가톨릭교회의 교리와 관습의 역사적 변천을 보여 주기 위해 정교하게 공들여진 작품이었다. 그는 교회의 타락이 사도 시대 이후에 점차적으로 교회 안에 기어 들어오기 시작했다고 밝히고 있다.

교회의 변호자들은 결국 3,4세기 동안 '일반적 동의'에 전적으로 의존하기 시작했고 빈센트의 규칙들을 로마 가톨릭주의의 충분한 시금석으로 여겨 왔다. 그러나 그것이 실패했을 때 또는 그것을 적용하기 어려운 것으로 여겼을 때, 이는 시초부터 로마 가톨릭의 공개적인 교리와 비밀스런 교리가 옛날부터 존재했었다는 것을 암시해주는 것이라고 한다. 그는 이러한 옛 규칙과 방어 체계들은 그들 이전에 출현하지 않았고 현대 역사가 수립한 것들로 설명하기에는 불충분한 어떤 것으로 간주했다. 그래서 그는 이 세 번째 근거인 교회 내에 항상 존재해 왔던 발전적인 능력에 전념하고 있는 것이다.

그의 이론은 그가 로마 교회에 입성하기 전에 이미 즉시 발의되었으나 교회 당국에게 큰 영향을 끼치지는 못했다. 그것은 많은 사람들에게 공개적으로 거부당했으며 소수의 사람들에게만 겨우 인정받았다. 오히려 옛 규칙과 방어 체계들이 여전히 신뢰하기에 충분한 것으로 생각되었고, 이 새로운 이론은 신뢰하지 못할 것으로 간주되었다. (22) 여러 로마 가톨릭 신학교에서는 로마 가톨릭교회가 오랫동안 가르쳐 왔던 옛 교리들의 본질들을 여전히 교훈하고 있고, 사제의 교육을 위한 준비로 특별히 사용하고 있다. (23)

칭의 교리에 관한 로마 가톨릭교회와 개혁주의 교회들의 차이점을 보여주려는 많은 시도들이 있어 왔지만 그다지 중대하고 근본적인 영향을 끼치지 못했다. 그것들은 별로 중대하지 않아서 현재 그들의 재 연합에 있어서 극복하기 어려운 장애물은 전혀 없게 되었으며 로마 가톨릭 체계의 또 다른 타락은 제거되었다. 로마 가톨릭과 개신교에서 선발된 능력 있는 학자들이 상호 간의 성숙한 화해와 양보를 통하여 일치와 동의를 위한 공통의 근거를 찾아낸 것이다.

과거에 레 블랑크(Le Blanc)는 로마 가톨릭과 개신교 양자간의 차이점을 최소한으로 줄이기 위한 노력을 기울였다. (24) 과거에 낙천적이고 자신만만한 몇몇 인사들은 양자 간의 분쟁들을 조정하기 위해 서신 왕래와 협상을 시작했고, 또 다른 이들은 현재 동일한 목적을 수행하기 위해 열심히 노력하고 있는 중이다. 그러나 사실 이러한 모든 시도들 역시 확실하게 수포로 돌아갔다.

듀 핀(Du Pin)과 함께 했던 웨이크(Wake)의 서신, 그리고 레이브니츠(Leibnitz)와 그로티우스(Grotius)의 협상 역시 헛수고로 돌아가 버렸다. 심지어 로마 가톨릭 자체 내에서도 바이어스(Baius), 얀센니우스(Jansenius), 퀘스넬(Quesnel), 마틴 부스(Martin Boos), 그리고 다른 많은 사람들의 기록과 역사들은 어거스틴(Augustine)과 다른 이들에 의해 교훈되었던 무조건적이며 유효적인 은혜 교리가 공개적으로 선포되고 정확하게 적용될 때, 너그럽게 봐 주지 못했다는 것을 잘 보여 주고 있다. 그들은 모두 핍박을 당했고 그들의 교리는 금지되었다. (25)

로마 가톨릭 교리와 개혁주의 교리를 각각 고수하고 그것을 완전히 이해하고 있는 자라면 그 누구라도 이 두 단체를 타협시키거나 화해시킬 수 없음을 솔직하게 인정해야 할 것이다. 양자를 화해시키려는 시도는 양자를 확실하게 분리시키는 차이점의 의미를 정확하게 알지 못하는 몰지각한 이들에 의해 만들어지는 것이다. 이 차이점은 매우 중대하고 근본적인 것이다.

또한 이 차이점은 몇 가지 중대한 조항에 있어서 분명하고 직접적인 모순과 관계된다. 이것은 동일한 교리가 다소간의 차이는 있지만 다른 농도로 설명되는 정도의 차이가 아니다. 본질적인 차이다. 이것은 종류의 차이다. 양자의 교리가 각각 분명하고 확실하게 설명되면 설명될수록 더욱 확연하게 드러나는 것이다.

로마 교회가 항상 중요한 성경의 교리들을 견지해 왔다는 것과 하나님의 영으로 말미암아 이 교리들이 적용되었을 때 하나님을 향한 약간의 희미한 회심을 산출한 것은 사실이다. 그러나 죄인의 칭의의 근거와 방법에 대한 전체 주제가 로마 가톨릭교회의 교훈 때문에 왜곡되었고 부패되었다는 것 역시 사실이다. 사람들은 이 로마 가톨릭의 독특한 교훈에 물들었기 때문에 구원에 있어서 그리스도를 신뢰하지 않게 되었다. (26)

그러면 우리가 로마 가톨릭교회에도 하나님의 사죄와 용인의 가능성이 있다는 것을 부인한다는 말인가? 결코 그렇지 않다. 우리가 정말 배격하는 것은 죄인이 자신의 의로 말미암아 의롭게 될 수 있다는 교훈이다. 그 누구라도 자신의 의로 말미암아 의롭게 되는 죄인은 없다. 우리는 사람으로 하여금 그리스도의 종결된 사역을 의지하지 않고 자기 자신의 고유한 선한 행위를 의지하게 만드는 경향이 있는 로마 가톨릭의 칭의 교리를 배격한다. 우리는 로마 가톨릭에도 그들의 의를 포기하고 오직 그리스도를 그들의 피난처로 여겼던 마틴 부스(Martin Boos)와 같은 인물들이 있음을 매우 기쁘게 생각한다. 이것은 마틴 루터 자신이 공공연하게 선포한 믿음이었다.

우리 주님께서는 서기관들과 바리새인들에게 다음과 같이 말씀하셨다. **"내가 진실로 너희에게 이르노니, 세리들과 창기들이 너희보다 먼저 하나님의 나라에 들어가리라"**(마 21:31).

루터 역시 당시의 종교인들을 향하여 다음과 같이 말했다.

"만일 하나님이 주신 율법의 행위로 말미암아 아무 육체라도 의롭게 되지 못한다면, 그리스도 안에 있는 믿음과는 전혀 상관없는 베네딕트(Benedict)나 프란시스(Francis), 어거스틴(Agustine)의 규칙과 유전으로 의롭다함을 받을 사람은 아무도 없을 것이다. 그러나 하나님의 복음과 세례를 통해 하나님께서 부르시는 사람들이 있다. 이들은 마음의 겸손으로 행하고 단순하게 살아가는 사람들이다. 이들은 자신들을 세속적이고 불의한 사람들이라고 생각하는 반면에 탁발 수도사와 기름부음받은 천주교의 주교들을 자신들과는 비교할 수도 없는 거룩하고 경건한 사람들로 간주하는 자들이었다. 그러므로 이들은 하나님의 심판과 진노를 피할 수 있는 가치가 내재된 선한 행위를 자신들에게 찾을 수 없었던 사람들이었다. 결국 이들은 오히려 오직 그리스도의 수난과 죽음만을 의지했던 사람들이었기 때문에 이 단순한 믿음으로 말미암아 구원을 받은 자들이 되었던 것이다."[2]

---

2) 루터의 갈라디아서 주석 영역판, p. 107.

제6강

개신교 내에서 논쟁의 주제가 되었던 칭의 교리의 역사

종교개혁자들이 만장일치로 주장했던 교리 가운데 하나님 앞에서 죄인의 칭의라는 주제보다 더 위대한 교회 역사상의 교리는 없을 것이다. 계시의 독특한 진리 가운데 하나인 이 주제에 대한 성경의 교리는 은혜와 구속의 초자연적인 계획과 긴밀하게 연관되어 있다. 이 교리는 중생받지 못한 사람들의 강력하고 부패한 경향들에 도전했다.

이 교리는 로마 가톨릭 신학자들의 사변적인 오류들과 로마 교회의 실제적인 부패와 타락으로 말미암아 오랜 세월 동안 왜곡되었다. 모든 종교개혁자들도 역시 초창기 자기 자신의 의를 육성시키고 자랑하는 경향이 있는 이러한 체계 속에서 교육을 받고 훈련을 받았다. 그들은 그릇된 교리를 전수받았고, 고해와 사면, 그리고 금욕과 고행에 익숙해 있었다. 그들은 이러한 로마 가톨릭 주의의 신학적 저작들과 경건 서적들을 접했고 복음의 무조건적인 은혜와 충돌하는 여러 다양한 원리들에 흠뻑 젖어 있었던 것이다.

그들이 교부들의 저작들을 살펴보고자 했을 때, 그들은 단지 여기 저기서 '어둠 가운데 빛나는 섬광과 같은' 진리에 대한 독특한 증언들 몇 가지를 발견할 수 있었을 뿐이다. 그러나 이 진리들을 포위하고 있던 수많은 미신들과 오류들의 그늘에 가려 이 진리들은 왜곡되었고 거의 사라질 뻔했다. 그럼에도 불구하고 종교개혁의 새벽이 동터 올 무렵 이 약한 섬광은 유럽 전역에 불길처럼 솟아올랐고 유럽 전 지역에서 지난 수세기 동안 존재해 왔던 어둠을 내쫓아 버렸다. 이 불길은 어둠의 근원이 되었던 '나무와 건초, 그리고 그루터기'를 불태워 버렸던 것이다. 완전히 각성된 루터의 영혼에 의해 오직 은혜를 통하여 믿음으로 말미암는 무조건적이고 완전한 칭의 교리가 나팔 소리와 같이 분명하고 생생하게 전 유럽에 선포되자마자 이 교리는 즉시 전 유럽을 사로잡았다. 이 교리는 그들 자신 안에서 의를 찾고자 애썼지만 전혀 찾을 수 없었던 영적 노예 생활에 젖어 있던 전 유럽의 수많은 영혼들에게 열광적인 믿음을 선물해 주었던 것이다.

결국 이 교리는 종교개혁의 표어와 상징이 되었다. 이 교리는 모든 믿는 신자들의 연합을 위한 동맹과 활력이 되었다. 이 교리는 로마 가톨릭과 계속해서 갈등을 일으키는 그들의 전쟁터 이상의 것이 되었다. 개혁자들은 다른 부분에서는 혹시 몰라도 이 칭의 교리에서만큼은 전혀 다르지 않았다. 오히려 그들은 완전한 구세주를 믿는 믿음으로 말미암아 얻는 무조건적인 구원의 기쁜 소식에 대해 만장일치로 동의하는 일관된 증언을 진술했다.

이러한 사실들을 온전히 이해한다면, 그들이 견지하고 실제로 가르쳤던 이 진리의 본질에 대한 종교개혁자들의 완전한 만장일치는 역사상 가장 신기하고 놀라운 사실 가운데 하나가 될 것이다. 뿐만 아니라 이것은 완전한 구세주로서의 그리스도에 대한 지식을 인간의 마음에 깨닫게 해 주고 죄의 깊은 확신을 각성시켜 주는 성령의 막대한 역사하심으로 인해 깨닫게 되는 교리가 될 것이다. (1)

칭의 교리의 본질에 관한 그들의 조화로운 일치는 중요한 종교개혁자들의 저작들과 대중적인 신앙고백서, 요리문답서, 그리고 모든 개혁주의 교회의 신앙 조항들에 의해 증거되었다. 이는 또한 개혁자들의 대적들의 공격들에 의해 증명되기도 했는데, 대적자들은 특별한 공격의 대상으로서 이 칭의 교리를 선택하기를 주저하지 않았다. 결국 이들은 이 칭의 교리가 전체 개혁자들의 신학 체계에 있어서 공통된 분모라는 사실을 인정한 꼴이 되는 것이다.

실상 개혁자들은 이 칭의 교리를 그들의 개혁 운동의 요새와 성채로 삼았다. 물론 의심의 여지 없이 종교개혁자들의 저작에서, 또한 심지어 개혁교회의 신앙고백서들에서도 동일한 진리를 진술하고 표현하는 양식이 조금씩 다르고 다양하다는 것은 사실이다. 그러나 이러한 다양성의 차이를 감안한다 하더라도 종교개혁자들 사이에서 그동안 교부들이 주장했던 믿음의 그 어떤 조항들보다도 이 칭의 교리에 관한 '만장일치의 동의'보다 더 확고한 일치는 찾아볼 수 없을 것이다. (2)

종교개혁자들과 그들의 계승자들 사이에서 복음적 칭의 교리의 본질에 관한 확고한 만장일치가 존재했음에도 불구하고, 루터는 계속되는 오류가 없는 상태에서만 진리가 보존될 수 있는데, 인간의 본성은 그렇지 않다는 것을 잘 알고 있었다. 그래서 그는 심지어 개신교회조차도 이 본질적인 믿음의 조항으로부터 점차 일탈해 갈 것이라는 예언을 계속했던 것이다.

그는 사람들이 이 믿음의 근본적인 조항에 점점 무관심해지고, 죄에 대해 점점 무감각해질 것이며, 하나님의 정의와 율법의 요구는 점점 약해질 것이라는 사실을 잘 알고 있었다. 그는 이내 자신의 주위에 어슬렁거리는 상황과 자신의 내적 경험을 통해 모든 타락한 인간의 마음에는 서로 양극단으로 치달으며 자신이 가르쳤던 교리와는 전혀 모순되는 두 가지 엄청난 경향이 있음을 깨닫게 되었다.

그 하나는 율법주의 또는 자의에 대한 신뢰이며, 다른 하나는 방종, 즉 율법폐기론이라는 오류였다. 이 극단적인 두 가지 경향 사이에서 참된 칭의 교리가 교부 터툴리안(Tertullian)이 '그리스도께서 두 강도 사이에 서서 십자가에 달렸다'고 말한 것처럼 그렇게 십자가에 못박히게 된 것이다. 그리고 교회 내에서 이 주제에 관해 발생한 모든 오류들은 바로 이 칭의 교리 때문에 발생했던 것이다.

종교개혁 이후 개신교회들의 칭의 교리에 대한 역사는 바둑판처럼 얼룩덜룩한 성격을 띠게 되었으며 계속되는 회복과 탈선의 연속이었다. 이 칭의 교리의 본질에 대한 심각한 오류들은 도처에서 발생했으며 우리가 살고 있는 시대에까지 미치게 되었다. 그렇기 때문에 이 오류들이 내포하고 있는 엄청난 질문들을 진지하게 검증하는 것은 매우 중대하고 유익한 일이 될 것이다. 그러므로 나는 지금 종교개혁 이후 약 300년간 개신교회 내에서 발생해 왔던 이 칭의 교리에 대한 각기 다른 논쟁들에 대해 간단 간단하게 정리하려 한다.

이 주제에 대해 현실적으로 매우 다른, 그리고 매우 심각한 차이점들이 소위 개신교도라고 자처하는 수많은 사람들에 의해 아주 신속하게 발생했다. 우리는 '개신교주의의 변천'이라는 기초에 세워진 보수에트(Bossuet)의 논증에 대한 쓸데없는 두려움 때문에 공공연한 개신교 고백을 겁내거나 그것을 가장하려는 시도로부터 벗어나야 한다. 이 논증은 '로마 가톨릭 체계의 변질과 변천'이 정말 악명 높은 것이었기에 가장 강력하게 대응되어야 할 것이다.

허약한 로마 가톨릭교회의 동시대에 유사한 단체들이 항상 존재해 왔고, 그 이후 계속되는 역사 속에서 로마 가톨릭의 교리와 학문과 예배와 유사한 것들이 늘 존재해 왔다. 그러므로 칭의 교리에 대해 개신교회 사이에 차이점들이 존재한다는 것을 부인할 필요는 없다. 그것은 역사가 가장 강력히 증언하고 있는 것이 아닌가?

오히려 복음의 순수한 진리가 중생받지 못한 사람들과 관계할 때 언제든지 발생할 수 있는 것이라고 믿는다. 이러한 이설들은 용납되어서는 안 되는 것이며, 개신교는 반드시 이 모든 이설들을 영원히 버려야 할 것이다. 이 이설들을 채택하는 분파들은 다른 종파들과 교제하기 위한 '많은 종교적 체제'를 갖추지는 않았으나 분리된 상태에서 자신들만의 조직을 견고히 했다. 그들은 교회들에 의해 재가되거나 핍박을 받지 않은 상태에서 종교개혁의 참된 교리 근처에 들러붙어 있게 된 것이다.

16세기 개신교회 사이에 발생했던 이 칭의 교리에 대한 다른 견해 중 일부는 이 교리가 교회에 퍼지는 것을 반대하는 일부 개인들에 의해 유지되었다. 다른 분파들은 그들 자신들만의 종교적 조직을 갖춘 독특하고 거대한 분파에 의해 흡수되었다. 이러한 오류들은 갖가지 독특한 형태로 역사상에 나타났다.

종교개혁자들의 생존시에 이 칭의 교리라는 주제에 심각한 논쟁을 불러일으킨 일부 개인들이 견지했던 이 이상한 견해들 사이에서 가장 먼저 고찰되어야 할 것은 다름 아닌 오시안더(Osiander)가 주창한 견해였다. 여기에는 두 가지 이유가 있다. 첫째는 이 오시안더가 로마 가톨릭의 교리를 전적으로 받아들이기 때문이며, 둘째로는 이 가르침이 최근에 뉴만(Newman) 박사에 의해 재생산되었기 때문이다.

오시안더는 우리가 의롭다함을 받는 의(義)는 성부 하나님의 영원한 의인데, 그것은 하나님이 우리에게 주 예수 그리스도를 통해 나누어 주입해 주신 것이라고 교훈한다. 그러므로 이 의는 우리에게 전가된 구속자의 공로적이며 대속적인 의가 아니라는 것이다. 그것은 우리 안에 심기어지고 이식된 내적인 원리라는 것이다. 이것은 바로 트렌트 공의회가 제정한 중대한 교리적 원리 가운데 하나이다. 결국 이러한 오시안더의 견해는 종교개혁자 칼빈과 멜랑톤에 의해 비난받았고 배격되었다.

(3)

또 다른 신학자는 헝가리(Hungary) 북부의 라우터왈드(Lauterwald)이다. 그는 오시안더와는 약간 다른 견해를 발의했다. 그러나 그것이 우리의 사적이며 내재적인 의가 우리의 사면과 하나님의 용인의 근거라는 점에는 별반 차이가 없다. 그는 우리의 회개, 사랑, 그리고 새로운 순종은 모두 우리가 의롭다함을 받는 믿음 안에 포함되어 있다고 이해했다. 그러므로 그는 이 모든 것들을 그리스도의 구속의 유익을 수여받는 데 반드시 필요한 수단으로 여긴 것이다.

이 이설에 대해 비텐베르그(Wittemberg) 대학은 1554년 멜랑톤에 의해 작성된 비판서를 선언했는데 그것은 다음과 같다.

"참된 믿음, 혹은 구세주에 대한 신뢰는 죄를 회개하지 않고 뉘우침이 결여된 사람들에게는 존재하지 않는 것이라고 할지라도, 그 뉘우침과 새로운 순종이 라우터왈드가 주장하는 것처럼 은혜의 약속을 적용시키는 수단이 될 수는 없다. 약속은 우리의 뉘우침이나 그 후에 발생하는 많은 덕들을 의지하는 것이 아니라, 오직 중보자를 향한 믿음, 혹은 약혼과도 같은 신뢰에 의해 수용되고 적용되는 것이다. 믿음이라는 것은 오직 중보자를 신뢰하게 하는 것이다. 그것은 오직 그리스도를 위하여 약속된 자비만 의지하게 하는 것이다. 그것은 구세주의 약속이 신실한 약속임을 알게 함으로써 우리의 마음을 평화로이 안식하게 만드는 믿음이다. 라우터왈드의 교리적 부패는 사랑과 선행을 유도하는 원리로서의 믿음이 우리를 의롭게 한다고 말하는 수도사들의 제유법(synecdoche)과 하나도 다를 바가 없다. 그러나 사실은 오직 믿음만이 약속을 견고하게 붙든다. 이런 의미에서 믿음은 모든 다른 행위들과는 본질적으로 다른 것이다. 왜냐하면 오직 믿음만이 약속을 신뢰하게 하고 모든 유익과 축복을 수여받게 하는 비공로적인 수단이기 때문이다." (4)

스탄카리(Stancari)의 견해는 종교개혁자들이 주장한 칭의 교리와는 비슷했지만 그리스도의 중보자적 성격과 사역에서는 많이 달랐다. 사실 이 칭의 교리와 그리스도의 중보 사역은 매우 밀접하게 연관되어 있어서 어느 하나를 잘못 이해하고 있으면 다른 하나에도 심각한 영향을 미치게 되어 있다.

그는 그리스도의 중보가 오직 그의 인성(人城)에 한해서만 발생한 사건이라고 보는 반면, 멜랑톤(Melancthon)은 후에 칼빈(Calvin)과 튜레틴(Turretin)이 그랬던 것처럼 그리스도의 중보는 전인에 의한 것이라고 말했다. 이 문제는 여러 가지 면에서 볼 때 매우 중대한 질문이다. 이 문제의 올바른 결론은 그리스도의 대속적인 만족과 공로적인 순종의 유효성과 가치를 올바로 평가하기 위해서 반드시 필요한 것이다. (5)

피스카토(Piscator) 역시 칭의 교리에 대해 매우 이상한 견해를 유포시켰다. 이들은 16세기와 17세기의 교리적 토론을 야기시켰고 프랑스의 신흥 감리교에 영향을 끼쳤으며 이들을 통해 영국의 율법폐기론을 양산시켰기 때문에 이러한 여러 운동들의 역사와 관계해서 설명할 것이다.

우리가 지금까지 살펴본 견해들은 모두가 다 각각 개신교회에 속한 사람이라고 자처하는 개인들에 의해 유지되어 왔던 것들이다. 그러나 개신교라고 자처하는 사람들 중에 칭의 교리에 대해 이보다 더욱 심각한 수준의 견해들이 마구 발생하기 시작했는데, 이들은 그동안 개혁교회가 견지해 왔던 모든 신앙고백들을 반대하고 일어섰다. 이러한 분파들은 앞서 언급했던 두 가지 본질적인 경향들 중 하나의 영향하에 구성된 것들이다.

그중 하나는 율법폐기론이고, 또 다른 하나는 율법주의이다. 종교개혁 후에 즉시 발생했던 이러한 경향들은 결국 각각의 견해와는 정 반대의 극단을 달리는 사조로 16세기를 통해 발전하고 등장했던 것이다. 이 중 전자는 안티노미안주의(Antinomian)로 발전했고, 후자는 소시니안주의(Socinian)로 발전했다. 두 체계는 모두 종교개혁자들이 생존할 당시에 출현했고 발전한 것들로서 개혁자들에게는 큰 괴로움과 슬픔을 안겨 주었다.

이 두 가지 이단적인 체계는 루터와 칼빈, 그리고 멜랑톤이 수 차례 강력히 비판하고 억제했음에도 불구하고 살아남았다. 이 사조들은 종교개혁자들에 의해 교훈된 복음 진리를 대항해서 그와 동시에 그 반응으로 출현한 것이라고 말할 수 있을 것이다. 그 결과 이 사조들은 참된 복음 진리와는 정 반대의 길을 걷게 된 것이다.

우리는 우선 안티노미안(Antinomian) 교리, 즉 율법폐기론을 살펴본 후에 소시니안주의(Socinian)를 고찰하려 한다. 왜냐하면 후자는 17세기의 역사적인 발전의 순서에 따라 알미니안(Arminian) 체계, 그리고 신율법주의(Neonomian) 체계과 밀접한 관계가 있기 때문이다.

독일의 재침례교에 의해 출현한 칭의 교리에 있어서 율법폐기론은 우리 영국의 분리파 교회들 사이에 그 확고한 근거지를 마련했고 곧이어 뉴잉글랜드로 퍼져 나갔다. 불행하게도, 이 율법폐기론의 기원이 마틴 루터의 가르침 탓이라는 주장이 끊임없이 제기되어 왔다. 왜냐하면 루터는 종종 율법을 마치 신자들이 그것을 반드시 적으로 간주하고 다루어야 하는 것처럼 그것을 배격하는 듯이 보이는 발언을 했기 때문이다.

그렇다면 이러한 주장은 사도 바울의 가르침에도 동일하게 적용될 수 있을 것이다. 왜냐하면 바울 역시 루터와 동일한 의미에서 '죄의 강력이 율법'이요, '우리는 율법 아래 있지 않고 은혜 아래 있다'고 말했기 때문이다. 누구라도 루터가 진정으로 의미하는 바가 무엇인지를 찾기 위하여 루터의 저작들을 솔직히 공부하고 검증한다면, 루터가 바울과 마찬가지로 매우 강한 표현을 하면서 '행위 언약'으로서의 율법을 제외시킨 것이지, 삶의 규칙으로서의 율법을 제외한 것은 전혀 아님을 발견하게 될 것이다.

바울은 오히려 사람들이 부르는 것처럼 더 섬세한 표현을 한 반면, 루터는 매우 강력한 표현을 했다. 루터는 죄인의 칭의의 근거로서의 율법을 배격했던 것이다. 그러나 루터는 신자의 행실의 나침반으로서의 율법을 배격한 것은 아니다. 루터는 율법이 자신의 양심을 다스리지 못하게 한 것이다. 왜냐하면 '율법은 진노를 이루기 때문'이다.

평강을 가져올 수 있는 것은 오로지 복음뿐이다. 그러나 그는 동시에 한편으로는 믿지 않는 죄인들을 위한 죄의식과 저주의 메시지로서, 그리고 다른 한편으로는 의롭다함을 받은 신자의 행실에 강력하고 올바른 권위를 행사하는 것으로서 '율법이 거룩하고 의로우며 선한 것'임을 강조했다. (6)

율법폐기론자의 칭의 교리는 종교개혁자들의 칭의 교리와 정면으로 충돌한다. 그러므로 율법폐기론은 종교개혁의 산물도 아니며 그것의 발전도 될 수 없다. 종교개혁자들의 칭의 교리와 율법폐기론자들의 칭의 교리는 여러 가지 부분에서 정면으로 충돌하고 있다. 그중에서 율법폐기론과 관계된 가장 근본적이며 중대한 것들만 살펴보도록 하겠다. 왜냐하면 율법폐기론은 단순히 율법 없는 충동적 존재와는 달리 교리적 이론으로서 매우 잘 변호되어 있기 때문이다.

이 이론의 변호자들은 종교개혁자들의 그것과 매우 달랐다. 우선 첫째로, 전가의 본질과 결과가 달랐다. 왜냐하면 이들은 그리스도께로 전가되는 우리의 죄가 마치 그리스도를 실제로 죄인으로 만든다고 보았기 때문이다. 죄인 중에서도 최고로 흉악한 죄인 말이다. 이들은 또한 우리에게 전가되는 그리스도의 의가 우리를 실제로 의로운 자로 만들어 주는 것이라고 믿었기 때문이다. 가장 완전하게 의로운 사람 말이다. 그러므로 이것 때문에 하나님께서는 사람 안에 그 어떤 죄도 발견할 수가 없게 되는 것이다.

둘째로, 그리스도와 우리와의 연합의 본질과 결과가 달랐다. 그들은 종종 마치 모든 신자들이 모든 면에서 그리스도와 연합된 것처럼 생각했다. 이들은 '대표 원리에 입각한 연합'과 '주체적인 연합' 사이의 막대한 차이점을 잊고 있었던 것이다.

셋째로, 죄인의 칭의의 시기와 방식이 달랐다. 이들은 칭의의 시기를 어떤 때는 창조의 영원한 목적과 혼동했고, 또 어떤 때는 인간의 개인적 죽음 혹은 그리스도의 재림과 연관시키기도 했다. 이들은 마치 칭의 교리가 영원한 하나님의 신적 목적과 역사 안에서의 그것의 시행 사이에 전혀 차이가 없는 것처럼 생각했다. 이들은 칭의를 보장해 주시는 그리스도의 사역과 구속의 축복들을 적용시켜 주시는 성령 하나님의 사역 사이에 아무 차이가 없는 것처럼 생각했던 것이다.

넷째로, 복음하에 있는 율법에 대해서 달랐다. 그들은 이 율법이 행위 언약으로서의 율법인지 삶의 법률과 규칙으로서의 율법인지 확실히 하지 않았던 것이다.

다섯째로, 신자 안에 존재하는 흉악한 죄와 그것의 사면을 위해 용서를 구하는 기도, 그리고 그것 때문에 왜 '상한 마음과 통회하는 심령'을 가져야 하는지에 대한 견해가 달랐다.

그리고 마지막으로, 죄의 사면과 하나님의 용인을 획득하는 수단으로서가 아니라 우리에게 확신을 얻게 해 주는 우리 칭의의 증거, 혹은 선언으로서의 믿음의 본질과 기능에 대한 견해가 달랐다.

바로 이런 것들이 칭의 교리에 관한 한 율법폐기론자들과 종교개혁자들이 달랐던 가장 근본적인 조항들이다. 우리는 이 율법폐기론을 주도면밀하게 잘 살펴야 한다. 왜냐하면 이 율법폐기론은 무엇보다도 칭의 교리를 향한 일반적인 선입견을 유포함으로써 개신교회 내에 영원한 분열을 조장하고 종교개혁 자체를 무너뜨리는 흉악한 짓을 할 뿐만 아니라 종교개혁자들의 칭의 교리를 그 적대자의 오류들과 함께 대조시키는 방법으로 그것을 정의하고 있기 때문이다.

이 종교개혁자들과 율법폐기론자들의 차이점을 아는 것은 대단히 중대한 일이다. 왜냐하면 이 두 가지 교리는 그것들을 수용하고 받아들이는 사람들의 마음 속에 각각 정반대되는 결과와 영향을 끼치기 때문이다. 이것들은 순전히 사변적인 독특함이 아니라 매우 심오한 실제적 중요성을 소유케 하는 믿음의 조항과 관계된 것이다.

종교개혁자들의 교리를 받아들이는 신자들의 전반적인 영적 인격과 경험은 율법폐기론의 견해에 물들어 있는 사람의 그것과는 철저하게 다를 것이라고 단언할 수 있을 것이다. 종교개혁자들의 교리를 받아들이는 자들은 하나님의 율법에 대한 심오한 경외심과 죄에 대한 깊은 확신, 통회하고 자복하는 심령, 구원에 이르는 회개를 낳는 경건한 슬픔, 죄사면을 위해 그리스도를 늘 신뢰하는 마음과 하나님을 향한 거룩한 두려움, 그리고 하나님의 사랑에서 우러나오는 징계를 마땅히 받으려는 마음에 합당한 자들이다. 이러한 것들은 율법폐기론자들에게는 결코 발견할 수 없는 것들이다. 아니 그들이 개신교회들이 일반적으로 수용하고 있는 이 신조를 받아들이지 않고 배격하는 한, 그들에게서는 이러한 것들이 도저히 흘러나올 수 없는 것이다.

이제 율법폐기론은 시대에 뒤떨어진 것으로서 폐용되었다고 생각할지도 모른다. 독일과 영국, 그리고 뉴잉글랜드에서 율법폐기론은 이제 전혀 그 거점을 확보하지 못하고 시대시대마다 단순히 몇 분파에 의해서만 지지되었던 것으로 생각할 수도 있고 이제 좀더 개화된 오늘날에는 이 율법폐기론으로부터 그 어떤 위험도 출현하지 않을 것으로 믿을 수도 있다.

그러나 신약 시대에 사도들조차도 이것들로부터 성도들을 보호하기 위해 애쓴 사실을 볼 때, 또한 종교개혁의 여명기에 이것이 출현하여 급속히 퍼진 사실을 볼 때 이 율법폐기론은 일반적으로 그 어떤 신앙의 부흥 시기에도 계속해서 재출현하는 것임을 우리는 언제나 명심해야 한다. 결국 율법폐기론의 이론과 율법폐기론의 경향은 서로 다른 것이다.

전자는 상대적으로 드문 반면, 후자는 자연스러운 것이며 뿌리 깊은 것이다.

사변적 율법폐기론이 아닌 실제적인 율법폐기론의 위험은 사람들에게 은혜의 교리가 선포되는 한 반드시 존재하는 위험이다. 중생받지 못한 불신자 안에 만연된 죄의 능력과 권세는, 아니 심지어 신자 안에 아직 남아 있는 내재하는 죄는 언제든지 복음의 왜곡인 율법폐기론을 향하고자 하는 경향으로 가득 차 있는 것이다.

오직 마지막 날이 되어서야 이론적으로 자신들은 율법폐기론과 관계가 없다고 주장하는 복음적인 회중들 사이에 만연된 실제적인 율법폐기론자들이 극명하게 드러날 것이다. 오직 그날에 이르러서야 복음이 얼마나 많은 사람을 '죽음에 이르는 죽음으로부터 구원'했는지가 밝히 드러날 것이다. (7)

소시니안(Socinian)의 칭의 교리는 또 다른 자연적인 경향, 즉 자의(自義)의 경향에서 그 기원을 찾을 수 있다. 이는 이 교리의 옹호자들이 다른 많은 신적 진리에 관해서도 역시 그러한 것처럼 아주 특수하고 이상한 견해 위에 기초해 있다. 그들은 칭의 교리의 진리 수립을 위해 전제되어야 하며, 반드시 필요한 진리들을 논박하고 공격함으로써 칭의 교리에 관한 종교개혁자들의 교리를 평가 절하했고, 그렇게 함으로써 종교개혁자들의 칭의 교리를 전복시키려 했던 것이다.

결국 소시니안의 논쟁은 가장 중대한 '사람이 어떻게 하나님 앞에 의로우랴?'라는 질문으로부터 시작하지 않는다. 다른 여러 질문들도 물론 모두 그 자체로 중대한 것들이지만 사실 이것들은 모두 예비적인 질문들이다. 이 질문들은 죄인의 칭의의 본질, 방법, 그리고 근거에 관한 엄밀한 교리를 수립하기 위해 사전에 논의되어야 할 질문들이다. 그러므로 이 소시니안의 칭의 교리는 이 점에 있어서 성경에 명백한 증거들에 의해 의심의 여지 없이 그 그릇됨이 증명되었을 것이다.

그러나 만일 칭의 교리를 위해 전제되었던 이 독특한 계시 진리들의 도움이 없이는 종교개혁자들의 교리는 이 소시니안 교리를 반대하는 의미에서 잘 수립될 수 없었을 것이다. 이러한 진리들은 소시니안주의자들에 의해 부인될 수도 교묘하게 빠져나갈 수도 없는 진리들이었다. 그러므로 적대자들인 그들은 모든 신학적 질문에 있어서 계시된 진리를 변호하는 매우 어려운 사명을 스스로 부과한 셈이 되는 것이다.

소시니안의 사상은 종종 부적절하게 이해되었기 때문에 사람들은 이 사상이 단지 삼위일체 교리나 그리스도의 신성과만 관계되거나 또는 긍정적인 신조는 전혀 없는 일련의 부정적인 결론을 가진 사상이라고 추정한다. 그러나 이 사상은 사실 전 신학분야에 관계된 모든 문제들을 다 포함할 뿐만 아니라 전 포괄적인 사상 체계를 과시하는 사상이다. 더욱이 이 체계를 구성하는 각 부분들은 서로 적절하게 관계되어 있고 하나의 사슬처럼 긴밀하게 연결되어 있다.

그러므로 결국 이 사상체계는 전혀 부정적이지 않을 뿐만 아니라 소위 교리적 구원이라 불리듯 모든 교리를 대치할 수 있는 여지를 제공해 주는 사상이다. 그러하기에 이것은 성경의 진리를 포함할 뿐만 아니라 성경의 진의(眞意)와도 모순되지 않는 사상처럼 보여지는 것이다. 소시니안의 저술가들은 부정적인 비평에 종사했을 뿐만 아니라 긍정적인 목표도 충실히 수행해 냈다.

그들의 교리들은 논리적인 조리(條理)에 있어서 긴밀하게 연결되어 있고 상호의존적이다. 그러므로 나머지 다른 교리들을 배제하고 하나의 교리를 논의할 수는 없는 것이다. 이와 동시에 하나의 진리를 구성하고 있는 다른 모든 필수불가결한 부분들에게서 떼어놓을 수도 없다.

소시니안의 칭의 교리는 죄인들이 그들 자신의 회개와 개심을 근거로 한 하나님의 자비를 통하여 하나님의 사면과 용인을 획득하는 것으로 정의할 수 있다. 이러한 단순한 형태의 소시니안의 칭의 교리는 우리에게 그리스도께서 우리를 위해 행하신 사역에 의뢰하는 대신 비위를 맞추고 달래기 쉬운 불변하는 신적인 본질과 우리 자신을 위해서 행하라고 그리스도께서 가르쳐 주신 것을 의지하게 만든다.

그러므로 우리 칭의의 근거와 이유를 구성하는 것은 그리스도의 대속 사역이 아니라 우리의 믿음과 우리의 회개, 그리고 우리 삶의 개선이 되는 것이다. 소시니안의 교리와 종교개혁자들의 교리의 근본적인 차이점은 바로 이 요점에서 발생하며, 우리가 의롭게 되는 것이 우리 개인적인 공로로 말미암은 것인가, 아니면 대속적인 의로 말미암는 것인가와 같은 질문에 대한 각기 정반대 되는 답변에 있다.

그러나 여기에 더 첨가되어야 할 사실이 있다. 그것은 소시니안주의자들이 죄인의 칭의의 근거가 인간 자신의 회개와 개혁된 삶에 있다는 것을 견지했음에도 불구하고 의롭게 된다는 것을 표현할 때 '은혜로 말미암아 무조건적으로 의롭게 되고', '믿음으로 말미암아 의롭게 되고', '그리스도의 죽음을 수단으로 의롭게 된다'는 말을 사용했다는 데 있다. 그리고 인간의 믿음과 회개와 순종은 그의 사면과 용인을 획득하기 위한 공로나 원인이라기보다는 이 축복들을 즐길 수 있게 해 주는 조건인 것이다.

그들은 전혀 주저함 없이 이 모든 성경적 표현들을 사용했으며, 성경기자들이 죄를 위한 만족으로서의 속죄적 본질을 묘사하는 데 사용했던 희생 제사적 용어인 그리스도의 죽음을 적용하는 데 아무런 양심의 가책도 느끼지 않고 뻔뻔스럽게 사용했다. 이들은 이 모든 성경적 용어에 자기 멋대로의 의미를 부여했다. 결국 이 모든 용어의 의미들은 종교개혁자들이 이해했던 용어들과는 완전히 다른 것이었으며, 결국 완전히 상반된 결론을 낳고 말았던 것이다.

소시니안의 칭의 교리는 그들만의 괴팍한 견해에 따른 필연적인 결론을 낳았다. 그것은 하나님의 정의를 자비로 변형시켰고, 하나님과 인간의 관계에 있어서 하나님을 우주적인 아버지로 대치했고, 죄를 과실과 범죄라기보다 도덕적 질병 또는 무질서로, 형벌의 본질과 목적을 가혹한 형벌이라기보다 개선과 교정으로, 그리스도와 그의 인성, 그리고 그의 중보자적 직임과 사역을 그의 승천 이전의 제사장적 사역이 아닌 선지자, 왕, 그리고 단순한 귀감으로 변질시켰다. 그리고 순교로서의 그리스도의 죽음을 죄를 위한 만족할 만한 대속이 아닌 수난으로 변질시킨 아주 혐오할 수밖에 없는 견해이다.

만일 우리가 이러한 예비적인 견해들을 인정한다면 그의 개인적인 회개와 변화된 삶을 근거로 해서 죄를 용서하시고 받아 주시는 하나님의 자비 외에 죄인이 의롭다함을 받을 길은 전혀 없다. 이와 동일한 방식으로 종교개혁자들의 칭의 교리 역시 성경에 명백히 교훈된 것 외에도, 그들이 이 모든 주제들을 논의했을 때 소시니안의 견해에 정확히 상반되는 견해를 도출했다.

그들은 하나님의 정의가 계시된 하나님의 영광과 율법에 대한 불순종에 따른 형벌을 요구한다는 확실한 견해를 견지하고 있고, 그러므로 그는 예외 없이 원죄와 실제적인 죄에 대해 책임을 져야 할 것이며, 그들이 하나님의 율법에 복종하지 않으며, 그것을 완전히 지키기에 무능력한 자라는 견해를 지지하고 있다. 결국 그들은 그들과 그들의 구원을 위해 하나님의 아들이신 그리스도께서 인간의 몸을 입고 오셨으며 하나님과 사람 사이의 중보자로 사역하셨음을 믿는다.

종교개혁자들은 그리스도께서 죄를 위한 희생 제물로 자신을 드리신 제사장의 사역을 감당하셨으며, 그의 수난은 철저하게 형벌적이며 대속적인 것이었음을 믿는다. 그들은 하나님의 정의가 죄인들인 자신들에게 자비를 베푸시고 자신들이 그들의 죄를 위한 하나님의 완전하신 사면을 수여받음으로써 하나님께 지명되고 그가 받아 주셨음을 믿는다. 그러므로 이러한 견해를 취하는 종교개혁자들에게 죄인 칭의의 근거로서의 그리스도의 사역이 의를 획득케 해 주시는 유일하고 완전한, 그리고 공로적인 원인이 됨을 믿지 않을 수 없게 만들었던 것이다. (8)

소시니안의 교리는 원래 이탈리아와 폴란드에만 한정되었으나 오래지 않아 전 유럽 대륙을 강타했다. 유럽 대륙의 영향을 받아 소시니안 교리는 영국으로 유입되었고, 후에 미국에까지 영향을 끼치게 되었다. 이 교리는 여러 차례 변화를 겪으면서 두 가지 다른 방향으로 발전하는 성향을 가졌다.

그 첫째는 자연신론과 반 초자연주의의 성향이었다. 이것은 무미건조한 소시너스의 교리보다 더 기독교에 동떨어진 사상 체계들이다. 또 다른 하나는 아리우스주의(Arianism)이다. 아리우스주의는 구세주의 성육신과 선재성, 그리고 초인적인 위엄을 인정한 반면 그의 최고의 신성은 부인했다. 이들은 과거 소시니안 사이에 만연해 있던 일반적 사상과는 달리 보다 영적인 종교를 목표로 했다.

소시니안주의는 한편으로는 회개와 변화된 삶에 기초한 칭의 교리에 근거한 이신론적 사상체계 혹은 용서나 회개의 여지가 전혀 필요하지 않은 다신론적 사상체계였다. 왜냐하면 그들은 죄에 대한 올바른 지식이 없었으며, 죄란 실상 형벌이 아닌 질병이라고 간주했고, 어떤 특정한 기질과 습관의 자연적 결과로서의 고통만 인정했기 때문이다. 그러나 다른 한편으로 소시니안주의는 구세주의 선재성과 성육신, 그리고 죄인을 구원하기 위한 그의 계획과 그의 사역과 고난을 통한 구원을 인정하기 때문에, 칭의 교리에 대한 옛 소시니안 교리를 수정 보완할 필요성이 발생했다. 그것은 바로 아리안이 주창한 새로운 이론의 출현이었다. (9)

아리안의 칭의 교리는 소시니안과 종교개혁자들의 칭의 교리를 중재하기 위한 '중도'(中道) 혹은 '매개물'로 등장했다. 이 아리안주의는 종종 신율법주의와 혼동되었는데, 그러나 그것과 반드시 구별되어야 한다. 왜냐하면 모든 아리안주의자들은 신율법주의자들이었으나 모든 신율법주의자들이 아리안주의자들은 아니었기 때문이다.

그들 각각의 교리들은 다른 입장에 기초해 있다. 아리안주의는 예수 그리스도를 피조물 가운데 가장 고상한 피조물의 화신으로 간주하는 특이한 견해를 견지하고 있기 때문에, 그들은 그리스도의 대속적인 만족과 의를 인정하지 않고도, 이와 동시에 그리스도의 죽음의 계획과 결과에 대한 계시된 진리를 교묘하게 피해 가는 소시니안주의의 빈약하고 부자연스러운 해석을 채택하지 않으면서도 인간을 위한 그리스도의 중재 사역에 대해 납득할 만한 이유를 제시할 수 있었다. 그리스도께서 인간들을 위하여 성취하신 사역에 대한 성경적 이유를 나름대로 그럴듯하게 제시할 수 있었던 것이다.

그들의 중요 사상은 소시니안주의가 하나님의 의가 만족되지 않아도 하나님은 근본적으로 형벌의 고통을 기뻐하지 않으시기 때문에 죄를 무조건적으로 사해 주시는 분이시며, 그 사죄의 조건은 죄인의 회개와 변화된 삶이라고 확증하고 있음에도 죄인 자신을 위하여, 그리고 동시에 하나님의 도덕적 통치를 위하여 그들을 향하신 하나님 사랑의 표현 방식에 있어서 무죄한 존재들과 회개하는 죄인들 사이를 구별하는 것이 필요하다는 것이다.

타락하지 않고 그들의 첫 번째 지위를 지켰던 자들은 거룩하고 행복한 하나님의 자녀로서 그들의 행위에 기인하여 인정되었으며 복을 받았고, 탕자들은 허랑방탕하여 아버지의 집을 떠났으나 그들 아버지의 사랑을 영원히 박탈당하지 않았기 때문에 반드시 중보자의 사역을 통해 그것을 다시 회복해야만 한다는 것이다. 이것은 이들과 전혀 죄로 자신을 더럽히지 않은 자들 사이의 차이점을 구분하기 위한 것이었다.

바로 이러한 목적 때문에 천상의 피조물이 '슬픔과 비탄의 사람'이 될 것을 동의했다는 것이다. 그는 지상에서 사람들과 대화를 했다. 그는 선생과 천상의 모범으로서 무지한 자를 가르쳤고, 병든 자를 고쳐 주었으며, 불행과 비탄에 쌓인 자를 위로해 주었다. 그는 심지어 그의 숭고하고 장엄한 사명을 성취하기 위해 죽음에 이르기까지 헌신한 인물이다. 하나님께서는 이 그리스도의 고결한 중재를 받아 주셨고 그리스도에게 사람들을 그들의 죄와 그 참혹한 결과로부터 구원할 수 있는 능력을 수여하심으로써 상을 베푸셨다.

그리스도에게 개인적으로 전해진 것으로서의 이 상은 죄인들이 구원에 있어서 그리스도께 빚진 자들임을 암시하고 있다. 그러하기에 이런 의미에서, '그리스도의 의로 말미암아 많은 사람이 의인되었던 것'이다. 그리고 이러한 방법으로 죄인들은 영원토록 자신들의 죄성과 그리스도의 고결하고 자기 희생적인 사랑에 대한 깊은 책임을 기억해야 할 것이다. (10)

위에 언급한 것들이 바로 소시니안 교리와 종교개혁자들의 교리를 중재하고자 했던 '중간 체계'로서의 아리안주의에 대한 간략한 요약이다. 이는 18세기 영국의 아리안주의 작가들에 의해 수면 위로 부상하게 된 사상이었다. 이것은 주로 하나님께서 타락한 죄인들의 죄악된 상태를 위해 준비하신 치료책의 본질과 관계된 것이었기 때문에 칭의 교리와 직접적인 관계를 맺게 되었다.

이 사상은 사람들이 그리스도의 성육신과 수난, 그리고 그의 순종에 의한 큰 유익뿐만 아니라 그의 관대하신 사랑과 효과적인 중재 사역에 빚을 지고 있다는 사실을 인정한다. 그러나 이 아리안주의는 그들의 논의에서 그리스도의 대속을 완전히 배제시켜 버렸다.

그리스도의 대속이란 무엇인가? 그것은 그들에게 전가된 죄의 짐을 대신 짊어지신 것, 그들의 죄 때문에 받아야 할 형벌을 대신 받으신 것, 하나님의 공의를 만족시키기 위해 자신을 희생 제사로 드리신 것, 이미 죄를 위한 속죄를 성취하신 대제사장으로서의 그의 중보 사역, 완전한 의를 그들에게 전가시켜 주시기 위해 그들의 대표자로서 행하신 율법에의 순종을 말한다. 아리안주의자들은 그들의 논의에서 이것들을 완전히 제외한 것이다.

그리스도께서 그들을 구원하심은 단지 그들의 친구와 후원자의 의미에서가 아니다. 그것은 또한 그리스도께서 획득한 권위와 능력의 행사를 통해 그들의 회개와 삶의 개혁을 조건으로 그들에게 용서를 수여해 주는 방법으로서도 아니다. 이러한 사상은 오히려 그리스도에게는 특정한 행위를 돌리고 인간에게는 그것의 채무자로 낙인찍는 것이다.

그러나 명심하라! 이들이 주장하는 하나님의 공의와 율법을 만족시킨 것은 속죄나 구속의 사역이 아니었다. 이것은 단순히 인간의 도덕적 유익을 위한 그리스도의 자원적이고 자기비하적이며 자기 희생적인 사랑이었다. 그것은 친구와 보호자로서의 행위이다. 다시 말하면, 대속적인 구속자나 속죄 제사를 드리는 대제사장의 사역이 아니라는 것이다.

그리고 그의 중재로부터 흘러 나오는 인간을 위한 유익은 그리스도의 만족과 순종에 근거한 칭의가 아니라 단순히 죄인들 자신들의 회개와 삶의 개혁으로 말미암아 의롭게 된다는 확신이다. 이것은 이상하게 들릴지 모르지만 어느 정도는 그리스도에게 빚진 자로서의 특권이다. 그리스도의 사명은 무죄한 자와 타락한 자의 차이점을 구분하고 그들의 죄성을 기억하게 하는 것이기 때문이다. 이것이 하나님의 불변하시는 사랑을 확신하게 하지만 그것이 하나님의 진노로부터의 죄인들의 구원이나 그리스도께서 그들을 위해 고난받으시고 행하신 일 때문에 그의 은총에 들어감을 의미하는 것은 아니다.

프렌드 파(The Society of Friends; 퀘이커 교도)는 칭의 교리에 대해서 개신교회들이 견지하고 있었던 일반적인 교리와는 매우 현저하게 다른 교리를 소유하고 있었다. 그들의 교리는 오히려 로마 가톨릭의 그것과 매우 유사했다. 그들이 하나의 사상 체계로 영국에 진출한 것은 몇몇 로마 가톨릭과 오시안더의 저술가들에 의한 것이었는데, 이것은 우리가 내재하시는 그리스도의 임재와 그의 영의 내적인 작용을 통해 의롭게 된다는 뉴만(Newman) 박사의 강좌로 재생되어 다시 출현하기도 했다.

그러나 그들은 여기서 멈추지 않고 더 심한 곳으로 나아갔다. 그들은 거의 그리스도와 그의 영을 그리스도인과 이방인들 모든 사람들에게 공통으로 존재하는 '내부에 있는 빛'이라고 말하는 것 같다. 이것은 사실 자연적인 양심과 거의 분간하기 힘든 것이기도 하다. '그리스도께서 세상에 오는 모든 사람들을 비추는 참된 빛'이라는 사실에 기초해서, 그리고 이 그리스도가 우리 안에 영광의 소망을 형성했다는 사실에 기초해서 그들은 그리스도가 모든 이들 안에 계시며 그리스도의 이 내재하심이 영적이며 영원한 생명의 근원이 될 수 있도록 우리가 그것을 느껴야 하고 인식해야 할 것이라고 주장했다.

결국 이들은 뉴만 박사와는 매우 다른 최근의 새로운 학파의 선구자가 되었다. 이 새로운 학파는 다름 아닌 근대 영성주의자(Modern Spiritualists) 학파인데 그들의 교리는 원래 그러했던 것처럼 원색적인 교리가 아니었고, 로버트 바클레이(Robert Barclay)의 논제와 변증론보다 훌륭히 설명되어진 적은 없다.

그들의 교리를 엄밀한 의미로 정확하게 진술하는 것은 쉬운 일이 아니다. 왜냐하면 이들의 교리는 신화적인 사변과 함께 폭스(Fox)와 펜(Penn), 그리고 바클레이(Barclay)의 글들과 혼합되어 있었기 때문이다. 그러나 그 본질에 있어서는 동일하다. 그것은 모든 사람들이 '내부에 있는 빛'을 가지고 있다는 것이다. 그리고 이 조명하는 빛을 거부하지 않고 수용하는 자들에게 그것은 '거룩하고 순결하며 영적인 출생'이 되는 것이다.

이 거룩한 출생은 '그리스도께서 우리 내부에서 형성하신 것'이며 이 그리스도의 임재가 우리를 거룩하게 하고, 이 거룩하게 하심으로 우리를 하나님 앞에서 의롭게 만든다. 그러므로 칭의란 '우리를 위한' 그리스도의 중보자적 사역에 근거하는 것이 아니라 '우리 안에서' 행하시는 그리스도의 주관적인 사역에 근거하게 되는 것이다. 그것은 하나님 앞에서의 죄인의 사면과 용인이 아닌 죄인의 본질의 혁신과 새로운 피조물로서의 이어지는 복의 결과로 구성되어 있는 칭의이다.

'그 빛' 또는 '내재하는 그리스도'는 복음이 말하는 역사적 예수가 아니다. 이는 '그 자신을 희생 제물로 드려 죄를 없이하시려고', 또한 '아버지께서 그에게 하라고 주신 일'을 그 자신의 개인적인 고난과 순종으로 성취하기 위해 육체를 입고 성육신하신 하나님의 아들이 아닌 것이다. 오히려 그리스도가 세상에 전혀 오시지 않았다고 하더라도 모든 사람에게 존재하는 이성이나 양심 같은 것이다. 이것은 단지 그리스도의 이름으로 세례를 받아 형성된 인간 본질의 속성 같다.

그러므로 이들에게 있어서 죄인의 칭의는 그리스도의 속죄적 희생 제사와 공로적 순종이 아닌 죄인의 내적이고 도덕적인 변화에 기초해 있다 할 수 있다. 그렇다면 하나님의 공의에 대한 그리스도의 만족과 죄인을 향한 그리스도의 의의 전가는 명백히 부정되고 있는 것이다. 칭의의 법정적 의미는 거부되고 이 용어의 도덕적 의미가 칭의 교리의 의미를 완전히 대치해 버린 것이다. 로마 가톨릭의 가르침과 다를 바 없이 죄인은 거룩하게 되었고 그러므로 실제로 의롭게 된 것이다. (11)

알미니안(Arminian)의 교리 체계는 적어도 그 초기 교리에 있어서는 칭의 교리에 별다른 영향을 끼치지 못했다. 알미니안 교리는 사실 '5대 교리' 가운데 하나는 아니었다. 이 주제에 대한 알미니우스의 의견은 그의 직접적인 계승자들인 에피스코피우스(Episcopius), 커셀레우스(Curcellæus), 림볼치(Limborch), 그리고 그로티우스(Grotius)와 비교해 볼 때 전체적으로 건전하고 성경적이었으며 개혁주의 교회들의 그것과 조화를 이루었다.

그는 특별히 "나는 죄인들이 오직 그리스도의 순종에 의해서만 의롭다고 간주되는 것을 믿는다. 그리고 하나님께서 신자들의 죄를 사면해 주시고 그들이 마치 모든 율법을 온전히 성취한 것처럼 여겨 주시는 근거로서의 유일한 공로적 원인 역시 그리스도의 의라는 것을 믿는다"라고 말했다.

그는 계속해서 다음과 같이 부가했다.
"나는 하나님 앞에서 사람의 칭의에 관한 한 개혁주의 교회와 개신교회들이 만장일치로 채택했던 교리 이외에 다른 교훈을 가르치거나 받아들이려 하지 않는다. 우리 편의 그 어떤 신학자들도 이 부분에 있어서 칼빈을 비난하거나 그를 이단아로 간주하지 않기 때문이다. 내 견해는 내 손으로 칼빈이 이 주제에 대해 그의 저서『기독교강요』제3권에서 다루고 있는 내용들에 직접 서명할 만큼 그의 견해와 그리 많이 다르지 않다. 나는 언제라도 그의 견해에 동의할 준비가 되어 있다."

그럼에도 불구하고 알미니우스에게도 종교개혁자들의 교리와는 다른 부분들이 있었다. 이 부분들이 실상 후에 그의 이름으로 소개된 오류의 문을 활짝 열어 준 셈이 되었다. 칭의를 위한 그리스도의 능동적이며 수동적 의의 전가를 언급하면서 그는 그것에 대해 결정 내리기를 거부하며, "나는 그리스도의 능동적이며 수동적인 의나, 또는 그의 죽음과 그의 생애에 대한 문제를 논의하지 않을 것이다. 이 주제에 대해서 나는 자유롭다. 나는 믿는다. 그리스도는 나의 의가 되셨고 나의 죄가 되셨다. 나는 그 안에서 믿음으로 하나님의 의가 되었다"라고 말했다.

그러나 이 주제에 대한 그의 진술이 종교개혁자들을 반대하지 않게 설명하는 것같이 보인다 할지라도 그가 대부분의 종교개혁자들과 다른 가장 중요한 문제는 사도들이 사용했던 '의로 간주된 믿음'이라는 용어의 올바른 의미였다. 그것은 '믿음'이라는 용어가 믿음의 대상을 향해 비유적으로 쓰여진 용어(환유법)로 이해되는지, 아니면 믿음의 행위 그 자체를 의미하는지에 달려 있는 문제였다.

그는 오브라이언(O'Brien) 주교가 그렇게 생각하는 것처럼 이 믿음을 전가된 마음의 행위 또는 상태로 인식했다. 그러나 이는 그리스도 자신과 그리스도의 의를 배제하지 않는 포괄적인 의미로 이해되어져야 할 믿음이었다.

'그리스도와 그의 의는 칭의로부터 배제되어야 할 것이며 인정받아야 할 것은 가치 있는 우리의 믿음'이 바로 알미니우스의 교리라는 주위의 고소에 대해, 그는 이러한 추론이 그 자신의 견해로부터 발원될 수 없기 때문에 배격했으며 동시에 다음과 같이 부연하고 있다.

"나는 그리스도의 순종이 우리에게 전가되는 것을 배격하지 않는다. 그것은 우리의 유익을 위해 우리 것으로 인정되었다. 바로 이것이, 하나님께서 우리 자신들과 우리의 유익을 위해 그리스도의 의를 행사하셨다는 것, 하나님께서 왜 의를 위해 우리에게 그리스도와 그의 의를 그 대상과 기초로 해 주는 믿음을 전가시켜 주시는지의 원인이 된다. 바로 이 그리스도의 의가 하나님께서 우리를 믿음으로부터, 그리고 믿음으로 말미암아, 또는 믿음을 통하여 의롭다고 하시는지의 이유가 되는 것이다."

그러나 알미니우스가 말한 이 설명의 의미를 간과하고 무시한 채 그의 추종자들은 은혜와 행위로 간주되는 믿음이 바로 의로 간주되는 것이라고 주장했다. 그리고 알미니우스가 '믿음, 오직 믿음만이(실상 행위가 없는 '오직 믿음만'이란 것은 없지만) 의를 위해 전가된 것'이라고 말함으로써 이러한 진술의 적용을 경계했음에도 불구하고, 이 믿음이 간결한 표현으로서 다른 많은 은혜들과 관계된 것으로, 또는 그것들이 믿음으로부터 연원되는 것들로 만들어서 칭의를 위해 우리의 모든 순종이 전가된 것이라는 교리를 만들어 낸 것이다.

그의 교리를 결국 부패한 교리로 만들고 말았던 알미니안주의 5대 교리와 관계된 원리들이 있었지만 칭의라는 주제에 있어서 알미니우스가 진술한 내용에는 잘못이 없다. 이 알미니안주의 5대 교리는 분명하게도 이 칭의 교리라는 주제에 대해 직접적인 진술을 하고 있지 않다. 그러나 이러한 교리들에 대한 그릇된 견해들은 결국 오직 믿음을 통해 은혜로 말미암는 무조건적인 칭의 교리와 전혀 양립할 수 없는 결론을 낳고 말았다.

이 이차적인 문제들에 대한 알미니우스의 견해는 시간이 흐름에 따라 칭의에 대한 사람들의 견해에 매우 해악적인 영향을 끼치게 되었다. 왜냐하면 주로 알미니우스의 견해는 위대한 죄와 은혜의 교리를 왜곡시킬 수 있는 가장 적당한 견해였기 때문이다.

펠라기우스주의(Pelagian)와 반(半) 펠라기우스주의(Semi-Pelagian)라는 세균이 이 알미니안주의 5대 교리와 관계했다. 이 세균은 잠복하고 있었던 요소였으나 논쟁이 시작되었을 때 발전되었던 사상이다. 이 알미니안주의 5대 교리는 죄의 성경적 교리에 대한 변경과 하나님의 무조건적인 은혜가 인간의 자유의지에 좌우된다는 사상을 만들지 않고서는 결코 유지 될 수 없었다. 따라서 이 교리에 있어서 펠라기우스적인 경향은 알미니우스의 직접적인 후계자들인 에피스코피우스(Episcopius), 커셀레우스(Curcellæus), 림볼치(Limborch), 그리고 그로티우스(Grotius)에게서 확실하게 나타나기 시작했던 것이다.

만일 어떤 이들이 이러한 경향을 받아들이면서도 인간의 전적 타락과 그리스도의 대속인 성경적 견해를 고수하는 것은, 그들이 알미니안주의 5대 교리를 흡수해서도 아니요 다른 이들보다 이 교리들에 충실해서도 아니다. 오히려 그것은 하나님의 성령의 지도를 받아 죄인으로서 그들은 완전히 멸망당했고, 그들 스스로를 구원할 수 없으며, 신적인 구속자와 속죄를 위한 구속자의 피 흘리심을 제외하고는 다른 소망을 전혀 얻을 수 없다는 것을 배우고 그들 자신이 경험했기 때문이다.

5대 교리에 대한 알미니안의 견해를 채택한 실질적이고 중요한 결과에 따라 우리는 이 견해를 채택한 사람들을 두 부류로 나누어야 할 것이다. 그 하나는 여전히 그리스도의 신성과 구세주로서의 그의 공적 성품은 인정했으나 인간의 죄를 위한 하나님의 정의의 만족으로서 그리스도의 죽음의 형벌적·대속적 본질을 부인한 펠라기우스주의(Pelagian), 또는 반 소시니안 알미니안주의(the Semi-Socinian Arminians)이다.

그리고 다른 하나는 그리스도의 속죄적 희생 제사의 실재를 주장하고 이것을 그들의 죄를 사면해 주는 유일한 것으로 신뢰했으나, 하나님의 법의 계율을 성취함에 있어서 그리스도의 능동적 순종과 관계되어 있는 전가된 의의 교리를 믿지 않았던 복음적 알미니안주의(the Evangelical Arminians)가 바로 그것이었다. (12)

프랑스 개신교회의 **신흥 감리교**는 알미니안주의자들은 아니었으나 알미니안주의 교리 중 하나를 채택했는데, 그것은 바로 우주적 구원 교리였다. 그리고 이것은 그들의 신학에 엄청난 영향을 미쳤고 변화를 초래했다. 그들과 그들의 추종자들은 교리에 있어서 중도 노선을 취하는 자들이었다. 이 교회는 근본적으로 칼빈주의적이었다. 그리고 그들의 신앙고백서는 칼빈에 의해 작성되었다.

사실상 도르트 총회에서는 프랑스 개신교도가 참석하지 않았다. 그러나 몰리네우스(Moliæus)는 법령을 준비하는 데 도움을 주었고 후에 그들은 교회에 의해 아무런 반대 없이 수용되었다. 그러나 교리적 진술에 대한 점진적인 변화가 생기기 시작했고, 후에는 많은 사람들이 피스카토(Piscator)와 틸레누스(Tilenus)의 저작들에서 영향을 받기 시작했다.

유명한 스코틀랜드 사람들이었던 앤드류 멜빌(Andrew Melvil)과 트로취릭(Trochric)의 보이드(Boyd)와 존 낙스의 사위였던 존 웰쉬(John Welsh)가 이들 가운데 피난했을 때, 그리고 그들의 교회가 적어도 2천 개 이상이 되었을 때 그들의 총회는 새로운 견해를 논의하는 일에 흥분하기 시작했다. 그것은 그리스도의 수동적 순종만이 칭의의 유일한 근거라는 피스카토의 교리였다.

제3차 로셸(Rochelle) 국가 총회는 피스카토의 견해들을 논의했고 다음과 같은 법령을 통과시켰다.

"헐본 대학의 교수인 존 피스카토 박사는 갭(Gap) 총회에서 자신에게 보낸 편지들의 답신에서 칭의 교리에 대한 그의 견해를 피력하고 있다. 그것은 우리에게 작용하는 것이 오직 그리스도의 수난과 죽음이지 그의 삶과 능동적인 순종은 아니라는 것이다. 그러므로 우리 이 총회는 매우 밀접하게 연결되어 있는 신적 은혜의 위대한 영향의 근거를 분리하는 것은 전혀 바람직하지 않으며, 따라서 피스카토가 생산한 주장이 허약하고 가치 없는 것으로 배격하는 바이다. 우리는 이 나라의 모든 교회의 각각의 목사들이 우리 가운데 교훈되었고 성경이 함유하고 있는 '건전한 말씀의 형태'에 순응하기를 명령한다. 즉 그리스도의 삶과 죽음 모두에 나타난 그리스도의 '전체적이고 완전한' 순종이 우리 죄의 완전한 사면과 영원한 생명의 수여를 위해 우리에게 전가된 것을 말한다. 요약하여 말하자면, 이 하나의 상태로서의 동일한 순종이 우리의 완전하고도 최적의 정확한 의인 것이다."

피스카토의 교리는 여러 총회를 거쳐서 정죄되었음에도 불구하고 알미니안주의 5대 교리 중 일부를 소개했던 세단 대학의 교수인 틸레누스(D. Tilenus)에 의해 계승되었다. 이 새로운 견해들은 카메로(Camreo)와 아미랄더스(Amyraldus), 그리고 다른 이들에 의해 세련되게 다시 논술되었고, 칼빈주의는 서서히 프랑스 개혁주의 교회에서 영향력을 상실하게 되었다.

로셸 총회에 참석했던 존 웰쉬는 1613년 트로춰릭의 로버트 보이드(Robert Boyd)에게 보내는 편지에서 그의 견해를 피력하면서 이 총회의 신조에 서명하는 것이 어려운 일이었음을 토로한 후에 다음과 같이 말했다.

"나는 사면과 전가를 혼동하는 이들과 동의할 수 없다. 왜냐하면

전가는 사면의 원인이요, 원인은 그 결과와 항상 구분되는 독특한 것이기 때문이다." (13)

피스카토의 교리는 하나님 앞에서의 죄인의 칭의의 근거에 대해 매우 중대한 의미를 지니고 있다. 그의 교리에 따르면 죄의 사면은 수동적 순종, 혹은 그리스도의 수난과 죽음에 기인해 있다는 것이다. 그러나 이는 신자에게 영원한 생명을 보장해 주는 그리스도의 능동적 순종 또는 의의 전가를 배제하는 것이다. 그러므로 과거의 죄의 사면을 획득한 이후 미래의 소망의 유일한 근거로서의 인간 자신의 개인적인 순종의 문을 활짝 열어 놓은 것이 되는 것이다.

거의 동시대에 영국에는 서로 반대되는 출처로부터 파생되었던 두 가지 적대적인 영향력이 출현했다. 하나는 네덜란드의 항의자들에 의해 발전된 알미니안주의였으며, 다른 하나는 프랑스 칼빈주의 교회에서 보급된 신흥 감리교주의였다. 이 다른 두 체계의 각각의 견해는 영국에서 국교회 내부에서와 밖에서 서로 다른 파당을 조성했다.

이런 견해차이는 알미니안주의를 고백했던 밀톤의 친구인 존 굳윈(John Goodwin) 같은 사람들로 구성된 파당과 알미니안주의자로 불리는 것을 싫어하며 오히려 신흥 감리교도들의 체계를 선호했던 리차드 백스터(Richard Baxter)와 같은 사람들로 구성된 파당으로 대변되었다. 그러나 이 두 흐름은 그들이 서로 명백히 다른 적대적인 근원에서 출발한 것이라고 하더라도 같은 방향을 향해 흐르던 경향들이었다. 결국 이들은 서로의 궁극적인 종착역이 된 신율법주의(Neonomian) 사상이라는 교차점에서 서로의 합류점을 찾게 되었다. 후에는 죄인의 칭의 교리에 가장 중요하고도 직접적인 의미와 영향을 끼친 웨슬리 교파의 감리교주의에서 그 합류점을 찾았다.

신율법주의(Neonomianism)는 기독교의 가장 근본적인 진리에는 동의했으나, 죄인의 칭의의 근거와 방법에 대해서는 크게 달랐던 옹호자들과 적대자들 사이에 공개적이고도 장기적인 논쟁을 야기시켰다. 이 신율법주의라는 논쟁의 출발점은 크리습 박사(Dr. Crisp)의 저작 출판에 있다고 전해지고 있다. 크리습 박사의 몇몇 진술들이 이어지는 토론과 논의의 중심 주제가 되었음은 의심의 여지가 없었으며, 이는 이 논쟁이 장기적인 논쟁으로 발전하고 양측의 격렬한 싸움을 증가시키는 데 결정적으로 기여했다.

그러나 이 논쟁의 실질적인 원인은 그것들이 영국에 소개되었다는 데 있었다. 영국에 소개된 알미니안과 신흥 감리교는 정확히 동일한 형태로 소개되지는 않았으나 모두 본질적으로 신율법주의라는 미명으로 소개되었다. 이 알미니안과 신흥 감리교는 동일하게 죄인의 칭의의 직접적인 근거를 그 자신의 개인적인 순종이라고 주장했다. 그리고 그것이 하나님의 율법이 본래 요구했던 무죄한 의(義) 대신에, 비록 완전하지는 않지만 오직 경건한 의라는 조건하에 수용되었다.

이 교리들은 그리스도의 전가된 의의 근거하에 성립되는 칭의와 완전히 상치되는 것이다. 이것을 신봉하는 자들은 아주 이상한 오칭인 율법폐기론자로 낙인 찍혔다. 왜냐하면 그들은 은혜라는 '새로운 율법'을 거부한 한편, 수정되어서는 안되며 오히려 반드시 성취되어야 할 행위라는 옛 율법의 불변하는 권위를 주장했기 때문이다. 그들은 이 증오스런 이름 아래 알미니안주의자들과 신흥 감리교도들에게 공격을 당했다.

그러나 이러한 오명과는 달리 그들의 가장 격렬한 노력은 하나님의 법의 완전함을 옹호하고 이 율법에의 완전한 순종, 그것이 개인적인 것이든 대속적인 것이든 그것에의 순종을 요구했다. 그것은 인간의 타락한 상태가 그것에 합당한 순종을 만들 수 있다고 주장한 사람들과 정반대되는 것이었다.

그들이 은혜라는 새로운 교리를 반대했던 특별한 근거는 이 새로운 은혜가 본래적인 의의 율법과 결코 조화될 수 없는 모순이었기 때문이다. 그러므로 이 율법에 관한 한, 실제적인 율법폐기론자는 하나님 앞에서 죄인의 용인의 근거로서 완전한 의를 불완전한 의로 대치시키기 위해 율법에 대한 순종을 느슨하게 하고 그것을 수정하는 사람들이었다.

그들은 단순히 이 새로운 은혜의 율법이 의의 본래적인 규칙을 벗어

났기 때문에 새로운 은혜의 율법을 거부한 반면, 의의 본래적인 법칙과 규칙의 변경할 수 없는 요구를 주장한 사람들이었다. 이들은 율법폐기론자들이 아닌 신율법폐기론자들이라고 불리어야 했을 것이다. 이 이름이 여러 가지를 주장했던 양자 간에 매우 독특한 차이점들을 표시해 주었을 것이기 때문이다. 그 하나는 오직 그리스도만이 이룰 수 있는 완전한 순종을 요구하는 옛 율법을 주장했고, 다른 하나는 모든 사람들이 하나님의 은혜의 도움으로 스스로 성취할 수 있는 새로운 율법을 주장한 것이다. (14)

신율법주의가 주장하는 칭의 교리의 핵심은 그들의 사면과 용인에 걸림돌이 되는 모든 것을 제거하기 위해 그리스도께서 그의 죽음으로 말미암아 모든 인류의 죄를 위해 하나님의 공의에 대한 완전한 만족을 성취하시고 그들을 구원할 수 있는 상태로 만드는, 또는 그들의 구원을 가능하게 만드는 데 있다. 그들을 대표하여 옛 율법의 요구를 만족시킴으로써 그리스도는 그들에게 행위의 율법과는 구별되는 은혜의 율법이라 불리는 '새로운 율법'을 획득할 수 있게 해 주시는 것이다.

이 은혜의 율법은 죄인의 칭의의 근거로서의 완전한 의를 요구하는 대신 구원을 용이하게 해 주는 것으로서 불완전한 순종이지만 경건한 순종에 의해 만족되어지는 율법이다. 그리스도의 사역은 우리를 위한 이 용이한 용인이 획득됨으로 말미암아 우리의 법적인 의로 불리어진다. 왜냐하면 우리는 완전한 순종을 요구하는 옛 율법의 고소에 대해 이 그리스도의 사역에 호소할 수 있기 때문이다.

그러나 신율법주의의 칭의 교리의 핵심은 새로운 율법을 향한 우리의 개인적인 순종에 있다. 그것은 복음적 의에 대한 순종이다. 이 순종은 새로운 율법이 명령하는 조건들을 만족시키기에 충분하며 우리는 이 충분한 순종에 호소해야 한다는 것이다. 결국 우리 칭의의 즉각적인 근거는 그리스도의 전가된 의가 아니라 신자 자신에게 내재하는 개인적인 의이다. 이 신자 자신의 내재하는 개인적인 의는 믿음과 함께 시작하고 성화를 통해 성장하며 견인을 통해 완성되고 보증된다.

이 일반적인 개요와 요약은 17세기 영국의 알미니안주의와 신흥 감리교의 견해를 묘사하고 있다. 그들은 사소한 몇 가지 문제들에 있어서 특별히 그것을 그들 각각의 견해로 표현하는 방식에 있어서 서로 달랐지만, 그들 사이에는 칭의 교리에 대한 본질적인 합의와 일치가 있었다. 그들은 그리스도의 전가된 의에 의한 칭의 교리를 배격했으며 신자들의 불완전한 개인적 순종에 근거한 칭의 교리를 주장했다. 그리고 전자를 배격하고 후자를 주장함에 있어서 그들은 동일한 원리를 주장했고 동일한 논법을 사용했다. (15)

웨슬리파 감리교(Wesleyan Methodist)는 인간의 전적 타락에 대해 펠라기우스를 반대하고 그리스도의 대속에 대해 소시니안을 반대했던 복음적 알미니안주의에 호의적인 집단이었다. 그럼에도 이들은 칭의 교리에 관한 한 휫필드의 계승자들이나 다른 복음적 그리스도인들과 역시 달랐다.

그들은 죄의 사면이 그리스도의 속죄적 죽음의 공로에 기인하는 것이라고 했으나, 죄인의 용인이 그리스도의 능동적 순종, 혹은 하나님의 율법의 계율에 대한 대속적 성취에 기인하는 것은 아니라고 주장했다. 그들은 알미니안주의 5대 사상에 있어서 알미니우스와 거의 동의했다. 그러나 그들은 또한 알미니우스와 같이 그리스도의 속죄적 희생과 대속적 고난의 성직에 대해서도 동의했다.

전가된 의라는 칭의 교리의 온전한 의미를 받아들이는 것을 머뭇거렸음에도 불구하고 우리는 수없이 많은 복음적 진리들을 견지하고, 죄의식 때문에 자신들을 겸손히 낮추며, 십자가에 나타난 하나님의 정의와 자비에 감동을 받고 '그들 앞에 제시된 소망의 피난처를 향하여 피했으며', '구원을 위해 오직 그리스도만 믿으며 그분 안에서만 안식했던' 사람들이 그들 중에 많이 있었음을 의심할 수 없다.

이 교리의 기원은 그들이 무엇을 믿는지에 밀접히 관계되어 있다. 그들은 죄인들의 자리를 대신한 그리스도의 대속을 견지했고 죄가 그에게 전가됨을 믿었으며, 이 죄들로 받아야만 하는 형벌을 그분이 대신 지심도 믿었다. 그들은 또한 그리스도께서 고난받으신 것뿐만 아니라 그가

'죽기까지 순종'하셨을 때 십자가상에서 행하시고 고난받으신 것 역시 신자들의 칭의를 위해 신자들에게 전가되었음을 유지했다. 그리스도의 고난에 순종이 관계되었다.

그리고 만일 이것이, 그리스도의 고난과 함께 하나님의 율법과 정의에 대한 만족을 위한 구성요소로서 우리 죄의 사면을 위해 전가된 것이라면, 그들은 하나님의 율법의 계율을 성취하고 그 형벌에 만족을 제공하는 그리스도의 능동적 순종을 포함하기 위해 필요한 그리스도의 대속적인 의의 원리를 인정한 것이 된다. 이 부분에 대해 웨슬리(Wesley)는 전가된 의로서의 칭의 교리가 도덕률폐기론이라는 과실로 왜곡되는 것에 대한 두려움에 어느 정도 영향을 받은 것 같아 보인다.

헤르베이(Hervey)에게 보내는 편지에서 그는 의의 전가 교리를 인정했지만 계속해서 교훈되었던 칭의라는 전문 용어를 사용하는 것은 반대했고, 이것에 대해 일반적인 이의를 주장했다. 그러나 그 어떤 칼빈주의자도 그의 찬송시 가운데 하나인 아래의 노래보다 더 확실하고 완전한 칭의에 대한 진술을 찾을 수는 없을 것이다. 그 웨슬리의 찬송시는 다음과 같다.

> 하늘이여, 땅이여,
> 우리의 의 되시는 여호와를 찬양하라.
> 이는 구속의 신비로다.
> 구세주의 신기하고 놀라운 계획이로다.
> 인간의 죄는 그의 것이 되었고,
> 그리스도의 의는 우리 것이 되었다네.
>
> 그리스도 안에서 우리는 완전하게 되고,
> 그리스도 안에서 우리는 해처럼 빛나네.
> 그의 죽음, 그의 삶은 나의 것이 되었다네.
> 나는 완전히 의롭게 되었다네.
> 죄에서 자유함을 얻었다네.

그것은 자유보다 더한 자유.
나를 위해 돌아가신 그리스도 때문에
죄에서 자유함을 얻었네.
나를 위해 다시 사신 그리스도 때문에
의롭게 되었다네.

이 구절에는 그의 삶과 그의 죽음으로 일컬어지는 그리스도의 능동적이고 수동적인 순종이 뚜렷이 표현되어 있다. 양자는 모두 완전한 칭의에 작용하는 것으로 표현되어 있는 것이다. 웨슬리(Wesley)와 플레처(Fletcher)가 느꼈던, 그리고 그들의 공공연한 개종자들 사이에서 정당화되던 율법폐기론이라는 급격한 두려움은 그들이 가르치지 않았지만 이 그리스도의 전가된 의의 교리를 의심하지 않게 만들었어야 했다.

오히려 그것은 그들의 견해에 다른 요소가 섞여 있지는 않았는지를 묻게 만들었어야 했다. 칭의 교리의 본질 그 자체인 의롭다 하시는 믿음의 대상과 개인적인 보증에 대한 즉각적인 향유 같은 것들 말이다. 이러한 것들은 그들의 제자들의 믿음을 위해 한번도 가르쳐지지 않았던 전가된 의의 위대한 칭의 교리나, 성도의 견인보다 어떤 이들의 타락과 다른 이들의 배교의 보다 확실한 이유가 되는 것들이다. 그들이 전가된 의의 위대한 칭의 교리와 성도의 견인을 믿었다면 그들은 결코 영적으로 탈선하거나 배교의 길을 걷지 않았을 것이다. (16)

모라비안 교도들(Moravian Brethren)은 웨슬리와 그의 공동체와 밀접한 관계를 가지게 되었다. 종교개혁이 발생하기 백여 년 전 이미 보헤미아(Bohemia)와 모라비아(Moravia)에서는 로마 가톨릭교회의 부패한 교리와 관습에 대한 강렬한 항의가 헌신적인 질투의 개혁자 요한 허스(John Huss)와 열렬한 웅변가였던 프라하의 제롬(Jerome)에 의해 발생했다. 그들에 의해 선포된 진리는 새로운 누룩처럼 그들이 순교한 이후에 오랫동안 계속해서 국민들에게 강력한 영향을 끼쳤다.

독일의 종교개혁자 루터가 출현했을 때 보헤미아 형제들뿐만 아니라

왈도파의 옛 교회들로부터도 종교개혁은 매우 대단한 환영을 받았다. 그러나 오늘날 모라비안 교회(Unitas Fratrum)라고 알려진 이 공동체는 18세기에 웨슬리의 감리교의 태동과 함께 거의 동시대에 헤른허르트(Herrnhutt)에서 진젠도르프(Zinzendorf)에 의해 조직되었다. 그리고 이들의 신학은 스펜젠버그(Spangenberg)에 의해 수립되었다.

이들의 많은 형제들이 비록 칭송 받을 만한 가치가 있는 개인들이며, 그들이 정착하고 있는 사람들과 매우 좋은 협력 관계에 있을지라도 그들이 견지하고 있는 이상한 교리들 때문에 이들은 율법폐기론자들로 분류되었다.

어느 날 웨슬리가 헤른허르트를 방문해서 이 모라비안 교회의 설립자와 많은 관계자들과 개인적인 대담을 나누었다. 웨슬리가 후에 감리교구의 규칙과 법령들을 구성함에 있어서 모라비안 교도들로부터 많은 사상들을 흡수했음은 의심의 여지가 없다. 모라비안 교회와 감리교회는 영국에서 매우 긴밀한 관계를 유지했다. 그러나 오래지 않아 그들은 서로 다른 단체임을 나타내었고, 칭의 교리에 관한 다른 견해와 모리비안 교도들의 교리의 율법폐기론 성향에 대한 웨슬리의 반대로 인해 헤어지게 되었다.

모라비안 교도들은 칭의 교리에 관한 한 그들 내부에서도 서로 다른 견해를 견지하고 있었던 것 같다. 어떤 형제들은 칭의 교리를 모든 사람들이 진심으로 다 동의할 수 있는 내용, 즉 죄인의 사면과 용인의 근거가 그리스도의 전가된 의라는 진술을 하기도 했다. 그러나 다른 이들은 그리스도의 공로적 의뿐만 아니라 그리스도의 사적인 거룩까지도 신자에게 주입되어 단순히 죄를 용서받았고, 모든 죄로부터 자유함을 얻었음을 믿음으로 말미암아 신자들이 완전히 거룩해질 수 있는 의의 참여자가 되었다고 진술하기도 했다. (17)

스코틀랜드의 **마로우 논쟁**(Marrow Controversy)은 한편으로는 율법폐기론과 다른 한편으로는 실제적인 신율법주의에 대한 반대로 발생했다. 영국에서의 이 논쟁은 독립교회의 에드워드 피셔(Edward Fisher)가

『마로우 현대신학』(*The Marrow Modern Divinity*, 1647)이라는 제하로 카릴(Caryl), 버러우(Burrows), 그리고 스트롱(Strong)의 허가 하에 출판한 것으로부터 시작된다. 스코틀랜드 성 안드류(St. Andrews) 대학의 학장인 하도우(Hadow)는『드러난 마로우 신학의 율법폐기론』(*The Antinimianism of the Marrow Detected*)이라는 그의 저서에서 이 마로우 논쟁을 맹렬히 공격했다.

그리고 카녹(Carnock)의 호그(Hog) 씨와 피셔의 책을 추천함에 있어서 호그 씨와 의견을 같이 했던 형제들이 함께 재판국에 소환되었고 결과적으로 재판국은 그들이 이 책 안에 있는 내용들을 가르치지 못하게 했다. 이 총회 재판국의 법령은 통렬하고도 장기간에 걸친 논쟁을 불러 일으켰고 궁극적으로 유능하고 훌륭한 목사들의 탈퇴가 이어졌다.

이 논쟁에 대한 토론과 논의는 많은 중대한 교리들과 관계되었으나, 궁극적으로는 이 피셔의 책에 율법폐기론주의라는 오류가 있는지 없는지에 대한 사실에 그 초점이 있었다. 그들은 모두 율법폐기론은 동일하게 배격했지만 피셔의 책 안에 율법폐기론 성향이 있는지 없는지에 대해 한 당파는 이 사실을 확실히 주장한 반면, 다른 당파는 이를 부인했던 것이다. 이 논쟁이 이 문제의 사실과 관계된 한 마로우 논쟁은 영구적인 중요성을 가질 수 없었다.

이것은 마치 얀센파(Jansenists)와 예수회(Jesuits) 사이에 진행된 논쟁, 즉 양자가 동일하게 배격한 어떤 특정한 명제들이 얀센파의 어거스틴주의에 포함되어 있는지에 대한 논쟁과 비슷했다. 그것은 신율법주의자들과 그 대적자들이 동일하게 배격했던 어떤 특정한 교리들이 크리습 박사에 의해 교훈되고 전파되었는지에 대한 논쟁과도 같은 것이다.

이 사실에 대한 문제에 관한 한 우리는 마로우 논쟁에 대해 피셔의 책을 지지하는 사람들조차도 해설이나 변증론적인 난외주를 요구했다는 것을 미루어 볼 때, 이 책에 경솔하고 부주의한 표현들이 포함되어 있다는 것을 쉽게 추정할 수 있다는 것을 말하려 한다. 이는 어떤 의미에서 신적 진리 체계를 위협하는 위험한 것이기도 하다. 그리고 이 평가는 토마스 보스톤(Thomas Boston)이 주석한 피셔의 『마로우 현대신학』과 길(Gill) 박사가 주석을 달아놓은 크리습 박사의 『설교들』에도 동일하게 적용된다.

우리는 스코틀랜드에서 발생한 마로우 논쟁의 매우 피상적인 견해를 조사해야 한다. 우리가 이 마로우 논쟁이 피셔의 책에 대한 올바른 해석과 관계된다고 했는가? 아니면 호그 씨에 의해 재발행된 책에서 그 기원을 찾아야 한다고 했나? 영국에 있어서 이 책의 재발행은 논쟁의 기회였지 이유는 아니었다. 사실 더 많은 종류의 다른 강력한 이유들이 있었다.

이 마로우 논쟁은 지난 한 세기 동안 영국을 강타한 신율법주의와 깊은 관계가 있었다. 이 신율법주의의 교리는 이내 스코틀랜드에 알려졌고 그것과 관계된 다른 견해들은 사실상 표면적인 이유가 아닌 마로우 논쟁의 실제적인 원인이 되었던 것이다.

그러나 마로우 신학이 율법폐기론의 경향이 있다고 그것을 맹렬히 비난한 하도우 학장과 그와 동역한 자들이 신율법주의 교리를 채택했다고 말할 수는 없다. 의심할 나위 없이 그들의 견해는 하도우의 저서의 개론에 매우 정교하고 상세하게 진술되어 있듯이 전체적으로 볼 때 매우 건전하고 성경적이었다. 그들의 견해는 후기에 알미니안 신학과 반(半)소시니안 신학이라는 해충의 영향하에 쇠퇴하기 시작한 스코틀랜드의 신앙과 그 영향을 받은 많은 견해들과는 달리 확실히 더 건전하고 성경적이었다.

그러나 우리는 그들이 '마로우'를 반대함에 있어서 신율법주의 경향과 견해를 채택했다고 말할 수 있는 근거를 가지고 있다. 그들이 마로우 율법폐기론 혐의를 공격함에 있어서 그들은 소위 율법폐기론이라 불리는 것과 그것과 매우 다른 체계인 영국에서 율법폐기론과 동일한 이름으로 사용되었지만 실상은 신율법폐기론이라고 불려졌어야 할 교리적 체계 사이에 존재하는 중대한 구분을 염두에 두지 않았던 것이다.

웨스트민스터 신앙고백서의 충실한 지지자라고 주장한 양자 간에 있어서 칭의 교리가 이 마로우 논쟁에 직접적으로 관계되지는 않았다. 그러나 이것과 관계된 몇 가지 요점들이 논의의 대상이 되었다. '마로우'

의 지지자들은 확신, 즉 보증(assurance)이 믿음의 본질이라고 주장하고 바로 이 점에 있어서 웨스트민스터 신앙고백서의 교리와 모순된다는 이유로 고소되었다.

웨스트민스터 신앙고백서는 이 부분에 대해 구원의 확신 혹은 보증은 획득될 수는 있지만 그것이 믿음의 본질에 속하지는 않는다고 말하면서 '참된 신자는 이 구원의 확신의 참예자가 되기까지는 오래 기다려야 하며 파란곡절을 겪어야 한다'고 가르치고 있다. 그러나 웨스트민스터 신앙고백서는 또한 여러 가지 독특한 기초들 위에 근거한 복합적인 확신과 여러 다른 모양과 형태로 존재하는 보증을 말하고 있다. 무엇보다도 신앙고백서는 '구원을 약속하는 하나님의 진리에 기초한 믿음의 확신'을 말하고 있다. 그리고 그 후에 '이 약속들을 향한 은혜의 내적 증거로서, 우리가 하나님의 자녀라고 하는 사실을 우리의 영에 증거하시는 양자의 영의 증거'로서의 확신을 말한다.

웨스트민스터 신앙고백서가 '확신이 믿음의 본질에 속한 것이 아니라고 할 때'는 바로 이러한 복합적인 확신을 두고 하는 말이다. '참된 신자라도 한동안은 구원의 확신이 없는 상태로 지낼 수 있다'는 것이다. 웨스트민스터 신학자들이 표현한 것은 믿음의 확신이 '구원을 약속하는 하나님의 말씀'에 기초해 있고, 하나님의 증거에 기초한 그 믿음은 하나님께서 계시하시는 내용과 정도에 따라 다르지만 반드시 확실하게 발생하는 확신과 관계된다는 것일 뿐이다.

그들이 말하고 있는 보증은 신자가 그 자신의 경험을 통해 '은혜들의 내재하는 증거'를 발견하는 믿음 행위의 반사로부터 발원되는 것과 구별되는 것으로서, 죄인들이 복음 안에 무조건적으로 제시된 구원의 그리스도를 믿고 영접할 때 즉각적으로 이루어지는 믿음의 직접적인 행위에 관한 것이다. 후자는 신앙고백서가 말하는 '완전한 확신'의 요지는 아니지만 전자는 후자가 없이는 존재할 수도 그리고 시작할 수도 없다. 그것은 감지할 만한 증거 없이, 흑암과 의심의 한 가운데서도 계속될 수 있는 것이기 때문이다.

웨스트민스터 신앙고백서가 밝히는 바 어둠 가운데 거닐면서 빛을 보지 못하는 두려움과 고통 속에서도 '하나님의 씨와 신앙의 생명'은 결코 없어질 수 없다. 확신이 그리스도를 믿는 믿음의 직접적인 행위와 관계한다는 것을 주장함에 있어서 많은 이유들을 진술할 수 있을 것이다. 이 확신은 신자에게 있어 그 정도에 따라 다르지만 반드시 전제되어지는 것일 뿐만 아니라 신자의 경험의 내적 증거로부터 나오는 궁극적인 근거이기도 하다.

만일 이 확신이 처음부터 끝까지 불변하시는 하나님의 증거에 기초해 있지 않다면 이 확신은 단순히 추정이나 가정에 그칠 것이다. 시작부터 그리스도의 복음에는 그 어떤 심각한 죄인이라도 믿음과 소망의 확신에 대한 근거가 있으며 한번 믿기만 하면 그들의 구원이 하나님에 의해 신적으로 보장되어 있다는 것을 가르치는 것은 대단히 중대한 일이다. 그리스도를 구주로 고백하는 신자들이 이 사실을 반드시 기억해야 하는 일 역시 동일하게 중대한 일이다.

왜냐하면 어떤 복음 진리들에 대해 잠재해 있는 의심들을 말미암아 확신이 흔들릴 수 있고 확신의 결핍이 발생할 수 있기 때문이다. 그들이 하나님에 의해 죄인들의 구세주로 임명받은 예수를 완전한 그리스도로 믿지 않았다는 의심이 바로 그것이다. 그들이 실제로는 구원을 위해 그리스도를 믿고 영접하지 않았다는 의심 말이다. 결국 그들은 전혀 그들의 구원을 위해 그리스도께서 준비하신 그리스도를 수용하라고 개인적으로 보증받고 심지어 명령받았다는 사실을 깨닫지 못했다는 의심 말이다. 그리고 결과적으로 그들이 그리스도를 믿는 믿음의 직접적인 활동을 시작하지 않았으며 그들의 소망을 확증해 줄 수 있는 내적인 증거가 없다는 의심 말이다.

참된 신자들은 그 어떤 내적 증거가 그것을 대신할 수 없는 필수불가결한 집행으로서, 그리고 그들이 가장 어두운 흑암의 시간을 걷고 있을 때에도 구원과 위로의 원천이 되는 그리스도를 믿는 믿음의 직접적인 영향을 반드시 기억할 필요가 있다. 그들이 어둠 가운데 거니는 그러한 시간에는 '자신들의 내부를 바라봄'으로는 결코 확신을 가지고 다시 용기를 낼 수가 없다. 그들은 반드시 '밖을 바라보아야' 한다. 그들은 그들의 영혼에 일시적인 그림자를 드리운 구름 뒤에 가리어 있는 여전히 변하지 않으셨고 앞으로도 불변하실 의의 태양이신 영광의 그리스도를 바라보아야 한다.

'마로우'를 지지하는 자들은 또한 만인 구속 교리를 주장하고 모든 신자들이 반드시 '그리스도께서 자신을 위하여 죽으셨다'고 말할 수 있다고 주장하는 것 때문에 고소되었다. 사실 만인 구속 교리를 고수함에 대한 고소는 그들이 가르치는 믿음의 본질로서의 개인적 구원의 확신과 모순되는 것이다. 왜냐하면 그들의 신앙고백에 따르면 만인 구속은 그것이 만인 구원이라는 부가적인 교리와 결합되지 않는 한 오직 구원할 수 있는 가능성에 대한 확신만 제공하기 때문이다. 그래서 그들은 꿈에라도 이것을 전혀 가르치지 않았다.

이들은 그리스도의 죽음이 영원한 언약을 따라 그의 이름을 반드시 믿어야 하는 그리스도에게 주어진 모든 사람들의 구원을 획득함에 있어서 효과적이라는 견해를 견지했다. 그들 대다수는 브레아(Brea)의 프레이져(Fraser) 씨와 같이 한편으로는 아미랄드(Amyrald)의 조건적 구속 교리를 배격한 한편 그리스도의 죽음의 특별하고 일반적인 우주적 구속의 이중 언급으로서의 아미랄드의 견해를 채택했음에도 불구하고 만인 구속을 받아들이지 않았다. 이 부분적인 예외를 제외하고는 대다수의 '마로우' 신학자들은 그리스도의 죽음의 목적과 범위에 대한 진술의 일반적 방법론을 사용했다.

그러나 어쨌든 그들은 모든 신자들 각 개인이 '그리스도께서 나를 위하여 죽으셨다'는 사실을 반드시 말할 수 있어야 한다고 주장함으로 고소되었다. 그들이 사용한 이 표현은 그들의 견해에 따라 이해되어져야 할 표현이다. 그들의 최대 목적은 복음이 선포되는 모든 죄인들에게 그리스도를 그들의 구주로 영접하고 그 안에서 안식하는 보증을 수립하는 것이었다.

그들은 계시되어지지 않은 하나님의 의지가 아니라 계시된 하나님의 의지에서, 영원한 말씀 안에서가 아니라 영감된 말씀 안에서 하나님의 비밀스런 목적 안에서가 아니라 그의 공개적인 은혜의 선언 안에서 자신들이 주장한 이 보증을 발견한 것이다. 그들은 계시되지 않은 하나님의 뜻은 결코 신앙이나 집행의 규칙을 구성하지 않는 것으로 믿었다.

그들은 하나님의 영원한 목적은, 그것이 무엇이든지, 그리고 그것이 그의 피조물들을 향하여 어떤 섭리로 나타나든지 관계없이 복음을 믿고자 하는 의무에 어떤 영향도 미치지 않는다고 믿었다. 그들은 하나님의 목적이 그의 계시된 의지를 거스려 역사할 수 없다고 믿었기 때문이다. 왜냐하면 이 보증이 그의 모든 완전함에 의해 결정되며 그러므로 '거룩하고 의로우며 선한 것'이기 때문이다. (18)

산데마니안(Sandemanian) 체계는 지난 세기 동안 아일랜드(Ireland)와 스코틀랜드(Scotland)에서 동시적으로 발생한 사상으로, '신율법주의'를 강력하게 배격하고 '마로우' 교리 역시 배격한 사상 체계였다. 이 사상은 지엽적이기는 하지만 산데만(Sandeman)과 글라스(Glass)의 추종자들에 의해서 현재까지 존재하고 있다. 또한 그들의 견해를 전체적으로 다 받아들이지는 않았지만 그것의 일부를 수용한 많은 사람들의 저작에 영향을 끼치기도 했다. 이것은 앞선 한 세기에 만연했던 '신율법주의 교리'의 반동이었다. 그러나 이것은 또한 극단으로 치달아 '마로우' 신학자들의 그것과도 충돌하여 그 사상을 배격했다. 왜냐하면 이 사상은 믿음이 마음의 행위, 적어도 갱신된 마음의 행위라는 것을 부인했고 만일 이 믿음이 순종의 행위라면 우리는 '행위'로 말미암아 의롭게 되는 것이라고 주장했기 때문이다. 산데마니안의 저작들은 몇 가지 중대한 진리들을 포함하고 있으며, 일반적으로 보급된 여러 오류들을 교정하는 데 매우 적당한 사상이다. 그러나 이들의 저작은 한 가지를 변호하고 다른 한 가지를 폭로하는 데 그치지 않고 더 멀리 나아갔다. 그들은 실질적으로 은혜로 말미암는 무조건적인 칭의의 견해를 독점적으로 요구함으로써 개혁주의 교회들의 교리와 정면으로 충돌했다.

양자의 차이점들은 우리가 일반적으로 생각하는 것과는 달리 매우 근본적인 본질에 관계되어 있다. 이 차이점들은 종종 믿음의 본질과 정의에 대한 형이상학적이고 추상적인 질문에 관한 견해 차이일 뿐이라고 간주되었다. 그러나 산데마니안주의 교리들의 근거와 그것에 의해 유지되는 논증들을 면밀히 검토하고 살펴보면, 이것이 교회에 있어서 가장 중대한 질문 가운데 하나라는 사실을 깨닫게 될 것이다.

그 질문은 바로 다음과 같다. 그리스도에 의해 성취된 구속을 각 개인들에게 적용하시는 성령의 사역과 그들 안에서 믿음과 회개를 생산하는 성령의 사역이 그들의 칭의가 그리스도의 전가된 의로 말미암은 무조건적인 칭의와 모순되게 만드는지, 아니면 조화되게 만드는지에 대한 질문이다. 산데마니안주의자들은 믿음이 단순히 지적인 동의임을 주장하고 믿음을 평가절하하며, 그것으로부터 신앙, 신뢰, 그리고 확신을 제외한다.

바로 이러한 이유로 이 열매들은 영의 열매들로 그리고 도덕적 순종의 행위로 간주되어 우리가 '행위'로 의롭다함을 받게 된다는 것이다. 그러나 이 논증은 믿음이 그 자체로 우리가 의롭게 되는 의라는 암묵적인 추정과 관계되어 있다. 그것이 우리를 의롭게 해 주는 공로로서의 의 자체가 아니라 개혁주의 교회가 가르치는 대로 무조건적인 칭의의 교리에서 탈선하지 않은 채 성령의 열매, 거룩한 원리, 심지어 도덕적 의무로서의 그리스도의 의를 신뢰하고 그것을 영접하게 하는 수단으로 간주된다면 우리는 이 믿음으로 말미암아 의롭게 되는 것이다.

그러므로 우리의 용인의 근거를 형성하는 믿음과 다른 은혜들을 배제하자. 그러면 오직 우리를 '위한' 그리스도의 사역만이 우리가 의롭게 되는 유일한 의로 남아 있을 것이다. 우리 '안에서' 역사하시는 성령의 사역은 그리스도의 의의 참예자가 되게 하기 위하여 우리가 그리스도와 연합될 때 그 충만함과 유효성이 확실히 인식 될 것이다.

오직 그리스도만을 신뢰함에 있어서 단순한 지식은 우리 신뢰에 손상을 입힐 뿐이다. 그 대신 우리는 하나님의 진리에 대한 영적 이해를 소유하자. 그리고 단순히 차가운 동의 대신 복음에 대하여 진심으로 우러나오는 동의를 나타내자. 우리 안에서 역사하시는 성령의 사역과 우리를 위한 그리스도의 사역은 신학에 있어서 가장 중대한 주제 가운데 하나이기 때문이다. (19)

홉킨스 신학(Hopkinsian Theology)은 지난 세기에 미국에서 발생한 것으로서 칭의 교리에 대한 중요한 의미를 지니고 있다. 왜냐하면 그것이 죄와 의의 전가 모두를 배격했기 때문이다. 이것의 영향을 추적해 보면 우리는 대서양을 사이에 두고 있는 미국과 영국의 유명한 신학자들인 스튜어트(M. Stuart) 교수와 알버트 반즈(Albert Barnes)의 저작 안에서 이 신학 사상을 발견할 수 있다.

만일 하나님의 용인과 사면의 성경적 교리의 근거가 되는 가장 근본적이고 중대한 대표 원리와 대속, 전가, 그리고 만족의 원리가 변경되거나 폐기되고 평가절하된다면, 뉴헤이븐(Newhaven)의 신학은 소시니안주의의 침략에 대한 희미한 장애만 제시하게 될 것이다. 그러나 미국은 많은 훌륭한 신학자들, 특별히 하지(Hodge) 박사와 「프린스톤 신학 저널」(*Princeton Theological Review*)과 「논문집」(*Essay*)을 책임졌던 그의 동료들의 저작들을 통하여 이러한 오류들에 대한 충분한 대책을 제시했다. 이 위대한 전가 교리에 대한 성경적 주제는 제2부에서 매우 자세히 살펴볼 것이다. (20)

여러 다양한 견해들의 목록들이 어떤 독자들에게는 유익한 교훈을 시사하기는커녕 오히려 혼란을 조장할지도 모르겠다. 그러나 이러한 감정은 무엇보다도, 첫째로, 인간의 견해가 얼마나 많이 다를지라도 그것과 관계없이 '어제나 오늘이나 영원토록 변함 없으신' 그 저자와 마찬가지로 변함없는 유일한 믿음의 규칙인 '여호와의 말씀'을 상고함으로 잘 정리될 수 있을 것이다. 이 말씀은 '우리에게 설교된 복음'이다. 사실 모든 위대한 개신교회들의 부수적인 표준들은 종교개혁 시대에 수립된 이 진리에 공통적인 증거를 내세운 것들이었다.

둘째로, 이러한 감정은 성경이 우리에게 가시적이고 전투적인 교회 안에서 이단들과 파당을 조장하는 여러 다양한 견해들이 있을 수 있다는 것을 가르치고 있다는 사실을 고찰함으로써 잘 정리될 수 있다. 뿐만 아니라 그것들은 무질서와 혼돈에서 질서를 조장하실 수 있는 하나님께서 지혜롭게 허락하시어 합력하여 선을 이루기 위해 잘 통치되어야 할 것이다. 왜냐하면 "우리 중에 편당이 있어야 우리 중에 옳다 인정함을 받은 자들이 나타나게 될 것"이기 때문이다(고전 11:19).

셋째로, 모든 교회 역사 속에서 논쟁은 칭의 교리에 대한 진리를 정의하고 진술하는 데 대단히 공헌한 수단이었다. 또한 그것은 이 교리에 대한 불완전하고 한쪽으로 치우친 견해를 교정하고 수정하는 데 막강한 힘을 발휘하기도 했다.

마지막으로, 그동안 발생한 모든 논의들을 살펴보면 이 칭의 교리에 대한 질문에 대해 우리 죄의 사면과 하나님 앞에서의 용인이 하나님의 무조건적 은혜 아니면 인간의 자유의지, 그리고 그리스도의 전가된 의가 아니면 우리 자신의 내재적인 의에 전적으로 달려 있기 때문에 매우 단순한 양자택일의 진술을 제공하고 있다. 바로 이것이 칭의 교리에 대해 양자택일할 수밖에 없는 궁극적인 최종의 진술인 것이다. 그 누구도 이 양자택일 중에 무엇을 선택할지를 고민할 필요가 없다.

우리의 실제적인 구원을 위해 우리를 '위한' 그리스도의 사역과 우리 '안에서' 역사하시는 그의 영의 사역의 절대 필요성과 불가분리의 관계성을 확인함으로써 율법주의와 율법폐기론의 적대적인 오류들은 확실하게 배제될 것이기 때문이다.

제7강

영국 국교회의 칭의 교리의 역사

　영국의 교회는 종종 '종교개혁의 위대한 보루'라고 불렸다. 그리고 이 진술은 몇 가지 중대한 점에서 사실이기도 하다. 가장 강력한 비국교도들(Nonconformist)은 영국의 위대한 신학자들의 학문과 능력, 그리고 비범한 경건을 매우 기쁜 마음으로 배우고 익히기를 즐거워했다.
　그들의 저작들은 그리스도의 전 우주적 교회를 위한 정말 소중한 유산들이며 공통된 믿음을 변증할 수 있는 모든 가능한 무기들을 저장해 놓은 병기와도 같다. 그들의 저작은 가장 최고의 문화 시대를 사는 사람들의 영적 교훈을 위한 보고(寶庫)와도 같은 것이다. 그들은 종교개혁 초기에 매우 주목할 만한 노력을 기울였다. 개신교는 로마 가톨릭의 오류들을 논박했던 능력 있는 이들의 활동에 큰 빚을 지고 있는 것이다.

　당시 로마 가톨릭의 교리를 철저하게 반대했던 한 사람은 말했다.
　"영국 국교회는 진리를 위해 목숨을 바치기 원했던 수많은 위대한 능력의 소유자, 그리고 비범한 학문의 소유자들을 보유하고 있었다. 영국 국교회의 신학자들에 의해 세상에 빛을 본 수많은 저작들은 로마 가톨릭의 교리를 논박하는 데 중대한 부분을 차지했을 뿐만 아니라 전 교회 역사상 그 어떤 교회도 해내지 못한 불후의 학문적인 업적을 이루었다. 로마 가톨릭교회와의 논쟁을 통해 칭의와 관계된 여러 주제들이 아주 정교하고 폭넓게 다루어진 엄청난 저작들 이외에도 모든 논쟁적 주제들에 대한 이루 셀 수 없는 수많은 작은 강화(講話)들이 출판되었다. 이 모든 저작들의 대부분은 후에 런던의 감독이었던 깁슨(Gibson) 박사에 의해 수집되었고 『로마 가톨릭 체계 예방법』이란 이름하에 2절판 3권의 전질로 출판된 것이다. 이 전질은 칭의 교리에 관한 논쟁의 모든 부분을 다 다루고 있는 정말 가치 있는 완전한 저작이다."(1)

바로 이러한 점들이 자기 노력으로 성취한 초창기 영국 국교회의 특성이었다. 그러나 우리가 만일 근대의 영국 국교회의 신학자들의 저작들을 믿어야 한다면, 과거 영국 국교회는 전혀 개신교적이지 않았으며, 종교개혁에 기초한 교회들보다는 오히려 로마 가톨릭교회와 완전히 일치하는 듯한 인상을 주기에 충분하다. 이렇게 주장함에 있어서, 그들은 과거 주교정치 형태와 연도(連禱),1) 각종 의식들과 로마 가톨릭교회의 제의(祭衣)들을 계속 유지했을 뿐만 아니라 권징과 종교개혁자들의 중대하고도 독특한 교리들, 특별히 개혁자들의 칭의 교리를 배격했다.

그들은 종교개혁자들이 가르치고 교훈한, 그들이 로마 가톨릭의 교리와 확실히 구별되며 가장 유일하고 보편적이며 참된 사도적 진리라고 믿었던 '신앙의 조항들', 심지어 종교개혁의 훈계와 설교들이 전혀 이 칭의 교리를 함유하고 있지 않다고 주장했다. 그런데 실상 근대의 영국 국교회 관계자들은 독일과 스위스의 종교개혁자들이 공통적으로 고백했던 오직 그리스도 안에서 믿음으로 말미암아 은혜로 주어지는 이 무조건적인 칭의 교리를 독일과 스위스의 종교개혁자들이 실제로는 고백하지 않았다는 증명을 시도하지 않았다. 왜냐하면 그러한 시도 자체가 허

---

1) **역자주** – 일명 호칭 기도로서 사제가 읊은 기도문을 따라 신도들이 읊는 형식의 기도.

무맹랑하며 도저히 승산이 없는 짓임을 잘 알고 있었기 때문이다.

그러나 그들은 이것을 증명하는 대신 우선 이 교리에 의심을 불어넣는 시도를 실행에 옮겼던 것이다. 믿음의 조항들과 훈계들을 편집했던 후대의 사람들이 완성한 신앙고백서나 믿음의 조항들은 종교개혁자들의 그것과 전혀 동일하지 않다고 했으며, 후에는 좀더 대담하게 그들은 종교개혁자들과 전혀 다르다고 주장했던 것이 바로 그것이다. 그리고 그들은 이 종교개혁의 후예들이 오늘날에도 이 근본적인 조항에 있어서 종교개혁의 다른 모든 교회들과도 여전히 다른 입장을 취하고 있다고 계속해서 주장하고 있는 것이다.

결국 근대의 영국 국교회 관계자는 과거에 이 교리를 전혀 가르친 적이 없으며, 현재에도 그 어떤 공식적이며 권위 있는 기관이 공식적인 믿음의 조항으로 루터와 쯔빙글리, 그리고 칼빈이 견지했던 이 '법정적' 칭의 교리를 가르치지 않는다고 한다. 그들은 대신 용서와 사면, 혹은 회개와 순종에 전적으로 좌우되는 변혁으로 구성된 '도덕적' 칭의 교리를 가르친다. 결국 소위 이 '도덕적' 칭의 교리라는 것은 종교개혁자들의 칭의 교리와 정면으로 대치되는 것이며, 다른 한편으로는 트렌트 공의회의 그것과 모든 면에서 일치하지는 않는 독특한 것이다.

반면에 그들의 이러한 교리는 교부들의 교훈과 보편적인 고대 교회들의 그것과 전적으로 일치하고 있다. 이렇게 주장하는 근대 영국 국교회 신학자들의 한 후예는 영국 국교회를 전 유럽의 모든 개혁주의 교회로부터 고립되어 외로운 상태에 있는 교회라고 불렀으며, 뿐만 아니라 영국 국교회는 개혁주의 교회가 위대한 유산으로 물려받은 가장 근본적인 기독교 믿음의 조항에 철저하게 적대적인 교회라고 불렀다. (2)

영국 국교회와 그들의 조상들이었던 종교개혁자들의 칭의 교리를 변호함에 있어서 우리는 우선 이 근대 영국 국교회의 어떤 신학자들이 채택하고 그들의 결론을 도출하기 위한 특별한 근거로 사용했던 매우 독특한 논법을 주도 면밀히 살펴보아야 한다. 그들은 이 믿음의 단순한 조항을 해석하지 않았으며 한편으로는 그들의 진술과 트렌트 공의회의 법령을 공명정대하게 대조하지 않았고, 다른 한편으로는 그들의 진술과 개혁주의 교회의 신앙고백과 요리문답을 대조하지도 않았다. 이는 이러한 종류의 논의와 질문에 있어서 가장 직접적인 진행 절차이다.

그들은 영국 종교개혁의 선두 주자였고 성공회 교리의 보편성을 보존하는 데 앞장섰던 중도적인 종교개혁자 부서와 멜랑톤 같은 이들의 영향을 특별히 언급했다. 그들의 첫 번째 논법은 그들이 오직 다른 직접적이고 힘있는 증거를 지지한다고 가정하는 부가적인 증거를 제시해 줄 뿐이다. 증거의 중요한 강점은 책으로 출판되었든지 아니면 그들이 편집한 신앙조항이나 설교집에서 구체화된 영국 개혁자들의 의도적인 진술에 있어야 한다.

여기서 제기하고 있는 첫 번째 질문은 해석적인 것이다. 이 진술들의 자연적이며 명백한 의미는 무엇인가? 그들의 편찬의 역사와 영향력의 역사는 편집자들의 견해에 영향을 미쳤으며 그것에 대해 간접적인 결론 이외에 다른 것을 제공하지 못할 것이다.

역사적 사실들은 아마 약간의 추정을 제공하겠지만 신앙의 조항에 대한 무리한 해석을 보증하거나 부자연스러운 의미로 설명하지는 않는다. 해석자의 의무는 번역자의 그것과 마찬가지로 어떤 문서라도 해석자가 그 문서와 동의하든 그렇지 않든 단순하게 그 참된 의미를 밝혀내는 것이다. 현재 우리가 다루고 있는 경우는 카에(Kaye) 감독이 말했듯이 어떤 것이 진리인가라는 질문과 관계없이 트렌트 공의회의 교리와 영국의 신앙조항을 대조하여 보는 것이다. (3)

종교개혁자 멜랑톤과 부서가 크랜머(Cranmer)와 리들리(Ridley)에게 가장 강력한 영향을 끼쳤다는 것을 증명할 수 있었다면, 그리고 또한 멜랑톤과 부서가 칭의 교리에 있어서 칼빈과 루터와 본질적으로 다르다는 것이 증명될 수 있었다면 종교개혁자들의 일반적 교리와 반대되는 의미로서의 예수회의 주장과 무리한 해석을 배제한 채 신앙조항과 설교집의 언어에 대한 건전한 주해적 원리가 제대로 해석되었다는 것 역시 증명되어야 할 것으로 남아 있었을 것이다.

영국 종교개혁자들에게 영향을 끼쳤다는 부서와 멜랑톤의 잘못된 영향으로부터 파생된 역사적 억측은 다음과 같은 부인할 수 없는 두 가지 사실 때문에 수용될 수 없다. 첫째로, 크랜머와 리들리는 루터와 칼빈, 피터 마터와 존 낙스에 의해서 독점적이며 특별한 영향을 받은 적이 없는 것과 마찬가지로 부서와 멜랑톤에 의해서 영향을 받은 적도 없다. 둘째로, 심지어 그들이 크랜머와 리들리에게 영향을 끼쳤다고 하더라도 칭의 교리에 대한 그들의 견해는 다른 종교개혁자들의 그것과 완전히 일치했다.

부서와 멜랑톤이 루터나 칼빈보다 영국의 종교개혁자들과 더 친밀한 교제를 했다는 믿을 만한 증거는 없다. 칼빈은 크랜머의 절친한 서신 왕래자였고 피터 마터와 존 낙스가 그의 열광적인 동역자였다는 것은 확실하다. 사실상 종교개혁 이후 라우드(Laud) 경의 시대에 이르기까지 오랫동안 영국의 가장 탁월하고 저명한 신학자들의 신학은 유럽 대륙을 강타했던 신학과 본질적으로 같았다. (4)

그것은 칼빈이나 루터 또는 쯔빙글리에 의해 수여받은 것도 아니고 그렇다고 해서 그들 사이에 견해가 서로 다른 것도 아니었다. 왜냐하면 그들은 훌륭한 신앙의 형제들로서 서로의 의견을 교환했고 복음 안에서 하나로 연합된 자들이었기 때문이다. 그러나 그들이 서로 성숙한 교류를 통해 진리의 주해를 상호 교환했지만 그들은 모두 하나님의 영감된 말씀의 연구를 통해 그들의 교리를 작성했던 것이다.

부서와 멜랑톤이 어떤 점에서는 루터와 그리고 또 다른 어떤 점에서는 칼빈과 달랐다는 것은 사실이다. 그러나 칭의 교리에 관한 그들의 견해는 서로 동일했으며 역사를 거듭해 오면서도 역시 계속해서 완전히 일치했다. 이 칭의 교리에 관해서 그들이 모호한 견해를 취했다는 유일한 근거는 화평을 위해서 칭의에 대한 애매모호한 진술을 함으로써 쾰른 신조와 일치하기 위해 라티스본 회의에 동의했다는 것 뿐이다.

그러나 그들이 자신들의 진술에 오류적인 해석이 내려질 수 있다는 것을 알자마자 로마 가톨릭과 개신교 교리 사이에 분명한 차이가 있음을 밝혔어야 한다는 깊은 후회를 표현했다는 엄청난 증거들이 있다. 그들은 이러한 후회를 가장 엄숙하고 진지한 방법과, 그리고 가장 감동적인 언어로 되풀이하여 말함으로써 한편으로는 로마 가톨릭을 반대했고 다른 한편으로는 개신교의 칭의 교리에 대한 전폭적인 신뢰와 헌신을 표현했다.

멜랑톤은 많은 변화를 소개한 그의 책 『비망록』(Common Places)의 재판에서 칭의 교리에 대해서는 전혀 변경하지 않았다. 오히려 그는 그의 유서가 담겨 있는 문서에서 그의 영혼과 삶의 양식으로 삼았던 개신교의 칭의 교리를 사랑한다고 선언했으며, 그의 후손들에게 이 칭의 교리에 관해서는 그 어떤 양보나 타협도 하지 말라고 경고했다. 이 주제에 대한 그의 성숙한 견해에 대해서 그는 그의 초기 작품 중 하나인 '로마서 주석' 표제에 붙어 있는 '칭의에 대한 서문'과 모든 『비망록』(Common Places)에서 계속되는 재판(再版)을 그의 칭의 교리를 지지하는 증거들로 인용하고 언급한다. 이것들은 칭의 교리를 좀더 상세히 설명했으며, 그것을 확실히 수립했다.

그리고 이러한 멜랑톤 자신의 저작들과 그의 동역자였으며 종교개혁자들의 교리를 적극적으로 지지했던 영국의 피터 마터의 저작 '칭의에 대한 논설'을 비교해 보면 그들이 동일한 진리를 견지했고 동일한 성경적 증거를 사용했다는 것을 발견하게 될 것이다. (5)

그러나 이러한 역사적 질문들 이외에도 영국 국교회의 공인된 신앙조항과 훈계들에 대한 직접적인 호소가 이루어질 수 있을 것이다. 왜냐하면 이것들은 그들에게 영향을 미쳤던 것으로 간주되는 대륙의 신학자들의 영향으로부터 영국 국교회의 개혁자들이 가르쳤던 추론과 추측에 근거한 교리들에 대한 완곡하고 간접적인 표현으로 보이기 때문이다.

신앙의 조항에 대한 다음과 같은 한 가지 사실은 매우 결정적이다. 국내외의 모든 개신교회들은 그들이 루터주의자들이든지, 칼빈주의자들이든지, 아우구스부르크(Augsburg) 신조를 따르든지, 프랑스(French) 신앙고백을 따르든지, 벨직(Belgic) 신앙고백을 따르든지, 웨스트민스터(Westminster) 신앙고백을 따르든지 관계없이 11번째 신앙조항[2])과 '구

---

2) **역자주** - 영국 국교회는 에드워드 6세와 엘리자베스 여왕 1세의 치세 기간에 개혁된 우주적 교회로서 기본적으로 개신교 종교개혁의 길을 따라 정착하게 된다. 이러한 교리적 신학적 정착의 주춧돌은 공동기도서와 39개 신앙

원에 관한 훈계'(Homily of Salvation)를 칭의 교리에 대한 그들의 믿음을 건전하고 올바르게 표현한 것으로 매우 기쁘게 수용할 것이다.

다른 일반적인 교리와 관계된 진술에 관한 한 다른 개신교회들은 아마도 그들 각자의 신앙고백서를 11번째 신앙의 조항보다 더 포괄적이고 명백한 것으로 선호할 것이다. (6) 그러나 그들 모두는 이 11번째 신앙의 조항이 칭의 교리에 대해 성경이 가르치고 있는 본질을 포함하고 있으며, 한편으로는 로마 가톨릭 교리를 반대하고, 다른 한편으로는 개신교의 칭의 교리와 전적으로 일치하는 것을 만장일치로 인정할 것이다.

이 영국 국교회의 39개조 신앙조항이 제정되고 반복해서 개정되던 시기의 이전과 이후 모두 칭의에 관한 개신교 교리는 영국인들을 확고하게 사로잡았고, 영국인들은 이 개신교의 칭의 교리를 사랑하고 견지했다. 그리고 이 교리는 오소리오(Osorio)의 질문에 답했던 순교자의 사화(殉敎者 史話, The Book of Martyrs)로 유명한 순교사가 존 폭스(Jone Foxe)에 의한 답변과 논의를 제외하고는 더 상세히 설명되고 능력 있게 변호되어진 적이 없었을 것이다.

그러므로 종교개혁 시대의 영국 국교회는 모두 당시 만연했던 하나님 앞에서의 죄인의 용인에 대한 근거와 방법에 만장으로 일치했다. 그리고 그들이 초창기 받았던 빛나는 복음의 빛이 이따금씩 일식처럼 어둠에 가려있을 때 그들은 언제나 영국 국교회의 신앙의 조항과 훈계들을 그들의 공인된 신조의 대표로 여기며 그것들을 잘 보존해 왔다.

영국 국교회의 역사상 이 진리에 대한 데브넌트(Davenant)와 다운함

조항이었다. 특히 39개 신앙조항은 극단적인 로마 가톨릭의 주장에 나타난 오류를 지적하는 동시에, 개신교 종교개혁에서 있을 수 있는 극단적인 오류에 대하여 경고하고 있다. 이로써 영국 국교회는 그 개혁 과정에서 독특한 교회 이해, 즉 '개혁되고 가톨릭적인' 교회라는 '중도'(中道) 혹은 '중용'(Via Media)이라는 태도를 갖추게 되었다. 이 영국 국교회의 39개 신앙조항 가운데 제11항은 다음과 같이 시작한다. 제11조 사람의 의인(義認)에 관하여: 우리가 하나님 앞에서 의롭게 되는 것은 다만 우리의 주님이시며 구주되신 예수 그리스도의 공로에 의거하여 믿음으로 되는 것이고 우리의 업적과 가치에 의하지 않는다. 그러므로 우리가 신앙으로만 의롭다함을 받는다는 것은 가장 건전한 교리이며 또 의인(義認)에 관한 설교에서 보다 더 광범위하게 표현되어 있듯이 아주 충분한 위로가 된다.

(Downham), 발로(Barlow)와 비버리지(Beveridge), 그리고 안드루스(Andrewes) 같은 신실하고 확고한 증인들은 전혀 부족함이 없었다. 심지어 이어지는 세대에 마치 어둠에 밝은 '빛을 비추어 주는 것처럼' 이 훌륭한 증언을 계속해서 비추어 주었던 현명한 후커(Hooker)도 그들 중 한 사람이었다. (7)

그러나 영국 국교회는 빛나는 종교개혁의 옛 신학으로부터 탈선해서 광범위하게 만연된 결점들이 있었고, 그것들은 지금 현재에도 계속해서 존재하고 있다. 그렇기 때문에 우리가 이 영국에 미치고 있는 영향들, 특별히 종교개혁 시대 이후에 영국 국교회에 미친 영향들에 대해 올바른 평가를 내리는 것은 대단히 중대한 일이 아닐 수 없다.

그것들은 사람들로 하여금 종교개혁자들의 믿음으로부터 탈선하게 하고 개신교의 칭의 교리보다는 로마 가톨릭의 칭의 교리에 가까운 견해들을 양산하게 만드는 것들이었다. 이 영향들은 몇 가지 독특한 출처로부터 발원되며, 영국의 신학에 강력하게 적용될 때 아주 큰 영향력을 발휘하게 된다. 만일 이러한 원인들이 제대로 드러나지 않는다면 위대했던 변화는 설명할 길이 없을 것이다.

첫 번째 영향은 트렌트 공의회에 의해 정의되고 선언되었던 것처럼 로마 가톨릭 교리를 변호했던 위대하고 비범한 능력의 소유자들의 저작에 관한 것이다. 그것은 초창기 벨라마인의 『논쟁』(*Disputation*)과 가장 최근인 모헬러의 『상징주의』(*Symbolism*)와 같은 것들이다. (8)

두 번째 영향은 칭의 교리에 관한 한 로마 가톨릭과 개신교가 결코 다르지 않다는 것을 증명하려 했던 로마 가톨릭과 개신교 저자들의 몇몇 저작들에 관한 것이었다. 만일 로마 가톨릭의 칭의 교리와 개혁주의 칭의 교리가 서로 다른 것이 있었다면 그것은 실제적인 문제에 있어서 약간만 달랐을 뿐이라는 것이다.

이러한 주장을 하는 저작들 가운데, 로마 가톨릭 측에는 보수에트(Bossuet)의 『주해』(*Exposition*)가 있었고, 개신교 측에는 레 블랑크(Le Blanc)의 『명제』(*Theses*) 같은 것들이 있었다. 한편 영국 국교회의 신앙조항과 트렌트 공의회의 교령과 법령 사이에 존재하는 명확한 차이점들을 제거하려 했던 데븐포트(Davenport)의 궤변적인 작품들과 프란시스 아 산타 클라라(Francis a Sancta Clara)의 작품들도 있었다. 영국 국교회 내의 많은 주도적인 신학자들의 견해에 미쳤던 이 영향들은 영국 국교회를 대표한다고 할 수 있는 아터베리(Atterbury), 웨이크(Wake), 버넷(Burnet), 바로우(Barrow), 그리고 로렌스(Laurence)와 같은 자들의 진술에서 명백히 드러나고 있는 것이다. (9)

많은 영국의 신학자들에게 그들로 하여금 개혁주의 교회의 칭의 교리보다 로마 가톨릭교회의 칭의 교리를 수용하게 만드는 방법으로 강력한 영향을 끼쳤던 세 번째 내용은 도르트 총회(Synod of Dort) 이후 소개되었고, 영국 국교회의 39개 신앙조항을 계속해서 견지하던 많은 자들에 의해 흡수되었던 바로 알미니안주의와 펠라기우스주의 이단에 대한 조짐이었다.

개신교의 칭의 교리는 한동안 전 우주적으로 고백되었다. 그러나 몇몇 저명한 신학자들이 이내, 무엇보다도 먼저 지금까지 교훈되어 온 하나님의 섭리에 대한 진리와 신자들의 궁극적 구원에 대하여 의문을 제기하기 시작했다. 그리고 이러한 의문은 서서히 하나님의 용인을 받는 근거와 방법에 대한 철저한 변질을 초래하게 되었다. 엘리자베스 여왕 시대에 바레트(Barret)와 바로(Baro)가 처음으로 이와 같은 질문들을 제기했고 캠브리지 당국자로부터 고소를 당했다. 결과적으로 몽테규(Montagu) 감독은 그들의 견해를 '군주에게 드리는 호소문'이라는 책을 통해 공언했다.

그러나 이에 대해 샬레톤(Charleton) 감독은 다음과 같이 응답했다.
"영국 국교회는 피터 마터와 마틴 부서와 동일한 교리를 견지했던 우리의 경건하고 학식 있는 감독들의 도움을 통해 형성되었다. 그것은 감독과 청교도들이 모두 공개적으로 고백한 것이다. 감독과 청교도 모두는 공통적인 교리를 수용했다. 그들이 서로 다른 것은 다만 한쪽은 국교도이고 다른 한쪽은 비국교도라는 것 뿐이다."

몽테규의 책은 '로마 교황 체계를 장려'한다는 이유로 상원으로부터 탄핵을 받았다. 그들은 더 나아가 1628년에 '그들의 진리를 고백하고 선언'하는 진정서를 결의하고 발행했다. 이 진정서는 영국 국교회의 공개적인 법령과 그들의 저작들의 일반적인 주해로 말미암은 신앙의 조항을 의미한다. 그리고 그것은 예수회와 알미니안주의의 견해와 그들과 다른 모든 견해들도 역시 배격하는 것이다. (10)

그러나 이러한 알미니안주의와 펠라기우스주의의 기미는 계속해서 교회뿐만 아니라 의회 당국에까지 번져 나갔다. 당시 유력했던 칭의 교리는 이 알미니안주의와 펠라기우스주의 때문에 심각하게 손상되었다. 결국 종교개혁자들의 칭의 교리와는 너무나도 다른 많은 견해들이 여기저기에 만연해지고 말았으며, 로마 가톨릭의 주입되고 내재된 의로 말미암는 칭의 교리와 유사한 급진적인 견해들이 생기고 말았던 것이다. 바로 이러한 교리가 불(Bull)과 케이브(Cave), 그리고 호들리(Hoadly)의 교리였다. (11)

영국의 많은 신학자들에게 영향을 끼쳤던 네 번째 이유는 개신교의 칭의 교리에 대한 선입견을 촉발시키고, 그들로 하여금 개신교의 칭의 교리와 로마 가톨릭의 칭의 교리를 구분하기 어렵게 만드는 견해들을 받아들이게 함에 있었다. 이것은 뮌스터(Münster)에서 처음 출현하여 엄청난 영향을 끼친, 잉글랜드 공화국 시대의 어지러운 틈을 타고 영국으로 넘어 들어온 율법폐기론주의자들의 극단적인 견해였다.

냉정한 사람이라 할지라도 이 견해들과 종교개혁자들의 견해를 구분해 낼 수는 없을 것이다. 이 견해들은 그들의 교훈과 완전히 모순되기 때문에 루터와 칼빈에 의해서 배격되었을 뿐만 아니라 고발되었음에도 불구하고 그것들은 여전히 개신교라는 이름을 자처하는 분파들에 의해서 계속해서 공개적으로 고백되었다. 이들을 받아들이는 곳은 어디서든지 도덕적이며 사회적인 악을 생산하고 말았다.

그들은 마치 행위로 말미암지 않고 은혜로 말미암는 칭의 교리가 자연적으로 죄를 더욱 조장하는 주범인 것처럼 주장함으로써 사도들의 옛 교리를 정면으로 도전하는 선입견을 강화하고 부활시키는 경향을 지니고 있었다. 이러한 선입견은 그들의 믿음을 완전히 파괴하지 않는다면 적어도 종교개혁의 근본적인 신앙의 조항들에 대한 그들의 열정을 감소시킨다. 그들은 이 영향에 완전히 종속되지는 않았지만 로마 가톨릭의 교리에 가까운 교리로 개신교의 교리를 그럴듯하게 수정해서 제시했던 것이다.

동일한 방향으로 나갔던 다섯 번째 이유는 후에 영국에서 신율법주의자들에 의해 채택된 프랑스의 신흥 감리교도들에 의해 선언된 교리의 도입이었다. 칭의 교리에 대한 진술의 이 새로운 방법은 하나님의 용인을 받는 가장 직접적인 근거로서의 그리스도의 전가된 의를 신자의 개인적인 의로 대치시키는 데 있었다. 이 점에 있어서, 이 교리는 로마 가톨릭교회의 교리와 본질적으로 동일하다. 그러나 이 신율법주의의 복음적 성격은 그리스도로 말미암아 전반적인 공로를 획득한다는 것 때문에 잘 보존되었다.

그러나 그것은 죄인의 사면과 용인이 아닌 그 자신의 칭의를 확보하고 보장하기 위해 그 자신이 성취할 수 있는 조건하에 주어진 '은혜의 새로운 율법'으로 말미암는 것이다. 옛 율법과 달리 느슨해지고 변경된 새로운 율법은 완전한 순종을 요구하지만 그것이 불완전하더라도 진실하기만 하면 어떤 순종의 노력도 다 받아 주고 상을 베푸는 것이다. 이 신율법주의의 체계는 율법폐기론이라 불리는 교리의 반대급부로 말미암아 17세기에 수립된 교리이다.

그러나 사실상 이 신율법주의는 오직 믿음으로만 말미암아 얻어지는 개혁주의의 칭의 교리를 배격하고 반대하기 위해 출현한 교리이다. 실제적인 율법폐기론자들은 죄인이 의롭다함을 받기 위해서는 자신이나 대속자로 말미암아 율법이 '성취'되는 것이 아니라 오히려 율법이 폐기되거나 관대해야 한다고 주장한다.

그러므로 한편으로는 거대한 율법폐기론주의의 출현과 또 다른 한편으로는 매우 교묘한 신율법주의 이론의 영향에 대한 두려움 때문에 많은 영국의 신학자들은 종교개혁자들의 옛 교리들로부터 매우 급속히 탈선했고 로마 가톨릭에 가까이 가게 되었던 것이다. (12)

바로 위에 언급한 것들이 영국 국교회를 교리적 탈선으로 이끌었던 주요 원천들이었다. 우리가 종교개혁자들의 교리들로부터의 일반적인 탈선을 생산하고 오히려 로마 가톨릭의 교리를 점차 선호하게 된 외면적인 이유나 영향을 고찰할 때 우리는 더 상세하고 영구적인 종류의 또 다른 작용, 즉 '인간의 마음의 자연적인 로마 가톨릭 제도'로 적절히 이름지어지는 자생하는 자의(self-righteousness)의 경향을 절대로 간과해서는 안 될 것이다.

이 경향 역시 동일하게 우주적이며 불변적인 경향이다. 습관적으로 불경한 상태에 있는 경건치 못한 자들과 죄인들에 비하면 그들 자신의 상태와 조건의 안전이나 자의보다 다 신뢰할 만한 것은 전혀 없었다. 만일 그들이 자신들의 선한 행위에 대해 말할 수 없다면, 적어도 자신들의 확신에 찬 선한 의지와 동기들을 내세울 수 있을 것이다. 반면에 도덕적으로 그들의 행위가 훌륭한 다른 이들은 자신들의 잘 조절된 기질과 습관, 공정한 거래, 관대한 구제, 그리고 종교적 준수를 신뢰할 것이다. 그들이 죄인임을 깨닫고 그들 자신의 의를 의지하는 모든 것을 포기한 신자 자신들도 이러한 경향들을 잘 알고 있다.

마틴 루터는 다음과 같이 말했다.
"나는 지난 20년 동안 설교와 강의를 통해서 이 교리(그리스도의 공로를 믿음으로 수용함으로써 하나님의 법정 앞에서 인정된 자로 간주되는 것)를 가르쳐 왔다. 그러나 내 손에 하나님을 만족시킬 만한, 그래서 하나님이 내게 은혜를 반드시 베풀어 주셔야만 하는 무엇인가를 가지고 가고자 하는 고질적이고 완강한 수렁이 나를 계속해서 옭아매고 있다. 나는 이 교리가 절대로 필요함에도 불구하고 순전하고 단순한 이 하나님의 은혜에 완전히 나 자신을 맡기는 일에 이르지 못하고 있는 것이다." (13)

우리의 일반적인 공통의 본질에 깊이 뿌리박고 있으며 개신교회나 가톨릭교회 모두에 동일하게 존재하는 것으로서 교황주의의 부패를 초래했던 동일한 또 다른 경향은 바로 대감독 화틀리(Whatley)의 『로마 가톨릭주의의 오류』(*The Errors of Romanism*)라는 저작이 지적하고 있는 주도적인 원리이다. 그러나 그의 진술에는 매우 근본적인 결함이 있다. 그것은 그가 개신교의 교리가 이 자의(自義)의 경향을 배격하기 위해 설계되었다는 사실을 간과하는 데 있다.

반면에 로마 가톨릭교회의 교훈과 실제적인 관례는 그것을 장려하고 증가시키는 데 공헌하고 있다. (14) 그러므로 이것은 종종 '개신교의 신앙고백하에 큰 소리로 주장하고 있는 것'이라 할지라도 '로마 가톨릭의 인간적인 마음'이라고 적절히 불려지고 있다. 이것이 바로 많은 영국의 신학자들로 하여금 위대했던 종교개혁자들의 옛 교리들을 떠나 로마 가톨릭교회의 교리로 가게 만들었던 가장 강력한 원인이었다.

작금의 시대 역시 이 동일한 경향들의 더 급속하고 현저한 발전을 여전히 목격하는 시대이다. 옥스퍼드 운동의 출현과 푸세이(Pusey) 박사의 서론과 함께 최근에 발행된 옥스퍼드 운동의 잡지와 산타 클라라의 궤변적인 '성공회 신앙 조항의 주해'가 영국 국교회의 불길한 징조로 간주되는 것은 어렵지 않다. (15) 그러나 이것들 외에도 영국과 아일랜드의 몇몇 다른 학파들이 최근 아주 정교한 논문들을 통해 개신교의 칭의 교리를 공격하는 시도들이 있었다. 그러나 이 모든 학파들은 시종일관 종교개혁의 위대한 옛 신학을 배격하는 데 동의하고 협력했다.

첫째로, 알렉산드리아 학파(Alexandrian)의 제자들인 신플라톤파 철학(Neo-Platonic)파가 있다. 그들은 하나님을 향한 우리의 소망의 근거로서의 그의 속죄적 만족과 공로적 순종으로 간주되는 그리스도의 대속적 사역을 그리스도의 성육신으로 대체시켰다. 그들은 그리스도의 사역이 아닌 성육신만을 그들의 화해의 수단으로 여겼던 것이다.

사실 그들의 원리에 따르면 화해는 적어도 하나님 편에서 볼 때는 필요하지도 않았고 가능하지도 않았다. 그리스도의 성육신은 하나님의 불변하시는 은총의 발현이며, 우리의 순종이나 불순종, 우리의 신앙이나 불신앙과는 전혀 관계가 없었다. 그것은 단지 그리스도의 사명과 메시지에 의해 증거될 뿐이며, 하나님을 향한 모든 불신을 제거하기 위하여 우리의 개인적인 확신 속에서 깨달아져야 하며, 하나님의 부성적 사랑을 의식적으로 즐거워할 수 있도록 우리를 회복시켜 줄 뿐이다. 바로 이러한 사상이 킹슬리(Kingsley), 마우리스(Maurice), 스탠리(Stanley), 그리고 로버트슨(Robertson)이 주장하는 교리이다.

둘째로, 대속적이며 전가된 의에 근거한 '법정적' 칭의를 대적하기 위해 주입되고 내재된 의에 근거한 '도덕적' 칭의를 변호하는 어떤 저술가들이 역시 그들이다. 이 교리는 로마 가톨릭교회의 교리와 본질적으로 동일하며, 낙스(Mr. Knox) 씨와 젭(Jebb) 감독에 의해 열성적으로 변호되었다.

셋째로, 또 다른 저작가들은 로마 가톨릭의 칭의 교리와 개신교의 칭의 교리 사이의 '중도'(中道, a via media)를 찾기 위해 노력했으며 둘 사이의 차이점을 제거하기 위한 노력을 기울였다. '우리 안에 형성된 그리스도'에 의해 의로워진다는 오시안더의 견해를 지지하고 변호하던 뉴먼(Newman) 박사와 푸세이(Pusey) 박사가 이 중도의 주도적인 인물이다.

오시안더의 견해는 성령의 내재하심과 그의 유익을 통해 우리가 의로워지는데, 그것은 우리의 믿음을 통해서가 아니라 성례를 통해 가능해짐을 의미한다. 이러한 견해는 믿음의 조항에 관한 한 로마 가톨릭과 영국 국교회 사이의 실제적 차이점을 부인하는 것이며, 그러므로 이것을 근거로 한 그들의 재연합의 방해물은 존재하지 않음을 의미한다.

마지막으로, 어떤 작가들은 세련되지 못한 행위로 말미암는 칭의 교리를 주장하기도 했다. 그들은 그리스도의 구속을 죄인의 용인의 궁극적인 근거임을 믿는 한편 그것의 직접적인 근거는 하나님의 율법에 대한 인간의 개인적 순종이라는 것이다. 이는 1865년 '하나님의 용인에 대한 성경적 교리'라는 주제에 대한 도넬란 강의(Donnellan Lectures)에서 라이더(Ryder) 박사가 도출한 결론이다.

지난 3세기 동안 엄청난 논쟁을 통해 출현한 최근의 사상들보다 더 혐오할 만한 것은 없다. 왜냐하면 이것들은 추정과 추측에 근거하고 있기 때문이다. 그리고 이러한 추측은 그동안 개신교의 진리를 변호하고 로마 가톨릭주의와 소시니안주의를 배격하기 위해서 계속해서 일어난 능력 있고 학식 있는 인물들에 의해 철저히 논의되고 논박된 것이다. 그러나 이것이 영국에서 이 주제에 대해 가장 최근에 나타난 오류의 형태이며 그것에 관한 분위기의 지수로 간주되기 때문에, 이것들과 관계된 몇 가지 원리들과 그들이 의존하고 있는 이유들에 잠시 우리의 주의를 기울이는 것은 유익한 일이 될 것이다.

하나님의 신적 정의를 만족시키는 것으로서의 그리스도의 중보자적 사역을 그리스도의 성육신과 신적 사랑의 출현으로 대체시켜 버리는 저자들은 하나님과 그의 모든 지성적인 피조물 사이의 자연적인 관계에 관한 그들의 전체 교리를 철학적 사변에서 찾았다. 사실상 그들의 체계는 신학이라기 보다 철학이다. 그것이 알렉산더의 신플라톤 학파의 철학에 근거하든지 아니면 소시니안주의와 보편구원론주의자들의 철학에 근거하든지 관계없이 이것들은 계시된 하나님의 진리의 권위에 근거하고 있지 않다. 오히려 그들은 성경적 용어들을 비성경적인 의미를 전달하기 위해 자기 마음대로 사용해 버렸다.

우리가 만일 그들의 교리의 철학적 근거들을 무시한 채 죄인의 칭의의 방법에 대한 것만 살펴본다면, 그들의 첫 번째 오류는 하나님과 그의 지성적 피조물 간의 자연적 관계에 대한 표현의 내용에 있을 것이다. 그들은 하나님을 아버지로, 그의 피조물을 자녀들로 간주하고는 여전히 동일한 또 다른 하나님과 피조물과의 관계를 무시했다. 그것은 의로우시며 율법을 수여하시고 통치하시며 재판하시는 하나님과, 현재 타락하고 범죄했으며 부패한 상태에 있는 죄인으로서의 인간과의 관계이다.

그들은 부성과 자녀됨을 대단히 강조한다. 그리고 이것이 창조주와 피조물과 직접적이며 필수불가결한 관계가 있는 것으로 간직하고 있다. 왜냐하면 그들은 살아 있는 모든 피조물들이 '그의 형상과 모양대로' 지어졌다고 믿기 때문이다. 따라서 이러한 그들의 피조물로서의 관계는 의심의 여지 없이 파괴하거나 변경할 수 없는 것이라고 한다.

그들의 이론은, 본격적으로 상세히 적용해 들어가기 시작하면, 사람과 천사에게까지 확장되어 동일하게 적용되는 이론이다. 왜냐하면 사람과 천사도 '하나님의 형상'대로 지어졌기 때문이다. 이것은 천사와 사람이 범죄하여 마귀와 타락한 죄인들이 되었음에도 여전히 '하나님의 자녀' 또는 '하나님의 아들됨'이 종결되지 않았음을 시사하고 있는 것이다. 그것은 왜냐하면 아주 단순하게도 그들 자신들이 죽어 멸망하여 하나님의 피조물됨을 종결하지 않았기 때문이라는 것이다. 이러한 교리가 그들이 쾌히 인정하고 교훈하기 좋아하는 교리이다. 이는 참으로 그들 학설의 가장 지적인 부분이 아닐 수 없다. 신플라톤 학파나 다른 철학에 관심이 없는 자들에 의하여 이 학설은 유쾌하게 수용될 것이다.

그러나 사실상 하나님과의 관계에서 특별하고도 심각한 문제를 느끼지 못하기를 바라는 자들에게 다음과 같은 확신에 찬 말은 매우 매력적이며 환영을 받는 글이 될 것이다.

"모든 이들이 하나님을 화해시키는 아버지로 부를 수 있을 것이다. 그들의 믿음은 처음부터 기정사실화된 결론에 기초해 있다. 그들의 행위는 '그들이 이미 소유하고 있는 상태'의 열매이다. 그리스도는 모든 인류가 하나님의 자녀라는 사실을 계시해 주셨다. 그는 하나님의 새로운 이름, 즉 '아버지'라는 이름을 선언하셨고 사람 혹은 인류의 새로운 이름 즉, '아들'이라는 이름을 선포하셨다. 그러나 당연히 하나님의 아들이 되는 것과 실제적으로 하나님의 아들이 되는 것 사이에는 차이가 있다. 세상에 태어난 인간들은 모두 당연히 하나님의 아들들이다. 그러나 그들이 실제적으로 그것을 인식하고 믿고 그렇게 살지 않으면 실제적으로 하나님의 아들들은 아니다. 믿고 그렇게 사는 것이 바로 중생이다." (16)

이러한 진술들에 바르게 답함에 있어서, 인간적 아버지와 그의 자녀와의 관계를 유추적으로 대표하는 창조주로서의 하나님과 하나님의 '형상과 모양'대로 지음받은 피조물로서의 인간의 본래적 관계를 부인하거나, 또한 성경 어디에도 그런 진술이 없다고 할 필요는 전혀 없다. 오히려 인간이 창조되었을 때 하나님 앞에서 본래 소유했던 '형상'을 가진 본래적인 관계와 그것과 매우 다른 두 가지 또 다른 관계를 올바로 구분해야 할 것이다.

그 하나는 하나님과 본성적으로 타락하고 죄인된 피조물로서의 현재적 상태의 인간과의 실제적 관계이며, 또 다른 하나는 '은혜의 양자됨'으로 말미암는 아들됨의 새로운 관계이다. 하나님 앞에서 하나님의 백성과 자녀로 서 있는 본래적인 인간과 타락 후에 죄인된 인간 사이에는 엄청난 차이가 있다. 백성과 아들됨이라는 신분은 모두 죄에 막대한 영향을 받았기 때문이다.

만일 인간이 범죄하여 타락한다면 그것 때문에 하나님의 형상과 은총, 그리고 하나님과 그의 관계의 전체적인 본질 역시 변경되어야 할 것이다. 그는 마음을 가진 존재로서 하나님을 닮은 자연적인 유사함을 지니고 있을지라도 '지식과 의와 참된 거룩'으로 구성되는 하나님을 닮은 영적 유사함은 틀림없이 상실한 것이다.

그들이 주장하는 대로 그의 피조물 됨이 절대로 종결된 것은 아니다. 그러나 이제 그는 타락한 존재가 되었다. 그들이 주장하는 대로 그의 하나님의 백성됨은 종결되지 않았다. 그러나 이제 그는 배반한 백성이 되었다. 그들이 주장하는 대로 인간이 하나님과 닮은 자연적 유사함을 지니고 있는 한 그의 아들됨은 종결되지 않았다. 그러나 이제 그는 하나님의 영적 형상을 상실했고 '불순종의 자식'이 되어 버렸으며 '진노의 자녀'가 된 것이다(엡 2:2,3 : 5:6 : 골 3:6).[3]

반역하여 죄인이 된다 하더라도 그의 백성됨은 종결되지 않는다. 그리고 그가 탕자가 된다 하더라도 어떤 의미에서 그의 아들됨 역시 종결되지 않는다. 자연 그대로의 순진무구한 상태로 하나님 앞에 서 있던

---

3) **엡 2:2,3** 그때에 너희가 그 가운데서 행하여 이 세상 풍속을 좇고 공중의 권세 잡은 자를 따랐으니, 곧 지금 불순종의 아들들 가운데서 역사하는 영이라.
엡 5:6 누구든지 헛된 말로 너희를 속이지 못하게 하라. 이를 인하여 하나님의 진노가 불순종의 아들들에게 임하나니.
골 3:6 이것들을 인하여 하나님의 진노가 임하느니라.

본래적 관계 또한 하나님께서 그의 '양자의 은혜'로 말미암아 아들과 딸들로서의 그의 백성들을 돌보시는 새로운 관계와는 반드시 구별되어야 할 것이다. 이 둘 사이에는 매우 중대한 차이가 있다.

만일 사람이 하나님에 의해 창조되었고 하나님과 아들 된 관계 하에 하나님 앞에 서 있으며 즉시 시험의 상태에 진입했고 그의 순종의 조건으로서의 법에 지배를 받는 것이라면, 인간의 권리와 특권의 소유는 그것이 백성이든지 아들이든지에 관계없이 조건적이며 아직 확실히 결정된 것이 아니다. 모든 신자들은 새로운 언약하에서 그리스도와의 연합을 통하여 '아들들'과 '상속자들'로서의 그들의 양자가 조건적이라는 것을 암시한다.

그러나 우리는 아직 이 교리의 뿌리가 되는 원천에 도달하지는 않았다. 이 교리는 창조론에 핵심이 있다. 이 교리를 옹호하는 자들은 자연적 아들된 신분과 하나님의 영원한 말씀 사이의 관계성을 연결시키려고 하는 것이다. 인간이 창조될 때의 하나님의 '형상'은 '아버지의 영광의 광채'이시며 그 '사람의 형상'이신 그리스도와 관계 있다는 것이다.

그들은 마치 파생적이며 의존적이고 실수를 범할 수 있는 창조시의 아들된 신분이 마치 그 자체로 전혀 변하지 않는 것으로 생각했으며, 그것이 피조된 상태로서의 피조물도 백성도 아닌 그리스도의 영원한 아들된 신분에 기초하고 있다고 느꼈던 것 같다. 그러므로 그들은 인간의 아들됨의 신분과 하나님의 아들의 신분 사이의 확고한 관계를 수립하려 했던 것이다. 그들은 이를 근거로 '창조의 법으로 말미암아 그리스도가 모든 인류 안에 있고 모든 인류가 그리스도 안에 있다'는 말을 할 수 있었을 것이다.

그들은 아담 자신도 역시 그의 존재의 근원이 영원한 아들이신 그리스도 안에 있었기 때문에 우리가 아담이 아니라 그리스도 안에서 창조되었다고 주장했다. 결국 로고스(Logos)는 인류의 원형(原型)이 된다. 그래서 그는 모든 사람 안에 있고 모든 사람은 그 안에 있는 것이다. 그러므로 그리스도의 내재하심은 불변하며 영원한 진리가 된다.

이것은 아마 죄로 인해 발생한 어둠과 무질서로 인해 숨겨지거나 눈에 잘 띄지 않고 잊혀지거나 희미하게 인식될 수도 있지만 영혼의 각성과 중생, 그리고 하나님의 사랑을 의식적으로 즐거워하기 위해 이 아들된 신분은 발견되고 믿어야 할 필요가 있는 것이다. 모든 인류는 그들이 아무리 심각한 상태에 있다고 하더라도 하나님의 사랑의 대상이 되어 왔으며 앞으로도 영원토록 그러할 것이다. 그것은 왜냐하면 하나님께서 그들 안에 있는 그리스도와 그리스도 안에 존재하고 있는 그들을 보시기 때문이다. (17)

만일 이 교리가 알렉산드리아의 후기 플라톤 철학파의 신지학(神智學), 또는 접신학(接神學)과 관계되지 않았다면, 이 교리는 현저하게 프렌드 파의 설립자의 교리와 닮았고 아마도 그들로부터 빌려온 것으로 추정된다. (18) 이 교리를 대응함에 있어서 가장 어려운 일 가운데 하나는 이 교리의 실제적인 취지와 의미를 확인하는 어려움이다. 우리는 영원한 말씀으로 창조되었고 그를 '위해서' 창조되었다(골 1:16,17).

그러나 우리가 어떻게 그 안에서 창조되었다고 말할 수 있나? 그리스도가 창조된 존재라는 말인가? 아다나시우스(Athanasius)가 아리안(Arians)을 대적할 때 말한 것처럼 영원한 아버지가 계셨다면 영원한 아들이 없었겠는가? (19)

만일 그리스도의 신적인 아들됨이 필요한 것이었고 영원한 것이었다면 독특하고 견줄 수 없으며 공유할 수 없는 그리스도의 아들됨이 어떻게 '창조의 법'과 심지어 '양자의 은혜'로 말미암아 피조물과 함께 향유될 수 있겠는가? 게다가 그것은 영원한 말씀이 아니라 말씀이 육신이 되신 것이다. 그것은 로고스에 의한 것이 아니라 육신이 된 로고스에 의한 것이었다. 그것은 단순히 그리스도의 성육신된 사실에 의한 것이 아니라 그의 중보자적 사역, 또는 그가 '십자가에 죽기까지 순종하실 때' 그가 하신 일과 고난받으신 일에 의한 것이었다.

그리스도는 그 백성의 구속자이셨다. 그러므로 우리의 구원을 단순히 그리스도께서 성육신하셨을 때의 선재하는 그리스도의 아들됨과만 관련시키는 교리는 그 어떤 교리라도 전체 복음을 훼손하는, 인간의 구속사역과 계획의 모든 본질적인 요소들을 교묘히 피해 가는 것이다.

낙스 씨는 '신학에 있어서 불분명한 이중적 입장을 취하는 것보다는 조직적이며 질서정연한 칼빈주의자가 되는 편이 낫다'고 말했다. 그 자신이 조직적인 칼빈주의자가 아니었다는 것은 분명하다. 그가 어떤 단체에 소속되었는지도 분명하지 않다. 그는 기독교계의 많은 자료를 수집하고 또한 많은 신조를 배격한 절충학파의 한 학자로 생각된다.

그러나 칭의 교리에 관한 한 그의 견해는 의심의 여지 없이 반 개신교적이었다. 왜냐하면 그는 칭의의 '법정적' 또는 '사법적' 의미를 반대하기 위해 '도덕적'이며 유효적인 의미로서의 칭의를 열광적으로 주장했기 때문이다. 그러나 그는 실질적으로 개신교의 신학과 구별되는 로마 가톨릭 신학을 받아들인 것 같지는 않다.

그는 실제로 한 가지 주제에 대해 로마 가톨릭 신학자들을 반대했다. 그것은 이 용어와 관련해서 자신이 주장했던 '의인이라고 평해 주는 사상'에 대해 그들이 관심을 기울이지 않았다는 것이다. 그러나 이 사상은 그가 완전히 배격하는 전가된 의의 사상과는 전혀 거리가 멀다. 이것은 단지 죄인을 의롭다함에 있어서 하나님께서 먼저 그를 주입된 은혜를 통하여 내적으로 의로운 자로 만드시고 그 후에 그를 의로운 자로 여겨 주신다는 것을 의미한다.

벨라마인과 바스퀘즈는 이러한 교리를 반대하지 않았을 것이다. 그리고 낙스 씨 역시 이 교리가 개신교회의 교리보다 로마 가톨릭의 교리와 훨씬 유사한 교리라는 것을 잘 알고 있었던 것 같다. 왜냐하면 그는 의도적으로 이 개신교회의 교리를 종교개혁 시대에 처음으로 출현한 '신고안품'이라며 배격했기 때문이다.

그는 다음과 같이 말했다.

"나는 정말 칭의라는 문제에 대해서 로마 가톨릭의 교리가 더 성경적이며 이성적이라고 생각한다. 왜냐하면 그것은 우리를 단순히 의로운 자로 여겨 줄 뿐만 아니라 의로운 자로 만들어 주기 때문이다 (예를 들면 전가된 의가 아닌 주입된 의로 인해). 이것이 전적으로 하나님의 은혜에 기인한다고 볼 때 나는 로마 가톨릭의 교리가 오류적이기 보다는 가장 성경적인 칭의의 의미라고 생각한다."

그러나 그의 신학의 가장 근본적인 문제는 죄의 권세로부터 구별되는 것으로서의 범죄, 율법의 파기에 대한 저주와 정죄, 그리스도의 속죄제사의 본질과 목적, 그리고 공로적 순종, 모든 이를 구원할 수 있으며 동시에 모든 이를 구원하지 않을 수도 있는 그의 죽음의 유효성, 그리고 마치 이 현세의 삶에서 영적으로 완전해질 수 있으며 모든 내재하는 죄를 추방할 수 있는 것으로서 그의 마음과 영이 갱신될 때 경험하는 죄인의 변화의 범위에 대한 결함 있는 견해에 있다.

그는 '신적 진노를 달래는 것에 대해서 나는 전혀 아무것도 모른다'고 말했다. 바로 여기에 심각하고도 근본적인 결함이 있다. 왜냐하면 율법으로 말미암아 '진노의 계시'가 먼저 오고 그 후에 복음을 통하여 '하나님의 의의 계시'가 오기 때문이다. 이 하나님의 율법과 하나님의 정의에 대하여 무지하거나 불신한다면 그것은 그리스도의 구속적 사역의 본질과 결과를 올바로 판단할 수 없음을 의미한다. 결국 이 그리스도의 구속적 사역의 본질과 결과에 대한 오류는 올바르고 건전한 칭의 교리에 대한 견해에 치명적인 결과를 낳게 되는 것이다. (20)

그가 아직 영국 국교회의 목사였을 때 뉴먼 박사에 의해 로마 가톨릭의 칭의 교리와 개신교의 칭의 교리 사이의 중도(中道)를 작성하고 구성하려 했던 시도는 로마 가톨릭과 개신교라는 두 가지 길과 평행을 달리는 제3의 길을 구성하지 못했고, 오히려 이 평행선을 가로질러 가는 결과만 낳았으며 그와 그의 많은 추종자들로 하여금 철새처럼 이곳저곳으로 떠돌아다니게 만들었다.

그는 이 주제에 대해 로마 가톨릭뿐만 아니라 개혁주의 신학 역시 많은 부분에서 반대했다. 그러나 그는 언제나 로마 가톨릭의 교리는 결함 있는 교리이며, 개신교의 교리는 불건전하고 오류가 있는 교리라고 고소했다. 그리고 결함 있는 진리가 긍정적인 거짓보다 훨씬 좋은 것이라고 주장했다. 결함 있는 교리를 보완하는 것은 쉬우나 이단을 중화하는 것은 어려운 일이기 때문에 결국 전체적으로 볼 때 로마 가톨릭의 교리를 수용하는 것이 훨씬 더 안전하다고 결론지은 것 같다. 이 점에 있어서 뉴먼 박사와 벨라마인 추기경은 얼마나 현저하게 대조되는가!

로마 가톨릭의 벨라마인 추기경은 비범한 능력과 열정으로 첫 번째 등급의 논쟁으로서 개신교 교리를 반대했다. 그러나 그는 그의 주목할 만한 고백으로 그의 진술을 마감했다.

> "'우리 자신의 의의 불확실성'과 헛된 영광의 위험으로 인해 우리의 모든 소망과 신뢰를 '오직' 하나님의 자비와 사랑하심에만 두는 것이 가장 안전한 방법일 것이다."

영국 국교회의 목사였던 뉴먼 박사는 그 자신의 중도를 위한 '매우 교묘한 지성이 한껏 발휘된 활동'으로 말미암아 종교개혁자들의 교리를 포기했고 그 자신은 로마 가톨릭교회와 연합하고 말았다. (21)

우리가 로마 가톨릭의 칭의 교리는 단지 결함이 있을 뿐이며 개신교의 칭의 교리는 명확한 오류가 있다는 그의 중요 사상들을 검토해 보면, 그는 한편으로 로마 가톨릭의 결함을 보충하고, 다른 한편으로 개신교의 오류를 수정하고자 함을 쉽게 발견할 수 있다. 그는 이렇게 함에 있어서 로마 가톨릭과 개신교의 칭의 교리의 서로 다른 중요 요점들을 대조하고, 그 자신의 변경과 개정 작업을 두 교리에 적용하고 있다.

예를 들면 그는 다음과 같이 시도하고 있다. '믿음으로 말미암는 칭의'와 '순종으로 말미암는 칭의'가 종종 서로 '정반대의 교리'로 간주된다. 그러나 그는 이를 부인하고 그것이 서로 정반대의 교리가 아니라 '분리'되어 있는 교리라고 주장한다. '그것들은 서로 전혀 모순되지 않는다'는 것이다. 오히려 '상호 보완적이며 양립할 수 있는 것'이라면서 이 두 교리가 동시에 수립될 수도 있고 동일한 진리를 설명하고 진술하는 두 가지 모형으로서 각각 독립적으로 진술될 수도 있는 것이라고 한다.

그는 계속해서 '믿음으로 말미암는 칭의'와 '세례로 말미암는 칭의' 역시 서로 적대시할 필요가 없다고 한다. 왜냐하면 '세례는 하나님 편에서의 도구로 간주되며, 믿음이라는 것은 세례가 전달하고자 하는 것을 받는 것으로, 우리 인간의 것으로 간주'되기 때문이다. 그는 또한 칭의의 본질 그 자체에 관해서 '하나님 앞에서의 변화는 칭의이며, 내적인 변화는 중생'이라고 했다. 그리고 '믿음은 칭의와 중생을 위해 지정된 수단'이라는 것이다. 더 나아가 '과거의 칭의는 죄의 사면뿐이며 현재와 미래의 칭의는 혁신'이라는 것이다. 이것들은 그의 '중도(중간) 교리'의 몇 가지 실례들일 뿐이다. 그러나 이것들은 그가 개신교의 진리보다 로마 가톨릭의 오류에 훨씬 가까운 교리라는 것을 극명하게 보여 주기에 충분하다.

뉴먼 박사의 다른 많은 교리들도 우리가 잘 살펴보아야 한다. 그러나 우리가 이제까지 특별히 살펴본 것만으로도 그것의 총체적인 특징과 성격을 파악하기에 충분하다. 이 문제를 다룸에 있어서 어려움을 느끼는 것은 그의 논증의 강점이 아니다. 그것은 그들이 진술하고 있는 역설적이며 모순적인 용어들의 복잡함과 교묘함이다.

제프리(Jeffery) 경은 이를 우리가 그것을 더욱 확실히 파악하고자 할 때 우리의 파악을 재빠르게 피해 가는 '교묘한 불확실성'이라고 불렀다.

페이버(Faber) 씨는 '뉴먼의 가장 하찮은 악은 모순과 불일치의 연속과 거짓말'이라 했다. 그리고 그는 그것들을 다음과 같이 열거했다.

"우리는 믿음으로 의롭다함을 받는다. 우리는 순종으로 의롭다함을 받는다. 우리는 성례로 의롭다함을 받는다. 우리는 세례와 만찬의 두 가지 성사(sacraments)로 의롭다함을 받는다. 우리의 칭의는 우리의 믿음에 선행한다. 그리고 우리의 믿음은 우리의 칭의에 선행한다. 칭의 라는 용어는 두 가지 의미를 지닐 수 없다. 그럼에도 불구하고 칭의는 명백하게도 두 가지 의미를 지니고 있다. 한편으로는 우리를 의롭다고 여겨 주고, 다른 한편으로는 우리를 실제로 의롭게 만들어 주는 재치를 발휘하는 것이 그것이다. 그러나 여기에는 오직 하나님의 칭의의 행위만이 있다. 그럼에도 불구하고 여기에는 수천, 수만 가지의 칭의가 있는 것이다."

그러나 아직 우리는 이 교리의 가장 악한 특성을 다 파악하지 않았다. 이 교리는 정말 개신교의 칭의 교리를 전복시키기 위해 정교하게 만들어진 교리이며, 하나님 앞에서 용인받는 죄인의 유일한 근거를 평가절하하는 교리이다. 이러한 특성은 트렌트 공의회 이후 '적어도 개신교도 사이에 트렌트 공의회가 주장하는 주 예수 그리스도가 우리의 의라는 것을 확고하게 반대하는 책이 출판된 적이 없다'는 말을 한 베넷(Bennett) 박사에 의해 더욱 강력하게 묘사되었다. 그는 계속해서 다음과 같이 말했다.

"모순, 모호함, 신비함, 수도원 냄새가 나는 어둠침침함, 그리고 개신교와 로마 가톨릭을 떠난 듯한 분리적인 고백 등으로 특징지워지는 이 교리의 특성은 모두 다 하나님 앞에서 죄인을 서게 할 수 있는 유일한 의를 반대하고 대적하기 위해 존재하는 것들이다." (22)

어떤 개신교도들이 칭의 교리에 관해 어떻게, 그리고 어느 정도 종교개혁자들의 교리를 저버렸는지에 대해서는 데브넌트 감독의 논쟁과 영국에서의 뉴먼 박사의 강좌를 비교하고, 다운함 주교의 논문과 아일랜드에서의 '하나님의 용인에 대한 성경적 교리'에 대한 라이더 박사의 강좌를 단순히 비교하는 것보다 더 확실한 방법은 없을 것이다. 두 감독들은 서로의 강좌에 본질적으로 동의했다. 그들은 서로 동일한 교리를 교훈했고 동일한 성경적 논증을 통해 이 교리를 변증했다. 그러나 두 현대 신학자들은 서로 대단히 많은 부분에서 의견을 달리했지만 종교개혁자들을 반대함에는 언제나 의견을 같이했다.

도넬란 강의의 제목은 그들의 실제적인 내용에 비추어볼 때 정확한 제목은 아니다. 그러나 이 강의는 우리로 하여금 자연적으로 칭의의 성경적 교리의 주해를 기대하게 했다. 그것이 하나님의 행위인지, 아니면 그의 백성의 특권인지를 규정하는 성경 기자들의 용법에 따른 칭의라는 용어의 의미와 본질에 대한 주해 말이다. 범죄로부터의 사면과 용인을 확보하게 해 주는 하나님의 은혜와, 그리고 복들이 효과적으로 우리에게 적용되게 하시는 동일한 하나님의 준비에 대한 주해 말이다.

그러나 이런 것들 대신 저자는 우리에게 무엇보다도 먼저 형이상학적이고 철학적인 현대판 다신론을 소개하고 있다. 그리고 두 번째로, 그는 매우 빈약한 '하나님의 용인'에 대한 자신의 교리를 제시한다. 이 교리는 칭의에 대해 명백하게 진술하고 있는 성경의 말씀들로 구성되어 있지 않고 초기 복음의 확장으로 말미암은 역사적 기록으로부터의 몇 가지 추론과 추측들, 그리고 기독교의 최초의 회심자의 신앙고백으로 구성되어 있을 뿐이다.

라이더 박사는 '내가 이제까지 견지해 온 하나님의 용인에 대한 성경적 교리는 아마도 두렵기는 하지만 많은 그리스도의 신실한 종들의 견해와는 다르며 그들을 반대하게 될 것'이라고 말했다. 명백하게도 그의 이러한 두려움은 근거가 없는 것이 아니었다. 왜냐하면 그의 견해는 정확하게 종교개혁자들의 그것과 완전히 반대되었으며, 영국과 아일랜드 연합교회의 신앙의 조항과도 반대되었기 때문이다. 그는 그의 표현대로 하자면 '하나님의 용인에 대한 궁극적인 요인과 직접적인 요인'을 구별하고 있다. 그에 따르면 궁극적 요인은 물론 세상의 구주이신 그리스도의 객관적인 희생 제사로 말미암는 모든 이를 위한, 심지어 그의 대적자들까지도 위하는 선물로서 유한적 존재의 구속, 모든 원죄와 실제적인 죄의 속죄, 그리고 모든 불완전에 대한 만족이라는 것이다.

한편 직접적인 요인은 여러 가지로 묘사된다고 한다. 그것들 중에는 '인간의 유한한 자유의지', '그에게 주어진 기회를 선용하거나 악용할 수 있는 독립적인 능력의 행사', '그의 의지적인 순종과 불순종' 등이 있다는 것이 그것이다. 그의 이론은 두 가지 요인의 영원하고 본질적인 실체를 잘 인식하고 있다. 두 가지 독특하게 구별되면서 동시에 존재하는 하나는 완전하고 궁극적인 특징을, 다른 하나는 직접적이고 상대적인 특징을 잘 파악하고 있다. 그러나 그것들 사이를 연결하는 관계는 확실하게 밝히지 않았고 그렇기 때문에 제대로 설명되어지지 않은 것이다. (23)

바로 이런 것들이 오직 믿음으로 말미암는 개신교의 칭의 교리에 가해진 가장 최근의 공격들이었다. (24)

70년이란 기간, 혹은 두 세대는 신학 체계를 완전히 바꾸기에 충분한 시간이라고 한다. 1560년 대감독 패커(Packer) 아래 있던 영국 국교회는 가장 칼빈주의적이고 철두철미하게 개신교적이었다. 그러나 정확히 70년 후인 1630년 대감독 라우드(Laud) 아래 있던 동일한 영국 국교회는 알미니안주의로 변질되었고 개신교의 흔적은 매우 희미하게 남아 있었다. 그러나 우리가 '70년을 또 지나서 1700년도에 이르면 패커 시대와도 닮지 않고 라우드 시대와도 닮지 않은 세 번째, 그리고 완전히 다른 틸롯슨(Tillostson)과 버넷(Burnets)의 시대'를 맞게 되는 것이다. (25)

우리는 다음과 같은 놀라운 진술들을 추가해야 한다. 두 세대나 한 세대를 더 지난 1770년에 영국 국교회는 조지 휫필드와 웨슬리의 사역 아래 부분적인 각성의 시대를 맛보기도 했지만, 교리와 삶에 있어서 가장 타락한 시대를 지냈고 영적 무기력과 침체에 빠졌다.

이윽고 프랑스 대혁명이 발생했다. 그 후 두 세대가 더 지난 1840년에 한편으로는 시대를 대표하는 소책자(tracts)로 대변되는 로마 가톨릭주의(Romanism)로 향하는 경향이 있던 옥스퍼드 운동이 출현했고, 다른 한편으로는 이성주의(Rationalism)를 표방했던 '소론과 평론'들이 마구마구 출현했다. 이 교리가 이미 출현된 과정들을 볼 때, 그리고 작금의 우리 조국의 종교적 상태를 볼 때 그 누가 작금의 주기가 끝나는 시기인 우리 손자 시대에 만연할 신학의 경향을 긍정적으로 예언할 수 있겠는가? 바라기는 우리 자비의 하나님께서 다시 한번 당신의 교회 위에 성령을 부어 주시고, 이 나라의 백성 중에서 가장 약하지만 헌신적이며 '살아 있는 그리스도의 서신'으로서의 믿음과 기도의 사람을 들어 사용하시기를 기도할 뿐이다.

우리에게 지금 가장 필요한 것은 우리 회중들의 마음으로부터 시작되는 위대한 영적 부흥이다. 우리 마음 속에서 역사함으로 안에서 밖으로, 밑에서 위로 치솟아 오르는 이 부흥만이 '세상의 지혜'를 파괴하고 지혜 있는 자의 지혜를 이기며, 하늘의 성채에서 하나님을 통하여 강력히 내려오는 복음의 능력을 모든 사람에게 나타나게 할 수 있을 것이다.

우리에게 닥친 직접적인 환경은 어둡고 위협적이다. 그것은 사람들의 마음을 두려움으로 떨게 하고 있으며 하늘에서 내려오는 능력을 고대하고 있다. 이 세상에 어떤 일이 벌어질지 그것을 예측하는 것은 어려운 일이다. 그러나 인간적인 계략이 이 세상을 연속적으로 지배할 것이다. 영국 국교회들은 확실한 입법을 통해, 아니면 매우 교묘하게 만들어진 판례법에 의해 그들의 명확한 신조를 포기해야 될지도 모른다.

이러한 결정들은 모든 인간의 견해들, 즉 로마 가톨릭주의와 여러 종류의 펠라기우스주의, 아리안주의, 그리고 소시니안주의의 오류들로부터 모든 사악한 불신앙들을 포함할 것이다. 만일 지역공동체의 도덕 의식이 진리와 비진리를 구별하지 않는 상태에서 진리를 거절하면 이 나라의 모든 비국교회들은 '이 세상의 모든 나라가 우리 하나님과 주님의 나라'가 될 때까지 신앙의 위협을 받게 될 것이다.

그러나 참된 그리스도의 교회는 결코 두려워하는 법이 없다. 왜냐하면 참된 그리스도의 교회는 '반석 위에 세워졌기 때문이며 지옥의 문이 결코 해할 수 없기 때문'이다. 이 지구상 어디에서도 참된 그리스도의 교회는 '여인이 광야에서 날아와 쉼을 얻는' 참된 안식처가 될 것이다. 그러나 이 세상 어떤 특정한 교회라도, 어떤 특정한 나라에도 완전한 안전은 없다. '교회가 회개하고 늘 깨어 기도하지 않는다면' 교회의 촛대는 그 자리에서 다른 곳으로 옮겨질 것이다.

"우리의 대적이 홍수처럼 엄밀하여 몰려올 때, 우리 여호와 하나님의 영이 일어나셔서 우리를 그 대적에게서 지켜 주시기를 기도합시다!' 그리고 '이 곤란과 고난의 시대에' 목회 사역에 투신하고자 하는 젊은이들을 위해 기도합시다. 그들이 복음의 깃발을 높이 들고 나가도록 기도합시다. 그들이 증거하는 복음의 깃발에 다음과 같은 영감된 하나님의 말씀이 기록되게 합시다. "내가 복음을 부끄러워하지 아니하노니, 이 복음은 모든 믿는 자에게 구원을 주시는 하나님의 능력이 됨이라. 첫째는 유대인에게요 또한 헬라인에게로다. 복음에는 하나님의 의가 나타나서 믿음으로 믿음에 이르게 하나니, 기록된 바 오직 의인은 믿음으로 말미암아 살리라 함과 같으니라"(롬 1:16,17).

제2부
창의 교리의 주해

칭의 교리의 주해, 개론

이어지는 교회 역사 속에서 다양한 교파에 의해 논의된 칭의 교리의 역사는 칭의 교리의 주해를 단순하고 평이하게 만들어주는 데 공헌해야 한다. 과거 역사상 발생했고 오늘날에도 계속해서 새로운 모습으로 존재하는 이 칭의 교리에 관한 여러 가지 논쟁에 대한 포괄적인 개관은 우리가 이 계시된 진리를 밝히 드러내고 수립하고자 할 때 우리로 하여금 그것과 관계된 모든 중요한 원리들을 도출하게 하고, 우리가 성경 여러 곳에 산재하고 있는 빛들을 모아 칭의 교리에 대한 정확한 요점을 결정하게 하는 데 큰 도움을 주고 있다.

물론 제1부에서 논의된 내용들은 성경의 용어들과 불공평하고 왜곡된 해석의 오류들을 교정하고 결점들을 지적해 주는 일에 공헌했다. 그럼에도 이 외에 사람들의 모순되는 견해들은 하나님의 권위 있는 증언에 의해 점검을 받아야 하며, 그것과 관계된 논쟁과 구분해서 건전한 주해적 원리에 따라 별도로 다루어져야 할 것이다.

이 칭의 교리의 본질이 그것과 관계된 각각의 주제를 가진 일련의 명제를 따라 진술될 것이다. 그리고 개괄적으로 살펴보는 본서에서 그것을 완전히 다 논의할 수는 없는 일이지만, 그에 따른 각각의 증거들을 간단하게 설명할 것이다. 칭의 교리를 다룸에 이러한 아쉬움은 부가되는 하나님의 말씀인 성경의 여러 참조 구절들과 위대한 신학자들의 저작들을 통해서 대치될 것이며, 이것들은 독자들이 스스로 이 주제를 연구하고 공부하는 데 큰 도움과 지침이 되리라고 생각한다.

이 교리를 공부하고 연구하기 위한 가장 최선의 준비는 위대한 지적 능력도 아니요, 많은 학문적 습득에 있는 것도 아니다. 그것은 다만 우리 양심에 각인되어 있는 것으로서 하나님 앞에서 죄인으로 서 있는 우리의 실제 상태에 대한 자각에 있다.

이 주제를 연구하는 데는 죄에 대한 깊고도 심각한 의식이 필요하다. 우리 자신이 경험하는 처절하고도 무시무시한 실재로서의 죄에 대한 인식이 그것이다. 우리 내부에 계속해서 달라붙어 있는 상습적이고도 고질적인 병으로서의 죄의 능력에 대한 인식 말이다. 또한 우리 심장 깊은 곳에 뿌리를 두고 계속해서 자라고 있는 죄의 능력과 하나님을 거슬러 대항했던 과거와 현재의 그 죄에 대한 의식 말이다. 하나님의 진노와 의로우신 심판과 저주를 받기에 마땅한 죄에 대한 의식 말이다.

이러한 죄에 대한 확신이 없이는, 그리고 우리의 모든 학문과 지성의 원천이 이것을 파악하지 않는 한 우리는 우리에게 임하는 실제적인 위험과 그것으로부터의 심각하고도 진지한 구원을 갈망하지 않을 것이다. 본 칭의 교리를 연구함에 있어서 유익을 얻기 위해서는 우리 영혼의 구원에 직접적인 관계가 있는 죄의 확신에 대한 진심 어린 관심을 가져야만 하겠다. 이러한 관심은 우리가 하나님의 율법을 거슬러 범죄한 우리의 죄와 비참과 위험을 깨달을 때에야 가능한 것이다.

유대인 교회 공동체에 그러했던 것처럼 율법은 여전히 '우리를 그리스도에게 인도하는 몽학선생이 되어 우리로 하여금 믿음으로 말미암아 의롭다함'을 얻게 하는 것이다. 율법은 우리가 구원의 필요성을 느끼거나 그것을 획득하기 위한 노력을 기울이기 이전에 죄인의 양심을 깨우고 각성시키기 위하여 반드시 양심에 적용되어야 한다. 오직 경솔한 죄인이 아닌 죄에 대한 의식에 가득 찬 죄인만이 '인간이 어떻게 하나님 앞에 의로우랴?'는 엄숙한 질문의 참된 의미와 중요성을 명심할 것이다.

그러나 이것보다 더욱 중대한 것이 있다. 마음에서 진심으로 우러나오는 죄에 대한 확신이 없이는 칭의 교리에 대한 개인적 관심이 있을 수 없기에 우리는 그것의 완전한 성경적인 의미를 이해하기 위해 죄에 대한 확신에의 진지한 관심을 기울일 것을 명령하는 것이 필요하다. 복음에 의해 교훈되어진 구원 교리는 율법에 의해 교훈된 죄의 교리를 전제한다. 그리고 이 두 가지 교리는 하나님의 계시된 진리의 개요와 본질을 구성하고 있다. 이것들은 매우 독특하며 심지어 서로 매우 다른 교리들이다. 그러나 이 두 교리는 구원의 지식이 없이도 죄에 대한 지식이 있을 수 있지만, 죄에 대한 지식이 없이는 구원에 관한 지식이 있을 수 없듯이 서로 매우 긴밀히 연결되어 있는 교리들이다.

죄의 권세와 능력으로부터의 해방을 포함하는 구원의 일반적인 교리가 진리이듯이, 이 두 교리를 구성하는 요소들, 즉 칭의와 성화의 특별한 교리 역시 동일하게 진리인 것이다. 다만 법적인 측면에서 볼 때 이미 죄가 발생했기 때문에 죄에 대한 지식이 반드시 전제되어야 하며, 영적인 측면에서 볼 때 내재하는 상습적인 부패와 타락으로서의 죄에 대한 지식이 선행되어야 하는 차이가 있을 뿐이다.

죄에 대한 불완전하고 결함 있는 견해가 불완전하고 결함 있는 구원의 견해와 관계되어 있다는 것은 일반적인 교회 역사와 사람들의 개인적인 경험들로부터 발견되는 진리이다. 사도들의 시대로부터 작금에 이르기까지 기독교 교리의 전체 역사는 그 모든 흥망성쇠와 함께 모든 단체와 모든 나라들, 그리고 모든 시대에 변함없이 우리에게 반드시 수정되고 교정되어야 할 그들의 상태와 성격에 있어서 인간들이 견지한 악한 견해들이 복음 안에서 그들에게 제시된 치료책에 대한 본질과 필요성, 그리고 그 가치에 대한 그들의 견해에 막대한 영향을 끼쳤다는 위대한 진리를 교훈하고 있다.

죄와 죄책의 권세에 대한 그들의 생각과 평가는 하나님의 은혜의 무조건성과 유효성에 대한 그들의 생각과 평가를 결정짓는 것이다. 이것은 또한 성령으로 말미암는 중생 교리와 그리스도의 중보자적인 사역으로 말미암는 칭의 교리에 대해서도 동일하게 영향을 미치는 것이다. 잠복해 있지만 매우 막강한 영향력을 가지고 있는 펠라기우스주의와 반(半) 펠라기우스주의의 인간론은 양심이 깨어 있지 않고 죄에 대한 의식이 부패해 있는 타락의 시대에 출현하는 모든 이단 사설들의 뿌리에 깊이 박혀 있다.

그리고 모든 건전한 복음적 교리의 부흥은 양심을 직접적으로 두드리는 율법의 적용과 함께, 혹은 그것으로 말미암아 발생하는 것이다.

이러한 경험들은 집합체로서의 교회가 경험한 것이자 각 사람들이 개인적으로 경험한 것이었다. 신적 은혜의 본질과 필요성, 그리고 무조건성과 유효성에 대한 견해는 죄의 악성에 대한 생생한 이해에 따라 달라졌다.

종종 즉각적으로 발생하는 부주의한 죄인으로서의 모든 인간의 구원의 방법에 대한 견해만큼 심각하고 교훈적이며 놀라운 구원에 대한 지식의 변경은 없을 것이다. 부주의한 죄인은 감히 대담하게도 하나님의 자비를 자기 것이라고 가정하지만, 죄의식에 투철한 죄인은 감히 그것을 소망하지도 못할 정도이다. 한번 사면을 받은 자는 '자신의 마음이 자신을 정죄하고 있음을 깨닫고' '하나님께서는 그의 마음보다 위대하시다'는 사실을 알게 된다.

과거에 그는 자신의 삶의 개혁이 그의 영적 복지를 보장해 주기에 충분하다고 생각했지만, 이제 그는 근본적인 마음의 변화가 필요하다는 것을 깨닫게 된다. 그것은 자신이 행위로 말미암는 것이 아니었다. 결국 죄에 대한 이 급격한 변화는 구원에 대한 그의 모든 생각과 견해를 변화시키는 것이다. 그리고 전에 그가 '어리석은 것'으로 무시하고 배격했던 무조건적이고 매우 유효적인 은혜의 교리가 이제는 '하나님의 지혜'인 것을 깨닫게 되는 것이다. (1)

제8강

칭의; 용어의 성경적 의미

명제 1- 칭의는 법률적이며 법정적 용어로서 하나님의 면전에서 사람을 의롭다고 인정해 주는 용인을 시사하기 위해 사용된 용어이다.

하나님 면전에서 이루어지는 우리의 용인의 방법에 관한 하나님의 뜻을 계시하실 때 하나님께서는 이 용어와 이것과 관계된 어원들을 사용하시기를 기뻐하셨기 때문에 우리는 이 용어들의 정확하고 엄밀한 의미를 밝히는 것을 첫째 의무로 여겨야 한다. 그렇기 때문에 이 용어들을 올바로 이해하는 것은 결코 하찮은 일이 아니다.

이 용어들의 성경적 의미에 대한 잘못되고 혼돈스러운 견해는 원래 교훈되기로 계획된 이 용어의 교리적 개념에 매우 해악적인 영향을 끼칠 수가 있기 때문이다. 그렇기 때문에 오직 성경에 기록된 많은 구절들의 올바른 해석은 오직 거룩한 성경기자들의 '언어 사용법'(usus loquendi)에 대한 심도 있는 귀납적인 연구와 조사를 통해서만 수립될 수 있다. 그러므로 이 조사는 단순히 말로 하는 논쟁이나 논의와는 차원이 다르다. 왜냐하면 이 용어에는 진리 그 자체의 본질과 증거에 대한 매우 중대한 의미를 지니고 있기 때문이다.

이 용어들의 성경적 의미는 단순히 어원론적이나 혹은 고전 문학의 의미에 따라 구별되고 결정될 것이 아니라 구약성경의 헬라어 성경인 70인 역(Septuagint)을 포함한 히브리어와 헬라어의 용법에 의해 결정되어야 한다. 어원적으로 말하자면 동사 '의롭게 하다'는 내적으로 의롭게 만들다를 의미한다. 그것은 마치 '거룩하게 하다'라는 동사가 '거룩하게 만들다'라는 의미로 사용되는 것과 동일하다.

그러나 '하나님을 영화롭게 하다'라는 동사가 하나님을 영광스럽게 '만들다'를 의미하지 않으며 '우리 마음 안에서 여호와 하나님을 거룩하게 하다'라는 동사가 그를 거룩하게 만든다는 것을 의미하지 않음에서 명백히 드러나듯이, 칭의라는 용어는 그 용어의 파생이나 배치에 의해 결정될 성질의 것이 전혀 아니다.

하나님을 영화롭게 하고 주 하나님을 거룩하게 한다는 말은 단순히 하나님이 영화로우시며 여호와 하나님이 거룩하시다고 선언하는 것을 의미한다. 바로 이러한 의미에서 하나님과 그리스도가 '의롭게 되셨다'는 것이다. 그것은 하나님과 그리스도가 의로운 자들로 만들어졌다는 것을 의미하지 않고 하나님과 그리스도가 각각 의로운 자로 선포되셨다는 것을 의미한다. 하나님은 당신의 심판으로, 그리스도는 당신의 죽음에서 부활하심으로 의롭게 되신 것이다. (1)

이 용어의 성경적 의미를 결정함에 있어서 이 용어가 어떤 사람을 의롭게 만드는 의미로 사용되지 않았을 것이라는, 또는 절대로 그러한 의미로 사용된 적이 없다는 것을 증명하는 일은 매우 불필요하고 어리석은 일이 될 것이다. 로마 가톨릭 신학자들과 그들의 추종자들은 성경의 몇몇 구절에서 이 용어가 '도덕적으로 유효한' 의미로 사용되었다는 것을 증명하기 위해 노력했으며, 개신교 신학자들은 그 반대로 이 구절들이 그 해석을 지지하지 않는다는 것을 증명하려 노력했다.

개신교 신학자들은 이 논쟁에 관한 한 이 용어들이 하나님 앞에서의 우리의 용인과 관계되어 사용된 곳이라면 어디서든지 그것들은 오직 사법적이며 법정적인 의미로 이해되어야 한다는 요점을 세우는 것으로 충분하다고 주장했다. (2)

최근의 어떤 신학자들은 개신교의 칭의 교리를 공격하면서 만일 이 용어가 어떤 경우에 심지어는 '유효적인 도덕적 의미'를 나타낸다면 칭의 교리는 더 이상 '법정적'인 교리로 간주되지 못할 것이라는 가설을 주장했다. 그러나 칭의 교리의 '법정적' 또는 '사법적' 본질이 가설적인 근거에 영향을 받는다고 상상하는 것은 정말 언어도단의 괘씸한 오류가 아닐 수 없다. 가장 완전히 의로운 사람에게도 이 용어들은 법정적이며 사법적인 성격을 띠게 될 것이다.

불완전하지만 주입되고 내재된 의의 근거로 말미암아 죄인이 의롭게 되는 것이 가능하다고 할지라도 그가 의롭다고 받아들여지는 이 근거는 여전히 법정적이며 사법적인 선고가 될 것이다. 바로 평판에 따른 칭의라는 사상이 칭의라는 용어의 의미에 관계되었을 때, 이러한 사상이 실질적으로 인정되었던 것이다. 그러나 '법정적'이라는 단어와 '도덕적'이라는 두 형용어구가 마치 같은 요점과 관계되며, 전자는 칭의의 본질을 가리키고, 후자는 칭의의 근거를 가리키지 않는 것처럼 '법정적' 칭의 교리는 '도덕적' 칭의 교리와 매우 잘 대조되어 있다.

그러나 정말 문제가 되는 것은 칭의가 법정적이냐 도덕적이냐에 관한 것이 아니라 죄인이 의롭게 되는 것이 대속적이며 전가된 의에 근거한 것이냐, 아니면 주입되고 내재하는 의에 근거한 것이냐는 질문이다. 그러므로 우리는 칭의라는 용어가 '의롭게 만들다'를 의미하는지, 아니면 의롭다고 간주하는 것을 의미하는지에 대한 질문은 정말 이 문제를 완전히 파악할 수 있을 만큼 확실하게 진술된 질문이 아니라는 것을 부가할 필요가 있다.

그러므로 양자 간의 차이점은 사람이 어떠한 방식으로 의로워지고, 또 그렇게 판결되는지를 자세하게 설명할 때 명백히 드러나게 될 것이다. 그러하기에 칭의는 그 근거가 어떤 것에 기초하고 있든지 모두 다 법정적이며, 사법적인 선고로 간주되어야 할 것이다.

결국 두 가지 독특한 양자택일의 진술이 우리 앞에 명백히 제시된다. 그 하나는 그리스도의 대속적인 의의 전가로 말미암는 칭의이며, 다른 하나는 인간의 사적인 의의 주입으로 말미암는 칭의이다. 이 둘 중 어떤 것이 참된 성경적 교리인지는 이 엄밀한 요점을 표현하고 있는 증거들에 대한 주의 깊은 고찰을 통해 결정되어야 한다. 현재 우리는 이 용어의 의미에 대한 질문의 정황을 파악하고 있으며, 이 용어에 대해 후에 결정되어야 할 부차적인 질문들을 정리하고 있는 것이다.

우선 이 용어의 법정적이며 사법적인 의미는 성경에서 파생하는 표현, 즉 대조적이고 상호적이며, 그리고 동의적인 세 가지 독특한 증거들로 말미암아 수립되어야 할 것이다.

우리는 먼저 대조적인 표현을 다루고자 한다. 왜냐하면 어떤 용어라도 그 용어의 참된 의미는 종종 그것과 반대되는 표현들을 통해 가장 확실히 규정되기 때문이다. '칭의'라는 용어를 설명하기 위해 성경 기자들이 사용한 히브리어와 헬라어는 한결같이 '저주'라는 용어를 대적하기 위해 사용되었다. 칭의와 정죄라는 용어는 인간의 심판시에 사용된 용어들이며, 또한 하나님의 심판을 위해 사용된 것이다.

이 유비(類比·유사성)는 그것들의 일반적인 적용의 근거가 되고 있다. 즉 인간의 심판에 관한 한 '칭의'(Justification)는 언제나 '정죄'(Condemnation)를 반대하고 있는 것이다. '만일 어떤 사람들이 분쟁에 휘말려 그들이 법정으로 왔다고 생각해 보자. 재판장은 아마도 그들에게 판결을 내릴 것이다. 그리고 그 재판장은 의로운 자는 의롭다 하고 악한 자는 정죄할 것이다.' 반대로 '악한 자를 의롭다 하고 의로운 자를 악하다 하는 자는 모두 여호와의 미워하심을 입을 것이다.' 뇌물로 인하여 악인을 의롭다 하고 의인에게서 그 의를 빼앗은 자들에게 화가 있을 것이다(신 25:1 : 잠 17:15 : 사 5:23 : 대하 18:6,7).[1]

---

1) **신 25:1** 사람과 사람 사이에 시비가 생겨서 재판을 청하거든 재판장은 그들을 재판하여 의인은 의롭다 하고 악인은 정죄할 것이며.
잠 17:15 악인을 의롭다 하며 의인을 악하다 하는 이 두 자는 다 여호와의 미워하심을 입느니라.
사 5:23 그들은 뇌물로 인하여 악인을 의롭다 하고 의인에게서 그 의를 빼앗는도다.
대하 18:6,7 여호사밧이 가로되 이 외에 우리가 물을 만한 여호와의 선지자가 여기 있지 아니하니이까. 이스라엘 왕이 여호사밧에게 이르되 오히려 이믈라의 아들 미가야 한 사람이 있으니, 저로 말미암아 여호와께 물을 수 있이 성경 구절들과 다른 많은 구절들에서 서로 적대적인 관계에 있는 두 가지 사법적인 선고가 언급되었다. 그리고 이것들은 의로운 자와 악한 자 모두를 언급하는 것으로 진술되어 있는데, 이로 보아 어떤 사람을 의롭다고 하는 것은 의의 주입을 의미하지 않고, 또 어떤 사람을 정죄하는 것 역시 악의 주입을 의미하지 않는 것을 알 수 있다.

또한 하나님의 심판에 관한 한 동일한 용어인 '칭의'와 '정죄'는 서로 정확하게 반대가 되는 사법적인 선언을 의미하는 것으로 사용되었다.

"누가 능히 하나님의 택하신 자들을 송사하리요? 의롭다 하신 이는 하나님이시니 누가 정죄하리요? 죽으실 뿐 아니라 다시 살아나신 이는 그리스도 예수시니, 그는 하나님 우편에 계신 자요, 우리를 위하여 간구하시는 자시니라"(롬 8:33,34).

"네 말로 의롭다함을 받고 네 말로 정죄함을 받으리라"(마 12:37).

"또 이 선물은 범죄한 한 사람으로 말미암은 것과 같지 아니하니, 심판은 한 사람을 인하여 정죄에 이르렀으나 은사는 많은 범죄를 인하여 의롭다하심에 이름이니라"(롬 5:16).

만일 칭의가 정죄와 반대되는 개념이라는 것이 증명된다면, 그것은 오직 법정적이며 사법적인 의미를 지닌 용어가 될 것이다. 그러므로 의롭다함을 받는 사람을 내적으로 거룩하게 만들거나 의로운 사람으로 만들 수 없고, 이와 동시에 정죄함을 받은 사람의 도덕적 인격을 훼손하거나 부패시키거나 타락시킬 수도 없을 것이다. (3)

이 용어의 법정적이며 사법적인 의미의 두 번째 증거는 칭의라는 용어와 관계되어 동일하게 법정적이며 사법적인 의미를 지니는 심판의 전 과정과 관계된 모든 용어들로부터 연원된다. 우리는 심판에 대한 말씀들이 이것과 엄밀한 관계에 있어서 표현되고 있음을 발견한다. 우선 심판 자체에 대한 말씀이다. "주의 종에게 심판을 행치 마소서. 주의 목전에는 의로운 인생이 하나도 없나이다"(시 143:2).

으나 저는 내게 대하여 길한 일은 예언하지 아니하고 항상 흉한 일만 예언하기로 내가 저를 미워하나이다. 여호사밧이 가로되 왕은 그런 말씀을 마소서.

또한 심판자에 대한 말씀이다. "주께서 이같이 하사 의인을 악인과 함께 죽이심은 불가하오며, 의인과 악인을 균등히 하심도 불가하니이다. 세상을 심판하시는 이가 공의를 행하실 것이 아니니이까"(창 18:25). "이런 일을 행하는 자에게 하나님의 판단이 진리대로 되는 줄 우리가 아노라"(롬 2:2).

재판석에 대한 말씀이다. "네가 어찌하여 네 형제를 판단하느뇨. 어찌하여 네 형제를 업신여기느뇨. 우리가 다 하나님의 심판대 앞에 서리라"(롬 14:10).

고소하는 송사자에 대한 말씀이다. "누가 능히 하나님의 택하신 자들을 송사하리요? 의롭다 하신 이는 하나님이시니"(롬 8:33).

고소에 대한 말씀이다. "우리를 거스리고 우리를 대적하는 의문에 쓴 증서를 도말하시고 제하여 버리사 십자가에 못 박으시고"(골 2:14).

증인에 대한 말씀이다. "이런 이들은 그 양심이 증거가 되어 그 생각들이 서로 혹은 송사하며 혹은 변명하여 그 마음에 새긴 율법의 행위를 나타내느니라"(롬 2:15).

변호자에 대한 말씀이다. "나의 자녀들아, 내가 이것을 너희에게 씀은 너희로 죄를 범치 않게 하려 함이라. 만일 누가 죄를 범하면 아버지 앞에서 우리에게 대언자가 있으니, 곧 의로우신 예수 그리스도시라"(요일 2:1).

사면 선언에 대한 말씀이다. "허물의 사함을 얻고 그 죄의 가리움을 받은 자는 복이 있도다"(시 32:1).

이 용어의 법정적이며 사법적인 의미의 세 번째 증거는 '칭의라는 용어와 혼용적으로 사용되며, 그것을 설명해 주는 동의적인 표현'이다. 만일 이 표현들이 의의 주입을 암시하지 않고 단순히 죄의 용서 또는 죄인을 받아들이는 것을 의미한다면, 이 표현들은 칭의가 하나님과의 사법적인 관계의 변화를 의미하는 것이지, 그의 도덕적이며 영적인 변화를 의미하는 것이 아니라는 것을 지지해 주는 표현들이 될 것이다.

이것은 '의의 전가'라는 용어로 명백히 묘사되었다. '아브라함이 하나님을 믿으니 이를 그의 의로 여기신 것이며, 다윗도 일한 것이 없이 하나님께 의로 여기심을 받는 사람의 행복에 대하여 말했다'(롬 4:3). 이는 죄의 비전가(非轉嫁, non-imputation)와 가리워 줌, 그리고 죄의 용서를 포함하는 말이다. "그 불법을 사하심을 받고 그 죄를 가리우심을 받는 자는 복이 있고, 주께서 그 죄를 인정치 아니하실 사람은 복이 있도다"라고 했다(롬 4:7,8).

이는 화목(화해)이라는 용어와 동의적인 표현이다. "이는 하나님께서 그리스도 안에 계시사 세상을 자기와 화목하게 하시며 저희의 죄를 저희에게 돌리지 아니하신 것"이다(고후 5:19). 그리고 우리로 하여금 "저의 안에서 하나님의 의가 되게 하시려고 하나님이 죄를 알지도 못하신 자로 우리를 대신하여 죄를 삼으신 것"이다(고후 5:21). 만일 이 구절들이 칭의에 대한 성경적 동의어들이라면, 이것들은 칭의가 내포하는 의미를 설명할 뿐만 아니라 하나님 앞에서 의로운 자로서의 죄인의 용인 외에 전혀 다른 것을 의미하지 않을 것이다. (4)

그러므로 성경 기자들이 칭의라는 용어를 말할 때 성경에서 사용된 세 가지 독특한 표현법들, 즉 '*대조적*'이고 '*상호적*'이며 그리고 '*동의적*'인 표현이 있는 것이다. 이 모든 것들은 칭의라는 용어의 성경적 의미의 증거를 파악하는 데 도움을 주는 것들이다. 이 모든 것들을 함께 고찰하면 그것은 막강한 증거를 제시하게 된다. 최근 주장된 칭의 교리를 흠집 내는 시점에 있어서, 은혜로 말미암는 칭의의 방법이 율법으로 말미암는 칭의의 방법과는 많은 점에 있어서 서로 다를지라도 이 용어의 의미가 엄밀하게 법정적이라는 것을 확언하는 것은 대단히 중대하며 필요한 일이다. 또한 이 용어가 인간의 법정에서 대치될 만한 정확한 대용어구(代用語句)가 없다는 사실을 분명히 해야 한다.

은혜로 말미암는 칭의가 율법의 성취를 제공해 주고 오직 하나님 앞에서의 우리의 용인의 근거로서의 대속적이며 개인적인 의로 대치될 수 있지만, 칭의 자체는 여전히 사법적인 선고이다. 그리고 '죄인을 의롭다 하시는' 하나님께서는 '의로운 자'가 되시는 것이다. 만일 칭의가 단순히 과거의 죄의 형벌을 받지 않게 해 주는 보상의 행위였다면, 그리고 하나님의 정의의 만족과 그의 의로운 율법의 요구와 관계없이 선포되어진 것이라면, 칭의는 아마도 하나님의 도덕적 통치의 원리들을 뛰어넘는 자비의 주권적인 행사로 간주되어질 것이다.

만일 그렇다면 칭의나 정죄에 있어서 그 어떤 법적 규칙도 실질적으로 폐지되므로 칭의의 법정적이며 사법적인 성격은 혼합되고 상실될 것이다. 그러나 율법이 폐지되는 것 대신 성취되는 것이라면, 그리고 의가 여전히 하나님 앞에서의 우리의 용인의 근거라면, 우리에게 역사되고 제공되어진 이 의의 법정적이며 사법적인 성격은 그것이 은혜의 행위라 할지라도 여전히 확보될 것이다.

이러한 이유로 인해 개신교 신학자들은 칭의를 정의하고 묘사함에 있어서 그것의 사법적인 면과 은혜적인 면을 결합시키는 것을 매우 조심스러워했으며, 복음의 계시 체계에 따라서 하나님께서 '우리의 죄를 용서하시고 우리를 모든 불의에서 깨끗하게 하심'에 있어서 신실하시고 의로우시며' 동시에 '자비로우시고 은혜로우신 분' 이심을 나타내는 데 매우 조심스러워했던 것이다.

다운함(Downham) 감독은 다음과 같이 말했다.

"칭의는 하나님 자신의 자비와 의를 찬미하고 그에게 영광을 돌리게 하기 위해 믿는 신자들에게 그리스도의 의를 전가시키고 그의 죄를 사면해 주시며 그리스도 안에서 그를 용인하시고 영원한 생명의 후사로 받아 주시는 하나님의 가장 은혜로우시며 의로우신 사역이다."

명제 2- '칭의'가 법정적이며 사법적인 용어인 반면, 때때로 이 용어는 하나님 앞에서 죄인이 의로운 자로 용인받음을 시사하며, 또 때로는 그 용인의 증거와 그것이 확실히 실현되는 모습으로 나타나기도 한다.

이러한 이 용어의 적용에 대한 다양성이 바로 중대한 신학적 구분, 즉 사실적 칭의와 선언적 칭의의 근거가 되는 것이다.

그러나 이 구분이 하나님 앞에서 로마 가톨릭교회가 주장하는 것처럼 하나의 칭의 이상이 존재함을 시사하거나 이 용어의 의미가 모호하다는 것을 시사하지도 않았다. 왜냐하면 이 용어는 그것이 하나님과 인간의 관계의 변화를 지시할 때 한결같이 하나의 동일한 칭의와 관계되어 있기 때문이다. 그러나 이 변화는 두 가지 독특한 국면에서 다루어져야 한다. 그 하나는 죄인이 의로운 자로 용인되었을 때 실제적으로 성취되는 국면이고, 다른 하나는 그것에 대한 보증과 확신을 제공하기 위해 선언되어지고 증거되어지는 국면이다. 이 동일한 용어는 용어를 모호하게 만들지 않으면서 이 두 가지 다른 국면에 동일하게 적용된다.

우리가 다룰 본문들은 우리로 하여금 성경 기자들이 어떤 국면을 염두에 두고 성경을 기록했는지를 판단하는 데 큰 도움을 줄 것이다. 개신교의 교리는 죄인이 그리스도의 의를 전가 받음으로써 의롭게 된다는 것을 확증하고 있다. 이러한 존재가 죄인 자신의 양심과 다른 사람에게 증거될 때, 그 죄인은 사실적으로 의롭게 되며, 또한 선언적으로 의롭게 되는 것이다. 양자의 경우 모두 하나님의 면전에서 의롭다고 용인되는 하나의 칭의이며, 동일한 칭의이다. 그러나 한편으로 이것은 단순한 하나의 사실이며 다른 한편으로는 증거되고 증명된 사실이기도 하다.

그러므로 사실적인 칭의는 선언적인 칭의를 전제하는 것이다. 따라서 어떤 이가 의롭다함을 받은 것으로 선언될 때, 우리는 그 사람이 실제로 의롭게 되었으며, 하나님의 면전에서 의로운 자로 받아들여진 것으로 결론짓는 것이다.

칭의에 대한 하나님의 행위와 인간 법정에서의 사법적인 절차 사이에는 유사점뿐만 아니라 중대한 차이점도 있다. 인간 재판관의 선고는 단순히 선언적일 뿐이다. 이 선언은 사람을 실제로 순결하거나 악한 자로 만들지 못한다. 그것은 오로지 법의 정신에 따라 선고하는 것뿐이다. 그러나 죄인을 의롭다하심에 있어서 하나님은 인간 재판관이 할 수 없는 일을 행하신다. 우선 하나님은 전에 불의했던 자를 의롭다고 하시며, 그의 진리에 기초한 틀림없는 심판으로 의로운 자를 선언하신다. 이것은 하나님의 은혜의 행위가 인간 재판관의 선고와 유사한 전적으로 선언적인 국면의 칭의이다.

그러나 이 둘 사이의 차이점은 전자가 대속적 의를 소유한 반면 후자는 인간의 사적이며 개인적인 의를 소유한 데 있다. 그럼에도 이 둘은 모두에게 각각 적용될 수 있는 다 의의 법 혹은 규칙에 의거한 법정적이며 사법적인 선언이다.

이 사실적 칭의와 선언적 칭의는 성경의 여러 구절들을 통해 잘 설명되고 있다. 이 용어가 하나님께 적용될 때는 언제나 선언적인 의미를 지닌다. "모든 사람들이 하나님을 의롭다 하되"(눅 7:29). 또한 그리스도에게 적용될 때도 선언적인 의미를 지닌다. "그는 육신으로 나타난 바 되시고 영으로 의롭다하심을 입으시고"(딤전 3:16). 지혜라는 단어에 적용될 때도 선언적이다. "지혜는 그 행한 일로 인하여 옳다 함을 얻느니라"(마 11:19).

이 용어가 범죄의 고소의 참과 거짓으로부터 자기 자신의 의를 표현하고자 할 때도 이와 동일한 의미로 사용되었다. 율법사는 '자기를 옳게 보이려는 자'로 묘사되었다(눅 10:29). 그리고 바리새인들은 '사람 앞에서 스스로 옳다 하는 자'로 묘사되었다(눅 16:15). 이러한 구절들과 이와 유사한 구절들을 살펴볼 때, 이 용어의 선언적 의미는 자증적(自證的)이며 반드시 전적으로 확보되어야 할 것이다. 그리고 다른 모든 의미는 배제되어야 한다.

우리는 선언적 칭의에 잇달아 오는 실제적 칭의를 가장 효과적으로 보여 주는 실례를 '한 동네에 죄인인 한 여자'에게서 찾아볼 수 있다(눅 7:37-50). 그녀는 바리새인의 집에서 예수님을 만났고 예수님을 향한 헌신적인 사랑을 표시했다. '그녀는 향유 담은 옥합을 가지고 와서 예수의 뒤로 가, 그 발 곁에 서서 울며 눈물로 그 발을 적시고 자기 머리털로 씻고 그 발에 입맞추고 향유를 부었다.' 그러자 바리새인은 이것을 보고 이 사람이 만일 선지자더면 자기를 만지는 이 여자가 누구며 어떠한 자, 곧 죄인인 줄을 알았을 것인데 어찌해서 이 여자가 오는 것을 허락하는지 이상하게 생각했다.

이러한 바리새인의 말하지 않은 생각의 말에 대해 예수님께서 대답해 주셨다. 예수님께서는 자신을 향한 그녀의 사랑의 표시를 지목하시면서 그녀가 죄가 있다면 이미 그 죄가 사하여졌다고 말씀하셨다. 그리고 그녀의 죄가 사하여진 것을 그녀에게 확실하게 말씀해 주심으로써 죄 용서의 확신까지 주셨다. 이러한 경우에 그녀가 그리스도의 면전에 나아오기 전에 이미 그녀는 실제로 의로워진 것이다. 그녀의 사랑은 그녀의 죄 용서함의 원인이자 근거가 아니라 증거이자 결과였다.

그녀로 하여금 그리스도를 따르게 만들었던 것은 바로 그녀의 사랑이었다. 향유 담은 옥합을 가져오게 만들었던 것도 다름 아닌 그녀의 사랑이었다. 그녀가 예수님 뒤에 서서 울고 있을 때 그녀의 마음 속에 불타고 있었던 것은 사랑이었다. 그녀는 정말 '많이 사랑'했다. 왜냐하면 그녀는 정말 '많이 용서'받았기 때문이다.

그러나 지금 그녀는 아마 처음으로 그녀가 개인적으로 용인을 받았음을 확신하게 하기 위하여 선언적으로 의롭다함을 받은 것이다. 왜냐하면 그리스도께서 그녀의 큰 사랑을 그녀의 용서받은 실제적인 증거로 인정하셨을 뿐만 아니라 바리새인에게 당신 자신의 말씀으로 그것을 증거하셨기 때문이다. "이러므로 '내가 네게 말하노니' 저의 많은 죄가 사하여졌도다"(눅 7:47). 뿐만 아니라 당신 자신의 말씀으로 그녀에게 말씀하셨다. "이에 여자에게 이르시되 네 죄사함을 얻었느니라 하시니 … 예수께서 여자에게 이르시되, 네 믿음이 너를 구원하였으니 평안히 가라 하시니라"(눅 7:48,50).

이 사건은 칭의의 사실적인 측면과 칭의의 선언적인 측면의 차이점을 매우 명백하게 보여 주고 있으며, 또한 신자의 칭의가 표현되고 증명되는 두 가지 독특한 방법을 시사해 주고 있다. 이미 여인은 용서받았다. 그러나 이 여인은 이제야 그녀의 죄가 용서받았다는 확신(보증)을 획득한 것이다. 그리고 이 확신은 그녀의 마음에 두 가지 방법으로 전달되었다. 그 첫째는 이 여인이 소유한 '사랑으로 역사하는 믿음으로 말미암는' 경험적 증거의 수단을 통해서였다. 두 번째는 이 경험적 증거 이외에 주님 자신의 입술을 통해 나오는 권위 있는 그녀에 대한 증언을 통해서였다.

우리가 이미 설명한 의미에 있어서 실제적인 칭의와 선언적인 칭의 사이의 구분은 신약성경 히브리서 11장에 언급된 구약의 인물들을 통해서 잘 설명되어질 수 있을 것이다. 사도는 이들이 이미 믿음으로 말미암아 의롭게 된 자들이라고 말한다. 그러나 사도는 또한 매우 특별하게 그들의 선언적 칭의에 대해서도 말하고 있음을 보게 된다. 사도는 '선진들이 믿음으로 증거를 얻었다'라고 말씀하고 있다(히 11:2). 그들은 이미 의롭게 되었을 뿐만 아니라 그렇게 되었음이 증거되었고 선언되었던 것이다.

아벨에 대해서 사도는 다음과 같이 말한다. "**믿음으로 아벨은 가인보다 더 나은 제사를 하나님께 드림으로 의로운 자라 하시는 증거를 얻었으니, 하나님이 그 예물에 대하여 증거하심이라**"(히 11:4). 여기에 나타난 중대한 사상은 아벨과 그의 제사를 하나님께서 받으셨다는 사실에 있는 것이 아니라, 아벨과 아벨의 제사 모두를 하나님께서 받으셨음을 증거하셨다는 사실에 있다. 그것은 하나님께서 '아벨이 의롭다'는 것을 증언하셨다는 사실에 있는 것이다.

에녹에 대하여 사도는 다음과 같이 말한다. "**에녹은 옮기우기 전에 하나님을 기쁘시게 하는 자라 하는 증거를 받았느니라**"(히 11:5). 그리고 다른 수많은 사람들에 대해서도 '이 사람들이 다 믿음으로 말미암아 증거를 받았다'고 말씀하고 있다(히 11:39). 이 실제적 칭의가 전제되어 있지만, 여기 본문에서는 그들의 선언적 칭의가 특별히 언급되었다. 이 선언적 칭의는 신자 편에서 그 믿음이 살아 있고 일하는 믿음으로 증거되는 믿음의 실제적인 열매들에 의하여, 그리고 하나님 편에서는 그들의 용인을 증거하는 하나님의 선언에 좌우되는 것으로 제시되어 있다.

이 실제적 칭의와 선언적 칭의의 구분은 성경에서 밝히고 있는 마지막 날의 최종 심판을 통해 설명될 수 있을 것이다. 전에 한번 사실적으로 의롭다함을 받지 못했던 불신자들은 결코 이때에도 실제로 선언적인 의롭다함을 받지 못할 것이다. 그러나 마지막 심판의 날에 공개적으로 재판장의 무죄 선고를 받는 모든 신자들은 '선언적'으로 의롭다함을 받을 것이다. 그 누구도 전에 죄를 용서받지 못하고 하나님의 용인을 경험하지 못한 자들은 죽음 이후의 마지막 심판의 날에도 죄를 용서받지 못하고 하나님의 품에 안기지 못할 것이다. 왜냐하면 죽음 이후에는 회개도 용서도 없기 때문이다.

　무덤에서는 회개도 용서도 존재하지 않았다. 구원의 날은 이생의 삶의 종결과 함께 끝나는 것이기 때문이다. 그러므로 모든 임종의 순간에 다음과 같은 엄중한 하나님의 말씀을 비문으로 새겨 두어야 할 것이다. **"불의를 하는 자는 그대로 불의를 하고, 더러운 자는 그대로 더럽고, 의로운 자는 그대로 의를 행하고, 거룩한 자는 그대로 거룩되게 하라"**(계 22:11).

　그러나 이미 지상의 삶에서 의롭다함을 받고 거룩해진 의인들은 '마지막 종말의 날'에 공개적으로 '복있는 자'들이라고 선언되어질 것이다. 우리가 이미 살펴본 죄인이었던 한 여자의 경우와 같이 이 엄숙한 순간에 신자를 위한 죄 용서와 용인은 재판장의 선고처럼 권위적이며 공식적으로 선언되어질 뿐만 아니라 이 재판장의 선고는 그의 믿음, 특별히 고통받는 하나님의 백성들에게 표현된 사랑으로서의 그리스도를 향한 그의 사랑에 기인하고 있음을 지시할 것이다. **"너희가 여기 내 형제 중에 지극히 작은 자 하나에게 한 것이 곧 내게 한 것이니라"**(마 25:40).

　죄인의 사면과 하나님 면전에서 의로운 자로 하나님의 용인을 받는 것으로서의 칭의는 오직 믿음으로 말미암는 것이다. 그러나 심판은 행위로 말미암는다. 그러나 이 행위는 두 번째 칭의가 결코 아니다. 그것은 마치 하나는 믿음으로 말미암고 또 하나는 행위로 말미암는 두 가지 칭의를 암시하는 것이 아니다. 그것은 이 현세의 삶에서 실제적으로 수여받은 것이요, 마지막 날 심판의 자리에서 권위 있게 선언되고 증거되는, 하나요 동일한 칭의인 것이다.

　어떤 이들은 오직 믿음을 통하여 은혜로 말미암는 무조건적인 칭의 교리가 행위로 말미암는 미래적 심판의 그것과 모순된다고 생각하는 것 같다. 그리고 이러한 이유로 인해 그들은 칭의와 심판이 정확하게 동일하거나 아니면 행위로 말미암는 미래적 심판과 칭의를 조화되게 하기 위해서 오직 믿음으로 말미암는 칭의 교리를 수정해야 한다는 주장을 관철시키려 했던 것이다. (5)

　그러나 이 두 교리 사이에 모순이나 불일치는 존재하지 않았다. 이것들은 하나님의 섭리적인 절차의 다른 부분들과 관계된 것이다. 또한 이 두 교리는 모두 필요하다. 하나는 죄인의 양심의 즉각적인 구원과 안심을 위해, 또 다른 하나는 신자의 행실을 위한 규정으로서 반드시 필요한 것이다.

찰머스(Chalmers) 박사는 저자 뷰캐넌(Buchanan) 박사에게 다음과 같이 말했다.
"나는 모든 설교자들이 오직 믿음을 통해 은혜로 말미암는 현재의 칭의와 행위로 말미암는 미래적 심판이라는 이 두 가지 교리에 열중하기를 원한다."

사실상 모든 신실한 목사들은 이 두 가지 교리 모두를 사용해서 한편으로는 인간의 교만과 의(義)를 자랑하는 율법주의의 위험을 경계하고, 다른 한편으로는 실제적 율법폐기론을 경계해야 할 것이다. 그러나 우리는 미래적 심판이 사실적 칭의와 선언적 칭의를 구분하는 부가적 증거라고 믿는다.

명제 3- 실제적 칭의와 선언적 칭의의 구분은 산 믿음과 죽은 믿음의 관점에서 볼 때 바울과 야고보의 명백한 모순에 대한 충분한 설명을 제공한다.

바울은 '그러므로 사람이 의롭다하심을 얻는 것은 율법의 행위에 있지 않고 믿음으로 된다'고 결론짓고 있으며, 반면에 야고보는 '이로 보건대 사람이 행함으로 의롭다하심을 받고 믿음으로만 아니니라'고 말씀하고 있다(롬 3:28 : 약 2:24).
이러한 말씀들은 바울과 야고보가 사용하고 있는 단어들의 단순한 대조를 통해 볼 때, 그리고 이 말씀들을 해석하는 역사적 해석으로 볼 때 서로 완전히 모순되는 것처럼 보이는 것은 명백하다. 그러나 바울과 야고보 사도 모두 동일한 진리의 성령의 감동하심을 따라 본서들을 기록했기 때문에, 이 두 사도 사이에 실제적인 모순은 존재하지 않는다는 것 역시 동일하게 명백한 것이다.

그러므로 모든 교파들과 모든 단체들은 여러 정황들 속에서 발전되고 다른 여러 성경 본문들을 통해 묘사된 이들의 사상을 매우 신중하고 진지하게 연구함으로써 이들이 진정으로 무엇을 의미했는지를 파악하고 확신하는 것을 그들의 가장 중요한 의무로 삼아야 한다. 이렇게 이 모든 것들을 해석한 후에 그들은 이 바울과 야고보가 서로 완벽하게 일치되고 있으며, '믿음의 유비'(類比)와도 완전한 조화를 이루고 있다는 것을 밝혀야 한다.

어거스틴의 시대로부터 시작해서 서로 모순되는 여러 다양한 해석들이 출현해 왔다. 여러 해석들에서는 이 두 사도들의 교훈을 일치시키고 조화시키기 위해 칭의와 믿음, 그리고 행위와 같은 중요한 용어들을 순서대로 사용했다. 어떤 이들은 이것들 중 첫째 용어를 사용해서 그들의 이론을 발전시켰고, 첫 번째와 두 번째 칭의 또는 최초의 칭의와 최후의 칭의를 주장하기도 했다. 이 최초의 칭의와 최후의 칭의는 단순히 우리가 말하는 사실적 칭의와 선언적 칭의의 의미가 아니라, 두 가지 모두 실제적 칭의로서 최초의 칭의는 믿음으로 말미암는 칭의이며 최후의 칭의는 행위로 말미암는 칭의를 의미한다.

다른 이들은 믿음이라는 두 번째 용어를 사용해서 자신들의 이론을 수립했다. 만일 신자가 현세에서 실제로 의롭다함을 받았다면 그것은 믿음이 개인적 거룩의 근원으로서, 다른 모든 은혜를 내포하는 것으로서, 그리고 믿음으로부터 발원되는 새로운 순종의 행위로 간주되었기 때문이다. 또 다른 이들은 세 번째 용어를 사용해서 자신들의 이론을 수립했다. 그들은 우리 칭의의 기초로부터 배제되는 것으로서의 행위가 단순히 이제는 폐지된 모세 율법이 요구하는 의식적인 율법의 준수이거나 그리스도를 믿기 전에 은혜를 배제한 상태의 이교도들이 준수했던 도덕적 의무들이라는 것을 보여 주려 노력했다.

이 다양한 이론들을 완전히 논의하기 위해서는 이 이론들을 주장하는 자들과 반대하는 자들의 문서들을 살펴야만 할 것이다. 그러나 우리가 만일 바울과 야고보 사도가 사용한 언어를 정확히 주해함으로써 바울은 사실적 칭의를 다루고 있으며, 야고보는 선언적 칭의를 다루고 있음을 밝힌다면 우리는 우리 앞에 놓여진 명제를 수립하기에 충분할 것이다. 만일 이들 사도들의 각각의 진술들을 제대로 이해하기만 한다면 그들 사이의 모순이나 불일치는 추호도 존재하지 않을 것이다.

바울은 그의 서신인 로마서와 갈라디아서에서 죄인의 사실적인 칭의 문제 또는 하나님 면전에서의 용인에 관해 매우 자세하고 진지하게, 그리고 매우 길게 다루고 있다. 그는 자신의 긴 논증을 결론지으면서 다음과 같이 말하고 있다. "그러므로 율법의 행위로 그의 앞에 의롭다하심을 얻을 육체가 없나니 율법으로는 죄를 깨달음이니라"(롬 3:20). 또한 그는 계속해서 "그러므로 사람이 의롭다하심을 얻는 것은 율법의 행위에 있지 않고 믿음으로 되는 줄 우리가 인정하노라"(롬 3:28)라고 결론짓고 있다.

이러한 죄인의 실제적인 칭의 문제를 구성하고 있는 부분들에 대한 확고하고 깊이 있는 결론을 도출하기 위해 바울은 무엇보다도 '먼저' 하나님의 율법에 비추어 본 유대인과 이방인을 포함한 모든 인류의 상태와 특색에 대해 포괄적인 논의를 진행했다. 이방인들은 '그들 자신에게 그들이 율법이 되는', 그들 자신들의 마음에 쓰여진 도덕법의 지배를 받았으며, 유대인들은 이방인들과 마찬가지로 이 자연법의 지배를 받았을 뿐만 아니라 그들에게만 아주 독특했던 계시적 율법의 지배를 받았다.

바울의 이러한 주도면밀한 검사와 논의의 결과는 모든 것을 한꺼번에 정리해 버리는 다음과 같은 말씀으로 선포되었다. "우리가 알거니와 무릇 율법이 말하는 바는 율법 아래 있는 자들에게 말하는 것이니, 이는 모든 입을 막고 온 세상으로 하나님의 심판 아래 있게 하려 함이니라"(롬 3:19). 왜냐하면 "모든 사람이 죄를 범하였으매 하나님의 영광에 이르지 못하기 때문"이다(롬 3:23). 이러한 그의 포괄적 논의의 결과는 그의 결론의 '첫 번째' 부분의 근거가 된다. "그러므로 율법의 행위로 그의 앞에 의롭다하심을 얻을 육체가 없나니, 율법으로는 죄를 깨달음이니라"(롬 3:20).

이러한 결론은 죄인의 경우에 있어서 율법으로 칭의를 얻고자 하는 가능성을 완전히 배제하는 것이다. 그것이 순전히 도덕적 양심의 율법이든지 부분적으로 도덕법이자 부분적으로는 모세에게 계시된 율법이든지 관계없이 율법으로는 의롭다하심을 얻을 수 없는 것이다. 그러나 바울은 그의 논의를 여기서 머무르지 않고 계속해서 더 진행하고 있다.

바울은 칭의의 근거로서의 인간의 의를 완전히 배제하면서 '하나님의 의'라고 강조된 완전히 다른 의를 소개하고 있다. 왜냐하면 하나님께서는 하나님 자신에 의해 계획되고 계시되었으며 역사되어진 특별하고도 합당한 의를 요구하셨기 때문이다. 그는 이 의가 이제 확실하게 나타났으며 완전히 계시되었다고 말씀한다. 그리고 하나님께서는 이 의를 '율법으로 말미암지 않은 의'로 묘사하고 있다. 왜냐하면 이 의는 율법과 어느 정도 관계가 있는 의이기 때문이다.

만일 '율법이 없다면 죄가 죄인 줄 알지 못하였다'는 말이 진실이라면 율법이 없다면 '의'도 없다는 말도 역시 동일하게 진리일 것이다. 그럼에도 불구하고 이 의는 율법 위에, 아니 율법을 초월한 의로서 '율법으로 말미암지 않는 의'이다. 이 의는 율법 안에 있는 것도 아니고 율법으로 말미암는 것도 아니다. 그럼에도 불구하고 이 의는 율법과 선지자들의 증거를 받은 의이다.

이 의는 완전히 계시되지는 않았지만 그 이름이 반드시 '여호와 우리의 의'라 일컬음을 받으리라는 말씀과 '이스라엘 자손은 다 여호와로 의롭다함을 얻으리라'는 말씀 안에서 예언되었고 예표되었으며 약속되었던 의이다(렘 23:6 ; 사 45:24,25 ; 46:12,13).[2] 이것은 '믿음으로 말미

---

2) **렘 23:6** 그의 날에 유다는 구원을 얻겠고 이스라엘은 평안히 거할 것이며 그 이름은 여호와 우리의 의라 일컬음을 받으리라.
사 45:24,25 어떤 자의 내게 대한 말에 의와 힘은 여호와께만 있나니 사람들은 그에게로 나아갈 것이라. 무릇 그를 노하는 자는 부끄러움을 당하리라마는 이스라엘 자손은 다 여호와로 의롭다 함을 얻고 자랑하리라 하느니라 하셨느니라.
사 46:12,13 마음이 완악하여 의에서 멀리 떠난 너희여 나를 들으라. 내가 나의 의를 가깝게 할 것인즉 상거가 멀지 아니하니 나의 구원이 지체치 아니할 것이라. 내가 나의 영광인 이스라엘을 위하여 구원을 시온에 베풀리라.

암는 의'이다. 믿는 자들은 '하나님의 은혜로 무조건 의롭다함을 받을 것'이다.

'만일 이 의가 은혜로 된 것이면 행위로 말미암지 않은 것'이다. 그렇지 않으면 '은혜가 은혜되지 못하기 때문'이다. 왜냐하면 '일하는 자에게는 그 삯을 은혜로 여기지 아니하고 빚으로 여기기 때문'이다(롬 11:6 ; 4:4). 그리고 마지막으로 이 의는 '그리스도 예수 안에 있는 구속으로 말미암는 의'이다. '하나님께서 그의 의를 선언하시고 이때에 자기의 의로우심을 나타내사 자기도 의로우시며, 또한 예수 믿는 자를 의롭다 하려 하시기 위해 그리스도를 그의 피를 믿는 믿음으로 말미암는 화목 제물로 세우셨을 때' 우리를 위하여 우리에게 역사되어진 의이다(롬 3:25,26 참조).

계시된 은혜와 구속의 방법으로서의 결과는 바울 결론의 '두 번째' 근거가 된다. "**그러므로 사람이 의롭다하심을 얻는 것은 율법의 행위에 있지 않고 믿음으로 되는 줄 우리가 인정하노라**"(롬 3:28).

하나님의 율법에 대한 인간의 순종으로부터 발원되는 인간의 의는 두 가지 특별한 근거, 즉 첫째로 모든 죄인들의 죄를 깨닫게 하고 정죄하는 하나님의 율법에 기초해서, 그리고 둘째로 '십자가에 죽기까지 순종하신' 그리스도의 의를 가져오게 하는 하나님의 구속적 자비의 방법에 기초해서 인간의 칭의의 기초에서 완전히 제외된다. 이러한 주장은 바울의 전체 논증에서 잘 표현되고 있다.

바울의 의도는 하나님의 면전에서 이루어지는 죄인의 실제적 칭의의 방법과 근거, 심지어 그 '근본적 이유와 이론적 해석'을 설명하는 것이었으며, 하나님께서 어떻게, 그리고 왜 죄인을 의롭다고 간주해 주시고 용인하시는지를 보여 주는 것이었다. 또한 바울은 이 실제적이며 사실적인 칭의의 방법과 근거를 자신들의 인간적 의를 신뢰하는 모든 신뢰를 포기하고 '하나님의 의'에 복종하는 모든 믿는 신자들에게 직접적으로, 그리고 즉각적으로 이루어지는 특권으로 제시했다.

그러나 또한 야고보 사도 역시 간혹 하나님 앞에서의 죄인의 사실적 칭의를 언급하고 있는 것이 명백하지만, 그는 위대한 복음의 특권인 이 실제적 칭의의 본질과 기초를 주해하는 대신 신자들의 선언적 칭의를 설명하고 있다. 이 선언적 칭의는 그들의 실제적 칭의가 증거되고 증명되는 신자들의 실제적 증거를 예증하는 것이다.

야고보 사도는 바울에 의해서 더 상세하고 충분히 설명된 하나님의 면전에서의 죄인의 칭의를 동일하게 말하고 있는 것이다. 왜냐하면 바울과 마찬가지로 야고보 역시 아브라함의 칭의를 언급하면서 그를 하나님 앞에서 죄인으로 말하고 있기 때문이다. 그리고 이러한 이유 때문에 야고보 사도가 오직 사람들 앞에서의 칭의를 말하고 있다고 주장하는 것은 매우 불완전한 진술이다.

사실적 칭의는 선언적 칭의 안에 이미 전제되어 있는 것이다. 후자는 단순히 나타나는 증거 또는 전자의 증명이다. 그리고 야고보 사도는 성경에 기록된 대로 하나님 자신의 증거를 통해 무엇보다도 먼저 아브라함이 받은 실제적이며 사실적인 칭의를 증명하고 있다. **"이브라함이 하나님을 믿으니 이것을 의로 여기셨다는 말씀이 응하였고, 그는 하나님의 벗이라 칭함을 받았나니"**(약 2:23). 그리고 그 후에 두 번째로 야고보 사도는 그의 믿음으로부터 발원되는 거룩한 순종의 행위, 즉 그의 믿음의 실제적인 열매를 통해 사실적이며 실제적인 칭의를 증명하고 있는 것이다. **"우리 조상 아브라함이 그 아들 이삭을 제단에 드릴 때에 행함으로 의롭다하심을 받은 것이 아니냐"**(약 2:21).

여기 아브라함은 '행함으로 의롭다하심'을 받았다고 말씀하고 있는데, 그의 아들을 제단에 드린 매우 특별한 순종의 행위가 위대한 믿음의 증거로 표현되어 있는 것이다. 그러나 아브라함의 개인 역사는 아브라함이 그의 아들을 제단에 드려야 하는 혹독한 시험을 받기 아주 오래 전에 하나님께 용서를 받고 용인됨으로써 하나님 앞에서 실제적으로 의롭다함을 받았음을 보여 주고 있다.

그는 이삭이 태어나기 전에 이미 믿는 사람이었고 의롭다함을 받은 죄인이었다. 그의 칭의에서 첫 번째로 주목할 것은 그것이 하나님의 약속을 언급하고 있다는 것이다. 그리고 그 후에 아브라함의 믿음을 말하고 있다. 왜냐하면 '아브라함이 하나님을 믿었고 하나님께서는 이를 그의 의로 여기셨기 때문'이다(창 15:6).

그러나, 그가 믿자마자 사실적이며 구원적이었던 그의 칭의는 여호와께서, "그 아이에게 네 손을 대지 말라. 아무 일도 그에게 하지 말라. 네가 네 아들 네 독자라도 내게 아끼지 아니하였으니 내가 이제야 네가 하나님을 경외하는 줄을 아노라. … 가라사대 여호와께서 이르시기를 내가 나를 가리켜 맹세하노니 네가 이같이 행하여 네 아들 네 독자를 아끼지 아니하였은즉, … 또 네 씨로 말미암아 천하 만민이 복을 얻으리니, 이는 네가 나의 말을 준행하였음이니라 하셨다 하니라"라고 말씀 하셨던 그때에 증거되었으며 확실하게 되었다(창 22:12,16,18). 그는 이미 사실적으로 의롭다함을 받았던 것이다.

그러나 여기 그의 믿음의 열매와 출현으로서의 그의 순종에 명백하게 표현된 하나님의 신적 용인(acceptance)의 선언이 있었다. 그가 이미 '실제적'으로 하나님으로부터 받아들여졌고 후에 받아들여진 것으로 선언되었다는 사실은-두 경우 모두 의롭다함을 받은 것으로 기록된 사실 - 작금의 우리의 논의에 매우 중대한 적용점을 가지고 있다. 왜냐하면 그의 '사실적 칭의와 선언적 칭의'를 의미하기 위해 동일한 용어가 사용되었다는 것을 결정적으로 보여 주기 때문이다. 그러나 이 외에도, 행위로 말미암는 선언적 칭의에 선행하는 믿음으로 말미암는 실제적이며 사실적인 칭의의 선취성(先取性)은 아브라함의 할례의 시기와 대조되어 있는 그의 칭의에서도 명백히 드러난다.

우리는 아브라함의 믿음이 그의 의로 여기심을 받았다고 말할 수 있다. 그렇다면 어떻게 그의 믿음이 의롭다 여기심을 받았나? 그가 할례시인가? 무할례시인가? 할례시가 아니라 무할례시였다. 아브라함이 할례의 표를 받은 것은 '무할례시에 믿음으로 된 의'를 인친 것이었다.

이러한 사도적 전례를 따라 또한 사도와 정확히 동일한 원리를 좇아 우리 역시 다음과 같이 말할 수 있을 것이다.

"믿음이 아브라함의 의로 여겨졌다. 그렇다면 어떻게 그의 믿음이 의롭다 여기심을 받았는가? 그가 그의 아들 이삭을 제단에 제물로 드리는 행위로 그의 믿음을 나타냈을 때, 그리고 그의 믿음과 순종이 의로운 것으로 받아들여졌다는 하늘의 소리가 들렸을 때인가? 아니다. 그때가 아니라 이미 아주 오래 전에 아브라함은 의롭다함을 받았다. 그리고 그 후에 이미 오래 전에 소유했던 믿음의 의를 인치는 할례를 받을 때처럼 선언적 칭의를 받은 것이다."

그러나 이 두 사도들 사이의 명백해 보이는 모순에 대한 충분한 설명을 제공하기 위해서는 사실적 칭의와 선언적 칭의 사이의 구별이, 반드시 살아 있는 믿음과 죽은 믿음의 차이와 관계해서 표현되어져야 한다. 바울과 야고보 사도가 모두 아브라함의 믿음을 언급할 때 그들은 그의 믿음을 참되고 살아 있으며 역동적인 진정한 원리로 간주했다. 바울은 야고보 사도 못지 않게 그의 믿음을 '사랑으로 역사하는 믿음'으로 묘사했으며 새로운 순종이라는 열매를 맺게 하는 믿음으로 설명했다.

"믿음으로 아브라함은 부르심을 받았을 때 장래 기업으로 받을 땅에 순종"했다. 그리고 이와 마찬가지로 아브라함은 "시험을 받을 때에 믿음으로 이삭을" 드렸다. 그리고 "아브라함은 약속을 받은 자답게 그의 독생자를 드렸던 것"이다(히 11:8,17). 아브라함은 두 경우 모두에서 믿음을 따라 행동했다. 그러므로 믿음은 그의 순종의 행위보다 선행하는 것이다. 만일 모든 신자가 의롭다 여김을 받는다면, 그들의 칭의는 아브라함처럼 이렇게 순종의 행위들로 나타나는 그들의 믿음을 표현하기 이전에 이미 죄를 사실적으로 용서받고 하나님으로부터 받아들여진 것을 의미한다.

그러나 바울이 언급하는 것처럼 야고보 역시 이렇게 아브라함의 산 믿음과 그 실제적인 열매들을 언급하는 한편, 그는 또한 믿음이라는 주제에 대해 또 다른 것을 말하고 있다. 그 하나는 참된 능력이 없는 단순한 고백이다. 다른 하나는 영적인 생명력이 없는 교리적 신념이다. 그는 첫째로 참된 능력이 없는 단순히 외면적인 고백을 다루고 있다.

'사람이 믿음이 있노라 하고 행함이 없으면 그 믿음이 무슨 유익이 있는 것인가? 그 믿음(명백히 참된 능력이 없는 외면적 고백으로서의 믿음)이 그를 능히 구원하는가?' 여기서 다루고 있는 것은 순종을 생산하지 않는 단순히 고백적인 믿음이다. 그리고 여기서 제기하고 있는 질문은 그 믿음이 구원하는 믿음이겠느냐는 것이다. 야고보는 이 구원의 믿음을 능동적인 선행의 행위를 양산하지 못하는 단순히 외면적인 사랑의 고백과 대조시키며, 전자에 비해 후자는 가치가 전혀 없는 믿음임을 결론짓고 있는 것이다.

그는 다음과 같이 말하고 있다. "**이와 같이 행함이 없는 믿음은 그 자체가 죽은 것이라. … 영혼 없는 몸이 죽은 것같이 행함이 없는 믿음은 죽은 것이니라**"(약 2:17,26). 우리는 성경에서 '죽은 믿음'과 '죽은 행실'에 대해 언급하고 있는 것을 발견한다(히 9:14).[3] 행함이 없을 때 그 믿음은 죽은 것과 같이 믿음이 없을 때 그 행위 역시 죽은 행위이다. 그러므로 우리는 우리의 행위로 우리 믿음을 시험해야 하고, 우리의 믿음으로부터 발원되는 원리를 따라 우리의 행위를 검증해야 하는 것이다.

믿음과 관련해서 순전히 증거적이며 선언적인 행위의 용법은 야고보 사도가 다음과 같은 말씀을 추가할 때 매우 명백하게 드러난다. "**혹이 가로되 너는 믿음이 있고 나는 행함이 있으니, 행함이 없는 네 믿음을 '내게' 보이라 나는 행함으로 내 믿음을 '네게' 보이리라**"(약 2:18).

그러나 단순히 외면적인 고백 이상의 그 무언가가 있다고 생각해 보자. 귀신들도 '믿고 떠는' 종류의 믿음과도 같은 기본적인 종교적 진리에 대한 신념이 있다면 말이다. 그러나 이러한 신념과 믿음은 여전히 거룩한 순종의 열매를 맺지 못하는 신념이다. 이 믿음은 여전히 '죽은 믿음'이며 아브라함의 믿음과는 전혀 다른 종류의 믿음이다. "**우리 조상 아브라함이 그 아들 이삭을 제단에 드릴 때에 행함으로 의롭다하심을 받은 것이 아니냐? 네가 보거니와 믿음이 그의 행함과 함께 일하고 행함으로 믿음이 온전케 되었느니라. 이에 경에 이른바 이브라함이 하나님을 믿으니 이것을 의로 여기셨다는 말씀이 응하였고, 그는 하나님의

---

3) **히 9:14** 하물며 영원하신 성령으로 말미암아 흠 없는 자기를 하나님께 드린 그리스도의 피가 어찌 너희 양심으로 죽은 행실에서 깨끗하게 하고 살아계신 하나님을 섬기게 못하겠느뇨.

벗이라 칭함을 받았나니"(약 2:21-23).

우리가 만일 "아브라함이 행함으로 의롭다하심을 받은 것이 아니냐"는 말씀을 아브라함의 순종이 참된 신자와 의롭게 된 자를 증거하는 것을 의미하는 선언적 의미의 말씀으로 이해한다면, 이 전체 본문은 시종일관 자기 모순이 없으며 사도 바울의 교리와 완전한 조화를 이루는 말씀이 될 것이다. 그러나 만일 우리가 이 말씀이 인간의 실제적 칭의의 이유와 근거가 되는 것으로 이해한다면 그것은 사도 바울과 반대될 뿐만 아니라 야고보 자신의 진술과도 일치되지 않는 설명이 될 것이다.

사도 바울과 사도 야고보의 교훈을 살펴봄으로써 다른 많은 성경 구절들을 통해 수립될 수 있는 사실적 칭의와 선언적 칭의의 구별은 살아있는 믿음과 죽은 믿음 사이의 차이점과 연계해 볼 때 충분히 분별할 수 있으며, 결국 이러한 분별은 칭의 교리에 있어서 바울과 야고보 사이에 명백해 보이는 모순에 대한 충분한 설명을 제공하는 것이다. (6)

야고보 사도에 의해 교훈된 실제적인 교리의 본질이 사도 바울 자신에 의해 다른 용어로 동일하게 교훈되어지고 있다는 사실을 부가해서 말하는 것은 매우 필요한 일이다. 사도 바울은 자신이 가르쳤던 교훈이 그의 동료 사도 야고보의 교훈과 모순되는 것으로 여기지 않고, 오히려 은혜의 교리를 왜곡하는 모든 사상들을 경계함에 있어서 진심으로 동의하며 사도 야고보와 협력했을 것이다.

죄인의 칭의에 대한 전체 문제를 다룸에 있어서 바울은 타락한 인간의 마음에 떠오를 수 있는 그릇된 추론과 주장을 간과하지 않고, 오히려 그것을 예상하며 이 추론에 대한 대답을 우리에게 제공하고 있다.

"그런즉 우리가 믿음으로 말미암아 율법을 폐하느뇨? 그럴 수 없느니라. 도리어 율법을 굳게 세우느니라"(롬 3:31).

"그런즉 우리가 무슨 말 하리요 은혜를 더하게 하려고 죄에 거하겠느뇨? … 그런즉 어찌하리요, 우리가 법 아래 있지 아니하고 은혜 아래 있으니 죄를 지으리요, 그럴 수 없느니라. … 우리가 알거니와 우리 옛 사람이 예수와 함께 십자가에 못 박힌 것은 죄의 몸이 멸하여 다시는 우리가 죄에게 종노릇하지 아니하려 함이니. … 그러나 이제는 너희가 죄에게서 해방되고 하나님께 종이 되어 거룩함에 이르는 열매를 얻었으니 이 마지막은 영생이라"(롬 6:1,15,6,22).

그는 "구원을 주시는 하나님의 은혜"는 우리에게 "모든 경건치 않은 것과 세상 정욕을 다 버리고 근신함과 의로움과 경건함으로 이 세상에 살 것"을 교훈하고 있다고 선언하고 있다. 또한 바울은 계속해서 "그리스도께서 우리를 위하여 그를 주신 위대한 목적"은 "모든 불법에서 우리를 구속하시고 우리를 깨끗하게 하사 선한 일에 열심하는 친 백성"이 되게 하시기 위함이라고 말씀했다(딛 2:11,12,14).

사도 바울은 신자들에게 "믿음에 있는가 너희 자신을 시험하고 너희 자신을 확증하라"고 교훈하고 있다(고후 13:5). 그리고 계속해서 그는 하나님 앞에서 그들의 참된 상태의 시금석으로서의 '육체의 일'과 '성령의 열매'를 표준으로 제시하는 일을 잊지 않고 있다(갈 5:19 ; 엡 4:22).

사실 두 사도들은 각기 다른 두 오류들과 전투하고 있었으며 두 가지 다른 경향들을 검사하고 있었던 것이다. 바울은 인간들로 하여금 '그들 자신의 의의 만족을 세우는 곳으로 달려가게 만들며' 율법의 행위로 말미암는 칭의를 추구했던 율법주의와 자의(自義)적 경향과 싸웠다. 반면 야고보 사도는 복음 그 자체를 왜곡하고 '하나님의 은혜를 은혜되지 못하게 하는' 방종 또는 율법폐기론(도덕률폐기론)이라는 경향과 싸웠다.

이러한 두 가지 경향은 오늘날의 세상과 교회에도 여전히 존재하는 경향들이다. 이 율법주의와 도덕률폐기론주의가 이론적으로는 배격될 수 있다 하더라도 자의에 만족하는 마음이 조금이라도 남아 있는 곳이나 정욕과 내재하는 죄가 불타오르고 있는 곳에서는 여전히 율법주의와 도덕률폐기론의 경향이 존재하고 있다. 바로 이러한 이유 때문에 모든 신실한 목사들은 바울과 야고보의 교훈을 번갈아 가며 유익하게 사용해야 할 필요가 있다. (7)

제9강

칭의; 축복의 고유한 본질

성경 기자들에 의해 사용된 용법으로부터 확실해진 축복[1]의 의미는 본질을 지시하고 있다. 성경에 묘사되고 예시된 이 축복에 대한 고찰은 이 축복의 본질에 대한 우리의 견해를 즉시 정의해 줄 뿐만 아니라 이 칭의라는 용어의 의미에 빛을 비추어 줄 것이다.

명제 4- '칭의'라는 전문 용어는 하나님의 행위와 그의 백성의 특권을 의미한다. 칭의에 의해 표시되는 하나님의 행위 혹은 그의 백성의 특권에는 사면과 용인, 즉 죄의 완전한 용서와 하나님의 은총으로의 진입, 그리고 영생의 확보 모두를 포함하고 있다.

---

[1] **역자주**-사전적으로 이 용어는 '복을 빌다'라는 뜻으로, 복을 주는 자에게는 쓰여질 수 없다. 이 용어가 하나님에게 같은 뜻으로 쓰여질 때는 엄격하게는 '복을 내려 주다'라는 뜻의 강복(降福)이 되어야 한다. 그러나 한국에서는 신·불신을 떠나 이미 언어의 의사전달체계에서 '복을 주다'는 개념으로 고착된 상태로서, 여기에서는 독자들에게 불필요한 혼란을 주지 않기 위해 그냥 '축복'으로 번역했다. 역자 개인의 소견으로는 앞으로 우리 기독교계에서 이 용어는 다른 부적절한 용어들(이웃을 위한 기도를 중보기도라고 하는 등)과 함께 좀더 적합한 말로 대체되어 나가야 할 것으로 사료된다.

우선 칭의는 하나님의 행위이다. 왜냐하면 '하나님이 의롭다 하시기 때문'이다. "의롭다 하신 이는 하나님"이시다 (롬 8:33). 이와 동시에 칭의는 하나님의 백성의 특권을 의미한다. 왜냐하면 '우리가 믿음으로 말미암아 의롭다함을 받았기 때문에 이제 우리 주 예수 그리스도로 말미암아 하나님으로 더불어 화평을 누리고 그로 말미암아 우리가 믿음으로 서있는 이 은혜에 들어가며 하나님의 영광을 바라고 즐거워하기 때문'이다(롬 5:1,2). 칭의 교리에 대한 중대한 진리들이 바로 이 두 가지 국면에 있어서 매우 잘 계시되어 있다.

'불의한 자를 의롭다 하시는' 하나님의 행위는 그것이 갱신과 거룩하게 하시는 은혜를 동반함에도 불구하고, 우리 자신의 개인적인 성격을 변화시키는 도덕적 변화를 생산하는 주관적인 작용은 전혀 아니다. 그것은 하나님과 우리의 관계를 즉각적이면서도 영원히 변화시켜 주는, 우리 밖에서 오는 외부적인 역사이다. 그것은 마치 재판장이 죄인의 죄를 없다고 선언하는 선고의 결과, 또는 법적인 아들됨의 특권을 부여해 주는 양자의 사역(the act of adoption)과도 같은 것이다. 이 사역은 연속되는 여러 번의 행위를 통해 점진적으로 완성되는 사역이 아닌 단번에 순간적으로 완성되는 사역이다.

우리는 성경에서 신자들의 특권으로서의 칭의의 시초와 연속성에 대한 기사를 찾을 수 있고, 그들이 종종 새로운 죄의 덫에 걸려들 때 사용되는 사죄의 자비에 대한 기사를 찾을 수 있지만, 그렇다고 해서 성경이 첫째 칭의와 둘째 칭의를 말하고 있는 것은 결코 아니다. 오히려 그것은 그리스도와의 연합으로 시작되고, 그 안에 머물러 있음으로 계속되는, 결정적이며 결코 변경할 수 없는 하나님과 우리 사이의 관계의 변화를 의미한다.

그것은 분리될 수 없는 영구불변의 연합의 결과로 말미암는 칭의의 영구적인 상태이다.

"그러므로 이제 그리스도 예수 안에 있는 자에게는 결코 정죄함이 없나니"(롬 8:1).

"내 말을 듣고, 또 나 보내신 이를 믿는 자는 영생을 얻었고 심판에 이르지 아니하나니, 사망에서 생명으로 옮겼느니라"(요 5:24).

　칭의의 사역은 신자에게 칭의의 상태를 소개해 준다. 그것은 영구적이며 불변하는 것이다. "또한 그로 말미암아 우리가 믿음으로 서 있는 이 은혜에 들어감을 얻었으며 하나님의 영광을 바라고 즐거워하느니라"(롬 5:2).

　칭의는 어떤 율법폐기론주의자들이 견지하는 것처럼 단지 하나님의 영원한 목적에서뿐만 아니라 존재하는 시간 세계 안에서 이루어지는 하나님의 행위이다. 그것은 또한 단순히 과거에 항상 진리라고 여겨졌던 것이 오늘 우리에게 새롭게 알려지고 믿어지는 계시도 아니다. 이것은 하나님께서 죄인을, 그가 현재에도 완전히 의롭지는 않으며 여전히 범죄하고 정죄 당하는 존재임에도 불구하고, 그를 법적으로 의롭다 하시고 받아 주시는 실제적이며 효과 있는 은혜의 행위이다. 그것은 인간 개개인에게 역사하시는 하나님의 행위이며, 반드시 각 개인의 삶의 기간 속에서 이루어지는 것이다.

　누구든지 지상의 생애 동안에 그리스도를 모시지 않고 불신 상태에 머물러 있는다면, 그는 죄인으로 정죄당할 것이며 하나님의 진노를 면하지 못할 것이다. 그러나 그가 믿기만 하면, 그리고 그리스도와 연합하기만 하면 바로 이러한 측면에서 그의 상태는 완전히 변경되는 것이다. 의롭다함을 받은 모든 자들은 과거에 허물과 죄로 한번 죽었던 자들이다(엡 2:1).

　그들은 결정적인 순간이 오기까지 죄로부터 꺼냄을 당하고 사면과 평강의 상태로 진입하게 만드시는 하나님의 은혜의 행위로 말미암아 이루어진 이 상태에 계속해서 머물게 되는 것이다. "무릇 율법 행위에 속한 자들은 저주 아래 있나니, 기록된 바 누구든지 율법책에 기록된 대로 온갖 일을 항상 행하지 아니하는 자는 저주 아래 있는 자라 하였음이라"(갈 3:10).

　그리스도를 믿는 자는 정죄함을 당하지 않는다. 그러나 그리스도를 믿지 않는 자는 이미 정죄함을 받았다. 그들이 유일하신 하나님의 아들의 이름을 믿지 않았기 때문이다. "저를 믿는 자는 심판을 받지 아니하는 것이요, 믿지 아니하는 자는 하나님의 독생자의 이름을 믿지 아니하므로 벌써 심판을 받은 것이니라. … 아들을 믿는 자는 영생이 있고, 아들을 순종치 아니하는 자는 영생을 보지 못하고 도리어 하나님의 진노가 그 위에 머물러 있느니라"(요 3:18,36).

이 하나님의 행위는 순간적이며 직접적인 결과를 낳으며 하나님과 죄인의 전체적인 관계에 대한 즉각적이며 완전한 변화를 생산하는 것이다. 이 하나님의 역사하심은 완전하고 무조건적인 죄의 사면을 수여하고, 죄인으로 하여금 정죄의 상태에서 은총과 평강의 상태로 진입하게 한다. 우선 그 전인이 의롭다함을 받고, 그의 예배와 사역이 받아들여지게 된다. 그 이후에 죄를 범한다 하더라도 그는 결코 또다시 정죄함을 받지 않게 된다. 그는 '양자된 자녀로서 여호와 하나님의 징계하심을 받고 세상과 함께 죄 정함을 받지 않게 되는 것'이다(고전 11:32). **"주께서 그 사랑하시는 자를 징계하시고 그의 받으시는 이들마다 채찍질하심이니라 하였으니"**(히 12:6). (1)

신자의 특권으로서의 칭의는 사면과 용인, 즉 죄의 완전한 사죄와 즉각적인 하나님의 은총으로의 진입, 그리고 작금 이후의 영원한 생명의 확보를 포함한다. 우리는 현재 우리가 앞으로 살펴보게 될 이 칭의의 두 가지 부분이 동시에 필요하다는 신적 율법의 요구들에 관한 질문들을 다루고 있는 것이 아니다. 그리스도의 중보자적 사역을 어떻게 획득하는지, 또는 이 두 가지 칭의의 부분이 수여되는 근거에 대한 질문을 다루고 있는 것도 아니다.

우리는 지금 이 칭의라는 용어가 의미하고 있는 본질에 대해 설명하고 있는 중이며, 성경에 명백하게 기록된 증언에 따라 칭의에 관한 사실, 즉 칭의는 하나님 앞에서 하나님과 죄인의 관계의 명백한 변화라는 사실을 수립하고 있는 것이다. 칭의가 진노와 정죄로부터 자유케 하는 죄의 사면을 포함하고 있는 반면, 그것은 또한 그로 하여금 영생을 확보하게 하는 용인의 특권(privilege of acceptance)을 포함하고 있다.

복음이 모든 죄인들에게 영생의 선물을 포함하는 죄의 사면과 하나님 품으로의 즉각적인 용인의 특권을 제시하고 약속한다는 사실은 성경의 수많은 증언들로 미루어볼 때 매우 명백한 사실이다. 그것은 성경에 그 누구도 부인할 수 없이 명백하게 기록되어 있다. 이 두 가지는 가장 일반적인 복음 메시지의 진술에 포함되어 있다. "하나님이 세상을 이처럼 사랑하사 독생자를 주셨으니, 이는 저를 믿는 자마다 멸망치 않고 영생을 얻게 하려 하심이니라"(요 3:16). 죄의 무조건적이며 완전한 사면은 구약과 신약성경의 가장 위대하고 귀중한 약속 가운데 하나이다.

"악인은 그 길을, 불의한 자는 그 생각을 버리고 여호와께로 돌아오라. 그리하면 그가 긍휼히 여기시리라. 우리 하나님께로 나아오라. 그가 널리 용서하시리라"(사 55:7).

"여호와께서 말씀하시되, 오라, 우리가 서로 변론하자. 너희 죄가 주홍 같을지라도 눈과 같이 희어질 것이요, 진홍 같이 붉을지라도 양털 같이 되리라"(사 1:18).

"나, 곧 나는 나를 위하여 네 허물을 도말하는 자니, 네 죄를 기억지 아니하리라"(사 43:25).

"내가 네 허물을 빽빽한 구름의 사라짐같이, 네 죄를 안개의 사라짐 같이 도말하였으니 너는 내게로 돌아오라. 내가 너를 구속하였음이니라"(사 44:22).

"여호와여, 주께서 죄악을 감찰하실진대, 주여, 누가 서리이까. 그러나 사유하심이 주께 있음은 주를 경외케 하심이니이다"(시 130:3,4).

"저에 대하여 모든 선지자도 증거하되 저를 믿는 사람들이 다 그 이름을 힘입어 죄사함을 받는다 하였느니라"(행 10:43).

"그의 십자가의 피로 화평을 이루사 만물, 곧 땅에 있는 것들이나 하늘에 있는 것들을 그로 말미암아 자기와 화목케 되기를 기뻐하심이라" (골 1:20).

그러나 신자는 단순히 하나님의 진노와 정죄로부터의 해방을 의미하는 용서만 받는 것이 아니다. 우리는 '그의 사랑하시는 자 안에서 용인' 되었으며 '그 안에서 하나님의 의'가 된 것이다(엡 1:6 ; 고후 5:21).[2]

---

2) 엡 1:6 이는 그의 사랑하시는 자 안에서 우리에게 저저 주시는 바 그의 은

우리는 '생명'이신 하나님의 은총에 들어갔으며, 믿음으로 말미암아 담대함과 하나님께 당당히 나아갈 수 있는 특권을 받았고, 하나님과의 교제를 회복했으며 영원한 기업을 선물로 받게 된 것이다(엡 3:12,18).[3]

요약해서 말하자면, 현재 있는 '정죄'와 다가올 '진노'로부터 우리를 구출해 주는 무조건적이며 완전한 사면, 그리고 영생의 무조건적인 선물을 포함하는 그의 인성과 예배의 용인은 모든 신자에게 속해 있는 칭의의 축복들이다. 이 모든 축복들은 다 칭의 안에 내포되어 있는 것들이다. 그것은 그와 하나님과의 사법적이며 법정적인 현재와 미래에 완전히 관계되어 있다.

개신교도들은 칭의가 하나님과 우리와의 법정적 관계의 변화라고 믿었다. 그리고 이 변화는 죄의 용서와 죄인의 용인을 포함한다는 전통적인 견해를 견지했다. 우리는 지금 우리가 어떤 근거로 사면을 받으며, 다른 한편으로는 우리가 어떤 근거로 용인을 받는지에 대해서 다루지 않고 있다. 우리는 지금 단순히 이 두 가지 축복들이 모든 신자에게 속해 있으며, 신자의 칭의 안에 포함되어 있다는 사실을 다루고 있을 뿐이다. 이 사실은 과거 우리의 위대한 선배들과 신학자들에 의해 증거되었고, 그들은 수많은 성경적 증거들과 로마 가톨릭교회와의 위대한 논쟁을 통해 생산된 확고한 논증으로 그들의 교리를 확립했다. (2)

그러나 이 점에 대한 어떤 오류들이 출현했고, 이 오류들은 로마 가톨릭교회에 늘 만연했으며, 가장 최근에는 개신교 단체에 소속된 몇몇 단체들에 의해 유행하기도 했다. 우리가 이것들을 논쟁적 관점에서가 아니라 칭의의 본질과 그것을 구성하고 있는 부분들을 명확하고 확정적으로 진술하려는 의도하에 간단하게 살펴보는 것은 매우 유익한 일이 될 것이다.

혜의 영광을 찬미하게 하려는 것이라.
　고후 5:21 하나님이 죄를 알지도 못하신 자로 우리를 대신하여 죄를 삼으신 것은 우리로 하여금 저의 안에서 하나님의 의가 되게 하려 하심이니라.
[3] 엡 3:12 우리가 그 안에서 그를 믿음으로 말미암아 담대함과 하나님께 당당히 나아감을 얻느니라.
　엡 3:18 능히 모든 성도와 함께 지식에 넘치는 그리스도의 사랑을 알아.

성경적 용어의 의미에서의 칭의가 하나님의 면전에서 의로운 자로 간주해 주시는 죄인의 용인과, 이 용인이 반드시 죄인의 죄의 사면을 포함하고 있다는 것은 성경 교리의 일반적이며 포괄적인 진술이다. 이 진리의 진술이 명백하게 부인되는 경우는 매우 드물었다. 왜냐하면 사람들이 칭의의 이유와 근거에 대한 견해가 서로 다를지라도, 그들은 모두 칭의가 죄의 용서와, 하나님의 은총의 향유, 그리고 영원한 생명의 선물을 확보하고 있다는 사실을 기꺼이 견지하고 유지했기 때문이다.

이러한 외면적인 일치에도 불구하고, 그들 사이에는 이 축복의 본질들에 대한 가장 근본적이며 실제적인 불일치가 존재하기도 했다. 그리고 이 불일치는 그들 자신들이 견해를 독특하고 명확한 용어들로 다양하게 정의하자마자 현저하게 명백해지고 말았다.

죄의 사면과 용서에 관해서, 많은 로마 가톨릭의 저술가들은 그것이 내적 타락과 부패의 삭제와 종결로 구성되어 있다는 견해를 견지했다. 그들의 좀더 일반적인 교리의 일부분인 이러한 사상은 죄인의 칭의가 그 자신의 개인적인 순종에 근거하여 그의 최종 용인을 획득할 목적으로 죄인이 내적으로 의롭게 된 것이라는 사실을 의미하는 것이다. (3)

최근에 어떤 개신교도들은 죄의 사면이 죄의 권세로부터의 구원으로 구성되어 있다는 사상을 견지함으로써 이 견해와 유사한 견해를 취하기도 했다. 그들이 주장하는 이 사면은 죄의 자연적 결과인 전체적 형벌로부터의 자유를 취득하게 하는 가장 유일한 방법이며, 이외의 다른 의미를 담고 있는 것은 없다는 것이다.

우리는 이미 초기 교회 역사에 있어서 사면의 교리가 부패되었음을 잘 살펴보았다. 랍비적 유대인들과 많은 영지주의자들은 용서받지 못할 죄는 전혀 없으며, 죄인은 반드시 이생에서든지 내세에서든지 자신의 모든 죄를 속죄해야 한다는 견해를 견지했다. (4) 로마 가톨릭의 교리는 이들의 사상과 매우 유사하다. 그것은 칭의가 마치 그것이 구별되는 독특한 축복들인 것처럼 사면과 혁신을 포함하는 것으로 만드는 한편, 사면을 실상 성화의 한 부분인 죄의 삭제로, 그리고 영원한 형벌로부터의 면제를 확보해 주는 것으로 묘사하는 것이다. 그러나 일시적인 형벌은 계속해서 부과되는데, 그것은 신적 정의의 만족으로서의 현세에서의 고행을 통해, 그리고 내세의 연옥에서의 고행을 통해 면제되어질 수 있다고 주장한다. 그러므로 개신교적 의미의 정의로 보자면, 로마 가톨릭 교회에는 사죄의 교리가 전혀 없다고 말할 수 있을 것이다.

어떤 이들은 칭의는 '과거에 비례하는 사면'이며 그 밖의 다른 것은 전혀 아니라고 말하기도 한다.4) 다시 말하면 죄인은 과거에 지은 죄에 비례해서 칭의로 말미암는 사면을 받게 된다는 것이다. 그러나 실상 이는 현재와 과거에 대한 혁신을 포함하는 선물의 한 일부분에 불과한 것이다. 그리고 만일 과거의 죄의 사면이 하나님 앞에서의 죄인의 사법적 관계의 변화가 아니라면, 그리고 개인적 성화가 발생한 범죄와 받아야 할 형벌을 중지시킬 수 있는 것이 아니라면, 이러한 종류의 사면과 용인은 그들의 교리에 매우 중대한 부분이 될 것임은 분명하다. (5)

최근 몇몇 개신교 저술가들은 이 사죄의 교리를 왜곡했다. 아니 그들은 더 정확하게 말하자면 이 교리를 부인했다. 그들은 이 사죄의 교리가 죄로부터의 구원과, 그로 말미암는 자연적 결과들로부터의 구원 그 이상도 이하도 아니라고 주장한 것이다. 뿐만 아니라 그들은 이 사죄가 저주를 없이 하지 못하며, 정죄를 옮기지도 못하고, 다만 죄의 오염과 능력으로부터의 구원으로 구성되어 있다고 확언했다.

그들은 이러한 사죄가 죄의 필연적인 결과들로부터 우리를 자유케 해주는 유일한 수단이라고 믿으며, 그 외의 어떤 추정도 참람된 것이라고 생각한다. 우리는 심지어 죄의 형벌이 자연적 결과들로 이루어져 있기 때문에 죄의 사면은 불가능한 것이라는 말까지 듣고 있다. 따라서 그들은 하나님이라도 이러한 것들을 없어지게 하지 못한다고 말하는 것이다. 심지어 소시니안 교리는 회개에 근거한 죄의 용서가 '치명적인 오류'라고까지 말하고 있다. (6)

---

4) **역자주** - 환언하면, 죄인은 과거에 지은 죄에 비례해서 칭의로 말미암는 사면을 받게 된다는 것이다. 이는 달리 말하면, 과거에 적은 죄를 지은 죄인은 적은 사면을 받게 되고 과거에 많은 죄를 지은 죄인은 많은 사면을 받을 수 있는 칭의가 필요하다는 말이 된다.

사죄의 교리에 대한 이 모든 오류들은 동일한 출처로부터 파생했다. 그것은 범죄와 죄의 결점, 그리고 그것을 무섭게 대적하시며 하늘에서 계시되는 하나님의 진노, 그리고 율법 안에 계시된 저주와 정죄의 선언에 나타나 있는 형벌의 성격에 대한 무지 혹은 불신앙에 근거하고 있는 것이다.

만일 그들이 영혼의 오염 또는 주관적 장애를 제외하고는 죄 안에 악은 전혀 없으며, 죄가 하나님의 의로우신 혐오와 진노의 객관적인 대상이 아니며, 따라서 하나님의 직접적인 형벌을 통해 실행되어야 할 두렵고 가혹한 형벌적 위협이나 선고가 없음을 믿는다면, 그들은 아마도 사죄 또는 사면의 필요성, 아니 그 가능성조차 느끼지 않게 될 것이다.

그러나 하나님의 율법에 대한 무지로부터 기원되는 그들의 그릇된 안심과 확신은 그리스도의 복음 안에 있는 믿음으로부터 발원되는 참된 평화와는 전적으로 다르다. 이는 '신자의 양심 안에서 예수 그리스도를 통해 통치하시는 하나님의 참된 평화'가 아니다. 그것은 시편 기자의 말처럼 무신론적 안심이다. "어찌하여 악인이 하나님을 멸시하여 그 마음에 이르기를 주는 감찰치 아니하리라 하나이까"(시 10:13).

이러한 인간의 마음은 하나님의 거룩하신 율법이 능력과 역사를 발휘하실 때, 또는 사람이 죽음과 영원한 생명의 세계에 직면하게 될 때 그의 각성된 양심을 통해 매우 갑작스럽게 요동치게 될 것이다. 그때가 되면 '진노의 계시'가 모든 사람에게 반응을 불러낼 것이며, 모든 사람들이 반드시 "우리 마음이 우리를 정죄하며, 여호와 하나님은 우리 마음보다 크시며 모든 것을 감찰하신다"고 느끼며 고백하게 될 것이다.

우리가 범죄와 죄의 결점들을 그 권세와 오염으로부터 제대로 구분하지 않는 한 계시된 사면의 교리는 올바로 이해될 수 없을 것이다. 죄의식은 죄의 행위 후에도 여전히 남아 있게 된다. 그리고 그것은 완전히 '지워지고 면제되기 전'까지 계속해서 잊혀지지 않고 현저하게 남아 있을 것이다. 범죄의 사실은 영원히 사실로 남아 있을 것이며, 본래대로 되돌릴 수 없는 것이다. 우리가 죄를 지었으며 벌받아 마땅한 존재라는 사실은 영원토록 사실인 것이다. 사면은 우리의 감정을 손상시키지 않은 채 죄의 실재와 그 결점들을 전제하고 있으며, 우리를 죄의 고소와 정죄의 선고로부터 자유케 한다. 이와 반대로, 그것이 그리스도의 십자가로부터 발생하는 것이며 그의 복음 안에 선포되어 있기 때문에, 그것은 우리의 죄의 깊은 확신에 달려 있다. 그것은 우리가 '놀라고 부끄러워서 다시는 입을 열지 못하게 하려 함'이기 때문이다. "**이는 내가 네 모든 행한 일을 용서한 후에 너로 기억하고 놀라고 부끄러워서 다시는 입을 열지 못하게 하려 함이니라. 나 주 여호와의 말이니라 하셨다 하라**"(겔 16:63).

결국 이 죄의식을 지워 버리는 것은 오직 죄의 사면뿐이다. 그것은 단지 회개로 소멸되는 것이 아니다. 심지어 이것은 중생으로도 소멸되지 않는다. 이것들이 우리의 인격을 새롭게 하고 향상시킬 수는 있으나, 신적 정죄의 선고는 신적 사면의 행위로만 파기될 수 있다. 그리고 이 신적 행위는 법정적 선고와도 같이 오직 하나님과 죄인의 관계에만 영향을 미친다. 이 하나님의 행위가 죄인의 칭의에 포함되어 있다는 사실은 사도들의 진술로 보아 명백하다. "**그러므로 형제들아, 너희가 알 것은 이 사람을 힘입어 죄사함을 너희에게 전하는 이것이며, 또 모세의 율법으로 너희가 의롭다하심을 얻지 못하던 모든 일에도 이 사람을 힘입어 믿는 자마다 의롭다하심을 얻는 이것이라**"(행 13:38,39). (7)

죄의 사면은 필수불가결한 것이며 죄인의 칭의에 있어서 매우 중대한 요소이다. 그러나 그것이 신자의 특권에 대한 충분하고 완전한 묘사는 아니다. 사면은 '하나님의 면전에서 죄인을 의로운 자로 받아들여 주심'과 하나님의 은총에로의 진입, 그리고 영원한 생명이라는 선물의 소유를 포함하고 있다. 죄인의 인성은 여전히 그 자체로 무가치하고 그의 사역도 죄로 말미암아 여전히 불완전하고 불결하지만, 그의 인성과 사역은 예수 그리스도의 피 뿌림과 그의 중보를 통하여 하나님께 받으실 만한 것이 되었다.

어떤 이들은 칭의가 단순히 죄의 용서로만 구성되는 것이며, 모든 죄가 용서되었기 때문에 독특한 용인의 특권의 필요성은 존재하지 않으며, 혹 존재한다고 하더라도 그것은 그리스도의 의로 말미암아 확보되어지는 것이 아니라 신자의 개인적인 순종에 달려 있는 것이라고 주장하려 했다.

우리는 지금 칭의의 근거 또는 신자가 용인되는 의의 근거를 다루고 있지 않으며, 영원한 생명의 취득 문제를 다루고 있지도 않았다. 그러나 칭의가 하나님의 용인뿐만 아니라 죄의 용서까지 포함한다는 사실은 뚜렷하게 이해되어야 한다. 그리고 이 질문은 이 위대한 복음의 특권적 가치와 본질에 대한 평가를 올바로 내리기 위해서 우리가 차후에 더욱 상세히 다루게 될 것이다.

사실 몇몇 주도적인 종교개혁자들은 칭의가 오직 사면으로만 구성되어 있다고 주장한 것으로 전해지고 있다. 그러나 루터와 칼빈의 저작들을 통해 우리는 종교개혁자들이 칭의가 죄의 용서뿐만 아니라 하나님의 용인까지도 포함하는 것으로 믿었고, 그것을 반대하지 않았다는 사실을 명확히 알 수 있다. 오히려 그들이 반대하고 배격한 것은 칭의를 사면과 혁신으로 구성되어 있다고 주장한 로마 가톨릭의 교리였다. 그들은 주입된 의를 배격했지만 전가된 의를 배격하지는 않았다. 이러한 사실은 벨라마인(Bellamine)에 의해서도 확인된 사실이다. (8)

그러나 피스카토(Piscator)와 벤델리너스(Wendelinus), 그리고 틸롯슨(Tillotson) 같은 어떤 개신교도들은 칭의가 오직 사면으로만 구성되어 있다는 견해를 견지했다. 그것은 왜냐하면 그들이 웨슬레가 그랬던 것처럼 용서가 필연적으로 하나님의 용인을 암시하고 있다고 믿었거나, 아니면 사도 바울이 단지 일한 것이 없이 하나님께 의로 여기심을 받는 용서만을 언급하고 있는 다윗의 말을 인용한 논증이 그것을 증거하고 있다고 믿었기 때문이다 (롬 4:6-8).

그러나 죄인의 용서는 명백하게도 하나님의 은총과 영원한 생명을 얻게 하는 그의 용인으로부터 발원되는 독특한 사상이다. 은혜 계획의 실제적 구성 요소에 있어서 하나는 다른 하나를 포함하고 있는 것처럼, 그것들은 전혀 분리되지 않는 것들이며 용서받은 모든 죄인은 그와 동시에 하나님께 받아들여진 것이다. 그러나 그것들 고유의 본질적인 측면에서 볼 때 이 둘 사이의 필수불가결한 관계성은 없다.

죄인이 용서받는다는 것은 생각할 수 있는 문제이다. 그러나 그의 용인은 그의 최선을 다하는 개인적 순종을 통해 성취되는 것으로 남겨지게 된다. 그러나 '이 용인이 성경에 계시된 대로 하나님께서 불의한 자를 의롭다 하시는 방법으로 말미암는 것인가?', 아니면 '그 외의 방법으로 말미암는 것인가?'와 같은 질문은 우리가 풀어야 할 문제이다. 이것이 만일 어떤 신자가 사면받지 않고 용인받으며, 또는 영생을 확보하는 용인 없이 사면만 받는 것을 의미한다면, 우리는 이 사면과 용인의 필요성이 존재하지 않을 뿐만 아니라 이 둘 사이의 실제적이며 필수불가결한 관계는 없는 것으로 결론지을 수 있을 것이다.

그러나 이를 증명할 아무런 인용 구절이 제시되지 못한다면, '하나님께서 죄의 용서를 포함하고 있으며, 동시에 행위로 말미암지 않는 의를 전가'시키시는 교리를 증거하는 사도처럼 우리 역시 이 둘 사이의 불가분리의 연합을 확신할 수 있을 것이다. 칭의의 포괄적인 사상은 '의'의 전가이다. 그리고 이 전가 교리는 모든 신자들에게 이 교리로부터 즉각적으로 흘러 나오는 유익으로서의 죄의 사면과 죄인의 용인을 포함하고 있다.

실제로, 죄의 사면이 우리에게 무죄 상태를 회복시켜 준다고 전해지며 이것 외에 우리를 하나님의 용인으로 인도하기 위해 가장 절실히 필요한 것은 없다고 전해진다. 그러나 우리가 이러한 견해를 채택하기 전에 반드시 고찰해야 할 몇 가지 독특한 논점들이 있다.

그 첫째는, 타락 이전의 아담은 무죄했었다는 것이다. 예를 들면 범죄하지 않았고 심지어 개인적으로 거룩했다. 그러나 그가 계속해서 시험의 상태에 있던 기간 동안 그는 영원한 생명의 확보라는 의미에서 의로운 상태에 있던 자가 아니었다. 그는 완전한 순종의 조건하에서만 그 영원한 생명을 약속받았던 것이다.

둘째는, 하나님의 율법의 계율이 죄를 금할 뿐만 아니라 의를 요구한다는 것이다. 그리고 단순히 죄의 사면은 요구되어진 의를 암시하거나 포함하고 있지 않다는 것이다.

셋째는, 사면이 우리를 범죄와 정죄에서 즉각적으로 무죄를 선언하지만 사면이나 심지어 중생 그 자체가 우리를 우리의 최초의 조상이 창조되었을 당시의 의와 거룩의 상태를 회복시켜 주지는 않는다는 것이다.

우리에게는 아직도 여전히 내주하는 죄가 있다. 우리의 육체는 여전히 탐욕적이요, 정욕적이며, 우리의 영을 대적하고 있다. 그러므로 하나님 면전에서의 의로움으로서의 우리의 용인은 그리스도의 공로에만 기인하는 것이다. (9)

또한 우리를 위한 하나님의 용인은 우리 칭의에 아무런 요소도 구성하지 않으며, 차라리 양자의 은혜(grace of adoption)와 관계되는 것이라고 전해져 왔다. 그것은 또한 죄의 사면과 독특하게 구별되는 것이라고 생각되었다. 양자의 특권은 성경에 명백하게 계시된 진리임에 틀림이 없다.

그러나 이 양자라는 용어는 로마 시대의 법에서부터 유래했으며 전적으로 법정적 용어이다. 이 용어는 인격이나 성품의 변화가 아닌 관계의 변화를 시사한다. 양자의 특권은 관계의 변화이며, 양자의 영은 또 다른 것이다. 인간 관계에 있어서의 법적 양자는 이 두 가지가 서로 분리된다. 양자로 입적된 아들은 아들된 성향과 순종을 계속해서 보이지 않는다 하더라도 아들됨의 특권들과 권리들을 소유하게 된다. 그러나 신적 양자의 경우에 그것들은 서로 변함없이 결합되어 있다.

중생받고 하늘로부터 나지 않은 사람이 양자가 되는 경우는 없다. 그럼에도 불구하고 단지 관계의 변화를 암시하는 양자의 특권은 인격의 변화를 암시하는 양자의 영과는 여전히 구별된다. 그리고 전자는 어떤 의미에서 칭의와도 구별되는 것이다. 두 가지 모두가 다 관계의 변화를 의미한다고 할지라도 성경에 의하면 이 사면과 용인, 그리고 양자는 매우 독특한 특권들이다.

만일 죄인이 하나님에 의해 용인받고 영생을 확보하지 않고서도 사면받을 수 있는 것이 가능한 일이라면, 죄인이 양자로 입적되지 않고서도 죄를 사면 받고 하나님께 용인되는 일도 역시 동일하게 가능한 일이 될 것이다. 전자의 두 가지는 철저하게 통치자와 시민이라는 동일한 관계에 기초한 죄인의 칭의에 속한 것들이다. 반면에 양자는 전자의 두 가지와는 근본적으로 다른 것으로서, 좀더 친근하고 부드러우며 애정적인 아버지와 그의 아들의 관계에 속한 것이다. 이 두 가지 관계 사이의 차이점은 인간 경험의 차원에서 볼 때 매우 자명하며 성경에서도 찾아볼 수 있는 일이다.

종의 신분과 친구의 신분 사이에 분명한 차이점이 있듯이, 종의 신분과 아들의 신분 사이에도 역시 차이점이 있다. 성경은 이 두 가지 관계를 다 언급하고 그것을 확증하고 있다. "내 이름을 멸시하는 제사장들아, 나 만군의 여호와가 너희에게 이르기를 아들은 그 아비를, 종은 그 주인을 공경하나니, 내가 아비일진대 나를 공경함이 어디 있느냐? 내가 주인일진대 나를 두려워함이 어디 있느냐 하나, 너희는 이르기를 우리가 어떻게 주의 이름을 멸시하였나이까 하는도다"(말 1:6).

주인과 종의 관계보다 더욱 가깝고 애정 어린 친밀성이 그리스도와 그의 백성들 사이에 존재하고 있다. "이제부터는 너희를 종이라 하지 아니하리니, 종은 주인의 하는 것을 알지 못함이라. 너희를 친구라 하였노니, 내가 내 아버지께 들은 것을 다 너희에게 알게 하였음이니라"(요 15:15). 그러나 양자의 결과로 인해 이보다 더욱 가깝고 친밀한 관계가 조성되었다. 왜냐하면 우리는 더 이상 종이 아니기 때문이다. "그러므로 네가 이후로는 종이 아니요 아들이니, 아들이면 하나님으로 말미암아 유업을 이을 자니라"(갈 4:7).

양자의 특권은 사면과 용인을 전제한다. 그러나 양자의 특권은 그것들보다 더 높은 수준에 있는 어떤 것이다. 그것은 '영접하는 자는 누구든지 하나님께서 그의 능력과 권세'를 주신다는 것이다. 그것은 '그 이름을 믿는 자들에게 내적인 강함이 아닌 하나님의 자녀가 되는 권위, 권리 또는 특권'을 부여하는 것을 뜻한다(요 1:12). 이것은 좀더 친밀하고 애정어린 관계에 기초한 것으로서 칭의의 특권보다 더 높은 특권이다. "보라, 아버지께서 어떠한 사랑을 우리에게 주사 하나님의 자녀라 일컬음을 얻게 하셨는고? 우리가 그러하도다. 그러므로 세상이 우리를 알지 못함은 그를 알지 못함이니라"(요일 3:1). 그러므로 양자에는 사람이 본래 하나님의 형상과 모양대로 지음을 받았음에도 이 자연적 관계로 인해 '하나님의 아들들'로 불려질 수 있는 것이다. 죄로 말미암아 그는 '뱀의 후손' 가운데 하나가 되었으며 '악한 자의 자녀들'이 되었으나 지금 그는 그리스도의 중보를 통해 예전의 아들된 관계, 아니 그보다 더 고상하고 영구적인 관계로 회복되었다.

칭의에 사실적이며 선언적인 면이 있는 것처럼 양자에도 사실적이며 선언적인 측면이 있다. 왜냐하면 우리는 우리의 영과 함께 우리가 하나님의 자녀인 것을 증거하는 양자의 영으로 말미암아 '양자로 입적된 아들로 받아들임'과 '아들된 것으로 선언됨'에 대한 내용 모두를 찾아 볼 수 있기 때문이다. 그리고 이제 이후로부터는 하나님의 아들됨이 밝히 드러나는 위대한 한 사건이 발생할 것이다.

양자가 구성하고 있는 이 친밀하고 애정적인 하나님과의 관계는 칭의에 포함되어 있는 특권 이외에도 우리 그리스도인의 특권들에 관한 견해를 완성하는 데 필요하다. 뿐만 아니라 이는 우리에게 "다시 무서워하는 종의 영"으로부터 우리를 들어올려 "양자의 영을 받아 아바 아버지"라고 부르게 함으로써 양자된 특권을 즐거워하는 기쁨을 증대시켜 준다. 또한 신자들의 죄가 어떻게 형벌적 고통을 받게 하지 않고 부성적 징계를 받게 되는지를 설명하는 것도 역시 필요한 일이다. 그리고 앞으로 어떻게 하나님의 나라가 행함의 삯으로 주어지지 않고 '그리스도와 함께 한 상속자'에게만 '기업'과 '유업'으로 주어지는지를 보여 주는 것 역시 필요한 일이다(시 89장, 히 12장). (10)

명제 5- 칭의가 성화와 불가분리의 관계에 있다 하더라도 칭의와 성화는 본질적으로 서로 다르며, 칭의는 그것을 획득하는 수단이나 공로적인 원인으로서의 성화에 기초해 있지도 않다.

칭의와 성화는 로마 가톨릭과 율법폐기론주의라는 두 적대적인 단체에 의해서 혼동되어 왔다. 로마 가톨릭의 저술가들은 의롭다함을 받는 것은 개인적 거룩의 주입으로 말미암아 우리가 내적으로 의로워지는 것을 의미한다는 견해를 채택했고, 율법폐기론주의의 저술가들은 마치 성화와 칭의의 의가 내적으로 주입된 것이 아니라 전가된 것이라는 견해를 채택했다.

전자는 실제로 단지 둘 사이의 용어상의 차이점을 만들었다. 그들은 칭의를 사면과 혁신으로 묘사했다. 그러나 그들에게 있어서 죄의 사면은 그것의 삭제 혹은 종결을 의미한다. 실상 이것은 그들에게 있어서 개인적 거룩의 주입이 성화의 긍정적인 측면인 반면 성화의 부정적인 측면은 죄의 삭제 혹은 종결이다. (11)

후자 또한 마치 그리스도의 의를 전가받은 신자가 완전히 의롭다함을 받을 뿐만 아니라 완전히 거룩하게 된다고 주장했다. 그것은 마치 우리에게 '의'가 되신 그리스도께서 동일한 의미와 방법을 통해 우리에게 '거룩'(성화)이 된다는 것이다. 그리고 마치 범죄와 정죄로부터 완전히 자유하게 된 우리들이 다시는 더 이상 회개하지도 않고, 심지어 아버지의 징계에 노출되지도 않게 하기 위해 내주하는 죄에게서도 역시 완전하게 자유하게 되어야만 한다는 것이다. (12)

종교개혁의 교리는 이 두 가지 오류들을 전적으로 배격하고 있다. 종교개혁의 교리는 칭의와 성화 사이의 불변하는 연관성과 불가분리성을 동시에 인정한다. 그러나 그것들은 서로 사상적으로 볼 때 구별될 뿐만 아니라 본질적으로 서로 상이한 것임을 잘 밝혀 주고 있다. 그것들은 서로 다른 원인에 좌우되며, 서로 다른 방법을 통해 수여된다. 로마 가톨릭과 율법폐기론적 교리의 심각하고 악한 여러 결과들은 칭의와 성화를 동일시하는 데 기인하는 것이다. 그들은 마치 칭의와 성화가 의의 주입에 있는 것처럼 가르치고 있기 때문이다.

양자 간의 상이점은 개신교 저술가들에 의해 많은 독특한 항목들로 진술되었다. (13) 그러나 그들의 진술들의 본질은 웨스트민스터 신학자들에 의해 수립된 다음과 같은 웨스트민스터 신앙고백의 질의 응답에 의해 훌륭하게 요약되어 있다.

"칭의와 성화가 다른 것은 무엇인가? 성화가 칭의와 불가분리의 관계에 있으며 긴밀하게 연결되어 있음에도 불구하고 그것들은 다음과 같은 요점에 있어서 서로 다르다. 칭의는 그리스도의 의를 전가하는 한편, 성화는 그리스도의 영이 은혜를 주입하고 작용시키는 것이다. 전자에 있어서 죄는 사면 받는 것이나, 후자에 있어서 죄는 정복을 당한다. 칭의는 모든 신자들을 동일하게 하나님의 보응하시는 진노에서 동일하게 완전히 자유케 함으로 다시는 정죄를 당하게 하지 않는다. 반면에 성화는 모든 신자들에게 동일하지도 않고, 이 지상의 삶에서 완전하게 만들지도 않는다. 그것은 다만 완전을 향하여 나아가게 할 뿐이다."

우리가 이제까지 논의한 명제들은 이 칭의라는 용어의 성경적 의미와 그것이 시사하는 본질을 설명함에 있어서 매우 충분한 것들이다. 이것들을 더욱 상세하게 설명하기 위해서는 이것들과 관계된 여러 주제들과의 관계성에 대한 저작들을 살펴보아야 한다. 우리가 다루고 있는 칭의라는 주제에 대한 전체적인 탐구의 가장 중요하고 필수불가결한 부분은 바로 '칭의가 무엇인가?'라는 질문과, '칭의가 아닌 것은 무엇인가?'라는 질문에 답하는 것이다.

이 점에 대한 독특하고 명확한 사상을 형성하기 위해서, 이것과 관련해 발생한 몇 가지 뚜렷한 오류들에 대한 지식을 획득하고, 이 오류들이 유지되는 몇 가지 상이한 방법에 대한 지식을 연구하는 것은 매우 유익한 일이 될 것이다. 이 점에 있어서 가장 주도적인 세 가지 오류들을 나열하고자 한다.

그 첫째는, 칭의라는 용어를 법정적 의미로 사용하지 않고 어떤 영향력을 발휘하는 효과적인 의미로 제시하는 것과, 칭의의 특권을 사면과 하나님의 용인이 아닌 내재적인 개인적 거룩의 주입으로 말미암아 죄인을 실제로 의롭게 만드는 것으로 제시하는 것이다. 둘째는, 칭의를 마치 칭의가 모든 신자들의 현재적인 특권이 아닌 것처럼 마지막 종말의 날 재판장에 의해 선고되는 최종 심판의 선고와 혼동하는 것이다. 셋째는, 칭의를 단순히 사면으로 제한하며, 하나님의 용인과 영생의 확보를 신자의 개인적인 거룩과 순종에 달려 있는 것으로 남겨 두는 것이다.

또한 개신교의 위대한 칭의 교리가 공격을 당했던 몇 가지 이상한 방법들이 있는데, 그것들은 종교개혁의 위대한 교리들인 '칭의', '은혜', '믿음', '행위'를 개혁자들이 사용한 종교개혁적 신학의 의미와는 전혀 다른 의미로 사용한 것이다.

예를 들면 '칭의'는 성화, 또는 주입되고 내재된 의를 통해 의롭게 되는 것을 의미한다는 것이다. '은혜'는 하나님의 무조건적인 은총을 의미하지 않고 내적인 작용 또는 그리스도의 영의 새롭게 하시는 능력을 의미한다는 것이다. '믿음'은 새로운 피조물의 모든 은혜들을 포괄하는 것이며, '행위'는 단순히 의식적 준수 또는 은혜를 배제하고 믿음 이전에 성취되어진 일이라는 것이다.

참된 교리는 죄인의 칭의에 대한 강력한 부차적인 증거가 첫 생명의 언약하의 행위로 말미암는 칭의의 본질과, 정죄받은 죄인이 사면받고 하나님에 의해 받아들여질 때 발생하는 하나님과 그의 관계의 변화, 그리고 성경에 계시된 죄인의 칭의와 그리스도의 구속사역 사이에 존재하는 관계성으로 말미암는 의의 법칙인 율법의 요구에 의해 연원될 수 있는 한편, 그것은 거룩한 성경의 기록자들이 사용했던 이 용어들의 취지와 의미 그리고 죄인의 칭의의 본질, 기초, 그리고 방법에 관한 그들의 분명한 진술들에 의해 결정되어야 한다. 우리는 앞으로 이 모든 조항들을 우리의 목적에 따라 궁극적인 결론을 목표하고 하나씩 순서대로 고찰할 것이다.

제10강

칭의; 하나님의 율법과 정의와의 관계

　칭의라는 주제에 관해 발생한 모든 오류들은 궁극적으로 하나님의 율법과 정의에 대한 불완전하며 오류적인 견해로부터 발생하는 것이라고 말할 수 있다. 하나님의 율법은 마치 그것의 명령적이며 형벌적인 요구가 그의 영원하신 정의의 청구와는 아무런 필연적인 관계가 없는 것처럼, 사람이 마음대로 좌지우지해서 그것을 수정하고 느슨하게 할 만큼 변덕스러우며 다양한 어떤 것으로 여겨져 왔다. 그것은 마치 그 율법의 고소가 자비의 신적인 특권으로 대치됨으로 말미암아 죄인이 그 죄에 대해 아무런 만족을 제공하지 않아도 당연히 용서받고 하나님의 용인을 받을 수 있는 것처럼 율법을 보류해 버린 것이다.

　그러므로 칭의를 고찰함에 있어서 하나님의 율법과 하나님의 정의와의 관계성을 연구하는 것은 더욱 필요한 일이 되었다. 왜냐하면 이 문제에 있어서 결함 있고 불완전한 견해가 그릇된 수많은 사변적인 칭의 교리의 근원이 되었을 뿐만 아니라 그것에 대한 실제적인 무관심, 즉 거짓된 평강과 육적인 안심을 양산했기 때문이다.

　이러한 그릇된 사변적인 칭의 교리와 실제적인 무관심이 교회와 세상 모두에 있어서 광범위하게 만연했던 것이다. 이것은 복음 메시지로부터 연원한 것이 아니라 하나님의 율법에 대한 무지와 불신앙으로부터 연원한 것이다. 이러한 이유뿐만 아니라, 율법을 성취하시고 하나님의 정의를 만족시키시는 그리스도의 사역과의 긴밀한 관계성으로 인해, 하나님의 율법과 정의와 칭의와의 관계라는 이 주제는 가장 근본적인 중요성을 지니고 있는 주제 가운데 하나가 되는 것이다.

명제 6- 칭의가 법정적, 법률적 또는 사법적 용어이기 때문에, 이것에 의해 지시되는 의미 역시 반드시 하나님의 법과 정의에 어느 정도 관계되어 있다는 사실을 우리는 잘 인식해야 한다.

그것이 무죄 세계의 시험 기간을 통과하고 있던 상태에서의 죄 없던 거룩한 존재의 칭의와 관계하고 있는 한, 이 명제의 진리는 의로우며 도덕적인 정부와 통치를 믿는 자에게 결코 부인될 수 없는 사실이다. 하나님의 율법은 그것이 어떤 통로와 방법으로 그들에게 전달되었든지 간에, 그의 도덕적 통치의 법칙들이었으며 결과적으로 그 백성들을 다스리기 위한 하나님의 사법적 선고의 기초가 되었다.

그의 율법은 의로우신 통치자와 재판장으로서의 그의 본질적이며 영원한 성품을 잘 계시해 주고 있기 때문에, 하나님의 정의는 죄인이 아닌 자를 정죄하실 수 없고, 의롭지 않은 자를 의로운 자로 인정해 주실 수도 없다. 하나님의 면전에서 의로운 자로 인정받기 위해서는 그 율법이 요구하는 것에 대한 만족할 만한 의를 반드시 제시해야 한다.

'율법이 없으면 죄가 없었을 것'이라는 말씀이 진리라면, 율법이 없으면 '의'도 없었을 것이라는 것 역시 동일하게 진리가 될 것이다. 그리고 만일 '율법이 없는 곳에 죄가 들어오지 않았던 것'과 마찬가지로, 의로움을 요구하는 것이 없었다면 소망 없는 죄인들에게 의(righteousness) 역시 전가되지 않았을 것이다. 양자에 있어서 그 법칙은 동일하며, 의는 율법에의 준수인 반면, 죄는 율법에의 준수의 결핍과 부족을 의미한다.

하나님의 도덕적 통치의 법칙으로서의 이 율법은 완전한 순종을 요구한다. 그것에 대한 부분적인 순종은 용납될 수 없으며 그 본질에 있어서 매우 불가능한 것이다. 여기에는 경건하지도 않고 그렇다고 불경건하지도 않은, 의롭지도 않고 악하지도 않은, 무죄하지도 않고 범죄하지도 않은, 그리고 의롭지도 않고 그렇다고 정죄받지도 않은 그 어떤 중립지대는 전혀 존재하지 않는 것이다.

하나님의 율법의 본질에 대한 이러한 성격과 하나님의 정의의 표현으로서의 율법은, 칭의가 반드시 이 두 가지와 어느 정도 관계가 있다는 것을 우리에게 시사해 준다. 무죄 세계에서의 범죄하지 않은 자의 경우, 칭의는 의에 대한 개인적이며 내재적인 인식과 그것의 수용으로 구성되어 있었을 것이다. 그리고 그것은 하나님의 명령에 대해 전적으로 순종하는지에 따라 좌우되는 것이었다.

범죄한 죄인의 경우, 칭의가 정죄의 선고를 역행하는 죄의 사면과, 신적 통치 법칙으로서의 의의 표준을 암시하고 있는 죄인의 용인을 포함하고 있는 것이기에, 칭의는 여전히 하나님의 율법과 정의에 관련되어야만 하는 것이었다. 범죄한 자에게 적용되는 이 의가 어떤 성격의 의인지 또는 어떤 성격의 의여야만 하는지는 오직 그리스도의 복음에 의해서만 해결될 수 있는 가장 큰 난제이다. (1)

명제 7- 인간이 원의(original righteousness)를 보유하고 있을 때 계시된 칭의의 법칙은 신적 생명 언약의 형태로 계시된 하나님의 명령이었다.

도덕법 혹은 자연법과 계시된 최초의 생명 언약 사이에는 차이점이 있다. 비록 이 언약이 계명을 전제했고 그것에 기초해 있었지만 모든 면에서 그것과 동일시될 수는 없는 것이다. 도덕법은 인간 본성의 자연법으로서 모든 죄의 행위를 금하고 완전한 순종을 요구하는 의무적인 규칙이었다. 그리고 이 도덕법은 하나님의 의로우신 통치의 수단으로 간주되었다. 그것은 필요적절한 상급과 형벌이라는 상벌 조항을 내포하고 있으며, 이것들은 모든 통치와 정부의 필수불가결한 조건들이기도 하다. 이러한 조건들이 없었다면 순종의 규칙들과 명령들은 공식적인 법령과 명령이 아닌 단순한 권고나 충고 혹은 권면에 지나지 않았을 것이다.

그러나 하나의 도덕법이 그것이 얼마나 완전하든지, 또는 그것이 어떤 종류의 상급과 형벌의 상벌로 무장하고 있든지 간에 필연적으로 생명 언약이 되는 것은 아니다. 그것은 단지 불순종의 경우에 형벌을 통고할 수 있으며, 순종의 경우 그 형벌로부터의 완전한 면제를 선고하고, 그가 거룩하고 무죄한 상태를 계속하는 한 축복들을 수여할 수 있게 해 준다. 그러나 단순히 하나의 명령 혹은 통치의 수단으로 간주함에 있어서 그것이 우리가 그러한 거룩의 상태에 계속해서 존재하게 해 주는 보증, 또는 그 안에 있음으로 영원한 생명을 유업으로 받는 상속자가 될 수 있게 해 준다는 확신을 전혀 제공하지 못한다.

사람은 인간 본성의 필요성에 의해 자연적으로 불사의 몸이 되는 것이 아니라 하나님의 주권적인 약속에 의해 그렇게 되는 것이다. 인간이 죽는 것은 창조 본연의 법칙이 아니다. 인간은 하나님의 약속에 의해 영원히 존재할 수 있게 창조되었다. 그럼에도 하나님의 통치의 백성으로서 하나님의 명령의 법 아래 지배를 받던 인간에게, 그 법 자체는 시간 세계 안에서뿐만 아니라 영원에 이르기까지 그 형벌을 면제받고 영원한 상급을 확보할 수 있는 아무런 보증도 제공해 주지 않는 것이었다. 생명이 달려 있는 보유 조건과 거룩하고 행복한 영원한 생명의 영속성의 조건들은 자연의 빛으로부터도 심지어 무죄 시대의 상태에서도 발견될 수 없는 것이다. 그것은 오직 하나님의 주권적인 의지의 계시로만 알려진다.

따라서 우리는 이 엄밀한 요점이 하나님의 계시의 초기 주제였다는 것을 쉽게 발견할 수 있다. 하나님은 인간의 순종의 시금석으로서의 긍정적인 계명을 선포했다고 일반적으로 알려지고 있다. 그리고 그 계명에 배반하여 범죄할 경우 죽음의 위협을 선고하고, 인간의 시험의 시기에 그가 계속해서 순종할 경우에는 '생명나무'라고 불리는 성례적 상징으로 인식되고 봉인되는 영원한 생명의 약속을 동반시켰다.

죽음의 선고에는 전반적인 죄의 형벌이 포함되어 있었다. 그러나 영원한 생명의 약속의 경우에는 순종의 전반적인 상급이 언급되어 있었다. 그리고 양자 모두에는 아담이 소유하고 있었던 하나님의 '형상과 모양'대로 지음을 받은 존재로서의 동일한 생명에 대한 동일한 언급이 있었다.

형벌은 많은 특수한 궁핍과 고통을 포함했다. 그러나 그중에서도 가장 최악의 고통은 모든 다른 것들을 더욱 비참하게 만드는 하나님의 진노였음에는 두말할 필요가 없다. 하나님의 진노는 하나님의 은총의 즉각적인 상실과 그로 말미암아 필연적으로 하나님의 진노에 떨어지는 것을 뜻한다. 반면에 약속은 유한적인 동시에 영적인 그리고 영원한 많은 독특한 유익들을 포함하고 있었다. 그러나 그중에서도 다른 모든 것들을 달콤하고 유쾌하게 하는 가장 최고의 유익은 하나님의 축복이었다. 이 하나님의 축복은 '생명이신 하나님의 은총과, 아니 생명보다 더 나은 그의 자비하심인 하나님의 은총'을 즐거워하는 것이다.

최고의 율법수여자시며 통치자이시자 심판자이신 하나님을 향한 인간의 순종의 시금석으로서의 긍정적인 법의 부가로 말미암아 그 명령은 하나님의 생명의 언약으로 전환된 것이다. 이것은 서로 동등하고 독립적인 존재들의 상호보완적인 합의를 의미하는, 사람과 사람 사이의 수많은 약속들과는 차원이 달랐다. 만일 그랬다면 정의에 입각한 하나님의 최고 주권과 피조물의 의무적인 종속 사이에는 엄청난 불화가 있었을 것이다.

그러나 생명 언약은 인간의 순종의 시금석으로서 권위적으로 부과된 헌법과도 같은 것이었다. 왜냐하면 여호와 하나님께서 다음과 같이 한 법을 명령하셨기 때문이다. "여호와 하나님이 그 사람에게 명하여 가라사대 동산 각종 나무의 실과는 네가 임의로 먹되 선악을 알게 하는 나무의 실과는 먹지 말라. 네가 먹는 날에는 정녕 죽으리라 하시니라"(창 2:16,17). 그럼에도 불구하고 이것은 단순한 법 그 이상의 무엇이었다. 이것은 언약의 형태로 제시된 법이었기 때문이다.

홉킨스(Hopkins) 감독은 이에 대해 다음과 같이 말했다.

"만일 하나님께서 '네가 반드시 죽으리라'라는 말씀의 부가 없이 단순히 '이것을 하라'고만 명령하셨다면 이것은 언약이 아니라 단순한 약속이 되었을 것이다. 여기서 약속을 제외한다면 당신은 이것을 절대적인 법으로 만들 수 있을 것이다. 그러나 이 두 가지 모두가 이 안에 있으며 이것은 실상 하나의 법과 하나의 언약 모두인 것이다."

이러한 형식으로 법은 계속해서 그 계율로 인간을 묶고 있을 뿐만 아니라 하나님께서 친히 자비를 베푸셔서 그의 약속으로 말미암아 당신 자신을 언약에 묶으셨으며, 그 약속을 유익하게 하기 위하여 보스톤(Boston)의 인상적인 표현대로 '그 자신의 신실하심의 채무자'가 되신 것이다. 그러므로 하나의 새로운 요소가 하나님과 인간의 관계에 소개된 것이다. 그러나 인간은 여전히 하나님의 능력에 의존적인 피조물이며 그의 창조자의 법에 종속적인 존재였다. 그러나 그는 이제 하나님과 '함께 하는 존재'로까지 나아갔으며, 그가 계속해서 순종하는 한 하나님을 그의 언약의 하나님으로 바라볼 수 있게 된 것이다.

그러나 단순히 인간 본성의 자연법으로 간주되는 도덕법과 하나님의 생명 언약으로서의 긍정적 형태의 법 사이에는 여전히 심각하고 광범위한 차이점들이 존재하고 있다. 근본적으로 사람의 도덕적 본성에 기록되었던 법은 개인적인 의무의 법칙이다. 그것은 각 개인에게 개인적인 의무를 부과하며 그 책임을 자기 자신에게만 한정한다. 그러나 하나님의 신적 언약의 형식으로 선포된 명령으로서의 법은 그의 후손들을 대표하던 인류의 조상이었던 최초의 인간에게 최고의 권위로 부과된 포괄적인 헌법과도 같은 것이었다.

그러므로 이것은 단순히 개인적인 의무의 법칙을 훨씬 넘어서는 것으로서, 그의 먼 후손들의 성품과 조건들에게까지 영향을 미치는 특수한 것이었다. 아담은 신적 임명에 의해 그로 말미암아 탄생할 전 인류의 피신탁인이 되었으며 그들 언약의 머리와 법적 대표자로서 매우 책임 있는 위치를 점하게 된 것이다. 그는 그 자신만을 위해 행동하는 사적인 개인으로서가 아니라 공식적인 인물을 부여하는 공인과 다른 모든 이들을 위해 행동하는 공인으로서의 언약 당사자가 되었던 것이다. 그는 이 직무를 그 자신의 의지의 역량으로 취할 수 없었다. 그는 그가 처해 있었던 법을 명령하신 동일한 하나님의 절대적인 의지로 말미암아 그의 후손의 법적 대표자로 임명되었던 것이다.

그러므로 이 동맹의 협정이 계시되었다는 사실은, 그 임명의 이유가 궁극적으로 지극히 높으신 하나님의 주권적인 의지와 최고의 지혜에 의해 결정되어야만 한다는 것을 알려 주고 있다. 전 우주의 창조자이시며 율법수여자로서의 그의 절대하신 주권은 그의 '영원하신 능력과 신성'에 잘 나타나 있다. 그리고 우리는 하나님의 거룩과 정의, 그리고 선하심과 진리를 따라 역사되어질 하나님의 역사 안에서 안식해야 한다.

우리는 전 우주의 각각 다른 부분에 계시되는 창조와 그의 피조물들을 다스리는 하나님의 전능하신 지혜로 말미암는 어떤 방법이 채택되어질지 도무지 결정할 수 없는 전적으로 무능력한 존재들이다. 하나님의 절대하신 주권은 그의 창조 세계에 잘 나타나 있다. 하나님께서는 무생물과 생물, 지각이 있는 사람과 짐승, 그리고 지적이며 도덕적이며 책임감이 있는 여러 가지 존재의 질서 체계를 제정하셨고 그들에게 각각 고유의 능력과 특질들을 부여하셨다.

그러나 이 외에도 하나님께서는 이들이 각기 그들 창조의 방법과 처해 있는 장소들 안에서 각기 다른 방법과 질서 체계로 그들을 존재케 하셨다. 예를 들면 천사와 인간들과 같은 지성적이며 자의식적이고 도덕적이며, 그리고 책임감 있는 몇 종류의 피조물들이 존재했다. 그러나 모든 천사들은 우리 처음 조상이 그랬던 것처럼 창조적인 능력의 직접적인 역사로 말미암아 각기 개별적으로 존재하게 되었다. 그러므로 그들에게는 출생도 없으며 유전적 혈통도 없고 아버지와의 혹은 자식과의 관계도 존재하지 않는다. 그렇기 때문에 이들은 '결혼도 하지 않는 것'이다.

그러나 인간 창조의 경우에는 매우 다르다. 인간 창조 시 하나님께서는 인간을 한 쌍으로 만드셨고 그들을 온 인류의 근원이 되게 하셨다.

하나님은 그들을 가족이라는 조직체 안에 두셨고 이들을 통해 후손들을 존재하게 하신 것이다. 그러므로 천사들의 무리들과 인류 사이에는 각각의 개인들이 점하고 있는 위치와 다른 이들과의 관계라는 점에 있어서 근본적인 차이점이 있다. 모든 천사들은 직접적으로 창조되었고 공통적 성질에 있어서 다른 천사들과 관계되며 그들과 함께 사회적 관계를 형성하게 되었다.

그러나 그들은 아이들이 그의 부모들에게 으레 그러한 것처럼 다른 피조물로부터 나오지도 않았고 다른 이들에게 의존적이지도 않다. 그러나 인간의 경우에는 매우 다르다. 그들은 사람을 통해서 피조되었다. 그의 부모로부터 도움이 필요한 무력한 갓난아이로 존재하고, 부모의 배려와 양육의 시기를 보내게 되며, 그의 생명과 건강, 그리고 위로와 가정적 도움에 의존적인 존재로 태어난다. 그들은 천천히 점진적으로 발전하게 되는 신체적 기능을 부여받았고 부모의 교훈과 본보기에 영향을 받는 존재가 된 것이다. 그러므로 그들은 그들이 매우 가깝게 지내고 있는 사람들의 조건과 성격으로 말미암아 필연적으로 선과 악에 광범위하게 노출되고 영향을 받게 되는 것이다. 이런 것이 바로 천사와 인간이 그들이 처해 있는 자연적 조직에 있어서 근본적으로 다른 점이다.

그리고 도덕적이며 책임감 있는 존재로서의 천사와 인간 사이에는 그들에게 부과된 법에 대한 상응하는 차이점이 있다. 천사들에게 부여된 법은 개인적이며, 따라서 오직 개인적인 책임만 있다. 왜냐하면 그들이 어떤 사회적 관계에 있든지, 심지어 '정사와 권세'로서의 계급 조직에 있어서 한 계급이 다른 계급에 종속적이라 할지라도, 그리고 그 결과에 따라 각각의 모범을 따라 어떤 영향을 받든지 간에, 그들은 각각 독립적이며 오직 그들의 행위에 따라 그들 행위에 대한 것만 책임을 질 뿐이다.

그리고 그들의 첫 지위를 지킨 천사나 그 처음 지위를 지키지 않고 떠나 타락한 천사 모두 그들을 대표하는 어떤 특정한 법적 대표자가 아니라 그들 각각의 자발적인 행위를 통해 그렇게 한 것이었다. 이러한 법은 우리 처음 조상들처럼 각각 하나님에 의해 피조된 도덕적이며 책임감 있는 존재인 천사들에게 그 능력의 완전한 성숙 안에서 매우 적당한 법이었다.

그러나 사람에게 부여된 법은 포괄적인 명령으로서 개인적인 책임감을 부여하는 법이었을 뿐만 아니라 대표성을 가진 명령이기도 했다. 그것은 인간의 도덕적 성질의 법인 한편, 도덕적 기능을 지닌 자들은 누구든지 개인적 순종을 계속적으로 요구하는 법이기도 하다. 그럼에도 불구하고 계시된 생명 언약으로서 이 명령은 그 인류를 대표하는 아담에게 부과되었던 법이며 인류의 대표자로서의 아담의 행실 여하에 따라 그들의 후손들에게 선과 악의 영향을 끼치는 법이었다.

윤리적이며 육체적 죄악의 우주적이며 불변하는 악으로 대변되는 인류의 실제적인 상태와 이 세상에 출생한 모든 아이들이 죄를 지을 수만 있으면 곧 죄를 지을 것이라는 확실성, 그의 출생으로부터 시작된 고난, 그리고 무엇보다도 피할 수 없는 죽음이라는 확실한 인류의 상태를 올바로 파악하는 사려 깊은 사람들은 이러한 사실들이 하나님의 도덕적 통치하에서 대표성을 띠지 않고 단지 개인적인 책임을 요구하는 개인적인 법에 의거해 발생했다고 믿는 것을 어려워했다.

그들은 그의 후손의 대표자로서의 인류의 아버지께 부여된 포괄적인 법을 소개받음으로써 혼란에 빠지지 않고 오히려 안도했으며 그들의 모든 유전적인 악들이 그들의 조상의 실제적인 죄로 말미암아 부과된 사법적 형벌이라고 생각했다. 동맹적 대표성의 교리와 전가된 죄를 부인하는 사람들에게 있어서 이러한 생각들은 하나님의 도덕적 통치하에 있는 인간의 상태가 '태어나기 이전의 몰수'의 전제 외에는 결코 설명되어질 수 없는 것으로 만들어 버렸다.

그리고 이러한 교리를 해결할 수 있는 길로서의 선재 상태라는 이론을 주장했는데, 그것은 모든 인간 개인은 자신들 스스로의 개인적 불순종으로 말미암아 자신들이 죄를 짓고 타락했다는 것이다. 그러나 이 이론에 성경적 증거가 존재하지 않는다면, 인류의 실제적인 상태에 대한 이 이론은 그들의 자연적 근원으로서의 아담과 그들과의 관계, 그들의 법적 대표자로서의 아담과 그들과의 관계 또는 이 두 가지 관계가 합병

된 관계로만 설명될 수 있는 것이다. 후자는 전자를 배격하지 않고 오히려 포괄하고 있기 때문이다.

만일 아담이 단지 그의 후손들의 자연적 근원으로서만 피조되었고 그들의 법적 대표성을 부여받지 않았다면, 많은 죄악들은 아담과 그 후손들과의 유전적 관계라는 자연적 결과의 방법을 통해, 그로부터 그의 후손들에게 흘러갔을 것이다. 왜냐하면 그의 직접적인 후손들은 아담에게 의존적이었으며, 그들의 자녀들도 역시 그들에게 교훈들과 모범적인 면에서 그러했기 때문이다.

그러나 아담의 타락에 있어서 어떤 결과들은 이러한 방법으로는 전혀 설명되지 않는다. 전 우주적이며 취소될 수 없는 사망의 선고가 바로 그것이다. 그들의 자연적 근원일 뿐만 아니라, 그 외에도 아담은 그들에게 있어서 법적 동맹의 머리였다는 사실 외에는 그 어떤 것도 이것을 만족할 만하게 설명하지는 못한다. 이 명제는 자연법에서 유추해 봐도 역시 명백하다. 만일 하나님께서 천사들을 '아버지도 없고 어머니도 없고 후손들도 없이' 개인적으로 창조하시고 그들을 개인적 법의 통치하에 두실 때 당신의 주권을 계시하셨다면, 하나님께서는 당연히 개인적 책임을 묻는 이 법을 채택하셨을 것이다.

또한 하나님께서 모든 개인이 반드시 그로부터 나오는 인류의 근원으로서의 아담을 창조하실 때 그를 인류의 대표자로 두셨다면, 하나님께서는 아담을 개인적일 뿐만 아니라 그들의 대표자로서의 책임을 묻는 법을 채택하셨을 것이다. 양자의 경우 모두에 자연적 법에는 법적인 개념이 채택되어 있는 것이다. 그렇기 때문에 양자 사이에는 부인될 수 없는 후자의 확실성 때문에 전자가 확실해지는 비슷한 유비가 있는 것이다. (2)

명제 8- 우리 첫 조상의 죄로 말미암아 언약적 형태로 제시된 명령의 불이행과 위반은 그들이나 혹은 그들의 후손들이 그들 스스로의 개인적인 의에 기초해서 의롭게 될 수 있는 길을 영원히 불가능하게 만들었다.

만일 아담이 법적 대표자였으며 온 인류 연맹의 수장이었다면, 그의 모든 일원들은 모두가 다 '그의 첫 번째 범죄와 함께 넘어짐'으로 '아담 안에서 범죄했던 것'이다. 그리고 그들은 아담이 초래한 범죄에 관련되었으며 그가 받았던 정죄를 함께 받았다. 이는 하나님의 주권적 임명을 통해 아담이 그들을 위해 행했으며, 그들과 함께 한 것으로 다루어졌다는 사실에 필연적으로 암시되었다. 그의 순종과 불순종을 따라 아담뿐만 아니라 그들 역시 하나님의 용인을 받든지 받지 못하는지가 결정된 것이다.

아담의 첫 번째 죄가 그의 후손에 전달된 이 직접적인 전가는 아담이 그들의 대표자로서 행했던 공식적인 성격과 관계되었다. 그리고 그것은 아담의 범죄의 형벌적 결과들이 그의 온 인류 개인들에게 임했던 사실들의 고찰에 의해 명백하게 확증되었다. 그것은 그들이 개인적으로 죄를 범했거나 죄에게 개인적으로 종속되었음을 의미하지는 않는다. 실제적인 죄로 간주되는 범죄란 오직 아담의 것이었다. 그러나 이 죄는 그들의 법적 대표자로서 이 아담에 의해 저질러진 것이었다.

그리고 이 죄의 의식은 그들이 단순히 아담에 의해 대표되어진 자들이었기 때문에 그들의 것이 되었다. 만일 개인적인 기관과는 구별되는 대표자가 신적 통치하에 용인될 수 있는 것이었다면, 그것이 첫 생명의 언약 안에서 인지되었던 것이었다면, 그것이 더욱 새롭고 더욱 나은 언약인 은혜 언약 안에서도 인식되었던 것이었다면, 우리는 의와 범죄가 어떤 이들을 대표하는 자들의 순종이나 불순종으로 말미암아 다른 사람들에게 전가되어질 수 있다는 위대한 일반적인 원리에 도달하게 된다.

그러나 이 원리는 이 순종이 실제 각 개인이 행하는 것이나 혹은 각 사람이 개인적으로 범죄했다는 것을 의미하지는 않는다. 이는 개인적이며 대표적인 행위 사이의 근본적인 차이점을 간과하는 것이 된다.

그러나 그의 후손에 임한 아담의 첫 범죄의 직접적인 전가가 각 개인으로서의 그들의 사적인 범죄를 반드시 제외하지는 않는다. 플래케우스(Placæus)와 스테퍼(Stapfer)에 의해 교훈된 간접적인 전가 교리는 그들이 주장하고 있는 것보다는 그들이 부인하고 있는 점에서 그 긍정적인 부분이 아니라 부정적인 측면 때문에 오류가 있다. 이 교리는 아담의 원죄의 직접적인 전가 교리를 배격한다. 결국 이들은 실질적으로 아담의 대표적인 성격 즉 아담의 대표성을 파기했다. 왜냐하면 만일 아담이 그들의 대표자로 행동했다면, 그의 행동은 언약 아래에서와 마찬가지로 아담과 관계되었던 모든 자들의 상태에 반드시 직접적으로 영향을 미쳐야 하는 것이다.

그러나 이 범죄는 내적 부패 혹은 실제적 범죄로 말미암는 개인적 범죄의 전가를 주장하고 있으며, 이 점에 있어서 매우 엄숙하고 중대한 진리를 교훈하고 있다. 왜냐하면 아담의 원죄의 직접적인 전가가 그의 후손인 모든 인류 각 개인의 개인적 범죄의 부가적인 고소를 제외하지 않고 있기 때문이다. 그리고 이 사실이 명백하게 인식되어야 한다는 것은 매우 실제적인 결과를 낳는다. 왜냐하면 하나님께서 '조상의 죄로 인해 후손들을 엄습하신다'는 사실을 주장하는 교리가 종종 왜곡되고 남용되어졌으며, 마치 아편처럼 깊은 잠을 자도록 우리 양심을 마취시키는 데까지 적용되었기 때문이다.

예를 들면 우리는 두 명의 선지자들이 그들의 이 타락한 교리의 왜곡 때문에 바벨론에 있는 유대인들을 설득시키고 있음을 발견하게 된다. "여호와의 말씀이 또 내게 임하여 가라사대, 너희가 이스라엘 땅에 대한 속담에 이르기를 아비가 신 포도를 먹었으므로 아들의 이가 시다고 함은 어찜이뇨? 나 주 여호와가 말하노라. 내가 나의 삶을 두고 맹세하노니 너희가 이스라엘 가운데서 다시는 이 속담을 쓰지 못하게 되리라. 모든 영혼이 다 내게 속한지라. 아비의 영혼이 내게 속함같이 아들의 영혼도 내게 속하였나니 범죄하는 그 영혼이 죽으리라"(겔 18:1-4). 이 진술과 이 진술과 상응하는 예레미야의 진술이 원죄 교리를 배격하는 성경적 논증의 주제로 강요되어 왔다.

비록 아담이 그들의 법적 대표자, 또는 언약의 대표자로서의 그의 후손과의 관계와 다른 부모들이 그들의 자녀들과의 관계 사이에 매우 중대한 차이점이 있다고 하더라도, '죄를 지은 영혼은 반드시 죽으리라'는 말씀 안에서 명백히 선언되어 있는 개인적 책임의 일반적 원리는 동일하게 적용될 수 있는 것이다. 그러나 이 두 선지자의 발언 모두 죄의 유전 교리에 대한 전체 교리를 폐기처분하기에 충분한 것이라고 전해져 왔다.

그러나 두 선지자가 이 말씀이 그들의 조상들의 죄 때문에, 그리고 그것의 결과로 말미암아 유대인들이 고난받았다는 엄연한 사실을 부인했음을 의미하지는 않았다. 그들이 교훈하려 했던 진정한 의미는 유대인들이 고난받은 이유는 단지 그들의 조상들의 죄 때문만은 아니었다는 것이다. 그들이 바벨론 포로가 되었다는 사실을 알았을 때, 그들의 통치자와 이스라엘에 사는 백성들의 죄로 말미암아 바벨론 포로가 그들에게 임했다면, 그것은 또한 바벨론에서의 계속되는 그들 자신들의 완고함과 죄를 뉘우치지 않음과 배역 때문이기도 했다는 것이다.

만일 그들이 전심으로 회개하고 여호와께로 돌아왔다면 여호와 하나님께서는 더 이상 그들의 조상들의 죄와 그들의 죄를 기억하지 않으시고 오히려 그들을 '은혜로 맞이해 주시고 무조건적으로 사랑해 주셨을 것'이다. 그러나 어쨌든 부분적으로는 그들의 고난은 그들 조상들의 죄로 말미암은 것이었다(왕하 21:9,16 ; 23:26 ; 렘 15:4 ; 대하 33:9).[1] 그리고 십계명에도 역시 하나님께서는 당신을 '나를 미워하는 자의 죄를 갚되 아비로부터 아들에게로 삼사 대까지 이르게 하시는 질투하시는 하나님'으로 계시하셨다(출 20:5).

그러나 그들은 이 말씀의 마지막 부분들을 올바르게 해석하지 않았

---

1) **왕하 21:9** 이 백성이 듣지 아니하였고 므낫세의 꾀임을 받고 악을 행한 것이 여호와께서 이스라엘 자손 앞에서 멸하신 열방보다 더욱 심하였더라.
  왕하 21:16 므낫세가 여호와 보시기에 악을 행하여 유다로 범하게 한 그 죄 외에 또 무죄한 자의 피를 심히 많이 흘려 예루살렘 이 가에서 저 가까지 가득하게 하였더라.
  왕하 23:26 그러나 여호와께서 유다를 향하여 진노하신 그 크게 타오르는 진노를 돌이키지 아니하셨으니, 이는 므낫세가 여호와를 격노케 한 그 모든 격노를 인함이라.
  렘 15:4 유다 왕 히스기야의 아들 므낫세가 예루살렘에 행한 바를 인하여 내가 그들을 세계 열방 중에 흩으리라.
  대하 33:9 유다와 예루살렘 거민이 므낫세의 꾀임을 받고 악을 행한 것이 여호와께서 이스라엘 자손 앞에서 멸하신 열방보다 더욱 심하였더라.

다. 그들은 단지 그들 조상들의 죄로 말미암아 고생을 하는 것으로 여겼고 자신들의 죄는 생각지도 않았던 것이다. 결국 선지자들은 그들이 은혜 가운데 회복될지도 모르는 경건한 회개를 그들에게 상기시키기 위해 보냄을 받았던 것이다. 그리고 또한 선지자들의 메시지에 의해 감동을 받은 사람들의 기도와 고백에 두 가지가 모두 다 포함되어 있는 것을 보는 것은 매우 흥미로운 일이다. "우리 열조는 범죄하고 없어졌고 우리는 그 죄악을 담당하였나이다. … 우리 머리에서 면류관이 떨어졌사오니, 오호라! 우리의 범죄함을 인함이니이다. … 여호와여, 우리를 주께로 돌이키소서. 그리하시면 우리가 주께로 돌아가겠사오니 우리의 날을 다시 새롭게 하사 옛적 같게 하옵소서"(애 5:7,16,21). 우리가 이제까지 언급한 것과 유사한 왜곡과 남용이 인간의 원죄 교리에도 동일하게 나타났는데, 그것은 마치 우리가 우리 자신들의 타락과 부패와 불순종 때문이 아니라 아담의 범죄 때문으로만 고난받는 것이라고 생각하는 것이었다. 이 치명적인 오류에 대항하고 그것을 무력화하는 것은 우리에게 더욱 중대한 일이다.

왜냐하면 하나님께 가까이 나아가는 자가 처음으로 느끼는 아담으로부터 물려받은 그의 유전적인 타락하고 부패한 양심과 그의 실제적인 죄악의 자각으로 말미암아 그는 다윗과 같이 타락하고 멸망당한 상태를 깨닫고 하나님만을 의지하게 하기 때문이다. "대저 나는 내 죄과를 아오니 내 죄가 항상 내 앞에 있나이다. 내가 주께만 범죄하여 주의 목전에 악을 행하였사오니 주께서 말씀하실 때에 의로우시다 하고, 판단하실 때에 순전하시다 하리이다. 내가 죄악 중에 출생하였음이여, 모친이 죄 중에 나를 잉태하였나이다"(시 51:3-5).

아담의 첫 죄만이 우리가 담당해야 할 유일한 범죄이며, 그것이 우리 각 개인의 사적인 범죄는 제외한다고 가정하는 것만큼 엄청나게 위험한 생각은 이 세상에 없다. 이러한 착상은 다음과 같은 두 가지 가정 외에는 적용될 수 없을 것이다. 첫째는, 이 세상에 법이란 것은 존재하지 않는다. 둘째는, 법이 있다면 법을 지키려는 의지의 결핍이나 실제적 범죄는 전혀 없다.

그러나 성경의 교리는 그의 후손에게 임한 아담의 원죄의 직접적인 전가, 그리고 그가 단지 하나의 언약의 계율과 함께 그들의 법적 대표자였기 때문에 오직 그 전가를 말하고 있는 동시에, 또한 아담이 원의(original righteousness)를 상실함으로 말미암아 발생한 유전적 부패의 전염과 죄로 말미암은 그의 전 본성의 부패 역시 동일하게 언급하고 있음을 기억해야 할 것이다.

이는 죄인 된 신분으로서는 아담이나 그의 후손들 역시 그들의 개인적인 순종에 기초해서 의롭게 될 수 있는 사람은 영원히 없다는 결론을 낳게 된다. 칭의가 언약적 형식에 있어서 법에 좌우되는 한 이것은 매우 명백하고 엄연한 사실이다. 왜냐하면 그 법을 어김으로 말미암아 아담은 그 약속을 상실했으며, 그 자신과 그가 대표하고 있던 모든 사람들이 그 법을 순종치 않을 경우 받아야만 할 형벌을 받게 되었기 때문이다.

이러한 결론은 매우 명백해 보이며 오직 어떤 이들이 아담의 대표성을 부인하는 것처럼 그렇게 아담의 대표성을 부인할 때만 배격되어질 수 있는 것이다. 또한 그들의 칭의가 타락 이후에도 계속해서 아담과 그의 후손들을 묶어 놓았던 영구적인 의무의 법칙으로서의 명령에 좌우되는 것이었다면, 그들 자신들의 개인적인 순종을 기초로 의롭다함을 받을 수는 없었다는 사실 또한 확실한 것이다. 왜냐하면 그들은 이미 언약 파기자들로서 받아야 할 형벌에 종속되어 있는 것 외에도 이에 즉각적으로 뒤따랐던 그들 본성의 부패로 말미암아 개인적으로 새로운 죄를 짓게 되었고, 율법이 요구하는 의를 영원토록 성취하지 못하게 되었기 때문이다.

열매의 질이 그 나무의 본질의 증거라 할지라도 나무의 열매의 질을 결정하는 것은 그 나무의 본질이다. 그러나 만일 모든 사람들이 그들의 타락한 부모들로부터 출생한다면, - 만일 '육으로 난 것이 육'이라면, 그리고 만일 '육체에 거하는 자는 하나님을 기쁘시게 하지 못한다'면, - 그것은 '최초의 타락 이후 하나님의 계명을 완전히 지키는 자는 아무도 없으며' 오히려 생각으로, 말로, 그리고 행동으로 계명을 어길 뿐이라는 것이 명백해진다. 그리고 '율법이 육체 또는 인간의 타락한 상태로 인해 약하여졌기 때문'에 결과적으로 율법에 대한 그의 개인적 순종으로 아무라도 의롭다 할 육체는 없는 것이다.

율법이 본래는 '생명으로 제정'되었으나 이제는 '사망'이 된 것이다. 이제 '율법이 할 수 없는 일'이 있는데, 그것은 죄인을 의롭게 하지 못하는 것이다. '그것은 육체 안에 있는 죄를 정죄'할 뿐이다(고후 3:7). 그리고 더 이상 '의의 직분'을 행사하지 못하며 다만 죄로 말미암아 '정죄의 직분'만을 행사할 뿐이다. 그러므로 율법이 본래적인 생명 언약으로 간주되든 영구적인 도덕의 법칙으로 간주되든 그 율법의 위반과 불이행은 그 어떤 사람도 자신의 개인적인 순종을 기초로 의롭게 되는 일을 영원히 불가능하게 만들고야 말았던 것이다.

이 결론은 다음과 같은 두 가지 전제 아래서만 피할 수 있을 것이다. 첫째는, 하나님의 법이 더 이상 우리를 구속하지 못하도록 전적으로 폐기될 때이며, 둘째는, 율법이 더 이상 완전한 순종을 요구하지 못하고 우리가 좀더 쉬운 방법으로 의롭게 될 수 있도록 수정되고 관대해질 때이다. 그러나 여기 세 번째 전제가 하나 더 있다. 실제로, 양심을 가진 지각 있는 자라면 이런 것을 도저히 마음에 품거나 변호하지 못하겠지만, 그것은 완전한 순종을 요구하는 것으로서의 율법이 여전히 우리를 속박하고 있지만 인간들이 그것을 능히 성취할 수 있다는 전제가 바로 그것이다.

만일 그런 사람들이 정말 있다면, 이런 방법으로 의롭다함을 받으려는 그들에게 여호와 하나님 자신께서 다음과 같은 말씀을 선포하셨음을 기억해야 한다. "이것을 행하라. 그리하면 네가 살리라." 그러나 동시에 하나님은 다음과 같이 말씀하셨다. "온전한 자에게는 의원이 필요 없지만 병든 자에게는 의원이 필요하다." 그리고 계속해서 "나는 의인을 부르러 온 것이 아니라 죄인들을 회개케 하기 위해 그들을 부르러 왔노라"라고 말씀하셨다. 만일 '회개가 필요 없는 자'가 있다면 그들은 그리스도의 사역 밖에 있는 자들이다. 왜냐하면 '그리스도는 이스라엘의 잃어버린 양 외에는 보내심을 받지 않았기 때문'이다.

그러나 사람들은 우주적인 불경건과 죄로 가득 찬 세상을 보면서, 이 것을 일고의 가치도 없는 전제로 포기하는 동시에 또 다른 대안, 즉 실은 하나님의 율법이 폐기되었다는 대안을 견지한다. 만일 그렇다면 하나님을 향한 우리의 의무, 인간을 향한 의무, 그리고 우리 자신들을 향한 모든 의무는 그것과 함께 철폐될 것이다. 죄는 사라지고 죄의 가능성조차도 전멸될 것이다. 왜냐하면 '법이 없다면 죄가 존재하지 않기 때문'이다.

그렇다면 우리는 더 이상 도덕적 통치 아래 있지 않다. 왜냐하면 법이 없는 곳에는 상도 없고 형벌도 없기 때문이다. 심지어 모든 인간들이 들어야만 하며 '그 자신이 그에게 법적 증거'가 되는 양심의 소리도 망상 아니면 환상이 될 뿐이기 때문이다. 그러나 우리는 하나님 같은 의로운 법의 통치 아래 정죄를 받는 것이 불법한 세상에서 사는 것과 전 우주적인 무정부 상태에서 사는 것보다 백 배 천 배 나은 것임을 기억해야 할 것이다.

그러나 만일 하나님의 계명이 폐기되어지지 않았으며, 또 폐기되어질 수 없는 것이라면, 그것은 적어도 수정되거나 느슨해질 수 있는 것은 아닌가? 이 질문은 두 가지 독특한 단체에 의해 확정적으로 답변되었다. 그 첫째는, 인간의 자연적 연약과 죄로 말미암은 부패로 인해 하나님의 명령을 성취하기에 무능력한 사람들의 경우에 계명은 필연적으로 이들의 약함에 맞추어져야 한다는 것이다. 따라서 완전한 순종을 요구할 수는 없다고 주장한다.

둘째는, 그리스도께서 이 세상에 오신 하나의 목적이 원래의 계명이 요구했던 완전한 순종을 대치할 수 있고 불완전한 순종을 대리할 수 있는 새로운 계명을 우리들을 위해 획득하게 해 주거나, 또는 좀더 손쉬운 하나님의 용인을 제공하기 위해서라고 주장하는 것이다. 이것이야말로 참된 칭의의 즉각적인 근거라는 것이다. 이것들이 그들의 독특한 입장들이며, 그들은 서로 다른 근거 안에서 안식하고 있다.

인간 본성의 연약과 타락으로 인해 하나님의 계명이 인간들의 상태에 맞게 수정되고 느슨해졌다고 주장하는 사람들은 천사들뿐만 아니라 인간들과 같은 도덕적이며 책임감 있는 피조물들의 질서에 적용될 수 있는 일반적 원리들을 계속해서 만들어 냈다. 그것은 천사들이나 인간들이 어디서부터, 그리고 어떤 이유로 타락했던지 간에, 그들은 타락했으며 그들의 무능력 혹은 무의지는 의무 조항들로부터 그들을 안도하게 만들고, 하나님께서 그들에게 완전한 순종을 요구하지 못하도록 하나님의 권리를 빼앗는다고 주장하는 것이다.

이러한 원리들로부터 하나님의 계명은 더 이상 고정되고 확정된 의의 법칙이나 죄에 대해 불변하는 시금석으로 간주되지 않으며, 오히려 불확실한 의무의 저울로 간주된다. 그것은 악이 증가할 때 오히려 그 요구가 경감되는 것이다. 거룩한 천사들과 의로운 인간의 영들이 완전해지는 것은 '그들이 전심으로' 하나님을 사랑하고 하나님께 순종함에 달려 있는 한편, '하나님과 대립하는 마음으로 가득 찬' 악한 영들과 악인들은 그들이 하나님을 섬기기에 무능력하거나 의지가 없는 바로 그 대립으로 말미암아 모든 의무 조항들로부터 안도감을 얻게 되는 것이다.

그 본격적인 적용을 일관되게 계속 수행해 온 이 원리는 필연적으로 다음과 같은 결론을 도출해내고 말았다. 그것은 어떤 피조물이든지 악한 피조물일수록 그가 더 이상 도덕적이며 책임감 있는 행위자로서의 자격을 멈추는 그 시점에 이르기까지, 그에 대한 계명은 더욱 수정되거나 느슨해지며 그의 무능력에 알맞게 적용되어야 한다는 결론이다. 그러나 하나님의 계명은 피조물의 의지에 달려 있는 것도 아니며, 계명이 요구하는 것들이 죄의 증가하는 능력으로 말미암아 느슨해질 수도 없는 것이다.

그러나 또 다른 이들은 여전히 하나님의 계명이 완전한 순종을 요구하지 못하게 하기 위해, 그리고 불완전하지만 진실한 자를 받아 줄 수 있도록 하기 위해 그리스도의 성육신과 고난, 그리고 죽음의 결과로 그 계명이 느슨해지고 수정되었다고 주장한다. 그러나 이 점에 있어서 몇 가지 짚고 넘어가야 할 문제들이 있다.

우리의 영원한 영적 복지가 느슨하게 수정되어진 계명을 향한 우리의 순종에 달려 있다고 주장하는 사람들로부터 독특하고 명확한 답변을 기대할 수 있겠는가? 도대체 성경 어디에 그리스도께서 계명을 성취하지 않고 오히려 그것을 수정하기 위해 성육신하셨고 고난받으셨으며 십자가에 달려 돌아가셨다는 말씀이 계시되었는가? 그리스도께서 계명을 '밝히 드러내 보이시고 그것을 고귀한 것으로 여기시지 않고' 오히려 그 요구를 수정하고 좀더 용이한 조건들을 동반한 새 계명으로 대치시키셨다는 말씀을 어디서 찾을 수 있단 말인가?

게다가, 도대체 새 계명은 어떤 것인가? 새 계명이 요구하는 것은 무엇인가? 반대로 그것이 금하는 것은 또한 무엇인가? 그리고 그것의 상벌은 어떤 것인가? 어떤 계명이라도 그것 자체가 완전한 순종보다 약간 약한 순종을 요구하는 계명이 있는가? 그렇다면 요구되어지는 순종이 불완전한 것이라고 언급되는 이유는 또한 무엇인가? 그것은 단순히 옛 계명에 한해서만 불완전한 것인가? 아니면 새로운 계명에 대해서도 동일하게 불완전한 것인가? 만일 전자에 한해서 순종이 불완전한 것이라면 그 불완전함에는 죄가 있는 것인가 없는 것인가? 만일 심지어 후자에 대해서까지 순종이 불완전한 것이라면 우리는 이것을 계명의 법칙과 어떻게 조화시킬 것인가?

이 불완전한 순종과 관계된 성실함은 도대체 무엇인가? 순종보다 순종으로부터 발원되는 것이 더 완전한가? 새로운 계명은 확정적인 분량의 순종을 요구하는가? 만일 그렇지 않다면 도대체 의무의 최고 등급은 무엇이며, 그리고 그것의 최하 등급은 무엇인가? 만일 본래의 계명이 완전한 순종을 요구했다면 그것이 하나님의 권위에 의하지 않고서 폐지되거나 심지어 느슨해질 수 있는 것인가?

만일 하나님의 계명이 폐지된 것이 아니라 시내산에서 다시 선포된 것이라면 그것은 그리스께서 하신 "예수께서 가라사대 네 마음을 다하고 목숨을 다하고 뜻을 다하여 주 너의 하나님을 사랑하라. … 네 이웃을 네 몸과 같이 사랑하라. … 이 두 계명이 온 율법과 선지자의 강령이니라"(마 22:37,39,40)는 말씀을 통해, 그리고 산상수훈에서 하신 설교의 영적 의미를 설명하셨을 때 그리스도에 의해 느슨해진 것인가?

그리스도께서 정말 율법을 폐하거나 느슨하게 하시기 위해서 오셨는가? 결코 그렇지 않다. "내가 율법이나 선지자나 폐하러 온 줄로 생각지 말라. 폐하러 온 것이 아니요 완전케 하려 함이로다. 진실로 너희에게 이르노니, 천지가 없어지기 전에는 율법의 일점 일획이라도 반드시 없어지지 아니하고 다 이루리라"(마 5:17,18). 그렇다면 그의 사도들이 그들의 사명의 도를 넘어섰다는 말인가? "그런즉 우리가 믿음으로 말미암아 율법을 폐하느뇨? 그럴 수 없느니라. 도리어 율법을 굳게 세우느니라"(롬 3:31). (3)

신자들의 성품과 의무들이 불완전하다 할지라도 그것들을 '하나님께서 받으실 만하다'는 것은 사실이다. 그러나 그것들은 오직 '예수 그리스도를 통하여서만' 가능한 것이다. 이것들은 그리스도의 거룩한 영의 열매들이며, 그들이 지상에서의 삶을 살 동안 옛 계명과 새 계명의 적절한 성취로서의 그들 내부에 있는 것이 아니다. 그들은 오히려 아직 남아 있는 죄로 말미암아 더럽혀져서 하나님의 영광이나 완전함에 이르지 못하는 존재들이다.

그들의 의라는 것은 오히려 율법이 요구하는 의와 비교해 볼 때 '넝마 조각'과도 같은 것이다(사 64:6). 그러므로 그들은 결코 자신들이 의롭다 하시는 의를 구성하지 못하며 반드시 그리스도의 속죄제사와 완전한 순종을 통하여서만 용인되어야 한다. 신자들은 그들 용인의 근거로서 자신들의 순종이나 율법의 추구를 의지해야 할 것이 아니라 그것들을 모두 포기하고 '죄와 부정에 완전히 개방되어 있는 자신들의 근원'을 계속해서 개선하고 회복해 나가야 한다. 이는 아직도 그들 마음에 내재해 있는 남아 있는 죄의 존재와 권세로부터 발원되는 그들의 불완전한 순종에 대한 자각이며, 그들로 하여금 '상하고 통회하는 마음'과 자신들의 무가치함에 대한 깊은 자각을 동반한 경건한 삶으로 계속해서 나아가게 만드는 것이다.

그들이 행위 언약으로서의 그것으로부터 구원을 받았다 하더라도 의무의 법칙으로서의 하나님의 완전한 계명은 여전히 그들을 묶는 것임을 믿으며, 계명의 순전하고 영적인 요구들과 그들이 이제까지 보여 주었던 모든 가능한 순종들을 비교해 볼 때, 그들은 그들 자신들의 죄성을 더욱 발견하게 되며 하나님의 은혜와 그리스도의 의에 대한 그들의 전적인 의존성을 깨닫게 될 뿐이다.

부감독 헤어(Hare)는 다음과 같이 말했다.
"그들의 죄의 깊은 영적 자각과 자신들의 죄성을 깨닫는 사람들은 이 자각을 끝까지 보유하게 된다. 그들의 거룩에의 성장은 이 자각을 결코 억제하지 못하며 오히려 그것을 더욱 강렬하게 하고 날카롭게 할 뿐이다. 그러므로 우리는 상승하는 한 걸음 한 걸음을 통해 가장 거룩한 자들이 그들의 죄성에 의해 가장 억압받는 자들이라는 매우 특이한 현상에 다다르게 되는 것이다. 그들이 자신들을 그리스도의 몸의 지체들로 만들어 주는 믿음으로 말미암아 의의 참예자가 되게 해 주는 그리스도의 의의 확신이 없었다면, 그리고 그것으로 '옷 입지' 않았다면 그들은 하나님의 면전에 매우 겸손하게 서기만을 소망했을 것이다."(4)

이 '상하고 통회하는 마음'이라는 은혜로운 마음의 구조, 즉 성장하는 겸손과 자기비하야말로 참된 신자의 가장 중대한 특징들 가운데 하나이며, 이러한 특징은 하나님의 계명의 영성과 완전함이라는 자각에 계속해서 거함으로 촉진될 수 있다. 그렇다면 칭의에 있어서 우리의 개인적인 순종이 하나님 면전에서의 우리의 칭의의 근거로 받아들여지기 위해 계명이 느슨해지고 수정되어지는 것으로 가정하는 이 다른 견해에 의해 과연 대치될 수 있는가?

명제 9- 인간의 의무 규칙으로서의 하나님의 계명은 또한 하나님의 영원한 의와 거룩의 계시이기도 하다.

인간들은 하나님의 최고의 주권적 의지에 대한 권위 있는 표현으로서의 하나님의 계명 외에도, 그것이 거룩하시고 의로우시며 그의 전 우주를 다스리실 뿐만 아니라 만물의 통치자이시자 심판자로서의 하나님의 본질적 본성의 계시임을 고찰하지 않은 채, 하나님의 계명이 폐지되었거나 수정되고 혹은 느슨하게 되었다는 경솔한 말들을 떠들어 대곤 한다.

이는 단순히 커드워스(Cudworth)가 주장하는 대로 '절대력을 가진 존재의 추상적인 의지'가 아니다. 그의 의지는 그의 성품의 무한하신 완전함에 의해 결정되며, 그의 성품은 궁극적으로 실재하는 '영원하고 불변하는 도덕'의 궁극적 표준이다. 하나님의 긍정적인 계율은 하나님의 주권적인 의지에 의하여 결정되며, 그의 전지하신 지혜에 의해 실행된다. 이러한 계율들은 하나님의 선하시며 주권적인 의지에 따라 부과되거나 폐지되거나 수정되는 것이다.

그러나 하나님의 도덕적 계명은 하나님의 의지의 표현인 동시에, 하나님 자신의 도덕적 완전함의 모양이자 반영이기도 하다. 하나님은 '거룩하시고 의로우시며 선하신 분'이시다. 그러므로 그의 계명 역시 '거룩하고 명령 또한 거룩하며, 의롭고 선한 것'이다. "너희도 거룩하라"는 말씀은 하나님의 지고하신 의지의 표현인 하나님의 계명적 음성이시다. 왜냐하면 그 이유에 대해서 하나님께서 "내가 거룩하기 때문"이라고 말씀하셨기 때문이다(벧전 1:15,16 ; 레 19:2 ; 20:7 ; 21:8).[2] 바로 이것이 계명의 근거이자 이유이며, 그것은 하나님의 본질적이며 불변하시는 본성으로부터 발원되는 것이다. "여호와께서는 그 모든 행위에 의로우시며 그 모든 행사에 은혜로우시도다"(시 145:17).

"여호와는 의로우사 의로운 일을 좋아하시나니, 정직한 자는 그 얼굴

---

2) **벧전 1:15,16** 오직 너희를 부르신 거룩한 자처럼 너희도 모든 행실에 거룩한 자가 되라. 기록하였으되, 내가 거룩하니 너희도 거룩할지어다 하셨느니라.
레 19:2 너는 이스라엘 자손의 온 회중에게 고하여 이르라. 너희는 거룩하라. 나 여호와 너희 하나님이 거룩함이니라
레 20:7 너희는 스스로 깨끗케 하여 거룩할지어다. 나는 너희 하나님 여호와니라.
레 21:8 너는 그를 거룩하게 하라. 그는 네 하나님의 식물을 드림이니라. 너는 그를 거룩히 여기라. 나 여호와 너희를 거룩하게 하는 자는 거룩함이니라.

을 뵈오리로다"(시 11:7).

"주께서는 눈이 정결하시므로 악을 참아 보지 못하시며 패역을 참아 보지 못하시거늘"(합 1:13).

하나님은 거룩하시며 온 우주의 계명은 '여호와 하나님의 거룩하심의 표현'이다. 하나님은 의로우시며 온 우주의 계명 역시 '의로운 것'이다. 하나님은 진실하시며 온 우주의 계명 역시 '진리'이다. 하나님은 사랑이시며 온 우주의 계명 역시 '사랑'인 것이다. 그것은 하나님이 어떤 분이신가를 계시하고 있으며 하나님의 피조물들이 반드시 어떤 존재가 되어야 하는지를 알려 주고 있다.

계명의 계율은 의무로서의 순종 혹은 하나님 앞에서 마땅히 보여야 할 태도를 요구하는 동시에, 유기되어지는 형벌 혹은 죄의 값으로서의 형벌을 선포한다. 하나님의 계명은 옳고 그름에 따른 순종과 형벌 그 이상도 이하도 절대 요구하지 않는다. 왜냐하면 하나님께서는 "반석이시니 그 공덕이 완전하고 그 모든 길이 공평하며 진실 무망하신 하나님이시니 공의로우시고 정직하시기 때문"이다(신 32:4).

하나님의 계명이 정해진 것 이상을 요구했다거나, 또는 하나님께서 정의롭게 가해지는 형벌 이상의 벌을 부과했다고 가정하는 것은 하나님의 지혜, 거룩, 정의 자비하심, 그리고 진실하심 등과 같은 하나님의 성품에 대한 모욕적인 언사이다. 그러므로 하나님의 이러한 성품들과 완전하심이 변경되지 않는 한 하나님의 계명은 수정되거나 결코 느슨해질 수 없는 것이다. 그리고 하나님의 도덕적 통치하심이 모두 다 한꺼번에 폐기되지 않는 한 하나님의 계명 역시 폐지될 수 없는 것이다.

하나님 통치의 법칙과 하나님의 성품의 계시로 간주되는 도덕적 계명은 여전히 하나님의 모든 역사하심의 위대하신 궁극적 목적으로 선포된 것과 관계해서 이해되어져야 한다. 하나님의 역사하심은 그의 모든 완전하심의 실제적 역사하심으로 말미암은 하나님 자신의 영광의 현현이다. 하나님은 당신의 법을 통해 당신의 성품을 계시하셨다. 그러나 이 법은 하나님의 섭리를 통해 계속적으로 역사되어지는 것인데, 그것은 은혜와 구속 사역, 그리고 하나님께서 궁극적으로 가장 뚜렷하게 영광

받으실 심판의 사역시에 나타날 궁극적인 시행이다.

하나님께서는 일련의 신적 계시를 통해 당신을 우리에게 계시해 주셨다. 그러나 이러한 계시들은 불변하시는 하나님의 본질적 성품의 완전함 안에서 나타나는 구체적인 사역을 유발한다. 이 안에서 하나님의 계명이 발견되며, 그것의 실제적인 시행을 통해 계명의 대의가 밝혀질 것이다. 하나님의 약속들의 성취와 그의 위협적인 형벌의 시행은 이러한 목적 때문에 필요한 것이다. 이 약속의 불성취와 이 형벌의 불이행은 하나님의 계명의 명예와 그의 완전하심의 영광에 대한 모독이 아닐 수 없다.

하나님의 주권 시행에 있어서, 하나님은 불경건한 자들을 향한 그의 자비의 목적을 파생시키신다. 그러나 이 신적 목적이 효과를 발휘하도록 그것을 시행함에 있어서, 하나님의 계명의 위엄을 보호하고 그의 도덕적 통치의 목적을 안전하게 확보하기 위해서는 하나님의 전지하신 지혜와 무한하신 사랑의 공급이 필요하다.

만일 형벌이 죄에 무차별적으로 가해져야만 했다면, 그리고 이 형벌이 하나님의 영원하신 정의와 거룩의 현현으로서 반드시 시행되어야 할 것으로 정해졌다면, 그것은 그 목적에 맞게 모든 죄인들에게 반드시 부과되어졌을 것이며, 아니면 동일한 목적에 맞게 또 다른 방법을 통해 성취되었을 것이다.

그러므로 하나님의 의지의 권위 있는 표현 외에도, 계명은 하나님의 영원하신 정의와 거룩의 계시이기도 하다. 그것은 하나님의 불변하시는 도덕적 통치의 법칙이며, 그것이 죄인들을 향한 어떤 종류의 자비로 구성되어 있든지 간에 절대로 폐지되거나 수정되거나 느슨해질 수 없다. 오히려 그것은 계시되기로 예정된 신적 완전함을 계시하고, 형벌 자체의 목적을 보장하기 위해, 즉 하나님의 위대하신 성호의 영광을 보장하기 위해 실제적인 역사로 말미암아 반드시 시행되거나 성취되어야 할 법인 것이다. (5)

명제 10- 계명의 교리가 그 복음 안에 전제되고 있다는 것은 이미 밝혀진 사실이다. 그리고 계명이 요구했던 의롭다 하는 의가 복음 안에 밝히 계시되었다는 사실은 이제 앞으로 아직 남아 있는 질문들을 논의함으로써 증명될 것이다.

그 질문들은 다음과 같다. 소위 '하나님의 의'로서 계시된 그 의는 무엇인가? 그것은 어떻게, 그리고 누구에 의해서 만들어진 것인가? 그것이 왜 우리의 칭의를 위해 제공되어야만 하는가? 그렇다면 우리가 어떤 수단 혹은 방법을 통해 그 의의 참예자가 될 수 있는가? 그러면 어떤 작용 혹은 어떤 중재를 통해 그것이 우리에게 효과적으로 적용될 수 있는가?

한편 계명의 교리는 그 복음이 전제하고 있으며, 계명이 요구하는 의롭다 하는 의는 다른 곳에서 계시되고 있다는 이 명제는 무엇보다도 먼저 계명과 율법 사이의 불가분리의 관계를 지시하며, 그럼에도 불구하고 계명과 복음 사이에는 근본적인 차이점이 있음을 지시하기 위해 진술되었다. 둘째로 이 명제는 다른 하나를 올바르게 이해하기 위해서는 반드시 또 다른 하나의 세심한 연구가 필수불가결하다는 것을 지시하기 위해 진술된 것이다.

제11강

칭의; 그리스도의 중보적 사역과의 관계

그리스도의 중보적 사역이 하나님의 율법과 관계가 있으며, 우리의 칭의 또한 그리스도의 사역과 관계하고 있다는 것은 전 성경에 계시된 명백한 진리이다. 그리고 이것들은 믿음의 문제에 있어서의 권위를 인정하는 자들에 의해 우주적으로 공인된 것이기도 하다. 로마 가톨릭, 펠라기안주의, 아리우스주의, 소시니안주의, 신율법주의, 그리고 율법폐기론주의의 저술가들은 모두 그리스도의 사역이 하나님의 율법을 순종한 사역이었음을 확언하는 데 동의한다. 그리고 우리의 칭의가 각기 여러 방법으로 이 그리스도의 사역에 기초해 있거나, 적어도 그것과 관계되어 있다는 사실에도 동의한다.

그러나 이들이 이 진리들을 각기 그들의 방식으로 이해함에 있어서 서로 매우 다른 견해를 견지하고 있다는 사실에 주의해야 한다. 그러므로, 이 점에 있어서 그리스도의 중보적 사역이 하나님의 율법과 어느 정도 관계가 있다는 사실, 우리의 칭의가 어떤 의미에서 그의 사역에 의존적이라는 사실, 그리고 그의 사역을 통해서 그것이 의의 본래적인 규칙과 연관되어 있다는 사실에 대한 일반적이고 통일적인 진술을 주장하는 것은 매우 어려운 일이 아닐 수 없다.

이 진술이 그 자체로 진리임에도 불구하고 성경에 계시된 전체 진리의 의미를 분명히 하지는 않고 있다. 따라서 한편으로는 그리스도의 사역과 율법 사이에 존재하는 관계의 본질과, 다른 한편으로는 우리의 의와 그의 사역 사이에 존재하는 관계성은 몇 가지 독특하고 명백한 명제들에 의해 설명되어야 하며, 반드시 성경적 증거들을 통해 수립되어야 할 것이다.

명제 11- 하나님께서 그의 영광을 위하여 '불의한 자'를 중보자로서의 그리스도를 통해 의롭다하심에 있어서 나타난 그의 도덕적 완전함의 뛰어난 현현을 통해 인간의 타락을 기각하고 사면하신 것은 하나님의 영원한 목적에 의한 것이었다.

우리는 성경에서 이 영원한 목적을 발견할 수 있다. "그 뜻의 비밀을 우리에게 알리셨으니, 곧 그 기쁘심을 따라 그리스도 안에서 때가 찬 경륜을 위하여 예정하신 것이니, … 곧 영원부터 우리 주 그리스도 예수 안에서 예정하신 뜻대로 하신 것이라"(엡 1:9 : 3:11). 이 목적과, 그리고 이 목적으로부터 흘러 나오는 구원의 전체 계획은 '하나님의 은혜의 풍성하심'에 기원을 두고 있으며, 그가 모든 지혜와 총명으로 우리에게 넘치게 하사 '그의 은혜의 영광을 찬미하게 하심'에 목적이 있다.

이것은 단순한 자비가 아니다. 이것은 '그리스도 예수 안'에 있는 자비였으며 그리스도를 통해 결과를 양산하는 자비였다. 이것은 창세 전에 삼위일체 하나님의 영원하신 천상 회의를 통해 형성된 것이다.

그리고 미리 예견되었던 타락 그 자체는 이 위대한 계획과 설계의 성취를 위해 정복될 수 있도록 허락되었다. 삼위 하나님의 각 위, 즉 성부 하나님, 성자 예수님, 그리고 성령 하나님께서는 이 계획안에서 서로 긴밀하게 협력하신 것이다. 그리고 삼위 하나님은 확실한 결과를 양산하시기 위해 각각의 독특하신 직무를 대표하셨고 동일한 사역의 각기 다른 부분들을 수행하셨다.

이 사역은 두 가지 독특한 국면에 있어서 하나님의 현저하고 견줄 바

없는 계시가 되어야 할 것이었다. 첫째로, 이 계시는 하나님의 도덕적 성품들의 지고한 표현이어야 한다. 이 계시의 지고한 완전함과 완전한 조화 가운데 행해지는 모든 행함들은 의인의 상급이나 악한 자의 형벌에 의해 동일하게 얻어질 수는 없는 것이었다. (1) 그리고 둘째로, 이 계시가 삼위 하나님 각각에 의해 성취되어야만 하는 독특한 시행의 매개를 통해 삼위 하나님으로서의 그의 본질 안에서 그를 알게 하는 효과적인 수단들이어야 한다. (2)

우리는 성경 여러 부분에서 아버지와 아들 사이의 영원한 언약을 읽을 수 있다. 우리는 이런 말씀들을 통해서 분리될 수 없는 삼위 하나님 가운데, 아버지는 위엄을 대표하시고 죄의 사면을 행사하심에 있어서 아들에게 중보자의 직임을 수여하셨고, 그의 사역을 위임하셨으며, 그리스도를 그의 아들로, 그리고 동시에 구속 사역을 수행하시는 종으로 보내셨고, 구속받고 구원받아야 할 백성들을 그에게 주셨으며, 그가 이 목적을 위해 반드시 성취해야 할 조건들을 규정하셨고, 그가 그의 영이 고난을 받을 것을 보게 하시고 궁극적으로 만족을 얻으실 것을 약속하셨음을 깨닫게 된다.

반면에 하나님의 아들로서의 성자 하나님은 중보자의 사역을 수여받으셨으며, 성부 하나님의 의지에 공식적으로 복종하시기를 동의하셨고, 자원적으로 '자신을 낮추시고 세상이 있기 전 성부 하나님 아버지와 함께 소유하셨던 그의 영광'을 숨기시기를 기뻐하셨다. 뿐만 아니라 성자 하나님은 당신의 사역을 성취하시기 위해 성육신하시고, 고난당하시며, 순종하시고, 죽으시기 위한 사역에 착수하셨다.

아버지가 아들에게 하신 약속이, 한편으로는 아들의 동의와 다른 한편으로는 하나님의 용인에 의해 진술된 계율들과 약속들, 그리고 상호간의 약정들이 명확하게 언급되었다. 이러한 약정들은 만물을 명하신 '영원한 언약'이었으며 그리스도께서 중보자와 보증이 되신 것에 잘 나타나 있다(히 7:22 ; 12:24 ; 갈 3:17 ; 요 6:38 ; 요 12:49 ; 시 89:27,28,34 ; 사 53:10,11 ; 시 49:7,8 ; 요 13:4,5,24).[1] (3)

그것들이 무엇이었든지 간에 이 영원한 언약에 대한 용어들은 인간

구원의 전체 계획을 결정했으며, 그에 필요한 모든 규칙과 조항들을 정했다. 이 언약은 성취되어야 할 궁극적 목적을 내포하고 있었으며, 결과를 나타내기 위해 수행되어야 할 중보와 그 방법들 또한 규정했다. 그것은 성육신과 고난, 죽음과 부활, 그리고 그리스도의 승리를 제공한 것이다. 그것은 또한 그리스도의 사역의 유효성을 위해 그의 거룩한 성령의 효과적인 적용으로 말미암는 구원을 동일하게 제공했다. 그리고 이 구원 계획의 처음과 마지막을 포함한 모든 부분은 그 본래적인 기원인 하나님의 주권적인 의지와 무조건적인 은혜를 통해서만 추적이 가능한 것이다. 이 언약은 '하나님의 자비와 기뻐하시는 뜻'을 따라 자동적으로 일어나는 표현이었다. 그리고 많은 악과 이단들은 마치 인간의 구원을 위해 제공된 것들이 하나님의 사랑의 열매이자 표현이 아니라 그 구원

---

1) 히 7:22 이와 같이 예수는 더 좋은 언약의 보증이 되셨느니라.
히 12:24 새 언약의 중보이신 예수와 및 아벨의 피보다 더 낫게 말하는 뿌린 피니라.
갈 3:17 내가 이것을 말하노니, 하나님의 미리 정하신 언약을 사백삼십 년 후에 생긴 율법이 없이 하지 못하여 그 약속을 헛되게 하지 못하리라.
요 6:38 내가 하늘로서 내려온 것은 내 뜻을 행하려 함이 아니요.
요 12:49 내가 내 자의로 말한 것이 아니요, 나를 보내신 아버지께서 나의 말할 것과 이를 것을 친히 명령하여 주셨으니.
시 89:27,28 내가 또 저로 장자를 삼고 세계 열왕의 으뜸이 되게 하며, 저를 위하여 나의 인자함을 영구히 지키고 저로 더불어 한 나의 언약을 굳게 세우며.
시 89:34 내 언약을 파하지 아니하며 내 입술에서 낸 것도 변치 아니하리로다.
사 53:10,11 여호와께서 그로 상함을 받게 하시기를 원하사 질고를 당케 하셨은즉, 그 영혼을 속건제물로 드리기에 이르면 그가 그 씨를 보게 되며 그날은 길 것이요, 또 그의 손으로 여호와의 뜻을 성취하리로다. 가라사대 그가 자기 영혼의 수고한 것을 보고 만족히 여길 것이라. 나의 의로운 종이 자기 지식으로 많은 사람을 의롭게 하며, 또 그들의 죄악을 친히 담당하리라.
시 49:7,8 아무도 결코 그 형제를 구속하지 못하며 저를 위하여 하나님께 속전을 바치지도 못할 것은, 저희 생명의 구속이 너무 귀하며 영영히 못할 것임이라.
요 13:4,5 저녁 잡수시던 자리에서 일어나 겉옷을 벗고 수건을 가져다가 허리에 두르시고, 이에 대야에 물을 담아 제자들의 발을 씻기시고, 그 두르신 수건으로 씻기기를 시작하여.
요 13:24 시몬 베드로가 머릿짓을 하여 말하되, 말씀하신 자가 누구인지 말하라 한대.

을 획득하게 하는 원인인 것처럼 바로 이 개념에 대한 부정확한 의미 혹은 혼동으로부터 발생한 것이다.

그러나 사실상 은혜의 언약과 그것이 포함하고 있는 모든 준비와 제공의 기원은 하나님의 선수적(先手的)인 사랑과 자비로부터 우러나오는 것이었다. "하나님이 세상을 이처럼 사랑하사 독생자를 주셨으니, 이는 저를 믿는 자마다 멸망치 않고 영생을 얻게 하려 하심이니라"(요 3:16).

"사랑은 여기 있으니, 우리가 하나님을 사랑한 것이 아니요, 오직 하나님이 우리를 사랑하사 우리 죄를 위하여 화목제로 그 아들을 보내셨음이니라"(요일 4:10).

아버지의 사랑을 고무시키고 자극하거나 구속 언약을 획득하게 한 것은 그리스도의 중보자적 사역이 아니었다는 사실을 명심해야 한다. 인간 구원의 전 계획을 일으키게 하고, 또한 그 구원의 목적을 설정하고 그 구원을 성취하기 위한 수단들까지 공급하신 것은 하나님의 무조건적이며 주권적인 의지에 기인한 것이었다.

하나님께서는 당신의 아들을 중보자의 직무에 임명하셨고, 그 백성들은 '세상의 기초가 서기도 전에 그리스도 안에서 선택된 것'이었다(엡 1:4). 그들은 구속받고, 새로워지며, 거룩해지고 구원받기 위해 '그리스도에게 주어진' 사람들이었다. 그러나 그리스도의 임명이나 그리스도의 백성들의 선택이 그리스도의 고난과 순종에 의해서 획득되어진 것은 아니었다. 왜냐하면 하나님의 영원하신 목적이 반드시 성취되기 위해서는 그리스도의 고난과 순종이 절대 필요한 것이었다 할지라도, 그것은 이미 본질적 성격과 순서에 있어서 그리스도의 고난과 순종에 선행하는 것이기 때문이다.

하나님의 은혜의 목적이 그리스도의 사역과 상관이 없다는 말은 절대로 아니다. 왜냐하면 그것은 목적뿐만 아니라 그 수단들까지 포함하고 있기 때문이다. 그럼에도 불구하고 하나님의 구원의 은혜가 그리스도의 사역으로 말미암았던 것은 아니다. 그것은 하나님 마음과 그의 전지하신 지혜 안에서 일어났던 무조건적이며 자발적인 하나님의 자비의 역사이시다. 그것은 하나님의 본성의 모든 완전하심을 계시하시고, 의로우신 통치의 설립과 변호를 위하여 타락 그 자체를 압도하심으로써 반드시 결과와 효과를 제공하고야 마는 하나님의 섭리였던 것이다.

어떤 이들은 그리스도의 사역과 하나님의 사랑 사이에 존재하는 관계성에 대한 혼란스러운 개념, 즉 하나가 다른 하나를 획득하고 야기하는 원인인 것처럼 여기는 그릇된 개념을 받아들임으로 하나님의 신적 사랑의 발현으로 말미암는 모든 위로와 복들을 거절하고 있다.

나아가 또 다른 이들은 이와는 정반대의 극단으로 달려가며 마치 하나님께서 죄인들을 향하여 은혜의 결정을 구성하기로 하셨다면, 그리고 당신의 아들이라는 선물 안에서 가장 지고한 신적 사랑의 표현과 증거를 주시기로 하셨다면, 그곳에는 인간의 범죄를 속죄할 필요성이나 심지어 신적 정의에 상응하는 만족의 여지는 존재하지 않았을 것이라고 주장한다.

이 두 극단은 모두 동일하게 위험한 사상들이다. 전자는 하나님의 무조건적인 은혜를 훼손하는 것이며, 후자는 하나님의 정의의 요구를 손상시키는 것이다. 전(全) 구원 계획의 웅장한 설계는 동일한 목적 성취를 위해, 그리고 하나님의 '의를 선언'하기 위한 실제적 시행과 조화로운 협동을 나타내기 위해 양자를 모두 합해 놓은 것과 같다. 그것은 하나님께서 '우리의 죄를 사하시는 자비로우시고 의로우신 분이시며, 우리의 모든 불의를 깨끗하게 하시는 분'으로 나타나게 하기 위한 것이었다.

인간들은 언제나 항상 하나님의 성품에 대한 불완전하며 한쪽으로 치우친 견해를 취하는 경향을 가진 존재들이며, 그것으로부터 잘못된 결론을 도출해 내는 존재들이다. 그들은 만일 하나님께서 죄를 미워하시는 사법적 불만 혹은 진노의 율법을 품고 있다면, 하나님의 마음에는 참된 사랑이 결코 존재하지 않는다고 가정한다. 그들은 또한 사랑이 존재하는 한 하나님께는 심각한 진노나 정의에 대한 엄격한 집착도 존재하지 않는 것이라고 주장한다.

그러나 사실상 이 지구상에 존재하는 부모나 판사들의 경험들은 이 더럽고 추잡한 기만과 망상을 내쫓아 버리기에 충분할 것이다. 왜냐하면 방탕한 아들을 다루는 부모와 유죄선고를 받은 기결수를 다루는 판사들은 정말 억제하기 힘든 그들을 향한 간절한 사랑과 부드러운 연민을 자각하고 있음에도 불구하고, 정의는 그들이 결코 무시하거나 간과할 수 없는 그에 합당한 요구를 소유하고 있으며, 정부는 그러한 법 체계를 가지고 있다는 것을 느끼기 때문이다.

그들은 권위의 정당한 요구와 권리는 심지어 개인적 감정에 어떤 희생을 주든지 간에 형벌을 시행함으로 말미암아 반드시 유지되어야 한다고 여겼던 것이다. 이러한 경우들을 통해서, 모든 이들은 모든 개인적 악함과 복수심의 감정이 정화될 때, 그리고 애정 어린 아버지 혹은 인자하고 동정 어린 판사에 의해 판결이 선고될 때만큼 정의가 더 엄숙하고 확실할 수 없다는 것을 보게 될 것이다.

그러나 이 모든 인간적인 비유는 무엇이란 말인가? 그것들을 하나님께서 그의 '독생자'와 '사랑하시는 아들'을 다루심에 있어서 나타난 하나님의 사랑과 정의의 연합과 비교해 보면 정말 아무것도 아니라는 것을 알게 될 것이다. 그리스도는 하나님의 지고하신 만족과 기쁨의 대상이셨다. 특히 그리스도께서 '십자가에 못박혀 죽기까지 순종'하실 때가 더욱 그러했다. "아버지께서 나를 사랑하시는 것은 내가 다시 목숨을 얻기 위하여 목숨을 버림이라"(요 10:17).

그러나 이러한 사랑에도 불구하고, 이 사랑이 정의와 율법의 요구를 대체하지는 않았다. 왜냐하면 그리스도께서 죄인들의 죄를 전가받아 대신 짊어지심으로써 개인적인 고난이 아니라 대표적인 고난을 받으실 때 하나님께서 그로 상함을 받게 하시기를 기뻐하셨기 때문이다. "여호와께서 그로 상함을 받게 하시기를 원하사 질고를 당케 하셨은즉, 그 영혼을 속건 제물로 드리기에 이르면, 그가 그 씨를 보게 되며 그 날은 길 것이요, 또 그의 손으로 여호와의 뜻을 성취하리로다"(사 53:10).

"자기 아들을 아끼지 아니하시고 우리 모든 사람을 위하여 내어 주신 이가 어찌 그 아들과 함께 모든 것을 우리에게 은사로 주지 아니하시겠느뇨"(롬 8:32).

"이 예수를 하나님이 그의 피로 인하여 믿음으로 말미암는 화목 제물로 세우셨으니, 이는 하나님께서 길이 참으시는 중에 전에 지은 죄를 간과하심으로 자기의 의로우심을 나타내려 하심이니"(롬 3:25).

"조금 나아가사 얼굴을 땅에 대시고 엎드려 기도하여 가라사대, 내 아버지여, 만일 할 만하시거든 이 잔을 내게서 지나가게 하옵소서. 그러나 나의 원대로 마옵시고 아버지의 원대로 하옵소서…"(마 26:39).

무한하신 사랑과 타협할 수 없는 정의의 연합, 그리고 그 본질과 실제가 그리스도의 십자가에서만큼 신기하고 놀랍게 표현된 곳은 이 세상 어디에서도 존재하지 않았다. (4)

죄인들의 구원에 나타난 자비와 정의의 놀라운 협력은 복음 안에서만 계시된 독특한 것이다. 그것은 '그들의 처음 지위를 지켰던' 천사들과 같은 의인들의 칭의를 제공하지는 않는다. 왜냐하면 그들은 그들이 순종했던 계명의 조건에 따라 이미 영원한 거룩으로 확증받았고 용인되었기 때문이다. 그것은 또한 그들의 처음 지위를 떠나 타락했던 악한 영들의 정죄를 제공하지도 않는다. 왜냐하면 그들은 보응적인 엄밀한 정의의 법칙에 따라 이미 처리되었기 때문이다.

그러나 사람들 가운데서 구원받은 모든 죄인들에게는 이 '긍휼과 진리'가 함께 교차되며 의와 화평이 서로 입맞춘다(시 85:10). 인간의 구원 사역에 있어서의 이러한 하나님의 모든 도덕적 완전하심의 현현은 '천상적인 존재들까지도 그것을 살펴보기를 원할 만큼' 그들의 주의를 끌게 만드는 것이다(벧전 1:12). 그것은 또한 약간의 천상적인 지혜에 대한 교훈을 그들에게 교훈하기 위해, 그리고 인간의 구원적 유익을 위해 설계된 것이다. 왜냐하면 "하나님께서는 이제 교회로 말미암아 하늘에서 정사와 권세들에게 하나님의 각종 지혜를 알게 하려 하심이니, 곧 영원부터 우리 주 그리스도 예수 안에서 예정하신 뜻대로 하신 것"이었기 때문이다(엡 3:10,11).

결국 복음 안에 계시된 구원의 전체 계획은 그리스도의 중보적 사역을 통한 죄인들의 구원에 있어서, 그의 완전하심의 뚜렷한 현현으로 말미암아 하나님 자신의 영광을 위해 인간의 타락을 압도하시는 자신의 영원한 목적의 전개이자 시행인 것이다.

명제 12- 중보자로서의 그리스도는 그의 백성들의 대속자, 대표자, 그리고 보증으로서 '율법 아래' 나셨다.

중보의 계획이 모든 경우에 있어서 반드시 중보하는 양자를 대신하는 중보자를 포함하는 것은 아니다. 만일 그리스도께서 사람들에게 신적 진리를 교훈하기 위해 하나님으로부터 보냄을 받은 단순한 선지자로 오셨다면, 또는 단순히 하나님으로부터 특별히 파견된 자로서 지상에서의 하나의 영적 왕국을 설립하기 위한 왕적인 능력을 행사하기 위해 신적 사명을 받고 오신 분이라면, 인간들의 중보자 혹은 대속자가 되지 않고 단순히 하나님을 대표하는 자로서 그의 사명을 성취하셨을 것이다.

그러나 그리스도께서 성경에 기록된 대로 '새 언약의 중보자'가 되신 것은 한쪽으로 치우친 불완전한 의미로 되신 것이 아니다. 왜냐하면 그리스도께서는 그들을 교훈하기 위해 하나님으로부터 보냄을 받으신 선지자로, 그리고 그들을 통치하시고 다스리시기 위해 사명을 수여받으신 왕으로 오셨을 뿐만 아니라, 하나님의 구속 계획을 수행하시기 위한 그들의 '대제사장'으로 오셨기 때문이다. 그리고 그리스도께서 하나님을 향하여 그들을 위해 행하신 일은 그의 중보 사역의 근본적이고도 중대한 부분이었다.

생각할 수 있는 많은 경우에 있어서, 불완전한 중보의 방법들이 많이 존재할 것이다. 그러나 그리스도께서는 죄인들과 같이 되셨으며, 하나님을 향하여서는 그들의 대속자와 대표자로 행동하셨다. 그들을 위한 그리스도의 법적 책무는 철저하게 계명을 준수해야 하는 그들의 입장에 서는 것이었으며, 신적 정의의 심판과 법정에서 그들을 위한 해답이 되어 주어야 하는 것이었다. 바로 이것이 성경에서 말하고 있는 그리스도의 중보 사역의 독특한 특징들이다.

그리스도께서 언약의 '보증' 또는 후원자라고 불리는 것은 이러한 그의 사역의 특징을 잘 묘사해주고 있다. 왜냐하면 그것은 보증인이 채무자의 법적 대리인이 되어서 빚으로부터 해방시키기 위해 갚아야 할 모든 빚을 다 갚는 사람처럼, 그리스도께서는 그들이 파산하여 '도무지 그 빚을 갚을 길이 없을 때' 친히 그의 백성들의 빚의 보증이 되셨기 때문이다.

그러나 다음과 같은 질문들이 제기되었다. 과연 도덕적 통치 체계 아래 다른 사람을 위한 한 사람의 실제적 대리가 존재할 수 있는 것인가? 계명은 개인적 순종을 요구하고 동시에 개인적 형벌을 요구하는 것이 아닌가? 그렇다면 순종이든 고난이든 대리적 중개를 반드시 배제해서는 안 된다는 말인가?

우리는 우선 이 질문에 대해 하나님의 계명이, 그 언약적 형태에 있어서 아담을 그의 인류의 연합적 머리로 구성함으로 말미암아 대표의 원리를 인식하고 있다는 답을 제시하고자 한다. 그리고 이것이야말로 복음이 중보자로서의 그리스도를 법적 대표자요, 그의 백성의 보증으로 임명되어진 사실을 계시하는 새로운 관계에 있어서도 동일하게 전이(轉移)되는 원리이다. '첫째 아담'이 '하늘로부터 오시는 여호와 하나님이신 둘째 아담'에게 자리를 양보하는 것이다.

그리고 양자의 경우 모두에 있어서 백성들의 복지는 바로 이 첫째 아담과 둘째 아담에게 달려 있는 것이었다. 왜냐하면 "한 사람의 순종치 아니함으로 많은 사람이 죄인 된 것같이 한 사람의 순종하심으로 많은 사람이 의인이 되기 때문"이다(롬 5:19). 아담이 그의 후손을 대표하기 위하여 '율법 아래' 났던 것처럼 그리스도께서도 '율법 아래' 나셔서 그의 백성을 대신하고 대표하셨던 것이다. "때가 차매 하나님이 그 아들을 보내사 여자에게서 나게 하시고 율법 아래 나게 하신 것은 율법 아래 있는 자들을 속량하시고 우리로 아들의 명분을 얻게 하려 하심이라"(갈 4:4,5).

그렇다면 다음과 같은 질문이 제기될 수 있다. 아담과 그리스도께서 나신 율법은 어떤 율법이었는가? 사도는 그 율법이 우리 인간들을 묶었던 율법, 즉 행위 언약으로서의 도덕법과 동일한 것이라고 교훈한다. 왜냐하면 그리스도께서 '율법 아래 나신 것은 율법 아래 있는 자들을 속량하기 위함'이었기 때문이다. 결국 그는 우리를 위하여 저주가 되사 율법의 저주에서 우리를 속량하셨다(갈 3:13). 그리스도를 지배하던 율법은 이전에 그의 백성들이 직면하고 있었던 동일한 율법이었던 것이다.

  어떤 이들은 이러한 명백한 증거를 회피하기 위해서 인간에게 의무적으로 지워졌던 도덕법과 그리스도에게 부과되었던 중보적 율법 사이에는 무언가 독특한 차이점이 있다는 주장을 의지했다. 그리고 그들은 그리스도께서는 단지 은혜 언약의 조항과 조건들에 지배를 받았으며 행위 언약의 명령적이며 형벌적인 요구들에 지배를 받은 것은 아니었다고 주장했다.

  이 이론은 그리스도의 법적 대속의 교리를 파괴하는 이론이다. 왜냐하면 그리스도는 오직 그들의 자리에서 그들과 함께 동일한 율법 아래 나심으로만 그들의 대속이 될 수 있기 때문이다. 또한 이 이론은 그리스도의 대신 받은 속죄와 순종을 파괴하는 이론이기도 하다. 왜냐하면 그의 백성들에게 임한 고난과 저주를 당하지 않고서는 그들을 위한 대속자가 될 수 없기 때문이다.

  또한 만일 그리스도께서 그의 백성들이 지켜야 할 계명을 지키고 순종하는 것이 아니었다면, 그리스도의 순종이 대속적인 것이 될 수도 없기 때문이다. 더욱이, 만일 그렇다면 행위 언약으로서의 하나님의 계명은 영원토록 성취되지 않은 채로 남아 있었을 것이다. 만일 우리가 이 이론을 따라야 한다면, 이 이론에는 대속적이든 사적이든 간에 율법의 성취나 순종의 공급은 전혀 이루어지지 않았음을 인정하는 꼴이 되고 만다.

  어떤 의미에서 보면, 그리스도께 부과된 중보적 율법과 그의 백성들이 종속적이었던 도덕법은 서로 구분되어질 수 있을 것이다. 그러나 그리스도에게 부여된 중보적 율법과 그의 백성들이 온전히 지켰어야만 하는 율법을 서로 분리시킬 만한 차이점은 전혀 존재하지 않는다. 또한 그리스도께서 파괴되어진 율법을 다시 성취하시기 위해 인간이 지켜야만 했던 동일한 율법 아래 처한 적이 전혀 없었음을 확증하는 것 역시 있을 수 없는 일이다. 이 점에 있어서 우리가 제기할 수 있는 가장 중대한 두 가지 질문은 다음과 같다.

첫째로, 어떤 의미에서 행위의 법과 구별되는 중보의 법은, 그리스도의 고난과 순종으로 말미암아 그의 백성들을 속박하고 있었던 행위의 법의 성취를 포함했던 것이 아닌가? 둘째는, 만일 이 질문이 확정적으로 답해져야만 한다면 그것은 다음과 같다. 중보의 법과 도덕법 사이에 그의 백성들의 자리를 대신한 그리스도의 대속을 제외하고 과연 다른 차이점이라는 것이 있었는가? 또는 대표하는 그리스도와 그를 대표로 하는 백성들 사이에 반드시 존재하는 구별과 관계되어 있는 이 차이점 외에 다른 차이점이라는 것이 과연 있었는가? (5)

명제 13- 지상에서의 그리스도의 중보적 사역은 그의 자기 비하와 고난, 그리고 순종에 있었다. 그것은 사도에 의해 진술된 것처럼 "사람의 모양으로 나타나셨으매 자기를 낮추시고 죽기까지 복종하셨으니, 곧 십자가에 죽으셨던 것"이다(빌 2:8).

인성을 취하신 것, 즉 낮은 상태로 태어나고, 종의 형체를 지니시고, '율법 아래' 나신 것을 포함하는 그리스도의 자원적인 자기 비하의 상태는 부분적으로는 그리스도의 중보적 사역의 개시로 간주되며, 또 부분적으로는 형벌적인 고난을 받는 준비와 주로 그의 백성의 구속이 달려 있는 대속적 순종에 있어서 절대 필수적인 것으로 간주된다.

그리스도의 성육신은 그 자체로 그리스도의 사랑과 겸손의 신기하고 놀라운 현현일 뿐만 아니라, 그리스도로 하여금 그의 모든 직무를 수행하고, 모든 사역을 성취하시기 위해 합당한 존재가 되게 하기 위한 대단히 중대한 사건이었다.

'하나님께서 육체를 입고 오신' 것으로서 그리스도 한 분 안에 존재하는 신성과 인성의 놀라운 연합은 기독교 교리의 전체 체계의 기초에 깊이 뿌리 박혀 있는 것과도 같으며, 이 그리스도의 신성과 인성을 계속적으로 언급하지 않고서는 그리스도의 중보적 사역의 독특한 교훈들의 진정한 의미를 올바로 이해할 수 없다. 이해한다 하더라도 온당하게 느끼거나 깨달을 수는 없을 것이다. 이렇게 삼위 하나님의 제2위이신 성자 그리스도는 '위대한 경건의 비밀'이시다. 그리고 이미 계시된 이 진리의 수용 또는 배격 여하에 따라 나머지 모든 교리들이 밝히 설명되거나 심각하게 왜곡될 것이다.

그리스도의 성품을 구성하기 위한 신성과 인성의 연합은 그의 모든 직무와 사역들의 실행, 심지어 인간들의 행한 사역까지를 포함한 사역을 위한 여러 가지 측면에서 그에게 적법한 자격을 부여했다. 그러나 무엇보다도 인간들과 하나님 사이에서 역사하셔야만 했던 그리스도의 제사장적 사역을 위한 특수 자격을 가능케 했다. 그리스도는 제사장이자 희생 제물이셨다. 그는 '하나님께서 받으실 만한 향기로운 산 제물로서 받쳐져야 할 희생 제사'로 자신을 드리셔야 했다. 우리가 그를 제사장으로 간주하든 희생 제물로 여기든 관계없이 제사를 가능케 하고 영원한 도덕적 가치를 제공했던 그리스도 안에 존재하는 신성과 인성의 연합은 하나님의 율법과 정의에 충분한 만족을 제공했던 것이다.

헤일(Sir M. Hale) 경은 이에 대해 다음과 같이 언급했다.
"감추어졌던 하나님의 헤아릴 수 없는 위대한 지혜가 여기 계시되었다. 이 위대한 사역을 가능케 하심에 합당하신 중보자 안에서 말이다. 만일 온 세상이 하나님이 반드시 고난당하셔야만 한다는 것을 논의했다면, 절대로 이 그리스도의 중보 사역은 가능하지 못했을 것이다. 만일 온 세상에서 단 한 사람이, 아니 이 세상의 모든 사람들이 단 한 가지의 죄를 위한 만족을 제공해야만 했다면, 그것은 영원히 불충분하고 불완전하게 되었을 것이다. 그런데 여기 지극히 높으신 하나님의 신기하고 놀라운 계획이 있다. 한 사람 안에 신성과 인성이 결합되어, 인간으로서는 죄를 위한 희생 제물이 되시고, 하나님으로서는 그 희생 제물에 가치를 부여하실 수 있는 제사장이 되셔서 제물을 임명하신 것이었다. 바로 하나님께서 육신의 몸을 입고 오신 이 사실이 경건의 위대한 비밀인 것이다." (6)

그러나 최근 어떤 저술가들은 그리스도의 성육신이 그의 모든 중보사역의 존재 그 자체가 아니라 그것의 준비이자 기껏해야 그것의 시작이라고 주장한다. 왜냐하면 '아버지께서 그에게 하라고 주신' 일, 그리고 그의 백성들의 구속이 달려 있는 이 일은 그의 지상 생애 동안 수행되어야 할 것이었고, 오직 십자가에서 그리스도께서 "다 이루었다"고 말할 때야 비로소 완성될 것이었기 때문이다.

그리스도의 다른 모든 비하의 요소들 역시 이 사역에 유사한 관계를 지니고 있었다. 그러나 그의 성육신보다, 그의 비천한 탄생보다, 그의 초기 생애의 고난보다 그의 전체 사역의 본질과 설계의 핵심을 갖추게 하는 것은 바로 다음과 같은 두 가지 사실이다. 첫째는, 그가 '종의 형태를 취하셨다'는 사실이다. 이는 자신이 자원적으로 성부 하나님 아버지의 뜻에 공식적으로 복종하는 상태에 진입하심을 의미한다. 그리고 둘째는, 이 하나님 아버지의 뜻을 성취하시기 위해, '그가 율법 아래 있는 자들을 속량하시기 위해 율법 아래 나셨다'는 사실이다(갈 4:5).

이러한 진술들은 그리스도께서 하나님의 종이자, 그의 계명에 복종해야 하는 자임을 보여 줄 뿐만 아니라, 그리스도께서 '율법 아래 있었던 자들을 구속하시기 위해' 오셨으며 그 자신이 그들을 위해 '율법 아래 나셨던' 그의 백성의 대속자시요 대표자이심을 제시하고 있다. 그리스도는 그들의 대속자와 대표자로서 그들의 법적 자리를 대신하셨으며, 교훈적이든 형벌적이든 그들의 구속과 구원을 위해 그것이 요구하는 모든 율법 조항들을 성취하는 일에 관여하셨던 것이다.

한편으로는 중보자로서의 그리스도와 그의 백성들, 그리고 그들의 죄와의 관계와, 또 다른 한편으로는 하나님과 그의 율법과의 이러한 관계에 있어서 그리스도의 구속 사역의 본질은 바로 이것에 의해 필연적으로 결정된다. 만일 그리스도께서 그들의 구원을 위해 행하시고 고난받으신 모든 일들이 그의 백성의 대속자로 행하시고 견디어 내신 일이라면, 그리고 더욱이 그가 행하시고 고난받으신 모든 일들이 하나님의 '계명'의 성취를 위해 하나님 '아버지의 종'으로서 행하신 일이라면 그리스도의 모든 사역은, 한편으로는 그의 백성들을 위한 대속적 사역이셨으며, 다른 한편으로는 하나님과 그의 의로우신 통치에 있어서 죄를 위한 참되고 진실한 화목 제물이었다고 올바르게 묘사할 수 있을 것이다.

그러므로 그리스도의 중보 사역의 일반적 성격은 그의 백성의 대속자와 대표자로서 율법에 복종하신 그리스도의 복종으로부터 추론될 수 있다. 그러나 어떤 점에서 이 사역이 구성되고 있는지, 그것을 구성하고 있는 요소들은 무엇인지, 그리고 하나님의 위대하신 계획의 성취를 위해 그것들이 어떻게 독립적으로 공헌하고 있는지는 성경의 여러 명확한 증언들로부터 확실해질 수 있을 것이다. 그리스도의 구속 사역은 그의 고난과 순종을 포함했으며 다음과 같이 간단하지만 포괄적으로 진술되었다. "사람의 모양으로 나타나셨으매 자기를 낮추시고 죽기까지 복종하셨으니 곧 십자가에 죽으심이라"(빌 2:8).

그러나 동일하게 계시되어진 그리스도의 죽음의 원인들과 그의 순종의 이유들은 그것의 완전한 의미를 설명하기 위해 반드시 이 일반적이고 포괄적인 진술과 관계되어야 한다. 그리스도의 죽음은 조망(眺望)될 수 있는 여러 가지 다른 국면과 관계에 따라 다양한 이유들로 설명될 수 있을 것이다.

그것은 "하나님의 정하신 뜻과 미리 아신 대로 내어준 바" 된 것이다(행 2:23). 그것은 우리 죄를 위해 "그의 피로 인하여 믿음으로 말미암는 화목 제물로 세우신 하나님의 정의" 때문이다(롬 3:25). 그것은 "우리 모든 사람을 위하여"(롬 8:32) "독생자를 내어주신" 하나님의 사랑 때문이다(요 3:16). 그것은 그리스도의 무조건적이며 자원적인 의지 때문이다. "아버지께서 나를 사랑하시는 것은 내가 다시 목숨을 얻기 위하여 목숨을 버림이라. 이를 내게서 빼앗는 자가 있는 것이 아니라 내가 스스로 버리노라. 나는 버릴 권세도 있고 다시 얻을 권세도 있으니 이 계명은 내 아버지에게서 받았노라 하시니라"(요 10:17,18).

그것은 또한 그리스도의 스스로 희생하는 사랑 때문이다. 왜냐하면 그리스도께서 "교회를 사랑하시고 위하여 자신을 주셨기 때문"이다(엡 5:25). 그리고 그리스도께서 "우리를 위하여 자신을 버리사 향기로운 제물과 생축으로 하나님께 드리셨기 때문"이다(엡 5:2). 이것은 간접적으로는 악한 영들과 악인들 때문이다. "내가 날마다 너희와 함께 성전에 있을 때에 내게 손을 대지 아니하였도다. 그러나 이제는 너희 때요 어둠의 권세로다"(눅 22:53).

그것은 그리스도께서 위하시는 이들을 위해 죽으신 그들의 죄 때문이다. "그가 찔림은 우리의 허물을 인함이요, 그가 상함은 우리의 죄악을 인함이라. 그가 징계를 받음으로 우리가 평화를 누리고, 그가 채찍에 맞음으로 우리가 나음을 입었도다"(사 53:5). 그러므로 우리는 성경에서 그리스도의 죽음을 가져오게 했던 여러 가지 작용들과 이유들을 발견하게 된다.

그러나 우리가 그리스도께서 돌아가신 이유보다 자비의 결과를 낳았던 그의 죽음의 필요성을 더욱 확실히 알기 원한다면, 성경이 우리에게 그것은 사람들의 죄 때문이며 하나님의 정의 때문이라고 대답해 주고 있는 것을 보아야 한다. 이것은 또한 죄인들을 구원하시는 그의 목적과 관계해서 시종일관 그의 계명의 존경과 신적인 구속자를 통한 그의 의로우신 통치의 중요성의 의미에서 조망되어야 할 것이다.

만일 이것이 그의 죽음의 이유에 대한 정확한 견해라면, 즉 신적 통치의 지고하신 목적과 관계해서 아버지에 의해 부과된 죽음의 필요성의 이유라면, 그리고 또한 하나님의 도성인신(道成人身)하신 아들에 의해 자연적으로 수행되어지고 견디어진 것이라면, 우리는 그리스도의 중보 사역의 일부분을 구성했던 중대한 요소로서의 모든 고난들이 엄밀한 의미에서 형벌적인 것이었음을 결코 부인할 수 없을 것이다.

그것들은 개인적인 형벌이 아니라 전가된 범죄에 대한 형벌이었다. 그것들은 죄인들을 위한 대속자로서의 그리스도에게 부과된 것이었다. 그리스도는 그들을 위해 '저주'가 되셨는데 오직 그가 '그들을 위한 죄'가 되셨기 때문이었다. 이러한 점에서 볼 때, '죄의 값은 사망'이라고 선포하고 '죄를 지은 영혼은 반드시 죽으리라'고 선고하는 율법의 법칙에 따라 저주 아래 속박을 당했던 자들을 위한 저주가 되셨던 그의 고난들은 그것들이 법적 대표자로서의 그리스도에게 부과된 것이었기에 지극히 형벌적인 것이었다.

그리스도의 고난이 형벌적인 것이었다면, 그의 순종 또한 반드시 대속적인 것이었어야 한다. 왜냐하면 이 두 가지를 구분하는 것, 즉 고난과 순종이 확실하게 다른 것임을 구분하는 일이 매우 쉬운 일이라 할지라도, 이 경우에 있어서 고난과 순종을 분리하는 것은 불가능한 일이기 때문이다. 그리고 그리스도께서는 고난 가운데서 순종하셨고, 순종 가운데서 고난받으셨기 때문이다. "**자기를 낮추시고 죽기까지 복종하셨으니, 곧 십자가에 죽으심이라**"(빌 2:8).

그들에게 영향을 끼쳤던 순종의 도덕적 요소를 제외한 단순한 고난들은 신적 계명의 요구에 충분하지 못했을 것이며, 희생 제물의 '향기로운 요소'이며, 하나님이 받으실 만한 '향기로운 제사'가 되었던 그리스도의 자비로운 성품에 근거한 역사하심이 없이는 하나님의 용인을 받기에도 부족했을 것이다. 그리스도의 순종은 그의 개인적이며 사적인 성품을 결정짓는 것이 아니라, 그의 백성들을 위한 동맹의 머리이시며 대표자인 중보자로서의 그리스도의 공식적 사역을 결정짓는 것이었다. 그러므로 순종이라는 형식을 통해 그리스도께서 행하신 모든 일들과 고난이라는 형식을 통해 그리스도께서 견디신 모든 것들은 그들의 자리에서 그들을 대신하여 되어진 일들이었다.

신학자들은 줄곧 그리스도의 능동적 순종과 수동적 순종이라고 불리는 것들을 구분해 왔다. 이러한 구분은 그것이 올바르게 이해되고 사법적으로 적용될 때 합법한 것이며 유익한 것이기도 하다. 그러나 이것이 마치 그의 수동적 순종은 단순히 고난을 의미하며, 그의 능동적 순종은 단순히 그의 사역을 의미하는 것으로 해석되어서는 절대로 안 된다. 왜냐하면 그리스도의 수동적 순종과 능동적 순종은 고난과 사역 모두에 대한 순종이며, 또한 그 순종이 고난을 배제하지 않기 때문이다.

또한 수동적 순종과 능동적 순종이 마치 서로 분리되어 있어서, 단순히 그리스도께서 받으신 고난만 우리에게 전가되고, 그의 순종은 전혀 전가되지 않음을 인정하는 것으로 해석되어져서는 더더욱 안 된다. 왜냐하면 만일 그리스도의 죽음이 우리 모두의 것으로 전가되었다면, 그것은 그리스도께서 죽음을 결정지으실 때 그가 견디신 고난들과 그가 내리신 순종 모두를 반드시 포함하고 있는 것이기 때문이다.

그러나 만일 이러한 구분이 그것들 사이에 존재하는 불가분리의 연합을 파괴하지 않고서, 단순히 그리스도의 하나의 사역으로부터 다른 하나의 사역을 분별하는 의미로 사용되고, 그것이 하나님의 계명의 형벌적이며 교훈적인 요구들을 잘 증거하려는 관계를 의미하고 표현할 때 사용된다면 그것은 합당한 일이 될 것이다.

이 율법은 죄의 형벌을 요구했고, 우리는 그리스도의 고난과 죽음 안에서 그 죄의 값이 성취되어지는 것을 목격한 것이다. 이 계명은 또한 완전한 순종을 요구했으며, 특별히 그리스도의 순종의 절정이었던 그의 죽음 안에서 우리는 그 요구가 성취되어지는 것을 목격한 것이다. 그러므로 죄에 따른 악한 형벌에 관계한 그리스도의 형벌적 고난들과 율법이 요구하는 의와 관계한 그리스도의 대속적 순종 사이의 필수적 연관성을 통해서, 우리는 비로소 고난과 순종 모두에 대한 필요성과 하나님의 용인을 받기 위해 제공되어진 이 희생 제물로서의 그리스도의 적절성과 완전성을 이해할 수 있게 되는 것이다. (7)

명제 14- 그리스도의 고난과 순종을 포함한 그리스도의 중보 사역은 하나님의 율법과 정의에 대해 완전하고도 효과적인 만족을 제공하였다.

만족(Satisfaction)이라는 용어는 종종 마치 죄로 말미암아 위반되어지고 멸시되어진 율법의 형벌에만 독점적으로 관계하는 것처럼 그리스도의 고난과 죽음에만 국한되었다. 그러나 만족이라는 용어를 그리스도의 죽음이라는 특별한 언급에 한정한다 하더라도, 그것은 그리스도께서 견디신 고난과 고통뿐만 아니라, 그가 돌아가실 때 보여 주셨던 순종을 모두 포함하는 것이라는 사실을 반드시 알아야 한다.

그래야만 비로소 "그리스도께서 율법을 폐하러 온 것이 아니요, 그것을 존중하고 완전케 하러 오셨다"는 그리스도의 전체 사역을 올바로 이해할 수 있을 것이다. 형벌뿐만 아니라 그 이상으로 율법의 명령은 반드시 성취되어야 할 것이었다. 결국 하나님의 율법과 정의 모두를 성취하신 그리스도의 고난과 순종은 하나님의 율법과 정의 모두에 완전한

만족을 제공하신 것이다. (8)

그리스도의 삶과 죽음을 통해 하나님의 계명을 성취하심으로써 하나님께 온전한 경의를 표시한 것을 포함하는 포괄적인 의미로 이 용어를 사용함에 있어서, 그리스도의 만족은 완전한 것으로 간주된다. 왜냐하면 이 만족이 형벌적인 것이든 명령적인 것이든 율법이 의롭게 요구하는 만큼의 분량을 다 채워 주기 때문이다. 또한 그리스도의 만족은 효과적인 것으로 간주된다. 그리스도의 이름을 믿기만 하면 그리스도의 백성들의 구원을 보장하고, 그들을 하나님의 품으로 받아 주시는 즉각적이고도 견고한 기초를 놓아주기 때문이다.

그러나 이 만족의 완전성과 효용성이 역사 속에서 계속 의심되고 부인되어 왔다. 사람들은 그리스도가 제공한 이 만족을 하나님께서 시온에 세워 두신 확실하고 완전한 기초로 간주하고 그것에 안주하지 않고, 그리스도의 죽음의 공로가 그들 자신들의 죄를 위한 금욕들과 고행들, 그리고 보속(補贖)들에 의해 반드시 보충되어야 할 어떤 것으로 간주한 것이다. 그리고 그리스도의 순종의 공로는 그들 자신들의 선한 행위에 있어서의 거룩과 근면에 의해 쓸모가 있는 것으로 주장했다.

또한 이와 마찬가지로 사람들은 그리스도에 의해 제공된 만족이 그의 백성들의 구속을 실제적으로 확보하는 것으로 여기지 않고, 그것의 유일한 효과는 사람들에게 구원을 확실하게 보증해 주는 것이 아니라 단지 모든 사람들이 구원받을 수 있는 가능성을 제공해 준 것뿐이라고 말했다. 이들의 견해들은 사람들의 영혼에 매우 치명적인 손상된 견해들이며 그리스도의 사역을 훼손하고 멸시하는 것이다.

그들은 사람들로 하여금 구원을 위해 복음 안에서 그들에게 무조건적으로 계시되고 제시된 그리스도의 구원을 '즉시 영접하고 오직 그 안에서 안식하는 것'을 방해한다. 그리고 심지어 어떤 사람이 그리스도를 향한 욕구가 있다 하더라도, 또는 그리스도를 믿는 믿음의 초기에 있다 하더라도, 그들은 믿음의 눈 그 자체에 덮개를 씌우고 두려움으로 말미암는 '속박과 노예의 영'을 발생시킴으로써 '믿음으로 말미암아 오는 기쁨과 평강'을 막아 버리는 자들이다.

'위대한 기쁨의 복된 좋은 소식'으로서의 복음을 단순하고 어린아이답게 진심으로 받아들이지 못하게 막는 이러한 방해물들은 이미 그리스도께서 제공하셨던 하나님의 율법과 정의에 대한 만족의 완전성과 종결성, 그리고 유효성에 대한 올바른 성경적 이해에 의해서만 확실하게 제거될 수 있다.

그러나 도대체 왜 우리가 그리스도께서 제공하신 만족과 보속의 완전성과 유효성을 의심해야 한다는 말인가? 우리가 그렇게 의심해야 할 이유가 있다는 것인가? 만일 그것이 '우리를 위해 죄'가 되시고 '십자가에서 자신의 몸을 드려 대신 우리 죄를 짊어지신', 그리고 '하나님께서 모든 죄악을 그에게 담당시키신' 그리스도의 무죄 사면과 그의 용인을 받기에 충분한 것이라면, 만일 그것이 모든 나라 모든 족속과 모든 백성과 모든 방언에서 '그 누구라도 능히 셀 수 없는 수많은 사람들의' 축적된 모든 죄를 능히 속죄할 수 있는 것이라면 그리스도의 만족이 그를 믿는 자들에게 즉각적이고 직접적인 칭의를 수여하지 못할 이유가 어디 있는가?

그리고 그것이 그리스도 안에서의 우주적이며 영원한 통치와, 그가 가지신 죄를 용서할 수 있는 '하늘과 땅에서의 모든 능력'의 행사와, 영원한 생명의 선물을 상급으로 받게 하는 것이라면, 이 그리스도의 만족이 그의 이름을 믿는 죄인들에게 즉각적이고 직접적인 칭의를 수여하지 못할 이유가 있는가?

아니, 다가오는 진노에서 우리를 구원할 또 다른 어떤 보속이나 만족이 필요하단 말인가? 아니면 하나님의 용인을 받는 일을 확신케 해 주는 또 다른 공로가 도대체 우리에게 필요하단 말인가? 만일 우리의 구속자이신 그리스도께서 모든 허물을 마치시고 죄를 끝내고 죄악을 영속하시며 영원한 의를 드러내신다면(단 9:24), 영원한 생명의 기업에 대한 또 다른 권리나 자격이 필요하단 말인가?

명제 15- 성경에서 죄인들의 칭의는 하나님의 율법과 정의에 대한 만족으로서의 그리스도의 중보 사역과 직접적으로 관계되어 있다.

하나님께서 '예수님을 그의 피로 인해 믿음으로 말미암는 화목 제물로 세우신' 이유를 사도 바울은 다음과 같이 설명하고 있다. "이 예수를 하나님이 그의 피로 인하여 믿음으로 말미암는 화목 제물로 세우셨으니, 이는 하나님께서 길이 참으시는 중에 전에 지은 죄를 간과하심으로 자기의 의로우심을 나타내려 하심이니"(롬 3:25).

사도의 진술은 명백하게도 죄인을 의롭다하심에 있어서의 의의 선언 뿐만 아니라 자비의 선언을 모두 포함하고 있다. 이는 또한 하나님께서 단순한 사면의 행위로 죄의 형벌을 대체하실 수 없었으며, 화목 제물 없이는 하나님께서 자신이 의로운 분이심을 선언하실 수 없었음 역시 포함하고 있는 것이다.

그러므로 우리는 성경에서 율법의 요구와 값으로서의 죄의 형벌과, 복음의 특권으로서의 죄의 사면인 정의와 자비가 동일하게 표현되어 있는 화목 제물 안에서 완벽한 조화를 이루고 있음을 발견하게 된다. 더 나아가 성경에서 죄인들의 칭의가 화목 제물과 직접적으로 관계되어 있는 여러 다양한 표현들과, 죄인들의 칭의가 이 화목 제물에 의해 효과적으로 보증되었으며 그것에 전적으로 기초해 있다는 여러 가지의 표현들도 발견하게 된다.

그것은 그리스도의 죽음과 밀접하게 연관되어 있다. "곧 우리가 원수 되었을 때에 그 아들의 죽으심으로 말미암아 하나님으로 더불어 화목되었은즉, 화목된 자로서는 더욱 그의 살으심을 인하여 구원을 얻을 것이니라"(롬 5:10).

"전에 악한 행실로 멀리 떠나 마음으로 원수가 되었던 너희를 이제는 그의 육체의 죽음으로 말미암아 화목케 하사 너희를 거룩하고 흠 없고 책망할 것이 없는 자로 그 앞에 세우고자 하셨으니"(골 1:21,22).

그것은 또한 그리스도의 보혈과 관계되어 있다. "우리가 그리스도 안에서 그의 은혜의 풍성함을 따라 그의 피로 말미암아 구속, 곧 죄사함을 받았으니"(엡 1:7).

"이것은 죄사함을 얻게 하려고 많은 사람을 위하여 흘리는 바 나의 피, 곧 언약의 피니라"(마 26:28).

"그러면 이제 우리가 그 피를 인하여 의롭다하심을 얻었은즉, 더욱 그로 말미암아 진노하심에서 구원을 얻을 것이니"(롬 5:9).

그것은 또한 그리스도의 순종과 관계되어 있다. "한 사람의 순종치 아니함으로 많은 사람이 죄인 된 것 같이 한 사람의 순종하심으로 많은 사람이 의인이 되리라"(롬 5:19).

"그가 아들이시라도 받으신 고난으로 순종함을 배워서 온전하게 되었은즉, 자기를 순종하는 모든 자에게 영원한 구원의 근원이 되시고"(히 5:8,9).

그것은 그리스도의 의와 관계되어 있다. "어떤 자의 내게 대한 말에 의와 힘은 여호와께만 있나니, 사람들은 그에게로 나아갈 것이라. 무릇 그를 노하는 자는 부끄러움을 당하리라마는 이스라엘 자손은 다 여호와로 의롭다함을 얻고 자랑하리라 하느니라 하셨느니라"(사 45:24,25).

"하나님이 죄를 알지도 못하신 자로 우리를 대신하여 죄를 삼으신 것은 우리로 하여금 저의 안에서 하나님의 의가 되게 하려 하심이니라"(고후 5:21).

"또한 모든 것을 해로 여김은 내 주 그리스도 예수를 아는 지식이 가장 고상함을 인함이라. 내가 그를 위하여 모든 것을 잃어버리고 배설물로 여김은 그리스도를 얻고 그 안에서 발견되려 함이니, 내가 가진 의는 율법에서 난 것이 아니요 오직 그리스도를 믿음으로 말미암은 것이니, 곧 믿음으로 하나님께로서 난 의라"(빌 3:8,9).

그것은 그리스도의 이름과 관계되어 있다. "너희 중에 이와 같은 자들이 있더니, 주 예수 그리스도의 이름과 우리 하나님의 성령 안에서 씻음과 거룩함과 의롭다하심을 얻었느니라"(고전 6:11).

"또 그의 이름으로 죄사함을 얻게 하는 회개가 예루살렘으로부터 시작하여 모든 족속에게 전파될 것이 기록되었으니"(눅 24:47).

"저에 대하여 모든 선지자도 증거하되 저를 믿는 사람들이 다 그 이름을 힘입어 죄사함을 받는다 하였느니라"(행 10:43).

그것은 그리스도의 지식과 관계되어 있다. "가라사대 그가 자기 영혼의 수고한 것을 보고 만족히 여길 것이라. 나의 의로운 종이 자기 지식으로 많은 사람을 의롭게 하며 또 그들의 죄악을 친히 담당하리라"(사 53:11).

"영생은 곧 유일하신 참 하나님과 그의 보내신 자 예수 그리스도를 아는 것이니이다. 아버지께서 내게 하라고 주신 일을 내가 이루어 아버지를 이 세상에서 영화롭게 하였사오니"(요 17:3,4).

요약하여 말하자면, 모든 종류의 진술들과 성경의 모든 부분들이 죄인들의 칭의는 그리스도와 그리스도의 중보적 사역과 직접적으로 관계되어 있음을 진술하고 있다는 말이다. 그리고 그의 백성들은 그들의 죄의 사면과 하나님의 용인을 위해 그리스도께서 행하신 일과 고난받으신 일에 전적으로 의존되어 있는 것이다.

그래서 마치 그들의 "모든 힘과 원동력이 그리스도 안"에 있으며 "그리스도는 만유시요, 만유 안에 계시는 분"인 것처럼 그리스도는 그들의 생명이요, 그들의 평강이요, 그들의 의요, 그들의 소망이요, 그들의 기쁨이 되신다는 것이다. 그러므로 그리스도께서 그를 믿는 자들에게 사랑의 대상이 됨은 두말할 필요가 없는 것이다(갈 2:20 : 엡 2:14 : 렘 23:6 : 골 1:27 : 요 15:11 : 벧전 1:8 : 골 3:11).[2]

---

2) **갈2:20** 내가 그리스도와 함께 십자가에 못 박혔나니, 그런즉 이제는 내가 산 것이 아니요, 오직 내 안에 그리스도께서 사신 것이라. 이제 내가 육체 가운데 사는 것은 나를 사랑하사 나를 위하여 자기 몸을 버리신 하나님의 아들을 믿는 믿음 안에서 사는 것이라.
엡 2:14 그는 우리의 화평이신지라. 둘로 하나를 만드사 중간에 막힌 담을 허시고.
렘 23:6 그의 날에 유다는 구원을 얻겠고, 이스라엘은 평안히 거할 것이며, 그 이름은 여호와 우리의 의라 일컬음을 받으리라.
골 1:27 하나님이 그들로 하여금 이 비밀의 영광이 이방인 가운데 어떻게 풍성한 것을 알게 하려 하심이라. 이 비밀은 너희 안에 계신 그리스도시니 곧 영광의 소망이니라.
요 15:11 내가 이것을 너희에게 이름은 내 기쁨이 너희 안에 있어 너희 기쁨을 충만하게 하려 함이니라.
벧전 1:8 예수를 너희가 보지 못하였으나 사랑하는도다. 이제도 보지 못하나 믿고 말할 수 없는 영광스러운 즐거움으로 기뻐하니.
골 3:11 거기는 헬라인과 유대인이나 할례당과 무할례당이나 야인이나 스구디아인이나 종이나 자유인이 분별이 있을 수 없나니, 오직 그리스도는 만 그러므로 죄인들의 칭의가 그리스도의 중보자적 사역과 직접적으로 관계된다는 사실은 하나님의 의로우신 통치의 전체 시행에 있어서 하나님의 제일되는 목적, 즉 그의 위대하신 이름의 영광의 선포에 즉각적으로 관계하게 만들어 준다. 왜냐하면 이 사역이 그 실제적 행함에 있어서 하나님의 성품의 도덕적 완전함과, 하나님이 의로우신 분이시며 구세주이심을, 그리고 또한 하나님께서 의로우신 통치자이시며 그럼에도 불구하고 은혜로우신 죄인의 구속자가 되심을 계시하여 주기로 계획되었기 때문이다.

이 사역을 수단으로, 그리스도는 그들의 구원을 통해 영광을 받으시며, 하나님의 정의를 통해 영광을 받으시고, 또한 하나님의 자비와 은혜를 통해 영광을 받으신다. '예수 그리스도의 얼굴 안'에 있는 '하나님의 영광의 지식의 빛'을 처음으로 인식할 때, 그 영혼은 말로 형용할 수 없는 평강을 소유하게 된다. 이제 그는 죄인의 형벌 안에서 영광 받게 될 하나님의 동일한 정의가, 이제는 죄의 사면을 통해 더욱 영광되어진다는 것을 이해하게 된다. 그의 아들을 선물로 주신 동일한 사랑이 그의 모든 백성들 각 개인의 구원 안에서 영광되어질 것임을 이해하게 되는 것이다.

그리고 과거에 우리를 대적했던 모든 하나님의 성품들이 이제는 그리스도 안에서 우리 확신과 소망의 가장 확고한 기초가 되며, 과거에 우리를 위협했던 불붙은 정의의 검이 이제는 우리를 보호하고 방어해 주는 방패와 허리띠가 된다는 것을 깨닫게 되는 것이다. 그리스도의 구속 사역을 통해 우리의 칭의가 하나님의 영광과 불가분리의 관계에 놓여 있다는 사실을 아는 것은 얼마나 행복하고 즐거운 일인가?

하나님의 모든 성품이 경건한 자의 칭의와 악인의 형벌에서보다 우리의 칭의에서 더욱 완전히 나타나고 표현될 것을 아는 것은 얼마나 큰 위로가 되는 일인가? 죄인 중의 죄인들에게 무조건적으로 시행되는 자비를 위한 길을 열어 주는 하나님의 계명의 위엄과 장엄함이 손상되지

유시요, 만유 안에 계시니라.

않고 존경을 받는 것과, 하나님의 모든 의로우신 통치의 지고하신 목적들이 더욱 효과적으로 보장되는 것을 아는 것은 얼마나 행복한 일인가?

그러나 이와 반대로 하나님의 율법을 존중함과 하나님의 정의의 요구와 하나님의 위대하신 이름의 영광에 대한 올바른 인식 없이, 그저 사죄의 자비를 바라보고 기대하는 어리석은 사람들의 소망이라는 것은 그 얼마나 불안하며, 그 뻔뻔스러움은 얼마나 치명적인 일이 될 것인가!

제12강

칭의; 즉각적이고 유일한 기초로서의 그리스도의 의의 전가

　많은 사람들은 죄인들의 칭의가 공로적인 원인으로서의 그리스도의 중보 사역과 관계가 있다는 것을 인정했지만 그것이 즉각적이고 유일한 근거로서의 그리스도의 의에 존재하고 있다는 것은 부인했다. 그들은 그리스도의 모든 공로를 폐기 처분 하는 모험을 시도하지도 않았고, 그의 구속 사역에는 우리 죄의 사면과 하나님 앞에서의 용인을 확보하게 해 주는 영향력이 없다고 말하지도 않았다.
　이와는 반대로 그들은 그리스도의 공로의 필수불가결한 필요성과, 그것의 확실한 유효성을 인정함으로써 그리스도의 공로를 향해 대단한 경의를 표시했다. 그러나 그들은 단순히 구원의 조건을 확보하게 하는, 즉 우리 자신들의 순종으로 말미암아 의롭게 되는 것을 가능하게 해 주는 은혜의 척도로서 그리스도의 공로를 존경했던 것뿐이다. 이와 동시에 그들은 그리스도의 의가 우리에게 전가되는, 또는 전가될 수 있다는 사상을 완전히 배격해 버리고 말았다.
　다른 사람들은 실제적이고 중대하지만 부분적이며 불완전한 그리스도의 의의 전가를 인정했으며, 그 범위도 오직 그리스도의 능동적인 순종과 구별되는 수동적인 순종의 공로로만 제한했다. 결국 칭의를 부분적으로는 그리스도의 속죄적 제사에, 또 우리 인간들의 개인적인 마음과 삶의 거룩에 달려 있는 것으로 치부해 버린 것이다. 그러므로 우리는 그의 모든 중보 사역의 완전한 공로로 간주되는 그리스도의 의가 공로적인 원인뿐만 아니라, 우리 칭의의 즉각적인 기초가 되는 것임을 증거할 필요가 있다. 그리고 이러한 목적하에 다음과 같은 질문들을 던지는 것이다. 우리가 의롭게 되는 유일한 의의 본질은 무엇인가? 그것이 왜 하나님의 의, 혹은 그리스도의 공로라고 불리는가? 그리고 그것이 우리의 칭의를 위해 어떻게 우리의 것이 되는가?

명제 16- 죄인의 칭의의 근거가 되는 의는 성경에서 여러 가지 용어들로 다양하게 묘사되고 설명되어 있다. 우리는 이러한 용어들을 서로 비교 연구하면서 칭의의 본질을 결정할 수 있게 된다. 이런 작업을 통해 우리는 그것들을 모두 종합한 완전한 의미에 동일하게 적용되고 일치하는 의가 있는지를 확인할 수 있는 것이다.

성경에서 보통 의는 '하나님의 의', '그리스도의 의', '한 사람의 의', '한 사람의 순종', '생명의 칭의에 이르는 무조건적 선물', '믿음의 의', '믿음으로 말미암는 의', '믿음을 통한 의', '율법을 제외한 하나님의 의', 그리고 '행위가 아닌 것으로서 하나님께서 전가하시는 의' 등으로 묘사되고 있다.

이 모든 다양한 표현들은 의의 여러 다른 국면들과 관계들을 묘사하는 표현들이지만, 그것들은 모두 하나의 동일한 의를 언급하는 데 사용된 용어들이다. 그러므로 마치 한 광선이 한 초점에 빛을 모으고 집중하는 것처럼, 의에 대한 이런 모든 다양한 표현들이 중심을 이루는 통일된 하나의 의만 있는 것이다. 각각의 표현들은 그 나름대로의 독특한 의미들을 지니고 있다. 그리고 이 점에 있어서 이 모든 표현들이 동일하게 적용될 또 다른 종류의 의는 존재하지 않는다.

이것은 매우 뚜렷하고 단호하게 '하나님의 의'라고 불리어진다. 이 이름은 인간의 의와는 구별되는 이름으로서의 의다. 칭의의 근거로 볼 때 인간의 의와 이 하나님의 의는 완전히 대조되기도 한다. 그것은 인간의 모든 의가 실패할 때 비로소 빛을 발하는 신적 의다. 사도는 무엇보다도 먼저 '율법의 행위로는 아무 육체라도 하나님 앞에서 의롭다 할 육체가 없나니, 율법으로서는 죄를 깨닫는다는 것'을 증거한 후 동시에 다른 종류의 의를 소개하고 있다. "그러므로 율법의 행위로 그의 앞에 의롭다하심을 얻을 육체가 없나니, 율법으로는 죄를 깨달음이니라. … 곧 예수 그리스도를 믿음으로 말미암아 모든 믿는 자에게 미치는 하나님의 의니 차별이 없느니라"(롬 3:20,22).

그는 위대한 두 종류의 계시, 즉 율법으로 말미암는 진노의 계시와 복음으로 말미암는 의의 계시를 우리에게 보여 준다. "내가 복음을 부끄러워하지 아니하노니, 이 복음은 모든 믿는 자에게 구원을 주시는 하나님의 능력이 됨이라. 첫째는 유대인에게요 또한 헬라인에게로다. 하나님의 진노가 불의로 진리를 막는 사람들의 모든 경건치 않음과 불의에 대하여 하늘로 좇아 나타나나니"(롬 1:16-18). 그리고 나서 바울 사도는 자신의 경우를 예로 들면서 그의 용인과 소망의 근거로서의 자기 자신의 의를 배격하고 있다. "또한 모든 것을 해로 여김은 내 주 그리스도 예수를 아는 지식이 가장 고상함을 인함이라. 내가 그를 위하여 모든 것을 잃어버리고 배설물로 여김은 그리스도를 얻고"(빌 3:8).

이 두 종류의 의는 독특할 뿐만 아니라 서로 매우 다르며, 또한 서로 매우 다를 뿐만 아니라 칭의의 근거로서의 서로를 배제하고 배격하는 정반대의 의다. 전자에 의해 의롭다함을 받는 사람은 후자에 의해 의롭다함을 받는 것이 가능하지 않다. 이와 마찬가지로 후자에 의해 의롭다함을 받는 사람 역시 전자에 의해 의롭다함을 받을 수 없다. 만일 사람의 의가 충분한 것이라면, 하나님의 의는 불필요하게 된다. 이와 반대로 만일 하나님의 의가 충분하고 반드시 필요한 것이라면, 사람의 의는 설 자리를 잃게 된다.

이 두 종류의 의를 합해 놓은 복합적인 용인의 근거로서의 타협이나 화해는 존재하지도 않고 결코 가능하지도 않다. 왜냐하면 이 두 종류의 의는 결코 서로 화해될 수 없으며, 오히려 서로 대적하는 각기 다른 칭의의 방법을 제공하기 때문이다. 하나는 은혜로 말미암는 것이며, 다른 하나는 행위로 말미암는 것이다.

"일하는 자에게는 그 삯을 은혜로 여기지 아니하고 빚으로 여기거니와 일을 아니할지라도 경건치 아니한 자를 의롭다 하시는 이를 믿는 자에게는 그의 믿음을 의로 여기시나니"(롬 4:4,5).

"만일 은혜로 된 것이면 행위로 말미암지 않음이니, 그렇지 않으면 은혜가 은혜 되지 못하느니라"(롬 11:6).

그런데 이것이 '하나님의 의'라고 불리는 이유는 무엇인가? 어떤 이들은 그 참된 의미를 실질적으로 회피하게 만들기 위해 이 하나님의 의를 희미하고 불명확한 의미를 전달하는 유별난 표현이라고 해석했다. 사도 바울이 명백하고 정확하게 표현한 '하나님의 의' 대신, 그들은 부정확하고 막연한 해석으로서 이 하나님의 의를 '죄인들을 의롭다 하시는 하나님의 방법'이라고 바꾸어 버렸다. (1)

그러나 사도의 표현법은 매우 명백하고 특별하다. 그것은 우리의 칭의를 위해 계시된 의를 정확히 정의해 준다. '죄인을 의롭다 하시는 하나님의 의'는 '하나님께서 그의 피를 믿는 믿음으로 말미암아 화목 제물 삼으신 예수 그리스도 안에 있는 구속으로 말미암아 하나님의 은혜로 완전히 의로워 질 때'의 전후 상황에서 묘사되는 말이다. 그러나 '하나님의 의'는 전체 구속 역사를 위해 지정된 이유와 관련되어 있다. 바꿔 말하면, '죄의 사면을 위해 그의 의를 선언하심으로 자기의 의로우심을 나타내사 자기도 의로우시며 또한 예수 믿는 자를 의롭다 하기 위한 것'이 바로 하나님의 의이다. 이것은 특별히 우리의 칭의를 좌우하는 것으로서의 의를 지칭하는 것이다.

어떤 구절이라도 하나님의 의가 나타나는 구절을 올바로 해석하고 이해하기 위해서는 이러한 의미를 적용시켜야만 한다. 이는 명백한 부자연스러움을 제외하고 많은 구절들에 적용될 수 있는 의미이다. 그러나 만일 이것이 부조화나 모순 없이 어떤 다른 구절들에 확실히 적용되지 않는 경우가 있다면, 우리는 그것이 충분하게 포괄적이지 않거나, 충분하게 정확하지 않을 것이라는 결론을 내릴 수 있다.

'율법과 선지자들에게 증거를 받은' '하나님의 의'가 '죄인들을 의롭다 하시는 하나님의 방법'을 의미한다고 가정한다면, 그것이 '그리스도께서 우리에게 하나님의 의'가 되셨으며, 혹은 '우리가 그 안에서 하나님의 의'가 되었을 때 앞서 언급한 그런 희미한 의미로 이해될 수 있을까? 그것은 단순히 우리가 의롭게 되는 방법으로서의 의를 의미하는 것이 아니라 우리가 의롭게 되는 의를 의미하는 것이다.

만일 우리가 이 의가 왜 '하나님의 의'로 불리는지를 이해하기 원한다면, 그리스도의 십자가에는 의의 이중적 명시가 나타나 있다는 사실을 기억해야만 한다. 우선 첫째는, 하나님의 정의에 대한 만족을 요구하시며 죄로 인한 형벌을 부과하시는 아버지로서의 하나님의 의의 명시이다. 이에 대해 사도는 하나님께서 그리스도를 화목 제물로 삼으셨는데, 이는 '그의 피를 믿는 믿음으로 말미암아 자기도 의로우시며 또한 예수 믿는 자를 의롭다 하기 위함'이라고 밝히고 있다.

둘째는, 아들로서의 하나님에 의한 의의 역사이다. 그것은 그의 백성의 구속자로서의 그리스도의 대속적 의를 말한다. 곧 '죽기까지 순종하셨으니 십자가에 달려 죽으신 죽음'을 뜻하며, 모든 믿는 자에게 의를 이루기 위하여 율법의 마침이 되신 것을 뜻한다. 그러나 하나님 아버지에 의해 선언되어진 하나님의 의와 십자가에서 나타나고 표현된 그리스도의 의는 서로 구별된다고 할지라도 결코 분리될 수 없는 것들이다. 왜냐하면 이것들은 서로 불가분리의 관계에 있으며 화목 제물 안에서 하나로 매우 긴밀하게 연결되어 있기 때문이다.

우리의 칭의를 위해 계시된 이 의가 위에 언급한 두 가지 의미에서 '하나님의 의'라고 불리면서도, 그것은 그리스도의 속죄적 희생 제사의 공로와 완전한 순종으로 구성되어 있는 것이다. 왜냐하면 이 의는 우리의 대속자와 대표자로서의 그리스도에 의해 드려진 것이었기 때문이다.

'하나님의 의'라 불리는 이 동일한 의는 또한 '그리스도의 의'라고 불리기도 한다. 우리는 '하나님의 의와 우리 구주 예수 그리스도의 의를 통해 또는 하나님과 구주 예수 그리스도의 의를 통해 보배로운 믿음'을 얻게 된다(벧후 1:1). "그의 날에 유다는 구원을 얻겠고 이스라엘은 평안히 거할 것이며 그 이름은 여호와 우리의 의라 일컬음을 받으리라"(렘 23:6). 그가 우리의 의로 불리는 것은 죽기까지 순종하심으로 이루어진 의 때문이다. 왜냐하면 이 의는 그리스도의 중보적 사역과 명백하게 연관되어 있기 때문이다.

"여호와께서 자기의 의로우심을 인하여 기쁨으로 그 교훈을 크게 하며 존귀케 하려 하셨으나"(사 42:21). 그리스도는 자신의 대속적인 고난들과 순종을 통해 명령과 형벌로서의 율법을 완전히 성취하셨고, 이제 '그리스도는 모든 믿는 자에게 의를 이루기 위하여 율법의 마침이 되신 것'이다(롬 10:3,4). 그리스도의 의가 '하나님의 의'와 동일한 의로 간주되었던 한편, 유대인들은 하나님을 모르고 자기 의를 세우려고 힘써 하나님의 의를 복종치 않았다.

동일한 방식으로, 이 의는 '한 사람의 의'와 '한 사람의 순종'으로 불리어졌다(롬 5:18,19).[1] 이러한 표현은 그리스도의 사역과 즉각적으로 연결시키는 한편, 많은 사람이 의롭게 되는 개인적 순종들을 배제한다. 이는 우리 자신의 순종으로 말미암아 획득한 것이 아니라, 하나님의 은혜로 말미암아 무조건적이며 자비롭게 수여된 것임을 나타내기 위함이었다. 그래서 이는 믿음 그 자체와 구별되며, 또한 믿음으로 말미암아 받지 않고 오히려 율법의 행위를 통해 얻으려는 다른 종류의 의와 대조되는 것으로서의 '믿음의 의'이며, 또는 '믿음으로 말미암는 의'라 불리는 것이다(롬 3:30). 그러므로 이것은 율법과 선지자의 증거를 받은 것임을 나타내면서도 '율법으로 말미암지 않는 하나님의 의'라고 불리는 것이다(롬 9:32 : 3:21).

이것이 '의'로서 반드시 불변하는 정확한 법칙과 연관이 있음에도, 이 의는 인간의 사적인 순종이 아니라 대속적인 순종에 의해 좌우되는 것

---

1) **롬 5:18,19** 그런즉 한 범죄로 많은 사람이 정죄에 이른 것같이 의의 한 행동으로 말미암아 많은 사람이 의롭다하심을 받아 생명에 이르렀느니라. 한 사람의 순종치 아니함으로 많은 사람이 죄인 된 것같이 한 사람의 순종하심으로 많은 사람이 의인이 되리라.

이기에 율법 위에 있으며, 율법을 초월하는 것이다. 그리고 또한 이것은 일한 것이 없어도 하나님께서 이 의를 그들의 것으로 간주하심으로 죄인을 의롭다고 인정하시는 것이다. 그것은 하나님께서 불경건한 자를 의롭다 하시는 것이 삯이 아니고 은혜로 여기는 것을 나타내 주기 위함이었다(롬 4:4-6 ; 4:11). 왜냐하면 이 의는 우리의 범죄함을 위해 내어줌이 되고, 또한 우리를 의롭다하심을 위하여 다시 살아나신 그리스도 예수에 의해 표현된 것이기 때문이다(롬 4:25).

　이 모든 표현들은 죄인들을 의롭다 하시기 위해 하나님께서 계시하신 하나의 동일한 의와 관계되는 표현들인데, 그것은 바로 그리스도의 대속적인 의이다. 그리고 이 그리스도의 의에 대한 각각의 표현은 그것과 관계된 여러 국면들과 관계들을 나타내 줄 뿐만 아니라, 우리의 죄의 사면과 하나님 품으로의 용인을 위한 모든 다른 의들을 배격하는 것을 보여 주는 것이다. 이 그리스도의 의 외에 이 모든 표현들이 적용되는 다른 의는 없다는 것이다.

명제 17- 단순히 인격적 성품의 본질이 아닌 사역의 공로로서의 이 의는 우리에게 전가됨으로써 우리의 것이 될 수 있다. 그러나 그것이 우리에게 주입됨으로 우리에게 나누어지거나 우리를 전염시킬 수 있는 것은 아니다. 그리고 이 의는 오직 그리스도로 말미암아 성취된 사역으로 인해 영원토록 독점적으로 그리스도에게만 속하는 것이다.

　이 진술은 전체의 전가 교리에 만연되어 있는 혼동으로부터 발생하는 수많은 오류들을 직접적으로 대적하는 세 가지 중대한 확증으로 구성되어 있다. 그러므로 이것들을 좌우하는 증거들과 관계해서 이 확증들을 순서대로 고찰하는 것은 매우 유익한 일이 될 것이다.

　첫째로, 그의 백성들을 대신한 그리스도에 의해 수행되고 성취되어진 행위의 공로인 칭의의 근거로서의 이 의가 그들에게 전가됨으로써 그들의 소유가 되며, 혹은 그들의 것으로 간주되는 것은 확정된 사실이다. 만일 '단번에' 수행되었고 종결된 것으로서의 그리스도의 사역의 공로가 본래적이며 내재하는 그리스도의 사적 성품의 질과 온당히 구별되는 것이라면, 그리고 이 사역이 정말 다른 이들을 위한 그들의 대속자와 보증으로서의 하나의 행동에 의해 수행되었고 성취되어진 사건이었다면 이 진술은 결코 부인될 수 없는 사실이다.

한 사람의 공로는 어떤 경우에 있어서도 그것이 그들에게 전가되는 것을 제외하고서는 다른 이들의 유익을 위해 제공될 수 있는 것이 아니다. 그 사안의 본질로 볼 때, 이 공로가 주입을 통하여 그들의 것이 될 수는 없는 것이다. 한 사람의 공로는 다른 사람의 것으로 여겨지거나 또는 다른 사람의 것으로 간주되는 것이다. 그렇다면 어떤 사역의 공로가 주입될 수 있다는 말인가? 개인적 성질, 즉 인간의 성품으로서의 거룩함 같은 것은 의심의 여지없이 주입될 수 없는 것이 아닌가?

그러나 우리가 그리스도의 의, 또는 그의 중보적 사역의 공로가 우리에게 전가됨으로써 우리의 것이 될 수 있다는 사실을 확언함에 있어서, 우리는 그리스도의 사역에는 전혀 공로가 없었다거나 그의 사역이 다른 사람들을 대신하여 성취된 것이 아니었다는 의미에서가 아니라, 성경비평은 '전가하다'라는 단어의 사용법을 개인적 특질과 성품, 그리고 행동에 적용되는 것을 제외하고서는 사용해서는 안 된다는 취지를 주장하는 사람들의 반대 진술과 충돌하게 된다.

이에 어떤 이는 다음과 같이 대담하게 진술하기도 했다.
"성경에는 한 사람의 죄나 혹은 의가 다른 사람에게 전가된다는 단 한 차례의 언급도 찾을 수 없다. 성경에는 또한 아담의 죄 또는 그리스도의 의가 우리에게 전가된다는 주장도 전혀 찾아볼 수가 없다. 더욱이 사람의 죄가 하나님에 의해서, 또는 사람에 의해서 다른 사람에게 전가된다는 선언은 더 더욱 찾을 수가 없다. 히브리어와 헬라어 사전들을 다 살펴보더라도, 성경에서 이러한 주장을 지원해 주는 단 하나의 실예도 찾을 수 없다는 것을 주저 없이 주장하는 바이다." (2)

이러한 대담한 진술에는 이 전가 교리와 이 용어의 용법 모두를 부인하고 배격하는 것이 포함되어 있다. 그러나 현재 여기서는 후자에 대해서만 언급하려 한다. 성경을 사랑하는 독자들은 비평학자들의 도움이 없더라도 성경에서 이러한 문제의 용어들이 한 개인의 특질과 관계없이 전가되었다는 전가 교리와 용법에 적용될 수 있음을 쉽게 발견할 수 있을 것이다. 예를 들면, 의로운 한 사람은 의로운 자로 간주되고 다루어지는 것이다. 그리고 또 다른 사람은 악인으로 간주되고 다루어지는 것을 의미하는 것이다.

그러나 동일한 동사들이 다른 경우에도 동일하게 적용될 수 있을 것인가가 문제의 요점이다. 즉 그에게 전가되는 것이 그의 사적인 성질로 전환된 것이 아니며, 그 전에 이미 그에게 속해 있었던 것도 아닌, 그의 것으로 간주됨으로써 그의 소유가 될 수 있었던 것이냐는 말이다. 빌레몬을 향하여 오네시모가 저지른 불의와 빚은 바울에게 사적으로 부과된 것이나 전에 이미 그가 지었던 것도 아니었다. 그것은 오네시모와 빌레몬 사이의 일들이 바울에게 단순히 전가됨으로 말미암아 바울의 것이 된 것이다. "저가 만일 네게 불의를 하였거나 네게 진 것이 있거든 이것을 내게로 회계(會計)하라"(몬 1:18).

동일한 방법으로, 우리의 죄들이 그리스도에게 개인적으로 고소되고 부과되어져야 할 의미에서가 아니라 하나님 편에서, 그리고 그리스도 자신의 자원하신 전가로 말미암아 그리스도의 것으로 간주된 의미에서 '죄를 알지도 못하신 분이 우리를 위해 죄'가 되셨고, '그가 친히 나무에 달려 우리의 죄를 담당하신 것'이다. 이 단순한 단어인 '전가'가 이러한 경우에 사용된 것이 아니라면, 이러한 전가의 사실을 더욱 명백하고 정확하게 표현할 다른 용법이 어디에 있다는 말인가? 하나님께서 '일한 것이 없이 의를 전가하시는 것'만큼 하나님께서 '경건치 아니한 자를 의롭다 하시는 분'이라는 병행 구절에서 이 단어가 사용되지 않았다고 누가 주장할 수 있다는 말인가?(롬 4:5,6)

실제로, 칭의는 한편으로는 죄인에게 개인적으로 속해 있던 죄의 '무전가'에 있으며, 또 다른 한편으로는 죄인이 이전에 전혀 소유해 본 적이 없는 의의 '전가'에 있다. 칭의의 완전한 의미를 표현하기 위해서는 양자가 모두 필요한 한편, 하나의 의미가 확실해지면 나머지 다른 하나의 의미도 확실해진다. 그러므로 우리는 이미 수행되어지고 종결된 사역의 공로로서의 그리스도의 의가 그의 백성의 칭의를 위해 전가될 수는 있으나 주입될 수는 없다는 결론을 내릴 수 있다.

둘째로, 그의 백성들을 위해 제공된 그리스도의 의는 주입이 아니라 반드시 전가로 말미암아 그들의 것이 되어야 한다는 것은 확정된 사실이다. 칭의 교리에 있어 가장 두드러진 오류들은 전가 교리의 본질과 의미를 왜곡하고 모호하게 하는 데서 찾을 수 있으며, 그것이 칭의가 성화와 혼합되게 만드는 도덕적 특질의 주입에 있다고 가정하는 데서 연원된다. 또는 만일 전가가 주입과 구별되고 구분되는 것이라면, 적어도 칭의가 대속적인 의가 아닌 개인적이고 사적인 의에 의해 그 즉각적인 근거를 가지는 도덕적 특질에 있다고 가정하는 데서 연원된다.

널리 퍼져 있는 이 치명적인 오류들의 뿌리를 공격하는 유일하고도 효과적인 방법은 전가의 일반적 교리, 즉 죄와 의의 일반적 전가에 대한 중대하고도 명확한 개념을 정립하는 것이다. 그것은 신학자들에 의해 확증된 전가의 세 가지 경우이다. 그 첫째는 아담의 첫 번째 범죄가 그의 후손들에게 전가된 것이며, 둘째는 우리의 죄들이 우리의 대속자로서의 그리스도에게 전가된 것이며, 마지막 셋째는 우리들의 칭의의 직접적인 근거로서의 그리스도의 의가 우리에게 전가된 것이다. 이것들을 서로 대조하면서 각각의 전가에서 독특한 것들을 제거하고 그것들 중에서 공통적인 것들만 추출해 보면 우리는 쉽게 전가 교리의 일반적 사상을 정립할 수 있을 것이다.

세 가지 전가의 각각은 같은 종류에 속한 특별한 실례들이다. 우리는 이러한 비교와 대조, 그리고 추출의 과정을 통해서 정확하고 올바른 결과에 도달할 수 있으며, 각각의 전가에서 특별하고 독특한 부분들을 제외한다면 전가 교리의 본질이 무엇인지를 확실히 찾을 수 있을 것이다.

앞서 열거한 이 세 가지 특별한 전가를 이해하고 그것들을 서로 비교해 보라. 우리는 세 가지 전가 중 두 가지 전가의 도덕적 성품의 변화가 전가의 결과임을 발견할 수 있다. 그의 후손들에게 전가되는 아담의 범죄의 전가는 후손들이 소유했던 원의(原義)의 상실과 그들의 전 본성의 부패와 오염과 관계되어 있다. 그리고 그의 백성들에게 전가되는 그리스도의 의의 전가는 동일한 방식으로 그들의 갱신과 성화와 관계되어 있다.

그러나 우리는 또한 세 번째 경우, 즉 다른 두 가지 전가의 실제적이며 완전한 전가인 우리의 죄들이 그리스도에게 전가되는 이 죄의 전가는 그리스도의 거룩한 성품의 변화나 도덕적 악의 오염의 주입과 관계되어 있지 않다는 사실에 직면하게 된다. 바로 이 점에 있어서 우리는 전가가 도덕적 특질의 주입에 있지 않음을 추론할 수 있는 것이다.

우리는 또한 세 가지 전가 중 두 가지에서 대표적이며 개인적인 작용이 확실하게 구분되어 있음을 발견하게 되는데, 전가받는 자는 그것을 행함에 있어서 그 어떤 능동적 관계나 참여를 하지 못하는 것을 발견하게 된다. 우리의 모든 죄들은 실제로 완전한 의미에서 우리의 대속자이신 그리스도에게 전가되었는데, 이 전가에 있어서 그리스도는 당신의 직임을 누구와도 공유하지 않으신다. 이와 마찬가지로, 그리스도의 의 역시 우리의 칭의를 위해 우리에게 전가되는 것인데, 하나님께서 그리스도에게 하라고 주신 일을 마침에 있어서 우리는 전혀 그 일을 공유하지 못하는 것이다.

따라서 우리는 세 번째 전가의 경우, 그의 후손에게 전가되는 아담의 죄의 전가에 있어서, 그의 행위에 우리의 참여가 필요하다고 생각하는 것이 불필요한 것과 같이 그리스도의 의의 전가에 있어서 우리의 참여가 불가능하다는 것을 추론할 수 있다. 만일 우리의 능동적인 관여나 참여가 필요하다면, 그러한 전제는 대표자의 중재와 그에 의해 대표되는 사람들 사이에 존재하는 근본적인 구분을 폐기처분함으로써 전가 교리를 파괴하는 것이 되고 만다.

우리는 또한 세 가지 전가에 있어서 모두 그것이 죄의 전가이든 의의 전가이든, 전가는 한 사람과 많은 사람 사이에 존재하는 대표적이며 동맹적 관계에 기초해 있다는 것을 발견하게 된다. 왜냐하면 아담은 그의 인류의 머리와 대표자로 임명되었으며, 그리스도는 그의 백성들의 대속자와 보증이 되셨기 때문이다. 그리고 이러한 관계는 어떤 의미에서 그들이 서로 하나라고 간주되고 다루어지는 그들 사이에 맺어져 있는 연합으로 묘사되어진다.

그러나 이 연합은 그들의 독특한 각각의 개성들 사이의 구분을 파괴하거나 그들의 행위들을 혼합하는 것이 전혀 아니다. 왜냐하면 대표하는 자는 그가 대표하는 사람들과 개인적으로 여전히 다른 존재이기 때문이며, 그의 순종 또는 불순종이 그들에게 전가된 것임에도 불구하고 그것은 그들의 것이 아니라 여전히 그의 것이었기 때문이다. 왜냐하면 '대표성의 연합은 동질성의 연합'이 아니기 때문이다.

이전에 우리의 것이 아니라 단순히 전가됨으로 우리의 것이 된 전가 교리에 대해 오웬(Owen) 박사는 다음과 같이 말하고 있다.

"그들에게 전가된 것이 그들의 행위의 전가라는 것은 있을 수 없는 일이다. 이것은 전가의 본질에 모순되는 것이다. 오히려 이것은 우리에게 전가된 것이 우리 자신들에 의해 수행된 것이 전혀 아니며, 또한 그리스도에게 전가된 것 역시 전혀 그리스도께서 하신 것이 아니라는 것을 의미한다." (3)

이러한 예들은 일반적 전가 교리를 예증하고 설명하는 데 충분하며, 그 참된 의미의 독특한 개념을 얻는 최선의 길이기도 하다. 그들은 그리스도의 중보적 사역의 공로로서의 그리스도의 의가 우리에게 전가되어 우리의 것이 될 수 있음을 보여 주고 있다. 그것은 유전적인 습관이나 특성이 우리에게 전염되는 것이 아니다. 결국 우리의 칭의가 이러한 의에 의존되어 있는 한, 이 의는 도덕적 특질들의 주입이 아니며, 그것들이 올바른 근거로서 우리에게 주입될 때 이러한 특질들에 안식하는 것도 전혀 아니다.

셋째로, 그리스도의 중보적 사역의 공로로 간주되는 그리스도의 의는 우리에게 전가되더라도 계속해서 여전히 그리스도께 속한 것이며, 하나의 중대한 국면에 있어서 반드시 그 사역을 성취시킨 그리스도에게만 독점적으로 속해 있는 것이다. 그것은 어떤 의미에서 절대로 우리의 것이 될 수 없는 그리스도의 의이다. 그것은 그리스도에 의해서 만들어진 그리스도의 것이며, 오직 우리에게 전가될 때만 우리의 것이 된다.

그것은 그리스도의 개인적 순종의 공로였기에 철저하게 그리스도의 것이다. 그리고 그것이 오직 그리스도로부터 우리에게 파생될 때만 우리의 것이 되는 것이다. 그리스도는 당신의 의를 그의 백성에게 전달하심에도 불구하고 특별한 소유권을 주장하신다. "에돔에서 오며 홍의를 입고 보스라에서 오는 자가 누구뇨? 그 화려한 의복, 큰 능력으로 걷는 자가 누구뇨. 그는 내니 의를 말하는 자요 구원하기에 능한 자니라. 만민 중에 나와 함께 한 자가 없이 내가 홀로 포도즙 틀을 밟았는데, 내가 노함을 인하여 무리를 밟았고 분함을 인하여 짓밟았으므로 그들의 선혈이 내 옷에 뛰어 내 의복을 다 더럽혔음이니"(사 63:1-3).

"내가 나의 의를 가깝게 할 것인즉 상거가 멀지 아니하니 나의 구원이 지체치 아니할 것이라. 내가 나의 영광인 이스라엘을 위하여 구원을 시온에 베풀리라"(사 46:13).

그것은 여전히 그리스도의 것이며 심지어 '그리스도 안'에서만 발견되는 것이다. "어떤 자의 내게 대한 말에 의와 힘은 여호와께만 있나니, 사람들은 그에게로 나아갈 것이라. 무릇 그를 노하는 자는 부끄러움을 당하리라마는 이스라엘 자손은 다 여호와로 의롭다함을 얻고 자랑하리라 하느니라 하셨느니라"(사 45:24,25). 결국 모든 공로는 그의 것이며, 오직 그것의 은혜로운 전가만이 우리의 것이 되는 것이다.

만일 이러한 단순하지만 중대한 진리가 올바르고 정당하게 고찰되어졌다면, 의의 전가 교리를 반대하는 그럴듯한 반대 이론들을 미연에 방지했을 뿐만 아니라, 그것의 심각하고 위험한 왜곡을 예방하거나 교정했을 것이다. 예를 들면, 만일 우리에게 전가되는 것이 그리스도의 의라면 반드시 그리스도 자신이 의로우신 것처럼 우리도 그렇게 의로워지는 것이며, 그렇게 되면 우리는 더 이상 죄의 사면이 필요하지 않다는 것이다. 말하자면 우리는 그리스도 안에서 우리 자신들을 구속한 것이다.

결국 영생은 은혜의 선물로서가 아니라 반드시 일의 삯, 즉 상급으로서 우리에게 수여되는 것이다.

이러한 무분별하고 터무니없는 표현들은 공공연한 율법폐기론자들의 저작들 안에서 종종 발견되는 것들이며, 이것들이 마치 개신교 칭의 교리의 정수인 것처럼 로마 가톨릭주의자들과 소시니안주의자들에 의해 인용되어 왔다. (4)

그러나 이러한 주장들은 건전한 신학자들에 의해 즉시 배격되었다. 왜냐하면 개신교는 언제나 본질적인 차이점을 주장했는데, 그것은 그리스도께서 만드신 의와 그의 백성들에게 전가된 의 사이의 차이점이 아니라 그 의의 '시작과 마침'이 되시는 그리스도와 그분에 의해서 대표되는 사람들 사이의 차이점이었다. 이들은 '그리스도의 보혈로 말미암아 하나님의 은혜로 구속받은 자들'이며, '그의 죽음을 통하여 하나님께 화목된 자들'이고, '그리스도 안에서 하나님의 의가 된 자들'이었다.

한 가지 중대한 의미에 있어서 그리스도의 의는 매우 독특했는데, 그것은 그 의가 그의 것이었으며 오직 개인적인 의미에서 그의 것이었기 때문이다. 또 다른 중대한 의미에서 볼 때, 그것은 그의 백성들과 그리스도 모두에게 공통된 것이었다. 왜냐하면 이것은 그리스도만을 의해 시행된 것이 아니라 그들을 위해서도 시행되었고, 대속적인 것으로 간주되었으며 은혜로운 전가로 말미암아 그들의 것이 되었기 때문이다.

명제 18- 그의 백성들의 즉각적인 사면과 하나님의 용인으로서의 그의 백성을 향한 그리스도의 의의 전가는 그들의 대표자로서의 그리스도께서 행하신 일의 성격으로부터 연역적(演繹的)으로 증거될 수 있으며, 그리스도께서 성취하시기 위해 수행하신 사역의 대속적 본질로부터 증명될 수 있다.

우리가 그들의 칭의의 즉각적인 기초로서의 그리스도의 의의 전가를 말할 때, 우리는 그들의 의를 그리스도의 중보 사역의 완성과 함께 동시적으로 결과를 발생시키는 것으로 제시하지는 않는다. '즉각적'이라는 용어는 전혀 시제(時制)를 의미하지 않으며, 그리스도의 대속적인 순종의 성취와 개인들을 향한 그것의 실제적인 적용 사이에는 오랜 간격이 있음을 인정해야 한다.

성령의 전체 사역은 그리스도의 구속 사역과 그의 백성들의 사적인 칭의 사이를 중재하시는 일과 관계되어 있다. 그러나 이 용어가 배제하는 것은 그리스도의 고난들과 순종으로 말미암아 만들어진 의와 그것을 믿음으로 말미암아 받아들이는, 그것에 안식하는 칭의 사이에 하나님 앞에서의 우리의 용인의 근거로서의 그 어떤 다른 의들을 소개하는 것이다.

'간접적 전가 이론'은 '직접적 전가 교리'를 반대해 왔다. 그것은 신자들의 칭의가 전적으로 그들의 유전적인 의에 좌우되는 것이며, 그리스도의 전가된 의에 의해 좌우되는 것이 아니라는 것이다. 이 동일한 이론은 아담 안에서의 우리의 정죄 교리와 그리스도 안에 있는 칭의 교리를 교묘하게 설명하는 데 적용되어 왔다. 아담의 처음 죄는 그의 후손들에게 즉각적이며 직접적으로 전가된 것이 아니라, 그들 자신들 안에 내재하는 유전적인 부패를 통해 간접적으로 전가된 것이라고 주장한 것이 그것이다.

이와 마찬가지로 그리고 유사한 이유들로 인해, 그들은 그리스도의 의가 그의 백성들에게 즉각적이며 직접적으로 전가되는 것이 아니라, 그들 자신들의 주입되고 유전적인 거룩과 선한 행위를 통해 간접적으로 전가되는 것이라고 주장했다. 한편으로는 정죄와 또 다른 한편으로는 칭의의 직접적인 근거는 바로 인간 자신들의 사적인 성품이 된 것이다.

그리스도의 의와 관계된 이 이론을 반대함에 있어서, 우리는 그들의 칭의의 유일하고도 직접적인 기초로서의 그리스도의 고난들과 순종의 공로가 그의 백성들에게 직접적으로 전가된 것임을 확증하는 바이다. 그리고 이 진술의 진리는 그리스도께서 우리의 대표자로 행하신 그분의 사역으로부터, 그리스도께서 성취하시기 위해 수행하신 대속 사역의 본질로부터 연역적으로 증명될 수 있음을 확증하는 바이다. (5)

죄인들을 대신하신 그리스도의 대속과, 죄인들의 죄가 그리스도에게 전가됨과, 그리고 하나님의 율법과 정의에 대한 만족으로서의 그리스도의 고난들과 순종의 대속적인 본질을 부인하는 소시니안주의자들과 다른 이들은 그들의 죄의 사면과 하나님의 용인으로서의 그리스도의 의의 전가를 일관되게 배격하는 자들이다. 실제로 그들은 반드시 그렇게 해야 한다. 왜냐하면 그들은 전가 교리가 기초하고 있는 모든 기초와 근거들을 일소해 버리기 때문이다.

그러나 이러한 근본적인 진리들을 인정하고 수용하는 사람들은 그리스도께서 그들의 대속자와 대표자로서 하신 모든 일들이 그들을 위해 되어진 일들이라는 이 피할 수 없는 결론을 결코 배격할 수 없다. 그리고 이것이 그들의 유익을 위해 제공되기 위해서, 그들의 것으로 여겨져야 한다는 결론 역시 배격할 수 없는 것이다. 이러한 범위 내에서, 그들은 반드시 전가의 사실을 모두 인정해야 한다. 만일 그들이 그의 백성들을 대신한 대속 사역으로 간주되는 그리스도의 사역의 어떤 유효성이라도 인정한다면, 그리스도의 공로는 반드시 그들의 것으로 간주되어야 한다.

만일 어떤 사람들이 그렇게 생각하는 것같이 그리스도의 사역의 유일한 유효성이 다만 모든 사람이 '구원받을 수 있는 가능성만 제공한 것이지 실제로 누구의 구원도 확보하지 못했던 것'이라 할지라도, 또는 그것이 쉬운 조건들로 말미암은 구원과 신실하지만 인간의 불완전한 순종에 기초한 하나님의 용인을 제공하는 소위 '은혜의 새 계명'을 획득하게 하는 것이라 할지라도 여전히 그리스도 사역의 공로는 그 범위 내에서 반드시 우리에게 전가되어야만 하는 것이다. 그리스도의 사역의 공로가 만일 그러한 목적으로 수행되고 성취되는 것이라면, 그것은 반드시 우리의 것으로 간주되어야 하는 것이다.

또 다른 사람들이 생각하는 것과 같이, 그리스도의 사역의 유일한 유효성이 죄를 사면해 주지만 영원한 생명을 얻기 위해서는 그 나머지 모든 순종들이 우리에게 남겨진다 가정할지라도, 그것은 여전히 그 결과 내에서 우리에게 전가되어야 할 것이다. 만일 죄의 사면이 그리스도의 고난들과 죽음에만 기인해서 우리에게 수여된다면 말이다. 양자의 경우에 모두 한결같이 그 결과들의 직접적이고 즉각적인 원인이 바로 전가에 있다. 왜냐하면 한편으로는 그리스도의 사역과 율법의 완화 사이를, 다른 한편으로는 그 사역과 죄의 사면 사이를 중재할 그 어떤 다른 의도 존재하지 않기 때문이다. 후자는 간접적인 전가를 의미하지 않고, 단지 부분적인 전가를 의미할 뿐이다. 그리고 전자는 간접적인 전가의 경우이지만, 우리의 칭의에 관한 한 그리스도의 중보적 사역에 기인하는 유일한 결과에 관련해서 직접적이고 즉각적인 전가이다.

만일 그의 백성들이 유익을 얻기 위해서는, 이 사역의 공로가 그들을 완전한 순종을 요구하는 율법으로부터 구원하기 위해 직접적으로, 그리고 즉각적으로 전가되어야 한다. 왜냐하면 그리스도의 사역과 이 가정된 결과 사이를 중재하는 어떤 다른 의도 존재하지 않기 때문이다.

만일 그리스도의 사역이 여전히 멀리 있지만 공로적인 것인 반면, 여기에 이어서 수반되는 인간의 사적인 의가 칭의의 즉각적인 근거로서 개입되는 것이라면, 우리는 두 가지 독특한 전가 교리를 갖게 되는 것이다. 하나는 직접적인 전가이며, 다른 하나는 간접적인 전가이다. 하나님의 율법의 요구를 완화시켜 주는 결과를 목적하는 그리스도의 사역의 직접적인 전가, 그리고 우리 죄의 사면과 하나님의 용인의 가까운 근거로서의 우리의 사적인 의, 또는 우리의 신실하지만 불완전한 순종을 유지시켜 주는 결과를 목적하는 그리스도의 사역의 간접적인 전가가 바로 그것이다.

그리스도의 중보적 사역이 율법을 완화시켜 주지 않고 오히려 그의 백성들을 위해 그것을 성취하는 목적으로 수행되고, 또 성취된 것이라는 사실이 성경에서 명백하게 증명된다면, 그리고 그들의 칭의가 그리스도의 사역의 유효성과 직접적으로 연관된 것이라면, 그리스도의 의의 전가 교리를 대적하는 어떤 반대도 전가의 사상에 기초될 수는 없다.

전가 교리가 신자들의 거룩과 불가분리의 관계에 있음에도 불구하고, 그리스도의 의의 전가가 신자들의 도덕적 성품의 변화에 부분적으로나 전체적으로 기초해 있지 않다는 것은 우리의 죄들이 그 용어의 완전한 의미에서 그리스도에게 전가되었다는 사실에서 명백하게 증거된 일이다. 전가는 사적인 죄의 주입을 동반하지 않았기에 그것에 기초할 수도 없는 것이다. 신자들의 경우, 의의 전가는 늘 거룩의 주입과 함께 동시적으로 발생한다. 그러나 이 주입되고 내재적인 개인의 거룩이 결코 이 전가의 근거가 되지 않는다는 것은 아브라함처럼 '불의한 자를 의롭다 하시며' '행위로 말미암지 않는 의를 전가하시는 하나님'을 믿을 것을 촉구하는 사실에서 결정적으로 확증된다. (6)

명제 19- 그의 중보적 사역의 공로로 간주되는 그리스도의 의는 부분적으로 전가되는 것이 아니라 완전히 전가되는 것이며, 그의 이름을 믿는 자들에게 완전한 칭의를 제공해 주는 유효적인 것이다.

어떤 이들은 그리스도의 공로의 완전한 전가를 반대하기 위해 부분적인 전가 교리를 주장했다. 그들은 죄인의 즉각적인 사죄의 근거로서의 그리스도의 고난들과 죽음을 인정했지만, 영원한 생명의 기업의 후사가 되게 하고 하나님의 용인을 확보하게 하는 그리스도의 능동적 순종의 전가는 반대했다. 그러나 '그리스도는 분리되지 않는 분'이시고 그분의 의도 역시 분리될 수 없으며, 한 부분이 전가되면 다른 한 부분도 전가되는 의인 것이다.

그러하기에 진노로부터의 죄인의 구원과 하나님의 면전에서 의로운 자로 받아 주시는 하나님의 용인을 포함하는 완전한 축복으로서의 칭의를 제외한 그 어떤 칭의도 수여되지 않는 것이다. 이는 철저하게 적법하지만, 특별한 목적에서, 서로 합쳐 그리스도의 온전한 의를 구성하는 그의 능동적 순종과 수동적 순종을 구분하는 것과 서로 합쳐 하나의 완전한 칭의의 특권을 구성하는 죄인의 사면과 죄인의 용인을 구분하는 것은 유익한 일이 될 것이다.

그리스도의 의를 구성하고 있는 요소들의 관계를 설명하기 위한 목적으로, 그리고 하나님의 율법의 형벌적이며 명령적인 요구들을 각각 표시해 주는 우리의 칭의를 설명하는 목적에 한해서는 이러한 구분을 유익하게 사용할 수 있을 것이다. 그러나 사상적으로 구분될 수 있는 이 두 가지가 사실적으로는 절대로 분리될 수 없다는 사실을 항상 기억해야 할 것이다.

하나는 전가되고 또 다른 하나는 전가되지 않는다는 잘못된 사상을 지지하기 위해 그리스도의 속죄 사역을 그분의 거룩한 순종으로부터 분리하는 것은 절대로 불가능한 일이다. 왜냐하면 그리스도의 죽음은 그리스도의 순종의 더할 나위 없는 최상의 행동이었기 때문이다. "**사람의 모양으로 나타나셨으매 자기를 낮추시고 죽기까지 복종하셨으니, 곧 십자가에 죽으심이라**"(빌 2:8). 만일 그리스도의 '십자가를 참으신 그 인내'와 관계되었던 순종이 우리에게 전가되는 것이라면, 그리스도께서 '율법을 높이고 성취하신 표현'이었던 그리스도의 순종의 다른 모든 행위들이 전가되지 않을 이유가 있는가?

만일 서로 적대적인 양자의 대답할 수 없는 반박을 시도하는 사람들을 폭로하지 않았다면, 그리스도의 수동적 순종의 전가를 변호하고 그리스도의 온전한 전체적 의를 거부하는 것은 불가능했을 것이다. 실제로, 죄를 위한 대속적 만족을 인정하면서도 의의 전가 교리를 대적했던 대부분의 반대들은 로마 가톨릭주의와 소시니안주의로부터 연원되었으며, 옛날의 벨라마인(Bellamine)과 크렐리우스(Crellius)의 그것과 놀랍게도 유사하다. (7)

명제 20- 죄와 의의 전가는 나쁜 의미로 무례하게 불리는 것과 같은 전혀 '법적인 허구'(법률상의 가설)가 아니다. 그것은 사람에 의해 고안된 이론도 아니다. 그것은 하나님에 의해 계시된 사실이다.

공평한 성경적 호소를 통해 교리의 그릇됨을 반박하고 논박하는 대신, 최근의 저술가들은 아무런 증거도 없이 전가 교리를 의심해 왔다. 그들은 이 교리를 어떤 때는 소설 같은 '허구'로, 또 어떤 때는 사변적 '이론'으로 간주해 왔다. 이는 선입견을 자극하고 유발시키는 매우 간편하고 용이한 논쟁의 방법으로, 전혀 증명을 제시할 필요가 없는 방법이었다.

그러나 참되며 선한 것들이 사람들 사이에서 공격적이고 모멸적인 어구를 통해 어떻게 풍자되고 중상되는지를 잘 아는 지성적인 인물이라면, 기독교회의 믿음이라는 것이 처음부터 공상적인 허구와 교묘한 추측보다 더 견고한 것들 위에 기초해 있다는 것을 확신하기 위해 단순한 가정이나 추측 이상의 것을 요구할 것이다.

만일 '법적 허구'나 '가설'이 비실재적(非實在的)인 것이거나 진실이 아닌 허위의 의미라면, 죄와 의의 전가는 전혀 '법적 허구'나 '가설'이 아니다. 우리는 이 진술을 어느 정도 제한을 두고 사용하려 한다. 소위 전혀 실재하는 것과는 거리가 먼 '법적 허구'라는 것이 존재하기 때문이다. '왕은 실수를 할 수 없다'라고 말하는 것은 '법적 허구', 즉 '법적 가설'이다. 왕도 사적, 개인적, 법적 입장에서 볼 때, 역시 죄를 지을 수 있으며, 심지어 범죄의 가책을 느낄 수 있기 때문이다.

그러나 한 나라의 머리요 대표자인 그의 대중적이고 공식적인 입장에서 보자면, 이 왕은 그 나라의 법이 미치는 치외 법권적 자유를 누리는 자이다. 그렇기 때문에 정부의 실수와 범죄들은 그들의 공식적인 신분으로 인해 헌법 자문위원들에게 전가되어 그들이 연대 책임을 지게 되는 것이다.

'왕은 절대 죽지 않는다'는 것 역시 '법적 허구', 즉 '법적 가설'이다. 왜냐하면 한 인간으로서 그도 역시 그의 백성들과 마찬가지로 죽음이라는 최후의 심판을 견딜 수 없는 존재이기 때문이다.

그러나 왕권이라는 것은 제국 안에서 언제나 상징적으로 살아 있는 것이며, 왕좌는 그것이 공석이 되자마자 심지어 다음 왕권을 이을 자가 유모의 손에 보호를 받는 갓난아이라 할지라도 법정 상속인의 즉각적인 승계를 통해 다시 채워지는 성질의 것이다.

영국의 서민들이 영국 의회에서 모인다고 말하는 것 역시 '법적 허구'이다. 그들은 언제나 반드시 그들의 대표자들만을 통해서 의회에 모일 수 있기 때문이다. 그럼에도 불구하고 영국의 전체 국민들은 바로 이 소수의 대표자들의 행동에 묶여 있으며, 그들의 법에 따라 통치를 받고 세금을 납부하며 벌금을 물고 감옥에 갇히며 심지어 사형에 처해지기도

하는 것이다.

　의회의 무한한 힘을 말하는 것 역시 '법적 허구'이다. 그러나 이러한 불경한 형식의 표현에도 모든 종류의 정부에 최고의 권력이 존재한다는 중대한 진리를 포함하고 있다. 그러므로 헌법적 정부는 실재하지 않거나 중대한 책임과는 아무런 관계가 없다는 의미에서 '법적 허구'는 아니라고 할 수 있다.

　로마 법리학 체계에 있어서의 '양자'(adoption), 즉 날 때부터 그의 아들은 아니었지만 법적으로 한 아들이 다른 사람의 아들로 되어 다루어진 그가 전에는 전혀 관계가 없었던 자들에게 새로운 관계를 형성하고 법적 상속권을 양도하게 해 주는 '법적 허구' 또는 실재하는 가치가 없는 특권이란 말인가? 아니면 아내는 그 남편과 함께 법적으로 하나라는 법칙이 전혀 실재하지 않는다는 말인가? 남편에게 아내의 모든 소유권을 주장할 수 있으며, 동시에 아내의 모든 채무 관계까지 책임져야 하는 관계인데도 말이다.

　이러한 실례들은 전가 교리를 단순히 '법적 허구'로 간주하며 죄와 의의 전가 교리를 반대하는 선입견을 내쫓아 버리는 데 공헌할 수 있을 것이다. 인간들의 관계에서나 일상사도 이러한 것들을 우리에게 잘 보여주고 있으며 이는 '법적 허구'나 '법적 가설'에서조차 어떤 중대한 진리들을 구체적으로 표현하고 있다는 것을 나타낸다. (8)

　이 전가 교리가 '법적 허구'로서 올바르게 묘사된다고 해도 여전히 이 교리는 하나님의 도덕적 통치 계획하에서 중대한 진리들을 표현하고 있다. 그것은 하나님께서 기뻐하시는 뜻대로 우리를 두신 법적 사실에 대한 진술이 될 것이다. 우리가 이제까지 증명하려고 노력했던 것처럼 만일 하나님께서 전체 인류를 위한 법으로, 그리고 우리들의 대표자로 첫째 아담에게 부과하신 계명인 이 법을 언약의 형태로 선포하셨다는 사실을 믿어야 할 분명한 이유가 있다면, 이 법의 제정은 아담뿐만 아니라 우리 모두가 참여함으로 결과를 낳고야 마는 법이다. 그러므로 이러한 결과들은 단순한 '법적 가설'이라기보다 매우 엄숙하고 심각한 사실을 우리에게 각인시켜 주고 있는 것이다.

땅에 선고된 저주와 우주적 죽음의 심판, 하나님 형상의 상실, 하나님의 은총의 몰수, 인간 본성의 전적 타락, 그리고 죄의 결과로 말미암았던 모든 종류의 악들과 고난들이 바로 이 율법의 시행을 통하여 우리에게 부과된 것이었고, 이 모든 고난과 악들은 그것이 실재하는 것만큼 무시무시했다. 이와 마찬가지로, 우리가 이제까지 증명하려고 노력했던 것처럼, 만일 하나님께서 그의 백성의 대표자이신 그리스도에게 그 조건들의 성취를 부과하시고 그들을 위하여 그의 사역의 유익을 확보하게 하신 둘째 아담을 통하여 자비로우신 구속의 계획을 선포하셨고, 역시 이것도 언약의 형태로 선포하셨다는 사실을 믿어야 할 충분한 이유가 있다고 하자. 그렇다면 이 법의 제정 역시 아마도, 아니 반드시 결과를 낳고야 말 것이고, 그리스도뿐만 아니라 우리 모두가 참여함으로 결과를 생산해 내야 할 것이다.

그러므로 이 결과들은 단순히 '법적 가설'이 아니라 가장 고상하고 영속적인 종류의 실재(實在)하는 축복들인 것이다. 죄의 용서, 하나님의 은총의 회복, 하나님의 형상의 회복, 하나님의 사랑의 보증, 양자의 특권, 그리고 영원한 생명의 선물들은 바로 이러한 하나님의 자비의 구속 계획을 통해 우리에게 온 것이며, 이 모든 축복들은 매우 매력적인 만큼 매우 실재하는 것들이다.

우리가 이러한 축복의 실재들을 직접 경험하게 되면 사람들이 율법 아래서든지 복음 아래서든지 '법적 허구'를 논하는 것 자체가 매우 어리석고 헛된 행동이 될 것이다. 왜냐하면, 한편으로는 정죄가, 또 다른 한편으로는 칭의가 모두 법정적이며 사법적 행위들이기 때문이며, 반드시 하나님의 율법과 하나님의 정의와 어떤 관계를 가지고 있기 때문이다. 그리고 첫째 아담과 둘째 아담의 대표적 성격과 그들이 각각 대표하는 사람들을 향한, 그들로부터 말미암는 그들의 죄와 의의 전가는 오직 하나님의 주권적 의지와 임명, 그리고 약속에 기인한 것이기 때문이다. 그럼에도 불구하고 이 결과들은 가설적인 것이거나 상상적인 것들이 아니라 그들의 본성에 참되게 실재하는 것이다.

이 결과들이 실재하는 매우 중대한 것임에도 불구하고, 만일 계속해서 전가 교리가 그 결과는 인정하되 그 설명은 거절하는 사람들의 시도라고 주장하는 사람이 있다면, 우리는 그들에게 이것이 전혀 사람들에 의해 고안된 이론이 아닌 하나님이 계시하신 사실이라는 대답을 하고자 한다. (9)

성경의 독특한 모든 계시들이 마치 실제적인 중요성의 문제가 아니라 사변적인 관심의 문제인 것처럼, 성경의 모든 독특한 계시들을 대적하는 유사한 편견들이 수없이 존재한다. 그러나 기독교 교리에 있어서 이 각각의 독특한 하나님의 계시들이 하나도 예외가 없이 사실의 진술이며, 이것들이 모두가 다 실재하는 존재이신 하나님과 천사들, 그리고 사람들, 또는 과거와 현재, 그리고 미래의 실제 사건들과 관련돼 있다는 사실보다 더 놀라운 일은 없다.

이것은 사실적으로 창조주이시며 율법 수여자이시고, 온 세상의 통치자이시며 심판자이신 여호와 하나님께 속해 있는 하나님의 존재와 완전하심의 계시에 대한 사실이 아니고 무엇인가? 삼위일체 교리가 분리되어지지 않는 한 분 신격에 각각 독특한 존재로서의 실재에 대한 하나의 사실적 진술이 아니고 무엇이란 말인가? 하나님의 계명이 하나님의 마음의 영원한 목적들에 관한 하나의 사실적 진술이 아니고 무엇인가? 하나님의 섭리가 세상을 유지하고 통치하시는 하나님의 불변하시는 힘에 관한 사실적 진술이 아니고 무엇이겠는가?

성육신 교리가 우리 주님 한 분 안에 신성과 인성이 하나로 연합되어 있다는 것에 대한 사실적 진술이 아니고 무엇인가? 이와 마찬가지로 죄와 의의 전가 교리가, 우리가 첫째 아담과 둘째 아담과의 관계를 가진 존재라는 사실과, 그리고 한 사람의 순종과 한 사람의 불순종으로부터 연원되는 결과에 영향을 받는다는 하나의 사실적 진술이 아니고 무엇이겠는가?

이러한 사실들이 계시되고 사람들의 생각에 영향을 미칠 때, 사람들은 이러한 사실들에 대해 철학적으로 사변하게 되고, 사람들의 이러한 고찰과 사변들은 여러 가지 이론의 원인이 되며, 심지어 이러한 사변과 고찰들이 믿음에 의해 억제되지 않는다면 그것들은 대단히 무모하고 망상적인 이론이 된다는 것은 두말할 필요가 없다.

 그러나 사실들 그 자체들을 계시하시는 주체의 선언을 통해 이 사실들을 온전히 믿으라! 완전한 성경적 의미와 우리 영혼에 적용되는 이러한 사실들을 확실히 깨달으라! 그렇게 한다면 단지 인간들의 고안품에 불과한 여러 가지 잘못된 이론들을 확실히 폐기 처분하고, 오직 하나님께서 교훈하시고 가르치셨던 것으로서의 진리만을 확실히 신뢰할 수 있을 것이다.

제13강

칭의; 은혜와 행위의 관계

　칭의에 있어서 대단히 중요한 질문, 그리고 다른 모든 것들의 결정이 매우 중대하게 달려있는 이 칭의의 바른 정립에 관한 중요한 질문은 칭의의 직접적인 근거와 관련된다. 그리고 이는 요컨대 다음과 같은 질문들과 관련되어 있다. 하나님 면전에서 의롭다고 간주되어 죄를 용서받고 하나님의 품으로 용인되는 이 의는 무엇인가? 하나님께서 베푸시는 의는 무엇이며, 죄인이 그의 죄의 사면과 영원한 생명의 확신을 확보하기 위해 반드시 의지해야 할 의는 무엇인가? 또는 우리 칭의의 근거로서 계시된 이 의가 그리스도의 대속적 의의 전가인가? 아니면 주입되고 내재하는 우리 자신들의 의인가? 이 질문은 매우 현실적이며 근원적인 질문이다.
　그러나 성경에서는 우리의 칭의가 여러 가지 모습과 관계되어 나타나 있다. 말하자면, 칭의가 연원되는 근원, 그것이 수여되는 방식, 그것이 승인되고 즐겨지는 수단들, 그것으로부터 연원되는 결과들, 그리고 그것이 증명되고 입증되는 증거들 말이다. 성경에서 칭의가 다양한 방식으로 표현되고 있다는 이 사실은 우리로 하여금 칭의에 관해 발생된 문제들에 관한 부가적인 질문들을 고찰해야 할 필요성을 느끼게 해 준다.

명제 21- 하나님께서 죄인들을 용서하시고 그들을 당신의 면전에서 의로운 자로 받아들이실 때, 그들은 '그리스도 예수 안에 있는 구속을 통하여 하나님의 은혜로 말미암아 무조건적으로 의로워지는 것'이다.

어떤 사람들은 은혜와 구속, 이 두 가지가 서로 모순되는 것 아니면 서로를 강력히 배제하는 것이라고 생각했다. 그들은 만일 칭의가 '은혜로 말미암는 것'이면 그것은 '구속으로 말미암을 수 없는 것'이며, 이와 반대로 칭의가 '구속을 통하여 이루어지는 것'이라면 그것은 결코 '은혜로 말미암을 수 없는 것'이라고 주장했다.

그러나 사도 바울이 이를 서로 연결시키는 데 아무런 어려움도 느끼지 않았으며 그것들을 서로 조화시키거나 화해시킬 필요성도 느끼지 않았다는 사실은, 사도가 같은 한 문장 안에서 이 두 가지를 동시에 사용하고 있으며 우리 칭의를 서로 다른 국면이기는 하지만 이 은혜와 구속이라는 두 가지에 전적으로 달려 있는 것으로 제시한 사실에서 매우 명백하게 드러난다. **"그리스도 예수 안에 있는 구속으로 말미암아 하나님의 은혜로 값없이 의롭다하심을 얻은 자 되었느니라"**(롬 3:24).

사도 바울의 이 어법은 매우 독특하며 강력하다. 그는 우리가 '하나님의 은혜로 의롭다하심을 얻었을 뿐만 아니라 우리가 그의 은혜로 값없이 의롭다하심을 얻은 것'이라고 확증한다. 그러나 이것만이 은혜와 구속을 동시에 언급하고 있는 유일한 구절은 아니다. 왜냐하면 사도 바울이 여러 다른 곳에서도 이것들을 동시에 언급하고 있기 때문이다. **"우리가 그리스도 안에서 그의 은혜의 풍성함을 따라 그의 피로 말미암아 구속, 곧 죄사함을 받았으니"**(엡 1:7), **"그 아들 안에서 우리가 구속, 곧 죄사함을 얻었도다"**(골 1:14).

'그의 피로 말미암은 구속'과 이로 말미암아 확보된 '죄사함'은 여기서 '은혜로 말미암아' 우리에게 넘치게 풍성한 것으로 기록되어 있을 뿐만 아니라 '그리스도 안에서 그의 은혜의 풍성함을 따라' 우리에게 임한 것으로 진술되어 있다. 그래서 사도 바울은 '죄사함'이 '은혜'의 열매이자 '구속'의 열매라고 말하는 것이다.

다른 곳에서 사도 바울은 지금 여기서 하나님의 은혜의 풍성함과 자유함과 직접적인 관계가 있는 '그의 피로 말미암은 구속'을 말하는 것처럼 또한 '그리스도의 의'를 언급하고 있다. 사도는 "은혜와 의의 선물을 넘치게 받는 자들"에 대해 말하고 있으며, 심지어 '우리 주 예수 그리스도로 말미암아 영생에 이르게 하는 의로 말미암아 왕노릇 하는 은혜'에 대해서까지 언급한다(롬 5:17,21).

그 이유는 여기서 드러나는 것처럼 명백하다. 하나님의 은혜가 죄인의 죄사함과 하나님의 면전에서의 용인에서 나타났을 뿐만 아니라, 이 목적을 위해 '하나님께서 준비하신 신적 제공', 즉 '그의 독생자를 내어 주신 하나님의 선물', '하나님의 정의의 요구에 대한 만족의 제공', 그리고 하나님의 "긍휼과 진리가 같이 만나고, 의와 화평이 서로 입맞추게 하는" 하나님의 사역 안에서 더욱 두드러지게 나타난 것이다(시 85:10). 왜냐하면 "사랑은 여기 있으니 우리가 하나님을 사랑한 것이 아니요, 오직 하나님이 우리를 사랑하사 우리 죄를 위하여 화목제로 그 아들을 보내셨기 때문"이다(요일 4:10).

하나님의 은혜의 풍성함과 자유함에 대한 우리의 모든 최고의 견해들은 구속 사역으로부터 파생하는 것이라고 말할 수 있을 것이다. 그리고 죄사함을 그리스도의 화목 제물로부터 분리하는 사람들은 형벌하시는 하나님의 정의와 하나님의 계명을 범한 범죄를 용서하시는 하나님의 긍휼과 자비를 매우 소홀히 여기는 사람들이다. (1)

하나님의 은혜의 풍성하심과 자유함뿐만 아니라 그 하나님의 은혜의 본질에 대한 영적 개념을 구상할 수 있게 되는 것은 우리가 칭의의 특권과 이에 대한 하나님의 준비와 제공을 고려할 때에 그렇다. 이 은혜라는 용어의 의미는 하나님의 은혜가 나타나는 방식을 통해 결정된다. 그러나 그것의 성경적 의미는 도저히 불가능한 방식으로 오해되고 왜곡되었다.

모든 선하고 완전한 선물들이 발생하는 것으로서의 은혜는 하나님의 무조건적 사랑과 은총을 의미하는 것이 아니라 사람들에게 수여되는 한 가지 선물에 불과한 것으로 왜곡되었던 것이 바로 그것이다. 하나님의 마음에 존재하는 것도 아니고, 모든 축복들의 근원도 아니며 단순히 인간의 마음속에 주입된 것으로서 그 안에 선천적으로 내재한다는 것이다. 그것은 죄인을 용서하고 받아 주는 긍휼이 아니라 그를 새롭게 하고 거룩하게 하는 세력이라는 것이다.

우리가 이 치명적인 오류들을 폐기 처분 하거나 교정하려고 시도할 때, 은혜라는 용어가 합법적으로 은혜가 수여하는 모든 선물을 의미한다는 것을 부인할 필요는 없다. 왜냐하면 원인에 속하는 매끄러운 언어의 형식은 종종 그 결과들에 적용되기 때문이다. 사람들은 죄사함의 은혜, 양자(하나님의 자녀됨)의 은혜, 성화의 은혜, 또는 믿음과 소망과 사랑의 은혜를 말할 수 있다. 그런데 여기서 은혜를 단순히 죄사함, 양자, 성화, 믿음, 소망, 그리고 사랑이 흘러 나오는 근원을 지시하는 목적으로만 사용한다면 이것은 정말 심각하고 위험한 오류가 아닐 수 없다. 이는 이 결과들과 그것들의 공통적인 원인을 혼동하는 오류이다.

심지어 이러한 오류는 복음에 계시된 하나님의 은혜가 마치 인간의 영혼 속에 주입되어 선천적으로 내재하는 은혜를 의미했던 것처럼, 하나님의 은혜를 제한한다. 은혜란 하나님의 본질에 필수적인 성품이며, 하나님의 의지의 자유스런 행위를 의미한다. 죄사함과 하나님의 은혜로 우신 용인, 그리고 죄인의 양자들과 같은 사람에게 수여되는 어떤 축복들은 인간들의 본질에 주입되고 선천적으로 내재하는 은혜들이 아니라 단순히 하나님과 인간과의 관계의 변화를 뜻한다.

이 변화는 항상 그의 도덕적 성품의 갱신과 관계되어 있지만, 그것과 혼동되거나 그것의 근거와 이유로서 그것에 안식함을 전제해서는 안 되는 것이다. 그것은 단순히 인간을 그리스도 안에 있는 구속의 대상이 되게 하시는 하나님의 은혜를 의미한다. 그러나 이것이 이 용어의 성경적 의미라는 것을 증명하는 더할 나위 없는 최고의 증거는 하나님의 은혜가 그의 아들 독생자를 주신 선물과 그를 통한 구속의 계획에 대한 지고한 표현이다. 이는 무조건적이며 자원적이고 선물을 수여하시는 하나님의 주권적인 사랑의 표현이다. 이것은 '인간을 향한 하나님의 선한 의지'의 다른 모든 열매들을 다 포함하고 있음에도 불구하고 주입되는

은혜는 전혀 아니다. (2)

  명제 22- 성경에서 '은혜'로 말미암는 칭의는 '믿음'으로 말미암는 칭의와 동일시되며 '행위'로 말미암는 칭의와는 대립된다.

  은혜로 말미암는 칭의의 은혜로운 성격은 그것이 믿음과 관계될 때 더욱 확실히 드러나게 된다. "그러므로 후사가 **되는 이것이 은혜에 속하기 위하여 믿음으로 되나니**"(롬 4:16). 그리고 '은혜'로 말미암는다는 표현과 '믿음'으로 말미암는다는 표현은 동일한 진리를 표현하기 위해 사용되었다. 그러므로 만일 우리가 '은혜'로 말미암아 의롭게 되는 것이라면, 동시에 '믿음'으로 말미암아 의롭게 된다는 것은 의심 없는 사실이 된다.
  이와 반대로 만일 우리가 '믿음'으로 말미암아 의롭게 되는 것이라면, 우리는 또한 '은혜'로 말미암아 의롭게 된다고 말할 수 있다. 더욱이 이 두 용어가 실질적인 동의어로서 서로 교차적으로 사용할 수 있는 사실에 주목할 필요가 있다. 왜냐하면 사도가 자주 이 둘을 동시적으로 사용하고 있으며, 때때로 믿음이라는 용어를 표현해야 할 곳에 은혜라는 용어를 사용하기 때문이다.
  예를 들면, 사도가 아브라함의 칭의로부터 다른 신자들의 칭의를 논할 때 다음과 같이 말하고 있다. "**성경이 무엇을 말하느뇨? 아브라함이 하나님을 믿으매 이것이 저에게 의로 여기신 바 되었느니라. 일하는 자에게는 그 삯을 은혜로 여기지 아니하고 빚으로 여기거니와 일을 아니할지라도 경건치 아니한 자를 의롭다 하시는 이를 믿는 자에게는 그의 믿음을 의로 여기시나니**"(롬 4:3-5).
  우리는 정확한 대구법(對句法)을 사용하여 '상급은 빚이 아니라 은혜로 여기는 것'이라고 말하며, 그의 진술을 완성하는 사도를 기대했을 것이다. 그러나 사도는 그 대신 '그의 믿음을 의로 여기시나니'라고 말했다. 결국 사도가 사용한 의미로서의 '믿음으로 말미암는' 칭의는 '은혜로 말미암는' 칭의와 동일한 것이다. 그리고 소위 '경건치 아니한 자를 의롭다 하시는 이'로서 여기에 묘사된 이 믿음의 대상에 무조건적인 은혜가 필수적으로 내포되어 있기 때문에 믿음의 칭의는 은혜의 칭의와 동일하다.

'은혜로 말미암는' 칭의가 '믿음으로 말미암는' 칭의와 동일한 것인 한편, 양자 모두는 늘 '행위로 말미암는' 칭의를 반대한다. "의의 법을 좇아간 이스라엘은 법에 이르지 못하였으니, 어찌 그러하뇨? 이는 저희가 믿음에 의지하지 않고 행위에 의지함이라. 부딪힐 돌에 부딪혔느니라"(롬 9:31,32 ; 롬 10:3-13 참조).

"사람이 의롭게 되는 것은 율법의 행위에서 난 것이 아니요, 오직 예수 그리스도를 믿음으로 말미암는 줄 아는 고로 우리도 그리스도 예수를 믿나니, 이는 우리가 율법의 행위에서 아니고 그리스도를 믿음으로써 의롭다함을 얻으려 함이라. 율법의 행위로서는 의롭다함을 얻을 육체가 없느니라"(갈 2:16).

"너희가 그 은혜를 인하여 믿음으로 말미암아 구원을 얻었나니, 이것이 너희에게서 난 것이 아니요 하나님의 선물이라. 행위에서 난 것이 아니니 이는 누구든지 자랑치 못하게 함이니라"(엡 2:8,9).

"하나님이 우리를 구원하사 거룩하신 부르심으로 부르심은 우리의 행위대로 하심이 아니요, 오직 자기 뜻과 영원한 때 전부터 그리스도 예수 안에서 우리에게 주신 은혜대로 하심이라"(딤후 1:9).

"우리 구주 하나님의 자비와 사람 사랑하심을 나타내실 때에 우리를 구원하시되 우리의 행한 바 의로운 행위로 말미암지 아니하고 오직 그의 긍휼하심을 좇아 중생의 씻음과 성령의 새롭게 하심으로 하셨나니, … 우리로 저의 은혜를 힘입어 의롭다하심을 얻어 영생의 소망을 따라 후사가 되게 하려 하심이라"(딛 3:4,5,7).

그러하기에 성경에서 '은혜로 말미암는' 칭의가 '믿음으로 말미암는' 칭의와 동일한 것이 확실한 것처럼, 위에 언급한 증언적 구절들을 통해 믿음과 은혜로 말미암는 칭의 모두가 '행위로 말미암는' 칭의와 대조되며, 그것을 강력하게 반대하고 있는 것 역시 매우 확실하다. 그렇다면 한편으로 칭의와 '행위들' 사이의 관계와, 다른 한편으로 칭의와 '믿음'

사이의 관계는 서로 분리된 명제 아래 고찰될 수 없는 것이라고 할 수 있다. 한편 우리는 지금 칭의와 '은혜'와의 관계에 대해서만 언급하고 있다.

명제 23- 죄인의 경우에 있어서 '율법의 행위로 말미암는' 칭의는 명백히 배제되고 있다. 반면에 자신의 의가 아닌 다른 의로 말미암는 칭의가 명백히 계시되고 있다.

죄인이 그 자신의 행위로는 의롭다함을 받을 수 없다는 것은 율법의 본질적인 성격과 관계되어 있는 아주 단순하게 죄인이 범죄한 사실로부터 추론될 수 있다. 왜냐하면 오직 인간의 의무와 하나님의 심판의 규칙으로 즉시 간주되는 율법만이 경건한 자를 의롭다 하고 악한 자를 정죄할 수 있기 때문이다. 이러한 결론은 성경의 여러 구절들을 통해서 지고의 엄숙함을 동반한 가장 명백하고 분명한 용어들로 선언되었다. "무릇 율법 행위에 속한 자들은 저주 아래 있나니, 기록된 바 누구든지 율법 책에 기록된 대로 온갖 일을 항상 행하지 아니하는 자는 저주 아래 있는 자라 하였음이라"(갈 3:10).
"누구든지 온 율법을 지키다 그 하나에 거치면 모두 범한 자가 되나니, 간음하지 말라 하신 이가 또한 살인하지 말라 하셨은즉 네가 비록 간음하지 아니하여도 살인하면 율법을 범한 자가 되느니라"(약 2:10,11).
"하나님의 진노가 불의로 진리를 막는 사람들의 모든 경건치 않음과 불의에 대하여 하늘로 좇아 나타나나니"(롬 1:18).
"우리가 알거니와 무릇 율법이 말하는 바는 율법 아래 있는 자들에게 말하는 것이니, 이는 모든 입을 막고 온 세상으로 하나님의 심판 아래 있게 하려 함이니라. 그러므로 율법의 행위로 그의 앞에 의롭다하심을 얻을 육체가 없나니, 율법으로는 죄를 깨달음이니라"(롬 3:19,20).
"그러면 율법이 하나님의 약속들을 거스르느냐? 결코 그럴 수 없느니라. 만일 능히 살게 하는 율법을 주셨더면 의가 반드시 율법으로 말미암았으리라"(갈 3:21).

위에 언급한 증언들은 다음과 같은 세 가지 요점에서 매우 결정적이다. 첫째로, 죄가 존재하는 곳에 행위로 말미암는 칭의는 있을 수 없다. 둘째로, 죄가 존재하는 곳에 하나님의 계명을 향한 완전한 순종은 존재하지 않는다. 셋째로, 사람들 사이에 완전한 순종을 행하는 사람은 아무도 없다. 왜냐하면, "모든 사람이 죄를 범하였으매 하나님의 영광에 이르지 못하기 때문"이다.

그러나 이 결론은 여러 가지 방법을 통해 교묘하게 기피되어 왔다. 심지어 그들의 결백을 확증하지도 못하고, 그들의 범죄를 부인하지도 못하는 사람들 모두에 의해 회피되어 온 것이다. 그들은 때때로 여러 다른 종류의 행위들 사이의 구분을 수단으로 사용했는데, 다음과 같다. 자연의 힘으로 된 행위 또는 은혜의 원조로 말미암아 이루어진 행위, 믿음 이전이나 이후에 되어진 행위들, 의식의 준수나 도덕적 의무를 통해 이루어진 행위들, 법적 행위들 또는 복음적 순종의 행위들, 단순한 외면적인 일치에 기인하는 행위들 또는 거룩의 내적 원리로부터 발원하는 행위들, 인간이 고안한 행위들 또는 신적 의무에 따른 행위들, 완전한 순종의 행위 또는 불완전한 순종의 행위, 그러나 항상 성실하고 진지한 행위들이 그것이다.

그들은 또한 한 종류의 율법과 다른 종류의 율법 사이의 차이점을 수단으로 사용하기도 했으며, 마치 사도 바울이 의식법만 언급하고 도덕법은 언급하지 않는 것처럼 율법에 제한적이고 불완전한 의미를 부여하기도 했다. 그러나 가장 빈번하고 위험한 오류는 그럴듯한 변명과 사정을 둘러댐으로써 신적 요구들의 영성과 범위를 실제적으로 무시하고 간과하며 죄의 악과 과실을 완화시키는 사람들이다.

이것들 중 어떤 회피들은 신자들의 칭의에 대한 질문, 즉 그들의 칭의가 주입되고 선천적인 거룩과 그것으로부터 발원되는 새로운 순종의 행위들로 말미암아 전적으로, 혹은 부분적으로 기인되어 있는 것이 아닌가에 중요하게 적용되었으며, 어떤 의미에서 동일하게 적용되는 죄인들의 칭의에 대한 질문들에 적용되어 왔다. 한편, 신자가 되기 전의 모든 사람들이 다 죄인들이기에, 우리는 다음과 같은 질문으로 우리의 논의를 한정하고자 한다. 그들이 죄인들로서 행위로 말미암아 의롭다함을 받을 수 있는가?

사도의 명백한 진술들을 고찰해 보면, 그 누구도 감히 이 질문에 대해 확정적으로 답하지 못할 것이다. 왜냐하면 사람의 죄를 정죄하는 율법이 그 사람의 의를 통해 그를 의롭다 한다고 가정하는 것은 어렵기 때문이다. 그리고 아마도 그들 자신들의 순종의 행위들로 말미암아 자신들이 의롭게 된다고 대담하게 말하는 많은 사람들은 그 자신들의 마음속에 자신들의 성품에 영향을 끼쳤던, 혹은 아직 영향을 끼치지는 않았으나 그렇게 될 도덕적인 변화를 암묵적으로 가정하고 주장하는 자들이다. 이 도덕적인 변화는 하나님과의 관계에 있어서의 전적인 변화, 즉 율법의 저주로부터의 면제와 은총을 즐거워할 수 있는 단계로 그들을 고양시켜 주는 변화를 의미한다.

칭의가 이러한 변화에 따르는 마땅한 보상이 아니라면, 적어도 칭의를 어떤 특정한 영향으로 생각하는 그들은 다음과 같은 질문, 즉 죄인이 하나님의 사면과 용인을 어떻게 받을 수 있는가를 마음에 간직하지도 않는다. 그들이 만일 아브라함이 그랬던 것처럼 '불의한 자를 의롭다 하시는 분을 믿는' 믿음에 이를 수 있다면, 그들은 오직 하나님께서 '행위로 말미암지 않는 의의 전가'로 말미암아 그렇게 하신다는 것을 보게 될 것이다. 왜냐하면, 적어도 그들이 믿고 난 후에 그들의 순종에 대해서 무어라 말하든지 간에 그들의 행위들이라는 것은 고작 악하고 죄악적인 것 외에는 내세울 게 없기 때문이다.

그러나 여기서 그들은 다시 한번 매우 교묘하고 그럴듯한 핑계를 내세우며 그것들을 의지한다. 그들은 "경건치 아니한 자를 의롭다 하시는 이"로서의 하나님에 대한 묘사와, 하나님을 "예수 믿는 자를 의롭다 하시는 분"으로 묘사하는 동일한 사도의 또 다른 진술을 증거 구절로 사용한다(롬 4:5 ; 3:26). 그리고 그들은 마치 이 두 진술이 서로 모순되는 것처럼 제시한다.

그들은 하나님께서 사람을 죄인으로서 의롭다 하시는 것이 아니라 신자로서 의롭다 하신다고 주장한다. 만일 의롭다하심을 받은 자들이 과거에 '경건치 아니한 자들'이었다면, 그들이 '믿는' 즉시 그 '불경건함'은 중지된다는 것이다. 그리고 그들의 도덕적이며 영적 성품으로서의 이 변화는 그들에게 믿음으로 말미암아 전가된 다른 그 어떤 의보다 더욱 그들의 사면과 용인의 근거가 된다는 것이다. 그들의 이러한 주장과 설명에는 많은 진리들이 담겨 있으나 동시에 심각하고 위험한 거짓된 오류들이 많이 내포되어 있다.

하나님께서 죄인이 그리스도를 믿기 전까지는 절대로 그를 의롭다 하시지 않는다는 것은 사실이다. '경건치 아니한 자'가 그리스도를 믿은 이후에 계속해서 '경건치 아니한 자'의 자리에 머무르지는 않으며, 경건치 아니한 자의 일을 계속하지도 않는다는 것 역시 동일하게 사실이다. 그러나 하나님을 경건치 아니한 자를 의롭다 하시며, 참된 신자들을 의롭다 하시는 분으로 묘사하고 있는 이 두 진술 사이에 불일치나 모순이 있다고 주장하는 것과, 그리스도를 믿고 난 이후 죄인의 기질에 관계되는 영적인 변화가 하나님 앞에서의 죄 용서와 용인의 근거가 된다고 주장하는 것은 대단한 잘못이다.

이 변화는 성령님의 은혜로 말미암은 결과이기는 하지만 성령님의 은혜는 그리스도의 중보적 사역의 통로를 통해서 우리에게 오며, 언약의 시행자로서의 그리스도에 의해서 분배되는 것이다. 그것은 마치 그리스도께서 성취하신 목적이 불충분하고 불완전한 것처럼 그리스도 자신의 사역을 대체하거나 그것에 보충적인 것이 아니라, 단순히 그의 백성의 구원의 유익을 위해 그들이 그것을 수용하고 그것에 안식하게 하기 위해 적용하는 것이다.

사도가 의미했던 우리의 칭의에서 배제되는 '행위들'이란 도대체 어떤 것들이며, 그가 특별히 이 목적에 있어서 약하고 무익한 것으로 언급했던 '율법들'이란 무엇인가에 대한 질문이 제기되었다. 사실상 본질적으로 하나이며 동일한 질문이 다른 형식으로 제기된 것이지만, 이 질문에 대해 어떤 사람들은 사도 바울이 배제했던 행위는 형식적이며 외면적인 준수로서의 행위들이었다. 사도가 배제했던 율법은 전 우주적이며 영구한 의무를 지우는 도덕법이 아니라, 유대인들의 의식적인 율법이었다고 답변하기도 했다. 바로 이 점에 있어서 그들은 사도의 진술들이 모든 종류의 사람들의 덕망 있는 행위들에 적용될 수 없으며, 심지어 그리스도인의 성품의 은혜들이나 그리스도인의 생활의 선행들에는 더욱 적용될 수 없는 것이라고 주장하는 것이다. (3)

그러나 이러한 종류의 답변에 대한 결정적인 논박과 비판은 우리가 '행위로나', '율법으로' 말미암아 의롭게 되는 것이 아니라 은혜와 믿음으로 말미암아 의롭게 된다는 성경의 모든 구절들의 본문과 문맥을 통해서 확실히 이루어질 수 있다.

우선 사도가 두 가지 확실히 다른 방법의 칭의, 즉 행위들로 말미암는 칭의와 은혜로 말미암는 칭의를 다루고 있는 로마서 초반부에 나타나는 사도 바울의 강화를 살펴보자. 이는 본 주제의 전투적 장소(Locus Classicus)로 간주될 수 있을 것이다(롬 1:18-3:20). 현재 직면해 있는 사도가 말하고 있는 율법은 무엇이며, 칭의에서 배제되는 행위들은 무엇인가라는 질문에 대해서 우리는 결정적이고 명확한 진술을 수없이 찾을 수 있다. 그것은 사도가 유대인들의 의식법을 배타적으로 말하고 있지 않고, 오히려 일반적으로 유대인들에게 독특했던 율법뿐만 아니라 이방인들에게도 공통적이었던 율법, 또는 전 우주적이며 불변하는 권위를 가진 일반적 도덕법을 모두 포함하여 말하고 있는 데서 명백히 드러난다.

이는 첫째로, 사도가 '법이 없는 곳에는 죄도 없다는 원리나 율법이 없는 곳에는 죄가 전가되지 않는다'는 원리에 기초하여 전개하고 있는 전체 논증에서, 그리고 유대인들이나 이방인들이 모두 한결같이 율법 아래 처했다는 것을 증명하는 데서 극명하게 드러난다. 유대인들은 자연의 빛 외에도 모세의 율법아래 처해 있으며, 모세 율법을 소유하지 못했던 이방인들은 '그들이 스스로 그들에게 율법이 되는' 본래적이며 선천적인 불멸의 법 아래 처해 있었다.

둘째로, 포괄적인 보편성을 담고 있는 그의 결론, 즉 "우리가 알거니와 무릇 율법이 말하는 바는 율법 아래 있는 자들에게 말하는 것이니,

이는 모든 입을 막고 온 세상으로 하나님의 심판 아래 있게 하려 함이니라"(롬 3:19)는 말씀을 통해 볼 때, '모든 사람이 죄를 범하였으매 하나님의 영광에 이르지 못하는 것'은 명백한 사실이라고 확증할 수 있다.

"그러면 어떠하뇨? 우리는 나으뇨? 결코 아니라. 유대인이나 헬라인이나 다 죄 아래 있다고 우리가 이미 선언하였느니라. 기록한 바 의인은 없나니 하나도 없으며"(롬 3:9,10).

"그러므로 율법의 행위로 그의 앞에 의롭다하심을 얻을 육체가 없나니, 율법으로는 죄를 깨달음이니라"(롬 3:20).

셋째로, 사도가 열거하고 있는 죄의 목록을 통해 볼 때 극명하게 드러난다. 사도는 이 죄의 목록에서 순전히 도덕법, 즉 불경건함, 무자비함, 속이는 것, 거짓말, 악한 말, 저주, 험담 등을 나열하고 있을 뿐 의식법의 파괴나 불이행은 전혀 언급하지 않는다.

넷째로, 이러한 질문에 대한 사도의 답변에서 명백히 드러난다. "그런즉 우리가 믿음으로 말미암아 율법을 폐하느뇨? 그럴 수 없느니라. 도리어 율법을 굳게 세우느니라"(롬 3:31). 왜냐하면 이는 결코 성취되고 폐기된 의식법이 될 수 없으며, 오히려 그리스도에 의해서 성취되고 확증된 도덕법이기 때문이다.

마지막으로, 아브라함과 다윗의 경우에 매우 명백하게 드러난다. 왜냐하면 아브라함은 아브라함에게 의식법이 소개되기 전부터, 심지어 할례의식이 제정되기 전부터 이미 '하나님께서 행위로 말미암지 않는 의를 전가'함으로 아브라함을 의롭다 하셨기 때문이다. 왜냐하면 아브라함이 할례의 표를 받은 것은 무할례 시에 '믿음으로 된 의를 인친 것'이기 때문이다. 다윗 역시 자신이 한 말을 통해 볼 때 오직 의식법을 거스려 범죄한 것으로 인용할 수 없다. 다윗은 "허물의 사함을 얻고 그 죄의 가리움을 받은 자는 복이 있도다. 마음에 간사가 없고 여호와께 정죄를 당치 않은 자는 복이 있도다"라고 말했다(시 32:1,2). (4)

사도가 언급하고 있는 이러한 '율법'과 '행위들'을 올바로 이해하기 위해서는 그의 논증의 설계와 목적에 대해 고찰할 필요가 있다. 지금 사도 바울은 사람이 사악하고 죄악적인 행위를 통하여 의롭다함을 받을 수 없다는 것을 증명하려는 것이 아니다. 이것은 사실상 너무나 명백해서 증명할 필요도 없는 일이다. 또한 사람이 선하고 완전한 행위들을 통해 의롭다함을 받을 수 없다는 것을 증명하려 하는 것도 아니다. 왜냐하면, 그것은 사실이 아니며 생명언약의 용어들을 반대하는 것이고 우리 주님께서 바리새인에게 하신 말씀과도 명백히 모순되기 때문이다. "예수께서 이르시되, 네 대답이 옳도다. 이를 행하라. 그러면 살리라 하시니"(눅 10:28).

사도의 주 요점과 의도는 위에 언급한 두 가지를 증명하거나 순전히 사변적인 이론과 입장을 수립하려 했던 것이 아니라, 인간의 전 우주적인 타락과 전적 무능력을 확립하고, 유대인들과 이방인들의 양심에 죄인들로서의 그들의 과실들과 위험을 확신시키는 데 있었다. 하나님의 계명은 '영적'인 반면 그들은 육적이고, '그의 계명은 거룩하고 그의 명령은 거룩하며 의롭고 선한 것'인 반면 그들은 부정하고 그들의 행위들도 역시 부정하며 불의하고 악하다는 것을 철저하게 보여 주기 위함이었다. 또한 '하나님의 판단에 의하면, 이 같은 일을 행하는 자들은 사형에 해당하며 이러한 판단이 진리대로 되는 것'임을 밝히기 위함이었다(롬 1:32 ; 2:2).

요약하여 말하자면, 사도의 목적은 매우 실제적인 것으로, 그들의 범죄와 그에 따른 정죄를 확립하려 했던 것이었으며, 이로 말미암아 복음이 매우 명료하게 선포하고 있듯이 그들로 하여금 구원에 관한 절실한 필요성을 느끼게 하기 위함이었던 것이다. 그리고 만일 이러한 사실이 '율법의 행위로는 아무 육체라도 의롭게 되지 못할 것'이라는 사실을 증명하는 데 적용된다면, 그것으로부터 필연적으로 발생하는 추론은 사람들이 만들어서 그것을 의지하기에 빠른 '그릇된 확신들' 또는 '거짓 위안'을 몰아내는 목적으로 설계된 것이다. 그리고 그들로 하여금 유죄 선고를 받고, 정죄 받은 죄인들로서 '그들 앞에 제시되어 있는 참된 피난처로 피하게 하는 목적'으로 설계된 것이다.

이것은 지금까지도 여전히 절실히 요구되는 사항이다. 칭의 교리에 관한 모든 오류들은 사람들 사이에 하나님의 율법의 영적 요구에 대해 전 우주적으로 만연되어 있는 불완전한 견해로부터 연원된다. 왜냐하면 이러한 견해들은 언제나 죄에 대한 경시와 그들의 개인적인 거룩과 덕목들에 대한 거짓된 평가, 혹은 과장된 평가에 기인하고 있기 때문이다. 많은 사람들이 전혀 하나님의 계명의 법칙에 비추어 볼 때 어떤 행위가 선한 행위가 되기 위해서는 무엇이 요구되는지 전혀 고찰하지도 않으면서 '선한 행위들'을 논하곤 한다.

하나의 '행위'가 정말로 '선한 행위'가 되기 위해서는 그 행위 자체가 반드시 하나님의 계명의 계율에 부합되어야 하고, 반드시 하나님의 의지에 순종되어야 하며, 반드시 옳은 동기여야 하고, 반드시 사람을 의식하지 않는 하나님을 향한 지고의 사랑의 표현이어야 하며, 반드시 그 최상의 목적으로서의 하나님의 영광만을 목적해야 한다. 어떠한 행위라도 하나님의 계명의 계율에 하나라도 저촉이 되거나 위반이 된다면 그것은 절대로 '선한 행위'가 될 수 없다.

행위의 동기가 아무리 고상하더라도 동기가 죄를 거룩하게 할 수는 없다. 목적이 수단을 정당화할 수도 없다. 행위가 하나님의 의지와 부합되지 않는 것이라면, 그것이 하나님의 계명의 문자 조항에 부합되더라도 하나님의 영에는 절대로 부합되지 못한다. 율법 수여자시며, 통치자시며, 심판자이신 하나님을 의존하지 않으면서 하나님의 자리에 대신 앉아서 인간 자치(autonomy)를 외치는 불경한 도덕이나 윤리는 약간의 의무를 지시하기는 한다. 그러나 적어도 사려 분별을 지시하기는 해도 이것을 연습하는 자들의 '목전에는 하나님을 두려워함'이 없으며, 그들의 삶의 단 한 순간이라도 하나님의 권위에 절대로 복종하지도 않을 것이다.

그것이 만일 올바른 동기에 기인해서 실행되지 않았다면, 그 행위는 실질적으로는 선할지 모르나 도덕적으로는 악하다. 왜냐하면 하나님을 향한 기도, 가난한 자를 위한 구제, 죄의 복종을 위한 금식의 행위들은 그 자체로 볼 때는 매우 선한 것들이다. 그러나 이것들이 사람들에게 보여지기 위해 하는 행동이라면, 그것들은 바로 그 부패한 동기 때문에 더럽혀지고 혐오할만한 위선의 실례가 된다(마 6:1-6,16-18).

그것이 사람을 의식하지 않으며 가슴 깊숙한 곳에서 진정으로 흘러 나오는 하나님을 향한 지고의 사랑의 표현이 아니라면, 그것은 하나님의 두 가지 계명의 의무들을 올바로 수행한 것이라 할 수 없다. 왜냐하면, "가장 첫째 되고 위대한 계명은 네 마음을 다하고 목숨을 다하고 뜻을 다하여 주 너의 하나님을 사랑하라 한 것"이기 때문이다. 둘째도 이와 같은 것으로서 "네 이웃을 네 몸과 같이 사랑하라" 하셨기 때문이다 (마 22:37,39,40).

그리고 그것이 하나님의 영광을 목적하지 않고 이루어진 일이라면, 그것은 우리 인간들의 가장 첫째 되고 제일 되는 목적에 대한 직무유기이자 태만이다. 우리가 아무리 훌륭하고 고상한 덕목들을 행사한다 하더라도 그것들은 모두 다 '하나님의 영광에 이르지 못하는 것'들이 되고 만다(롬 3:23).

만일 사람이 진심으로 이해하고 믿는다고 하면 이것들은 정말 하나님의 계명의 요구가 될 것이며, 만일 그들이 이것들을 그들의 행위와 그 행위의 기원에 대한 시금석으로 삼고자 한다면 그들의 양심이 이것들을 배격하고 대적하고 있음을 '증거하게 될 것'이다. 그렇게 된다면 죄인들로서 그들이 행위를 통하여 의롭다하심을 받을 수는 없다는 이 명백한 사실을 증명할 또 다른 논증이나 토론들은 더 이상 필요하지 않게 될 것이 분명하다.

명제 24- 정말 '선'하고 '하나님께서 받으실 만한' '행위들'로 말미암는 칭의는 그것이 하나님에 의해 표현되고 선언되지 않는 한 신자의 칭의에 있어서 배제된다.

이 진술은 성경이 우리 마음에 이 각각의 고유한 중요성들을 비추고 그것들을 하나의 포괄적이고 일반적인 관점하에서 통합하여 알려 주지 않는 한, 그 참된 성경적 의미를 이해하거나 그것들이 서로 관계하고 있는 관계의 올바른 순서를 파악할 수 없는 몇 가지 위대한 실제적인 이해 관계와 중요성을 암시하고 있다. 그것들은 사려 깊고 정확한 분별을 통해 고찰되어야 하며, 서로 모순되지 않는 교리 체계를 구성하는 부분들로 잘 조화되어야 한다.

이것들 중 첫 번째는 모든 참된 신자들의 선한 행위의 실재성과 필요성에 관한 것이다. 성경에서 이것들은 모든 신자들에게 요구되어질 뿐 아니라 하나님께 진정으로 용인될 수 있는 것이며, 심지어 하나님에 의해 보상되는 것이기도 하다. 이것들은 다음과 같은 세 가지 독특한 이유 때문에 하나님이 받으실 만한 것이 된다. 첫째로, 이것은 '그의 사랑하시는 자 안에서 용인'되어지고, '하나님의 친백성으로 입적된 자녀들'로서의 의무적인 순종의 행위이기 때문이다. 둘째로, 이것은 하나님의 의지에 전적으로 부합되는 것들이기 때문이다. 셋째로, 이것은 '성령의 열매들'이며, 또한 하나님을 매우 기쁘시게 하는 것들이기 때문이다.

성경을 손에 가지고 있는 사람들이라면 하나님께서 신앙보다 불신앙을, 또는 '통회하고 자복하는 심령'보다 '완고하고 회개치 않는 마음'을, 신령과 진정보다 사기와 거짓을, 또는 깨끗하고 정결한 생각과 말과 행동보다 음란하고 방탕한 생활을, 하나님의 형상의 회복의 초기 단계인 주입되고 내재된 거룩보다 악한 자의 형상인 습관적인 죄악을 더 좋아하시고 받으실 만한 것이라고 믿을 수는 없는 것이다. 신자들의 은혜들과 행위들은 모두 하나님께서 받으실 만한 것으로 확실히 선언되었다. "온유하고 안정한 심령의 썩지 아니할 것"은 "하나님 앞에 값진 것"으로 여겨졌다(벧전 3:4).

신자들은 "예수로 말미암아 항상 찬미의 제사를 하나님께 드리는 자"로 명령을 받았을 뿐만 아니라 "선을 행함과 서로 나눠주기를 잊지 말라"고 명령을 받은 자들이다. 왜냐하면, "이 같은 제사는 하나님이 기뻐하시는 제사"이기 때문이다(히 13:15,16).

그들의 '기도'와 그들의 '구제'는 "하나님 앞에 상달하여 기억하신 바"되었다(행 10:4). 그리스도로 인한 그들의 헌금은 "하나님께서 받으실 만한 향기로운 제물이요, 하나님을 기쁘시게 한 것"으로 여겨졌다(빌 4:18).

모든 신자들은 "신령한 집으로 세워지고 예수 그리스도로 말미암아 하나님이 기쁘게 받으실 신령한 제사를 드릴 거룩한 제사장"으로 묘사되었다(벧전 2:5). 그리고 그들은 "하나님의 모든 자비하심으로 그들의 몸을 하나님이 기뻐하시는 거룩한 산 제사로 드리라"고 권고되었고, 이는 '그들이 드릴 영적 예배'로 규정되었다(롬 12:1). 그들의 선한 행실들은 심지어 그 행실의 수량과 탁월성에 따라 하나님으로부터 보상을 받는 것으로 알려지기까지 했다. "하나님이 불의치 아니하사 너희 행위와 그의 이름을 위하여 나타낸 사랑으로 이미 성도를 섬긴 것과 이제도 섬기는 것을 잊어버리지 아니하시느니라"(히 6:10).

"선지자의 이름으로 선지자를 영접하는 자는 선지자의 상을 받을 것이요, 의인의 이름으로 의인을 영접하는 자는 의인의 상을 받을 것이요"(마 10:41).

"또 누구든지 제자의 이름으로 이 소자 중 하나에게 냉수 한 그릇이라도 주는 자는 내가 진실로 너희에게 이르노니, 그 사람이 결단코 상을 잃지 아니하리라 하시니라"(마 10:42).

"스스로 속이지 말라. 하나님은 만홀히 여김을 받지 아니하시나니, 사람이 무엇으로 심든지 그대로 거두리라. 자기의 육체를 위하여 심는 자는 육체로부터 썩어진 것을 거두고, 성령을 위하여 심는 자는 성령으로부터 영생을 거두리라"(갈 6:7,8).

"이것이 곧 적게 심는 자는 적게 거두고 많이 심는 자는 많이 거둔다 하는 말이로다"(고후 9:6).

"심는 이와 물 주는 이가 일반이나 각각 자기의 일하는 대로 자기의 상을 받으리라"(고전 3:8).

"각각 공력이 나타날 터인데 그 날이 공력을 밝히리니, 이는 불로 나타내고 그 불이 각 사람의 공력이 어떠한 것을 시험할 것임이니라. 만일 누구든지 그 위에 세운 공력이 그대로 있으면 상을 받고, 누구든지 공력이 불타면 해를 받으리니, 그러나 자기는 구원을 얻되 불 가운데서 얻은 것 같으리라"(고전 3:13-15).

위에 언급한 증거들로 미루어 보아 '선한 행위들'은 은혜와 구속 계획에 있어서 중대한 위치를 차지하고 있으며, 도덕적으로 악한 것과 대조

비교해 볼 때 구별되는, 그 자체로 매우 선한 것이다. 이것들은 하나님의 계시된 의지에 부합되고, 성령의 열매와 일치되는 것들이며, 하나님의 상급의 약속과 관계된 것들임이 분명하다.

선한 행위에 대한 이러한 진리들은 명백하게 계시된 것들이다. 이것은 오직 믿음으로 말미암는 칭의를 거의 배제할 수 있을 만큼 분명해서 우리가 이 믿음으로만 말미암는 칭의 교리를 전적으로 포기하든지, 아니면 선한 행위들에 대한 성경적 가르침과 이것을 잘 조화시키기 위해 그것을 반드시 수정해야만 하는 의무를 느끼게까지 한다.

그러나 우리가 '하나님의 계시된 전체 계획'에 대한 포괄적인 견해를 올바로 충분하게 이해하기만 한다면, 이 두 교리들을 조화·일치시키는 것은 전혀 어려운 일이 아니다. 그러므로 하나님이 받으실 만하며 심지어 상까지 주시는 이 '선한 행위들'은 이미 의롭다함을 받았으며, '그의 사랑하시는 자 안에서 용인된 참된 신자들의 것임을 명심해야 한다.

신자들은 이제 그들의 대속자이시며 보증이신 그리스도에 의해 성취되었기 때문에, '행위 언약들'로서의 율법 아래 있지 않지만 그리스도를 향한 삶의 규칙으로서의 율법 아래 있음을 명심해야 한다. 우리가 하나님의 나라에 속한 백성들이라 할지라도 그리스도께서 우리들의 순종 여하에 따라 상급을 주시기로 약속하시고 우리의 죄로 말미암아 임하는 형벌로부터 완전히 구원해주시기 때문에, 여전히 도덕적 통치의 지배를 받는 자들임을 기억해야 한다.

그리스도께서는 심지어 그의 구속받은 백성들에게 "무릇 내가 사랑하는 자를 책망하여 징계하노니, 그러므로 네가 열심을 내라. 회개하라"고 말씀하심을 기억해야 한다(계 3:19). 또한 복음의 독특한 '은혜의 상급들'이 오직 율법에 속한 '죄의 보응'과 극명하게 대조되어 있음을 명심해야 한다. 믿지 않고 복음에 순종치 않는 완고한 자들의 고통들은 하나님의 진노로 말미암은 형벌적 고통들인 반면, 하나님의 자녀들에게 있어서 이러한 동일한 고통들은 아버지의 징계이며, 이러한 고통들을 통해 달콤한 아버지의 사랑을 깨닫게 되는 그들을 위한 공인된 특권으로까지 분류되고 간주됨을 기억해야 한다.

그러하기에 이러한 중요한 고찰들을 진지하게 연구해야 하며, 그렇게 하기만 하면 우리를 위한 오직 은혜를 통하여 믿음으로 말미암는 무조건적 칭의는 율법에 통치를 받는 것과 장차 행위에 따라 심판을 받는 것과 전혀 모순되지 않다는 것을 즉시 깨닫게 될 것이다. (5)

우리가 선한 행위들이 믿음과 그리고 칭의와 각각 어떤 관계가 있는지를 더욱 세밀하게 고찰한다면, 이는 더욱 더 확실하고 명백해질 것이다. 선한 행위들은 믿음의 결과일 뿐만 아니라 믿음과 칭의의 증거들이기도 하다. 선한 행위들이 믿음의 결과들이라는 것은 다음의 성경말씀들에 비추어 볼 때 매우 명백해 보인다. "의심하고 먹는 자는 정죄되었나니, 이는 믿음으로 좇아 하지 아니한 연고라. 믿음으로 좇아 하지 아니하는 모든 것이 죄니라"(롬 14:23).

"믿음이 없이는 기쁘시게 못하나니, 하나님께 나아가는 자는 반드시 그가 계신 것과 또한 그가 자기를 찾는 자들에게 상 주시는 이심을 믿어야 할지니라"(히 11:6).

"경계(警戒)의 목적은 청결한 마음과 선한 양심과 거짓이 없는 믿음으로 나는 사랑이거늘"(딤전 1:5).

선한 행위들이 믿음의 결과인 것처럼 그것들이 또한 참되고 살아 있는 믿음의 증거들이라는 것 역시 명백하다. "혹이 가로되, 너는 믿음이 있고 나는 행함이 있으니, 행함이 없는 네 믿음을 내게 보이라. 나는 행함으로 내 믿음을 네게 보이리라"(약 2:18). 그리고 구약 시대에 살았던 모든 신자들의 모든 선한 행위들도 역시 믿음의 시행의 결과들이다 (히 11:4,7,8,17,23,32).[1]

---

1) **히 11:4** 믿음으로 아벨은 가인보다 더 나은 제사를 하나님께 드림으로 의로운 자라 하시는 증거를 얻었으니, 하나님이 그 예물에 대하여 증거하심이라. 저가 죽었으나 그 믿음으로써 오히려 말하느니라.
히 11:7,8 믿음으로 노아는 아직 보지 못하는 일에 경고하심을 받아 경외함으로 방주를 예비하여 그 집을 구원하였으니, 이로 말미암아 세상을 정죄하고 믿음을 좇는 의의 후사가 되었느니라. 믿음으로 아브라함은 부르심을 받았을 때에 순종하여 장래 기업으로 받을 땅에 나갈새 갈 바를 알지 못하고 나갔으며.
히 11:17 아브라함은 시험을 받을 때에 믿음으로 이삭을 드렸으니, 저는 약

그러나 만일 이것들이 믿음의 결과들과 증거들 말고도 또한 칭의의 증거들도 된다고 하면, 칭의는 분명히 그가 믿자마자 그리고 단순히 그가 그리스도를 믿기 때문에 그에게 임하는 특권이 되기 위하여 믿음과 연결되어 있는 것이다. 그렇지 않다면 선한 행위들은 믿음의 존재만을 증거하고 그 특권의 소유는 증명하지 않게 될 것이다. 한편, 성경에서 선한 행위들은 양자 모두를 증거하기 위해 사용되었다.

예를 들면, 우선 향유로 주님께 기름 부은 불쌍한 한 여인의 선한 행위가 그리스도를 향한 그녀의 사랑의 증거로 인용된 것을 살펴보자. 이 여인의 선한 행위가 사랑의 증거로 인용된 후, 그녀의 사랑은 그리스도를 믿는 그녀의 믿음의 증거로 제시되었다. 그리고 나서 선한 행위, 사랑, 그리고 믿음 이 모든 것이 그녀의 칭의의 증거들로 예증되었다. 그러나 만일 그녀의 선한 행위와 그녀의 위대한 사랑 모두가 그녀의 믿음의 결과들이자 증거들이었다면, 그리고 그것들이 또한 그녀의 칭의의 증거들이었다면, 그녀의 칭의는 그녀의 사랑과 순종에 관계된 것이 아닌, 그리스도를 믿는 그녀의 믿음과 즉각적이고 직접적으로 관계되었던 것임에 틀림없다. 이것들, 즉 그녀의 사랑과 순종은 칭의의 근거와 이유가 아니라 그것의 현현과 증거들로 소개된 것이다.

바로 이러한 이유로 인해 '신자의 경우 선한 행위들로 말미암는 칭의는 배제되는 것'이라고 말하는 것이다. 그러나 우리는 신자의 칭의를 제한적 의미에서 그것이 사랑과 순종으로 나타나고 선언되는 것으로 말할 수는 있다. 바로 이와 같이 순전히 선언적인 의미에서 사도 야고보는 신자의 칭의를 말한 것이다. **"우리 조상 아브라함이 그 아들 이삭을 제단에 드릴 때에 행함으로 의롭다하심을 받은 것이 아니냐"**(약 2:21).

그렇기에 믿음의 결과들과 증거들로서의 선한 행위들과 칭의의 표지

속을 받은 자로되 그 독생자를 드렸느니라.
히 11:23 믿음으로 모세가 났을 때에 그 부모가 아름다운 아이임을 보고 석 달 동안 숨겨 임금의 명령을 무서워 아니하였으며.
히 11:32 내가 무슨 말을 더 하리요? 기드온, 바락, 삼손, 입다와 다윗과 사무엘과 및 선지자들의 일을 말하려면 내게 시간이 부족하리로다.

와 증거로서의 선한 행위들은, 결코 믿음이 의지하고 칭의가 좌우되는 근거를 형성할 수 없는 것이다. 더욱이 선한 행위들이 간섭하고 개입하는 원인이나 조건으로 믿음과 칭의 사이에 자리할 수도 없는 것이다. 왜냐하면, 모든 신자들이 그리스도와 연합하자마자 의롭다함을 받지만 선한 행위들은 믿음 후에 오는 것이기 때문이다. 이것들은 믿고 의롭다함을 받은 신자들의 행위들인 것이다. 그러므로 불신앙을 소유한 채 여전히 복음과 적대 관계에 남아 있는 한 그들의 행위들은 결코 하나님이 받으실 만한 행위가 되지 못하는 것이다.

신자들의 '선한 행위들'에 관계해서 또 다른 중대한 질문이 있다. 이것들은 완전한 것인가? 아니면 불완전한 것인가? 이것은 순전하고 흠 없는 것인가? 아니면 죄로 말미암아 불결하게 되고 오염된 것인가? 이러한 질문에 답함에 있어서, 선한 행위들로 말미암는 칭의, 또는 신자의 주입되고 선천적인 의로 말미암는 칭의를 주장하는 로마 가톨릭교도들과 일부 개신교도들은 일반적으로 그리스도인의 완전성에 대한 교리를 주장했으며, 내재하는 죄의 교리를 부인하거나 수정했다.

이 동일한 질문에 대해서 그리스도의 중보적 사역에 기초한 칭의를 주장하는 사람들은 신자의 최상의 행위들의 불완전성을 주장했으며, 많은 남아 있는 죄로 말미암아 그것들이 오염된 것들임을 주장했다. 이러한 점으로 미루어 볼 때, 그것들이 하나님의 계시된 의지에 못 미치는 것이라 할지라도 악한 자들의 악한 행위들보다 훨씬 더 하나님을 기쁘시게 하는 것들로서의 신자들의 선한 행위들은 그것들이 흘러 나오는 내적인 원리들이나 은혜들보다 더 완전하지는 않은 것임을 확실히 증거할 수 있다.

믿음이나 회개도, 사랑이나 거룩도, 하나님의 계명의 영적 요구들을 성취하는 성숙한 신자의 새로운 순종도 완전할 수는 없다. 그것들 자체로 늘 '육체의 약함'에 더럽혀지고, 내재하는 죄의 계속적인 실재와 반복되는 오염으로 인해 더럽혀지는 것이다(롬 7:14-25 ; 갈 5:17). (6)

이 주제에 대한 성경의 증언은 모든 교회 시대의 모든 신자들의 경험들을 통해 확증되어 왔다. 모든 신자들은 '택하신 족속'이요, '왕 같은 제사장들'이요, '거룩한 나라'요, '그의 소유된 백성'이며, 그들의 삶뿐만 아니라 그들의 입술을 통해 '그들을 어두운 데서 불러내어 그의 기이한 빛에 들어가게 하신 자의 아름다운 덕을 선전하게 하려 하신 자들'이다. 그럼에도 불구하고 그들의 가장 독특하고 두드러진 공통적 특징은 그들에게 내재되어 있는 죄에 대한 인식과 그것 때문에 '상하고 통회하는 마음'을 가졌다는 데 있다.

가장 거룩하고 존경할만하다고 여겨지는 성인들의 자서전을 읽고 그들의 일기를 관찰해 보라. 모든 시대 모든 나라의 성인들 사이에서 한결같이 발견되는 공통점, 즉 자신들의 무가치함에 대한 고백들과 그들의 마음 속에 내재해 있는 악과의 끊임없는 갈등들을 거기에서 찾을 수 있게 될 것이다. 그들은 매일매일 계속해서 사죄를 위한 '자비'와 그들을 도울 수 있는 은혜를 간구했다. 그들은 또한 매일매일 계속해서 죄와 부정에 노출되어 있는 그들 마음의 근원을 보다 새롭게 하기 위해 기도했다.

어떤 이들은 사가랴(Zacharias)와 엘리사벳(Elisabeth)처럼 종교적이며 그와 관계되어 있는 의무들을 행함에 있어서 전혀 고소를 당하지 않을 만큼 외면적인 생활을 고결하게 했다. "**이 두 사람이 하나님 앞에 의인이니, 주의 모든 계명과 규례대로 흠이 없이 행하더라**"(눅 1:6). 그러나 다른 이들은 노아와 다윗과 베드로처럼 죄를 범하기도 했다. 그들은 수치스러운 죄를 지은 후 모든 시대 모든 나라들의 신자들이 그랬던 것처럼 베드로와 같이 '매우 심하게 슬피 울며', 다윗과 같이 그의 시에서 자신의 죄를 고백하지 않고서는 '다시 회개하여 새롭게 될 수' 없었다(시 51편).

그러므로 그들의 죄가 하나님의 자녀들로 말미암아 행해진 죄이기 때문에 그것들을 단순히 '연약'이나 '불완전함'으로 간주하지 않고, 그들은 그들 자신의 죄를 세상의 자녀들이 지은 죄보다 더욱 심각하고 무거운 죄로 느꼈을 것이며, 하나님의 사죄하시는 자비가 없다면 '여호와 하나님의 존재로부터, 그리고 그의 능력의 영광으로부터 발생되는 영원한 멸망'을 받기에 충분하다고 느꼈을 것이다.

만일 이러한 것들이 참된 신자들에게서 공통적으로 발생되는 경험이라고 한다면, 그리고 영적이며 완전한 율법의 계속되는 권위가 여전히 죄를 판결하고 있다면 내재하는 죄의 존재와 권세를 어떻게 부인할 수 있겠는가? 또는 그들의 선천적인 거룩성이나 '선한 행위들'이 하나님 앞에서의 사죄와 용인의 근거를 어떻게 형성할 수 있겠는가? 그리스도인들의 경험이 얼마나 참되고 성경적인지는 버나드(Bernard)와 어거스틴(Agustine)의 고백을 통해 잘 알 수 있다. 버나드는 "나는 내 죄들에 대해 해명하기는커녕, 나의 의들에 대해서조차 할 말이 없다"고 고백했다. 어거스틴은 "그대의 죄들이 그대에게 있으니, 그대의 의를 하나님께 구하라!"고 말했다.

개혁자들과 그들의 계승자들에게 가장 불합리하고 모순되는 비난을 퍼붓게 된 주제는 바로 '선한 행위들'의 교훈에 관한 것이었다. 그들은 종종 특별히 로마 가톨릭 저술가들에게 공격을 당했는데, 마치 그들이 신자들에게 나타나는 선한 행위들의 존재를 통째로 부인하는 것처럼, 또는 적어도 그것들이 구원에 있어서 전혀 필요 없는 것처럼 여긴다고 비난을 받은 것이 그것이다. 그들은 한편 또 다른 경우에 율법폐기론자들에 의해 믿음의 열매들로서의 선한 행위들을 강요하고 의롭게 된 상태의 증거들을 요구함으로써 무조건적인 은혜의 선물로서의 칭의 교리를 손상시키고 파괴한다는 명목 때문에 공격을 당했다.

초대교회뿐만 아니라 오늘날의 '하나님의 전체 구원 계획'을 전하는 교사들 역시 가장 모순되는 반대 주장과 함께 자신들의 교훈을 제시해야만 하는 것처럼 생각한다. 우리 주님께서도 다음과 같이 말씀하셨다. "이 세대를 무엇으로 비유할꼬! 비유컨대 아이들이 장터에 앉아 제 동무를 불러 가로되, 우리가 너희를 향하여 피리를 불어도 너희가 춤추지 않고 우리가 애곡하여도 너희가 가슴을 치지 아니하였다 함과 같도다. 요한이 와서 먹지도 않고 마시지도 아니하매 저희가 말하기를 귀신이 들렸다 하더니, 인자는 와서 먹고 마시매 말하기를, 보라, 먹기를 탐하고 포도주를 즐기는 사람이요 세리와 죄인의 친구로다 하니, 지혜는 그 행한 일로 인하여 옳다 함을 얻느니라"(마 11:16-19).

은혜를 통하여 오직 믿음으로 말미암는 무조건적인 칭의 교리를 주장하는 자들을 향해 그들이 선한 행위들의 실재를 부인하고, 그것이 구원에 필요하다는 구원에의 필요성을 부인한다고 고소하는 것은 중상 모략일 뿐이다.

종교개혁자들이 로마 가톨릭교회에서 '선한 것'으로 간주하는 많은 행위들, 즉 공덕(supererogation)의 행위들, 수도원적인 맹세의 성취를 위해 행해진 행위들, 죄의 용서를 위한 고행과 금욕의 행위들을 배격했고, 더 나아가 인간의 명령에 대한 순종의 행위와 심지어 하나님의 율법 그 자체에 대한 순종의 행위로 이루어진 모든 종류의 행위들의 공적, 혹은 공로까지 부인했음에도 불구하고, 그들은 '성령의 열매들'로서의 선천적인 은혜들의 본질적인 탁월함과 하나님의 율법의 요구들을 따라서 살아가는 외면적인 행위들의 우수함을 부인하지는 않았다.

그들은 이것들이 구원에 필요 없다고 교훈하기는커녕 그들의 믿음을 그에 적당한 열매들로 표현하고 나타낼 수 있는 능력과 기회를 소유한 신자들의 경우에 있어서, 그의 구원의 필수불가결한 구성 요소로서의 신자의 성화를 교훈하고 제시했다. 왜냐하면 그리스도께서 오신 것은 그의 백성을 형벌에서 구원하기 위해서만 오신 것이 아니라 죄의 세력에서도 구원하시기 위해 오셨기 때문이며, '그들을 흠 없고 책망할 것이 없는 영광스러운 교회로 그 앞에 세우시기 위해' 오셨기 때문이다.

불굴의 의지로 굽히지 않고 오직 믿음을 통하여 은혜로 말미암는 무조건적인 칭의 교리를 변호했던 자들은 또한 '거듭나지 아니하면 하나님의 나라에 들어갈 수 없으며, 거룩함이 없이는 아무도 주를 보지 못하리라'는 교리를 확증했던 가장 진지하고 성공적인 교사들이라고 말할 수 있을 것이다.

종교개혁자들의 교리가 도덕률폐기론주의자들에 의해 남용되기 시작했을 때, 하나님의 특별하신 섭리를 통하여 청교도들이 일어나 루터가 칭의에 많은 강조를 두었던 것처럼 성화 교리를 강조하며 그것을 부각시켰다. 루터가 구원을 확보케 하는 그리스도의 사역을 강조하고 주장한 만큼, 청교도들은 그것을 적용하시는 성령 하나님의 사역을 강조했던 것이다. 왜냐하면 두 가지 교리들 모두 초창기에 교훈되었고, 은혜의 동일한 계획을 구성하는 가지들로 제시되었음에도 불구하고 이 주제에 대한 논쟁이 발생했을 때, 이것은 그 계승자들의 중요 주제가 되었고, 그것들의 필요적절한 연관성과 상호 간의 관계에 따라 더욱 풍성하게 설명되었기 때문이다. 이러한 작업을 한 사람들은 바로 청교도들인 존 오웬(John Owen), 토마스 굿윈(Tomas Goodwin), 스테판 차녹(Stephen Charnock), 윌리엄 호우(William Howe), 그리고 로버트 트레일(Robert Trail)이었는데, 이들은 루터와 칼빈이 선포했던 칭의 교리를 확실히 고수하고 견지했을 뿐만 아니라 위대한 구원의 본질적인 한 부분으로서의 개인적 거룩의 필요성과 성령의 직임과 사역에 대한 풍성하고 능수능란한 주해를 통해 율법폐기론주의의 방종을 주도면밀하게 경고하고 견제했다. (7)

이 위대하고 선한 우리 신앙의 선배들은 신자들의 선한 행위들이 하나님 앞에 향기로운 것들이며 하나님의 뜻에 부합되는 것으로서 하나님이 받으실 만한 것이라고 교훈했다. 그럼에도 불구하고 그것들은 남아 있는 죄로 말미암아 부패하고 불완전한 것이기에 칭의의 근거에 있어서 그 어떤 부분도 구성할 수 없으며, 신자들은 오직 그리스도의 공로를 통해서만 하나님의 용인을 받을 수 있음을 분명히 했다.

동일한 행위들이 한편으로는 '하나님께서 받으실 만한 향기로운 제물이요 하나님을 기쁘시게 한 것'으로 묘사되고, 또 다른 한편으로는 '배설물이요 더러운 옷'이라고 묘사되는 것은 일관되지 못하며 모순된다고 주장하는 사람들이 있다. 이 사람들은 이 용어들이 동일한 용법과 동일한 목적에 따라 동일한 사람과 동일한 장소에 동일한 목적으로 적용된 것(eodem respectu)이 아니라면, 성경의 직접적인 언어의 표현인 이것들이 전혀 모순이 없는 데도 그 사실을 잊어버리는 경향이 있다.

성화의 열매들이며 빛 안에 있는 성도의 기업의 증거들로서 간주되는 선한 행위들을 필요 이상으로 기리고 칭찬하는 것은 바람직하지 못하다. 그러나 우리 칭의의 근거로, 혹은 그 기업에 대한 우리의 권리나 보장의 한 요소를 차지하는 것으로 간주되는 선한 행위는 완전히 배격되어져야 하며, 그러한 목적이라고 하면 그것들은 '배설물'과 '더러운 옷' 외에 아무것도 아닌 것으로 간주되어야 한다. 왜냐하면 이것들이 그러한 목적으로 간주된다면 그것은 그리스도의 구속 사역을 부인하고 그것을 손상시키는 것이 되기 때문이다.

바로 이것이 '율법으로 말하자면 흠 없는 자'였던 사도가 왜 그렇게 자신의 모든 의를 다 배설물로 여기고, 오직 그리스도만을 의지한다고 선언했던가에 대한 이유가 되는 것이다. "그러나 무엇이든지 내게 유익하던 것을 내가 그리스도를 위하여 다 해로 여길 뿐더러, 또한 모든 것을 해로 여김은 내 주 그리스도 예수를 아는 지식이 가장 고상함을 인함이라. 내가 그를 위하여 모든 것을 잃어버리고 배설물로 여김은 그리스도를 얻고 그 안에서 발견되려 함이니, 내가 가진 의는 율법에서 난 것이 아니요 오직 그리스도를 믿음으로 말미암은 것이니, 곧 믿음으로 하나님께로서 난 의라"(빌 3:7-9). (8)

제14강

칭의; 믿음과의 관계 속에서의 칭의의 본질과 이유

   도무지 유지되기 힘든 행위들로 말미암은 칭의가 폐기되고 은혜로 말미암는 칭의가 인정될 때, 주입되고 타고난 믿음이, 그리고 인간의 마음과 삶 속에서 싹트고 있는 거룩이 하나님 앞에서의 우리 죄의 사면과 용인에 있어서 없어서는 안 될 필수불가결한 것으로 요구되어 왔다. 이 사실은 우리가 지금도 여전히 새 계명으로서의 복음적 의에 의해 의롭게 되는 것이라는 핑계와 구실 역할을 한다. 이는 옛 언약 아래서의 행위와 보상 사이에 존재하는 칭의와 마찬가지로, 새 언약 아래 존재하는 우리의 칭의와 동일한 관계가 있다는 것을 시사하는 말이기도 하다. 이 믿음이란 그리스도의 의를 받아들이고 그것에 안식하게 하는 수단이 아니라 그것 자체가 우리 용인의 즉각적인 근거가 되는 의로 간주되는 것이다.
   한편 우리 안에 믿음을 심어 주시는 하나님의 은혜와 이것을 근거로 용인의 특권을 우리에게 확보케 해 주시는 그리스도의 공로적 사역도 역시 일정한 범위 내에서 인정되고 있다. 이러한 이유 때문에, 우리는 성경이 칭의와 믿음 사이에 존재하는 관계에 대해 어떤 설명을 하는지를 명확하게 살필 필요가 있다. 그리고 이것을 주도면밀하게 살펴보고 논의하기 위해서는 이것과 관계해서 발생한 몇 가지 독특한 질문들을 개괄적으로 고찰해 보아야 한다.

이 독특한 질문들은 대체로 다음과 같다. 그리스도의 의의 전가가 아닌 믿음 그 자체가 우리 용인의 직접적인 근거가 되는가? 구원하는 믿음의 본질은 무엇인가? 그것의 가장 정확하고 포괄적인 정의는 무엇인가? 우리의 칭의와 관계해서 믿음의 영향과 결과는 무엇인가? 그것을 수단이나 도구, 또는 그 특권의 조건이라고 부르는 것이 믿음을 호칭하는 가장 바람직한 방법인가? 믿음의 보증은 무엇인가? 그 자신의 개인적인 구원을 위해 그리스도를 영접하게 하고, 그분 안에서 안식하게 만드는 것은 무엇인가?

다른 것은 모두 배제하고 오직 칭의의 유일하고 독특한 수단이 되는 믿음의 고유한 특징은 무엇인가? 또는 어떤 의미에서, 그리고 어떤 이유에서 우리가 '오직 믿음으로 말미암아' 의롭게 되는 것이라고 말할 수 있는가? 이러한 질문들에 답하기 위해서 우리는 이어지는 논의에서 다음과 같은 몇 가지 명제들을 설정하고 설명하고자 한다.

명제 25- 우리는 오직 믿음으로만 의롭다함을 받는데, 이 믿음이란 우리에게 의로 여겨지며 간주되는 것이다. 그러나 믿음 그 자체가 우리가 의롭다함을 받는 의는 아니다.

법적인 행위이든지 복음적인 행위이든지 신자들이나 죄인들의 경우에 있어서 행위들로 말미암는 칭의가 배제되었을 때, 많은 저술가들은 마치 한결같이 하나님의 사면과 용인을 위한 우리의 근거로서의 믿음을 의지하기 시작했다. 그들은 믿음이 죄인들의 한 종류와 다른 종류 사이를 구분해 주는 차이점이며, 그렇기 때문에 바로 이것이, 왜 어떤 사람은 하나님의 용인을 받고, 또 다른 사람들은 불신앙에 머물러 있으며 정죄를 당하는지에 대한 참된 이유가 된다고 주장했다. 그들은 또한 그들이 반복적으로 만들어 온 교리적 진술을 표현하는 성경적 권위를 위해 구약성경을 인용했던 바울과 야고보의 서신을 인용했다. "성경이 무엇을 말하느뇨? 아브라함이 하나님을 믿으매 이것이 저에게 의로 여기신 바 되었느니라"(롬 4:3).

이러한 논지의 스타일이 채택된 이유는 우리가 믿음으로 말미암아 의롭게 된다는 것을 보여 주기 위함이 아니라, 그 반대로 그리스도의 의의 전가를 배격하고 암암리에 본래적으로 타고난 개인적 의의 근거에 기초한 칭의 교리를 재소개하기 위함이었다. 이것을 의지했던 저술가들은 일반적으로 믿음을 거룩의 시초적 원리 혹은 발달의 원리로서, 그리고 그것으로 말미암아 그것 자체가 부수적으로 생산하는 모든 열매들을 실질적으로 포함하고 있는 것으로서의 '새로운 피조물'을 위한 간결한 표현으로 제시했다.

이러한 것들은 의롭다함을 받은 자들과 저주와 정죄의 상태에 여전히 머물러 있는 자들 사이를 구분하는 '구분의 차이점'으로서 믿음을 언급하는 그들의 말 속에 암시되어 있는 것으로 보인다. 왜냐하면 그 차이점은 다른 것과는 구별되는 단독적인 하나의 은혜에 있지 않고, 그가 '사망에서 생명으로 옮기어 질 때' 죄인의 생각과 마음에 역사되는 모든 은혜로운 변화의 전체체계에 있기 때문이다. 그러므로 칭의가 성령의 역사와 관계가 있다고 간주되는 것이다.

그러나 그들이 믿음에 대해서 어떤 의미로 이야기하든지, 즉 그것이 단순한 믿음 혹은 신뢰를 의미하든지, 뉘우침과 자비와 소망을 포함하고 있는 좀 더 복잡한 은혜를 의미하든지 간에, 이것에 관한 그들의 독특한 교리는 그것이 칭의의 수단이 아닌 칭의의 근거와 이유에 관계하고 있는 한 성경이 기록하고 있는 우리가 의롭다함을 받는 의와는 확연하게 구분되는 종류의 믿음이다. 그리고 '의로 여기신 바 되었다'라는 표현은 그리스도의 의의 전가를 배제하는 표현이 아니라 그것을 포함하는 포괄적인 표현이라는 사실도 명심해야 한다. (1)

이 주제에 대한 어떤 진리도 모두 칭의와 관계해서 언급되고 있는 믿음과 의가 서로 구분되고 다른 것이라는 것보다 더 명백하고 결정적인 증거로 말미암아 수립될 수 있는 진리는 없다. 그것들은 서로 하나가 아니며 본질적으로 동일하지도 않다. 결과적으로 이것들이 칭의와 각각 관계되어 있는 연관성도 역시 하나가 아니며 서로 동일하지도 않은 것이다. 각자가 모두 필수불가결한 것으로서의 믿음과 의를 구분해서 정의하려 할 때 많은 성경 구절들은 쉽게 파악되지 않을 것이다. 의는 '믿음으로', '믿음에', '믿음으로 말미암아', '믿음을 통하여'라는 표현과 관계해서 기록되어 있다(롬 1:17 ; 3:30 ; 갈 2:16 ; 빌 3:9).[1] 그러므로 의는 믿음과 밀접하게 관계되어 있는 것이다.

그러나 만일 의가 믿음과 동일한 것으로 간주된다면 성경의 이러한 다양한 전치사적 표현들은 무슨 의미가 있는가? 더욱이 의가 전가되는 것이 아니라 유전되는 것이며, 대속적인 의가 아니라 개인적인 의라고 가정한다면, 그것이 의와 관계되어 있는 믿음과는 여전히 구별되는 다른 종류의 의가 될 것이다.

그러나 그것들을 구분하는 한계를 정할 때 믿음 그 자체는 "우리 하나님과 구주 예수 그리스도의 의"를 힘입는 것이 된다(벧후 1:1). 그것은 하나님의 은혜의 선물로서 우리에게 수여되는 것일 뿐만 아니라, 그리스도의 중보적 사역의 열매로서 우리에게 수여되는 것이다. "그리스도를 위하여 너희에게 은혜를 주신 것은 다만 그를 믿을 뿐 아니라, 또한 그를 위하여 고난도 받게 하심이라"(빌 1:29).

그러므로 믿음은 이 의와 이중으로 연관되어 있는 것이다. 첫째로, 믿음은 의에 의해 확보되며, 그것에 의해 수여된다. 둘째로, 믿음은 의를

---

1) **롬 1:17** 복음에는 하나님의 의가 나타나서 믿음으로 믿음에 이르게 하나니, 기록된 바 오직 의인은 믿음으로 말미암아 살리라 함과 같으니라.
롬 3:30 할례자도 믿음으로 말미암아, 또는 무할례자도 믿음으로 말미암아 의롭다 하실 하나님은 한 분이시니라.
갈 2:16 사람이 의롭게 되는 것은 율법의 행위에서 난 것이 아니요, 오직 예수 그리스도를 믿음으로 말미암는 줄 아는 고로 우리도 그리스도 예수를 믿나니, 이는 우리가 율법의 행위에서 아니고 그리스도를 믿음으로서 의롭다 함을 얻으려 함이라. 율법의 행위로서는 의롭다 함을 얻을 육체가 없느니라.
빌 3:9 그 안에서 발견되려 함이니, 내가 가진 의는 율법에서 난 것이 아니요. 오직 그리스도를 믿음으로 말미암은 것이니, 곧 믿음으로 하나님께로서 난 의라.

이해하고 전유하는 수단으로서 의를 수여받는 손과 같으며 그 안에 안식한다. 그러므로 서로 다른 방식이라 할지라도 칭의와 서로 연관되어 있는 믿음과 의는 서로 매우 독특하고 다른 것들이라고 말할 수 있다. 그리고 그것들이 서로 표현하고 있는 특권으로서의 관계 역시 서로 달라야만 한다. 왜냐하면 하나는 단순히 수여받고 즐거워하는 수단인 반면, 다른 하나는 칭의가 달려있는 근거와 이유가 되기 때문이다.

믿음과 의를 한 가지가 아닌 두 가지로 구분하는 것에 동의하지 않는 많은 로마 가톨릭 저술가들은 은혜, 믿음, 의, 그리고 칭의를 말함에 있어서, 마치 이 네 가지들이 모두 다 하나이고 동일한 것으로 주장했다. 그들은 은혜를 하나님의 무조건적인 자비나 은총이 아니라 주입된 주관적 습관이라고 보았기 때문에 은혜와 믿음을 혼동했다. 그들은 또한 믿음을 우리가 하나님의 용인을 받게 만드는 선천적인 특질이라고 보았기 때문에 믿음과 의를 혼동하고 말았다.

그들은 여기서 멈추지 않고 의와 칭의도 혼동했는데, 그 까닭은 그들은 칭의를 성화와 동일한 개념으로 보았고 의의 전가와 의의 주입 사이의 명확한 차이점을 흔적도 없이 지워 버렸기 때문이다. 어떤 개신교도들도 역시 로마 가톨릭의 저술가들과 같이 믿음을 우리가 의롭다함을 받는 근거로서의 의와 동일하게 보았고, 이 둘 사이의 차이점을 간과한다는 비판을 인정하지 않았다.

그들은 오히려 새로운 은혜의 법이 통치하는 시대에는 믿음과 그 열매들, 또는 완전하지는 않지만 신실한 순종이 율법이 요구하는 완전한 의를 대신하여 하나님께 용인될 수 있다고 주장하고 확언했다. 그러나 그들의 이러한 진술의 경우에서도 그들이 본래적인 의가 요구했던 완전한 의로 말미암아 우리가 의롭다함을 받는 것이 아니라 믿음과 믿음의 열매들로 인해 우리가 의롭다함을 받는 것으로 동일시하고 있다는 것을 충분히 읽을 수 있다.

그들은 우리의 믿음과 순종이 완전한 의가 된다고는 말하지 않는다. 그러나 그들은 마치 그것들이 완전한 것들인 것처럼 용인된다고 말한다. 그리고 하나님의 평가의 기준에서 볼 때 그것들은 그들의 구원이 좌우되는 유일한 조건의 완전한 성취라고 말한다. 그러나 하나님의 판단과 심판은 철저하게 진리에 근거해 있다. 하나님은 실제로 불완전한 믿음을 완전한 것으로 용인할 수 없는 분이시다. 불완전하고 때때로 중단되는 순종을 완전한 것으로 받아주실 수도 없는 분이시다.

율법이 완전한 의를 요구하지 않고 다른 종류의 율법이 좀더 쉬운 개인적인 순종을 요구한다 하더라도, 믿음과 순종은 모두 그 용이한 율법을 성취하기에 충분한 것들이어야 한다. 만일 그렇다면, 자기 자신의 선천적이고 실제적인 의를 그의 사죄와 하나님의 용인의 근거로 바라보는 자에게 찾아오는 끊임없는 의심과 걱정, 그리고 불안은 어떻게 설명할 것인가? 이러한 사람이 어떻게 '그리스도는 모든 믿는 자에게 율법의 마침이 되신다'는 신앙과, '죄를 알지도 못하신 이가 우리를 위해 죄가 되시고, 의를 소유하지 못한 우리가 그리스도 안에서 하나님의 의가 되었다'는, 즉 말로는 도무지 형용할 수 없는 '믿음으로 말미암는 기쁨과 평화'를 경험할 수 있단 말인가?

그러나 믿음이 본래적인 율법이 요구했던 의를 대치한다고 주장하는 사람들은 성경적 권위를 사용하여 그들의 교리를 강력하게 주장한다. 그리고 그들이 주장하는 성경 구절들은 '믿음'이 의로 '여겨진다'거나 '전가된다'는 뜻을 지니는 구절들이다. 그러나 만일 그들이 인용하는 이 구절들의 단어들이 그리스도와 그리스도의 의를 배제하지 않고 그것을 포함하는 포괄적인 의미로 사용되었다면, 그들의 교리는 그중요한 지지와 후원을 상실하게 될 것이다. 이 구절들은 역사 이래로 모든 교회 시대에 가장 주목을 받은 논쟁적 구절들이며, 진리를 찾고자 하는 사람들에 의해 수많은 진지하고 솔직한 질문들이 제기된 구절들이기에, 우리는 가장 진지하고 조심스럽게, 그리고 주의 깊게 이 문제들을 고찰할 것이다. (2)

역사적으로 두 가지 독특한 해석이 제안되고 있다. 가장 일반적으로 알려지고 수용된 이 구절들의 해석의 요지는 바로 '믿음'이라는 용어가 이 구절들 안에서 믿음의 대상을 의미하기 위해 비유적으로 사용되었다는 것이다. 요약하여 말하자면, 그 믿음의 대상은 구약 시대에 약속 안에서 계시되었으며, 신약 시대에 복음 안에서 더욱 밝히 계시된 그리스도라는 것이다. 그렇다면 믿음이라는 것이 언제나 은혜나 믿음의 행위를 의미하지 않고 다음과 같은 구절들을 통해서 드러나듯, 믿는 대상인 진리를 의미하기 위해 사용되었다는 것이 명백해 진다. "사랑하는 자들아, 내가 우리의 일반으로 얻은 구원을 들어 너희에게 편지하려는 뜻이 간절하던 차에 성도에게 단번에 주신 믿음의 도를 위하여 힘써 싸우라는 편지로 너희를 권하여야 할 필요를 느꼈노니"(유 1:3).

"귀 있는 자는 성령이 교회들에게 하시는 말씀을 들을지어다. 이기는 그에게는 내가 감추었던 만나를 주고 또 흰 돌을 줄 터인데, 그 돌 위에 새 이름을 기록한 것이 있나니, 받는 자밖에는 그 이름을 알 사람이 없느니라"(계 2:17).

"오직 너희는 그리스도 복음에 합당하게 생활하라. 이는 내가 너희를 가보나 떠나 있으나 너희가 일심으로 서서 한 뜻으로 복음의 신앙을 위하여 협력하는 것과"(빌 1:27).

"다만 우리를 핍박하던 자가 전에 잔해(殘害)하던 그 믿음을 지금 전한다 함을 듣고"(갈 1:23).

"누구든지 자기 친족, 특히 자기 가족을 돌아보지 아니하면 믿음을 배반한 자요, 불신자보다 더 악한 자니라"(딤전 5:8).

"돈을 사랑함이 일만 악의 뿌리가 되나니, 이것을 사모하는 자들이 미혹을 받아 믿음에서 떠나 많은 근심으로써 자기를 찔렀도다"(딤전 6:10 ; 갈 3:23,25 ; 히 6:7 ; 롬 1:5 ; 16:26 참조).

또한 믿음은 '믿음의 말씀'과 '믿음의 마음'을 의미하기 위해 사용되었다(롬 10:8 ; 고후 4:13).2) 그러므로 이것은 사도 바울이 말한 대로 그리스도를 나타나기 위해 사용된 것이다. "우리는 십자가에 못 박힌 그리스도를 전하니"(고전 1:23). 또한 성경에서 때때로 그 유효성이 믿음

---

2) **롬 10:8** 그러면 무엇을 말하느뇨. 말씀이 네게 가까와 네 입에 있으며 네 마음에 있다 하였으니, 곧 우리가 전파하는 믿음의 말씀이라.
고후 4:13 기록한 바 내가 믿는 고로 말하였다 한 것같이 우리가 같은 믿음의 마음을 가졌으니, 우리도 믿는 고로 또한 말하노라.

과도 관계가 있고 그리스도와도 관계가 있지만, 이 믿음의 유효성 역시 전적으로 그 대상으로부터 발생하는 것은 두말할 필요가 없다. "**그 이름을 믿으므로 그 이름이 너희 보고 아는 이 사람을 성하게 하였나니, 예수로 말미암아 난 믿음이 너희 모든 사람 앞에서 이같이 완전히 낫게 하였느니라**"(행 3:16).

다른 몇 가지 은혜로운 이름들이 그 대상을 의미하기 위해 비유적으로 사용되었다. 예를 들면 그리스도는 특별히 '우리의 소망'으로 불리어졌다(딤전 1:1 ; 골 1:27).[3] 또한 미래적 축복 역시 이와 동일한 이름으로 사용되었다. "**우리가 소망으로 구원을 얻었으매 보이는 소망이 소망이 아니니, 보는 것을 누가 바라리요**"(롬 8:24). '의를 위해 전가된 것'으로서 루터에 의해 이해되어진 '믿음'이 바로 이러한 의미였던 것이다. 금반지와 같이 그 끝이 '자비와 자선'으로 끝나는 믿음이 죄인을 의롭게 한다고 주장한 로마 가톨릭 신학자들을 대적해서, 루터는 '위대한 왕자의 진주'와 같이 그 끝이 그리스도로 끝나기 때문에 죄인이 의롭다 함을 받는 것이라고 강력하게 주장했다.

그러나 그리스도의 의의 전가에 기초한 칭의 교리를 주장한 몇몇 개신교도들은 이러한 종류의 용어적 해석을 수용하지 않았다. 오히려 그들은 다른 종류의 해석, 즉 문장 그 자체가 자연스럽게 칭의 교리를 제시하고 있으며, 이것이 칭의의 진리와도 동일하게 일관된다는 해석을 선호했다. 그들은 믿음을 '마음의 상태'로서 은혜로 의미하거나 믿음의 시행을 묘사한 것으로 간주했다. 어떤 의미에서 믿음을 우리가 의롭다 함을 받는 의와 동일시하지도 않고, 또한 믿음이 신자들에게 임하는 그리스도의 공로의 전가를 배제하지도 않는 것으로 이해하는 이러한 해석은 성경에서 사용되어진 '전가하다'라는 동사의 두 가지 용법을 통해 논

---

3) **딤전 1:1** 우리 구주 하나님과 우리 소망이신 그리스도 예수의 명령을 따라, 그리스도 예수의 사도 된 바울은.
골 1:27 하나님이 그들로 하여금 이 비밀의 영광이 이방인 가운데 어떻게 풍성한 것을 알게 하려 하심이라. 이 비밀은 너희 안에 계신 그리스도시니, 곧 영광의 소망이니라.

의될 수 있다.

우리는 이미 앞선 장들에서, 이러한 동사들이때때로 그에게 전에 개인적으로 속하지 않았고 그의 것이 아니었는데 이제 그에게 전가됨으로써, 또는 그에게 놓여짐으로 그의 것이 된 것을 의미한다는 사실을 살펴보았다. 이러한 사실은 하나님께서 '행위들로 말미암지 않는 의를 전가하신다'는 표현이나 '오네시모의 빚이 바울의 것이 되었다'는 성경의 표현들을 통해 확인할 수 있다.

그러나 이 동사들은 또한 종종 그의 사적인 죄의 인식이나 사적인 의의 인식을 통해 과거에 실제로 그의 것이었던 것을 이제야 그의 것으로 간주함을 의미하는 경우도 있다. 만일 믿음이 후자의 의미로서의 전가로 사용된 것이라면, 본문의 모든 구절들은 하나님께서 사람이 의롭게 되는 근거로서의 그리스도의 대속적 의가 아니라 그의 칭의의 효과적인 수단이며 확실한 증거로서 신자 안에 실제로 존재하는 은혜 안에서 구원하시는 믿음을 발견하고 인식하신다는 것이 된다.

그렇기 때문에 디킨슨(Dickinson) 학장의 다음과 같은 양자택일적 해석이 진술된 것이다.

"믿음이 심지어 주관적인 믿음이라고 가정해 보자. 그것이 그 자신의 행위인 것으로 간주되는 아브라함의 믿음, 그 자체이며 그에게 전가된 것으로 가정해 보자. 그럼에도 불구하고 이러한 가정이 지금 내가 제시하고 있는 교리의 진리를 보증해 줄 것으로 믿는다. '그의 믿음은 의에게, 즉 의를 향하여 전가된 것이다.' 다시 말하면, 그는 하나님에 의해 건전한 신자라고 여겨졌으며, 판결되었고, 평가되었던 것이다. 그러므로 그에게 전가된 믿음은 그의 의를 확보하기 위한 수단으로서, 그리고 '생명의 의를 위해 그에게 임한 한 분의 무조건적 선물의 의'로서의 의를 향하여 전가된 것이었다. 다시 말하면, 그가 의롭다함을 받은 믿음은 그리스도의 의의 권리를 확보하는 수단이었던 것이다. 이러한 의미에서, 전가는 믿음에 따르는 것이며, 그것을 적당한 목적에 있어서 참되고 진실하며 유효적이라고 시인하고 승인하는 것이 된다. 그는 참되고 안전한 믿음, 즉 '의를 향하는' 데 효과적인 적용의 수단으로서, 그리고 그것 때문에 '의를 향할 수' 있는 믿음을 소유함으로써 하나님의 용인을 받게 된 것이다." (3)

이 해석들 모두 그리스도의 의의 전가를 배제하지는 않는다. 왜냐하면 믿음이 대상으로서의 그리스도를 의미하기 위해 비유적으로 사용되었든지, 은혜를 의미하기 위해 주관적으로 사용되었든지, 또는 신자가 그리스도를 영접하고 그 안에서만 안식하는 행위로 사용되었든지 간에 칭의를 위한 믿음은 오직 그리스도의 의만을 통해서 유효해지는 것이기 때문이다.

명제 26- 우리가 의롭다함을 받는 믿음은 영적 은혜이다. 그것은 하나님의 선물인 동시에, 성령의 열매 중 하나이며, '예수 그리스도를 통하여' 하나님이 받으실 만한 하나님을 기쁘시게 하는 것이다.

그것은 '하나님의 선물'로 선언되었다.
"허물로 죽은 우리를 그리스와 함께 살리셨고, 너희가 은혜로 구원을 얻은 것이라"(엡 2:5).
"그리스도를 위하여 너희에게 은혜를 주신 것은 다만 그를 믿을 뿐 아니라, 또한 그를 위하여 고난도 받게 하심이라"(빌 1:29).
이는 '성령의 열매들' 가운데 하나로 다루어진다. 성령의 열매는 믿음 안에 있는 것이다(갈 5:22).4) 그리고 이것은 그리스도의 사역과 직접적으로 연결되어 있다. 왜냐하면 이것은 '그로 말미암아 우리에게 주어진 것'일 뿐만 아니라 "우리 하나님과 구주 예수 그리스도의 의를 힘입어" 받은 것이기 때문이다(벧후 1:1).

---

4) **갈 5:22** 오직 성령의 열매는 사랑과 희락과 화평과 오래 참음과 자비와 양선과 충성과.

구원하시는 믿음의 본질에 관한 질문들이 가장 일반적인 형태로 진술된다면, 그것은 과연 단순한 믿음인가? 높은 수준의 믿음인가? 아니면 낮은 등급의 믿음인가? 그것도 아니면 보다 복잡한 마음의 상태를 의미하는가? 이들은 우리 칭의의 방법이나 근거에 영향을 미치는 것으로 간주되는 답변에 한해서 현재 우리의 논의에 부합되는 질문들이다.

어떤 이들은 이 믿음은 그 어떤 종류의 은혜로운 영향과도 관계없는 단순한 지적 신념이라고 말한다. 이러한 견해는 칭의 교리에 관한 한 각각 다른 두 극단적인 단체들에 의해서 다른 칭의의 근거로 주장되었고, 다른 목적으로 적용되었다. 로마 가톨릭 저술가들은 믿음은 단순한 예비적 특질이며, 그것이 '자선으로 충만하게 채워지지 않는 한' 가치나 효능을 발휘하지 못한다고 주장했다. 한편, 산데마니안(Sandemanian) 저술가들은 믿음이 신뢰와 의지와 감사와 사랑을 포함하도록 '믿어지는 진리'를 제외한 모든 것을 믿음으로부터 배격했고, 결국 칭의를 그리스도의 종결된 사역에 근거하기보다는 다른 종류의 의의 근거에 좌우되도록 만들었다.

이 두 가지 극단적인 단체들은 공통된 근거를 사용하지 않은 채 이신칭의 교리를 교묘하게 왜곡했던 것이다. 그러나 이 점을 넘어서 실제로 그들은 서로 대단히 다른 단체들이다. 전자는 그들이 말하는 믿음을 야고보 사도가 말하는 '죽은 믿음'과 다를 바 없이 만들었다. 믿음이 단순히 예비적 특질이자 지적 신념이라고 한다면, 그것은 사랑으로 역사하는 믿음이 아니고 우리 칭의에 효과적인 것도 아니기 때문이다.

반면에 후자는 참된 성경적 믿음은 그것이 믿어지는 진리로 구성되어 있음에도 불구하고, 칭의와 직접적으로 관련되어 있는 것이며, 또한 그것이 즉각적인 효과를 발생하고 그것들을 통해 마음과 삶에 우주적인 거룩으로서의 신뢰와 감사와 사랑을 양산하는 믿음인 것이다.

이 두 가지 오류들을 배격하고 반대하는 개신교 신학자들은 일반적으로 믿음 그 자체는 영적 은혜이며, 모든 믿음의 행위들은 순종의 행위라고 주장했다. 믿음은 진리의 영적 이해와 그것의 진심 어린 인정을 동반해서만 심겨지는 성령의 열매들 가운데 하나임과 동시에, 모든 민음의 시행은 하나님의 계시된 뜻에 부합되는 것이다. 그럼에도 불구하고 개신교 신학자들은 그리스도의 대속적 만족과 의와 모순되고 그것과 일치되지 않는 종류의 믿음의 정의를 모두 배격하고 부인했다. 왜냐하면 이러한 종류의 그릇된 믿음을 주장하는 자들은 믿음의 열매들뿐만 아니라 믿음 그 자체까지 배제하기 때문이다.

만일 믿음 그 자체가 우리가 의롭다하심을 받는 의가 아니며, 우리의 개인적 의가 아닌 전가되는 다른 종류의 의를 수여받는 통로라고 주장하는 개신교 신학자들의 주장이 성경의 명백한 증언들을 통하여 증명될 수 있는 것이라고 가정하자. 그렇다면 우리는 믿음 안에 얼마나 많은, 혹은 얼마나 적은 칭의의 요소가 있는지에 대한 질문이나, 또는 성령의 다른 은혜들로 말미암아 동반되고 제시되는 다양한 믿음에 대한 표현과 질문에 대해 전혀 걱정할 필요가 없게 된다. 이 믿음을 확실하게 이해하기 위해서 우리는 성경에 주어진 믿음에 대한 다양한 묘사와 표본을 살펴보아야 한다. 성령께서 그것을 이해하도록 우리에게 교훈하시는 것도 바로 이러한 방법을 통해서이다.

성경에서 믿음은 때때로 진리를 인정하는 신념이나 사람에 대한 신앙으로 묘사되고 있다. 때때로 우리는 성경에서 부상당한 이스라엘 백성들이 놋뱀을 쳐다본 것처럼 '예수를 바라보라', '우리 앞에 제시된 소망의 안전한 피난처로 피하라', '우리의 영혼을 쉬게 하기 위해' '그리스도께 나아오라'와 같이 묘사되어 있는 것을 볼 수 있다. 또, '그리스도를 영접하라'라든지, 우리의 확실한 기초로서 '그 안에 안식하라', '심판의 날까지 우리를 능히 지키실' 분에게 우리의 영혼을 '위탁'하라는 표현도 볼 수 있다.

이러한 모든 다양한 표현들과 그 외에 더 많은 표현들은 거의가 다 비유로 묘사되었고, 바로 이러한 이유 때문에 우리는 그 어떤 형식적인 정의보다 더욱 성령께서 제시하신 구원하시는 믿음의 은혜로운 원리들과 행위들의 본질에 대해 확실하고도 생생한 의미를 제시받게 된다. 그리고 이것은 우리로 하여금 불완전하고 한쪽으로 치우친 일방적인 견해를 경계하도록 해 준다.

한편 성령께서는 구약 시대의 아브라함의 생애와 족장들의 생애를 통해 믿음의 본질에 대한 많은 교훈적인 예증들을 기록하셨다. 그리고 성령께서는 신약 시대에서도 역시 '어제나 오늘이나 영원토록 동일하신 예수님과의 대화 끝에 그리스도를 따르게 만들었던 믿음'을 가졌던 수로보니게 여인과 십자가의 강도와 빌립보의 간수와 수많은 사람들을 통하여 믿음의 본질들을 계시해 주셨다.

믿음에 관한 이러한 비유적인 묘사들과 실제적인 표본들은 우리들이 결함 있는 믿음의 견해에 안주하지 못하도록 경고하고, 모든 참된 믿음은 구원하시는 믿음인 반면, 단순히 모든 믿음은 다 참된 것이 아니라는 것도 깨닫게 하시려는 여러 가지 목적으로 기록된 것 같다. 다시 말하면 이러한 기록의 목적은 '살아있는 믿음'처럼, '죽은 믿음'도 있다는 것과 이러한 믿음의 견해가 우리의 영원한 구원과 관련되어 있으며, 참된 믿음과 거짓된 믿음을 올바르게 분별하는 것이 얼마나 중대한지 알게 하시려는 것이다. 그와 더불어 우리의 믿음을 우리의 열매로 시험하고 확증해야 할 필요성을 깨닫게 하시려는 것이다. (4)

믿음의 본질과 관련해서 많은 토론이 제기되어진 또 다른 질문은 다음과 같다. 우리 자신들의 구원의 보증이나 확신이 우리의 믿음에 관계하고 있는 것인가? 의심의 여지없이 여기서도 로마 가톨릭 저술가들은 하나의 극단적인 견해를 점했으며, 몇몇 개신교 저술가들은 다른 종류의 견해로 향하는 경향을 보였다. 전자는 믿음이 전혀 그 어떤 종류의 구원의 확실한 소망도 포함하지 않을 뿐만 아니라, 심지어 '사랑과 자선으로 충만한 믿음'을 그 마음에 가진 종교단체가 있다 하더라도 구원의 확신이나 보증은 그의 궁극적 견인이 불확실해서 결코 성취하기 어려운 것이라고 주장했다.

그러므로 그것이 필요하기는커녕, 매력적인 것이나 추구할 것도 되지 못하는 것이다. 왜냐하면 구원의 확신이나 보증은 악한 욕구들에 대한 건전한 구속과 억제를 양산하는 의심과 두려움의 압박을 제거함으로써 그의 성품에 치명적인 해악을 끼친다고 생각했기 때문이다.

어떤 개신교도들은 스코틀랜드 국민 동맹 서약이 '절망적이며 불확실한 회개'라고 불렀고, 로마 가톨릭이 '막연하고 의심하는 믿음'이라고 불렀던 것에서 후퇴하여 또 다른 극단으로 치달았으며, 개인 구원의 보증이 구원하시는 믿음의 본질이라고 주장했다. 그리고 이것과 불가분리의 관계에 있는 것으로서, 믿음의 초기단계에서 조차도 구원의 보증을 소유하지 않고서는 신자가 될 수 없고, 의롭다하심을 받을 수도 없는 것이라고 주장했다.

전자의 오류에 대해서 개신교 신학자들은 개인 구원의 확신이 이 생에서 확보될 수 있는 것이자 거룩에 해악적이기는커녕, 신자들의 위로와 경건 생활의 진보, 즉 모든 의무들에 대한 즐거운 이행과 모든 시험에 대한 인내에 이바지할 수 있으며, 그것의 실제적인 도달은 반드시 추구되어야 할 것이라고 주장했다. "그러므로 형제들아, 더욱 힘써 너희 부르심과 택하심을 굳게 하라. 너희가 이것을 행한즉 언제든지 실족지 아니하리라"(벧후 1:10).

"우리가 간절히 원하는 것은 너희 각 사람이 동일한 부지런을 나타내어 끝까지 소망의 풍성함에 이르러"(히 6:11).

이는 하나님께 전적으로 의존하는 영혼과 사람의 깊은 겸손과 완전히 일치된다. 왜냐하면, 이것은 사람 자신의 결심이나 결정의 능력 안에 있는 건방진 확신에 기초해 있는 것이 아니라, 하나님의 약속의 신실하심과 그리스도의 사랑의 불변하심에 기초해 있는 것이기 때문이다(롬 8:38,39 ; 사 54:10 ; 빌 1:6).5)

후자에 대해서도, 개신교 신학자들은 하나는 믿음에 반사되는 것으로, 또 다른 하나는 믿음의 직접적인 시행으로서의 보증으로 구분했다. 그

---

5) **롬 8:38,39** 내가 확신하노니, 사망이나 생명이나 천사들이나 권세자들이나 현재 일이나 장래 일이나 능력이나 높음이나 깊음이나 다른 아무 피조물이라도 우리를 우리 주 그리스도 예수 안에 있는 하나님의 사랑에서 끊을 수 없으리라.
사 54:10 산들은 떠나며 작은 산들은 옮길지라도 나의 인자는 네게서 떠나지 아니하며 화평케 하는 나의 언약은 옮기지 아니하리라, 너를 긍휼히 여기는 여호와의 말이니라.
빌 1:6 너희 속에 착한 일을 시작하신 이가 그리스도 예수의 날까지 이루실 줄을 우리가 확신하노라.

리고 보증의 참된 실재로서의 믿음의 열매들과 결과들에 안주하게 하는 전자는 그것이 이미 존재하는 믿음을 통해 실제적으로 역사함으로써 발생할 수 있는 것이라고 주장했다. 많은 참된 신자들도 이 점을 놓치고 있는 경우도 있고, 어떤 이들은 심지어 이 확신 없이 살다가 죽기까지 했다고 주장하기도 했다.

그들은 믿음이 우리가 영원한 구원을 향해 선택되었으며, 우리의 이름이 어린양의 생명책에 기록되었고, 우리의 모든 죄들은 이미 용서받은 것이라는 확신을 우리 개인이 반드시 아는 것으로만 구성되어 있지 않다고 주장했다. 우리가 이 세상에 살 동안 그리스도인의 경험의 성장과 진보를 통해 이 모든 것들을 확신할 수 있음에도 불구하고, 성경의 어떤 인물에게서도 이런 모든 것들이 완전히 확신되는 것으로 계시되지는 않았다는 것이다. 그러나 그들은 어느 정도의 확신과 보증은 우리의 구원을 위해 처음으로 약속을 믿고 그리스도를 의지하기 시작하게 되었을 때 이루어지는 믿음의 직접적인 시행과 관계되어 있다고 주장하기도 했다.

이러한 확신은 마음으로부터 우러나오는 '우리가 당신은 그리스도시요, 참되신 하나님의 아들이심을 믿고 확신하노니'라는 고백 속에 암시되어 있다. 왜냐하면 이러한 고백은 '그리스도께서 죄인들을 구원하시려고 세상에 오셨다는 사실을 완전히 인정하는 충성스런 고백'이며, '그리스도께서 그로 말미암아 하나님께로 나아오는 자는 누구든지 구원하실 수 있다'는 고백이기도 하기 때문이다. 이러한 고백은 더욱이 '누구든지 그리스도를 믿는 자는 멸망당하지 않고 영생을 얻을 것이라'는 확신을 동반한 채 죄인들인 우리에게 개인적으로 구원의 말씀으로 제시된 사실을 우리가 믿는 고백이기도 하기 때문이다.

아직 그의 구원의 더 명백하고 완전한 증거를 기다리기 이전에, 대체 그것이 확신으로 불리든 소망으로 불리든 적어도 죄인을 지탱시키고 위로하는 어느 정도의 확신이나 보증을 그가 느끼고 소유하지 않았는데, 그의 구원을 위해 이 구원의 복음의 말씀을 그의 믿음에 충분한 보증으로서 인정하고, 실제적으로 그리스도를 의지하기 시작하고, 그리스도를 신뢰할 수 있다는 말인가? 바꾸어 말하면, 그리스도의 구원의 복음을 믿는 자들이라면 어느 정도의 차이는 있지만 확신이나 보증을 가지기 마련이라는 것이다.

어느 정도의 확신과 보증이 믿음의 직접적인 시행으로부터 발생하는 것이라는 사실을 강조할 필요가 있다. 많은 사람들이 '예수가 그리스도시며, 살아 계신 하나님의 아들이시고, 죄인들의 구주'라는 완전한 확신이 결핍되어 있다. 그리고 그의 복음의 온전한 무조건성에 대한 확실한 이해, 그리고 오직 그리스도에 의해서만 구원받기 위해 그분의 손에 자신을 맡기는 정직하고 충성스러운 복종이라는 더 깊은 근원을 생각하게 될 때, 의심과 두려움이 생기게 되고 그것이 자신들의 믿음에 대한 명백한 경험적 증거의 결핍으로부터 발생하는 것이라고 생각한다.

그러나 그의 복음 안에 있는 믿음이 우리 안에 형성된 구원의 변화에 강력하게 경험적인 증거로 확증된다 하더라도, 우리의 확신은 여전히 그리스도에 기초해 있다. 왜냐하면 '우리가 믿게 된 사실'이 그리스도와 관계없는 것이라면, 그곳에 확신은 존재하지 않게 될 것이기 때문이다. 확신이란 우리가 그리스도와 연합되어 있다는 증거로서 중요할 뿐이다. 그러므로 사도의 확신과 보증은 여전히 그리스도와 그리스도의 완전하신 충족성에 근거하고 있는 것이다. "**이를 인하여 내가 또 이 고난을 받되 부끄러워하지 아니함은 나의 의뢰한 자를 내가 알고, 또한 나의 의탁한 것을 그날까지 저가 능히 지키실 줄을 확신함이라**"(딤후 1:12). (5)

명제 27- 우리의 칭의와 관련하여 실제적인 영향력이나 유효성은 믿음에 속해 있는 것이 특징이다. 그러나 그것은 오직 무조건적인 선물을 수용하고 사용하게 만드는 신적 임명 수단에 속해 있을 때에 한한다.

우리의 칭의와 관계되어 있는 믿음에 속해 있는 영향력과 유효성에 관해서, 그것이 수단으로서 묘사되는지, 도구로서 묘사되는지, 아니면 조건으로 묘사된 것인지는, 이것이 단순히 이 용어들의 용법에 관계하고 있는 한 별로 중요한 질문이 아니다. 수단이나 도구나 상태는 모두 다 각각 건전한 의미로서 적용되고 사용되어질 수 있기 때문이다. (6)

그러나 믿음이 자선이나 선행과 결합됨으로서 죄의 사면과 하나님의 용인을 확보할 수 있는 공로적 수단으로 제시된다면, 또는 이러한 특권들을 즐길 수 있는 성취로 말미암은 법적 조건으로 제시된다면 이는 대단히 심각하고 중대한 문제가 아닐 수 없다. 개신교 신학자들은 일반적으로 믿음이 가난한 거지가 손을 내밀어 구제를 받는 단순한 도구적 수단과도 같이, 이 믿음으로 말미암아 그리스도를 깨닫게 되고 그의 구원의 유익들을 감사하게 되는 것이라고 주장했다. 이 구원의 유익들은 그리스도께서 즉각적으로 획득하신 열매이며, 그의 은혜의 무조건적 선물이다.

한편 그들은 웨스트민스터 신앙고백서와 대교리문답에 있는 대로 '조건'이라는 용어를 사용하기도 했는데, 이 단어가 이해될 수 있는 두 가지 의미의 가능성을 주의 깊게 설명했다. 그 하나는 그들이나 우리가 결코 받아들일 수 없는 것으로서, 삯이나 보상이 일의 대가로 보장되어 있는 것처럼 영원한 생명을 확보하게 만드는 성취들에 달려 있는 법적 조건이다.

또 다른 하나는 그것을 목적으로 하지만 마치 대기(大氣) 중에 마시라고 떠 있는 공기로 숨쉬는 것이 우리의 생명을 유지하는 데 필수불가결한 것처럼, 또한 실제로 음식이 우리의 건강과 힘을 고양시켜 주는 것이지만 그것을 먹는 것이 육체의 영양분을 공급하는 데 필수불가결한 것과 같이, 믿음이 하나님에 의해서 지정된 것으로서 단지 영원한 생명을 수여받는 필수불가결한 수단으로 간주되는 것이 그것이다. 어떤 의미를 사용하든지 간에 용어의 의미의 모호성으로 인해 오해되고 잘못 적용되어질 의미를 사용하는 것은 바람직하지 못하다. (7)

명제 28- 믿음의 유일한 이유나 보증은 하나님의 말씀이며, 이 하나님의 말씀은 개인적인 구원을 위해 모든 죄인들로 하여금 그리스도를 영접하고 신뢰하게 해 줄 뿐만 아니라, 그것을 전혀 지체 없도록 만드는 의무가 되게 하기에 충분한 말씀이시다.

　믿음의 보증에 관한 질문이나 우리로 하여금 그리스도를 우리의 구세주로 영접하고 안식하게 만드는 이유에 관한 질문은 계시된 진리라는 일반적인 표현으로 답변될 수 있다. 이는 하나님의 말씀으로서의 성경의 신념의 근거나 수립되어진 신적 권위의 증거와 관련된 것이 아니다. 그것은 이전 질문이며, 지금 우리가 다루고 있는 것은 보다 더 중대한 문제이다. 그리고 오히려 특별히 복음을 받는 모든 이들에게 주어지는 권리나 의무, 즉 그 자신의 구원을 위해 그리스도를 영접하며 그 안에 안식하게 하는 것과 관련된 문제이다. (8)

　사람이 이렇게 함에 있어서 가장 중요한 것은 성경에 대한 그의 견해이다. 즉 그가 성경을 하나님의 마음과 뜻의 계시적 표현으로 간주하고 있느냐이다. 그리고 이 점에 있어서 남아 있는 죄와 의심으로 말미암아 많은 사람들이 자신들의 보증으로서의 "믿으면 살리라"라는 말씀에 대해 불신과 차이점 같은 근본적인 문제로 두려워하는 것이다.

　그러나 심지어 이러한 상황까지 다 설명되고, 또한 신적 진리와 권위에 대한 신앙으로 간주되는 믿음이 오직 하나님의 말씀 안에서만 그 보증의 근거와 이유를 가지게 된다는 사실이 선포된다고 치자. 그렇다고 하더라도 많은 사람들이 그들의 구주로서의 그리스도를 지체하지 않고 즉시 영접하고 신뢰함에 있어서 혼돈스럽고도 오류적인 사상을 가지게 될 것이다. 이러한 현상들은 일반적으로 한 가지 아니면 두 가지 독특한 이유들 때문에 발생한다.

　그 하나는 오직 선택받은 사람들만 구원받는다는 것인데, 이것은 그들이 그리스도의 백성의 숫자에 속해 있는지를 알기 전까지는 절대로 구원을 위해 그리스도를 자원적으로 영접하거나 그를 의지하지 않을 것이라는 선택 교리의 비열한 남용이다. 또 다른 하나는 마치 죄인에게 있어서 이 영적 변화에 반드시 특정한 도덕적 품성의 필요성이 포함되어 있는 것처럼 간주하는 구원하는 회심에 관계된 위대한 영적 변화에 관한 진리의 심각한 악용이다.

하나님의 말씀의 진리를 포함하고 있는 것으로서의 선택 교리가 성경에 계시되어 있기에 반드시 믿어야만 하는 진리임에도 불구하고, 이 교리는 믿음의 보증과는 전혀 관계가 없는 것이 된다. 왜냐하면 그것은 '은혜에 의한 선택'이 있다는 사실을 알려 주고 있지만, 어떤 개인이 그 선택에 속해 있는지에 대한 정보는 전혀 알려주지 않기 때문이다.

'복음의 진리의 말씀'은 어떤 특정한 종류나 부류의 사람들에게만 증거되고 선포되는 것이 아니다. 복음의 진리는 죄인들에게 선포되는 것이다. 그것은 '구원의 말씀'이 선포되는 것으로서, 그 누구도 예외가 없이 모든 죄인들에게 증거되고 선포되는 것이다. 모든 개인들에게 증거되는 이 복음의 말씀은 그리스도를 영접하고 신뢰하라는 즉각적이고도 명령적인 의무를 부과한다. 이 의무는 '우리 하나님 여호와께 속한 오묘한 일'을 아는 것에 좌우되지 않는다. 오히려 이 의무는 '우리와 우리 자녀들에게 계시된 것'을 믿는 일에 전적으로 좌우되는 것이다.

그러므로 선택 교리에 관한 한, 우리는 자신의 영혼을 구원하기 위해서는 믿어야만 하는 동일한 믿음의 보증을 소유하고 있는 것이다. 왜냐하면 하나님께서 아브라함과 바울(창 15:1 ; 행 9:15)[6])에게 선지자적 직임과 사도적 사명이라는 독특한 소명을 동반한 즉각적이면서도 개인적인 계시를 주시지 않는 한, 그 누구도 자신이 믿기 전에 그의 개인적인 예정을 알 필요는 없으며, 믿은 후에 그 자신이 예정가운데 있었다는 것을 확신하는 경우에라도 그 개인적 예정을 알 필요가 없기 때문이다. 그러므로 모든 교회 시대에 믿음의 유일한 보증이라고 간주되었던 이것은 하나님의 비밀스러운 목적이 아니라 하나님의 말씀의 약속인 것이다.

구원하는 회심과 관계된 영적 변화에 관해서도 이러한 변화가 필수적이다. 그리고 이러한 변화가 인간의 죄를 확신시키시고 그들에게 구세

---

6) **창 15:1** 이 후에 여호와의 말씀이 이상 중에 아브람에게 임하여 가라사대, 아브람아 두려워 말라, 나는 너의 방패요, 너의 지극히 큰 상급이니라.
행 9:15 주께서 가라사대, 가라, 이 사람은 내 이름을 이방인과 임금들과 이스라엘 자손들 앞에 전하기 위하여 택한 나의 그릇이라.

주가 필요하다는 것을 느끼게 해 주는 성령의 예비적 사역보다 앞서지 않는다는 사실도 부인할 수 없을 것이다. 그러나 양자 모두가 믿음의 이유, 또는 보증이라는 것은 배격되어야 한다. 왜냐하면 모든 사람들이 믿어야 할 이유가 있으며, 이러한 이유 때문에 복음을 받는 모든 사람들은 자신들의 불신앙에 책임을 져야 하기 때문이다.

한편 그들에게 구원이 필요하다는 구원의 필요성을 깨닫기 위해서 죄를 확신하고, 그것을 위해서 그리스도를 영접하고 신뢰하도록 설복되어지지 않는 한 누구라도 실제로 믿지 않을 것이라는 사실은 명백하다. 그럼에도 불구하고 이것은 복음의 무조건적인 초청이며 분명한 하나님의 명령이시다. 심지어 성령에 의해 그들의 마음속에 심겨져서 그들로 하여금 즉시 영감된 하나님의 말씀 안에서 그들에게 무조건적으로 제공된 그리스도를 신뢰하는 자격을 준다. 그러나 이것이 심지어 그들에게 믿음의 의무를 지우게 하는 것임에도 불구하고 전혀 그들 안에 있는 것은 아니다.

어떤 종류의 복음 선포와 전도에의 초청은 자신들의 죄와 비참을 깨닫고 구세주의 필요성을 느끼기 시작한 사람들에게 특별히 선포되었다는 사실을 부인할 필요는 없다. 왜냐하면 그들 중에는 죄에 대한 심각한 깨달음과 확신 때문에 낙담과 절망에 빠져 고통스러워하는 자들을 특별히 격려하고 고무하기 위해 선택된 특수한 사람들이 존재하기 때문이다. 성경에는 이에 관련된 진실로 소중하고 아름다운 말씀들이 많이 기록되어 있는데 그것들은 다음과 같다. "수고하고 무거운 짐진 자들아, 다 내게로 오라 내가 너희를 쉬게 하리라"(마 11:28).

"명절 끝날, 곧 큰 날에 예수께서 서서 외쳐 가라사대, 누구든지 목마르거든 내게로 와서 마시라"(요 7:37).

이러한 특수한 선포가 유지되는 한편, 복음에의 초청은 모든 죄인들에게 전 우주적으로 선포되는 것이다. "악인은 그 길을, 불의한 자는 그 생각을 버리고 여호와께로 돌아오라. 그리하면 그가 긍휼히 여기시리라. 우리 하나님께로 나아오라. 그가 널리 용서하시리라"(사 55:7). 요한계시록 말씀에 보면 우선 '듣는 자와 목마른 자'라는 특정한 표현과 함께

"성령과 신부가 말씀하시기를 오라 하시는도다"라는 특수한 표현이 나온다. 그러나 이어지는 "또 원하는 자는 값없이 생명수를 받으라 하시더라"(계 22:17)는 말씀은 복음의 초청에 있어서 좀더 우주적인 표현을 포함하고 있는 말씀이다.

복음은 모든 죄인들에게 예외 없이 제공된 것이다. 복음의 약속은 철저하게 '믿는 모든 자들'에게 주어지는 것이다. 만일 그들의 믿음이 그들의 최종적 구원을 위한 조건이라고 한다면, 그것은 구원을 위해 그리스도를 영접하고 신뢰하게 해 주는 보증을 위한 조건은 아니다. 그 보증은 모든 죄인들 개인들을 향한 복음의 무조건적인 선포, 은혜로운 초청들, 그리고 복음의 명백한 명령에 있기 때문이다. 이것은 바울이 빌립보 감옥의 간수에게 한 말에서 여실히 드러난다. **"가로되, 주 예수를 믿으라. 그리하면 너와 네 집이 구원을 얻으리라 하고"**(행 16:31).

명제 29- 우리는 오직 믿음으로 말미암아 의롭다하심을 받는다. 왜냐하면 구원을 위해 복음 안에 무조건적으로 밝히 계시된 다른 은혜가 아닌 그리스도에 관한 진리를 믿고 오직 그 분만 신뢰하는 믿음으로써만 의롭다하심을 받기 때문이다.

"오직 믿음으로 말미암아" 의롭게 된다고 할 때 우리의 칭의와 관련해서 믿음에 속해 있는 독점적인 도구성과 독특한 특권은, 첫째로, 하나님의 용인의 유일한 근거가 그리스도의 종결된 사역 또는 그리스도의 대속적 의라는 것에 의해 충분하게 설명되고 입증된다. 이는, 둘째로, 성경에 계시된 대로 우리가 이 근거를 의지하거나 이 근거에 안식하게 하는 은혜는 그리스도에 관한 진리에 대한 진심 어린 신앙과, 우리의 개인적인 구원을 위한 신뢰로서의 믿음이라는 사실에서 충분히 설명되고 입증된다.

우리가 오직 그리스도의 사역으로 의롭게 되고, 그리스도의 사역이 우리 소망과 믿음의 유일하고도 즉각적인 근거라는 사실이 인정된다면, 우리가 '믿음으로만' 의롭다하심을 받는다는 것을 증거하기 위한 믿음의 본질에 대한 그 어떤 미묘한 형이상학적 구별이나 구분은 필요하지 않게 될 것이다. 왜냐하면 우리가 하나님의 용인을 위해 그리스도를 영접하고 그리스도만을 신뢰하게 하는 그 믿음이 어떤 이름으로 불리어지든지, 그것은 우리의 칭의를 위한 유일한 수단이 될 것이기 때문이다.

이 믿음은 진리에 대한 지적인 신앙뿐만 아니라 그것의 영적 이해와 진심 어린 승인과 관련될 수 있다. 또한 그것은 어느 정도의 갈망과 신뢰, 감사, 사랑, 그리고 소망과 연합하고 있다. 뿐만 아니라 "오직 믿음으로 말미암아" 의롭다하심을 받는다는 진술의 진리에 영향을 끼치거나 손상을 입히지 않으면서 이러한 종류의 진리들을 동반할 수도 있다. 왜냐하면 오직 믿음으로만 말미암아 의롭다하심을 얻는다는 이 진술은 단순한 믿음의 본질이나 복합적인 믿음의 본질과 관련되는 진술이 아니라, 칭의의 수단으로서의 유일한 도구성에 관련되는 진술이기 때문이다.

그리고 만일 믿음 그 자체와 믿음과 동반해서, 또는 믿음에 후행해서 발생하는 다른 종류의 은혜들이 우리를 의롭다 하시는 아무런 의도 형성하지 않는 것이라면, 우리를 그리스도와 연합시키고 그의 의의 참예자가 되게 하시는 것이 정확히 무엇인지를 확실히 파악해야 할 것이다. 그러하기에 성경이 칭의와 다른 종류의 은혜들 사이에는 존재하지 않는, 오직 칭의와 믿음 사이에만 존재하는 특별한 관계를 증거하고 있다는 점에는 의심의 여지가 없다. 만일 죄인이 구원을 위한 그의 의를 신뢰하기 위해 그리스도에 관한 진리를 믿을 때 그 특권이 즉각적으로 이해되고 승인되기만 한다면, 칭의와 믿음 사이에 특별한 관계가 있다는 것에 대한 이유와 근거는 매우 명백해질 것이다. (9)

성경에서 '죄 용서를 위한 회개의 세례'와 '그리스도의 이름으로 모든 민족들에게 설교된 회개와 사죄'를 설교한 세례 요한의 설교를 읽으면, 칭의에 포함되어 있는 '죄의 사면'이 믿음뿐만 아니라 회개와도 관련되어 있다는 사실을 깨닫게 될 것이다. 우리 주님은 "너희도 만일 회개하지 아니하면 다 이와 같이 망하리라"라고 말씀하셨다. 베드로는 다음과 같이 선포했다. **"그러므로 너희가 회개하고 돌이켜 너희 죄 없이 함을 받으라 이같이 하면 유쾌하게 되는 날이 주 앞으로부터 이를 것이요"**

(행 3:19).

  그러나 여기서 언급하고 있는 회개는 단순한 양심의 가책이나 죄로 말미암은 슬픔이 아니다. 이는 마음과 정신의 철저한 변화이며, 믿음 또는 '그리스도 안에 있는 하나님의 자비의 강렬한 이해'를 포함하는 것이다. 이런 의미에서 회개는 구원에 있어서 필요한 요소이다. 그러나 그 안에 우리를 그리스도로 연합하게 하고, 그의 의롭다 하시는 의의 참예자가 되게 하는 것은 믿음이다. 이것이 바로 오직 믿음에만 속해 있는 특별하고도 독특한 기능이다.

  그러나 성경에서 믿음이 회개와 연결되어 있으며 양자 모두가 구원에 있어서 필요한 요소라는 사실은 믿음과 회개가 '두 번째 새로 남' 또는 '새로운 피조물'이라고 묘사되어 있는 위대한 영적 변화를 구성하는 요소들이라는 것을 보여 주기에 충분하다. 이 변화가 죄를 용서받으며 하나님의 용인을 받는 모든 죄인들에게 반드시 나타나는 변화라고 할 때, 칭의와 성령 하나님의 사역과의 관계에 있어서 의롭다 하시는 믿음의 특별한 기능과 직무의 고찰로부터 믿음의 좀 더 일반적이고 포괄적인 문제에 이르기까지의 모든 문제를 고찰하기 전까지는 아직 칭의 교리에 관한 우리의 고찰은 완성되지 않았다고 할 수 있을 것이다.

제15강

칭의; 성령의 사역과의 관계

　칭의 교리에 관한 한, 마음속에 내주하시는 성령과 성령의 은혜로운 사역과 칭의를 관련시키는 것만큼 더 교묘하고 그럴듯한 오류는 없을 것이다. 이는 그리스도의 의의 전가 교리를 반대하기 위해 정교하게 만들어진 것이다. 왜냐하면 이러한 오류는 삼위 하나님 중 한 분의 사역을 다른 분의 사역으로 대치시키는 일이 되기 때문이다. 그리고 이 사실은 매우 그럴듯한데, 그 까닭은 이 믿음의 열매, 그리고 그에 따르는 모든 결과들을 - 이것들이 우리의 칭의에 속한 것이든 우리의 성화에 속한 것이든 관계없이 - 성령의 존재와 사역에 돌림으로써 은혜의 교리를 존중하는 듯 보이기 때문이다.
　이러한 교활한 오류들이 행위들로 말미암는 칭의 교리로서 거칠고 일반적인 형태로 제시되는 것이 아니라, 특별히 이렇게 명백한 영적인 형태로 제시된다면, 그것을 폭로하고 반박하는 것은 대단히 어려운 일이다. 왜냐하면 개신교의 칭의 교리를 공공연하게 배격하면서 그들이 주장하고 있는 오류들을 옹호하고 변호하는 자들에 의해 확고하게 견지되는 이러한 영적인 형태는 그 나름대로의 위대한 영적인 진리들과 관련되어 있기 때문이다. 그렇기 때문에 이렇게 교묘하고 그럴듯한 오류들을 그것과 관련되어 있는 불완전한 진리로부터 분별해 내는 일은 참으로 어려운 일이다.

이같이 우리를 위한 그리스도의 대속 사역을 우리 안에서 역사하시는 성령의 은혜로운 사역으로 대치하는 것만큼 비성경적이고 그것 자체로 인간의 영혼에 치명적인 해를 입히는 일은 없다. 그가 아직 세상에 계시기도 전에 우리가 그리스도께서 행하신 일에 근거하여, 우리를 위해 고난받으신 일에 근거하여 전적으로 의롭다함을 받는다면, 우리는 이미 종결되어진 사역에 근거해서 완전한 확신 가운데 안식하며, 이미 성취되어진 의에 기초해서 안식할 수 있다. 그의 이름을 믿는 믿음에 근거해서 이미 하나님의 용인을 받은 것이다.

우리는 또한 그의 말씀의 즉각적인 보증에 기초해서 그리스도를 통한 하나님의 은혜의 무조건적 선물로서, 그리고 모든 신자들의 현재적인 특권으로서, 즉시 '믿음의 기쁨과 평강'을 소유하게 되는 칭의의 특권을 받게 된다. 이에 반해, 우리가 만일 우리 안에서 역사하시는 성령의 사역에 근거해서 의롭다하심을 받는 것이라면, 우리는 이미 종결되어지고 용인되어진 것이 아니라, 중생받지 못한 죄인의 경우에는 심지어 아직 시작도 하지 않은 행위에 희망을 걸고 의지하도록 요구받고 있는 셈이 된다.

그리고 신자의 경우에 있어서 이 행위가 시작될 때, 그것은 단지 초기 단계의 행위일 뿐이며, 타락과 영적 침체로 매우 자주 방해를 받게 된다. 뿐만 아니라 남아있는 죄로 말미암아 훼손되고 오염되며, 의심의 구름과 캄캄한 어둠으로 말미암아 왜곡되고 감추어지는, 이 세상의 낮은 수준의 율법 아래에서조차도 전혀 완전해지지 않는 의가 되는 것이다. 이러한 이유들로 인해 은혜와 구속의 계획 아래에서 그리스도의 중보적 사역과 성령 하나님의 내적 사역이 각각 서로 관계하고 있는 내용들을 모두 올바르게 고찰하고 파악하는 것은 실제로 대단히 중대한 일이 아닐 수 없다. 이러한 질문들을 진지하고 올바르게 다루기 위해서 우리는 다음과 같은 명제들을 제시하고 확언하고자 한다.

명제 30- 인간의 구속 계획과 전체 목적에 대해 함께 논의하고 협력하시는 성부와 성자, 그리고 성령 하나님이 계시되고 있다. 그러나 이 삼위 하나님은 그 목적과 계획에 효과를 발생시키시기 위하여 상호 간에 협력하시는 동시에, 독특한 직무들을 감당하시고 각기 다른 종류들의 사역을 수행하신다.

죄인들을 구원하시는 삼위 하나님의 공통적인 목적과 조화로운 협동 사역은 하나님의 의지의 계획에 있어서의 통일성을 내포하고 있는 신적 본질의 통일성으로부터 추론할 수 있다. 그러나 구원 사역과 관계가 있는 삼위 하나님의 독특한 직무들과 시행들보다, 삼위 하나님의 개인적인 독특한 차이점들과 구분들을 더욱 잘 보여 주었던 것은 없다. 즉시 삼위 하나님의 목적의 조화와 이 사역에 있어서의 모든 신자들이 단지 하나님의 이름으로만이 아닌, '아버지와 아들과 성령의 이름으로' 세례 받기를 요구하고 있다는 사실은 우리의 주의를 끌게 한다(마 28:19).[1]

삼위 하나님의 각 위는 독특한 사도적 축도의 형식을 생각나게 한다. **"주 예수 그리스도의 은혜와 하나님의 사랑과 성령의 교통하심이 너희 무리와 함께 있을지어다"**(고후 13:13). '내 뒤에 오시는 이'를 믿고 '성령의 세례'를 받게 하기 위하여 '죄를 사하는 회개의 세례'로 묘사되고 있는 세례 요한의 예비와 그의 사역에 참석했던 사람들에게(행 19:2-6) 시행된 이 세례는 그리스도인의 세례에 비교해 볼 때 불완전한 것이었다. 왜냐하면 이 세례는 성부와 성자와 성령 하나님을 일일이 열거하지 않았기 때문이다. 이 세례는 기독교회의 탄생과 더불어 교회에 올바르게 양도되었다. (1)

삼위 하나님의 각 위 하나님은 죄인들을 구원하시는 방법과 관련하여 각각 독특한 직무를 수행하시고, 독특한 사역을 감당하신다. 성부 하나님 아버지는 위엄을 대표하시고, 주권을 시행하시며, 삼위 하나님의 대

---

[1] **마 28:19** 그러므로 너희는 가서 모든 족속으로 제자를 삼아 아버지와 아들과 성령의 이름으로 세례를 주고,

권을 행사하시는 분으로 계시되었다. 성경은 이러한 성부 하나님의 성품과 사역을 다양하게 표현했다. "하나님이 세상을 이처럼 사랑하사 독생자를 주셨으니, 이는 저를 믿는 자마다 멸망치 않고 영생을 얻게 하려 하심이니라"(요 3:16).

"찬송하리로다. 하나님, 곧 우리 주 예수 그리스도의 아버지께서 그리스도 안에서 하늘에 속한 모든 신령한 복으로 우리에게 복 주시되, 곧 창세 전에 그리스도 안에서 우리를 택하사 우리로 사랑 안에서 그 앞에 거룩하고 흠이 없게 하시려고 그 기쁘신 뜻대로 우리를 예정하사 예수 그리스도로 말미암아 자기의 아들들이 되게 하셨으니"(엡 1:3-5).

"아버지가 아들을 세상의 구주로 보내신 것을 우리가 보았고, 또 증거하노니"(요일 4:14).

"하나님이 죄를 알지도 못하신 자로 우리를 대신하여 죄를 삼으신 것은 우리로 하여금 저의 안에서 하나님의 의가 되게 하려 하심이니라"(고후 5:21).

"이 예수를 하나님이 그의 피로 인하여 믿음으로 말미암는 화목 제물로 세우셨으니, 이는 하나님께서 길이 참으시는 중에 전에 지은 죄를 간과하심으로 자기의 의로우심을 나타내려 하심이니"(롬 3:25).

"자기 아들을 아끼지 아니하시고 우리 모든 사람을 위하여 내어 주신 이가 어찌 그 아들과 함께 모든 것을 우리에게 은사로 주지 아니하시겠느뇨"(롬 8:32).

"여호와께서 그로 상함을 받게 하시기를 원하사 질고를 당케 하셨은즉 그 영혼을 속건 제물로 드리기에 이르면 그가 그 씨를 보게 되며 그 날은 길 것이요, 또 그의 손으로 여호와의 뜻을 성취하리로다"(사 53:10).

"너희는 저를 죽은 자 가운데서 살리시고 영광을 주신 하나님을 그리스도로 말미암아 믿는 자니, 너희 믿음과 소망이 하나님께 있게 하셨느니라"(벧전 1:21).

"저를 잠깐 동안 천사보다 못하게 하시며, 영광과 존귀로 관 씌우시며"(히 2:7).

"이스라엘로 회개케 하사 죄사함을 얻게 하시려고 그를 오른손으로 높이사 임금과 구주를 삼으셨느니라"(행 5:31).

성자 하나님은 하나님 아버지께 직무상 복종의 사역을 하시는 분으로 계시되었다.

"오히려 자기를 비어 종의 형체를 가져 사람들과 같이 되었고"(빌 2:7).

"그리스도께서 우리를 위하여 저주를 받은 바 되사 율법의 저주에서 우리를 속량하셨으니, 기록된 바 나무에 달린 자마다 저주 아래 있는 자라 하였음이라"(갈 3:13).

"그가 찔림은 우리의 허물을 인함이요, 그가 상함은 우리의 죄악을 인함이라. 그가 징계를 받음으로 우리가 평화를 누리고, 그가 채찍에 맞음으로 우리가 나음을 입었도다"(사 53:5).

"그리스도께서 너희를 사랑하신 것 같이 너희도 사랑 가운데서 행하라. 그는 우리를 위하여 자신을 버리사 향기로운 제물과 생축으로 하나님께 드리셨느니라"(엡 5:2).

"오직 그리스도는 죄를 위하여 한 영원한 제사를 드리시고 하나님 우편에 앉으사"(히 10:12).

"이러므로 하나님이 그를 지극히 높여 모든 이름 위에 뛰어난 이름을 주사, 하늘에 있는 자들과 땅에 있는 자들과 땅 아래 있는 자들로 모든 무릎을 예수의 이름에 꿇게 하시고"(빌 2:9,10).

성령 하나님은 다음과 같이 계시되었다.

"내가 아버지께로서 너희에게 보낼 보혜사, 곧 아버지께로서 나오시는 진리의 성령이 오실 때에 그가 나를 증거하실 것이요"(요 15:26).

"그가 내 영광을 나타내리니, 내 것을 가지고 너희에게 알리겠음이니라"(요 16:14).

"이는 물과 피로 임하신 자니, 곧 예수 그리스도시라. 물로만 아니요 물과 피로 임하셨고"(요일 5:6).

"그가 와서 죄에 대하여, 의에 대하여, 심판에 대하여 세상을 책망하시리라. 죄에 대하여라 함은 저희가 나를 믿지 아니함이요"(요 16:8,9).

"우리 주 예수 그리스도의 하나님, 영광의 아버지께서 지혜와 계시의 정신을 너희에게 주사 하나님을 알게 하시고"(엡 1:17).

"이는 우리의 기업에 보증이 되사 그 얻으신 것을 구속하시고 그의 영광을 찬미하게 하려 하심이라"(엡 1:14).

위에 언급한 삼위일체 하나님에 대한 성경의 증언들은 다음과 같은 두 가지 사실을 우리에게 알려 주기에 충분한 말씀들이다. 첫째로, 한 분에게 서술된 많은 표현들이 다른 두 분에게는 적용될 수 없는 성질의 것임을 미루어 볼 때, 성부와 성자와 성령 사이에는 실제적인 구분과 차이가 있다는 사실이다. 둘째로, 삼위 하나님은 동일한 은혜의 계획 아래 서로 각기 다른 직무를 수행하시고, 동일한 구속 사역 아래 역시 서로 각기 다른 부분들을 실행하신다는 사실이다.

만일 이러한 근본적이고 중대한 질문들이 명백하게 계시된다면, 우리는 이러한 구분들이 실제로 존재한다는 사실을 간과함으로써 성경이 성자 예수님에 대해 하시는 말씀을 성부 하나님께 적용하고, 성부 하나님에 대해 하시는 말씀은 성자 예수님께 적용하며, 성자 예수님에 대해 하시는 말씀을 성령 하나님께 적용하고, 또 성령 하나님에 대해 하시는 말씀은 성자 예수님께 적용한다면 도무지 해결할 수 없는 혼동에 빠지게 되고 만다.

이러한 오류는 우리 칭의의 근거로서 우리를 위해 역사하시는 성자 예수님의 사역을 우리 안에서 역사하시는 성령 하나님의 사역으로 대치하는 것만큼이나 심각한 오류가 아닐 수 없다. (2)

명제. 31- 성령의 사역은 그리스도 자신의 사역만큼이나 우리의 칭의에 필요하다. 그러나 성령의 사역이 그리스도의 사역과 동일한 이유에서 필요한 것도 아니요, 동일한 목적에서 효과적인 것도 아니다.

어떤 의미에서 우리 안에서 역사하시는 성령의 사역이 우리를 위한 그리스도의 사역만큼이나 우리의 칭의를 위해 필요하다는 사실은 건전한 개신교 신학자들이 인정한 바 있다. 그리고 이러한 사실은 이 두 가지 사역이 서로 명백히 연결되어 있는 성경의 구절들을 통해 입증된다. 예를 들면 사도 바울은 신자들을 향하여 다음과 같이 말씀한다. "너희 중에 이와 같은 자들이 있더니, 주 예수 그리스도의 이름과 우리 하나님의 성령 안에서 씻음과 거룩함과 의롭다하심을 얻었느니라"(고전 6:11). 이 구절에 표현된 단어들은 '거룩함'을 얻은 존재와 '의롭다하심'을 얻은 존재라는 두 가지 독특한 구별이 있음을 암시한다.

그러나 그리스도의 사역과 성령의 사역이 서로 다른 방식으로 진행된다 할지라도 이 두 축복들은 서로 긴밀하게 연결되어 있다. 왜냐하면 우리는 '주 예수 그리스도의 이름'과 '우리 하나님의 성령 안'에서 거룩하게 되고 의롭다하심을 얻기 때문이다.

사도 바울은 또한 다음과 같이 말씀한다. "우리 구주 하나님의 자비와 사람 사랑하심을 나타내실 때에 우리를 구원하시되 우리의 행한 바 의로운 행위로 말미암지 아니하고 오직 그의 긍휼하심을 좇아 중생의 씻음과 성령의 새롭게 하심으로 하셨나니, 성령을 우리 구주 예수 그리스도로 말미암아 우리에게 풍성히 부어 주사 우리로 저의 은혜를 힘입어 의롭다하심을 얻어 영생의 소망을 따라 후사가 되게 하려 하심이라"(딛 3:4-7). 위의 구절들은 중생, 칭의, 양자, 그리고 영생을 포함하는 우리 전체 구원을 명백하게 지시하고 있으며, 이는 '우리 구주 예수 그리스도의 사역'을 통한 하나님의 '자비'와 '사랑'과 '은혜'에 좌우되는 동시에, '성령의 새롭게 하시는 사역'에 좌우되는 것으로 나타나 있다.

그 어떤 구원의 특권도 성령의 은혜로운 사역이 없이는 향유될 수 없다. 또한 모든 복음적 축복들도, 그의 사역과 협의하에 사람의 영혼에 임하는 것이라는 동일한 진리도, 성경의 여러 구절들을 통해 명백하게 교훈되고 있다. 성령의 효과적인 사역이 없다면 구원은 존재할 수가 없다. 이러한 진리는 부정적으로 또는 긍정적으로 매우 강력하게 진술되어 있다.

우선 부정적으로 진술되어 있는 말씀들을 살펴보자. "예수께서 대답하여 가라사대 진실로 진실로 네게 이르노니, 사람이 거듭나지 아니하면('위에서 나지 아니하면', '영으로 나지 아니하면') 하나님 나라를 볼 수 없느니라. … 예수께서 대답하시되 진실로 진실로 네게 이르노니, 사람이 물과 성령으로 나지 아니하면 하나님 나라에 들어갈 수 없느니라. 육으로 난 것은 육이요 성령으로 난 것은 영이니"(요 3:3,5,6).

"만일 너희 속에 하나님의 영이 거하시면 너희가 육신에 있지 아니하고 영에 있나니, 누구든지 그리스도의 영이 없으면 그리스도의 사람이 아니라"(롬 8:9).

"그러므로 내가 너희에게 알게 하노니, 하나님의 영으로 말하는 자는 누구든지 예수를 저주할 자라 하지 않고, 또 성령으로 아니하고는 누구든지 예수를 주시라 할 수 없느니라"(고전 12:3).

긍정적으로는, 성령의 중재를 통하여 우리가 그리스도와 연합되어 그와 하나가 되고 이와 동시에 그의 구속의 모든 축복들에 참예하는 자가 된다. "너희는 하나님께로부터 나서 그리스도 예수 안에 있고, 예수는 하나님께로서 나와서 우리에게 지혜와 의로움과 거룩함과 구속함이 되셨으니"(고전 1:30).

이러한 명백한 성경의 구절들로 미루어 볼 때, 사람이 하나님의 영으로 말미암아 새롭게 되기 전에는 그 누구도 결코 구원의 축복들의 참예자가 될 수 없음이 확실하며, 동시에 성령의 중재로 말미암아 그리스도와 연합하고 그의 이름을 믿게 되면 즉시 그 모든 축복의 참예자가 된다는 것은 너무나도 명백한 일이다.

그러므로 믿음을 단순히 지성적 신념으로 제시하고, 진리와 그 증거에 대한 우리의 재능의 자연적 시행으로 제시하거나, 또는 그것을 신적 은혜의 효과적인 영향을 제외한 인간의 자유 의지의 산물로서 제시하든지 간에, 칭의를 위한 성령의 은혜로우신 사역을 배제하는 교리는 그 어떤 교리라도 성경의 명백한 진술과는 일치되지 않는 것들이며, 어거스틴이 그랬던 것처럼 반드시 배격되어져야 한다. 왜냐하면 이런 교리는 인간의 자연적 타락이나 신적 은혜의 유효성을 충분히 인식하지 못하기 때문이다.

그러나 우리 안에서 역사하시는 성령의 사역이 우리를 위한 그리스도의 사역만큼이나 우리의 칭의를 위해 필요한 것은 사실이지만, 그것이 동일한 이유에서 필요한 것도 아니며, 동일한 목적에서 유효한 것도 아니다. 우리가 하나님과 철저하게 화목하기 위해서는, 우리의 선천적인 상태에 존재하는 두 가지 악이 반드시 교정되고 제거되어야 한다. 그 첫째는 범죄에 따른 죄책이며, 둘째는 그것의 통치이다. 전자 때문에 우리는 하나님의 진노에 노출되어 있으며, 율법의 저주를 당하고, 후자 때문에 우리는 우리 자신의 죄에 대한 욕망의 노예가 되고 '하나님을 향한 적대감'을 표시하는 육적인 마음에 종속당한다.

하나님과 인간이 완전히 화목되기 위해서는 이 두 가지 악이 모두 반드시 교정되어야 한다. 죄에 대한 하나님의 불쾌하심과 노여워하심을 모면해야 하며, 하나님의 거룩으로 인한 인간의 대립과 증오가 반드시 정복되어야 한다. 그런데 중보자이신 그리스도께서 각각 다른 방법을 통해 이 두 가지 목적을 완전히 성취하시기 위한 구속 사역을 맡으신 것이다.

그리스도는 단순히 칭의나 구원에 대한 가능성만을 확보하기 위함이 아니라, 그의 백성들의 완전한 구원을 확보하기 위해 필요한 모든 것을 온전히 성취하시고 그것을 위해 고난당하셨다. 그는 죄를 속하시고, 그들을 하나님의 엄위하신 진노와 저주로부터 피하게 하셨고, 그들에게 영생을 확실히 보증하셨으며, 그 자신의 사역의 상급으로서의 '아버지의 약속이신' 성령의 은혜를 확보해 주셨다.

그는 더 나아가 우리의 중보자이자 언약의 시행자로서 그들이 그들의 온전한 구원을 위해 그의 이름을 믿을 수 있도록, 그리고 그들의 칭의뿐만 아니라 성화를 위해서 그리스도를 바라볼 수 있도록 백성들의 유익을 위해 성령의 은사들을 나누어 주셨다. 그러므로 그리스도는 이 두 가지 악들을 심사숙고하시고 그것들을 해결할 수 있는 치료책을 공급하셨던 것이다.

그러나 성령의 사역과는 확연하게 구별되는 그리스도의 사역은 무엇보다도 먼저 그들의 죄의 사면과 하나님의 용인을 위한 견고한 기초를 놓기 위해 하나님의 율법에 대한 대속적 성취, 즉 그 계율과 형벌에 따른 대속적 성취로 구성되어 있었던 것이다. 그리고 그는 그의 백성들을

'하나님의 권세의 날에 친 백성'이 되게 하시기 위해 성령의 선물을 확보케 해 주신 것이다. 그러나 성령의 사역은 성자의 사역과는 전적으로 구별되며, 그 고유의 특별하고도 독특한 목적 때문에 그리스도의 사역을 대치하거나 그것에 보충적인 것으로 계획되지도 않았다. 이와는 반대로, 성령의 사역은 주로 죄인들이 '그들의 구원을 위해 오직 복음 안에 무조건적으로 계시된 그리스도만을 영접하고 그분만을 의지하도록' 죄인들을 효과적으로 설복시키는 일에 중요하게 관련되어 있다.

그리스도는 '회개케 하실 뿐 아니라 죄사함까지도 얻게 하시기 위해 임금과 구주'로 높임을 받으셨고, 우리는 이 두 가지 모두에 대하여 그리스도에게 빚진 자들이다. 왜냐하면 '하나님께서 그리스도를 그의 오른손으로 높이심으로 높아지신 그리스도께서 아버지로부터 오순절 날에 영을 부어 주신 성령'을 약속받으셨으며, 오늘날의 모든 교회 시대에 이르기까지 계속해서 그 열매와 그의 은혜의 선물들을 나누어 주시기 때문이다.

그러므로 그리스도의 중보 사역은 성령의 내적 사역과는 확연하게 구분된다. 모든 구원의 축복들은 전자에 의해서 확보되며, 이 모든 축복들이 효과적으로 적용되는 것은 후자에 의해서다. 성령의 사역은 구속의 원인이 아니라 우리 구속의 결과로서 자연스럽게 발생하는 것이다. 그것은 우리 칭의의 증거를 제시하면서도 칭의의 어떤 근거도 형성하지 않는다.

구원 안에 포함되어 있는 다른 모든 축복들과 마찬가지로 이 축복 역시 언약의 조건들을 성취하시는 그리스도의 성스러운 사역에 전적으로 달려 있는 것이다. 그리고 그것은 언약의 시행자로서의 그리스도의 선지자적이며 법적인 직무의 시행으로 말미암아 수여되는 것이다. 성령은 이러한 직무들을 수행해 가심에 있어서 그리스도의 행위자가 되시며, 성령의 이러한 은혜와 능력으로 말미암아 사람들은 구원을 위해 그리스도를 믿도록 설복되며 그리스도를 의지할 수 있게 된다.

그러나 중보자로서의 그리스도에게 부과된 조건들을 성취하심에 있어서, 또는 '아버지께서 그에게 하라고 주신 일'을 성취하심에 있어서 성령은 '그리스도에게 한량없이 주어진' 것과 '영원하신 영을 통해 자신의 몸을 하나님께 흠 없는 자로 드리실 때' 순종하심과 고난받으심에 있어서 그리스도의 거룩하신 영을 보존하는 일을 제외하고는 아무런 역할도 하지 않았다. 하나님 아버지께서도 확증하시는 이러한 협력을 제외하고는, 성령은 우리의 구속을 확보하게 하시는 아무런 역할도 하지 않으신다. 이는 전적으로 그리스도의 사역이시며, 그러므로 우리의 칭의의 근거가 되는 것이다.

이러한 국면에서 그것은 전적으로 그리스도와 그리스도 자신의 사역이시다. 그것은 절대로 성령의 사역이 아니다. 성육신하셔서 '종의 형체를 입으시고 사람의 모양으로 나타나신 분'은 성령 하나님이 아니라 철저하게 성자 예수님이시다. '율법 아래 나시고', '우리의 죄가 되신 분'은 성령이 아니라 성자 예수님이시다. '우리를 위한 저주가 되시고', '친히 나무에 달려 우리의 죄를 대신 지시며', '의인으로서 불의한 자를 대신 하심으로 우리를 위해 죽으신 분'은 성령이 아니라 성자 예수님이시다. '그의 피로 말미암아 우리를 하나님께 구속하시고', '그의 이름을 믿는 모든 자에게 의를 위한 율법의 마침이 되신 분'은 성령이 아니라 성자이시다. '우리를 위한 영원한 구속을 확보하시고', '그 자신을 희생 제물로 드려 우리 죄를 없이 하시려고 세상 끝날에 나타나신 분'은 성령이 아니시고 성자 예수님이신 것이다. '바로 이것이 하나님께서 우리에게 주신 영생이시며, 이 생명은 하나님의 아들 안에 있는 것'이다. 이러한 증언들로 볼 때, 이 독특한 사역들은 그리스도에게 속한 것들이며, 성경 어디에서도 전체적으로나 부분적으로나 성령에게 속한 것으로 기록된 일이 없다.

심지어 그의 영의 중재를 통하여 현재 교회 시대에서 수행하고 있는 사역과는 다른, 이미 십자가에서 '종결된' 사역과 인간의 범죄의 속죄와 하나님의 율법과 정의의 만족을 즉시 가져오는 사역은 우리의 칭의의 충분한 근거가 되는 것이다. 이 사역이 원래 계획되었던 목적을 성취하는 사역이라면, 또 다른 용인의 근거는 필요하지도 않을 것이며, 성령의 사역은 이것을 대치할 수도 없고, 그리스도께서 하나님의 율법과 정의를 모두 만족시키신 그 '보배로운 피'의 유효성과 그 완전한 의의 공로를 손상시키지 않은 채 그것을 보충할 수도 없는 것이다. 이 중대한 진리는 그리스도께 속한 독특한 사역을 고찰한 것처럼 이제 성령에 속한 독특한 사역을 고찰하기 시작하면 더욱 더 명백해 질 것이다. (3)

명제 32- 성령의 사역은 '그리스도를 증거하심'에 있으며, 사람들의 완전하고 영원한 구원을 효과 있게 하기 위해 그리스도께서 그들을 위해 성취하시고 확보하신 구속을 사람들에게 적용하심에 있다.

"증거하는 이는 성령이시니, 성령은 진리니라"(요일 5:7). 성령의 증거하심의 위대한 주제는 그리스도, 즉 십자에게 못박히신 그리스도와 높아지신 그리스도이다.

"내가 아버지께로서 너희에게 보낼 보혜사, 곧 아버지께로서 나오시는 진리의 성령이 오실 때에 그가 나를 증거하실 것이요"(요 15:26).

"그가 내 영광을 나타내리니, 내 것을 가지고 너희에게 알리겠음이니라. 무릇 아버지께 있는 것은 다 내 것이라. 그러므로 내가 말하기를 그가 내 것을 가지고 너희에게 알리리라 하였노라"(요 16:14,15).

성령의 증거는 죄인들의 유일한 구주이신 그리스도와 관계한다. 그리고 성령은 그의 영으로 기록되어진 말씀과 그의 백성들의 마음속에서 그리스도를 증거하신다.

"우리 주 예수 그리스도의 하나님, 영광의 아버지께서 지혜와 계시의 정신을 너희에게 주사 하나님을 알게 하시고"(엡 1:17).

"어두운 데서 빛이 비춰리라 하시던 그 하나님께서 예수 그리스도의 얼굴에 있는 하나님의 영광을 아는 빛을 우리 마음에 비춰셨느니라"(고후 4:6).

그에 따라서, 성령께서는 하나님 앞에서의 우리 용인의 근거로서 우리 안에서 역사하시는 그의 사역 안에 우리를 안주하게 하시지 않고, 오히려 그리스도에 의해서 확보된 구속을 우리에게 적용시키시고, 우리에게 이 구속이 절실히 필요함을 깨닫게 하시고 확신시키시며, 이 구속의 완전성과 충족성을 계시하신다. 또한 '하나님에 의해 우리에게 무조건적으로 주어진' 것을 알게 하시고, 우리로 하여금 오직 그리스도만을 의지하게 하신다. 이것이 성령의 사역이다.

그렇다면, "죄인들을 위한 구원은 어떻게 이루어지고 누구에 의해서 수행되는 것인가?" 그렇다면, "우리는 어떻게 그리스도에 의해 취득된 구속의 참예자가 되는 것인가?" 이 질문에 대한 성경적 답변은, 그것이 성령에 의해 효과적으로 적용되기 때문이라는 것이다. 그렇다면, 또 다른 질문이 제기된다. "성령께서 그리스도의 구속을 우리에게 어떻게 적용시키시는가?" 이에 대한 성경적 답변은, 그것이 우리 안에 믿음을 역사하시고, 우리를 그리스도와 함께 연합하시기 때문이라는 것이다.

그렇다면, 여전히 다음과 같은 질문이 제기된다. "성령께서는 어떻게 우리 안에 믿음을 역사하시고, 우리를 그리스도와 연합시키시는가?" 이에 대한 성경적 답변은, '성령께서 구원을 위해 오직 복음 안에 무조건적으로 계시된 그리스도만을 영접하고 그 안에 안식할 수 있게 설복하시기 때문'이라는 것이다. 바로 이것이 죄인을 그리스도에게로 인도하며, 그리스도를 자신의 유일한 구세주로 믿게 하는 회심에 대한 성령의 웅장한 목적이다. 이러한 결과들은 여러 가지 경우에 길든지 짧든지 일정한 예비적 과정 없이는 영향을 발휘하지 못할 것이다. 왜냐하면 죄인은 우선 구세주의 필요성을 느끼기 전에, 또는 구원에 관한 심각한 욕망을 소유하기 이전에, 먼저 그의 죄와 비참과 위험을 인정해야 하기 때문이다.

죄인은 그리스도 안에서 그의 구세주의 필요성을 느끼기 전에, 먼저 그리스도의 영광과 그의 구속 사역의 본질 안에서 그리스도의 지식에 눈떠야 한다. 왜냐하면 그가 온전한 성경적 의미에서 스스로 자연적으로 구원받기를 열망하지는 않을 것이며, 그의 연약 때문에 아마도 다른 의를 통해서 하나님의 자비를 구할 것이기 때문이다. 때문에 이러한 과정이 있은 후에야 그는 오직 그리스도만을 영접하며 그분만을 신뢰하는 중대한 단계에 다다르게 될 것이며, 즉시 그렇게 하고야 말 것이다. 왜냐하면 그렇게 하기를 방해하는 것은 오직 자신의 불신앙과 그 자신의 나태함뿐이기 때문이다.

　믿음으로 그리스도를 영접함으로써 그는 그리스도와 하나가 되고 연합된다. 그리고 그리스도와 함께 연합됨으로써 '그는 그리스도 안에서 완전한 자'가 된다. 즉 그리스도의 의가 그의 칭의를 위해 그의 것이 되는 것이다. 그리고 그리스도의 영 또한 그의 성화를 위해 그의 것이 되는 것이다. (4)

　위에 언급한 내용들이 성령의 사역의 본질이라면, 우리의 실제적인 칭의를 위한 그것의 필요성이 그리스도의 의를 전혀 손상시킬 수 없다. 왜냐하면 그것의 위대한 의도는 죄인으로 하여금 오직 그리스도만을 영접하고 의지하게 만들기 때문이다. 그것은 오직 인간의 부패하고 타락한 마음으로 인해 손상되어질 뿐이다. 만일 부패하고 타락한 상태로 내버려진다면, 우리는 복음의 은혜로운 요청과 소명을 전혀 듣지 않을 것이기 때문이다.

　그것은 부분적으로 우리가 죄와 악, 그리고 죄의 과실에 대해 무감각하고, 부분적으로 영적인 소경이 되었기 때문이며, 또 부분적으로 우리가 하나님의 방법과 하나님의 조건으로 구원받으려 하지 않기 때문이다. 그러므로 우리의 칭의를 위해 그리스도에 의해 확보된 구속을 적용하심에 있어서 성령 사역의 필수불가결한 필요성이 발생하게 된다.

　한편 다른 목적 아래 성령 사역의 필요성이 역시 뒤따르게 되는데, 그것들은 죄의 권세와 실행뿐만 아니라 죄책과 형벌로부터의 구원까지도 포함하고 있다. 그리고 이 필요성은 우리에게 영원한 생명을 보증할 뿐만 아니라 '빛 가운데 성도의 기업을 누리게 만들어 주기도 하는 것'이다. 만일 그것이 그리스도의 왕국의 변경할 수 없는 영구불변의 율법을 폐지하거나 말소하는 것이라면, 오직 믿음을 통해 은혜로 말미암는 무조건적인 칭의 교리는 비참하게 오해되고 왜곡되어질 것이다. 주님의 이 계명은 '우리의 성화를 위한 하나님의 뜻이며', '거룩함이 없이는 아무도 주를 보지 못할 것을' 시사하기 때문이다.

　명제 33- 중생과 칭의는 동시적으로 발생한다. 중생받지 못한 자는 의롭다하심을 받지 못하며, 즉각적으로 의롭다하심을 받지 못한 자가 중생을 받을 수도 없다.

우리로 하여금 구원을 위해 오직 그리스도만을 영접하고 믿게 하심으로써, 우리 안에 믿음을 역사하시는 성령의 중재로 말미암아 우리는 그리스도와 연합한 자가 된다. 그리고 그리스도와의 연합으로 말미암아 우리는 그가 돌아가심으로 성취하시고, 높아지심으로 수여하시려는 모든 축복들의 참예자가 된다. 우리는 동맹자의 머리로서, 또는 우리의 대표자로서의 그리스도와 함께 연합함으로써 그의 의롭다 하시는 의의 참예자가 된다. 그리고 우리의 영적 머리 또는 생명을 수여하시는 머리로서의 그리스도와 연합함으로 말미암아 우리는 그의 거룩하게 하시는 은혜의 참예자가 된다.

우리가 그리스도와 연합함으로 이루어지는 전자의 결과로 말미암아 우리는 '사랑하시는 자 안에서 하나님의 용인을 받게 되는 것'이며, '그 안에서 하나님의 의'가 되고, '그 안에서 그의 피로 말미암아 구속, 곧 그의 은혜의 풍성함을 따라 죄사함'을 수여받게 된다. 우리가 그리스도와 연합함으로써 이루어지는 후자의 결과로 말미암아 우리는 "그리스도 예수 안에서 거룩하여지고", "누구든지 그리스도 안에 있으면 새로운 피조물"이 되며, '교회의 머리이신 그로 말미암아 모든 지체가 서로 연락되어 하나님이 자라게 하시는 데까지 자라게 되는 것'이다(고전 1:2 : 고후 5:17 : 골 2:19).

그리고 우리가 그리스도와 연합함으로써 이루어지는 양자 모두의 결과로 말미암아 "아버지께서는 모든 충만으로 우리를 예수 안에 거하게" 하시고, 우리가 "하나님께로부터 나서 그리스도 예수 안에 있고, 예수는 하나님께로서 나와서 우리에게 지혜와 의로움과 거룩함과 구속함"이 되시고, "우리가 다 그의 충만한 데서 받으니 은혜 위에 은혜"가 되는 것이다(골 1:19 : 고전 1:30 : 요 1:16).

친밀하고 사랑스러운 것은 바로 그들이 그리스도 안에 있고 그리스도께서 그들 안에 계신다는 그리스도와 그의 백성 사이의 연합이다. "내 안에 거하라. 나도 너희 안에 거하리라. 가지가 포도나무에 붙어 있지 아니하면 절로 과실을 맺을 수 없음같이 너희도 내 안에 있지 아니하면 그러하리라. 나는 포도나무요 너희는 가지니 저가 내 안에, 내가 저 안에 있으면 이 사람은 과실을 많이 맺나니, 나를 떠나서는 너희가 아무 것도 할 수 없음이라"(요 15:4,5).

성령의 사역은 믿음으로 말미암는 그리스도와의 이 연합을 생산하시고 유지하시는 것이다. "그 영광의 풍성을 따라 그의 성령으로 말미암아 너희 속 사람을 능력으로 강건하게 하옵시며, 믿음으로 말미암아 그리스도께서 너희 마음에 계시게 하옵시고, 너희가 사랑 가운데서 뿌리가 박히고 터가 굳어져서 능히 모든 성도와 함께 지식에 넘치는 그리스도의 사랑을 알아, 그 넓이와 길이와 높이와 깊이가 어떠함을 깨달아 하나님의 모든 충만하신 것으로 너희에게 충만하게 하시기를 구하노라"(엡 3:16-19).

그러하기에 그리스도로부터 우리의 확신과 믿음을 거두어 들이시기는커녕, 성령은 우리로 하여금 구원의 모든 축복들을 위해 그리스도만을 신뢰하도록 교훈하시고 '우리의 믿음을 끝날까지 굳게 붙들도록' 교훈하신다. 그리스도를 가치 없게 만드시기는커녕, 성령은 '우리 믿음의 시작이요 마침이 되시는' 그리스도를 우리에게 더욱 친근하게 하시고, '그리스도 안에서 영광에 풍성하심으로 말할 수 없는 기쁨'을 누릴수 있도록 교훈하시는 것이다.

우리 안에서 역사하시는 성령의 사역이 단순히 우리를 위한 그리스도의 사역을 적용하시는 것이라면, 그리고 그리스도의 구속의 모든 축복들의 참예자가 되게 만드시는 것이 성령의 사역이라면 중생과 칭의는 동시적으로 발생하며, 중생 받지 못한 자는 의롭다하심을 얻지 못하며 더욱이 의롭다하심을 얻지 못한 자는 누구라도 중생 받지 못하게 된다는 결론을 낳게 된다. 이것은 가장 중대한 진리 가운데 하나이며, 이 이신칭의 교리를 반대하는 단체들에 의해 주장되었던 두 가지 중대한 오류들을 무력화시키기에 충분한 진리이다.

그중 하나는 칭의를 성령으로 말미암는 중생보다 선행하는 것이며 그것과 완전히 독립적인 것이라고 주장한 율법폐기론이다. 율법폐기론주의자들은 이것을 마치 구원의 영원한 목적과 존재하는 시간 세계 속에서의 그 목적의 시행 사이에 아무런 차이점이 없는 것처럼, 또는 구속의 확보와 그것을 인간의 영혼에 실제로 적용하는 것 사이에 마치 아무런 차이가 없는 것처럼 어떤 때는 하나님의 영원한 선택과 동일시했고, 또 어떤 때는 그리스도의 구속 사역과 동일시했다. (5)

또 다른 하나는 칭의가 그리스도의 종결된 사역과는 관계가 없고, 오히려 우리들의 개인적인 순종과 최종적인 인내에 달려 있는 것으로 간주한 로마 가톨릭 저술가들의 오류이다. 이러한 오류는 로마 가톨릭 저술가들의 후계자로 변신한 몇몇 개신교회의 인사들에 의해 추종되기도 했다.

이들은 칭의가 신자들이 그리스도와 연합하기만 하면 즉시 의로워지는 신자들의 현재적인 특권이 전혀 아닌 것인 양, 칭의를 사실상 위대하고 엄위로운 심판의 날까지 연기해 버렸다. 그들은 또한 그들의 성화를 위해 그리스도를 영접하지 않았고, 심지어 그의 모든 죄의 사면과 그의 인성과 예배의 용인과 그의 견인을 위해 그리스도를 인정하지도 않았다. 이 두 가지 오류들은 칭의 교리에 관한 한 서로 가장 극단을 달리는 오류라 할 수 있다. 그러나 이것들은 동등하게 그릇되고 위험한 오류들이다.

바울은 '선택된 그릇'이었고, 그리스도의 보혈로 구속받은 자였다. 그러나 바울은 그가 '훼방자요 핍박자'였을 동안에 의롭다하심을 받은 것이 아니었다. 그가 '자비'를 맛본 것은 그리스도를 영접하고 회개할 때였다(딤전 1:15).[2] 그러나 그가 그리스도를 영접하자마자 그는 다음과 같이 말할 수 있었다. "내가 그리스도와 함께 십자가에 못박혔나니, 그런즉 이제는 내가 산 것이 아니요 오직 내 안에 그리스도께서 사신 것이라. 이제 내가 육체 가운데 사는 것은 나를 사랑하사 나를 위하여 자

---

[2] **딤전 1:15** 미쁘다. 모든 사람이 받을 만한 이 말이여! 그리스도 예수께서 죄인을 구원하시려고 세상에 임하셨다 하였도다. 죄인 중에 내가 괴수니라.

기 몸을 버리신 하나님의 아들을 믿는 믿음 안에서 사는 것이라"(갈 2:20).

그러하기에 모든 참된 회심자들의 경우에는 '사망에서 생명으로 옮길 때'와 같은 중대한 순간들이 있는 것이다. "그때에 너희는 그리스도 밖에 있었고 이스라엘 나라 밖의 사람이라. 약속의 언약들에 대하여 외인이요 세상에서 소망이 없고 하나님도 없는 자이더니, 이제는 전에 멀리 있던 너희가 그리스도 예수 안에서 그리스도의 피로 가까워졌느니라"(엡 2:12,13). 그들은 이제 '하나님의 나라의 친 백성들'이 된 것이다. 그렇다면, 그들이 이전에 의롭다하심을 받은 것이 아니라, 바로 지금 의로워진 것이라는 사실은 매우 확실한 것이 아닌가?

종종 중생과 칭의에 본질적인 시간적 순서가 존재하는지에 대한 질문이 제기되었다. 이러한 종류의 질문은 매우 사변적인 호기심에 기인해 있는 것으로서, 실제적인 중요성은 별로 없다. 이것은 시간적 순서가 아니라 우리가 생각하는 순서의 개념과 관련되어 있는 질문이다. 왜냐하면 이 두 가지 축복들이 동시적으로 수여된다는 것은 모든 사람들이 만장일치로 인정하는 것이기 때문이다.

그러나 이 질문이 시사하고 있는 어려움들은 바로 다음과 같은 것들이다. 한편으로 하나님께서는 아직도 여전히 하나님의 진노와 저주의 상태에 머물러 있는 자들에게 도대체 어떻게 성령의 선물을 수여하실 수 있으며, 다른 한편으로는 하나님께서 도대체 어떻게 살아 있는, 오직 하나님의 영에 의해서만 심겨지는 믿음을 통해 그리스도와 연합하지 않은 상태에 있는 죄인을 의롭다 하실 수 있다는 말인가? 그러나 이러한 어려움들은 더욱 일반적이면서도 심오한 질문을 통해 해결될 수 있다. 그리고 그리스도로 말미암는 그들의 구속과 그의 영으로 말미암는 그들의 중생을 포함하고 있는 죄인들을 향하신 하나님의 영원하신 자비의 목적만을 의지함으로써 효과적으로 제거될 수 있다.

정말 신기하고 놀라운 것은 무엇인가? 그것은 어떻게 죄를 미워하시는 하나님께서 죄인을 사랑하실 수 있는지, 그들을 어떻게 그처럼 사랑하사 그의 독생자를 그들을 위해 죽게 허용하실 수 있는지, 그리고 그의 거룩하신 성령을 어떻게 그들 안에 내주하게 하시는지이다.

순서에 관한 한 중생과 칭의와의 관계는 모든 실제적인 목적들로 인해 충분히 결정된 것이나 다름없다. 시간적 관점에서 볼 때, 만일 중생과 칭의가 동시적으로 발생하는 무조건적인 은혜의 선물이라는 것을 명백하게 이해한다면, 그것들은 서로에게 선행하거나 후행하는 것이 아니라는 사실을 확실히 깨닫게 될 것이다. 그렇다면 우리는 다음과 같은 결론을 내릴 수 있을 것이다. 모든 신자는 그가 믿자마자 하나님의 무한하신 사죄의 은총을 받으며 자비하신 하나님의 용인을 받게 되는 것이다. (6)

결 론

칭의 교리의 역사와 주해에 대한 비평과 고찰을 해 보면, 많은 유익한 의견들을 제시할 수 있을 것이다. 그러나 이것들 중에 몇 가지만 말하고자 한다.

우선, 이 주제를 진정으로 이해하는 사람이라면 성경에 계시된 이 사상 체계의 지적 국면으로서 간주되는 칭의의 방법에 나타난 하나님의 심오하신 지혜를 알아차릴 수 있을 것이다. 만일 이것이 인간의 고안품이었다고 하면, 이것은 정말 인간 이성의 가장 위대한 최초의 업적 가운데 하나로 간주되었을 것이다. 이는 양심이 계속해서 답하라고 사람을 충동하지만 결코 해결할 수 없는 가장 근원적인 문제를 해결하려는 시도이며, 가장 불안한 문제에 답하려는 시도이다.

그 가장 근원적이고 불안한 문제는 바로 다음과 같다. 그것은 "인간이 어떻게 하나님 앞에서 의로워질 수 있을까? 또는 불의한 자를 의롭다 하시는 분이 어떻게 의로우신 분이신가?"라는 것이다. 사실 이 엄청난 질문은 습관적으로 하나님께 관심을 두지 않고, 하나님과의 관계에 부주의한 죄인들에게는 거의 발생하지 않는 질문이다. 그리고 이러한 질문이 그들에게 던져진다 해도 그들이 여전히 죄를 가볍게 여기고, 하나님의 의로우신 통치의 지배를 받는 피지배자로서 그들의 엄숙하고도 진지한 책임감을 전혀 느끼고 있지 않다면, 그들은 이러한 종류의 질문을 매우 경솔히 다룰 뿐만 아니라 쉽게 잊어버리고 말 것이다.

죽음과 심판과 영원의 무시무시한 실재에 직면하기 이전의 하나님의 일반적인 자비에 관한 그들의 모호한 견해와, 미래적 회개와 삶의 교정으로 말미암는 하나님의 은총을 얼버무리려는 불명확한 목적은 그들의 죄를 고소하는 양심의 소리와 그 불길하고도 무시무시한 두려움을 둔하게 하고 가볍게 하기에 충분하다.

그러나 이러한 상태의 마음으로 그들이 문제의 실제적인 어려움에 직면했을 때 절대로 싸워 이기지 못할 것이며, 그것들을 올바로 파악하거나 이해하지도 못한다. 그들은 이것과 관계된 모든 종류의 중대한 상태들과 그것을 올바로 해결할 수 있는 답도 간과하고야 만다. 이 문제의 중대성을 균형 있게 제시할 수 있는 것은 오직 그리스도의 복음뿐이며, 이 문제의 해결책을 제공하는 것도 역시 오직 그리스도의 복음뿐이다. 그리스도의 복음은 하나님의 완전하신 성품과 하나님의 율법의 변경할 수 없는 요구들, 하나님의 도덕적 통치의 원리들과 목적들, 그리고 죽어가는 존재이면서도 동시에 불멸의 존재인 인간과 과거의 죄로 인해 고소를 당하고 여전히 내재해 있는 죄로 말미암아 타락하고 부패한 죄인으로서의 인간의 상태와 성품과 운명에 기초해서 그렇게 한다.

무엇보다도 먼저, 그리스도의 복음은 하나님의 무한하신 거룩과 죄에 대한 엄청난 증오, 그것을 심판하심에 있어서 예외를 두지 않는 무시무시함, '거룩하시고 의로우시며 자비하신' 하나님의 성품과도 같은 하나님의 율법의 변경할 수 없는 성격과 지고의 권위의 영적 본질들, 그리고 그의 위대하신 이름에 영광을 돌리기에 합당하게 고안된 계획으로서의 하나님의 도덕적 통치의 원리들과 목적들을 계시함으로 그렇게 하시는 것이다.

또한 그리스도의 복음은 이런 도덕적 통치의 원리들과 목적들을 실제적으로 실행함에 있어서 하나님의 본질이신 도덕적 완전하심을 나타내고 그의 지성적인 피지배자들, 즉 죄인으로서 타락하고 범죄하였으며 부패한 상태에 있고 정죄를 당했으며, 스스로는 도무지 자신을 구원할 수 없고, 시간이 흐름에 따라 엄밀하고 영원한 하나님의 형벌에 빠져들 수밖에 없는 그런 자들에게 전능하신 하나님을 알리심으로 그렇게 하신다.

　정말 도무지 구원받을 수 있는 방법이 전혀 없을 만큼 절망적인 상태를 알려 주는 이러한 위대한 진리들을 계시한 후에야 하나님께서 친히 문제를 해결해 주셨던 은혜와 구속의 방법을 계시하시는 것이다. 그리고 드디어 하나님께서 정말 믿겨지지 않는 엄청나고 굉장한 사실, 즉 하나님께서 그의 독생자를 아끼지 않으시고 우리를 위해 내어 주사 성육신하게 하시고, 우리 죄들을 짊어지게 하시어, 이 죄들이 당해야만 하는 마땅한 형벌을 참고 견디게 하시며, 그들의 구속을 위해 그 자신의 보배로운 피를 흘리게 하셨다는 사실을 선언하신다.

　이 모든 것을 통해 하나님의 은혜와 정의가 그리스도의 십자가에서 나타나는 것이다. 그러므로 그의 계명과 그의 도덕적 통치의 목적들이 안전하게 성취되었고, 하나님 자신은 죄인들을 심판하심으로써 영광을 받으시는 것보다 오히려 용서하심으로써 더 큰 영광을 받으셨다. 이러한 복음 안에서 하나님은 '의로우신 하나님과 구세주'로서, 그리고 '더욱 의로우시며 예수를 믿는 자를 의롭다 하시는 이'로 계시되었던 것이다.

　죄의 사면과 죄인들의 구원뿐만 아니라 하나님의 영광과 하나님의 율법의 명예, 그리고 하나님의 도덕적 통치의 목적들을 포함하는 문제들의 단순한 진술, 그리고 그것의 필수불가결한 조건들에 대한 진술은 복음의 특징들이며, 인간이 결코 다루거나 시작할 수 없는 초인간적인 증거들로 간주되어지는 것이다.

　그러나 하나님의 아들이신 그리스도의 성육신과 그의 대속, 그리고 그의 만족으로 말미암는 이 문제들의 해결책은 사람의 마음이 결코 품을 수 없는 하나님의 지혜의 신기하고 놀라우신 현현이다. 왜냐하면 무한하신 하나님의 마음을 제외하고서는 이것에 기초해 있는 사랑과 정의를 생각할 수 있는 능력을 가진 자가 도무지 없기 때문이다. 더욱이 이러한 엄청난 구속 사역을 수행하고 효과를 발휘할 수 있는 존재도 역시 전혀 없기 때문이다. 이는 아마도 이 엄청난 문제의 심각한 상태를 진지하게 고찰하거나 충분히 깨닫지 못한 자들에게 있어서 '어리석은 것'으로 평가될 것이다.

그러나 누구라도 하나님의 말씀과 영의 인도하심을 받음으로 말미암아 이 문제들을 올바르게 파악하고 이것들을 자신의 영혼에 진지하게 적용하기만 한다면, 이 어리석어 보이는 것이 '하나님의 지혜'로 보이게 될 것이다. 그러므로 인간에 의해 고안될 수 없는 이 칭의 교리에 나타나는 하나님의 지혜의 신적 기원의 가장 설득력 있는 최상의 증거는 하나님의 완전하심의 무한하신 가치와 인간의 가장 갈급한 필요가 나타날 때, 그리고 '어두운 데서 빛이 비춰리라 하시던 그 하나님께서 예수 그리스도의 얼굴에 있는 하나님의 영광을 아는 빛을 우리 마음에 비춰실 때' 확실하게 깨달아질 것이다. (1)

그러나 만일 신적 구속자 안에서 오직 믿음으로 말미암는 칭의의 방법이 그것 자체로 심오하고 그리스도의 복음에 있어서 독특한 사상의 체계로서 지적으로 고찰될 때, 그리고 죄인들로서의 우리들의 상태의 죄악에 대한 유일한 치료책으로서 하나님의 사죄의 은총과 용인을 획득하는 유일한 수단으로서 실제적으로 고찰될 때, 이 칭의의 방법은 가장 지고한 중요성으로 간주하게 될 것이다.

인간에게 있어서 우리가 서 있는 하나님과의 관계보다 더 중요한 상황이 어디 있겠는가? 죄인인 우리가 진노와 적대적 상태에서 구원받아 하나님과의 화해와 평강의 상태로 진입할 수 있는지에 대한 문제보다 더 시급한 것이 어디 있겠는가?

어떤 이들은 성화의 교리가 칭의의 교리보다 더 중요하고 더 실제적인 문제라고 말할지도 모른다. 그러나 정말 그들은 하나님께서 죄인들을 의롭다 하시는 방법뿐만 아니라 거룩하게 하시는 방법까지 계시하셨다는 사실을 온당하게 고찰했다는 말인가? 하나님께서 계시하신 이 두 가지 관계의 순서를 바꾸는 것에 엄청난 위험이 존재한다는 사실을 알고 있다는 말인가?

물론 우리는 그리스도와 연합하자마자 '주 예수 그리스도 안'에서 의롭다하심을 얻고 거룩한 자가 된다. 그러나 우리의 칭의가 즉각적이고 완성적인 반면, 우리의 성화는 점진적이며 진보적인 것이다. 그렇다 하더라도 우리가 이 땅에 사는 동안에는 절대로 완전해지는 것이 아님을 명심해야 한다. 따라서 우리의 죄의 사면과 하나님의 용인이 절대로 성화에 기초해 있는 것이 아니라 그것의 시작과 동시에 일어나며, 성화보다 선행하는 것으로서, 성화의 성장에 이바지하는 것이다.

우리는 율법을 통해 의롭다함을 얻지 않는 것처럼 율법을 통해 거룩해지는 것도 아니다. 왜냐하면 사도 바울이 칭의와 성화에 있어서의 율법의 무효성을 주장하고 있으며, 그리스도의 은혜가 아니고서는 율법은 우리의 부패와 타락을 억제하는 것을 제외하고는, 단지 우리의 죄성을 폭로하고 있음을 보여 주고 있기 때문이다. 그러나 한편 우리를 의롭게 하는 '사랑으로 역사하는' 동일한 믿음은 '우리 마음을 정결'하게 하는 동시에, 우리로 하여금 하나님을 기쁘시게 하는 즐겁고 헌신적인 순종의 길로 인도한다. 왜냐하면 '율법의 경계의 목적은 사랑이기 때문'이며, 그것은 반드시 '청결한 마음과 선한 양심과 거짓이 없는 믿음'으로 나는 것이기 때문이다.

칭의 교리의 역사와 주해의 비평과 고찰에 의해 제시될 수 있는 또 다른 유익한 견해는 이 주제에 관해 인간의 사변적인 고찰의 결과, 발생한 모순되는 여러 다양한 견해들이 그 최종적 분석을 통해 다음과 같은 두 가지 체계로 압축될 수 있다는 것이다. 그 하나는 우리의 칭의가 전적으로 그리스도의 의를 통해 오직 믿음으로 말미암아 하나님의 은혜에 기인해 있다는 체계이며, 또 다른 하나는 우리의 칭의가 부분적으로, 또는 전적으로 인간의 개인적 거룩과 순종에 달려 있다고 주장하는 체계이다.

후자의 체계는 무신론자, 자연신론자, 그리고 소시니안주의자들을 포함하는 단순한 도덕주의자들로부터 시작해서 복음적 알미니안주의자들에 이르기까지 수많은 단체들이 주장하는 여러 단계의 교리적 신념으로 구성되어 있다. 무신론자, 자연신론자, 그리고 소시니안주의자들을 포함하는 단순한 도덕주의자들은 하나님의 뜻에 대한 순종의 의무를 이행하는 것과 그리스도의 사랑으로 말미암아 그렇게 하는 것을 전혀 고찰하지 않은 채, 그들의 칭의가 그들의 덕스러운 성질과 일상생활에서의 고결함에 달려 있다고 믿고 있다.

복음적 알미니안주의자들은 그들의 과거의 죄의 사죄를 위한 그리스도의 속죄를 신실하게 믿기는 하지만 미래적 영생을 확보하기 위해서는 그들 자신들의 선천적인 거룩과 개인적인 순종을 의지하는 자들이다. 이 상이한 교리적 신념의 체계로서의 단계들은 성경에 계시된 진리들을 퇴색시키고 왜곡하기 때문에 대단히 위험한 교리이다. 이것들 중 어떤 것들은 대단히 치명적인 한편, 이 주제에 대한 거의 모든 교리적 신념의 체계들은 그것들을 추종하는 자들에게 치명적인 해악을 끼치고야 말 것이다.

프린스톤의 고매한 신학자인 하지(C. Hodge) 박사는 이 주제에 대해 다음과 같이 말했다.

"초기 교회 역사 시대로부터 작금에 이르기까지 끊임없는 갈등과 충돌을 일으키는 두 가지 위대한 교리가 존재해 왔다. 하나는 하나님과 함께 시작하는 교리이며, 다른 하나는 사람으로 더불어 시작하는 교리이다. 전자는 인간의 구원에 있어서의 하나님의 위대하신 주권을 변호하고 있으며, 후자는 인간의 권리와 의지를 주장하고 있다. 이것은 특별히 그리스도를 영접하고, 그에게 나아오며, 그를 신뢰하고, 그에게 자신의 영혼을 맡기고, 하나님께 복종하며, 그의 계명을 지키고, 세상에서 그를 따르는 삶을 살게 하는 인간의 자유와 능력과 결코 이상적으로 화해되어질 수 없는 진리는 진리로 인정되어서는 안 된다는 분위기로 인해 더욱 우리를 걱정스럽게 하는 교리이다. 이러한 체계가 제시하는 구원 계획의 견해와 그리스도와 인간의 영혼과의 관계와 믿음의 본질과 직무에 대한 견해는 경험적 종교의 전체 성격을 수정하고 규정한다. 이 체계는 우리가 방금 설명했던 그의 완전한 순종과 인간의 자리를 대신해 당하신 형벌을 통해 율법의 요구를 성취하고 그 형벌을 감당하며, 율법을 만족시키기로 계획된 그리스도의 사역에 전적으로 적대적인 체계이다. 그리스도의 의는 율법의 의무를 면제시키는 하나님의 주권적인 행위일 뿐만 아니라, 율법의 요구를 충족시키는 심판자적 선언의 행위

이기도 하기 때문이다." (2)

지난 과거 역사를 통해 이 두 가지 체계 사이에는 아무런 실제적인 차이, 또는 적어도 근본적인 차이가 없다는 것을 보여 주려는 노력이 시도되어 왔다. (3)

또한 로마 가톨릭이나 소시니안주의 교리 역시 그것을 진심으로 수용하는 자들의 구원과 양립될 수 있는 것으로 간주되어야만 한다고 주장되어 왔다. 즉 로마 가톨릭과 소시니안주의의 칭의 교리도 참된 구원을 제시할 수 있는 교리로 간주되어야 한다는 것이다.

우리는 가만히 앉아서 모든 종류의 인간들을 심판하고, 그들의 현재적인 하나님과의 관계나 하나님의 통치에 있어서의 그들의 미래적 운명을 결정하는 자들이 아니다. 그러나 이 일은 '그들의 창조주이시며 주인 되신 분이 반드시 심판하실 것이며, 그에 따라 그들의 살고 죽는 문제가 결정될 것'이다. 그러나 만일 하나님께서 하나님의 용서와 용인의 유일한 근거 하나만을 계시하셨다면, 우리의 생각이 그 근거와 상응하는지 아닌지를 주도면밀하게 고찰해야 하며, 이 근거를 무시해 버리는 무관심의 대상으로 가볍게 넘길 수 없을 것이다. 그러하기에 이제 그의 말씀에 계시된 대로 이 칭의 교리에 관한 한 하나님의 마음과 의지를 확실하게 확인하는 것은 그들의 의무가 아닐 수 없다.

만일 그들이 자신들의 부주의나 선입견으로, 또는 진리를 증오하는 이유로 인해 이 의무를 제대로 이행하지 않는다면, 그들은 하나님의 뜻을 어긴 죄를 범한 것이요 스스로 죄인 된 자들임을 자인하는 것이다. 이 칭의 교리에 대하여 소위 '화해자' 또는 '조정자'로 불리는 자들에 의해 저질러진, 한편으로는 로마 가톨릭교회와 개신교회 사이에 존재하는 명백한 차이점을, 다른 한편으로는 개신교 내에 여러 수많은 단체들 사이에 존재하는 명백한 차이점을 과소평가하고 극소화하기 위한 많은 시도들이 오히려 하나님의 계시된 많은 진리들을 훼손시키는 결과를 낳았다. 이러한 일들이 그리스도의 교회에 참된 평화와 영적 선도에 전혀 이바지하지 못하는 결과를 낳고 말았음을 명심해야 할 것이다.

그러므로 우리는 이제 간결하지만 매우 명백하고 포괄적인 웨스트민스터 신앙고백서를 제정한 신학자들의 칭의 교리에 대한 진술을 기록하면서 칭의 교리의 역사와 주해의 대장정을 마치고자 한다.

"칭의는 우리에게 전가되고 오직 믿음으로 말미암아 우리 것이 된 그리스도의 의를 통해, 우리의 모든 죄를 용서하시고 그의 면전에서 우리를 의롭다고 받아 주시는 하나님의 무조건적인 은혜의 행위이시다."

저자 소개

성경적 진리,
개신교회의 칭의 교리에 대한 공격들을
명쾌히 방어했던 신학적 거목 제임스 뷰캐넌

찰스 왈커
(Charles Walker)

　제임스 뷰캐넌(1804-1870)은 그의 두 권의 저서 『성령, 회심과 부흥의 사역』(*The Office and Work of the Holy Spirit*; 지평서원 근간), 그리고 이 책 『칭의 교리의 진수』(*The Doctrine of Justification*)를 통해 신학의 확고한 계승자로 알려졌음에도 불구하고 그의 이름을 더욱 널리 알리게 만든 것은 그의 비범한 힘과 능력 있는 설교였습니다. 그는 에딘버러에서 토마스 찰머스(Thomas Chalmers)의 지도 아래 신학을 공부했고, 1827년 약관 23세의 나이에 안수받았으며, 에딘버러에 인접한 로슬린(Roslin)에서 첫 사역을 하게 되었습니다.
　1년 후에 그는 레이스 북부(North Leith)에 위치한 큰 교회로 부임하게 되었는데, 그의 설교는 그 충만함과 명쾌함뿐 아니라 열정적이며 역동적인 웅변으로 주목을 받기 시작했습니다. 그의 회중 가운데 인도를 다녀왔던 한 사람은 뷰캐넌의 설교가 헨리 마틴(Henry Martyn)의 그것과 같은 성격을 띠고 있다고 생각할 정도였습니다.

뷰캐넌은 그의 일생 동안 매우 유약한 건강 상태를 유지했던 것처럼 보이며 그가 레이스에 있는 동안 그의 교구 사역들은 그를 계승하는 부교역자들에 의해 수행되었습니다. 이로 그가 가질 수 있는 시간보다 더 많이 연구할 수 있는 시간을 제공받았기에 그는 매우 광범위한 저서들을 읽고 공부할 수 있었습니다. 레이스 북부 교회에서의 12년에 걸친 사역 기간에 그는 세 권의 책을 집필했는데, 그중 두 권은 고통에 관한 것이었고, 나머지 세 번째 저서는 성령 하나님에 대한 실제적인 논문이었습니다.

제임스 뷰캐넌은 1840년에 악화된 건강 때문에 고든 박사와 함께 작지만 매우 중대한 에딘버러의 성 자일스(St. Giles Church) 교회의 협동목사로 부임하게 됩니다. 이곳에서 스코틀랜드 교회의 분열이 일어났을 때인 1843년까지 사역했고, 당시 스코틀랜드 자유교회(the Free Church of Scotland)를 조직하게 되었던 다수 복음적 목사들과 걸음을 같이 하게 되었습니다. 그리고 그 후 에딘버러에 있는 성 스테반(St. Stephen) 자유교회의 첫 목사가 되었습니다.

그의 설교의 충만한 교리적 특징 때문에 그는 스코틀랜드뿐만 아니라 미국에서도 잘 알려지게 되었고, 복음적 모임에 대한 적대감이 에딘버러 대학의 신학부로 하여금 뷰캐넌의 능력을 인지하지 못하도록 방해했음에도 불구하고 1844년 뉴저지(New Jersey)에 위치하고 있던 프린스톤(Princeton) 대학으로부터 신학박사 학위를 수여받았습니다. 그 후 얼마 지나지 않아 글라스고우(Glasgow) 대학은 그에게 법학 박사학위를 수여했습니다.

뷰캐넌이 그의 교단으로부터 주목을 받은 것은 1845년부터였습니다. 그는 에딘버러의 뉴 칼리지에 변증학 교수 자리가 공석이 되었고 뷰캐넌이 유일한 선택의 대상이었습니다. 또한 이 교수직을 단 2년 동안 역임했으나 1847년 찰머스의 죽음으로 말미암아 뷰캐넌은 조직신학 교수로 임명되었는데, 그의 재능과 경향이 변증학보다 조직신학에 더 가까웠기 때문입니다.

뷰캐넌의 뉴 칼리지 입성은 그의 설교를 전혀 약화시키지 않았고 신학을 더욱 학문적인 것으로 만들지도 않았습니다. 1859년도와 그 이듬해에 걸쳐 발생한 부흥의 시기의 뷰캐넌의 경험에 대한 다음과 같은 설명은 그의 신학의 가치에 대한 그의 소신과 영혼에 대한 그의 사랑과 관심이 그가 교수직을 감당했던 기간에도 전혀 변함이 없었음을 잘 보여 주고 있습니다.

"… 최근에 나는 여름 휴가기간 동안 내가 체류하던 작은 도시에서 발생한 부흥의 영향을 증거할 수 있는 특권을 누렸습니다. 지난 17년 동안 내가 마음대로 사용할 수 있는 여름 휴가에 나는 주일 저녁마다 정규적으로 덤프리셔(Dumfriesshire)[1]에서 야외 설교를 할 수 있는 시간을 계획했습니다. 이 기간 동안 여러 다른 경건한 교파들의 경건한 신자들이 참석했습니다. 감독주의파, 통일 장로교도, 그리고 자유교회에는 절대로 오지 않는 국교도들이 노천 설교장에 모여들곤 했습니다. 지난 17년 동안 내가 뿌린 씨가 헛되지 않았음을 믿는데도 불구하고 나는 단 한 사람의 결정적인 회심자에게도 안수할 수 없었습니다. 그런데 작년[2]에 갑자기 사람들이 전혀 인식하지 못했던 일이 발생했는데, 그것은 이 도시 전체가 하나님의 영의 부어 주심의 방문을 받은 것입니다. 이제 내가, 내 주위에 처음으로 가정 예배를 드리기 시작했던 내가, 직접 손으로 지목할 수 있는 많은 가정들이 있음을 목격했고, 그들은 이러한 가정 예배를 계속 정기적으로 드렸습니다. 도시 전체의 도덕적 수준이 완전히 변화되었는데, 한 경찰은 내게 심각한 수준의 범죄에 관한 한 그들은 완전히 자신들이 할 일이 없을 정도로 현저하게 범죄가 사라졌다고 했습니다. 당시 이 종교적 부흥을 체험한 사람들 가운데 어떤 이들은 다시 침체했기에 이 모든 사람들의 순간적인 각성이 마치 참된

---

1) **역자주** – 스코틀랜드의 남서부에 위치한 옛 주이며, 1975년부터는 Dumfries and Gallway로 부르고 있다.
2) 1860년

하나님을 향한 회심이라고 주장하지 못하도록 한 것은 옳은 일입니다. 우리는 진실로 그들의 이어지는 행위와 열매로 그들을 판단해야 합니다. 그러나 이와 동시에 모든 종류의 방종과 방탕한 생활들이 점검되었고 지역 공동체 전체는 신적인 것에 대한 새로운 각성과 경외심을 가지게 되었습니다."3)

뷰캐넌의 신학적 능력과 목회적 경험들은 목회 사역을 준비하는 학생들을 가르치고 지도하기에 충분한 이상적인 자질이었지만, 학생들 중 어떤 이들은 그의 강의를 달가워하지 않았습니다. 스코틀랜드에 그 존재를 알리기 시작했던 새로운 독일 신학사조의 영향력 자체와 그것에 영향을 받은 대부분의 학생들이 뷰캐넌의 가르침에 관심을 기울이지 않았던 것입니다. 스코틀랜드에 처음으로 고등비평 이론을 소개했던 로버트슨 스미스(Robertson Smith)는 뷰캐넌 박사의 강의를 불평했던 대표적인 인물이었습니다.4) 말쿠스 도드(Marcus Dods)는 뷰캐넌의 강의를 '고통스럽게 장황하고 지루한' 것으로 여겼습니다.5)

그러나 복음적 세계는 그를 대단히 높이 평가했습니다. 그의 저서 『칭의 교리의 진수』는 「목회자를 위한 잡지」(Clerical Journal), 「매일 평론」(Daily review), 「주간 평론」(weekly review), 「비국교 평론」(Non-Conformist), 그리고 뷰캐넌이 웨슬리의 칭의 교리에 대해 매우 솔직하게 비평했음에도 불구하고 「웨슬리 감리교 잡지」(Wesleyan Methodist Magazine) 등의 여러 정기 간행물에 작열하는 불처럼 게재되었습니다. 「최초의 분리파 잡지」(Original Secession Magazine)의 한 평론가는 다음과 같이 말했습니다.

"'커닝험 강의'를 선택함에 있어서 그는 좀더 드물고 희소가치가 있고도 대중적인 주제를 선택할 수 있었습니다. 잘 훈련된 지성과 심

---

3) *Annals of Disruption*, Thomas Brown, pp. 774-5.
4) *Life of Robertson Smith*, J. S. Black and G. Crystal, p. 45.
5) *Early Life of Marcus Dods*, p. 73.

오하고 빛나는 사상의 능력, 방대하고 원숙한 배움, 그리고 현대 사상에 대해 비범하게 정통한 그의 실력을 잘 알고 있는 자들도 좀더 잘 알려지지 않은 주제를 다룰 수 있는 능력이 있음에도 불구하고, 그가 왜 이 상투적이고 사람들이 잘 알고 있는 신학이라는 주제를 선택했는지 알지 못할 것입니다."

이 평론가의 말은 정말 그렇습니다. 뷰캐넌은 마지막까지 목사였고, 1866년 출판된 이 위대한 역작은 이성주의자들과 의식주의자들의 반대와 싸우기 위해서, 그리고 참된 신자들을 훌륭하게 기초된 보증과 확신 위에 세워 주기 위해 쓰여졌습니다. 본서는 그의 마지막 역작이었습니다. 뷰캐넌은 1868년에 듣지 못하는 병과 악화된 질병으로 인해 신학교 수직에서 은퇴했고, 1870년에 하나님의 품으로 돌아갔습니다.

부 록

1. 본문에 괄호로 표시된 각주
2. 찾아보기

부록 1.

본문에 괄호로 표시된 각주

개론의 각주

(1), p. 33.

THE personal experience of the Reformers throws much light on the origin, and causes, of the Reformation.
'The different phases of this work succeeded each other in the mind of him who was to be the instrument of it, before it was publicly accomplished in the world. The knowledge of the Reformation, as effected in the heart of Luther himself, is, in truth, the key to the Reformation of the Church. It is only by studying the work in the individual, that we can comprehend the general work.'—*D'Aubigné, History of the Reformation in Europe,* 5 vols., vol. i. p. 140.

'His conscience incessantly reminded him, that religion was the one thing needful, and that his first care should be the salvation of his soul. He had learned God's hatred of sin,—he remembered the penalties that His Word denounces against the sinner,—and he asked himself tremblingly, if he were sure that he possessed the favour of God. His conscience answered, No!' . . . 'One day, when he was overwhelmed with despair, an old monk entered his cell, and spoke kindly to him. Luther opened his heart to him, and acquainted him with the fears that disquieted him. The respectable old man was incapable of entering into all his doubts, as Staupitz had done; but he knew his " Credo," and he had found there something to comfort his own heart. He thought he would apply the same remedy to the young brother. Calling his attention, therefore, to the Apostles' Creed, which Luther had learnt in his early childhood at the school at Mansfeld, the old man uttered in simplicity this article,— "I believe in the forgiveness of sins." These simple words, ingenuously uttered by the pious brother at a critical moment, shed sweet consolation in the mind of Luther. "I believe," repeated he to himself on the bed of suffering, " in the remission of sins."'—*Ib.* pp. 159, 187.

'In these spiritual conflicts and inward wrestlings, how grievously he was encumbered, fighting against incredulity, error, and desperation, marvellous it is to consider, insomuch, that three days and three nights together, he lay on his bed, without meat, drink, or any sleep, labouring in soul and spirit on a certain place of St. Paul (Rom. iii. 25, 26) which was—"to show His justice,"—thinking Christ to be sent for no other end but to show forth God's justice as an executor of His law,—till at length, being answered and satisfied by the Lord touching the right meaning of these words—signifying the justice of God to be executed upon His Son, to save us from the stroke thereof,—he immediately upon the same started up from his bed, so confirmed in faith, as that nothing afterward could appal him.'—*Preface to English Version of Luther's Commentary on Galatians*, translated by 'certain godly learned,' 1575, p. v.

'His great terror was the thought of "the righteousness of God,"—by which he had been taught to understand, His inflexible severity in executing judgment against sinners. Dr. Staupitz and the confessor explained to him, that "the righteousness of God" is not *against* the sinner who believes in the Lord Jesus Christ, but *for* him,—not against us, to *condemn*, but for us, to *justify*. "I felt very angry," he said, "at the term —'the righteousness of God;'—for, after the manner of all the teachers, I was taught to understand it in a philosophic sense—of that righteousness, by which God is just, and punisheth the guilty. . . . At last I came to apprehend it thus—Through the Gospel is revealed the righteousness which availeth with God,—a righteousness by which God, in His mercy and compassion, *justifieth* us, as it is written, 'The just shall live by faith.' Straightway I felt as if I were born anew; it was as if I had found the door of paradise thrown wide open. The expression 'the righteousness of God,' which I so much hated before, became now dear and precious,—my darling and most comforting word. I see the Father—inflexible in justice, yet delighting in mercy—' just,' beyond all my terrified conscience could picture Him, He 'justifies' me a sinner."'—*Chronicles of the Schönberg-Cotta Family*, pp. 159, 160;—a graphic delineation of the state of feeling which prevailed at the time of Luther.

Many touching allusions to his personal experience occur in the writings of Luther. For example, on the subject of self-righteousness, he says, 'I have myself taught this doctrine (*i.e.* "of faith, by which embracing the merits of Christ, we stand accepted before the tribunal of God") for twenty years both in my preaching and my writings; and yet the old and tenacious mire clings to me, so that I find myself wanting to come to God, bringing something in my hand, for which He should bestow His grace upon me. I cannot attain to casting myself on pure and simple faith only, and yet this is highly necessary.' Again: 'He alludes to his former views when a monk, and the desire he then felt to converse with a saint, or holy person; figuring to himself under that name a hermit, an ascetic, feeding on roots; but he had since learned, that the saint was one, who, being justified in the righteousness of Christ, went on to serve God in his proper calling,—through the Spirit to mortify the deeds of the body, and to subdue his evil affections and desires.'—*Scott's Continuation of Milner's History*, i. pp. 233, 239.

'Luther became a Reformer, because, in his confessional, he had learned to know the spiritual necessities of the people; because he had compassion on the poor people, even as the Saviour had compassion upon them. It was a hearty pity for the simple and ignorant, whom he, too, saw given up to the Priests, and Pharisees, and Scribes, and cheated of the highest blessings of life; it was a deep manly sorrow over the mistaken road of salvation along which the poor misled multitude were wandering, whereby Luther was inspirited to his first half-timid attempts; whereby, as he advanced, he was strengthened to stedfast perseverance,—whereby, at length, he was raised and arrayed as the mighty champion of evangelical freedom. Luther had rushed deep into the gulf of moral corruption, which was diffused among the lay commonalty, by the Romish doctrine of Justification by works. He knew from the liveliest experience the miserable condition to which the sincerest souls, the devoutest spirits, are reduced by this doctrine. He had found an escape for himself out of this tribulation—a path leading securely to the peace of the soul—in the righteousness of faith. Therefore he could not, and would not, keep silence at that which was going on around him. The princes and priests, indeed, the learned and educated, did not need, for the most part, that he should teach them the meaning of Indulgences, but the common uneducated people urgently demanded his help. This people Luther esteemed as standing exactly on the same level—as requiring, just like all other classes, to be led to the light of a purer knowledge of salvation; he neither deemed himself too high, or the multitude too low, to devote his services to them. In this state of mind, he boldly and powerfully tore down the wall of separation, which had been built up in the course of centuries, between the clergy and the laity. The mass of the laity, who had hitherto only been considered as a helpless body, to be moulded by the priests at pleasure, and to be interceded for by the Church before God, he roused, by the doctrine of Repentance and of Justification by faith, and gave them a living principle of spiritual independence and personality, supplying them with inexhaustible materials for contemplation, in the scriptural ideas of Sin and Divine Grace; and thus, out of the despised objects of an arbitrary sway, he fashioned a living organized congregation of Christians, who had become free through their faith in their Redeemer.'—*Hemdeshagen, Treatise on German Protestantism.* See Archdeacon Hare, ' Vindication of Luther,' p. 296.

' His deep, irrepressible, unappeasable consciousness of sin was the primary motive of his whole public life, and of all that he did for the reformation of the Church. It was on account of this deep feeling of the inward disease in the conscience that he tore off the plasters and lenitives with which the Romish quacks were wont to lull and skin over the wounds at the surface. It was on account of this that he set his foot on the scandalous fraud of Indulgences. It was by reason of this that he saw through the utter vanity of the penances and so-called good works, by which men were idly trying to purge their consciences. He felt, as St. Paul and Augustine felt, that the evil in man does not lie in the imperfection of his outward works, but in the corruption of his heart and will. Therefore did he insist so strongly on the frailty which clings to our very best works; and therefore did he continually urge that, if we are to be justified, it must be wholly through grace, by the righteousness of our Divine Saviour, to be received and appropriated by faith, without any admixture of the works wrought by so frail and peccable a creature.' —*Archdeacon Hare, Vindication of Luther*, p. 135. See also *Pfizer's Life of Luther.*

The experience of Calvin was similar to that of Luther. 'The Reformation was not the fruit of abstract reasoning; it proceeded from an inward labour,—a spiritual conflict,—a victory, which the Reformers won by the sweat of their brow, or rather, of their heart. . . . We have on a former occasion sought to discover the generative principle of the Reformation in the heart of Luther: we are now striving to discern it in the heart of Calvin.'—*D'Aubigné, History of the Reformation in the Time of Calvin*, vol. i. p. 20.

'His chamber became the theatre of struggles as fierce as those in the cell at Erfurth. Through the same tempests, both these great Reformers reached the same haven. Calvin arrived at faith by the same practical way which had led Farel and Augustine, Luther and Paul.'—*Ib.* i. p. 522.

'Calvin shut himself up in his room and examined himself. "I have been taught that Thy Son has ransomed me by His death; but I have never felt in my heart the virtue of His redemption." His Popish professors spoke to him. "The highest wisdom of Christians," they said, "is to submit to the Church, and their highest dignity is the righteousness of their works." "Alas!" replied Calvin, "I am a miserable sinner." "That is true; but there is a means of obtaining mercy. It is by satisfying the justice of God. Confess your sins to a priest, and ask humbly for absolution. Blot out the memory of your offences by good works." . . . Calvin went to church, fell on his knees, and confessed his sins to God's minister, asking for absolution, and humbly accepting every penance imposed upon him. . . . "O God," he said, "I desire by my good works to blot out the remembrance of my trespasses." He performed the satisfactions prescribed by the priest; he even went beyond the task imposed upon him; and hoped that after so much labour, he would be saved. But, alas! his peace was not of long duration. . . . "Every time I descend into the depths of my heart—every time, O God, I lift up my soul to Thy throne, extreme terror comes over me." . . . His heart was troubled; it seemed to him that every word of God he found in Scripture tore off the veil, and reproached him with his trespasses. "I begin to see," he said,—"thanks to the light that has been brought me,—in what a slough of error I have hitherto been wallowing,—with how many stains I am disfigured,—and, above all, what is the eternal death that threatens me." A great trembling came over him. He paced his room, as Luther had once paced his cell at Erfurth. He uttered, he tells us, deep groans, and shed floods of tears. Terrified at the divine holiness, like a man frightened by a violent thunder-storm, he exclaimed, " O God! Thou keepest me bowed down, as if Thy bolts were falling on my head."

'Then he fell down, exclaiming, "Poor and wretched, I throw myself on the mercy which Thou hast shown us in Christ Jesus; I enter that only harbour of Salvation." He applied to the study of Scripture, and everywhere he found Christ. "O Father," he said, "His sacrifice has appeased Thy wrath; His blood has washed away my impurities; His Cross has borne my curse; His death hath atoned for me. . . . Thou hast placed Thy Word before me like a torch, and Thou hast touched my heart, in order that I should hold in abomination all other merits save that of Jesus." Calvin's conversion had been long and slowly ripening; and yet, in one sense, the change was instantaneous. " When I was the obstinate slave of the superstitions of Popery," he says, "and it seemed impossible to drag me out of the deep mire, God by a sudden conversion subdued me, and made my heart obedient to His Word."'—*Ib.* vol. i. pp. 525-530.

(2), p. 34.

Luther on the Epistle to the Galatians, English Translation (A.D. 1575), pp. 175, 176. Another testimony, equally clear and strong, may be quoted from the same work; for although it abounds in bold, and sometimes unguarded, statements, and is neither a learned nor a critical exposition of the Epistle, yet as a popular statement of Gospel truth, delivered first in the pulpit, and designed for the instruction of his congregation at Wittemberg, it is one of the noblest and freshest utterances which ever proceeded from the heart of a Christian divine. Mr. Ward ventured to say of it in his 'Ideal of a Christian Church' (p. 172), that 'the Commentary, considered intellectually, as ., theological effort, is perhaps one of the feeblest and most worthless productions ever written;' but those who have considered Archdeacon Hare's estimate of Mr. Ward's competency to sit in judgment upon it, will probably attach more weight to the testimony of John Bunyan, who says of it, 'I do prefer this book of M. Luther on the Galatians, excepting the Holy Bible, before all the books that ever I have seen, as most fit for a wounded conscience.'—*Hare's Vindication of Luther*, 2d Ed. p. 155.

Luther sets the doctrine of Justification by the blood of Christ through faith, against all the inventions of men, in the following striking terms:—

'These words,—"the Son of God loved me, and gave Himself for me,"—are mighty thunderings and lightnings from heaven against the righteousness of the Law, and all the works thereof. . . . What wilt thou do, when thou hearest the Apostle say, that such an inestimable price was given for thee? Wilt thou bring thy cowl, thy shaven crown, thy chastity, thy obedience, thy poverty, thy works, thy merits? What shall all these do? Yea, what shall the law of Moses avail? What shall the works of all men, and all the sufferings of the martyrs, profit thee?

What is the obedience of all the holy angels, in comparison of the Son of God delivered, and that most shamefully, even to the death of the Cross, so that there was no drop of His most precious blood but it was shed, and that for thy sins ? If thou couldst rightly consider this incomparable price, thou shouldst hold as accursed all these ceremonies, vows, works, and merits, before grace and after, and throw them down all to hell. For it is an horrible blasphemy to imagine, that there is any work whereby thou shouldst presume to pacify God, since thou seest that there is nothing which is able to pacify Him, but this inestimable price, even the death and blood of the Son of God, a drop whereof is more precious than the whole world. . . . If I through works or merits could have loved the Son of God, and so come unto Him, what needed He to deliver Himself for me ? Hereby it appeareth how coldly the Papists handled, yea, how they utterly neglected, the Holy Scriptures, and the doctrine of Faith. For if they had considered but only these words, that it behoved the Son of God to be given for me, it had been impossible that so many monstrous sects should have sprung up amongst them. For Faith would by and bye have answered, Why dost thou choose this kind of life, this religion, this work ? Dost thou this to please God, or to be justified thereby ? Dost thou not hear, O wretched man, that the Son of God shed His blood for thee ? Thus true faith in Christ would easily have withstood all manner of sects. Wherefore I say, as I have oftentimes said, that there is no remedy against sects, or power to resist them, but this only article of Christian Righteousness. If we lose this article, it is impossible for us to withstand any errors or sects. . . . What mean they to brag so much of works and merits ? If I, being a wretched man and a damned sinner, could be redeemed by any other price, what needed the Son of God to be given for me ?'—*Luther on the Galatians*, English Translation, p. 138.

'The Church had fallen because the great doctrine of Justification through faith in Christ had been lost. It was therefore necessary that this doctrine should be restored to her before she could arise. Whenever this fundamental truth should be restored, all the errors and devices which had usurped its place,—the train of saints, works, penances, masses, and indulgences,—would vanish. The moment the ONE Mediator, and His ONE Sacrifice, were acknowledged, all other mediators, and all other sacrifices, would disappear. "This article of Justification," says Luther to Brentius, "is that which forms the Church,—nourishes it,—builds it up,—preserves and defends it. It is the heel which crushes the serpent's head." '—*D'Aubigné, History of Reformation in Europe*, 5 vols., vol. i. p. 73.

'When the Gospel lifted up its voice in the days of the Reformation, the people listened. It spoke to them—of God, Sin, Condemnation, Pardon, Everlasting Life,—in a word, of Christ. The human soul discovered that this was what it wanted ; and was touched, captivated, and finally renewed.'—*D'Aubigné, History of the Reformation in the Time of Calvin*, vol. ii. p. 399. See also p. 583.

(3), p. 38.

The titles of the works mentioned in the text, and the editions of them which will be referred to, are the following:—
'Remains of Alex. Knox, Esq.,' in 4 vols. 8vo, 1834.
'Thirty Years' Correspondence between Bishop Jebb and Mr. Knox,' 2 vols. 8vo, 1834.
Bishop O'Brien, 'Essays on the Nature and Effects of Faith,' 2d Edition, 1862.
Geo. Stanley Faber, 'The Primitive Doctrine of Justification,' 2d Edition, 1839.
Dr. J. H. Newman, 'Lectures on Justification,' 2d Edition, 1840.
Dr. James Bennett, 'Justification as Revealed in Scripture, in opposition to the Council of Trent, and Mr. Newman's Lectures,' 8vo, 1840. Dr. Bennett had previously published a volume entitled, 'The Theology of the Early Christian Church,' being the Eighth Series of the Congregational Lecture,—New edition, 1855,—which touches on the subject of Justification, pp. 118-132, and has a direct bearing on the question whether the Protestant doctrine is a novelty which arose in the sixteenth century.
Griffith's 'Reply to Dr. Newman's Lectures,' commended by Bishop Daniel Wilson, has not come into my hands. Bateman, 'Life of Bishop Wilson,' p. 357.
Dr. J. H. Newman, 'Apologia pro Vita Sua,' 1864.

(4), p. 39.

Robert Traill (of London), 'A Vindication of the Protestant Doctrine of Justification,' Works, vol. i. p. 321. Reprinted by the Free Church Committee on Cheap Publications.

제1강의 각주

(1), p. 42.

Many years ago, Bishop O'Brien announced his intention to prepare a History of the Doctrine of Justification; but that intention has not yet been carried into effect, and there is scarcely any work in the English language which can be said to supply the want. It is in every respect desirable, that one so thoroughly competent for the task, in point both of ability and learning, should take up this comprehensive subject, which can only be treated cursorily in a series of Lectures like the present, and would require an entire volume for its illustration.
The sources of information on the subject are either general or special. Some works give the history of the doctrine,—or materials for construct-

ing its history,—in all ages, including the faith of the Church in regard to it under the Old, as well as the New, Dispensation;—others give its history, either in the Old Testament, or in post-apostolic times, only.

To the first class belong the Scriptures of the Old and New Testaments, which must ever have the first place assigned to them, as being inspired records, both of the divine revelations which were vouchsafed from time to time to the Church, and of the faith and worship which were maintained in it from the beginning. A sound exposition of Scripture, which should follow the historical course of Revelation from its commencement to its close in the sacred canon, would be the best history of both.

The 'Magdeburg Centuriators,'—viz., M. Flacius Illyricus, Joannes Wigandus, Matthæus Judex, Basilius Faber, and others who were associated with them,—were induced to write the History of the Church anew by the conviction, that previous historians had not given due prominence to the doctrinal truths of Scripture, especially to the doctrine of Justification; and they have collected valuable materials for its history, both under the Old dispensation and the New. Two of their number,—Joannes Wigandus and Matthæus Judex,—published separately from their great work, in 1563, a thick quarto volume, entitled, ' SYNTAGMA, seu *Corpus Doctrinæ* ex Veteri Testamento tantùm Collectum,' in which they collect together, under distinct heads, the great truths which are common to both Testaments; and treat ' De Evangelio,' p. 944, ' De Justificatione Peccatoris coram Deo," p. 962, ' De Fide,' p. 1003, ' De Bonis Operibus,' p. 1019, and other cognate topics. In their larger work, the Centuriators give the history of the doctrine under the New Testament dispensation, but not continuously; the passages which relate to it must be collected from the account of each century. Century I., Book i. c. iv., includes the teaching of our Lord, pp. 9-111, and of the Apostles, pp. 219-278, ' De Justificatione Hominis coram Deo;' and the same topic is resumed in each successive century.

The two works of Buddeus,—' Historia Ecclesiastica Veteris Testamenti,' and 'Ecclesia Apostolica,'—embrace the teaching of both Testaments. Four admirable ' Exercitations,' by Witsius, give the history of the opinions which prevailed among the Gentiles and the Jews; also the doctrine which was taught by the Apostles: ' Miscell. Sacra,' vol. ii. pp. 668-752. They are entitled, respectively,—' De Theologia Gentilium in Negotio Justificationis,' pp. 668-697,—' De Theologia Judæorum in Negotio Justificationis,' pp. 698-721,—' De Controversiis quæ Apostolorum ætate in Ecclesia Christiana circa Justificationem ortæ sunt,' pp. 721-731,—' De Mente Pauli in Negotio Justificationis,' pp. 732-752. These dissertations were occasioned by Dr. Cave's ' Antiquitates Apostolicæ,' on that work being translated and published on the Continent; and were designed as an answer to it. Dr. Cave's opinion was, that the doctrine, as taught by the Apostles, excluded Justification by ceremonial observances, and left it to depend entirely on Faith; but that this Faith, which is the only condition of the New Covenant, is not any special grace, having an office or function distinct from that of other graces, but is rather comprehensive of them all; and that, therefore, works of evangelical obedience are not excluded from the ground of our acceptance with God. To this class of works may be added President Edwards' 'History of Redemption.'

The works which have been mentioned afford materials for constructing the history of the doctrine in the Church *both* of the Old and New Testaments. Many other works give, more or less fully, the history of the doctrine either in the Old Testament, or in post-apostolic times. Of works on the Old Testament, we may mention, Hengstenberg's 'Christology of the Old Testament,' 4 vols. (T. and T. Clark, Edinburgh), with the older 'Christology' of Robert Fleming, jun.; and that most instructive and edifying series of Lectures, in 4 vols., entitled, 'Christ as made known to the Ancient Church,' by my late venerable colleague, Dr. Gordon, of the High Church, Edinburgh. Of works relating to the post-apostolic History of the Doctrine, we may mention, Dr. Hagenbach, of Basle, 'Compendium of the History of Doctrines,' vol. ii. pp. 267-274, and 447-460; Dr. Shedd, of America, 'History of Christian Doctrine,' Book v. 'History of Soteriology,' vol. ii. pp. 201-386; Dr. Muenschen, of Marpurg, 'Elements of Dogmatic History,' translated by Dr. James Murdoch, 1830, c. vii. pp. 72-80, and 184-190.

Petavius does not treat of Justification as a distinct topic in his 'Dogmata Theologica' (6 vols. fol., Antwerp, 1700), but frequent references occur to it; as when he speaks of 'Preparations for Justification,' vol. i. lib. x. c. xxvii. s. 12,—of 'Justice,' or 'Righteousness,' vol. i. lib. vi. c. viii. s. 6; lib. x. c. ii. s. 4, c. xiv. s. 1,—of 'Justification and Adoption,' vol. ii. lib. viii. c. 4, 5, 10, 1; in vol. iii. 'De Pelagianis et Semipelagianis,' p. 336, and 'De Tridentini Concilii Interpretatione,' and 'De Sancti Augustini Doctrina,' p. 353, when he refers to the conflicting interpretations by *Soto* and *Vega* of the Canons and Decrees of the Council, c. xv.; and in vol. v. vi. 'De Incarnatione Verbi,' in 16 books.

One of the most useful works on the subject is that of J. Forbes (of Corse), 'Instructiones Historico-Theologicæ.' See lib. viii. c. 2, 5-10, but especially c. 23, 24, pp. 423-429.

Chemnitz gives 'Veterum Testimonia de Justificatione' in the first part of his 'Examen Concilii Tridentini,' p. 141.

All the general histories of the Church may be consulted, such as Dr. Kurtz's 'History of the Old Covenant,' and Neander's, Weismann's, Mosheim's, and Milner's, Histories of the Christian Church.

The special sources of information, in regard to the state of the doctrine at particular eras, will be referred to in connection with each of the great controversies which have arisen in regard to it. But full information cannot be obtained by merely reading an historical narative; and recourse must be had to two or three of the best writers *on each side* of every discussion, as it passes under review.

(2), p. 45.

These various opinions are represented respectively by the following writers :—The *first* by Dr. Taylor of Norwich, in his 'Scripture Doctrine of Original Sin,' and his 'Key to the Apostolic Writings,' which are answered by President Edwards in his 'Great Christian Doctrine of Original Sin,' Works, vol. ii. pt. ii. sec. ii. The *second* by Henry Dodwell, in his 'Epistolary Discourse, proving that the Soul is naturally Mortal, but immortalized by its union with the Divine Baptismal Spirit, imparted only by the Bishops ;' which was answered by Dr. S. Clarke in his 'Letter to Mr. Dodwell.' It has been recently revived, in a different form, by Mr. Edward White, in his work entitled, 'Life in Christ' (1846) —which is directed to prove that 'Immortality is the peculiar privilege of the regenerate.' The *third* by many modern writers, who make spiritual death to consist entirely in sin, as a subjective moral evil, and overlook the wrath and curse of God on account of past transgressions. On this subject, see the profound treatise of Dr. Thomas Goodwin, 'An Unregenerate Man's Guiltiness before God in respect of Sin and Punishment,' Works, vol. x. pp. 1-56, Nichol's Edition.

(3), p. 46.

Professor M'Laggan's Lectures, pp. 307-367.

(4), p. 47.

Rom. iv. 4 : '$\mu\iota\sigma\theta\grave{o}\varsigma\ \varkappa\alpha\tau\grave{\alpha}\ \chi\acute{\alpha}\varrho\iota\nu$,—$\mu\iota\sigma\theta\grave{o}\varsigma\ \varkappa\alpha\tau\grave{\alpha}\ \tau\grave{o}\ \grave{o}\varphi\varepsilon\acute{\iota}\lambda\eta\mu\alpha$.' 'Meritum ex condigno' is distinguished, even by Popish writers, from 'Meritum ex pacto' or 'ex promissione ;' but in treating of the latter, in connection with the rewards which are promised to believers under the New Covenant, they overlook the fact that these are promised on account of the merits of Christ. There is still a wide difference between 'rewards of debt,' and 'rewards of grace ;' for while both were promised,—the one under the first, the other under the second, covenant,—yet the former were to be bestowed on the ground of personal obedience, while the latter are bestowed on account of the obedience of Him with whom the covenant was made on behalf of His people ; that is, on the ground of His vicarious and imputed righteousness. 'The whole tenor of Revelation shows, that there are but two methods whereby any of the human race can be justified : either by a perfect obedience to the law *in their own persons*, and then "the reward is of debt," *i.e.* pactional debt, founded on the obligation of the covenant, not springing from any worth in the obedience. Or else, because the Surety of a better covenant has satisfied all demands in their stead ; and then "the reward is of grace," Rom. iv. 4.'—*Hervey's Works*, vol. ii. p. 296.

(5), p. 49.

On the first covenant of life, see Witsius, 'De Œconomia Fœderum

Dei,' lib. i. c. ii.-viii. pp. 8-99 ; Burmann, 'Synopsis,' vol. i. lib. ii. c. ii. pp. 389-475 ; Bishop Hopkins on 'The Two Covenants ;' Boston on 'The Covenant of Works ;' Dr. Russel (of Dundee) on 'The Adamic and Mediatorial Dispensations ;' Dr. Meikle (of Beith) on 'The Edenic Dispensation ;' Mr. Strong on 'The Covenants ;' Mr. Barrett on 'The Covenants,' pp. 38-75 ; and many more. As some have denied the literal truth of the Mosaic narrative on this subject, see also Holden's 'Dissertation on the Fall of Man, in which the literal sense of the Mosaic Account of that event is Asserted and Vindicated,' 1823 ; also Jo. Witty, 'Vindication of the History of the Fall of Adam,' 1705.

'I begin with the *first* revelation which God made of Himself, and of His will, to man in the beginning of time ; and from thence I would descend to *later* revelations, both before, and in, Gospel times. The holy, all-wise God, having created reasonable creatures, gave to them a Law, the rule of that obedience and duty which is the natural result of the relation between God the Creator, and *such* creatures. This Law required perfect sinless obedience. No less could God call for ; no less was suited to the state of innocence and perfection, wherein man was created. This Law, given at first, was written on the heart, and needed not to be externally proposed. That positive prohibition, *Not to eat of the tree of the knowledge of good and evil*, was but for the trial of obedience ; and the tree itself, a sacrament or symbol of *death*, in case of disobedience, as the tree of life was a symbol or sacrament of *life*, in case of obedience. These symbols clearly show that the Law was established into a covenant. And a covenant it was, truly and properly ; for Adam had no right to deny his consent to the terms which God proposed ; and, being yet sinless and holy, he had no will thereto, but agreed both to the preceptive part, and to the sanction, as " holy, just, and good."'—*Beart, Vindication of the Eternal Law and Everlasting Gospel*, p. 2. London, 1753. This work is recommended by Hervey ('Theron and Aspasio,' vol. ii. p. 20) as a 'most excellent treatise,' which has 'the very sinews of the argument, and the very marrow of the doctrine.' It consists of two parts, and has been frequently reprinted.

(6), p. 53.

The first promise, or primeval Gospel. 'De Evangelio ; Quid sit. Evangelium est doctrina à Deo immediatè patefacta, de gratuita reconciliatione hominum lapsorum, et remissione peccatorum per Messiam, quæ fide accipienda est, adferens atque impertiens justitiam coram Deo, Messiæ passione acquisitam, pacem conscientiæ, et vitam eternam. Hæc definitio ex suavissimis dictis Scripturæ sacræ—Gen. iii. 22, et aliis sumpta est.'—*Wigandus and Judex, Syntagma*, p. 944.

The effect of this revelation of God's purpose of mercy in changing the whole state and experience of our first parents, is stated, with a grand simplicity, by John Knox, when, speaking of the three cardinal points,— our sin and misery,—God's promise of grace,—and the effect of faith in it,—he says, 'All this plainly may be perceived in the life of our first parent Adam, who, by transgression of God's commandment, fell in great trouble and affliction,—from which he should never have been released, without the goodness of God had first called him. And, secondly, made unto him the promise of his salvation, the which Adam believing, before ever he wrought good works, was reputed just. After, during all his life, he continued in good works, striving contrary to Satan, the world, and his own flesh.'—*Knox's Works*, vol. iii. p. 439,—the admirable edition, for which the Church is indebted to David Laing, Esq., of the Library of the Writers to the Signet, Edinburgh.

'Had Adam felt,' says Zuingle, 'that he had anything remaining after his fall which might gain the favour of his Maker, he would not have fled "to hide himself;" but his case appeared to himself so desperate, that we do not read even of his having recourse to supplication. He dared not at all to appear before God. But here the mercy and kindness of the Most High are displayed, who recalls the fugitive, even when, with a traitor's mind, he is passing over to the camp of the enemy, and not even offering a prayer for pardon; receives him to His mercy; and, as far as His justice would permit, restores him to a happy state. Here the Almighty exhibited a splendid example of what He would do for the whole race of Adam, sparing them, and treating them with kindness, even when they deserved only punishment. Here, then, Religion took its rise, when God recalled despairing, fugitive man to Himself.'—*Zuingle, De Vera et Falsâ Religione*, p. 169.

'All the promises,' says Luther, 'are to be referred to that *first* promise concerning Christ, "The seed of the woman shall bruise the serpent's head," Gen. iii. 15. So did all the prophets both understand it, and teach it. By this we may see that the faith of our fathers in the Old Testament, and ours now in the New, is all one, although they differ as touching their outward object. Which thing Peter witnesseth in the Acts (xv. 11): "We believe that, through the grace of the Lord Jesus Christ, we shall be saved, *even as they.*" . . . The faith of the fathers was grounded on Christ which was to come, as ours is on Christ which is now come. Abraham in his time was justified by faith in Christ to come; but if he lived at this day, he would be justified by faith in Christ now revealed and present. Like as I have said before of Cornelius, who at the first believed in Christ to come, but, being instructed by Peter, he believed that Christ was already come. Therefore *the diversity of times never changeth faith*, nor the Holy Ghost, nor the gifts thereof. For there hath been, is, and ever shall be, one mind, one judgment and understanding, concerning Christ, as well in the ancient fathers, as in the faithful which are at this day, and shall come hereafter. So we also have a Christ to come, and to believe in Him, as the fathers in the Old Testament had. For we look for Him to come again in the last day with glory, to judge both the quick and the dead, whom now we believe to be come already for our salvation.'—*On the Galatians*, pp. 187, 188.

'All the faithful have had alway one and the self-same Gospel from the beginning of the world, and by that they were saved.' . . . 'Christ came in spirit to the fathers of the Old Testament, before He came in the flesh. They had Christ in spirit. They believed in Christ which should be revealed, as we believe in Christ which is now revealed, and were saved by Him as we are, according to that saying, "Jesus Christ, the same yesterday, and to-day, and for ever." "Yesterday," before the time of His coming in the flesh; "to-day," when He was revealed "in the time before appointed." Now and "for ever" He is one and the same Christ: for even by Him only, and alone, all the faithful which either have been, be, or shall be, are delivered from the law, justified, and saved.'—*Ibid.* pp. 258, 295.

(7), p. 53.

In the question respecting the *Justification of Old Testament believers*, the principal points are these,—the *fact* that they were justified,—the *reason* or *ground* of their pardon and acceptance,—and the *means* by which they were made partakers of this privilege.

The *fact* that they were justified, in the full Gospel sense of that expression, can scarcely be questioned; since they are expressly declared to have been freely forgiven, and restored to the favour and friendship of God. The fact was even divinely attested: Abel 'obtained witness that he was righteous;' Enoch, 'before his translation, had this testimony, that he pleased God' (Heb. xi. 4, 5). They not only possessed, but they enjoyed, this Gospel privilege; for 'David describeth the blessedness of the man unto whom God imputeth righteousness without works, saying, Blessed are they whose iniquities *are* forgiven, and whose sins are covered; blessed is the man to whom the Lord will not impute sin' (Rom. iv. 6, 7; Ps. xxxii.). 'I acknowledged my sin unto Thee, and mine iniquity have I not hid. I said, I will confess my transgressions unto the Lord; *and Thou forgavest the iniquity of my sin*' (Ps. xxxii. 5). 'Bless the Lord, O my soul, and forget not all His benefits; *who forgiveth all thine iniquities*' (Ps. ciii. 2, 3). The *fact*, then, is undeniable that they were justified, in the full sense of that expression,—that they were freely forgiven, and graciously accepted as righteous, so as to be restored to the favour, friendship, and fellowship of God.

The *reason* or *ground* of their Justification was not their own personal righteousness,—for they were 'guilty,' 'ungodly,' unclean,' unable to 'stand in judgment,'—but the work of Christ, the promised Seed. For that work, although postponed till 'the fulness of times,' had a retrospective efficacy; it was accomplished for 'the redemption of the transgressions which were under the first testament' (Heb. ix. 15), and Old Testament believers could say, 'He was wounded for our transgressions, and bruised for our iniquities: the chastisement of our peace was laid upon Him, and by His stripes we are healed' (Isa. liii. 5). 'The covenant (of grace) was differently administered in the time of the Law, and the time of the Gospel: under the Law it was administered by promises, prophecies, sacrifices, circumcision, the paschal lamb, and other types and ordinances delivered to the people of the Jews, all fore-signifying Christ to come, which were, for that time, sufficient, and *efficacious*, through the operation of the Spirit, to instruct and build up the elect in faith in the promised Messiah, *by whom they had full remission of sins, and eternal salvation.*'—'Although the work of redemption was not actually wrought by Christ till after His incarnation, yet the virtue, efficacy, and benefits thereof, were communicated unto the elect in all ages successively from the beginning of the world, in and by those promises, types, and sacrifices, wherein He was revealed and signified to be "the Seed of the woman which should bruise the serpent's head,"—and "the Lamb slain from the beginning of the world," being "yesterday and to-day the same, and for ever."'—*Westminster Confession of Faith*, c. vii. s. 5, viii. s. 6. See Bishop Barlow, 'Remains,' pp. 584-593; Bishop O'Brien, 'Nature and Effects of Faith,' p. 439; H. Witsius, 'Animadversiones Irenicæ,' Mis. Sac. ii. p. 780; Bishop Downham 'on Justification,' p. 180.

The *means* of their Justification was *faith*. This follows necessarily from its being left to depend on the work of Christ, for that work was still future; it was a matter of *promise*, and a promise can only be embraced by faith. But it is expressly declared to have been by faith; for it is written, 'The just shall live by faith' (Gal. iii. 11), and 'Abraham believed God, and it was counted to him for righteousness' (Rom. iv. 3; Gal. iii. 6). Whether faith was itself their righteousness, and in what sense it was imputed to them, will be considered in the sequel.

(8), p. 56.

The question whether Sacrifice was a divine institution, or a human invention, has given rise to much discussion. On the one side, see Davison, 'Inquiry into the Origin and Intent of Primitive Sacrifice,' also a note in his 'Discourses on Prophecy;' 'Correspondence between Bishop Jebb and Mr. Knox,' vol. i. pp. 455-462; Dr. Sykes, 'Essay on Sacrifice.' On the other, Archbishop M'Gee 'On the Atonement;' Shuckford's 'Connection of Sacred and Profane History,' vol. i. p. 177, i. 370-385, i. 439-495, iv. pp. 48-60,—American Edition in 4 vols.; James Richie, M.D., 'Criticism on Modern Notions of Sacrifice,' particularly recommended by Dr. M'Gee on the 'Origin of Sacrifice,' also his 'Peculiar Doctrines of Revelation,' p. 137; Dr. John Edwards, 'Survey of Divine Dispensations,' vol. i. 91-99; Dr. R. Gordon, 'Christ as made known to the Ancient Church,' vol. i. pp. 46-66; Dr. Outram on 'Sacrifices,' *passim*.

The moral meaning, and typical reference, of sacrifice, are well stated by Mr. Beart. 'The sacrifices of old were offered in the room of the offender, whose "laying his hand thereon" (Lev. i. 4, iii. 2) signified the transferring of his sin and guilt unto his victim. As if he should say, "I freely own I have deserved to die for such and such sins; but, Lord, by Thine appointment, I bring here a sacrifice, a poor animal, to die *for me*: accept it in my stead." It is true, these sacrifices could not do away sins (Heb. x. 1), but were referred, in their whole typical nature and use, to Christ's sacrifice, through which there is a real and eternal forgiveness, whereof that ceremonial forgiveness, which was by these sacrifices, was only a type.'—*Beart's Vindication*, p. 55. See Hervey's Works, ii. pp. 60, 88, 97-100, 264; P. Allinga, 'The Satisfaction of Christ,' translated by Rev. T. Bell, Glasgow, 1790, pp. 73-90; Dr. John Prideaux, 'Lectiones Decem,' pp. 138, 163.

(9), p. 58.

'The Divine Person who was so often *seen* by Abraham, when God was said to *appear* unto him, was our blessed Saviour, then in being ages before He "took upon Him the seed of Abraham." Abraham, therefore, literally speaking, saw Him; and our Saviour might very justly conclude from Abraham's thus seeing Him, that He was really in being before Abraham. Abraham built his altars, not unto God, whom "no man hath seen at any time," but unto "the Lord who appeared unto him;" and in all the accounts we have of his prayers, we find that they were offered up *in the name* of this Lord.'—*Dr. S. Shuckford's Connection*, vol. i. p. 177.

(10), p. 60.

On the Justification of Abraham, see Witsius, 'De Mente Pauli circa Justificationem,' Mis. Sac. vol. ii. p. 740; Bishop Downham, 'Treatise on Justification,' pp. 317-319, 432, 486; Brown (of Wamphray), 'The Life of Justification Opened,' pp. 116, 117; Dr. John Prideaux, 'Lectiones Decem,' p. 159; Buddeus, Misc. Sacr. vol. ii. p. 250.

(11), p. 61.

On the Theology of the Patriarchs, see J. H. Heidegger of Zurich, 'De Historia Sacra Patriarcharum, Exercitationes Selectæ,' 1667; Jurieu, 'Critical History of the Doctrines and Worship of the Church from Adam to our Saviour,' 2 vols. 8vo, translated and published at London in 1705, vol. i. c. 1; J. T. Biddulph, 'The Theology of the early Patriarchs,' 2 vols. 8vo, 1825: and Dr. Harris, 'Patriarchy,' a sequel to his 'Man Primeval.'

(12), p. 63.

On the external National Covenant of the Jews, see H. Venema, 'De Fœdere Externo Veteris Testamenti,' 1771, p. 250,—being Book ii. of his Dissertations; Dr. John Erskine (of Edinburgh), Theological Dissertations, No. 1, 1765,—'The Nature of the Sinaitic Covenant,' pp. 1-66; Bishop Warburton's 'Divine Legation of Moses,' vol. ii. Book v. p. 235, Book vi. sec. vi. 329; Rev. T. Bell (of Glasgow, 1814), 'View of the Covenants of Works and Grace,' Part iv. 'The Covenant at Sinai,' p. 253; Adam Gib (of Edinburgh), 'Divine Contemplations,' c. i.

(13), p. 65.

On the Justification of Old Testament believers, see Bishop O'Brien's 'Sermons on the Nature and Effects of Faith,' p. 439, 2d Edition; Witsius, 'Mis. Sac.' ii. 744, 780; Bishop Downham, 'Treatise on Justification,' p. 412; Bishop Barlow, 'Genuine Remains,' pp. 583-593; Brown (of Wamphray), 'Life of Justification,' p. 247; Dr. John Prideaux, 'Lectiones Decem,' p. 162; Dickinson, 'Familiar Letters,' p. 191; and the precious work of Dr. Owen on the 130th Psalm, 'Works,' vol. xiv., Russell's Edition.

(14), p. 66.

On the typical import of these rites, see Dr. Fairbairn's 'Typology of Scripture,' 2 vols. 8vo; J. Mather on the 'Types,' as recast in 'The Gospel of the Old Testament,' 2 vols.; and Becanus, 'Analogia Veteris ac Novi Testamenti, in qua primum status Veteris, deinde Consensus, Proportio, et Conspiratio illius, cum Novo, explicatur.'

제2강의 각주

(1), p. 71.

'All, who allow of Revelation, own that the revelation of forgiveness, as well as the means of obtaining it, was twice universal,—in the days of Adam, and of Noah.'—*Professor Halyburton (of St. Andrew's), Works,* edited by Dr. R. Burns, p. 378. See also p. 395.

(2), p. 73.

For the universal prevalence of animal sacrifice, and the practice of offering human victims, see Archbishop M'Gee on 'The Atonement,' vol. i. pp. 96-128, and 251-286; Dr. J. P. Smith, 'Four Discourses on the Sacrifice and Priesthood of Christ,' Dis. i. pp. 1-19, and 219, 221-231; Benj. Constant, 'De la Religion,' vol. iv. livre xi. c. 1, 2, pp. 201-208.

(3), p. 74.

For the profound speculations of these Gentile thinkers, see Cicero, 'De Natura Deorum,' 'De Finibus,' 'De Senectute,' 'De Officiis,' 'De Fato,' and his 'Tusculan' and 'Academic' Questions, Foulis' Edition, Glasgow, 1748, vols. xi.-xv.; The 'Enchiridion' of Epictetus; Senecæ 'Opera;' Lucretius, 'De Rerum Naturæ,' etc. An excellent selection from them is given in a recent French work, 1840, 'Moralistes Anciens,' including Socrates, Marcus Aurelius, Epictetus, Cebes, and others, pp. 566. The course of speculation on some of the deepest problems of human thought is traced in many histories of ancient philosophy, such as Brucker's 'Historia Critica Philosophiæ,' and is illustrated, in its relation to Theism, in Cudworth's 'Intellectual System of the Universe,' and Abbé Batteaux's 'Histoire des Causes Premières.'

(4), p. 74.

Dr. Owen's 'Theologoumena,' lib. i. c. 5, 6, 7, 8, 9, Dr. Goold's Edition; Witsius, 'De Theologia Gentilium circa Justificationem,' Misc. Sac. vol. ii. pp. 672-697; Leland, 'Necessity of Revelation,' c. v. p. 112.

The efficacy of répentance is strongly stated by Seneca: 'Quem pœnitet peccâsse, est innocens;' and the Pelagian doctrine of Free-will, as opposed to Grace, is anticipated by Cicero: ' Virtutem nemo unquam Deo receptum retulit; propter virtutem enim jure laudamur, et in virtute recte gloriamur: quod non contingerit, si *donum a Deo, non a nobis*, haberemus.'— *De Naturâ Deorum.*

On the Religion of the Gentiles, see Theophilus Gale, D.D., 'The Court of the Gentiles,' 2 vols., 1672. The two first parts of this work are designed to illustrate the influence exerted by the earlier Revelations of divine truth, on the Literature, Philosophy, and Religion of the ancient world. They are a rich storehouse of information on the traditions of primitive times, and their subsequent corruption, although the learned author may have occasionally pushed his favourite theory, of 'the traduction of Pagan Philosophy from the Jewish Church and the Sacred Oracles,' to an extreme. He takes occasion, also, to illustrate the reaction of Pagan Philosophy in corrupting the faith, first of the Jewish, and afterwards of the Christian, Church (vol. i. part ii. Pref. pp. v.-vii.). The evil influence which it exerted on both is ascribed to its character as a system of self-righteousness and self-dependence. 'That wherein the spirit of its malignity seems to consist is . . . its principal end and design, which is to reduce and advance lapsed man to a state of integrity and perfection, by the force and improvement of his own Free-will. The grand design of Ethnic Philosophy, in its original constitution, was to put men under a covenant of works, thereby to keep them from sin, and to merit life. Proud nature ever affects an independence as to God, and to procure a divine life by its own forces. What more pleasing to corrupt nature than to act from, and for, itself! How fruitful is the root of the Old Covenant in corrupt nature! How apt is every man by nature to run himself on a covenant of works, and deify some righteousness of his own, though never so unrighteous! What latent veins of Pelagianism are there in the hearts of all by nature! whence, according to Augustine,—*Pelagianism is the Heresy of Nature.*'—Vol. ii. part iii. Pref. pp. iii. iv. See also pp. 141, 143, 149.

Herbert (of Cherbury), in two of his works—'De Religione Laici,' and 'De Religione Gentilium,' published after his death in 1663—reduces what he calls the 'Catholic or Universal' Religion to *five* points,—the fourth and fifth of which relate to the Justification of sinners: ' That we must repent of our sins, and if we do so, God will pardon them;' and ' that there are rewards for good men, and punishments for bad men, in a future state.' He attempts to prove that these doctrines were generally believed by the Gentile nations, but admits that 'they seldom used the word Repentance in the sense which Christians attach to it,—that they did not look upon it to be an atonement for all crimes, but only for those of a less heinous nature,—and that they generally looked upon other things to be also necessary, and laid the principal stress upon lustrations and the rites of their religion, for purifying and absolving them from guilt.'

See in reply to Herbert, Dr. Leland, 'View of Deistical Writers,' vol. i. p. 12; Prof. Halyburton, 'Natural Religion Insufficient,' Works in 1 vol. (edited by Dr. R. Burns, 1835), c. x. pp. 344-398: 'Proving the light of Nature unable to discover the means of obtaining pardon of sin, or to show that it is attainable.'

(5), p. 78.

Dr. John Prideaux, 'Lectiones Decem,' pp. 135-139. See also Dr. Townley's translation of that part of the 'More Nevochim' ('Teacher of the Perplexed') of Maimonides (resembling the 'Ductor Dubitantium' of Jeremy Taylor) which assigns 'the Reasons of the Laws of Moses,'— Townley, Diss. vi. on 'The Typical Character of the Mosaic Institutions,' pp. 87-101,—in which some remarks are made on the question how far it was understood by the Jews, p. 93. See also Lightfoot, Works, vol. vii. p. 256.

(6), p. 83.

Witsius, 'De Theologia Judæorum in Negotio Justificationis;' Mis. Sac. vol. ii. pp. 698-720.

(7), p. 84.

Dr. Cunningham, 'Historical Theology,' vol. ii. 121.

(8), p. 88.

'Human inventiveness in things spiritual, or unspiritual, is very limited. It would be difficult, probably, to invent a new heresy. Objectors of old were as acute, or more acute, than those now.'—*Dr. E. B. Pusey, Daniel the Prophet*, 3d Ed., 1864, p. iii.

(9), p. 90.

Witsius, 'De Controversiis Ætate Apostolorum circa Justificationem,' Mis. Sac. vol. ii. pp. 668-751. Buddeus, 'Mis. Sacra,' Dissertatio Theologica de statu Ecclesiarum Apostolicarum, earum præcipue ad quas Paulus Epistolas suas scripsit, tom. ii. p. 215.

(10), p. 91.

Dr. Cave, 'Antiquitates Apostolicæ,' to which work that of Witsius is a reply.

(11), p. 95.

Witsius, 'De Mente Pauli circa Justificationem,' Mis. Sac. vol. ii. p. 734.

(12), p. 97.

G. S. Faber, 'The Primitive Doctrine of Justification,' pp. 238-243.

제3강의 각주

(1), p. 100.

Dr. Wordsworth's 'Letters to M. Gondon,' pp. 38-42.

(2), p. 101.

Isaac Taylor, 'Ancient Christianity,' *passim.*

(3), p. 102.

G. S. Faber, 'Primitive Doctrine of Justification,' Pref. pp. vii. xvii. xxxiv. xxxix.; pp. 52, 58, 140, 227, 238, 342, 346, 350, 447.

For an antidote, see Dr. Goode, 'Rule of Faith,' *passim.*

(4), p. 102.

Dr. Donaldson, Rector of the High School of Edinburgh, is far from denying the right of private judgment, and makes the freest use of it in his recent work, 'A Critical History of Christian Literature and Doctrine, from the Death of the Apostles to the Nicene Council' (vol. i. 1864, ii. and iii. 1866); but he argues on the erroneous principle, that the teaching of the earlier Fathers may be applied as a test,—if not of the truth of certain doctrines,—at least of their necessity and importance, as articles of faith. 'If the early writers were heterodox on the Trinity,—if they knew nothing of a satisfaction of divine justice, but spoke only in a vague way of the matter,—if they wavered in regard to Original Sin, some denying it entirely, and others expressing themselves with great uncertainty, —if their testimony to the Inspiration of the New Testament is unsatisfactory and inconclusive,—where was Christianity in those days? Did it really sleep for three long centuries? . . . Or may not the Evangelical School be wrong in asserting that it is necessary for a man to believe in Original Sin, the Trinity, the Atonement, and similar dogmas, before he can be a Christian?'—Vol. i. p. 64. Dr. Donaldson's work,—considered as a 'Critical History of Christian Literature' in the first three centuries,— is highly valuable, and exhibits the results of ripe scholarship, and extensive reading and research; but considered as a 'Critical History of Christian Doctrine,' it is far from being a safe guide. His interpretation of many passages in the writings of the Fathers is, to say the least, highly questionable, and at direct variance with that of such writers as Bull, and Waterland, and Faber. But even were it more certain than it is, and did it afford proof that their writings were less in accordance with Scripture than we believe them to have been, we should still fall back on the cardinal principle, that they are to be tested by the only infallible standard —the inspired Word of God. 'To the law and to the testimony: if they speak not according to this Word, there is no light in them.' We should then be constrained to say of them, as the Prophet said of ancient Israel, ' They have forsaken the word of the Lord, and what wisdom is in them?' but we should have no difficulty in answering the question—Where was Christianity then? for it existed then, as it exists still, in 'the Word of God, the Gospel of our salvation;' and it was neither dead nor asleep, but alive and active in the Church of the Catacombs. We shall have occasion afterwards to refer to his criticisms on some passages in the writings of the Fathers.

(5), p. 103.

Vincentius Lirinensis, ' Commonitorum.' His rule—' Quod semper, quod ubique, et quod ab omnibus'—is abandoned by Dr. Newman in his ' Essay on the Development of Christian Doctrine,' pp. 8, 24 ; Professor Butler, ' Letters on Development,' pp. 16, 18, 213 ; Wordsworth's 'Letters to M. Gondon,' pp. 23, 178, 259 ; Dr. Cunningham, 'N. British Review' for 1846, pp. 423, 429, 432, 436 ; 'Dublin Review,' No. xliv., pp. 271, 325, xlvi. p. 373. But while this rule is unsound and untenable, as a test of doctrine, both Vincent and Tertullian ('De Præscriptionibus Hæreticorum,' ' Opera Patrum Latinorum,' vol. ii. pp. 447-490) lay down the important principle, that the Post-Apostolic Church had no power to introduce new articles of faith.

(6), p. 103.

The writings of the Apostolical Fathers were collected and published by Cotelerius and Ittigius towards the close of the last century, and in the present by Jacobson, Oxford, 1847, and by Hefele, Tubingen, 1855. There have been many Commentaries upon them. They were translated into English by Archbishop Wake ; and a new edition of it was printed at Oxford in 1840.

(7), p. 104.

Isaac Taylor, ' Restoration of Belief,' pp. 48, 52, 79.

On the new life which then sprung up in the Roman world, Dr. Donaldson makes many striking and eloquent remarks, and pays a just and noble tribute to the ethical tone of the early Christian writers. ' Even to the most callous mind, Christianity must appear a movement of gigantic importance. The student of early Christian literature traces this great moral movement in the words of those who were influenced by it. He, as it were, speaks with those who felt the first waves of the

Spirit's influence; and he examines their modes of thought that he may see how Christ's Gospel changed their whole being, and how, in consequence, they worked in, and on, the world.'—Vol. i. p. 4. 'The most striking feature of these writings is the deep living piety which pervades them. This piety is not of a morbid character. It consists in the warmest love to God, the deepest interest in man; and it exhibits itself in a healthy, vigorous, manly morality. . . . This intense moral heat and fervour is all the more striking, that in contemporary writings, and writings shortly antecedent, the mind is sickened with the details of sin and vice, which were universally prevalent. The pages of Tacitus, Juvenal, Persius, and Martial, are full of the most fearful representations of universal licentiousness, and loss of all faith in God and man. And perhaps a student could not receive a more satisfactory impression of the truth, that God was working among the Christians in a most remarkable manner, than by turning from the fetid pages of stern Juvenal, or licentious Martial, to the pure, unselfish, loving words of Clemens Romanus, Polycarp, or Hermas. The simple reading of these writings by themselves does not strike us so much now, because what was loving, new, earnest morality to them, is now familiar to us, and often the words used by them are now used by men to cloak their deceit and worldliness. But let us not on this account hide from ourselves the marvellous phenomenon here presented,—of a morality that has nothing to do with selfish or worldly aims,—that seeks its source in God,—that fills the whole being,—that goes out to all men in love,—and that is to itself a boundless good.'—Vol. i. pp. 84, 85.

(8), p. 106.

Dr. Shedd, 'History of Christian Doctrine,' vol. ii. pp. 208-211.

(9), p. 107.

Clement, Epistle to Cor. i. c. vii. xxxii. Dr Donaldson says that 'Clement's answer to the question, how a man is saved, is various in form, but fundamentally the same. Salvation is, according to his idea, *dependent on good works*. . . . The most striking passage is in c. xxxii. "We," he says, "are declared and made righteous, not by means of ourselves, nor through our own wisdom, or understanding, or piety, or works which we did in holiness of heart, but through faith. Through which faith Almighty God has made and declared all men righteous from the beginning.'—P. 133. According to this rendering, ' to justify' means first to *make*, and then to *declare*, righteous,—that is, evidently, to make righteous subjectively, by the infusion of personal holiness; and this is also the view of Mr. Knox, ' Remains,' i. 259, and of Dr. Newman, ' Lectures on Justification,' pp. 445-448. Both objected to the use which G. S. Faber had made of the passage; but he vindicates it from their objections in the Appendix to the second edition of his ' Primitive Doctrine of Justification,' and insists specially on the clause which excludes ' works done in *holiness of heart*,' as sufficient to show that he meant to refer to works done after conversion, as well as before it.

(10), p. 108.

Ignat., Ep. ad Philadelph. sec. 8; Polycarp, Ep. ad Philip. sec. 2; Justin Martyr, Dial. cum Tryph., Opera, pp. 177, 250; Epistle to Diognetus, Opera Justini, p. 386. See Spanheim's 'Eccles. Annals,' p. 225; also, Le Clerc, 'Historia Ecclesiastica Duorum Primorum Sæculorum a Christo Nato,' Amsterdam 1716. The writings of the early Apologists, including Justin Martyr, Tertullian, and Minucius Felix, were translated by the Rev. Wm. Reeves, along with the 'Commonitorium' of Vincent of Lerins, 1709; and they throw much light on the doctrines and practices of the primitive Church, as well as on the objections which were urged against them, both by Jews and Gentiles.

(11), p. 111.

Mr. Knox, of Dublin, contends earnestly in his 'Remains' against a 'forensic,' and in favour of a 'moral,' Justification,—the latter consisting in a change of character and conduct, which is, substantially, nothing else than Sanctification, and God's acceptance of the sinner on that account. In support of his views, he adduces the testimony of Milner, as the concession of a reluctant witness,—to the effect, that the true doctrine of Justification had been all but lost to the Church for fourteen hundred years. 'Remains,' vol. i. pp. 257, 258. See also, vol. ii. pp. 55, 317; vol. iii. pp. 46-49. See Faber, 'Primitive Doctrine,' pp. vii. xvi. 2, 3, 4, 7, 8, 139.

Milner's statements, even were they admitted to be truly represented, are not sufficient to prove that, in his estimation, the doctrine of forensic Justification was 'a novelty,' introduced into the Church at the Reformation; and, most certainly, they were not intended by him to convey that meaning.

Milner held, that the doctrine was taught by the Apostles, and is contained in the inspired writings of the New Testament; and, in this respect, differs entirely from Mr. Knox.

Milner held, that the doctrine was taught by the Apostolical Fathers; a fact which is denied by Mr. Knox, but which Milner regards as 'an unequivocal proof of the faith of the primitive Church;' for he says expressly, 'They all concurred in feeling conviction of sin, of helplessness, of a state of perdition; in relying on the atoning blood, perfect righteousness, and prevalent intercession, of Jesus, as their only hope of heaven' (Milner's History, Nelson's edition, one vol., pp. 47, 51). Mr. Knox does not venture to deny that this was Milner's opinion; for he speaks only of what the historian says of the faith of the Church 'from the end of the first century.' But further,

Milner held, that the doctrine was taught, 'in substance,' by a series of writers from the Apostolic age till the Reformation, although it was stated less clearly, while it had not yet been made the subject of controversial discussion, than it afterwards was, when it had passed through that fiery ordeal, in the times of Luther and Calvin. He refers to, and quotes, the testimonies of Ignatius, Justin Martyr, Irenæus, Clemens Alexandrinus, Cyprian, Athanasius, Ambrose, Macarius, Optatus, Ephraim, Chrysostom, Augustine, Anselm, Bernard, and others, as all holding 'in substance' the doctrine of the primitive Church. (Milner's History, Nelson's edition, one vol., pp. 57, 61, 71, 97, 103, 117, 118, 122, 161-164, 251, 274-276, 279, 283, 282-284, 296.)

Milner does not say that the Fathers confounded Justification with Sanctification, as Mr. Knox unquestionably does, but merely that the *term* Justification was generally used by them in a comprehensive sense, so as to include the *whole of that change* which passes on the state of a sinner when he is 'turned from darkness to light'—*i.e.* both the change in his judicial relation to God, when he is pardoned and accepted, and also the change in his spiritual character, when he is 'renewed in the spirit of his mind.' It does not follow that these two things—distinct as they are in themselves—were confounded the one with the other, and still less, that the change in man's judicial relation to God was founded on, and resulted from, the change in his spiritual character, merely because they were both comprehended under the same term. If they held 'in substance' what was, in Milner's estimation, 'the true doctrine,' they could not have confounded two things so radically distinct as Justification and Sanctification unquestionably are; but they might possibly include *both* blessings under one general *term*,—it might be Justification, —or Regeneration,—or Sanctification,—or Washing,—or Cleansing,—or Purging,—or Purification; for all these terms admit of being applied to denote the *whole of that change* which passes on a sinner, in respect both to his judicial relation to God, and to his spiritual character, when he is 'reconciled to God,' and passes 'from death unto life.'—See William Pemble, of Magdalene Hall, Oxford, 'Vindiciæ Fidei,' or a Treatise on Justification, 1629, p. 13.

Milner's object throughout is to delineate the internal life of the Church, and to illustrate its necessary dependence on the knowledge and belief of the peculiar doctrines of the Gospel, in every succeeding age. He shows that it flourished in proportion as men were—impressed with a sense of sin,—enlightened with a knowledge of Christ,—and imbued with a spirit of simple reliance on His finished work; and that it decayed as often as they became—ignorant of the spiritual meaning of the divine law, —or insensible of their absolute dependence on the grace of God, and the work of Christ, for their salvation. But he is careful also to show that, even in periods of prevailing declension and indifference, there was always a living Church on the earth, and of course a remnant who 'walked by faith,' and looked to Christ as 'the Lamb of God who taketh away the sin of the world.' How many such there were, or how few, at different times, and in different lands, none can say; nor would it be safe to regard the writings which have come down to us, chiefly from the more learned and inquisitive office-bearers of the Church, as a gauge by which we may estimate the amount of living piety which existed within her pale; but in Milner's view, all who were so convinced of sin as to rely simply on Christ for salvation, held the truth 'in substance,' although it might be associated with some errors, and obscured by some superstitious observances. In any other view, his statements must be regarded as self-contradictory. Did he affirm, as Mr. Knox supposes, that the doctrine of Justification by grace, through faith in Christ, was lost to the Church for fourteen hundred years, how could he say of primitive Christians, that 'they all concurred . . . in relying on the atoning blood, perfect righteousness, and prevalent intercession, of Jesus, as their only hope of heaven?' (p. 51.) How could he say of the second century, that 'it exhibited proofs of divine grace, as strong, or nearly so, as the first'—'the same unshaken and simple faith of Jesus, the same love of God and of the brethren, the same heavenly spirit, and victory over the world?' (p. 95.) How could he say of Irenæus, that 'notwithstanding some philosophical adulterations, he certainly maintained all the essentials of the Gospel?' (p. 97.) Does he not say of Cyprian, that 'the essential doctrines of Justification and Regeneration by divine grace were not only believed, but experienced, by this zealous African' (p. 117);—that he was 'possessed of some rich portion of that effusion of the Holy Ghost, which, from the Apostles' days, still exhibited Christ Jesus, and fitted by experience to communicate to others the real Gospel, and to be an happy instrument of guiding souls to that rest which remains for the people of God' (p. 118);—that 'he felt the doctrines of the Gospel—namely, the grace of God, forgiveness of sins by Jesus Christ, and the influences of the Holy Ghost, powerful, exuberant, and victorious;'—that 'his soul was brought into the love of God, and that of the purest kind, tempered ever with humility and godly fear; and it is evident—that he always saw the work to be of God, and beheld nothing in himself as wise, holy, and glorious; that a spirit of thankfulness for redeeming love—of simple dependence on the divine promises—and of steady charity to God and man, was the result?' (p. 161.) Does he not say of Augustine, that 'the peculiar work, for which he was evidently raised by Providence, was to restore the doctrine of divine grace to the Church;'—that 'the article of Justification must be involved in Augustine's divinity, and doubtless it savingly flourished in his heart, and in the hearts of many of his followers?' And if he takes exception to Augustine's use of the *term* 'justify,' does he not add, 'Still he knew what faith in the Redeemer meant,—those parts of Scripture which speak of forgiveness of sins, he understands, he feels, he loves;' . . . 'and I more admire that he was enabled to recover its constituent parts' (*i.e.* of 'this most important Christian doctrine') 'than that he did not arrange and adjust them perfectly?' (pp. 354, 355.) Does he not say of Anselm, in a still darker age, 'That doctrine, which is " most wholesome, and very full of comfort," namely, the doctrine of " Justification before God, only for the merit of our Lord and Saviour

Jesus Christ, by faith, and not by our own works and deservings," is preached by a bishop of the eleventh century : so strong was the provision made by the God of all grace for the preservation of evangelical truth in the darkest times. . . . We have found the essential and leading doctrine of Christianity in the possession of Anselm. . . . He beautifully illustrates the all-important doctrine of Justification by faith in Christ?' (pp. 491, 494, 495.) And does he not say of Bernard, the latest of the Fathers, that 'there is not an essential doctrine of the Gospel which he did not embrace with zeal, defend by argument, and adorn by life;' and more particularly, that he taught the doctrine of Justification in such terms as these: 'If one died for all, then were all dead, that the satisfaction of One might be imputed to all, as He alone bore the sins of all ; and now he, who offended, and He, who satisfied divine justice, are found the same ; because the Head and the body is one Christ. The Head then satisfied for the members. . . . Why may not I have another's righteousness, since I have another's sin, imputed to me ? Is there sin in the seed of the sinner, and not righteousness in the blood of Christ? . . . If the judgment was by one to condemnation, the free gift was of many offences to Justification. Nor do I fear, being thus freed from the powers of darkness, to be rejected by the Father of lights, since I am justified freely by the blood of His Son. He who pitied the sinner, will not condemn the just. I call myself just, but it is through His righteousness ; for " Christ is the end of the law for righteousness," and " He is made of God unto us righteousness." Thus is man made righteous by the blood of the Redeemer' (pp. 507, 508, 525).

On the whole, we conclude that Milner meant merely to show that the doctrine of a free Justification by grace, through faith in Christ, always existed in the Church from the time when it was first preached by our Lord and His Apostles,—but that it was obscured, as often as the Church exhibited tokens of declension, by the corruptions which infected both her faith and worship ; and that, even when it was revived and presented anew by some burning and shining lights, it was not so fully unfolded, or so correctly defined, as it was at the era of the Reformation, when it became, for the first time, a subject of controversy between the Romish and Protestant Churches. That doctrine was really involved in Augustine's great contest with the Pelagians ; for he contended for free, sovereign, and efficacious grace as the source of the whole salvation of sinners; but the precise question of Justification did not then come out into distinct prominence, as it afterwards did in the times of Luther, simply because it was not formally questioned or denied by Pelagius, who professed to admit the free forgiveness of sins, while he contended for free-will, in opposition to free grace, in the application of the Gospel remedy. Augustine paved the way for the Reformation by establishing the doctrine of free grace in the regeneration of sinners, and Luther applied the same doctrine to their Justification.—Petavius, 'De Pelagianes,' 'Dogm. Theolog.,' tom. iii. c. iii. s. ii. 14.

(12), p. 112.

Forbes (of Corse), 'Instructiones Historico-Theologicæ,' c. xxiii. p. 423. 'Admonitio de Justificatione; ubi ostenditur, statum controversiæ inter Catholicos olim et Pelagianos diversum fuisse a statu controversiæ quæ nunc inter Catholicos et Romanenses, de Justificatione agitatur.' See also Petavius, 'Dogmata Theolog.,' lib. iii. c. xv. vol. iii. p. 353; Bishop Downham, 'Treatise on Justification,' p. 122.

It is admitted that Augustine's doctrine of Justification is not so distinctly defined as that of the Reformers, but its leading principle is substantially the same. 'It appears to me,' says the late Dr. M'Crie, 'that the great difference between the ancient Anti-Pelagians and the Reformers lies in this,—that, while both are advocates for grace, the former considered it chiefly in relation to the change which it effects on the heart, the latter in relation to the change which it produces on the *state*, as divines express it, of the sinner. In the writings of Augustine, for example, the great champion of grace among the Fathers, I have found little about Justification; in the writings of Luther, again, this is the grand point—"articulus stantis ac cadentis Ecclesiæ." This I look upon as the glory of the Reformation,—the great advancement in evangelical light beyond what had been attained in the Pelagian or in the Antichristian ages.'—*Dr. M'Crie's Life of Dr. T. M'Crie*, p. 329.

Augustine was honoured to do a great service to truth, by striking at the fundamental error in regard to all the doctrines of grace—the Pelagian heresy—which has been justly called 'the heresy of nature.' There is reason to fear, that a latent Pelagianism lies at the root of many false theories of Justification. 'Verendum est ne etiamnum serpat inter Orthodoxos, plus quam par est, Pelagianismi cancer; ut penduli vacillent inter gratiam et liberum arbitrium, nec coelum attingentes, nec terram; sed statuentes potius de salute, juxta vocem illam meretricem (2 Kings iii.). Nec Deo soli, nec libero arbitrio soli, *sed dividatur*.'—*Dr. John Prideaux, Lectiones Decem*, p. 2. See Dr. Tully, 'Justificatio Paulina,' p. 2.

(13), p. 114.

For the Patristic sense of the term Merit, see Bishop Downham 'On Justification,' pp. 385, 503-506, 544, 550, 558, 583; Bishop Davenant, 'Disputation,' vol. ii. pp. 66-68, 75; Archbishop Usher, 'Answer to a Jesuit's Challenge,' c. xii. pp. 472-506; G. S. Faber, 'Primitive Doctrine of Justification,' pp. 126, 178, 195-197; Dr. Cunningham, 'Historical Theology,' ii. p. 104.

The Augsburg Confession itself, which expressly excludes all 'merit,' uses the words 'mereri præmia' for obtaining rewards. 'It hesitates not to say of repentance, "meretur remissionem peccatorum," and of good works (those of the justified believer), "merentur præmia." "Mereri," however, though usually rendered "to deserve," lexicographers tell us,

474 칭의 교리의 진수

means "to gain," whether by desert or otherwise; and such is evidently its sense in the writings of the Reformers. Luther himself, in his Lectures on the Sermon on the Mount, expressly admits the use of the word merit (*meritum*) in a qualified sense; namely, "if it be used for the *gracious* reward, or gratuitous recompense, which God has promised to piety and patience."' But when it was used in another sense, 'Melancthon brands the term strongly enough—" Whence comes that profane word 'Merit,'— than which nothing could be devised more audacious or more impious?"' —*Scott, Continuation of Milner's History*, vol. i. pp. 44, 45.

(14), p. 114.

Forbes, 'Instruc. Historico-Theolog.' c. xxiii. p. 423. 'Justificatio . . . significat gratuitam donationem *justitiæ quâ justi constituimur*. Ea justitia duplex est. Una, per quam justitiæ Dei, peccatis nostris offensæ, plenaria sit satisfactio, et remissio peccatorum, ac jus æternæ hæreditatis, ad eamque ducens gratia, sufficientissimi pretii solutione nobis acquiruntur. Hæc est illa Christi perfectissima obedientia, per quam "justi constituuntur multi." .... Hanc Christi justitiam nobis Deus donat *imputando*. . . . Altera justitia, nobis inhærens, et in moribus nostris elucens, per quam . . . habitualiter et actualiter justi sumus . . . est etiam gratuitum Dei donum; quod Deus nobis donat, *infundendo* habitus, et "operando in nobis et velle et perficere pro suo beneplacito." Hæc Justificatio, alia peculiari nomenclaturâ, appellatur Sanctificatio.' This definition of the terms is not in accordance with the 'usus loquendi' of the sacred writers; but the passage clearly shows that he distinguished between imputed and infused righteousness, and ascribed both equally to the grace of God, and the merits of Christ. The same may be said of Augustine. 'Evangelical righteousness' is described by James Hervey himself as including that of Justification, and that of Sanctification. 'To be *reconciled* to the omnipotent God,—to be interested in "the unsearchable riches of Christ,"—to be *renewed* in our hearts by the sanctifying operations of the Divine Spirit,—this is EVANGELICAL RIGHTEOUSNESS.' . . . 'All these blessings are centred *in* Christ,—were purchased *by* Christ,—are communicated *from* Christ.'—*Dedication to Theron and Aspasio, Works*, ii. pp. iv. v. See Pemble, 'Vindiciæ Fidei,' c. i. pp. 1-9.

(15), p. 115.

On Augustine's use of the term 'Justification,' see Bishop Downham's Treatise, p. 75; Bishop Davenant's 'Disp.,' vol. i. p. 194; Dr. John Prideaux, 'Lectiones,' p. 141; Dr. Cunningham, 'Hist. Theol.,' vol. ii. p. 41; Dr. Shedd, 'History of Christian Doctrine,' ii. pp. 255-257.

(16), p. 116.

Numerous testimonies have been collected from the Apostolic Fathers and their successors, by Archbishop Usher, 'Answer to a Jesuit's Challenge,' c. xii. pp. 472-505; G. S. Faber, 'Primitive Doctrine of Justification,' c. iv. pp. 96-200, 387-392. Faber gives Usher's and his own in a tabulated form, p. 392. Dr. James Bennett, 'Theology of the Early Christian Church,' Lec. iii. P. ii. iii. iv.; Gaspar Laurentius, 'Orthodoxus Consensus,' in Corpus et Syntagma Confessionum, Geneva, 1654. Those who have access to the writings of the Fathers will of course consult the originals: but common readers will find the leading testimonies on the subject of Justification profusely scattered through the works of the great divines of the seventeenth century, such as Downham, Davenant, Wake, Owen, and Jeremy Taylor.

(17), p. 121.

See his 'Cur Deus Homo?' and Dr. Shedd's 'History of Christian Doctrine,' vol. ii. pp. 273-285.

(18), p. 122.

Irenæus, adv. Hær. lib. iii. c. 20, iv. c. 67 ; Cyprian, Op. ii. p. 140, Epis. lxxxiii.; Athanasius, Op. ii. 125, 270; Basil, Op. p. 550; Ambrose in Ep. ad Rom. iv. 5; Origen in Ep. ad Rom. lib. iii.; Jerome in Ep. ad Rom. c. iv., and in ii. Ep. ad Cor. c. v. 21 ; Chrysost. in Epis. ad Rom. Hom. vii., and in ii. Ep. ad Cor. Hom. xi. ; Augustine, Expos. in Johannem, Trac. iii. Opera, vol. ix. p. 7 ; 'De Fide et Operibus,' c. xiv., Opera, iv. p. 28; Enarratio in Ps. cx., Op. vol. viii. p. 464; Anselm, as quoted by Dr. Owen, Works, xi. p. 22; Bernard, Opera, pp. 285, 601, 630, 1556.

The writings of the Fathers are not always self-consistent; *e.g.* those of Chrysostom : see Isaac Taylor's 'Ancient Christianity,' vol. i. p. 249. For the evangelical character of Anselm's Theology, see his 'Cur Deus Homo?' which has recently (1858) been made accessible to the English reader 'by a Clergyman' (Parker, Oxford) ; and Dr. Shedd's 'History of Christian Doctrine,' vol. ii. pp. 273-285. For Luther and Melancthon's views of the Fathers, see Scott's 'Continuation of Milner's History,' vol. i. 527, 530, ii. 119, 254, 255. He states also the instructive fact, that Prince George of Anhalt, Provost of the Cathedral at Magdeburg, was convinced of the truth of Luther's doctrine by a careful study of the writings of the Fathers, and gives the Prince's striking testimony to that effect.—Vol. i. pp. 388-404.

Buddæus, 'Isagoge De Theologia Patristica,' lib. ii. c. iii. vol. i. pp. 478-544; Hoornbeek, Mis. Sac. lib. i. pp. 1-130, 'De Theologia Patrum usque ad Annum cclxxxv.;' Voetius, 'Disputationes Theologicæ,' vol. i. pp. 74-105, 'De Patribus, seu Antiquæ Ecclesiæ Doctoribus.'

(19), p. 124.

M. D'Aubigné, 'History of Reformation in the Time of Calvin,' vol. iii. 203. 'During four centuries, reckoning from the twelfth, minds of the highest order had formulated abstract systems, in which Scholastic Rationalism, and Ecclesiastical Authority, were habitually combined. . . . It was not a trifling matter to make Christian science pass from death to life, from darkness to light. It required an awakened conscience,—a heart thirsting for righteousness,—a high intelligence,—and a powerful will, to break through all the *chains* (Catenæ Patrum)—to scatter to the winds the *Sentences*, and the *Sums*, which the Schoolmen had painfully woven out of their brains, or out of traditions that were often impure, and to set up in their place the living rock of the heavenly Word on which the temple of God is to be built. CALVIN was the man called to this work. Until his time, Dogmatics, when passing from one period to another, had always advanced in the same direction, from abstraction to abstraction. But suddenly the course was changed; Calvin refused to tread the accustomed road. Instead of advancing in the way of the Schoolmen towards new developments of a more refined intellectualism, he turned eagerly backwards,—he heard the voice of conscience,—he felt the wants of the heart,—he ran whither alone they can be satisfied,—he traversed fifteen centuries. He went to the Gospel springs; and there collecting in a golden cup the pure and living waters of Divine Revelation, presented them to the nations to quench their thirst.'

It has been objected to the Systematic Theology of the Protestant Churches, that it was derived from the scholastic writers, and that it bears upon it the impress of their influence. That their writings have exerted some influence on modern Theology, it would be folly to deny; and Bishop Hampden has illustrated this point in his 'Bampton Lectures' for 1832,—'The Scholastic Philosophy considered in its relation to Christian Theology.' But the radical difference between the Popish and Protestant systems, consists in the one recognising several distinct sources of Theology, while the other recognises only the sole and supreme authority of Scripture: and the change which was effected by the Reformation, in this respect, resembled that which the Copernican doctrine effected in Astronomy; for as this displaced the earth from being the centre of the planetary system, and substituted the sun in its stead, so the Reformation displaced the Church, or the authority of man, and brought in the Bible, or the authority of God, as the sole rule of faith. Authority remained, and therefore there was no anarchy, but it was that of God, and His Word. The Abbé Maret, in his 'Theodicée Chretienne,' p. 16, enumerates several different sources of Theology, and Melchior Canus speaks of ten,—viz., Scripture,—Tradition,—the Church,—Councils,—Rome,—Fathers,—Schoolmen,—Reason,—Philosophy,—History (*Loci Theologicæ*, p. 6); while Protestantism acknowledges one only, and regards all the others as helps merely, which are subordinate and subservient to that which alone is supreme. Markius has stated, in a few words, both the merits and defects of the Scholastic Theology :—' Hæc *placet* multis, (1) ob βραχυλογιαν, (2) philosophemata quædam acuta, (3) Veritatumque quarundam luculenta testimonia. . . . *Displicet* tamen omnibus, (1) ob principium suum, quod Patres magis et Philosophi Gentiles quam Prophetæ; (2) ob argumentum, quod philosophicum sæpe, curiosum, inutile, vel falsum ; (3) ob modum tradendi, per terminos barbaros ac obscuras distinctiones ; (4) ob ejus finem et effectum, qui veræ ac Scriptuariæ Theologiæ obtenebratio, atque populi excæcatio fuit.'—*Marckii, Compendium;* see De Moor's ' Commentary.' The Scholastic Method was defective and erroneous ; but it would be as absurd to reject Systematic Theology on that account, as to reject Astronomy, because it was once abused by astrologers, or Chemistry, because it was once mixed up with the dreams of alchemists. System in Theology arises from the same causes as system in Science ; namely, from the relations which subsist between different truths, and from the powers and laws of the human mind, which discerns these relations, and arranges the objects of its knowledge accordingly.—*The Princeton Theological Essays on* ' *Systems in Theology*,' Second Series, Essay iii. ; and *Professor Dunlop on Creeds and Confessions.*

(20), p. 125.

See Archbishop Usher, 'Answer to Jesuit's Challenge,' c. xii. of ' Merits ;' Dr. Shedd, ' History of Christian Doctrine,' ii. 31, 318 ; G. S. Faber, ' Primitive Doctrine of Justification,' pp. 335-341 ; Voetius, ' Disput.,' vol. i. 12-29, ' De Theologia Scholastica ;' Pemble, ' Vindiciæ Fidei,' on Bellarmine's doctrine of Merit, pp. 30, 31.

제4강의 각주

(1), p. 132.

Some held the doctrine of Sinless Perfection in the present life. Bellarmine, tom. iv. lib. ii. c. vii. p. 915 : ' Adversarii dicunt imputationem (justitiæ Christi) propterea necessariam esse, non solùm quòd verè peccatum in nobis hæreat, sed etiam quòd justitia nostra inhærens non tam sit perfecta, ut simpliciter, et absolutè, justificet. At causam istam facile refutabimus. . . . Nam justitia inhærens, sive renovatio interior in fide, spe, et caritate, potissimum sita esse cognoscetur. . . . Quare si provaberimus fidem, spem, et caritatem in hac vita posse esse perfectam, probatum quoque erit, non esse necessariam imputationem justitiæ Christi.' He then proceeds to prove the perfection of Faith, Hope, and Charity, in the present life.

Mr. Knox, who has recently reintroduced the Popish doctrine of a ' moral ' Justification by infused and inherent righteousness, contends also for Christian perfection. ' Remains,' vol. i. pp. 1, 4, 6, 10, 24, 40, 94, 129, 317, 326, 343, 398 ; ' Correspondence with Bishop Jebb,' vol. i. pp. 113, 117, 140, 143, 209, 347, 352, 362, 365.

Osorio held that Faith includes all the graces, and is the principle or germ of Perfection : ' Hæc autem Fides cum viget, continet omnem religionem atque pietatem. Omnes enim virtutes ex illâ aptæ atque nexæ sunt; et cum illâ sanctissimo vinculo colligatæ et implicitæ.' . . . 'Hæc est illius præcipua notio—forma, nempe, et constans debiti muneris et officii perfunctio.'—*De Justitia*, lib. i. pp. 198, 200. He objects to Luther's doctrine of indwelling sin, and maintains that concupiscence in believers is not sin: lib. ii. 227, 230, 231. And he denies that Justification by obedience ascribes more than enough to human Merit: lib. ix. p. 408.

For a considerable time the doctrine of human Merit made progress under disguise: it was said that 'Christ merited for us that we might merit;' and further, that our inherent righteousness, being imperfect, was graciously accepted through His merits. But some of the scholastic writers threw off this disguise, and affirmed that our inherent righteousness was acceptable in itself, and was accepted simply on its own account, without reference to the merits of Christ. On the supposition of a perfect inherent righteousness, this was obviously the logical conclusion. Vasquez says: 'At vero, cum opera justi condigne mereantur vitam eternam, tanquam æqualem mercedem et præmium, non opus est interventu alterius meriti condigni, quale est meritum Christi, ut iis reddatur vita æterna; quinimo aliquid habet peculiare meritum cujuscumque justi, respectu ipsius hominis justi, quod non habet meritùm Christi,—nempe reddere ipsum hominem justum et dignum vita æterna, ut eam dignè consequatur; meritum autem Christi, licet dignissimum sit quod obtineat a Deo gratiam pro nobis, tamen non habet hanc efficaciam et virtutem, ut reddat nos formaliter justos et dignos æterna vita, sed per virtutem, ab Ipso derivatam, hunc consequuntur effectum homines in se ipsis.' See Archbishop Wake's 'Exposition,' pp. 22, 23; 'Vindication of Bossuet,' p. 52; Wake's 'Defence,' pp. 29-31, 34. Also Archbishop Usher, 'Answer to a Jesuit,' c. xii., 'On Merits,' pp. 472-506.

(2), p. 134.

The origin of Indulgences, considered historically, is thus stated by 'le Pere Alexandre, D.D., dans son livre intitulé, "Selecta Hist. Eccles. Capita (1681),"' as quoted by the editor of the French version of Baron Sekendorf's 'History of the Reformation in Germany:'—'Il fait voire de quelle manière les Indulgences se sont introduites successivement dans l'Eglise Romaine. D'abord, dit-il, on commença d'user d'indulgence envers ceux qui, coupables de grossier péchés, avoient été condamnes à une longue pénitence, et on les reçut plutôt dans la communion de l'Eglise; surtout dans le temps de persecution, et lorsque ces penitens pouvoient produire une recommandation écrite de la main des Martirs qui étoient detenus dans les prisons. A la suite, les persécutions ayaint cessé, les Eveques s'arrogérent le pouvoir de mitiger, et d'abreger les peînes Ecclesiastiques, sans exiger acune recommandation de personne; et ce droit fut accordé ensuite par le 1 Concile de Nicée. Dans le septieme siècle on commença *de racheter les pénitences par des aumones*, ou par des sommes

d'argent, destinées à la construction, ou a la reparation, des Temples. Ce fut dans le onzième siecle que le Pape Urban II. promit des Indulgences a tous ceux qui s'engageroient dans les Croisades pour la conquéte de la Terre Sainte, ou qui fourniroient des sécours pour soutenir cette guerre *contre les hérétiques*, et les prétendus ennemies de l'Eglise,—*fussent-ils d'ailleurs Chretiens*. Au douziéme siècle les Indulgences furent accordées a ceux qui, par un motif de devotion, visitoient certains Temples ou certains Autels, ou qui observoient certaines ceremonies prescrites par l'Eglise.'
' C'est ainsi que cet Auteur prouve, que dans l'Eglise primitive, on ignoroit parfaitement ce que c'etoit que les Indulgences des Papes. En effet, ce que les anciens Auteurs appelloient indulgence n'étoit autre chose qu'un adoucissement de peine, ou une limitation de la durée, d'une pénitence imposée pour plusieurs années. . . . Mais par tout cela on ne croioet pas mériter *la remission des péchés devant Dieu*; et il n'étoit point question de ce Trésor des Mérites de Jesus Christ, et des Saints, duquel les Evêques eussent la disposition; bien moins attribuoit-on à cette indulgence une vertue qui s'étendit jusques sur le feu du Purgatoire.'— *Hist. de la Reformation*, par le Baron de Sekendorf, abregée par Messrs. Junius et Roos, tom. i. pp. 14, 15. Note par l'Editeur.

The history of Indulgences shows that they were far from being a casual corruption, such as had no vital connection with other parts of the system, and might have been lopped off without injury to the general doctrine of the Church. On the contrary, they were, in the words of Dr. Cunningham, the culminating point of 'a magnificent and well-compacted scheme, displaying great inventive genius, profound knowledge of human nature, and admirable skill in contrivance and adaptation. Each one of the principles or doctrines in the series, taken by itself, is fitted to obscure and pervert the scriptural account of the provision made for pardoning men's sins, and saving them from the punishment their sins deserve; and all of them separately, and the whole conjointly, are necessary to be established, as the foundation of the doctrine of Indulgences, which may be regarded as constituting the climax of a long and intricate series of antiscriptural and most dangerous errors. If any one link in the series fail, the doctrine of Indulgences falls to the ground; and, conversely, if the doctrine of Indulgences be thoroughly established, it will be able to afford support to all these positions, which are virtually involved in it. This illustrates how naturally the exposure of Indulgences led, in the hands of Luther, and under the guidance of God's Word and Spirit, to the full exposition of the doctrine of a free and complete Justification through faith in the righteousness of Christ. The doctrine of Indulgences, when analyzed and investigated, leads us back, step by step, through all the various questions which have been stated (of course in the inverse order to that which we have pursued), and thus brings us to the very threshold of the Scripture doctrine of Justification; while that great doctrine, on the other hand, once clearly seen, and steadily and faithfully applied, sweeps away at once all these errors, and all the practices and arrangements, all the fraud and imposture, which have been based upon them.'—*Dr. Cunningham, Hist. Theol.* ii. p. 95.

The late Cardinal Wiseman,—addressing an English, not a Spanish, or Austrian, or Italian, audience,—admitted that there had been some abuses in the *practice* of Indulgences, but attempted to defend the *doctrine* on which they rested; and to show that it had been entirely misunderstood by Protestants. 'Many of you,' he says, 'have probably heard that this word signifies a licence to sin, given even beforehand for sins to be perpetrated; at any rate, a free pardon for past sins. This is, in fact, the most lenient form in which our doctrine is popularly represented. And yet, mitigated as it is, it is far from correct. I fear many persons here present will be inclined to incredulity, when I tell them, that it is no pardon for sin of any sort, past, present, or future! What, then, is an indulgence? It is no more than a remission by the Church . . . of a portion, or the entire, of the temporal punishment due to sin.'—*Cardinal Wiseman, Lectures on the Principal Doctrines and Practices of the Catholic Church,* vol. ii. pp. 69, 71. Be it so; and suppose, moreover, that there is a real distinction between the temporal and the eternal punishment of sin,—was not its eternal punishment removed by baptism? and, if it was, did any other punishment remain to be remitted, except the temporal, including the sufferings of Penance in this world, and of Purgatory in the world to come? If that was the only punishment which men had any reason to fear, and if that was remitted, in part or in whole, by means of indulgences, might not the people reasonably regard the Pope's pardon as a plenary absolution from all the penal consequences of sin? And that this was the light, in which it was not only regarded by the people, but represented also by the agents of the Pope in the sale of Indulgences, appears from some specimens of their eloquence which have been fortunately preserved. For example, at Berne, in 1518, Samson, one of these agents, proclaimed the following 'graces,'—that all persons who complied with his injunctions should 'receive absolution of all their sins, both guilt and punishment, and should be pure and clean from all sin, as they had been immediately after baptism,' and that 'they should deliver a soul, to be selected by themselves, out of purgatory.' When the multitude had fallen on their knees, he ended by crying out—'Now all the souls of the Bernese, in whatever place or manner they may have died, are altogether, and at the same moment, delivered, not only from the pains of purgatory, but from the torments of hell, and are raised to heaven.'—*Ruchat and Gerdes,* quoted by *Scott, Continuation of Milner's History,* ii. p. 361. This, it may be said, was a mere popular harangue, and cannot be regarded as a fair specimen of the teaching of the Church; but we have also a copy of the 'Letters of Indulgence' which were issued by Tetzel in Germany, each being signed by his own hand. 'The Lord Jesus Christ have pity on thee, and absolve thee by the merits of His most holy passion! It is in His name, and on His authority, as also on that of the holy Apostles Peter and Paul, and of our most holy father the Pope, which has been entrusted to me for this end, that I absolve thee, first from all the ecclesiastical punishments which thou mayest have incurred, and *besides this*, from all the sins, crimes, and misdeeds, which thou mayest have committed, however great they may have been, even were they of a nature to be reserved for the Papal See. And this I do, according to the whole extent of "the power of the keys," remitting to thee by a plenary indulgence all the punishments which thou shouldst have to endure in Purgatory. At the same time, I restore thee to the use of the holy sacraments of the Church, to the communion of the faithful, and to the state of innocence and purity in which thou wast immediately after thy baptism; in such a manner, that at thy death, the gates of all punishments shall be closed for thee, and those of Paradise and the celestial joy shall be opened for thee. As long as thou shalt live, this Indulgence shall have full force, even to the last breath of thy life: In the name of God the Father, the Son, and the Holy Spirit. Amen! Brother John Tetzel, Sub-Commissioner, has signed with his own hand.'—*Baron Sekendorf, Histoire de la Reformation en Allemagne*, abridged by MM. Junius and Roos, vol. i. pp. 19, 20. With these historical documents in our possession, is it wonderful if we do listen with some 'incredulity,' even to a cardinal of the Romish Church, when he assures a Protestant audience, that an Indulgence is 'no pardon for sin of any sort, past, present, or future?'

Archbishop Wake gives the 'Instructions pour gagne le Jubilée' at Paris, so late as 1683. The Pope's Bull is in these terms: 'We give, and grant, by virtue of these presents, a plenary Indulgence, and *remission of all sins*. And that the Confessors absolve them in the court of conscience of *all sins*, excesses, crimes, and faults, how grievous or enormous soever they have been.' In publishing this Bull, the Archbishop of Paris promised the people that 'it will restore them to the same state they were first put into by Baptism.'—*Wake's Defence*, p. 35. Bellarmine denies that Indulgences are mere relaxations of ecclesiastical penance, for they extend to souls in Purgatory, who are beyond Church discipline.—*Answer to Bossuet's Pastoral Letter*, p. 53. Nor did they extend only to past sins, for they were expressly given for so many years, sometimes even till the hour of death.

Luther was a devout Monk, before he became a Reformer; and he bears witness to his personal experience when he first gives a form of monkish absolution, and then contrasts his own views as a Monk, and as a Reformer. The form of absolution, as given by Luther, runs thus: 'Parcat tibi Deus, frater, Meritum passionis Domini nostri Jesu Christi, —et beatæ Mariæ semper Virginis,—et omnium Sanctorum : meritum Ordinis,—gravamen religionis,—humilitas confessionis,—contritio cordis, —bona opera, quæ fecisti et facies, pro amore Domini nostri Jesu Christi, cedant tibi in remissionem peccatorum tuorum,—in augmentum meriti et gratiæ,—et in præmium vitæ æternæ. Amen!' Luther's remark on this form of absolution is—' Si diligenter verba expenderis, intelliges Christum planè otiosum esse, et Ei detrahi gloriam et nomen Justificationis et Salvatoris, et tribui monasticis operibus.' But the contrast between his experience as a Monk and a Reformer, is still more striking. ' Ego in eodem luto hæsitavi, putabam Christum esse Judicem (etsi ore fatebar Eum passum et mortuum pro Redemptione generis humani), placamdum observatione Regulæ meæ. Ideò cum orabam aut celebrabam Missam, solitus eram semper adjicere in fine, "Domine Jesu, ad Te venio, et oro ut gravamina Ordinis mei sint compensatio pro peccatis meis." Nunc verò gratias ago Patri misericordiarum, qui me è tenebris vocavit ad lucem Evangelii; et donavit me uberrima cognitione Christi Jesu Domini mei; propter quem, una cum Paulo, " Omnia duco esse damna, putoque esse σκύβαλα, ut Christum lucrifaciam, utque inveniar in Illo, non habens meam Justitiam, ex regula Augustini, sed eam quæ est per fidem Christi; Cui sit laus, et gloria, una cum Patre et Spiritu Sancto, in sæcula sæculorum. Amen!"—*Archbishop Hare, Vindication of Luther*, pp. 143, 144.

On Indulgences, see Voetius, ' Disputations,' vol. ii. pp. 286-304; Ullmann, ' Reformers before the Reformation,' vol. i. pp. 243, 276; Mr. Lawson, ' Autobiography of Luther,' pp. 32-51,—mainly founded on the second and third volumes of Michelet, ' Memoires de Luther, Ecrits par Lui-Même,' 1835.

(3), p. 137.

Scott, ' Continuation of Milner's History,' vol. i. p. 220.

Luther refers to the terms in which one was admitted to the office of the Priesthood: ' Accipe potestatem *sacrificandi* pro vivis et mortuis.' Archbishop Whately did good service to the cause of truth, by maintaining and proving that there is no Priestly Caste in the Christian Church, and no Priesthood except such as is common to all believers as 'a royal priesthood, a holy nation, a peculiar people.' Whately, ' Essays on the Peculiarities of the Christian Religion,' p. 382; ' Errors of Romanism,' pp. 99-118; ' Cautions for the Times,' pp. 82, 383.

(4), p. 138.

Jo. Gerhard, 'Loc. Theolog.' vol. vii., Locus xvii. ' De Justificatione,' pp. 1-317; Bishop Downham, ' Treatise on Justification,' *passim*; Bishop Davenant, ' Disput. de Habituali et Actuali Justitia,' translated by Allport; Brown (of Wamphray), ' The Life of Justification Opened;' Roborough (Scribe to the Westminster Assembly), 'The Doctrine of Justification Cleared;' Anthony Burgess, ' The True Doctrine of Justification;' Dr. Cunningham, 'Historical Theology,' ii. pp. 1-154; Dr. Owen on 'Justification,' Works, vol. xi., Russel's edition.

(5), p. 138.

Fra-Paolo Sarpi, 'Histoire du Concile de Trente,' by Le Courayer, 2 vols. fol., vol. i. pp. 301-315.

'Quadriennio ferè ante Concilium Tridentinum, justo tractatu asseruit orthodoxam de Justificatione doctrinam Cardinalis CONTARENUS.'—*Dr. John Prideaux, Lects. Decem*, p. 143.

John Wesel, in 1489, had said, 'God *condemns*, yet God *justifies*. It is the greatest of wonders that the very same divine justice which is armed with an eternal law of threatening and condemnation towards the transgressor, should, in the day and hour of judgment, not only hold back the sword of vengeance, and absolve from the punishment threatened, but should raise the criminal to heights of glory and happiness. Who does not wonder to see the truthfulness of threatenings converted into the truthfulness of promises, so that strict truth is kept on both sides, and in both aspects? These two contradictions are reconciled in " the Lamb of God"—the infinite atonement of Christ.'—*Dr. Shedd, History of Christian Doctrine*, ii. p. 334. See for a full account of Wesel, Ullmann's 'Reformers before the Reformation,' vol. ii. b. iv. pp. 263-615; and for John Huss, and Jerome of Prague, Em. de Bonnechose, 'The Reformers before the Reformation,'—the Fifteenth Century, 'John Huss and the Council of Constance,' 2 vols. in one, Aberdeen, 1859.

(6), p. 139.

The post-Trentine bulls and decisions on points of doctrine are appended to some editions of the 'Canones et Decreta;' but they are given separately, in a convenient form, by a Louvaine divine, F. V. Ranst (1718), 'Veritas in Medio.' It contains—the 79 propositions of *Baius*, pp. 4-44,—at p. 30 the propositions 'De Justitia, seu Justificatione;' the five propositions of *Jansenius*, pp. 44-75; 110 propositions that were condemned by Alexander VII. and Innocent XI. in 1665, 1666, and 1679, pp. 78-165; additional propositions condemned by Alexander VIII. in 1690, pp. 166-202; 67 propositions of *Molino* by Innocent XI., pp. 203-207; 23 propositions condemned by Innocent XII. in 1699, p. 208; 101 propositions of *Quesnel* condemned by Clement XI., pp. 216-289. Besides these, many propositions were condemned by other recognised authorities; *e.g.* Lombard, in his 'Sententiarum, Libri 4,' gives a 'Collectio Errorum Parisiis Condemnatorum,' pp. 381-409. Mœhler, in the first edition of his 'Symbolism,' assumed that the Canons and Decrees of Trent were the only authority, but afterwards admitted that the bulls and decisions of the Papal See were equally binding. Dens appeals to the latter as well as the former; for he says that—the 'Bullam Clementis XI., cujus initium " Unigenitus Dei Filius,"—" esse legem dogmaticam Universalis Ecclesiæ, adeoque meritò vocari regulam Fidei, eique dissentientes esse hæreticos."' —*Theol.* vol. ii. p. 130. For the recent addition of the dogma of the 'Immaculate Conception,' see Dr. Pusey's 'Eirenicon'—the most valuable part of the work. This addition may have been made *informally*; but is there any limit to the process of development? May it not develop Protestantism itself, or even Pantheism? Or can it recognise any fixed creed? The *Dublin Review* affirmed that Rome has no symbolical books, and is not bound by the Decrees of Trent, vol. xliv. p. 277, vol. xlvi. p. 395.

(7), p. 148.

'Fides Formata.' See Luther on Ep. to Galatians, Eng. trans. 1575, pp. 67, 104, 112, 119, 125, 132.

'A true and stedfast faith,' says Luther, 'must lay hold upon nothing else but Christ alone. . . . This our adversaries understand not; and therefore they cast away this precious pearl—Christ, and, in His place, they set—Charity, which, they say, is their precious diamond.'—*On the Ep. to Gal.* p. 67.

(8), p. 153.

The two opposite systems are characterized by D'Aubigné, 'History of the Reformation in Europe,' i. 27, 277; Bishop Davenant, 'Disputations,' Pref. xvii. xix.; Faber, 'Primitive Doctrine of Justification,' pp. xx. 209; Dr. Cunningham, 'The Reformers and Theology of the Reformation,' pp. 24, 64, 102; 'Historical Theology,' ii. 3, 10, 13, etc.

제5강의 각주

(1), p. 155.

Melancthon's 'Confession,' and 'Apology.' See 'Sylloge Confessionum,' and 'Harmony of Protestant Confessions,' Sekendorf, vol. ii. p. 205; Scott's 'Continuation of Milner,' vol. i. p. 89.

(2), p. 155.

The refutation of the Augsburg Confession, by Faber and Eck, 'divided the articles of the Confession into *three* classes; one of which, containing doctrines common to both parties, it wholly approved; another it wholly rejected; and the third it partly approved and partly condemned. Six doctrines were wholly rejected; and one of these was, "that men are not justified by the merit of good works, but by faith alone."'—*Du Pin*, quoted by Scott, 'Continuation of Milner's History,' i. 51.

(3), p. 157.

Melchior Adam, i. 69; Luther's 'Animadversions on the Edict of Augsburg' in 1531; Scott's 'Continuation of Milner's History,' i. p. 99.

(4), p. 157.

'It is enough for us to agree,' says Erasmus, 'that man can effect nothing of himself; that if he can do anything, it is entirely of divine grace; that very much indeed is to be ascribed to Faith, which is the peculiar gift of the Holy Spirit, *and is of much wider extent than is com-*

monly supposed, and is not possessed by all who say, " I believe that Christ died for me." Let it be allowed that the hearts of believers are *justified*,—that is, *purified*,—by faith; but only let us confess that the works of charity are necessary to the attainment of salvation; for true faith cannot be idle, being the fountain and source of all good works. God is not properly any man's debtor, except He have made Himself such by free promise; and even then, our performing the condition of the promise, is itself the fruit of His bounty. Yet the word "reward," or "merit," is not to be rejected, since God of His goodness is pleased to accept and reward what He Himself works in us, or by us.'—*Scott, Continuation of Milner's History*, i. 159, 160.

(5), p. 159.

The article is preserved by Du Pin. 'The first article about Justification, establishes these three principles beforehand:—1. That it is certain that, since the fall of Adam, all men are born enemies of God, and children of wrath by sin. 2. That they cannot be reconciled to God, nor redeemed from the bondage of sin, but by Jesus Christ, our only Mediator. 3. That persons of riper years cannot obtain these graces unless they be prevented (first visited) by the motions of the Holy Spirit, which inclines their mind and will to detest sin; that, after this first motion, their mind is raised up to God, by faith in the promises made to them that their sins are freely forgiven them, and that God will adopt those for His children who believe in Jesus Christ. From these principles it follows, that sinners are justified by a living and effectual faith, which is a motion of the Holy Spirit, whereby, repenting of their lives past, they are raised to God, and made real partakers of the mercy which Jesus Christ hath promised, being satisfied that their sins are forgiven, and that they are reconciled by the merits of Jesus Christ; which no man attains, but at the same time love is shed abroad in his heart, and he begins to fulfil the law. So that justifying faith "worketh by love,"—though it justifies not but as it leads us to mercy and righteousness—which (righteousness) is *imputed* to us through Jesus Christ and His merits, and not by any perfection of righteousness which is *inherent* in us, as communicated to us by Jesus Christ. So that we are not just, or accepted by God, on account of our own works or righteousness, but we are *reputed* just on account of the merits of Jesus Christ only. Yet this is not to hinder us from exhorting the people to increase this faith, and this charity, by outward and inward works; so that, though the people be taught that *faith alone justifieth*, yet repentance, the fear of God and of His judgments, the practice of good works, etc., ought to be preached to them.'—See *Dr. Robertson, History of Charles V.*, vol. iii. p. 150; *Scott's Continuation of Milner's History*, i. 277.

(6), p. 159.

Melancthon, 'Ad Gallos Consilium,' 'Opera,' i. p. 222.

(7), p. 162.

The dissatisfaction of both parties is strongly stated by Dr. Robertson: —' All the zealous Catholics, particularly the ecclesiastics who had a seat in the Diet, joined in condemning Gropper's treatise as too favourable to the Lutheran opinion, the poison of which heresy it conveyed, as they pretended, with greater danger, because it was in some degree disguised. The rigid Protestants, especially Luther himself, and his patron the Elector of Saxony, were for rejecting it as an impious compound of error and truth, craftily prepared that it might impose on the weak, the timid, and the unthinking.'—*History of Charles. V.* in 4 vols., vol. iii. p. 151.

On this, as on several other occasions, the sagacity and firmness of the Elector frustrated the devices of the Romish party, and afforded seasonable support and encouragement to the divines of Wittemberg. He described the conciliatory article as a handle given to their adversaries to represent them as having departed from their original tenets. He looked, it is said, 'with great jealousy on a sort of middle party which he thought had risen up among the Protestants, and said that he feared much more the caresses of Ratisbon, than the severity of Augsburg. He would have his representatives, therefore, adhere to the very terms, as well as to the sense, of the "Confession," and reject all ambiguous language which might be twisted to opposite meanings. And he declared that even if Luther himself should give way, which he trusted would never be the case, it should not be with his countenance.' But there was no reason to doubt the stedfastness of Luther. He entreated the Elector, indeed, not to be severe on Philip, for 'it would break his heart;' but characterized the article as 'botched and unsatisfactory.' 'It seemed to him, he said, that his friend had proposed an orthodox formulary, asserting Justification by faith alone without works, according to Rom. iii.; but that the collocutors on the contrary part had substituted another, taken from Gal. v., concerning "faith working by love;" and that this having been rejected by Melancthon, one had been formed out of the two, which seemed to sanction the opinions of both parties.' Luther, commenting on the clause, that 'the repenting sinner is justified by a living and efficacious faith,' says: ' Either Eckius must acknowledge (which he will never do) that he and his friends have not before taught this doctrine, and then the article may stand for a time; or he will boast (and this is what he certainly will do) that they have always taught the doctrine of an efficacious or operative faith, and then the article will become a new patch upon the old garment, by which the rent will be made worse.' He explains the expression, 'faith which worketh by love,' by saying, that 'it does not treat of Justification, but of the life of the justified. It is one thing to be made righteous, and another to act as righteous; one thing to *be*, and another to *do*. It is one question, How a man is justified before God? another, How a justified man acts? It is one thing for a tree to be produced, another for it to bring forth fruit.'

And Melancthon himself strongly disclaimed all intention to relinquish any part of the Protestant doctrine, declaring that 'he would rather die than compromise the truth and wound his own conscience,' and expressing his regret 'for any undue facility in suffering himself to be employed in vain and foolish schemes of conciliation;—' Conciliationes fucosas,' 'fallaces,' 'plenas turpitudinis et periculi.' In a paper intended for his last will, he reiterates the same assurances,—exhorting his children 'to avoid connection with the Papists, who, on many points, taught a very corrupt doctrine, and were altogether without the true doctrine of Justification by faith, and of the remission of sins;' warning them 'against all hollow and insincere methods of reconciling the doctrines in dispute, by which old errors would be covertly introduced again, and the truth corrupted;' and protesting his own sincerity and singleness of purpose in these affecting terms: 'I can truly affirm that I have endeavoured soundly to explain the doctrine of our Church, that it might be rightly understood by younger students and handed down to posterity. I know, indeed, that it has at times been suspected that I attempted some things in favour of our adversaries; but I call God to witness that I had no wish to favour such persons, but aimed only at correct statements, excluding all ambiguities, though many are aware how difficult I found it to attain this. . . . Nor was it my design to introduce any new dogma, but perspicuously and correctly to explain the catholic doctrine as delivered in our Churches, which I judge to have been brought to light in these late years, by the singular goodness of God, through the instrumentality of Dr. Martin Luther, that thus the Church might be purified and restored, which must otherwise have utterly perished.'—See *Scott's Continuation of Milner's History*, vol. i. pp. 284, 289, 298.

(8), p. 163.

Scott's 'Continuation of Milner's History,' i. 453, ii. 93. In regard to Charles v., Thuanus, as quoted and translated by Dr. Owen (Works, vol. xi. p. 42), makes the following remarkable statement. He felt 'that in himself he was altogether unworthy to obtain the kingdom of heaven by his own works or merits,—but that his Lord God, who enjoyed it on a double right or title—by inheritance of the Father—and the merit of His own passion,—was contented with the one Himself, and freely granted unto him the other; on whose free grant he laid claim thereunto, and in confidence thereof he should not be confounded; for the oil of mercy is poured only into the vessel of faith, or trust;—that this is the trust of a man despairing in himself, and resting in his Lord; otherwise to trust in his own works or merits, is not faith, but perfidy;—that sins are blotted out by the mercy of God,—and therefore we ought to believe that our sins can be pardoned by Him alone against whom alone we have sinned, —with whom there is no sin, and by whom alone sins are forgiven.'

(9). p. 163.

Scott's 'Continuation of Milner's History,' vol. i. p. 285.

(10), p. 164.

'Satan can shape a trial,—he can put it to such ane frame,—he can draw it to a small point,—and set it like ane razor's edge, that, although there seem little between the two, the one side is a denying Christ, and the other a confessing of Him.'—*John Livingstone, Select Biographies of the Wodrow Society*, vol. i. p. 204.

(11), p. 167.

'Concilii Trident. Canones et Decreta,' Paris, 1832, Sessio vi., pp. 29-40, Decreta; pp. 40-46, Canones.

(12), p. 167.

Paoli Sarpi's words are: 'La doctrine *inouie* de la Justification par la Foi seule.'—*Histoire du Con. de Trent*, par Courayer, vol. i. pp. 298, 303. See also Scott's 'Continuation of Milner's History,' vol. ii. p. 270.

(13), p. 168.

See on Soto and Vega's Interpretations of the Trent Decrees, Petavius, 'Dogm. Theologica,' tom. iii. 'De Trident. Concilii Interpretatione,' c. xv. p. 353. See also Bishop Stillingfleet's 'Reply to Gother,' edited by Dr. Cunningham, p. 26; and Dr. E. B. Pusey, 'Eirenicon,' pp. 98, 190, 209, 266, on the practical system of the Romish Church, as being worse even than her doctrinal creed.

(14), p. 169.

Calvin says: 'Sic quidem præfaritur, ut initio, nihil spirent præter Christum; sed, cum ad rem ventum est, multum abest, quin illi relinquant, quod suum est. Immo, nihil tandem aliud continet eorum definitio, quàm tritum illud scholarum dogma,—partim gratiâ Dei, partim operibus propriis, justificari homines.'—*Antidotum*, Tractatus, p. 277.

And Chemnitz, in like manner, says: 'Tridentini etiam dicunt, Justificationem esse translationem ab eo *statu*, in quo homo nascitur filius iræ, in *statum* gratiæ et adoptionis . . . in regnum filii delectionis suæ, in quo habemus redemptionem et remissionem peccatorum. Videt lector, ipsos ad veram significationem verbi "justificare," non obscurè alludere; sed mox postea, ubi ad rem ipsam ventum est, ut explicetur, quid sit justificatio peccatoris, ibi justificare, ipsis nihil aliud significat, quam homini per Spiritum renovationis infundi habitum, vel qualitatem justitiæ inhærentem.'—*Examen*, p. 130.

The chief works on the Tridentine doctrine of Justification are these: Calvin, 'Acta Synodi Tridentinæ, cum Antidoto,' Tractatus, Geneva, 1611, pp. 250-300, Sess. vi. pp. 272-292.

Chemnitz, 'Examen Concilii Tridentini,' in four parts, in reply to Andradius, Frankfort, 1585; 'De Justificatione,' Part i. pp. 126-173; 'De Bonis Operibus,' pp. 174-188.

Bellarmine, Op. vol. ii.; 'De Justificatione,' in five books, pp. 811-1131.

Amesius, 'Bellarminus Enervatus; Scriptum Elencticum,' in four vols.; tom. iv. lib. vi. 'De Justificatione,' pp. 113-178; 'De Meritis,' lib. vii. pp. 181-195.

Downham, Bishop of Derry, 'Treatise on Justification.'

Bishop Davenant, 'Disputatio de Justitia Habituali et Actuali,' translated by Allport, 2 vols. 8vo.

Lubbertus Sibrandus, in the Dedication of his able work in reply to Socinus, 'De Servatore,' intimates his intention to publish 'integram Bellarmini refutationem, quam penè ad finem perduxi,' which has not come into my hands.

Osorio, Opera, tom. ii.; 'De Justitia,' lib. x. pp. 186-456, 1592.

John Foxe, the Martyrologist, answered Osorio in a Latin treatise, afterwards translated by his friend and fellow-labourer John Day, the printer, under the title, 'Of Free Justification by Christ.' It is given in an abridged form in the 'British Reformers,' vol. Fox and COVERDALE.

(15), p. 171.

Bishop Atterbury, 'Answer to some Considerations on the Spirit of M. Luther,' etc., 1687, p. 106.

(16), p. 171.

See Gother's 'Papist Misrepresented and Represented,' with Bishop Stillingfleet's Answer to it, edited by Dr. Cunningham; Dr. Thomas Butler, 'Truths of the Catholic Religion proved from Scripture alone,' 2 vols.; Dr. Milner's 'End of Religious Controversy;' Charles Butler, 'Book of the Roman Catholic Church,' answered in Bishop Philpotts' 'Letters,' and J. Blanco White's 'Internal Evidence against Catholicism;' Cardinal Wiseman's 'Lectures on the Doctrines and Practices of the Catholic Church;' Berington and Kirk, 'Faith of Catholics confirmed by Scripture and attested by the Fathers,' etc., 3 vols. 8vo.

(17), p. 171.

Scott's 'Continuation of Milner's History,' vol. i. p. 508; Dr. Cunningham's Edition of 'Bishop Stillingfleet's Reply to Gother,' p. 46.

(18), p. 172.

Dezius, 'La Re-Union des Protestants de Strasburg à l'Eglise Romaine;' 'Mosheim's History,' by M'Laine, vol. v. 127.

(19), p. 172.

Bossuet's 'Exposition of the Doctrine of the Catholic Church in

Matters of Controversy.' First printed in 1671; translated from the 9th French Edition, and published by His Majesty's command, 1686. It was answered, at first anonymously, in Archbishop Wake's 'Exposition of the Doctrine of the Church of England in the several Articles proposed by the Bishop of Meaux, with a Preface giving an account of his book,' 1686. This was met by 'A Vindication of Bossuet's Exposition, prepared by a Rev. Father, and published by His Majesty's Printer, 1686;' which called forth Archbishop Wake's 'Defence of the Exposition of the Doctrine of the Church of England.' Another, and a very able, 'Answer to Bossuet's Exposition' appeared in the same year. See a volume entitled, 'Sum of the Popish Controversy,' in the Library of the New College.

(20), p. 173.

Dr. Christopher Davenport, or Francis à Sancta Clara, published a work entitled, 'Paraphrastica Expositio Articulorum Confessionis Anglicanæ,' which has recently been reprinted in English from the Latin Edition of 1646, London, 1865. For some account of it, see Dr. Cunningham's Edition of 'Bishop Stillingfleet's Reply to Gother,' p. 29, and Dr. Goode's 'Rule of Faith,' vol. i. Pref. xiii.

(21), p. 174.

Dr. Mœhler's 'Symbolism; An Exposition of the Doctrinal Differences between Catholics and Protestants, as evidenced by their Symbolical Writings;' translated by J. Burton Robertson, Esq. For his high character as a theologian, see Dr. Cunningham, 'Histor. Theol.' vol. i. 485. For his views of the authority belonging to post-Trentine Bulls and decisions, as well as to the Decrees and Canons of that Council, see vol. i. pp. 21, 37; of Justification, vol. i. pp. 115-281; of Original Righteousness and Original Sin, vol. i. pp. 34, 37, 71.

Mœhler's attack on the Lutheran doctrine of Justification called forth several able replies in Germany, by Baur, Nitzsch, Hengstenberg, and Marheineke. Archdeacon Hare had not seen the two last, but speaks highly of the two former. 'Baur,' he says, 'when reprinting his masterly and triumphant refutation of Mœhler's attack on the Lutheran doctrine of Justification, remarks, p. 319, "It may be regarded as a cheering proof of the firmness and stability with which this fundamental doctrine of the Lutheran creed still maintains its central place in the minds of Protestants, that, among the Protestant theologians who have taken part in this controversy, there is no perceptible difference of any importance on this point." '—*Vindication of Luther*, p. 116. See also pp. 171, 172. Baur's peculiar opinions on other points,—such as the Atonement,—might not prevent him from vindicating, *on historical grounds*, Luther's real sentiments on Justification, when these were assailed or distorted; but, *on doctrinal grounds*, Luther's doctrine cannot be understood or defended by any man, apart from the Atonement.

(22), p. 175.

Dr. Newman's 'Essay on the Development of Christian Doctrine,' 2d. Ed. 1846. The untenableness of the old defences, pp. 8, 24, 25; the Developing power of the Church, pp. 27, 37, 57, 63, 277, 337, 344.

It was vigorously assailed by Dr. Brownson, in America, and defended in the 'Dublin Review,' vol. xliv. p. 325, xlvi. p. 373. See also Dr. Wordsworth's 'Letters to M. Gondon,' p. 8, and Prof. Butler's 'Letters on Development,' *passim*.

(23), p. 175.

See Perrone, 'Prælectiones Theologicæ,' vol. vi. pt. ii. He treats of Justification under the title, 'De Gratia Sanctificante,' pp. 200-244; 'De Merito,' pt. iii. pp. 244-257; vol. viii. 'De Indulgentiis,' pp. 5-37. See Dens, 'Theologia Mor. et Dogm.' 8 vols.: on Justification, ii. p. 446; on Merit, ii. p. 458; on Guilt, i. 357, 363; on Prayer for Pardon, iv. 28, ii. 48.

(24), p. 175.

See Le Blanc, 'Theses Theologicæ,' pp. 191-304.

(25), p. 176.

See Mrs. Schimmelpennick's 'Memorials of Port Royal;' Pascal, 'Provincial Letters,' by Dr. M'Crie, p. 15; Gossner's 'Life of Martin Boos,' abridged by London Tract Society; 'Journal of M. de St. Amour, Doctor of the Sorbonne, containing a full account of the transactions both in France and at Rome, concerning the Five famous Propositions controverted between the Jansenists and the Molinists, till the Pope's Decision,' translated from the French, London, 1664;—a most instructive work, which throws much light on the views which then prevailed at Rome on the doctrine of grace, and on the manner in which such processes are managed there.

(26), p. 176.

Dr. Cunningham, 'Histor. Theology,' vol. ii. 113, 118; Archdeacon Hare, 'Vindication of Luther,' pp. 32, 33.

제6강의 각주

(1), p. 179.

David Laing, Esq., the accomplished Editor of the Works of John Knox, quotes (vol. iii. p. 417) this striking testimony from Dr. M'Crie's 'Life of Knox' (vol. i. p. 390): 'In reading the writings of the first

Reformers, there are two things which must strike our minds. The first is, the exact conformity between the doctrine maintained by them respecting the Justification of sinners, and that of the Apostles. The second is, the surprising harmony which subsisted among them on this important doctrine. On some questions respecting the sacraments, and the external government and discipline of the Church, they differed; but upon the article of FREE JUSTIFICATION, Luther and Zuinglius, Melancthon and Calvin, Cranmer and Knox, spoke the very same language. This was not owing to their having read each other's writings, but because they copied from the same divine original. The clearness with which they understood and explained this great truth, is also very observable. More able and learned defences of it have since appeared; but I question if it has ever been stated in more scriptural, unequivocal, and decided language, than in the writings of the early Reformers. Some of their successors, by giving way to speculation, gradually lost sight of this distinguishing badge of the Reformation, and landed at last in Arminianism, *which is nothing else but the Popish doctrine in a Protestant dress.*' The Treatise on Justification by Henry Balnaves, 1584, is still one of the best in our language. It is given in Mr. Laing's Edition of Knox's Works, vol. iii. pp. 431-542, with Knox's recommendation and summary of it, iii. pp. 5-28. It is also reprinted from the Edition 1584 in the 'British Reformers,' London Tract Society, in the same volume, with the admirable 'Places' of Patrick Hamilton. Balnave's Treatise is the more valuable because 'Knox has informed us, that his design, in preparing it for the press, was to give, along with the Author, *his own* " Confession of the article of Justification therein contained."'

(2), p. 180.

Bishop O'Brien, ' Sermons on the Nature and Effects of Faith,' xx. 115, 129; 'Sylloge Confessionum;' Hall, 'Harmony of Protestant Confessions;' G. S. Faber, 'Primitive Doctrine of Justification,' pp. 3, 264-268; Dr. Cunningham, 'Histor. Theology,' ii. 21; 'The Reformers and Theology of Reformation,' p. 163.

(3), p. 182.

Dr. Newman, 'Lectures on Justification,' App. p. 436; Bishop Davenant, 'Disputatio, etc.,' by Allport, vol. i. pp. 161, 162; Scott's ' Continuation of Milner's History,' vol. i. 234, ii. 116.

'Since Osiander,' says Calvin, 'has introduced I know not what monstrous notion of *essential righteousness*, by which, though he had no intention to destroy Justification by grace, yet he has involved it in such obscurity as darkens pious minds, and deprives them of a weighty sense of the grace of Christ, it will be worth while to refute this idle notion. . . . Not being content with that righteousness which hath been procured for us by the obedience and sacrificial death of Christ, he imagines that we are substantially righteous in God, by the infusion of His essence as well as His character. . . . As this principle is like a cuttle-fish, which, by the emission of black and turbid blood, conceals its many tails, there is a necessity for a vigorous opposition to it, unless we mean to submit to be openly robbed of that righteousness, which *alone* affords us any confidence concerning our salvation. For throughout this discussion, the terms *righteousness* and *justify* are extended by him to two things: first, he understands that to be *justified* denotes not only to be reconciled to God by a free pardon, but also to be *made righteous;* and that *righteousness* is not a gratuitous imputation, but a sanctity and integrity inspired by the divine essence which resides in us: secondly, he resolutely denies that Christ is our righteousness, as having, in the character of a Priest, expiated our sins and appeased the Father on our behalf, but in being "the eternal God and everlasting life." To prove the assertion that God justifies, not only by pardoning, but also by regenerating, he inquires whether God leaves those whom He justifies in their natural state without any reformation of their manners. The answer is very easy: As Christ cannot be divided, so these two blessings, *which we receive together* in Him, are also inseparable. Whomsoever, therefore, God receives into His favour, He likewise gives them the Spirit of adoption, by whose power He renews them in His own image. But if the brightness of the sun be inseparable from his heat, shall we therefore say, that the earth is warmed by his light, and illuminated by his heat?'—*Institutes*, translated by Allen, vol. i. pp. 579-592.

Melancthon was equally explicit in testifying against Osiander's doctrine. He conceived that it raised a question which was neither 'verbal nor trivial,' but vital and important,—Are we reckoned righteous 'from the indwelling of Christ *in* us, or by His obedience *for* us?' and he gives his deliverance upon it. 'Osiander holds that we are righteous by the Divinity dwelling *in* us. . . . We also acknowledge that God dwells in the regenerate, so as to produce not only virtuous emotions, but even the commencement of eternal life, to make us *"partakers of a divine nature."* But then there exists a question of another kind,—How may man receive remission of sins and reconciliation with God? How may he have righteousness imputed, or reckoned, unto him? Is this from the indwelling of Christ *in* us, or by His obedience *for* us? Osiander in effect says, that we are justified by *our renovation to holiness.* We, on the other hand, while we admit the necessity of renovation, hold that the renewed man is justified, or accepted of God, for the sake of Christ's obedience.' He adds, 'I regard Osiander's dogma as no mere logomachy, or strife of words. He differs from our churches on a very essential point; and obscures, or rather destroys, the only consolation provided for distressed consciences, seeing he leads us not to the promise of mercy, through the obedience of the Mediator, but directs us to another object.'—*Scott's Continuation of Milner's History*, vol. ii. p. 116.

Cranmer was married to a niece of A. Osiander. The latter must be distinguished from L. Osiander, who wrote the 'Enchiridion Controversiarum' of his age, published at Wittemberg in 1614.

(4), p. 183.

On Lauterwald's opinions, see Scott's 'Continuation of Milner's History,' ii. 118-121.

(5), p. 183.

On Stancari's opinions, see Calvin's 'Inst.' i. Book ii. c. xiv.; Turretine, vol. ii. p. 411, loc. xiv. ques. ii. I find some traces of the same opinion in the work of an able Scotch divine, Alex. Pitcairne of Dron, in Stratherne, 'The Spiritual Sacrifice' (pp. 831. London, 1664); see pp. 37-40. I am indebted to David Laing, Esq., of the Signet Library, for the use of this rare work.

(6), p. 185.

A letter by Luther against the Antinomians is given in Samuel Rutherford's 'Survey of Antinomianism and Familism,' pp. 69-74. Luther delivered also six public disputations against them at Wittemberg, and all his writings abound with indignant protests against their errors.. Calvin was equally decided in his opposition to them. See his 'Instructio adversus Anabaptistas,' and his 'Instructio adversus Libertinos,' the former pp. 411-432, and the latter pp. 433-473, of his 'Tractatus,' folio, Geneva, 1611.

(7), p. 188.

Dickinson, 'Familiar Letters,' pp. 154-180 ; Beart, 'Vindication of the Eternal Law,' P. ii. pp. iv-vii.; Robert Traill, 'Vindication of the Protestant Doctrine of Justification from the charge of Antinomianism,' Works, vol. i. pp. 305-359 ; Witsius, 'Animadversiones Irenicæ,' Misc. Sac. ii. 771 ; Brown, 'Life of Justification,' p. 259 ; Dr. Burgess, 'True Doctrine of Justification,' pp. 18, 185.

(8), p. 191.

On the Socinian doctrine, see various treatises in the 'Fratres Poloni ;' L'Amy, 'History of Socinianism ;' F. Spanheim, 'Elenchus Controv.' pp. 137-144; Stapfer, 'Instit. Theolog. Polem.' pp. 350-383 ; Socinus, 'De Servatore,' with the answer of Sibrandus Lubbertus, 1611, especially lib. iii. and iv. pp. 309-630.

Socinus, 'Tractatus de Justificatione,' in his 'Opuscula,' Racoviæ (1611), pp. 1-143.

Also the 'Racovian Catechism,' with Bishop Stillingfleet's account of the important variations which it has undergone in successive editions, in the preface to his work on 'Christ's Satisfaction ;' Castellio, 'Dialogi' (1613), to which is appended 'Tractatus de Justificatione,' pp. 31-89. The great work of Hoornbeek, 'Socinianismus Confutatus' (1662), tom. ii. lib. iii. c. ii. 'De Justificatione,' pp. 671-721 ; also, his 'Compendium Disputationum Anti-Sociniarum,' Misc. Sac. lib. ii. c. xxv. pp. 233-261 (1672).

Maresius, 'Hydra Socinianismi Expuganata,' in reply to Volkelius and Crellius (1651), vol. ii. lib. iv. c. iii. 'De Fide, et de Justificatione,' pp. 449-479. Dr. Owen, 'Vindiciæ Evangelicæ,' in reply to Smalcius and Biddle, Works by Russell, vols. viii. ix., vol. ix. p. 206. He gives the doctrine of Socinians on Justification in their own words, vol. ix. p. 255. Dr. John Edwards, 'The Socinian Creed,' pp. 59-71, 201, 209. Andrew Fuller, 'Calvinistic and Socinian Systems Compared,' p. 148. Dr. Cunningham, 'Histor. Theology,' vol. ii. c. xxiii. sec. 3, 4, pp. 168-192.

(9), p. 192.

Dr. Channing, 'Works' and 'Memoirs;' Dr. Ellis, 'Half Century of Unitarianism in America;' Martineau, 'Rationale of Religious Inquiry,' with Blanco White's Letter. Also, B. White's 'Memoirs.'

(10), p. 193.

Dr. Hill, 'Lectures,' vol. ii. pp. 378-388; Balguy, 'Essay on Redemption;' Rev. Henry Taylor, 'Apology of Ben Mordecai,' 2 vols., London, 1784; on 'Justification,' see Letter vi. p. 725.

(11), p. 196.

Robert Barclay, 'Theses Theologicæ,' and 'Apology for the True Christian Divinity; an 'Explanation and Vindication of the Principles and Doctrines of the People called Quakers,' 8th Edition, London, 1780. The seventh Proposition relates to Justification, pp. 8, 196-241. John Brown (Wamphray), 'Quakerism the Pathway to Paganism,' an Examination of Robert Barclay's 'Theses' and 'Apology,' 4to, 1678. The doctrine of Justification is discussed, c. xiii. pp. 293-325. 'Journal of George Fox,' 7th Edition, in 2 vols., edited by W. Armistead (1852), and containing a preface by William Penn, vol. i. pp. 1-47. Dr. Wardlaw, 'Friendly Letters to the Society of Friends on some of their Distinguishing Principles' (1836); Letters v. and vi. on 'The Doctrine of Justification,' pp. 175-233. Dr. Wardlaw gives some pleasing extracts from the writings of Mr. Gurney, which show that his views approximated very nearly to those of the Reformers.

(12), p. 200.

The sentiments of Arminius on the doctrine of Justification may be collected from the following parts of his Works:—'Declaration of Sentiments,' art. 9, 'On Justification,' vol. i. 262; 'Public Disputations,' art. 19, 'On the Justification of Man before God,' vol. i. 595; 'Private Disputations,' art. 48, 'On Justification,' vol. ii. 116; 'Letter to Hippolytus,' art. 5, 'Justification,' vol. ii. 473; 'Certain Articles to be Diligently Examined and Weighed,' art. 23, 'On the Justification of Man as a Sinner, but yet a Believer, before God,' vol. ii. 504.

That his sentiments were, to a large extent, in accordance with those of the Reformers, will appear from the following extracts:—

Justification by the Moral Law is thus defined: 'It is that by which a man, having performed the duties of the Moral Law without transgression, and being placed before the tribunal of the severe justice of God, is accounted and declared by God to be righteous, and worthy of the reward of eternal life—in himself, of debt, according to the law, and without grace, to his own salvation' (welfare?), 'and to the glory both of divine, and human, righteousness.'—Vol. i. 597.

Justification by faith is thus defined: 'It is a Justification by which a man, who is a sinner, yet a believer, being placed before the throne of grace, which is erected in Christ Jesus the Propitiation, is accounted and pronounced by God, the just and merciful Judge, righteous and worthy of the reward of righteousness, not in himself, but in Christ,—of grace, according to the Gospel,—to the praise of the righteousness and grace of God, and to the salvation of the justified person himself.'—Vol. i. 598.

These two methods of Justification are thus contrasted: 'It belongs to these two forms of Justification . . . to be so adverse, as to render it impossible for both of them at once to meet together in one subject; for he who is justified by the law, neither is capable, nor requires, to be justified by faith; and it is evident that the man who is justified by faith, could not have been justified by the law. . . . They cannot be reconciled with each other, either by an unconfused union, or by admixture. For they are perfectly simple forms, and separated in an individual point, so that by the addition of a single atom, a transition is made from the one to the other. . . . A man must be justified by the one or the other of them, otherwise he will fall from righteousness, and therefore from life.'—Vol. i. 599.

From these premises his conclusion is, 'That Justification, when used for the act of a judge, is either—purely the imputation of righteousness, through mercy, from the throne of grace in Christ the Propitiation, made to a sinner, but who is a believer,—or that man is justified before God, of debt, according to the rigour of justice, without any forgiveness.'—Vol. i. 599.

He considers Justification as an act both of Justice and Mercy. 'Justification is a just and gracious act of God, by which, from the throne of His grace and mercy, He absolves from his sins, man, a sinner, but who is a believer, on account of Christ, and the obedience and righteousness of Christ, and considers him righteous, to the salvation of the justified person, and to the glory of divine righteousness and grace.'—Vol. ii. 116.

He considers it as an act of Justice, as well as of Grace, because it is founded on a Satisfaction. 'We say that it is the act of God as a Judge who . . . contained Himself within the bounds of justice, which He demonstrated by two methods,—first, because God would not justify, except as Justification was preceded by reconciliation and satisfaction, made through Christ in His blood; secondly, because He would not justify any except those who acknowledged their sins and believed in

Christ. Yet it is "a gracious and merciful act"—not with respect to Christ, as if the Father, through grace, as distinguished from strict and legal justice, had accepted the obedience of Christ for righteousness,— but with respect to us, both because God, through His gracious mercy toward us, has made Christ to be sin for us, and righteousness to us, that we might be the righteousness of God in Him; and because He has placed communion with Christ in the faith of the Gospel, and has set forth Christ as a propitiation through faith.'—Vol. ii. 117.

He describes Christ's righteousness as being both the meritorious and the material cause of Justification. 'The meritorious cause of Justification is Christ through His obedience and righteousness, who may, therefore, be justly called the principal or outwardly moving cause. In His obedience and righteousness, Christ is also the material cause of our Justification, so far as God bestows Christ on us for righteousness, and imputes His righteousness and obedience to us. In regard to this twofold cause, that is, the meritorious and the material, we are said to be constituted righteous through the obedience of Christ.'—*Ibid.*

The imputation of faith for righteousness, in the sense in which he held it, was not supposed to be incompatible with the imputation of Christ's obedience, or proposed as a substitute for it. He includes both, when he speaks of 'the gracious reckoning of God, by which He imputes to us the righteousness of Christ, and imputes faith to us for righteousness,—that is, He remits our sins to us who are believers, on account of Christ apprehended by faith, and accounts us righteous in Him.'—Vol. ii. 118; also p. 474, quoted in the Lectures.

These extracts may suffice to show both what the doctrine of Arminius was, and also how widely many who are called by his name have departed from it in modern times.

See Arminius, 'Opera,' 4to, or in English, 2 vols. 8vo, translated by James Nichols, and a third vol., translated by Rev. W. R. Bagnall, of the Method. Episc. Church, American Edition, 1853. The passages quoted occur vol. i. p. 263, vol. ii. p. 474. Episcopius, 'Opera Theol.,' two vols. in one, containing his 'Institutiones' and 'Tractatus,' 1650. He was prevented by death from completing his 'Institutiones,' and has no full discussion of Justification, but refers to it in several places, vol. i. pp. 272, 437, ii. p. 412. Curcellæus, 'Quaternio,' a reply to Maresius, 1659, art. iv. 'De hominis per Fidem et per Opera Justificatione,' pp. 403-435. Limborch, 'System of Divinity,' 2 vols., London, 1713, vol. i. pp. 226, 299, ii. p. 835. Amesius, 'Contra Remonstrantes,' Amsterdam, 1658 and 1661, 2 vols., containing 'Coronis ad Collationem Hagiensem,' and 'Antisynodalia Scripta.' These contain a full discussion of the 'Five Points,' which have an important, although indirect, bearing on the question of Justification. 'Acta Synodi Nationalis Dordrechti Habitæ,' Pref. pp. vii. xi. It appears that Arminius was supposed to differ more from the Reformers on the subject of Justification, than appears from his published writings. 'Gomarus probaturum se suscepit, de primario fidei inostræ Articulo,—de Justificatione, scilicet, hominis coram Deo—sententiam eam docuisse, quæ cum verbo Divino atque Ecclesiarum Belgicarum confessione pugnaret. Ad cujus rei probationem, ipsissima ejus verba protulit, ex ejusdem Arminii autographo descripta, quibus asseruit, in hominis coram Deo justificatione, justitiam Christi, non imputare in justitiam, verùm ipsam fidem. Credere, per graciosam Dei *acceptationem*, esse justitiam illam nostram quâ coram Deo justificamur.'—P. vii. ' Quoniam verò is (articulus) qui erat de Justificatione, magis videretur necessarius, ab isto exordiendum, Gomarus putabat; quod et Illust. Ordinibus placuit. De hoc articulo eadem fuit controversia, quæ autem coram suprema Curia agitata fuerat; An, scilicet, fides, qua actus est, secundum gratiosam Dei æstimationem, sit ipsa justitia quâ coram Deo justificamur.'—P. xi. See also Vedelius, ' De Arcanis Arminianismi' (1631). Mr. Pemble (of Oxford) says, ' Arminius, as in other his opinions, so in the publishing of this, used much closeness, and cunning conveyance.'—*Vindiciæ Fidei*, p. 34.

(13), p. 202.

On the history and doctrines of the Protestant Church in France, see Quick's 'Synodicon,' and Smedley's ' History;' Gale's ' Court of the Gentiles,' vol. ii. pp. 143-147; Scott's ' Continuation of Milner's History,' vol. ii. p. 471; Hickman's ' Animadversions on Heylyn's Quinquarticular Controversy,' pp. 383; Rev. James Young's ' Life of John Welsh, (1866), pp. 293-366; ' Miscellanies of the Wodrow Society,' vol. i. p. 559, where Welsh's Letter is given in the original French, and is more full than in the English translation. Tilenus was answered by P. Du Moulin, the author of ' Anatome Arminianismi,' in the ' Enodatio' of the Five Points, a ' Lettre contre Tilenus aux Ministres de France' in 1613; and in a larger work, not published, but still preserved at Geneva, entitled, ' Examen de la Doctrine de Tilenus.'—*Rev. J. Young's Life of John Welsh*, p. 365. Tilenus became so identified with Arminianism, that his name was used as the title to a controversial piece in England during the controversy there, ' The Examination of Tilenus before the Triers,' 1658.

(14), p. 204.

See Dr. Tobias Crisp's 'Christ Alone Exalted,' or 'Fifty-two Sermons,' edited with notes by Dr. Gill, 2 vols. 1755. On the combined influence of *Arminianism* and *New Methodism* on the Theology of England at this time, the late Dr. M'Crie gave the following opinion : ' I have thought I perceived a change in the tone and phraseology of the Reformed divines early in the seventeenth century, perhaps from the influence which the Arminian controversy exerted on the strain of Calvinistic writing. . . . I am inclined to think that an engrossing attention to the points controverted by Arminius and his followers was produced, and that preachers and practical writers became more shy than formerly in using the universal terms employed in Scripture, in proposing the Gospel remedy, and that they were more *hampered* (to use an expressive Scots word) than was necessary, either from the word of God, or their own declared principles concerning particular redemption, in proclaiming the glad tidings of salvation to sinners, and in calling on them to believe on the Saviour. . . .' 'The scheme of the New Methodists, as they were called, in France, who, about the middle of the seventeenth century, attempted a species of conciliation between Calvinists and Arminians on the head of election, and the extent of the death of Christ, added to the embarrassment,—which was still more increased by the Antinomianism of the Cromwellian period, to which you (the late Dr. Watson of Burntisland) justly refer as producing a partial revulsion from evangelical doctrine. This, as well as a passion for accommodating differences, led the excellent Baxter astray.'—*Life of Dr. M'Crie*, by his Son, pp. 329-331. See also *Dr. Cunningham, Hist. Theology*, ii. 47-49.

See Rev. Robert Traill's 'Vindication of the Protestant Doctrine of Justification from the unjust charge of Antinomianism,' Works, vol. i. pp. 304-359,—an admirable treatise.

(15), p. 205.

The Neonomian controversy was extremely voluminous on both sides. The following works may be consulted:—'Dr. Dan. Williams' Works' (1750),—vol. iii. 'Gospel Truth Stated,' a reply to Dr. Crisp; vol. iv. contains various replies to objectors; vol. v. 'An End to Discord;' vol. vi. some of his pieces in Latin, entitled, 'Tractatus Selecti,'—viz. 'Veritas Evangelica,' in reply to Dr. Crisp, and 'De Justificatione per Christi Obedientiam.' John Goodwin, 'The Banner of Justification Displayed,' reprinted in 1835, by Thomas Jackson, in the same volume with Goodwin's 'Exposition of ix. c. Romans,' pp. 363-437. And a larger work, entitled, 'Imputatio Fidei' (1642); 'A Treatise of Justification, wherein the Imputation of Faith for Righteousness is explained, etc.,' in 2 Parts, pp. 440; with a defence of it in reply to George Walker, pp. 161. Isaac Chauncy, 'Neonomianism Unmasked,' or 'The Antient Gospel pleaded against the New Law or Gospel,' in reply to Dr. D. Williams, 'Gospel Truth Stated' (1692), and also his 'Alexipharmacon, a Fresh Antidote against Neonomian Bane,' in reply to Mr. Humphrey and Mr. Sam. Clark, 1700. Richard Baxter on 'Justifying Righteousness,' a volume in which five pieces on the subject are contained in reply to Dr. Tully and Mr. Cartwright. Dr. Tully, 'Justificatio Paulina, sine Operibus, ex mente Ecclesiæ Anglicanæ omniumque reliquarum Reform. contra nuperos Novatores,' Oxf. 1677. Mr. Brown (of Wamphray), 'Life of Justification Opened;' this is peculiarly valuable, as containing several chapters devoted to the examination of the treatises of John Goodwin, c. vii.-xii. pp. 57-181, and of Richard Baxter, c. xiii.-xvi. pp. 182-246.

Several other treatises might be mentioned, such as John Eaton, 'The Honeycombe of Free Justification by Christ alone;' William Eyre, 'Vindiciæ Justificationis Gratuitæ,' or 'Justification without Conditions,'

1654, in reply to Woodbridge and Baxter; Benjamin Woodbridge, 'The Method of Grace in the Justification of Sinners,' in reply to W. Eyre, 1656; J. Crandon, Reply to R. Baxter's 'Aphorisms of Justification' (1654), in two parts, pp. 389 and 298. The author is indebted to Rev. John Laing, of the New College Library, for bringing under his notice the treatises of·Woodbridge and Eyre.

An admirable review of the whole controversy will be found in Witsius, 'Miscel. Sac.' vol. ii. 'Animadversiones Irenicæ de Controversiis quæ, sub infaustis Nominibus Neonomorum et Antinomorum, nunc in Britannia agitantur,' pp. 753-849, and a shorter review of it in English, in Dickinson's 'Familiar Letters,' Lett. 13, pp. 206-237.

(16), p. 207.

See Wesley's 'Sermons,' and his 'Letter to Hervey,' Hervey's Works, vol. iv. pp. v. xviii. 52-71; Richard Watson's 'Theolog. Institutes,' c. xxiii. xxiv., Works, vol. xi. pp. 167-272; Rev. John Walker (Dublin), 'Expository Address to the Methodists,' 1802, and his 'Seven Letters to Alexander Knox, Esq.,' in defence of it; Southey, 'Life of John Wesley,' 2 vols., 1858, containing S. T. Coleridge's Notes on it, and Knox's 'Letter to Southey;' Fletcher (of Madeley), Works, 2 vols. (1834), containing his 'Five Checks to Antinomianism,' vol. i. pp. 115-444; 'An Equal Check to Pharisaism and Antinomianism,' vol. i. pp. 473-490; 'The Last Check to Antinomianism,' vol. ii. pp. 1-178; and many other pieces.

(17), p. 208.

For the early history of the Moravians, see 'Alregé de l'Histoire des Eglises Esclavonnes, etc.,' par le Baron de Sekendorf, 1794. For the tenets of the later Moravians, see Spangenberg, 'Exposition of Christian Doctrine' (1784), on Justification, p. 256; Southey, 'Life of J. Wesley,' vol. i. pp. 110, 117, 120, 125, 138, 166, etc.; Dickinson's 'Familiar Letters,' Lett. xi. pp. 154-180.

Some seem to have differed from others in the statement of their views. One of their number — Christian David — said at Herrnhutt, 'You must be humbled before God; you must have "a broken and a contrite heart:" but observe, this is not the foundation; it is not this by which you are justified. This is not the righteousness,—it is no part of the righteousness,—by which you are reconciled unto God. . . . The right foundation is not your contrition,—not your righteousness,—nothing of your own; nothing that is wrought *in* you by the Holy Ghost; but it is something *without you*,—the righteousness and the blood of Christ.' But another,—Peter Boehler,—taught, that when a man has a living faith in Christ, he is justified,—that this living faith is always given in a moment,—that in that moment he has peace with God,—that he cannot have this peace without knowing that he has it,—that being born of God, he sinneth not,—and that he cannot have this deliverance from sin without knowing it.' Zinzendorf, in his discourses on the 'Redemption of Man,' seems to teach the doctrine of universal pardon, and to regard faith as consisting in believing this, and applying it to ourselves; while he often speaks lightly of the obligations of duty, and rejects everything like self-denial. Spangenberg gives little prominence to the doctrine of Justification, and treats of it as if it were merely 'the forgiveness of sins, for the sake of the blood and death of Christ.'

(18), p. 214.

That we have given a correct account, in substance, of the nature of that assurance for which the 'Marrow' divines contended as being involved in the essence of faith, and that their doctrine was, in this respect, in harmony with that of the first Reformers, appears from their own explicit statement. They say that 'the Assembly had in effect excluded from faith that act by which a person *appropriates* to himself what before lay *in common in the Gospel offer*, and thereby turned it into "that general and doubtsome faith" abjured in our National Covenant;' and they state their belief, that 'receiving and resting upon Christ for salvation implies that assurance, by which it had been customary for divines to describe the fiducial act, or appropriating persuasion of faith; and that the Confession doth not exclude all assurance from the essence of faith, but speaks of that kind of assurance which is complex, and contains not only what is included in the direct act of faith, but also what arises from spiritual sensation and rational argumentation.'

The 'Marrow of Modern Divinity,' with notes by Boston. Dr. M'Crie's papers in the 'Christian Instructor,' 'Account of the Controversy respecting the Marrow of Modern Divinity,' (1831) vol. xxx. No. 253, pp. 539-551, 687-699, 811-826; (1832) vol. xxxi. pp. 73-94. It is to be regretted that this valuable series of papers has not been reprinted in his Miscellaneous Writings. See also 'Life of Dr. M'Crie,' pp. 330-334. Rev. Eben. Erskine, 'The Assurance of Faith;' reprinted in a volume entitled, 'Saving Faith, as Laid Down in the Word of God,' along with the 'Scripture Doctrine of the Appropriation which is in the Nature of Saving Faith,' by John Anderson, D.D., Pennsylvania, and 'Aphorisms concerning the Assurance of Faith,' by William Cudworth, of Norwich (Edinburgh, 1843). Rev. John Brown (Whitburn), 'Gospel Truth.' 'Memoirs of Thomas Boston,' pp. 291-298, 303-307. Fraser, 'Life of Ebenezer Erskine,' p. 528. Principal Hadow, 'Antinomianism of the Marrow of Modern Divinity Detected,' in a volume (1721) in the Advocates' Library, which came from the library of Wodrow, the historian; and which contains also 'The Politick Disputant,' the Act of Assembly 1720, the 'Representation by the Twelve Ministers,' and 'Dialogues' on the Controversy by James Hog of Carnock. For the use of this volume, and of several others, the author is indebted to the courtesy of Mr. Halkett and Mr. Dickson, of the Advocates' Library.

502 칭의 교리의 진수

(19), p. 215.

See Sandeman's 'Letters on Theron and Aspasio,' 2 vols. 8vo, 4th Ed., Edin. 1803 ; Andrew Fuller's 'Strictures on Sandemanianism ;' Ecking's 'Essays ;' Archibald M'Lean (Edinb.), 'Works,' vol. i. pp. 359-418, ii. pp. 1-170, 313-388 ; Thomas Erskine (Linlathen), 'Essay on Faith,' and 'Unconditional Freeness of the Gospel ;' Richard Watson's 'Review of Erskine's Essay on Faith,' 'Works,' vol. vii. pp. 200-224 ; Joseph Bellamy, 'Letters and Dialogues between Theron, Paulinus, and Aspasio,' and 'True Religion Delineated ;' Dr. John Erskine (Edinb.), 'Theological Dissertations,' D. iii. pp. 139-199.

(20), p. 216.

See Dr. Hodge 'On the Epistle to the Romans ;' three valuable papers on the Doctrine of Imputation in the Princeton 'Theological Essays,' 1st Series, pp. 128-217, 285-307 ; Dr. E. Bennett Tyler, 'Letters on the Newhaven Theology ;' Crocker's 'Catastrophe of the Presbyterian Church in 1837 ;' 'Outlines of Theology,' by Rev. A. A. Hodge, edited by Dr. Goold (London, 1863),—On 'Justification,' pp. 388-404.

제7강의 각주

(1), p. 219.

Dr. Cunningham, Preface to 'Bishop Stillingfleet's Reply to Gother,' p. 37. Bishop Gibson's 'Preservative' has recently been reprinted in a more portable form, 9 vols. 8vo, edited by Dr. John Cumming of London.

(2), p. 220.

Alexander Knox, Esq., 'Remains,' vol. i. pp. 263-281, 347-355, iii. pp. 51, 55, 85 ; 'Correspondence with Bishop Jebb,' vol. i. p. 349 ; Dr. Newman, 'Tract No. xc.,' recently reprinted, with a commendatory preface by Dr. Pusey; and 'Lectures on Justification.' See also G. S. Faber, 'Primitive Doctrine of Justification,' pp. 68, 71, 79.

(3), p. 221.

Dr. John Kaye (Bishop of Lincoln), 'Charges,' 1854, p. 247. See also Hickman's 'Animadversions on Heylyn,' p. 510. 'The whole question relates to a *matter of fact*. In this history we search, not what ought to be held, but what hath been held,—not of what mind our Reformers should have been, but of what they were. If Calvinism be truth, it will be truth, though it had never found entertainment in the Church of England; if it be error, it will be error, though all the Church of England be for it: for the Church cannot make truth, it can only declare what is truth and falsehood.'

(4). p. 222.

See Augustus Toplady's 'Historical Calvinism of the Church of England,' 2 vols. 8vo; The 'British Reformers,' 12 vols., London Tract Society; The 'Parker Society's' publications, 55 vols., including the 'Zurich Letters,' which show how close was the connection between the English and Swiss divines; William Prynne, 'Anti-Arminianism, or the Church of England's Old Antithesis to New Arminianism,' small 4to, 2d Ed. 1630; Dr. P. Heylyn's 'History of the Quinquarticular Controversy in the Church of England,' Tracts, folio, 1673, pp. 501-639; Hickman's 'Animadversions' on Heylyn's History, 8vo, 1673. Hickman's conclusion is thus stated: 'That is not the doctrine of the Church of England, which, for above threescore years after her first establishment, was not averred in any one licensed book, but confuted in many.'—P. 522. See also 'Conferences of the Reformers and Divines of the Early English Church on the Doctrines of the Oxford Tractarians,' held in the Province of Canterbury in 1841; on Justification, pp. 185-224.

(5). p. 223.

See Lecture v. Note 7. Melancthon, 'In Epistolam ad Romanos,' 1532, pp. 12-42; P. Martyr, 'Commentaries on Epistle to Romans,' in English, folio, 1558, pp. 367-410, in black letter.

(6). p. 224.

Some use has been made of *two* facts in opposition to this view,—first, the fact that the Lambeth Articles (1595) were not adopted by the Church of England, although they were incorporated in the Articles of the Church of Ireland by Archbishop Usher, 1615; and secondly, that when the English Articles were submitted for revision to the Westminster Assembly, a proposal was made to render them more explicit on some points. The Lambeth Articles are given in Ford's 'Ecclesiæ Anglicanæ Articuli xxxix,' 1720, p. 411, and Neale's 'History of Puritans,' vol. iii. p. 520; and the reason of their non-adoption by the Church of England is discussed in Heylyn's 'Quinquarticular History,' c. xxii. p. 628, and Hickman's 'Animadversions on Heylyn's History,' p. 511. The alterations on the Articles suggested by the Westminster Divines, are given in the 'Harmony of Confessions,' by P. Hall, and in Neale's 'History of the Puritans,' vol. v. p. 519.

(7). p. 225.

John Fox, 'Of Free Justification by Christ, written against the Osorian Righteousness, and other Patrons of the same doctrine of Inherent Righteousness,' 1583,—reprinted in an abridged form in the

'British Reformers,' 1831; Osorio, 'De Justitia,' Opera, tom. ii. pp. 186-456; Bishop Davenant, 'Disputatio de Justitia Habituali et Actuali,' translated by Allport; Downham (of Derry), 'Treatise of Justification;' Bishop Barlow, 'Two Letters concerning Justification by Faith only,' reprinted by Rev. C. Bickersteth, 1828, Bishop Barlow's 'Genuine Remains,' p. 578; Wm. Pemble, M.A. of Magdalen Hall, Oxford, 'Vindiciæ Fidei,' or 'a Treatise of Justification by Faith,' 2d Edition, 1629; Bishop Andrewes, Sermon on the 'Lord our Righteousness,' Library of Anglo-Catholic Theology; and Hooker's Sermon on 'Justification,' Works, vol. ii. pp. 601-653.

The 11th Article is entitled of 'the Justification of man;' and this title, viewed in connection with the first sentence, shows clearly that the term Justification is used in a forensic, and not in a moral, sense. For 'the Justification of man' is described as consisting in this, that 'we are accounted righteous before God, only for the merit of our Lord and Saviour Jesus Christ, by faith, and not for our own works or deservings. Wherefore,' it is added, 'that we are justified by Faith only, is a most wholesome doctrine, and very full of comfort, as more largely is expressed in the Homily of Justification.' It is not said that we are made righteous inherently or by infusion, but that 'we are accounted righteous before God;' and this 'only for the merit of Christ,'—His merit being the sole ground and reason of our being 'accounted righteous,' and 'faith' being merely the instrument by which we receive a saving interest in it. 'Our own works or deservings' are entirely excluded from the ground of our Justification: both our works done before Faith, and after Faith, for they are distinctly specified in the 12th and 13th Articles. Of the one it is said, 'Works done before the grace of Christ and the inspiration of His Spirit, are not pleasant to God, forasmuch as they spring not of faith in Jesus Christ, neither do they make men meet to receive grace, or (as the School authors say) deserve grace of congruity; yea, rather, for that they are not done as God hath willed and commanded them to be done, we doubt not but they have the nature of sin.' Of the other, it is said, 'that Good Works which are the fruits of Faith, and follow after Justification, cannot put away our sins, and endure the severity of God's judgment;' while the reason of this latter statement is given in the 9th Article, 'Although there is no condemnation for them that believe and are baptized, yet the Apostle doth confess, that concupiscence and lust hath of itself the nature of sin;' and in the 15th, 'All we, although baptized, and born again in Christ, yet offend in many things; and if we say we have no sin, we deceive ourselves, and the truth is not in us.'

In the 'Homily of Salvation' (Homilies, Oxford Edition, 1822, pp. 25-36) the same doctrine is more fully, and very clearly, stated. 'Because all men be sinners and offenders against God, and breakers of His law and commandments, therefore can no man, by his own acts, works, and deeds, (seem they never so good,) be justified, and made righteous before God;

but every man of necessity is constrained to seek for another righteousness or justification, to be received at God's own hands, that is to say, the forgiveness of his sins and trespasses, in such things as he hath offended. And this justification or righteousness, which we so receive of God's mercy and Christ's merits, embraced by faith, is taken, accepted, and allowed of God, for our perfect and full justification.' . . . 'God sent His only Son our Saviour, Christ, into this world, to fulfil the law for us, and, by shedding of His most precious blood, to make a sacrifice and satisfaction, or (as it may be called) amends to His Father for our sins, to assuage His wrath and indignation conceived against us for the same.' . . . 'He provided a ransom for us, that was, the most precious body and blood of His own most dear and best beloved Son Jesu Christ, who, besides this ransom, fulfilled the law for us perfectly.' . . . 'The Apostle toucheth specially three things which must go together in our justification.—Upon God's part, His great mercy and grace ;—upon Christ's part, justice, that is, the satisfaction of God's justice, or the price of our redemption, by the offering of His body and shedding of His blood, with fulfilling of the law perfectly and throughly ;—and upon our part, true and lively faith in the merits of Jesus Christ.' . . . 'St. Paul declareth nothing upon the behalf of man concerning his justification, but only a true and lively faith, which nevertheless is the gift of God, and not man's only work, without God. And yet that faith doth not shut out repentance, hope, love, dread, and the fear of God, to be joined with faith in every man that is justified; but it shutteth them out from *the office of justifying*. So that, although they be all present together in him that is justified, yet they justify not altogether.' . . . 'Christ is now the righteousness of all them that truly do believe in Him. He for them paid their ransom by His death. He for them fulfilled the law in His life.' . . . 'The sum of all Paul's disputation is this : that if justice come of works, then it cometh not of grace ; and if it come of grace, then it cometh not of works.' . . . 'This saying—that we be justified by faith only, freely, and without works—is spoken to take away clearly all merit of our works, as being unable to deserve our justification at God's hands, . . . and therefore (or thereby, marginal reading) wholly to ascribe the merit and deserving of our justification unto Christ only, and His most precious blood-shedding. This faith the Holy Scripture teacheth us ; this is the strong rock and foundation of Christian religion ; this doctrine all old and ancient authors of Christ's Church do approve ; this doctrine advanceth and setteth forth the true glory of Christ, and beateth down the vain-glory of man ; this whosoever denieth, is not to be accounted for a Christian man, nor for a setter-forth of Christ's glory,—but for an adversary to Christ, and His Gospel, and for a setter-forth of men's vain-glory.' . . . 'Justification is not the office of man, but of God ; for man cannot make himself righteous by his own works, neither in whole nor in part ; . . . but justification is the office of God only, and is not a thing which we render unto Him, but which we receive of Him,—not which we give to Him, but which we

take of Him, by His free mercy, and by the only merits of His most dearly beloved Son, our only Redeemer, Saviour, and Justifier, Jesus Christ. So that the true understanding of this doctrine,—we be justified freely by faith, without works,—or, that we be justified by faith in Christ only,—is not, that this our own act to believe in Christ, or this our faith in Christ, which is within us, doth justify us, and deserve (or merit) our justification unto us, (for that were to count ourselves to be justified by some act or virtue that is within ourselves;) but the true understanding and meaning thereof is, that although we hear God's word and believe it; although we have faith, hope, charity, repentance, dread, and fear of God within us, and do never so many works thereunto,—yet we must renounce the merit of all our said virtues—of faith, hope, charity, and all other virtues and good deeds, which we either have done, shall do, or can do, as things that be far too weak and insufficient and imperfect, to deserve remission of our sins, and our justification; and therefore we must trust only in God's mercy, and that sacrifice which our High Priest and Saviour Jesus Christ, the Son of God, once offered for us upon the cross.' . . .
'As St. John Baptist, although he were never so virtuous and godly a man, yet, in this matter of forgiving of sin, he did put the people from him, and appointed them unto Christ, saying, "Behold the Lamb of God which taketh away the sins of the world;' even so, as great and as godly a virtue as the lively Faith is, yet it putteth us from itself, and remitteth or appointeth us unto Christ, for to have only by Him remission of our sins, or justification. So that our faith in Christ (as it were) saith unto us— It is not I that take away your sins, but it is Christ only; and to Him only I send you for that purpose, forsaking therein all your good virtues, words, thoughts, and works, and only putting your trust in Christ.'
. . . 'We be justified by faith in Christ only, (according to the meaning of the old ancient authors,) is this—We put our faith in Christ, that we be justified by Him only,—that we be justified by God's free mercy, and the merits of our Saviour Christ only,—and by no virtue, or good works of our own, which is in us, or that we can be able to have, or to do, for to deserve the same; Christ Himself only being the cause meritorious thereof.'

Some stanch Churchmen oppose the doctrine of their own Articles from inadvertence. Wesley had said, 'I was fundamentally a Papist, and knew it not; but I do now testify to all . . . that *no good works can be done before Justification, none which have not in them the nature of sin.*' Southey says, 'This doctrine, however, was not preached in all the naked absurdity of its consequences;' and Coleridge quietly appends this note,— 'Did Robert Southey remember that the words in italics are faithfully copied from the Articles of our Church?'—*Southey's Life of Wesley*, vol. i. p. 175.

The leading divines of the Church of England were all but unanimous in teaching the same doctrine on the subject of Justification, for more than a hundred years after the Reformation. Thus Cranmer: 'What-

soever God hath commanded in the ten commandments, which we have not fulfilled because we all are sinners, that Christ Himself hath fulfilled for us; and whatsoever punishment we have deserved to suffer of God for our sins and offences, that Christ hath taken upon Himself, and suffered for us. . . . By our lively faith in Him, our sins are forgiven us, and we are reconciled unto the favour of God, made holy and righteous. For then God no more imputes to us our former sins; but He imputes and gives unto us the justice and righteousness of His Son Jesus Christ, who suffered for us.' Bishop Andrewes, High Churchman as he was, preached the same doctrine, in his celebrated sermon on 'This is the name whereby He shall be called, Jehovah our Righteousness;' as did many more of the ablest divines of the Church of England, who were called, in their protracted controversy with Rome, to discuss the whole question of Justification, in opposition to the arguments and evasions of such writers as Bellarmine and Stapleton. We give only two specimens —the one from the writings of the 'judicious' Hooker, the other from those of the saintly Bishop Beveridge. That Hooker had a leaning towards the sacramental doctrine of Justification is manifest from the general scope of his 'Ecclesiastical Polity;' but, however this may affect his personal consistency, it serves, in some respects, to make his testimony all the more striking, when he speaks of 'the righteousness' by which alone a sinner can be justified, in the following emphatic terms:—
'"Doubtless," saith the Apostle (Phil. iii. 8), "I have counted all things loss, and I do judge them to be dung, that I may win Christ, and be found in Him, not having mine own righteousness, but that which is through the faith of Christ, the righteousness which is of God through faith." Whether they (the Romish divines) speak of the first or second justification, they make the essence of it a divine quality inherent,— they make it righteousness which is in us. If it be in us, then it is ours, as our souls are ours, though we have them from God, and can hold them no longer than pleaseth Him. But the righteousness wherein we must be found, if we will be justified, is not our own; therefore we cannot be justified by any inherent quality. Christ hath merited righteousness for as many as are found in Him. In Him God findeth us, if we be faithful; for by faith, we are incorporated into Him. Then, although in ourselves we be altogether sinful and unrighteous, yet even the man which in himself is impious, full of iniquity, full of sin, him, being found in Christ through faith, and having his sin in hatred through repentance, him God beholdeth with a gracious eye, putteth away his sin by not imputing it, taketh quite away the punishment due thereunto, by pardoning it; and accepteth him in Jesus Christ, as perfectly righteous, as if he had fulfilled all that is commanded him in the law. Shall I say more perfectly righteous than if himself had fulfilled the whole law? I must take heed what I say; but the apostle saith, 'God made Him which knew no sin, to be sin for us, that we might be made the righteousness of God in Him.' Such we are in the sight

of God the Father, as is the very Son of God Himself. Let it be counted folly, or phrensy, or fury, or whatsoever. It is our wisdom, and our comfort; we care for no knowledge in the world but this,—that man hath sinned, and God hath suffered; that God hath made Himself the sin of men, and that men are made "the righteousness of God."'—*Hooker, Works,* Oxford Ed. 1845, vol. ii. p. 606. He says again in regard to our evangelical righteousness: 'There is a glorifying righteousness of men in the world to come, and there is a justifying and a sanctifying righteousness here. The righteousness wherewith we shall be clothed in the world to come is both perfect and inherent. That whereby here we are justified is perfect, but not inherent. That whereby we are sanctified, inherent, but not perfect.' . . . 'You see, therefore, that the Church of Rome, in teaching Justification by inherent grace, doth pervert the truth of Christ, and that by the hands of His Apostles we have received otherwise than she teacheth. . . . St. Paul doth plainly sever these two parts of Christian righteousness one from the other . . . "the righteousness of Justification," and "the righteousness of Sanctification."'—Vol. ii. pp. 603, 606, 607.

'I believe,' says Bishop Beveridge ('Private Thoughts,' Art. viii. pp. 69, 70, 73), 'that my person is only justified by the merit of Christ imputed to me. . . . It is a matter of admiration to me, how any one, that pretends to the use of his reason, can imagine, that he should be accepted before God for what comes from himself. For how is it possible that I should be justified by good works, when I can do no good works at all before I be first justified? My works cannot be accepted as good, until my person be so; nor can my person be accepted by God, till first ingrafted into Christ. . . . I look upon "all my righteousness as filthy rags;" and it is in the robes only of the righteousness of the Son of God that I dare appear before the Majesty of heaven. The Son, assuming our nature into His deity, becomes subject and obedient both to the moral and ceremonial laws of His Father, and at last to death itself, "even the death of the cross." In the one He paid an active, in the other a passive, obedience; and so did not only fulfil the will of His Father, in obeying what He had commanded, but satisfied His justice in suffering the punishment due to us for the transgressing of it. . . . This obedience, being more than Christ was bound to, and only performed upon the account of those whose nature He had assumed—as we, by faith, lay hold upon it,—so God, through grace, imputes it to us, as if it had been performed by us in our own persons. And hence it is that, as Christ is said to be "made sin for us," so we are said to be "made righteousness in Him" (1 Cor. v. 21). But what righteousness? Our own? No, "the righteousness of God,"—radically His, but imputatively ours: and this is the only way whereby we are said to be made "the righteousness of God,"—even by the righteousness of Christ being made ours, by which we are accounted and reputed as righteous before God.'

(8), p. 225.

There is a marked difference in spirit and tone between the 'Considerationes Modestæ et Pacificæ Controversiarum de Justificatione,' etc. etc., of Bishop William Forbes of Edinburgh, in reply to Bellarmine, and the 'Free Justification by Christ' of John Fox, in reply to Bishop Osorio. The 'Considerationes' have been reprinted in Latin and English in the 'Library of Anglo-Catholic Theology,' in 2 vols., Oxford, 1850 and 1856. The first volume is entirely on the subject of Justification, and is entitled in English, 'A Fair and Calm Consideration of the Modern Controversy concerning Justification, as it is explained in the Five Books of Cardinal Bellarmine.' It is an able and learned work, but, on several testing questions, indicates a greater leaning to the Popish, than the Protestant, doctrine. The volume extends to 500 pp., one half being occupied with the original Latin, the other with the English version, printed on alternate pages. The author gratefully acknowledges his obligation to Mr. Small, of the University Library, for the use of Bishop Forbes' work, and some treatises of Cardinal Cajetan. On Mœhler's work, see Lect. v. p. 145.

(9), p. 226.

See Lect. v. p. 145. Atterbury, writing against an 'Apologist' for Popery, strongly condemns what he calls 'the solifidian and fiduciary errors,' and seems to speak as if Rome had held, in substance, the same doctrine with the Reformers. 'Luther teaches that "faith alone" (fides sola justificat, sed non solitaria) justifies, but *not the faith that is alone;* good works are inseparable attendants on this justifying faith, but they contribute nothing to the act of Justification; they make not just, but are always with them that are made so. This is Luther's,—*was the Church of Rome's*,—and is now the Church of England's, doctrine.'—*Answer to some Considerations*, p. 17. Archbishop Wake, speaking of Bossuet's Exposition, says: 'Were these things clearly stated and distinguished the one from the other, the difference between us, considered only in idea, would not be very great: . . . if the doctrine of merit were understood as explained by Bossuet, there would be little to object to it;'— and writing to Du Pin, he speaks as if there were little or no difference between the Anglican and Gallican Churches in point of doctrine, although Du Pin had put this interpretation on the eleventh Article—'We do not deny that we are justified by faith only in Christ, but by faith, charity, and good works conjoined, which are altogether necessary to salvation, as is acknowledged in the next Article.'—*Mosheim, History*, vol. vi. p. 94. Bishop Burnet, speaking of the difference between the statement of the Romish and Reformed doctrine, says: 'Yet, after all, it is but a question about words; for if that which they call "remission" of sins be the same with that which we call "justification," and if that which they call "justification" be the same with that which we call "sanctification," then there is only a strife of words.'—*Burnet's Exposition of Thirty-nine Articles*, Art. xi. p. 151. Dr. Barrow goes so far as to say that, 'In the beginning of the Reformation, . . . there did arise hot disputes about this point, and the right stating thereof seemed a matter of great importance. . . . Whereas yet, so far as I can discern, . . . there hardly doth appear any material difference ; but all the questions depending, chiefly seem to consist about the manner of expressing things which all agree in. . . . Of which questions, whatever the true resolution be, it cannot, methinks, be of so great consequence—seeing all conspire in avowing the acts, whatever they be, meant by the word Justification, although in other terms ; . . . whence those questions might well be waived as unnecessary grounds of contention, and it might suffice to understand the points of doctrine which it relateth to in other terms, laying that aside as ambiguous and litigious.'—*Dr. Barrow, Sermons on the Creed,* Sermon v. ' Of Justification by Faith,' *Works* in 8vo, edited by Hughes, 1831, vol. v. pp. 122, 124. Archbishop Laurence, in his Bampton Lectures for 1820, made it his object to show that the English Articles are not Calvinistic, and he tries to obliterate the difference between the Romish and Lutheran doctrine of Justification by affirming, that ' upon both sides, it is supposed entirely to consist of the remission of sins' (p. 122). There is a double error here ; for, in point of fact, it was not supposed on *either* side to consist entirely in remission of sins. On the Popish side, it was held to consist in remission and renovation ; on the Lutheran side, in remission and acceptance as righteous in the sight of God ; and the very passages which he quotes (p. 353) are sufficient to prove that Protestants contended for Justification by *a righteousness imputed,* while Romanists contended for Justification by *grace infused.* These extracts are sufficient to show that the radical difference between the Romish and the Reformed doctrine on the subject of Justification had come to be doubted or denied by many of the leading divines of the Church of England.

(10), p. 227.

For an account of Barrett and Baro, see Prynne, 'Anti-Arminianism,' p. 8 ; Heylyn, ' Quinquart. History,' pp. 614-624 ; Hickman's ' Animadversions on,' etc., pp. 502-508 ; Toplady's ' Historic Proof of the Doctrinal Calvinism of the Church of England,' vol. ii. sec. xix. xx. pp. 213-380.

For an account of Bishop Montagu and his ' Appello Cæsarem,' see the same authorities.

Bishop Carleton (of Chichester) published, in 1626, ' An Examination of those things wherein the Author of the late " Appeal" holdeth the Doctrines of the Pelagians and Arminians to be the Doctrines of the Church of England ;' and in the second edition, ' revised and enlarged,' there is annexed a ' joint Attestation, avowing that the discipline of the Church of England was not impeached by the Synod of Dort,' which was subscribed by Bishop Carleton, Bishop Davenant, Dr. Balcanqual, Dr. Samuel Ward, Professor of Divinity at Cambridge, and Dr. Goad,—the

English deputies to that Synod. It relates chiefly to 'Discipline' or Church Government; but with reference to Doctrine they say, 'That whatsoever then was assented to, and subscribed by us, concerning the "Five Articles," either in the joint Synodical judgment, or in our particular collegiate suffrage (styled in the Acts of the Synod "Theolog. Mag. Britan. Sententia"), is not only warrantable by the Holy Scriptures, but also conformable to *the received doctrine of our* said venerable mother —the Church of England.' A very curious work appeared in 1626 at London, entitled, 'Parallelismus Novi-Antiqui Erroris Pelagi-Arminiani,' in which the old Pelagian and the new Arminian doctrines are exhibited in parallel columns. With a view to revive the old doctrines of the Church, Dr. John Edwards published in 1707 his work, entitled, 'Veritas Redux,' 'Evangelical Truths Restored,' pp. 558.

(11), p. 227.

Bishop Bull's 'Harmonia Apostolica,' and 'Examen Censuræ.' The first occasioned a keen controversy, by Gataker, Truman, Bishop Barlow, Tully, Tombes, Pitcairne, and others; see Nelson's 'Life of Bishop Bull,' pp. 89-265. Dr. Cave's 'Antiquitates Apostolicæ,' answered by Witsius, Misc. Sac. vol. ii.; Bishop Hoadley's 'Terms of Acceptance.'

Bishop Bull represented faith, considered as a subjective grace, and the germ of holiness in heart and life, as the righteousness by which we are justified; which is in substance the Romish doctrine of Justification by grace infused and inherent, or by faith 'informed with charity,' and scarcely distinguishable from it even in form. As such, his work excited much opposition at the time of its publication; and his biographer says, 'There arose in the Church no small contention, whether this interpretation of Scripture were conformable to the Articles of Religion and the Homily of Justification therein referred to. Some maintained that it was; some doubted about it; and others downright denied it, and condemned it as heretical.' Bull himself tells us that 'tragical outcries' were raised against it, as if 'the very foundations both of Law and Gospel were hereby at once undermined and overturned;' and adds, 'but matters were come to that pass, that it was hardly safe for any one to interpret either the Articles of our Church, or even the Holy Scriptures themselves, otherwise than according to the standard of CALVIN'S INSTITUTIONS.' Yet so rapid and widespread was the dissemination of his views, that we find Dr. Samuel Clark affirming that 'the Bishop's explication of the doctrine of Justification is now as universally received as it was then contrary to the general opinion of divines,' and pleading this remarkable change as a reason why Arian subscription to the Articles should not be refused.— *Letter to Dr. Wells on Arian Subscription to the Articles*, pp. 76, 78.

Dr. Cave's work ('Antiquitates Apostolicæ,' answered by Witsius in four dissertations, 'De Controversiis ætate Apostolorum circa Justificationem,' Misc. Sac. ii. 668-751) is directed to show that the doctrine of Justification, as taught by the Apostles, excluded, under the name of works, only the ceremonial observances of the Mosaic law, from the ground of a sinner's pardon and acceptance with God ; but did not exclude faith and its fruits,—or faith considered as the germ of all the Christian graces, and the spring of evangelical obedience; that this faith is the entire condition of the New Covenant, but not a special grace having a distinct and peculiar office or function, different from that of other graces, in our Justification, and that it is to be regarded as comprehensive of them all. This doctrine would have been accepted at Ratisbon and Trent.— Bishop Hoadley ('Terms of Acceptance with God,' 1727, p. 42 ; see also, pp. 180, 195, 200, 227, 252, 267, 316) represents the Gospel as a new law of works, differing from the first only in accepting sincere instead of perfect obedience, and in giving the assurance of pardon for all past sins on the fulfilment of the conditions which it prescribes. He speaks, as the Popish Church does, of a *first* justification which is bestowed on account of the merits of Christ, both on adults who had previously lived in heathenism, as soon as they professed faith in Him, and obedience to Him, as their Master ; and also on all who are born within the Christian covenant, and educated in the Christian faith ; and he speaks of a *final* justification at the last day, which will be founded entirely on the obedience which they have rendered to His law. The sins which were committed before baptism are pardoned through the sufferings and merits of Christ; and His people are further indebted to Him for having procured and promulgated a law which accepts sincere but imperfect obedience, while they must depend entirely on their own personal righteousness, and not on His finished work, as the ground of their ultimate salvation. In regard to post-baptismal sins,—or sins committed during their Christian profession, —no other provision seems to be made for their forgiveness except what may be found in their fulfilling the conditions of the new law. These conditions are, *first*, that they renounce and forsake their sins ; *secondly*, that they practise the contrary virtues ; *thirdly*, that they forgive those who have injured them ; and *fourthly*, that they make restitution, if they have been guilty of dishonesty and fraud: all of them duties of unquestionable obligation, but duties which belong to the life of sanctification, and which are here substituted in the place of Christ's atoning sacrifice and perfect righteousness, as the ground of their Justification.

(12). p. 228.

See Lect. vi. pp. 158, 176. Robert Traill's ' Vindication of the Protestant Doctrine ;' Witsius, ' Animadversiones Irenicæ,' Misc. Sac. vol. ii.; M'Crie's 'Life of Dr. T. M'Crie,' p. 330 ; Dr. M'Crie in the ' Christian Instructor,' vol. xxxi. p. 541 ; Bishop Kaye's ' Charges,' pp. 244, 284.

(13). p. 229.

Scott's ' Continuation of Milner's History,' vol. i. pp. 42, 233.

(14), p. 230.

Archbishop Whately on 'The Errors of Romanism.' His own doctrine of Justification in his ' Essays on the Difficulties in the Writings of St. Paul,' Essay vi. pp. 170-198, affords only a fresh exemplification of the tendency of which he speaks. He wrote strongly against the doctrine of Imputed Righteousness: yet it is deeply interesting to learn from his daughter the state of his mind as he lay on his bed of sickness, expecting death. ' Now it was to be shown to all, how the same simple trust in Christ as the only Saviour, which had smoothed so many an humble deathbed, was to be the stay and staff of the mighty thinker and writer, while crossing the " valley of the shadow of death." He said, " Read me the 8th chapter of the Romans." When Dr. West had finished the chapter, he said, " Shall I read any more?" " No, that is enough at a time; there is a great deal for the mind to dwell on in that." He dwelt especially on the 32d verse, " He that spared not His own Son," etc. One of his friends had remarked, that " his great mind was supporting him ;" his answer,—most emphatically and earnestly given,—was, " No it is not that which supports me: it is FAITH IN CHRIST; THE LIFE I LIVE, IS BY CHRIST ALONE." '—*Life of Archbishop Whately*, 2 vols., vol. ii. p. 414 (1866).

(15), p. 230.

Tract No. xc. was prepared by Dr. Newman, and directed to prove that the Articles are not distinctively Protestant, but might be subscribed by Catholics, perhaps by Roman Catholics. It treats of Justification under the 11th Art. p. 12 ; of Works before, and after, Justification, under the 12th and 13th, p. 14 ; of Purgatory, Pardons, etc., under the 22d, p. 23 ; of Masses, under the 31st, p. 59 ; of the Homilies, under the 35th, p. 66. It gave rise to a voluminous controversy ; and was strongly condemned by most of the Bishops,—see Bricknell, ' The Judgment of the Bishops upon Tractarian Theology,' extracted from Charges delivered from 1837 to 1842, Oxford, 1845, pp. 752. The charges of Bishop O'Brien are worthy of special notice.—This Tract has recently been reprinted, with a preface by Dr. Pusey ; and in his ' Eirenicon,'—a reply to Dr. Manning (1865),—he says, speaking of the Romish and English Churches, ' We both alike acknowledge our own unworthiness,—that His merits alone can stand between us and our sins ; both alike believe in the efficacy of His " most precious blood," wherewith He cleanseth us; both in His perpetual intercession for us at the right hand of God. . . . I believe that we have the same doctrine of Grace, and of Justification. There is not one statement in the elaborate chapters on Justification in the Council of Trent which any of us could fail of receiving ; nor is there one of their anathemas on the subject, which in the least rejects any statement of the Church of England.'—P. 19.

Sancta Clara's ' Paraphrastica Expositio Articulorum Confessionis

Anglicanæ,' has been reprinted in Latin and English in 1865, and edited, in a handsome volume, by Rev. F. G. Lee, D.C.L. The doctrine of Justification is stated pp. 11-23, and pp. 39-43. There is prefixed the statement of 'The British Magazine,' that 'this remarkable treatise formed the basis of Mr. Newman's Tract No. xc.' It is reprinted avowedly to promote the 'high and holy object of Re-Union,' *i.e.* between the Anglican, Greek, and Romish, Churches; and in the advertisements which are appended, we find sufficient proofs of the earnestness and activity of an influential party with a view to that end, in the fact that a 'Union Review' has been established; that there is even a 'Union Review Almanack,'— that 'Prayers for the Re-Union of Christendom' have been compiled; —that a first, and second, 'Series of Sermons on the Re-Union of Christendom' have been published, and also 'Essays on the Re-Union of Christendom by Members of the Roman Catholic, Oriental, and Anglican Communions.' It may be hoped that this utopian project is not likely to be realised; but if it be frustrated, the result will be owing, not to any scruples on the part of its Anglo-Catholic promoters, so much as to the stedfastness with which the heads of the Romish and Greek Churches may adhere to their own distinctive principles. It has not hitherto been received favourably by either of these parties; and already Signor Gavazzi has raised his note of warning from Italy, under the title of 'No Union with Rome, being an answer to Dr. Pusey' (1866).

It has become fashionable, in some quarters, to laud the *comprehensiveness* of the Thirty-nine Articles, as if they had been framed on purpose to make the Church of England a huge ecclesiastical menagerie, that should afford accommodation to all sorts of men, whether their opinions be scriptural or unscriptural. But a creed may be *comprehensive* and *catholic* enough, in the sense of leaving some questions open and undetermined, without being *ambiguous*, with respect to those doctrines which it professes to define. The testimony of Dr. Heylyn, on this point, will be received as that of an unexceptionable witness. He refers to the statement of an opponent to the effect, that 'the intent of the Convocation in drawing up the Articles in so loose a manner was that men of different judgments might accommodate them to their own opinions,' and 'that the Articles of the English Protestant Church, in the infancy thereof, were drawn up in general terms, foreseeing, that posterity would grow up to fill the same,—meaning that these holy men did prudently discover, that differences of judgment would unavoidably happen in the Church, and were loth to unchurch any, and drive them off from ecclesiastical communion for petty differences,—which made them pen the Articles in comprehensive words, to take in all, who, *differing in the branches, meet in the root of the same Religion*. This hath formerly been observed to have been the artifice of those who had the managing of the Council of Trent, and is affirmed to have been used by such men also as had the drawing up of the Canons of the Synod of Dort.' 'But,' he adds, 'the composers of the Articles of the Church of

England had not so little in them of the "dove," nor so much of the "serpent," as to make the Articles of the Church *like an upright shoe, which may be worn on either foot,*—or like to Theramenes' shoe, as the adage hath it, *fit for the foot of every man that was pleased to wear it;* and, therefore, we may say of our first Reformers in reference to the book of Articles . . . that those reverend and learned men intended not to deceive any *by ambiguous terms*.' He proceeds to show that if, as had been alleged, our first Reformers did not so compose the Articles as to exclude 'any liberty to dissenting judgments,' or to 'bind men to the literal and grammatical sense,' 'they had not attained to the end aimed at, which was "*ad tollendam opinionum dissentionem, et consensum in vera religione firmandum,*" that is to say, to take away diversity of opinions, and to establish an agreement in the true Religion. Which end could never be effected, if men were left unto the liberty of dissenting, or might have leave to put their own sense on the Articles, as they list themselves; for where there is a purpose of permitting men to their own opinions, there is no need of definitions and determinations in a National Church, no more than there is of making laws to bind the subjects in an unsettled commonwealth, with an intent to leave them in their former liberty, either of keeping or not keeping them, as themselves best pleased.' —*Quinquarticular History*, Heylyn's 'Tracts,' pp. 553, 554.

(16), p. 233.

See Maurice, 'Unity of New Testament,' p. xxiv.; Brooke's 'Life and Letters of F. W. Robertson,' vol. ii. pp. 67, 69; see also vol. i. pp. 151, 155, 179, 333-337; Rigg, 'Anglo-Catholic Theology.'

(17), p. 236.

Coleridge's philosophy, as well as his application of it to Theology, is entirely based on his favourite distinction between the Reason and the Understanding, or the intuitive and the logical faculties. The former he held to be superior to the latter, and the ultimate test and judge of all truth, whether natural or revealed. He always connects this supreme faculty, and sometimes seems even to identify it, with the 'Logos.' It is not easy to determine whether he, and his disciples, mean to denote by that term a *faculty* or a *person;* but it is the less necessary to do so, because the faculty and the person, even if they be distinct, are held to be inseparable, and to coexist, invariably and universally, in the human mind. It may be that the personal 'Logos' is there, to diffuse his light, and that Reason merely receives that light and reflects it: or that Reason itself is the 'Logos' in man, as 'the image of God' in which he was created. It is enough to know that they are either one and the same, or inseparable from each other. Of this 'Logos' or 'Reason' we are told that 'there is a Light higher than all, even "the Word that was in the beginning"—the Light, of which light itself is but the schekinah and cloudy tabernacle;—the Word, that is Light for every man, and Life for as many as give heed to it.' We are further told that 'the universal Reason' is 'the image of God,' and is 'the same in all men:'—that 'the reason and conscience of man, interpreted by the Understanding, is the everlasting organ of the Spirit of truth,' and that the 'Reason' or the 'Logos' is 'the inward Light' which is not human, but divine. As this light exists in all men by nature, and needs only to be discerned to renew and save them, they are not absolutely dependent on any outward Revelation, although it may be useful in quickening the Reason, while Reason still continues to be the ultimate test and judge even of Revelation itself; and consequently it may be true, as some have thought, that 'what the best heathens called Reason,—and Solomon, Wisdom,—Paul, Grace in general,—John, Righteousness or Love,—Luther, Faith,—and Fenelon, Virtue,—may be only different expressions for one and the same blessing —the Light of Christ, shining in different degrees under different dispensations.'—*Confessions of an Inquiring Spirit*, xxxix. p. 12 ; *Aids to Reflection*, xviii. 4 ; *Biogr. Littera*. i. lviii.

Mr. Maurice tells us 'not to think that the world was created in Adam, or stood in his obedience,' but that 'it stood and stands in the obedience of God's well-beloved Son, the real "image" of the Father, the real bond of human society, and of the whole universe, who was to be manifested in the fulness of times, as that which *He had always been*, the original and archetype of human nature;'... that he looks 'upon Christ's death and resurrection as revelations of the Son of God, in whom all things had stood from the first,—in whom God had looked upon His creature man from the first:' that 'He actually is one with every man;' that 'in Him, whether circumcised or uncircumcised, they are one, *by the law of their creation*;' and that 'it is an accursed and godless scheme to drill men into certain notions about books, that they may be prepared to receive that which is an *eternal fact*, or *nothing*, namely, that Christ is the head of every man.' He speaks also of Paul's belief, that 'this Son of God, and not Adam, was the true root of humanity ; and that from Him, and not from any ancestor, each man derived his life ;' of Job's thought of '*a righteousness within him*, which is mightier than the evil,' and which is identified with 'his Redeemer;' and of the Baptist's message, 'Repent, for the kingdom of heaven is at hand,' as amounting to this— 'There is a Light within you, close to you.'... 'This light comes from a Person—from the King and Lord of your heart and spirit—from the Word,—the Son of God. When I say, "Repent," I say, Turn and confess His presence. You have always had it with you ; you have been unmindful of it.'—*F. D. Maurice, On the Old Testament*, p. 41 ; *Unity of the New Testament*, pp. 220, 367, 536 ; *Claims of Revelation and Science*, p. 90, also pp. 47, 98, 116, 129 ; *What is Revelation?* pp. 40, 48, 54, 107, 110 ; *Essays*, pp. 57, 59, 117, 202.

'As I believe,' says Mr. Kingsley, 'one common "Logos"—Word— Reason,—reveals and unveils the same eternal truth to all who seek and hunger for it.'... 'In calling this person the "Logos," and making Him the source of all human reason, and knowledge of eternal laws, he (Philo) only translated from Hebrew into Greek the name which he found in his sacred books—" the Word of God."' But 'Proclus and his teachers despised the simpler, and yet far profounder, doctrine of the Christian schools,—That the "Logos," the Divine Teacher in whom both Christians and heathens believed, was the very archetype of men, and that He had proved that fact by being made flesh, and dwelling bodily among them, that they might behold His glory full of grace and truth, and see that it was at once the perfection of man and the perfection of God ; that that which was most divine was most human, and that which was most human, most divine.'—*Kingsley, Alexandria and her Schools*, pp. 98, 89, 123. The same views are infused into his lighter works—'Hypatia,' 'Alton Locke,' 'Yeast.'

We have already quoted a sentence from the writings of Mr. Robertson, which shows that, in the later years of his ministry, he had adopted substantially the same doctrine. He affirms that all men are 'the children of God,' even when they are ignorant or forgetful of their relation to Him. He held the doctrine of Baptismal Regeneration to be partly right and partly wrong ; right, in affirming that Baptism *declares*, wrong in implying that it *creates*, the relation of sonship. And, speaking of one who had been removed by death, he said, 'We know of him—what is all that we can ever know of any one removed beyond the veil which shelters the unseen from the pryings of curiosity—that he is in the hands of the Wise and the Loving ; Spirit has mingled with Spirit ; a child, more or less erring, has gone home. Unloved by his Father? Believe it who may, that will not I.' He speaks, indeed, as if this child, 'more or less erring,' might be for a time, but surely not for ever, 'a child of wrath.' A heathen is God's child, if he only knew it. You send a missionary to him to tell him what he is, and to bid him realize his royal character ; but being God's child *de jure* avails him nothing unless he becomes such *in fact;* that is, changes his life and character, and becomes like his Father, pure and holy. Then he is regenerate. God's child before unconsciously, God's child now by a second birth consciously. Nay, in fact, till now he was 'a child of wrath,' in which I entirely take the Church's words—'by nature a child of wrath.'—*Brooke's Life and Letters of F. W. Robertson*, vol. i. pp. 126, 154, 176, 179, 333–337, vol. ii. p. 67.

It is unspeakably sad to read these lines from the pen of one, who in the earlier, and happier, years of his ministry, entertained very different views. 'It is strange,' he wrote at that time, 'into what ramifications the disbelief of *external Justification* will extend ; we *will* make it *internal*, whether it be by self-mortification, by works of evangelical obedience, or by the sacraments ; and that just at the time when we suppose most that we are magnifying the work of our Lord.' The Tractarian views 'amount to nothing less than a direct, or, as Hooker would call it, an indirect, denial of the foundation. Our motto must be, . . . "Stand fast, therefore, in the liberty wherewith Christ hath made you free, and be not entangled again with the yoke of bondage." But how strangely that yoke steals round our necks, even when we think we are most entirely free from any idea of self-justification!' 'I believe there is at this time a determined attack made by Satan and his instruments to subvert that cardinal doctrine of our best hopes—Justification by faith alone; and how far he has already succeeded, let many a college in Oxford testify. It is the doctrine which, more than any other, we find our own hearts continually turning aside from, and surrendering. Anything but Christ,—the Virgin, the Church, the Sacraments, a new set of resolutions,—any or all of these will the heart embrace, as a means to holiness or acceptance, rather than God's way. . . . And the Apostle's resolution, in spite of all we say, is one which we are again and again making, and yet for ever breaking— "To know nothing but Jesus Christ, and Him crucified."' In conversation with a Socinian, 'My chief point was to prove the death of Christ not merely a demonstration of God's willingness to pardon on repentance and obedience, but an actual substitution of suffering; and that salvation is a thing *finished* for those who believe,—not a commencement of a state in which salvation may be gained.'—*Brooke's Life and Letters*, vol. i. pp. 34, 38, 79, 82.

'The subtleties of Roman law,' says Dean Stanley, 'as applied to the relations of God and man, which appear faintly in Augustine, more distinctly in Aquinas, more decisively still in Calvin and Luther, . . . are almost unknown to the East. "Forensic justification," "merit," "demerit," "satisfaction," "imputed righteousness," "decrees," represent ideas which in the Eastern Theology have no predominant influence, hardly any words to represent them.' . . . 'Ecclesiastical history teaches us that the most vital, the most comprehensive, the most fruitful (doctrine) has been, and is still—not the supremacy of the Bible . . . not Justification, but the doctrine of the Incarnation. . . . It is the rare merit of Athanasius, or his rare good fortune, that the centre of his Theology was the doctrine of the Incarnation.'—*Dr. A. P. Stanley, Lectures on the History of the Eastern Church*, see pp. 27, 215, 294. One might be led by this statement to suppose that the ideas of merit and demerit, justification and condemnation, were peculiar to the 'subtleties of Roman Law,' as if they were not involved in every code of law whatever, and familiarly known in every community of civilised men; and that the Greek language, copious as it was, had 'hardly any words to represent them,' while we find it acknowledged that 'among the various figures which Athanasius uses to express *his* view is that of 'Satisfaction,' and this too, as we are assured, 'in entire subordination to the primary truth that the Redemption flowed from the indivisible love of the Father and the Son alike.'

(18), p. 236.

See Lect. vi. p. 168; and Brown (of Wamphray), 'Quakerism the Pathway to Paganism.'

(19), p. 236.

Athanasius, ' Four Orations against the Arians, and his Oration against the Gentiles,' by Sam. Parker, 2 vols. 8vo, 1713, Oxford, vol. i. pp. 20, 27, 28. See Bishop Bull, Mr. Treffry, and Dr. Kidd, on the 'Eternal Sonship;' and, on the other side, Professor M. Stuart's 'Excursus,' i. in ' Commentary on Ep. to the Romans,' p. 557. See also R. Fleming (jun.), ' Christology,' Book ii. ' Of the Logos, or Christ as such;' Books ii. and iii. ' Of the Loganthropos, or as He is, the Word made Man.'

(20), p. 238.

Alexander Knox, Esq., ' Remains,' 4 vols.; ' Correspondence with Bishop Jebb,' 2 vols. On the 'Revelation of Wrath,' see Dr. T. Goodwin, ' Works,' vol. x., Nichol's Ed., ' An Unregenerate Man's Guiltiness before God in respect of Sin and Punishment.'

(21), p. 239.

' Propter incertitudinem propriæ justitiæ, et periculum inanis gloriæ, TUTISSIMUM EST FIDUCIAM TOTAM IN SOLA MISERICORDIA DEI et benignitate reponere.'—*Bellar. De Justif.* lib. v. c. 7, prop. 3, p. 1095, fol. (1619). He proceeds to explain his meaning: ' Hoc solùm dicimus, TUTIUS ESSE meritorum jam partorum quodammodo oblivisci, et *in solam misericordiam Dei* respicere, tum quia nemo *absque revelatione* certo scire potest, se habere vera merita, aut in eis in finem usque perseveraturum; tum quia nihil est facilius, in hoc loco tentationis, quàm superbiam ex consideratione bonorum operum gigni.' He then quotes Daniel ix. 18, and Luke xxii. 10; and refers to the public prayers of the Catholic Church, and to several quotations from the Fathers,—Chrysostom, Ambrose, Augustine, Gregory, and Bernard,—in confirmation of his statement.

(22), p. 241.

Dr. J. H. Newman, ' Lectures on Justification,' 2d Ed. 1840; Dr. James Bennett, ' Justification as revealed in Scripture, in opposition to the Council of Trent, and Mr. Newman's Lectures,' 8vo (1840), p. 363; Geo. Stanley Faber, 'Primitive Doctrine of Justification,' 2d Ed. (1839), p. 427. Mr. Griffith's ' Reply to Dr. Newman's Lectures' is commended by Bishop Daniel Wilson.

(23), p. 242.

A. G. Ryder, D.D. (Master of the Erasmus Smith Grammar School, Tipperary), ' The Scriptural Doctrine of Acceptance with God, considered with reference to the Neologian Hermeneutics.' The Donnellan Lectures for 1863. Dublin 1865. He describes his doctrine thus (p. 196): ' That theory of Acceptance with God which I have advocated throughout these Lectures—that the Christian covenant, namely, was made between God and the entire human family, but that its benefits shall finally apply, without respect of persons, to those alone who have acted here according to the light given them by God,—who have earnestly availed themselves of such spiritual advantages as His providence had placed within their reach.' Again (p. 311): 'While the mysterious sacrifice of Christ sufficiently, yea, more than sufficiently, atoned for all the sins, both actual and original, of Adam and his posterity, and obtained for them the gift of the Holy Spirit,—yet the benefit thereof, in the last great day of account, shall be confined to those who, hearing the true nature of God in the Gospel message, have obeyed from the heart the doctrine therein delivered; and those who, not having heard that message, yet obeyed the law of God, so far as it was otherwise known to them, and their natural depravity allowed.' The strange statement in the last clause is probably to be explained by p. 148: 'The decision in each case being made, not by the standard of an impossible perfection, but in equitable and intelligible conformity with all the circumstances and conditions, both external and internal, of each individual.'

(24), p. 242.

A detailed analysis and examination of each of the works, which have been mentioned, was prepared for these Lectures, but there is no room for its insertion, either in the Text or Appendix, within the limits of a single volume. Enough has been said, perhaps, to indicate their general character and tendency.

These works have all been produced by Ministers or Members of the United Church of England and Ireland. But it would be untrue and unjust to represent all the recent attacks on the Protestant doctrine as having proceeded from the Established Episcopal Church. Some lamentable symptoms of departure from it have also appeared among Nonconformists. One remarkable example will be found in 'Orthodoxy, Scripture, and Reason; An Examination of some of the principal Articles of the Creed of Christendom,' by Rev. Wm. Kirkus, LL.B. (1865), pp. 416. He seems to belong to the school of Maurice and Kingsley, for he speaks of the relation of the Logos to the human race, in these terms: 'A race shall be created *in* the only-begotten Son, of which He should be the Archetype and head, which should be His image, as He is the image of the Father;' and adds, 'The race of man is to be seen, not in the first Adam who fell, but in the second Adam, the Lord from Heaven,'—pp. 114, 115. His views of the Mediatorial work of Christ take shape from this fundamental principle, pp. 137-177; and also his views of Justification, pp. 181-230. As a Congregationalist, the author is not bound by the Thirty-nine Articles, or the Westminster Confession; but he seems not to be quite so free as he could wish; for he says: 'For all practical purposes, every chapel with a doctrinal trust-deed, and the religious belief of the people worshipping in it, is protected by the defences, and bound by the fetters, which cannot fail, both for good and evil, to accompany the establishment of religion,'—p. 45. He seems to desiderate 'a deed containing not even the faintest allusions to any Christian doctrine.' This might suit some ministers, but would it be equally suitable to their congregations, who are supposed to have some 'religious belief?'

Another recent writer, John Fuller, Esq., has published a work, entitled 'Justification,' London, 1829, which is directed to disprove 'the great error, that Justification takes place, either primarily or finally, in this life,' and to show that 'it takes place only at the day of Judgment,' pp. xiii. 14. But see Rom. v. 1, 2, viii. 1; Eph. i. 7, etc.

(25), p. 243.

'The Church of Christ in the Middle Ages,' by the author of 'Essays on the Church,' Seeley, 1845, p. 12.

제2부

개론의 각주

(1), p. 249.

See Dr. Owen, 'Works,' vol. xi. pp. ii.-iv. 11, 17, 27, 30, etc.; Calvin, 'Institutes,' Book iii. c. xi. p. 575; Dr. Shedd, 'History of Christian Doctrine,' vol. ii. 263-271, 285.

The late Lord John Scott, of the noble house of Buccleuch, carried about with him continually an excellent tract, entitled 'Sin no Trifle.' 'His mind was deeply penetrated with a sense of the "majesty" of God, and the "awfulness" of our relations to Him, in consequence of the sin that has entered the world, and has infected the whole human race; and therefore he vividly realized the indispensable necessity of Mediation and Atonement, to give hope to sinful man in prospect of the grand account. The origin of that earnestness, and attachment to spiritual religion, which he manifested in his last years, was . . . the perusal of the tract entitled "Sin no Trifle." Deep was the impression that tract had made. He read it, and re-read it, and continually carried it about with him, till it was entirely worn away. Under the impression springing from such views of sin, he said, when in the enjoyment of health and vigour, "It is easy to die the death of a gentleman, *but that will not do.*" His death was not the death of a mere "gentleman;" it was evidently that of a "Christian." . . . And in his painful illness, he manifested the supporting power of faith, when faith has respect to "the truth as it is in Jesus," and appropriates Him as a personal, and Almighty, Saviour.'—*Rev. A. Hislop (Arbroath), The Two Babylons,* p. xviii. Another short, but impressive, tract 'On Sin,' by the Rev. Wm. Burns, now Missionary at Amoy, China, cannot be too highly recommended to those who have no leisure for reading larger works. Of the latter, the following may be mentioned: 'The Christian Doctrine of Sin,' by Dr. Julius Müller, Clark, 1852, 2 vols.; 'The Sinfulness of Sin,' by Bishop Reynolds, 'Works,' vol. i. pp. 101-353; 'On Indwelling Sin,' by Dr. Owen, 'Works,' vol. xiii. pp. 1-195; 'On Original Sin,' by President Edwards, 'Works,' vol. ii. p. 79; on 'The Unregenerate Man's Guiltiness,' by Thos. Goodwin, vol. x. Nichol's Series; 'On Original Sin,' Princeton Theological Essays, First Series, Essay v. p. 109, and Melancthon's 'Doctrine of Sin,' Essay ix. p. 218.

제8강의 각주

(1), p. 251.

Dr. Donaldson offers the following criticism: 'The only great doctrinal difference which they (the Tubingen School) supposed to have existed between the Apostles disappears before a fair interpretation of the passages alleged. The doctrine is that of Justification by Faith. Paul is supposed to have preached a peculiar doctrine on this point. On all hands this peculiar doctrine is allowed to appear in a very modified manner in the subsequent ages; and in the Epistle of James some have supposed that Paul's doctrine is flatly contradicted. The supposition of a difference arises mainly from *two* circumstances,—a false meaning attached to δικαιόω, and a forgetfulness that Paul speaks principally of trust in God, not in Christ. The word δικαιόω is not used in the New Testament in its classical sense. We have to fall back on its etymological meaning. This meaning is—either *to make a person who is sinful righteous*, or *to declare a person righteous who is righteous*. The meaning attributed to it is, to treat a person who is guilty as if he were really not guilty. Only the most concurring evidence of unquestionable examples of such a use of the word would justify a man in giving it this meaning. And no such examples can be found within the first three centuries at least. Now Paul's doctrine was this. He is arguing against Judaism. He maintains that if a man's righteousness is to depend on the performance of the law, then righteousness is an impossibility. No man can do, or ever has done, all that he ought to do. Can man, then, be righteous at all? Unquestionably, says Paul; there is a righteousness which consists in trusting in God. The person may have sinned, but his hope is in God; and whatever he has to do, the motive is his confidence in God. . . . Now James's doctrine, instead of being opposed to this, is a representation of the *same* essential truth, in opposition to a different error. Paul struggled against dead works, James against dead belief.'—*Critical History*, vol. i. p. 77. The harmony between Paul and James is not the present question, but the meaning of δικαιόω according to the 'usus loquendi' of the sacred writers. The great Popish controversy, which has now been waged for more than three hundred years, has always turned on this latter question; and all our British divines—such as Barlow, Davenant, Downham, Owen, Brown, Hooker—have agreed with the Reformers and foreign Theologians in contending for that sense of it which Dr. Donaldson rejects. See Bishop Barlow's 'Two Letters,' pp. 68-71; Bishop Davenant, 'Disputa,' vol. i. p. 157; Bishop Downham, 'Treatise,' pp. 51-55; Mr. Wm. Pemble, A.M., 'Vindiciæ Fidei,' or 'A Treatise on Justification by Faith,' delivered at Magdalen Hall, Oxford, Second Edition, 1629, Sec. i. c. 1, 2, 'Explication of the Terms Righteousness, and Justification,' p. 1; Dr. Owen, 'Works,' vol. xi. pp. 153-161; Hooker, 'Sermon on Justification,' vol. ii. p. 696; President Edwards, 'Works,' vi. 215; Calvin, 'Institutes,' Book iii. c. xi.; De Moori, 'Commentary,' iv. 535; Jo. Gerhard, tom. vii. lec. xvii. Sec. iii. 'Etymologia et Significatio Voca. Justific.;'—and more recently, Bishop O'Brien, 'Nature and Effects of Faith,' pp. 70-72, 387; G. S. Faber, 'Primitive Doctrine,' p. 393; Dr. Cunningham, 'Historical Theology,' vol. ii. pp. 34, 40. The importance which has all along been ascribed to this question shows that it was never regarded as a verbal one; as appears sufficiently from the strong statement of Chemnitz, 'De Vocabulo Justificationis:' 'Manifestum est . . . veram Scripturæ sententiam de Justificatione non posse commodius explicari, intelligi, et conservari, nec contrarias corruptelas rectius et illustrius posse refutari, quam *ex propria et genuina significatione verbi*—justificare. Neque ignorant hoc Pontificii; . . . ipsorum enim instituto accommodatius est, si *abutantur similitudine analogiæ Latinæ compositionis*, ut sicut *sanctificare* dicetur, ita etiam *justificare* intelligatur.'—*Examen. Conc. Trid. De Justif.* p. 130.

It is not wonderful, that those who have failed to see the Protestant doctrine of Justification in the Holy Scriptures, should have been unable to find it in the writings of the Fathers. If they attach an 'efficient, moral' sense to $\delta\iota\varkappa\alpha\iota\acute{o}\omega$, and understand $\delta\iota\varkappa\alpha\iota o\sigma\acute{u}\nu\eta$ as denoting an 'inherent, subjective' righteousness, as these terms are used in the one, they will naturally interpret the same expressions in the same way, when they occur in the other. It is equally true, that those who attach a 'forensic or judicial sense' to $\delta\iota\varkappa\alpha\iota\acute{o}\omega$, and its cognates, in Scripture, will continue to understand them in the same sense, when they meet with them in the writings of the Fathers. In either case, it may be said that both parties interpret the Fathers, according to their respective views of the meaning of Scripture. But there is a wide difference between the two cases. Those who hold the Protestant sense of these terms, have adduced evidence from Scripture itself to prove, that justification is there opposed to condemnation, and does not denote a subjective moral change; and while they find that the word was used in this scriptural sense by *some* of the Fathers, they are not bound to show that it was never used by any of them to denote the infusion of personal holiness, any more than that it is not so used by some at the present day; for they are quite prepared to expect that its meaning would be obscured and perverted in the growing degeneracy and corruption of the Church. Whereas those who hold the Popish sense of these terms, can scarcely make out their case, unless they are able to show, either that such expressions are incapable of bearing the construction which Protestants have put upon them, or that, in point of fact, they never convey that meaning, either in the Apostolic or Patristic writings. A few clear examples of their being used in a purely 'forensic' or 'judicial' sense, are fatal to the theory which insists on an exclusively 'moral' Justification; and the difference between the two interpretations does not arise merely from verbal criticism, but has a much deeper root.

The difference between them,—and also its real cause,—may be illustrated by comparing what is said of Justification in Spanheim's 'Ecclesiastical Annals,' and Le Clerc's 'Historia Eccles. Duorum Primorum Seculorum.' Spanheim had acquired a clear apprehension of the 'forensic' or 'judicial' sense of the term, as it is used in Scripture,—in other words, he had found the Protestant doctrine there, (see 'Elenchus Controversiarum,' pp. 33, 49, 59, etc., and 'Dubia Evangelica,' pp. 126, 421, 525, etc.); and accordingly he finds it also in the writings of some of the Fathers, while he admits that it was gradually corrupted.—*Eccles. Annals*, pp. 227, 229, 293, 325, 355. Whereas Le Clerc, who had not acquired a clear apprehension of the Apostolic doctrine, is equally at sea in regard to the Patristic.—*Hist. Eccles.*, *Prolegomena*, p. 130, Sæc. i. p. 399.

(2), p. 251.

Bellarmine, 'Opera,' vol. iv. p. 814, 'De Nomine Justific. et Jus.;' Osorio, 'De Justitia,' lib. v. pp. 302, 425; Perrone, 'Prælec. Theolog.,' 'De Gratia Sanctificante,' vol. vi. p. 200, and under this title, 'De Justificationis Essentia et Naturæ,' p. 204; Dens, 'Theologia,' ii. p. 446; Bishop Downham's 'Treatise,' pp. 52, 62-69; Dr. Junkin, on 'Justification,' pp. 73-75.

'The question is—In what sense are the words Justification, and its cognates, used in Scripture? and more especially, *should any variety in its meaning and application be discovered there*, in what sense is it employed in those passages in which it is manifest, that the subject ordinarily expressed by it is most fully and formally explained?' 'Popish writers do not deny that the word is sometimes, nay often, taken in Scripture in a forensic sense. . . . But they usually contend that this is not the *only* meaning which the word bears in the Scriptures—that there are cases in which it means to make righteous,—and that, consequently, they are entitled to regard this idea as contained in its full scriptural import. . . . The position which Protestants maintain on this subject is not, that in *every* passage where the word occurs there exists evidence by which it can be proved from that passage alone, taken by itself, that the word there is used in a forensic sense, and cannot admit of any other. They concede that there are passages where the word occurs, in which there is nothing in the passage itself, or in the context, to fix down its meaning to the sense of *counting righteous*, in preference to *making righteous*. Their position is this,—that there are many passages where it is plain that it *must* be taken in a forensic sense, and cannot admit of any other; and that there are *none*, or at least none in which the justification of a sinner before God is formally and explicitly spoken of, in which it can be proved that the forensic sense is inadmissible or necessarily excluded.'—*Dr. Cunningham, Historical Theology,* vol. ii. pp. 31, 34, 35.

(3), p. 254.

See Downham, 'Treatise,' pp. 9, 51-58; Dr. Burgess, 'The True Doctrine of Justification Asserted and Vindicated,' pp, 6-9; Dr. Junkin on 'Justification,' p. 77; Bishop Bull, 'Harmonia Apos.' Diss. i. c. i.; 'Magdeburg Centuriators,' Cent. i. B. i. c. iv. p. 94; Owen, 'Works,' vol. xi. p. 169; Rev. P. J. Gloag (of Dunning), 'Treatise on Justification' (1856), p. 36,—a sound and sensible work, which may be safely recommended to those who have little leisure to study larger treatises. The Centuriators say, '"Justificare" forensem habet significationem, pro absolvere, justitiam tribuere, ut Matt. xii. 37, Luke x. 29, xvi. 15, xviii. 14. . . . In hac significatione in presenti negotio, ubi de acceptione hominis coram Deo agitur, hæc vox propriè ac verè accepitur,—nempe quòd "justificare" in doctrina de remissione peccatorum coram Deo, Ebraica phrasi, significat absolvi ab accusatione legis,—attribui seu imputari legis obedientiam, seu justitiam per Christum partam, gratis omnibus credentibus, et sic justum in judicio Dei reputari ac pronunciari, ac consistere.'—P. 95.

(4), p. 256.

Downham, 'Treatise,' p. 57; Dr. Burgess, 'True Doctrine,' p. 15; Hervey, 'Theron and Aspasio,' vol. i. p. 57; Bishop Kaye, 'Charges,' p. 259.

(5), p. 262.

Bishop Bull, 'Harmonia Apos.' Diss. i. c. v.: 'Judicium Dei in futuro sæculo per omnia respondet Justificatione Divinæ in hac vita.' Dr. Sherlock, 'Practical Discourse on the Future Judgment,' c. vii. p. 334. John Fuller, Esq., 'Justification,' p. xiii. 4. See Bishop O'Brien's 'Sermons,' pp. 54, 149; Bishop Downham's 'Treatise,' pp. 55-58, 66, 70, 125, 137, 259, 379.

(6), p. 272.

The result is summed up *in two positions* by Dr. Cunningham:

1. 'That the Apostle James did not intend to discuss, and does not discuss, the subject of Justification in the sense in which it is so fully expounded in Paul's Epistles to the Romans and Galatians; that he does not state anything about the grounds or principles on which sinners are admitted to forgiveness and the favour of God; and that his great fundamental object is simply to set forth the real tendency and result of that

true living faith, which holds so important a place in everything connected with the salvation of sinners. . . .

2. 'That the Justification of which James speaks, and which he ascribes to works, refers to something in men's history *posterior* to that great era when their sins are forgiven, and they are admitted to the *enjoyment* of God's favour,—*i.e.* to the *proof or manifestation* of the reality and efficiency of their faith to themselves and their fellow-men.'

(7), p. 273.

On the harmony between Paul and James: Bishop Bull, 'Harmonia Apostol.;' Rev. A. Pitcairne, 'Harmonia Evangelica, Apostol. Pauli et Jacobi in Doctr. de Justific. (1685), adversus Socinianos, Pontificios, Arminianos, Curcellæum, Morum, Bullum, Sherlockum, et Alios Novaturientes;' Dr. Owen, vol. xi. c. xx. pp. 479-493; 'Dickinson, 'Familiar Letters,' Let. xv. p. 260; Witsius, 'De Mente Pauli circa Justif.,' Misc. Sac. vol. ii. p. 748; Bishop Downham, 'Treatise,' pp. 370, 408, 483, fully discussed pp. 484-497; Brown, 'Life of Justification,' pp. 486-506; Gossner, 'Life of Martin Boos,' pp. 67, 129, 152; W. Pemble, 'Vindiciæ Fidei,' pp. 187, 197; Young, 'Life of John Welsh,' pp. 125, 126; Hervey, 'Theron and Aspasio,' i. p. 261, iv. p. 109; G. S. Faber, 'Primitive Doctrine,' Augustine on Paul and James, pp. 165-175; Faber on the same, pp. 297-314; Bishop O'Brien, 'Sermons on Faith,' pp. 166-175, 357, 519; Dr. Cunningham, 'Historical Theology,' vol. ii. p. 67. Compare these with Dr. Newman, 'Lectures on Justification,' pp. 27, 134, 210, 211, 302, 312, 319, 328-333, and his 'Apologia,' p. 170; Brooke, 'Life and Letters of F. W. Robertson,' ii. p. 64.

제9강의 각주

(1), p. 277.

Dr. Burgess, 'True Doctrine of Justification,' pp. 11, 12; Bishop Downham, 'Treatise,' pp. 61, 126; Dr. Owen, 'Works,' vol. xi. pp. 247, 253, 267; Brown, 'Life of Justification,' pp. 259, 262; Beart, 'Vindication of the Eternal Law and Gospel,' Part i. pp. iv-viii, 12; Dr. Heurtley, 'Bampton Lectures,' *passim;* but see pp. ix. 117; Halyburton, 'Works,' edited by Dr. Burns, p. 559; 'An Inquiry into the Nature of God's Act of Justification,' recently reprinted, with other pieces, by an esteemed Elder of the Free Church in Ayrshire, Essay iii. p. 119.

(2), p. 279.

Witsius, 'Misc. Sac.,' vol. ii. p. 671; Bishop Downham, 'Treatise, pp. 33, 38, 42, 48, 208; Brown, 'Life of Justification,' p. 28; Dickinson, 'Familiar Letters,' p. 182 ; Dr. Junkin on ' Justification,' p. 310 ; John Welsh in Young's 'Life,' p. 311 ; Beart's ' Vindication,' Part ii. pp. 24, 25 ; Hervey, ' Theron and Aspasio,' pp. 38, 44 ; Bishop O'Brien on ' Faith,' pp. 74, 98 ; Dr. Cunningham, ' Hist. Theol.' ii. p. 47.

(3), p. 280.

Dr. Burgess, 'True Doctrine,' pp. 50-57; Bishop Downham, 'Treatise,' pp. 82-88 ; Scott, ' Continuation of Milner,' ii. p. 281.

(4), p. 280.

See Part i. Lect. ii. p. 55. Witsius, ' De Theol. Judæorum,' Misc. Sac., vol. ii. p. 714.

(5), p. 281.

Bishop Downham, ' Treatise,' pp. 82, 83 ; Dr. Burgess, ' Lectures,' pp. 19-23 ; Dr. Newman, ' Lectures,' pp. 40, 47, 69 ; Faber, ' Primitive Doctrine,' p. 45.

(6), p. 281.

Knox, ' Remains,' vol. i. pp. 244-246, 461, vol. ii. pp. 23, 30, 44, 53, 56, 83, 316, vol. iii. pp. 101, 419, vol. iv. p. 260 ; Greg, ' Creed of Christendom,' pp. 262-297 ; Kirkus, ' Orthodoxy, Reason, and Scripture,' pp. 174-179.

(7), p. 283.

Bishop Downham, ' Treatise,' pp. 84, 90; Dr. Burgess, ' True Doctrine,' pp. 22, 139, 143, 235, 261 ; Dr. Junkin on ' Justification,' p. 77 ; Faber, ' Primitive Doctrine,' pp. 188, 192.

(8), p. 284.

Bellarmine, ' De Justificatione,' lib. ii. c. i. s. 1. See also Bishop Downham, ' Treatise,' p. 208 ; Roborough, ' Doctrine of Justification,' p. 77 ; Dr. Cunningham, ' Reformers and Theol. of Reformation,' Works, vol. i. p. 402 ; ' Historical Theology,' vol. iii. p. 14 ; Scott, ' Continuation of Milner's History,' vol. iii. p. 320 ; Calvin, ' Institutes,' Book iii. c. xi.-xviii.

(9), p. 286.

Southey's ' Life of Wesley,' vol. ii. p. 54 ; Dr. Cunningham, ' Hist. Theol.,' vol. ii. p. 54 ; Bishop O'Brien on ' Faith,' p. 418. It is to be regretted that Bishop O'Brien substitutes the term ' innocence' for the scriptural one, 'righteousness,' pp. 148, 151.

(10), p. 288.

Smith's ' Dictionary of the Bible,' art. ' Adoption ;' Amesius, ' Medulla,' c. xxviii. pp. 127-132 ; Witsius, ' De Œconomia Fœderum,' lib. iii. c. ix. p. 315; Dan. Heinsius, 'Exercitationes Sacræ,' p. 138; Mastricht, 'Theol.,' lib. vi. c. vii. vol. ii. p. 723; Bishop Downham, 'Treatise,' p. 359; Dwight, 'Theology,' vol. iii. p. 167; Taylor, 'Establishment of the Law,' p. 48; Luther on Epistle to Galatians, p. 322; Hervey, 'Theron and Aspasio,' Works, vol. iv. p. 149; Ford, 'The Spirit of Bondage and Adoption' (1655).

(11), p. 289.

Dr. Shedd's 'History,' vol. ii. p. 321; Mr. Knox, 'Remains,' vol. i. pp. 256, 260; Dr. Newman, 'Lectures,' pp. 40, 44, 46, 69; Scott, 'Continuation of Milner's History,' vol. iii. p. 272; Archbishop Wake, 'Defence,' p. 25; Bishop Downham, 'Treatise,' pp. 49, 80; Dr. Burgess, 'True Doctrine,' p. 16.

(12), p. 289.

Principal Hadow, 'Antinomianism,' p. 24; Beart, 'Vindication,' Part ii. pp. 84, 86; N. Mather, 'The Righteousness of God,' p. 41.

(13), p. 289.

Bishop Downham, 'Treatise,' pp. 49, 76-81, in fifteen particulars; Mr. Brown, 'Life of Justification,' p. 267, in ten particulars; Dr. Burgess, 'True Doctrine,' p. 16; Hervey, 'Theron and Aspasio,' Works, vol. iii. pp. 348-351, vol. iv. p. 291; Westminster Larger Catechism, Q. 77.

제10강의 각주

(1), p. 294.

See Part i. Lect. i. p. 18; also Rawlin, 'Christ the Righteousness of His People,' Sermons at Pinners Hall (1797), p. 19. His propositions are extremely valuable. He shows: '(1.) That man is naturally and necessarily under a law to God. (2.) That man being under a law to God, some righteousness is absolutely necessary to his justification. (3.) That every righteousness is not sufficient for this purpose, but it must be such a righteousness as fully answers to the purity and perfection of that law under which man is placed, and which God hath given him as the rule of his obedience. (4.) That we have no such righteousness of our own, nor can any mere creature furnish us with it. (5.) That if ever we are justified, it must be by the righteousness of Christ, consisting in that complete and perfect obedience which He has performed to the law in our room and stead' (p. 19).

The Rev. John Beart, 'Vindication of the Eternal Law, and Everlasting Gospel,' in two parts, reprinted 1753. 'What is that righteousness, wherein a sinner may stand before God, pardoned and accepted unto eternal life? . . . That the righteousness of the Lord Jesus Christ, fulfilled by Himself here on earth, in our room and stead, is that alone righteousness, which answers all charges of all kinds whatsoever, on the behalf of the believer, is the true Gospel answer to this inquiry. . . . If Christ be owned in His office and works as a Saviour, there are but these two ways supposable, in which He can be so;—either, that making reparation for the breach of the first covenant, He hath procured a Remedial Law of lower terms, condescending to our weakness, that by obedience thereto we might work out a justifying righteousness ourselves, entitling to life and happiness; or, that coming into our place and stead, He hath fulfilled in our room, a justifying righteousness Himself, which, to all intents and purposes, is made ours, for Justification before God, from all condemnation. Here are the two ways; and how contrary these two are—that Christ hath procured by His death an abatement of the Law, that our obedience should justify,—and, on the other hand, that Christ hath altogether fulfilled the Law, and that His righteousness is imputed for Justification, let those believers judge, who have "their senses exercised to discern both good and evil." The bottom of the controversy, therefore, is about the justifying righteousness of a sinner—Whether it is Christ's, or his own? or, at least, Whether it is Christ's alone, or Christ's *and* his own?—the one, as answering the penalty of the law of works,—the other, as answering another law, that is supposed to have a charge against men, till they have fulfilled its conditions. All other arguings in this controversy are but incidental, and aimed to establish one of these two ways of righteousness.'—Part i. p. iv. He then proceeds to argue against the doctrine of the New Methodists, and Neonomians, as having a tendency to reintroduce Popery, and quotes the remarkable admission of Richard Baxter, as recorded in his Life by Sylvester: 'My censures of the Papists do much differ from what they were at first: I then thought, that their errors in the doctrines of Faith were their most dangerous mistakes,—as in the points of Merit, of Justification by works, of assurance of salvation, of the nature of Faith, etc. But now I am assured that their misexpressions, and their misunderstanding us, with our mistaking of them, and inconvenient expressing our own opinions, have made the difference in these points to appear much greater than it is, and that, in some of them, it is next to none at all' (Part i. p. ix.). The great value of Beart's 'Vindication' consists in his setting clearly forth the relation which Justification must bear to the Law and Justice of God. His leading positions are these: (1.) That the Law of God, which is the rule of duty and obedience, and which is perfect and unchangeable, is also the rule of righteousness for Justification, c. i. ii. (2.) That man, as fallen, even if renewed, is unable to fulfil it, c. iii. (3.) That Christ has fulfilled both its precept and penalty in our stead, c. iv. (4.) That Christ's righteousness is imputed to all believers, and is their justifying righteousness, c. v. (5.) That Faith justifies, not as a work, but as a means or instrument, c. vi. Part ii. is directed against the Antinomian doctrine of Justification.

530 칭의 교리의 진수

See also Dutton, 'Treatise on Justification' (1778), Third Edition, pp. iv. viii. and *passim*; Bragge, 'Lime Street Lectures,' pp. 246-295.

(2), p. 301.

On the first covenant of Life, see Bishop Hopkins on the 'Two Covenants;' Samuel Petto, 'The Difference between the Old and New Covenant,' 1674; Witsius, 'De Œconomia Fœderum Dei;' Burmann's 'Synopsis;' Boston, Strong, Taylor, Russell (Dundee), Colquhoun (Leith), etc. etc.

The theory of Pre-existence is adopted in preference to the doctrine of the imputation of Adam's guilt to his posterity, by Dr. H. W. Beecher, 'The Conflict of Ages,' B. v. pp. 362-516. It was mooted by Bishop Rust, 'Lux Orientalis,' an 'Inquiry into the Opinion of the Eastern Sages concerning the Pre-existence of Souls,—a Key to Unlock the Grand Mysteries of Providence;' by Joseph Glanville, 'Essays,' p. 53; by Dr. H. More, 'Philosophical Works,' 'Immortality of the Soul,' pp. 111-114; 'The Cabbala,' pp. 86, 147; 'General Preface,' pp. xx. xxv.

On the new views which have sprung up in America on the Imputation of Adam's guilt, see Dr. Boardman, 'On Original Sin,' and three papers on 'Imputation' in the 'Princeton Theological Essays.'

(3), p. 311.

On the supposed Abrogation, or Relaxation, of the Law, see Beart, 'Vindication,' p. 9. See also *supra*, Lect. vi. p. 176.

(4), p. 312.

Archdeacon Hare, 'Vindication of Luther,' p. 94.

(5), p. 315.

Dr. Owen, 'Treatise on Divine Justice,' Works, vol. ix. pp. 320-502; President Edwards, 'God's Chief End in all His Works,' vol. i. pp. 443-535; Dr. Shedd, 'History of Christian Doctrine,' vol. ii. pp. 246, 305, 306.

제11강의 각주

(1), p. 319.

Dr. Bates, 'Harmony of the Divine Attributes in the Work of Man's Redemption.'

(2), p. 319.

Dr. Waterland, 'Importance of the Doctrine of the Trinity,' p. 66.

(3), p. 319.

Witsius, 'De Œconomia Fœderum Dei,' c. iii.; 'De Pacto Patris et Filii,' p. 110; Do., 'Misc. Sac.' vol. ii. pp. 820-823, 843; Dr. Junkin 'On Justification,' c. xiii. p. 192; Fraser's 'Life of Ebenezer Erskine,' pp. 235-238; Hervey's Works, ii. pp. 51, 54, 263, iv. pp. 162-165; Jones, 'The Mediation of Jesus Christ;' Buddeus, 'Misc. Sac.' tom. iii. c. x. 'Jesus Melioris Fœderis Sponsor,' pp. 361-402.

(4), p. 324.

M'Laurin, 'On Glorying in the Cross of Christ;' Sir Matthew Hale, 'Contemplations,' vol. i. p. 160; Owen, Works, vol. ix., 'On the Death and Satisfaction of Christ;' Rev. C. Jerram, 'Treatise on the Atonement,' pp. 27-45; Dr. Symington, 'On the Atonement,' pp. 56-65, 303-309, 328; Dr. Stevenson, 'Dissertation on the Atonement,' pp. 15-45; N. Mather, 'Righteousness of God,' p. 19; Dr. Janeway, 'Letters on the Atonement,' pp. 56, 167-200.

(5), p. 328.

Beart, 'Vindication of the Eternal Law,' etc., P. i. p. 41; N. Mather, 'The Righteousness of God,' p. 17. The question whether Christ suffered (*idem* or *tantundem*) the punishment of His people is discussed by Dr. Owen, 'Exercitation on Epistle to the Hebrews,' vol. ii. p. 130, vol. iii. p. 420; Brown, 'Life of Justification,' p. 443.

(6), p. 329.

Sir M. Hale's 'Knowledge of Christ Crucified,' Medit. vol. i. p. 162. Some divines in a former age doubted whether the Incarnation itself formed any part of the vicarious work of Christ. See Nath. Mather, 'The Righteousness of God,' pp. 11-14. On the general doctrine of the Incarnation, see Zanchius, 'De Incarnatione Filii Dei;' Dr. Owen, 'Christologia,' and 'Meditations on the Person of Christ,' vol. xii.; Rev. Marcus Dods, 'The Incarnation of the Eternal Word;' Archdeacon R. I. Wilberforce, 'The Doctrine of the Incarnation,' Second Edition, 1849; Petavius, 'De Incarnatione,' in 16 Books, Opera, vol. v. vi.; Peter Lombard, 'Sententiarum,' lib. ii.

(7), p. 334.

The Active and Passive Obedience of Christ. See Bishop O'Brien, 'Essays on Faith,' pp. 88-101, 432-440; Dr. Cunningham, 'Reformers,' Works, i. pp. 402-406; 'Historical Theology,' i. 54; Bishop Downham, 'Treatise,' pp. 18, 24-27, 151-159; Brown (of Wamphray), 'Life of Justification,' p. 431; Roborough, 'On Justification,' pp. vii. xiii. 24; Dr. Shedd, 'History,' ii. pp. 282, 348; Fraser, 'Life of Ebenezer Erskine,' pp. 97, 101; Young, 'Life of John Welsh,' pp. 293, 363; Dr. Tully, 'Justific. Paulina,' c. xi. p. 117; Beart, 'Vindication,' P. i. pp. 38, 40,

42, 49, 95, ii. pp. 46, 47 ; Hervey, Works, ii. pp. 64, 170-187, iii. 46, 47, 366.

(8), p. 334.

Robert Ferguson, 'Justification only upon a Satisfaction' (1668). Ferguson became a political partisan and intriguer in troublous times, and suffered in consequence both in his reputation and usefulness; but he was endowed with great ability, and well versed in theology, as appears from this work, and another on 'The Interest of Reason in Religion.' He is referred to both by Bishop Burnet and Lord Macaulay. See 'Essays and Reviews Examined,' p. 145. On Christ's Satisfaction, see the works mentioned in Note (8), Lect. vi. p. 459.

제12강의 각주

(1), p. 345.

Wesley, 'Letter to Hervey,' Hervey's Works, vol. iv. 'Does "the righteousness of God" ever mean "the merits of Christ?" I believe not once in all the Scripture. It often means, and particularly in the Epistle to the Romans, " God's method of justifying sinners."'—P. xii. 'The "righteousness of God" signifies, the righteousness which God-man wrought out. No. It signifies " God's method of justifying sinners."'—P. xix. ' Therein is revealed " the righteousness of God,"—God's " method of justifying sinners."'—P. xx. Prof. Moses Stuart, ' Commentary on Epistle to the Romans :' '$\Delta\iota\varkappa\alpha\iota\text{o}\sigma\acute{\upsilon}\nu\eta\ \Theta\varepsilon\text{o}\tilde{\upsilon}$' is the Justification which God bestows, or the Justification of which God is the Author, or . . . that state of pardon and acceptance which is the result of mercy proffered in the Gospel, and dispensed on account of the atonement made by Christ.'— P. 62. And he quotes with approbation J. A. Turretine's interpretation : ' Apostolus noster, ubi agit de justificatione et salute hominum, sæpe vocat " justitiam Dei " eam *justificationis rationem* quam Deus hominibus commonstrat ;' or, ' Justitia Dei . . . est ipsamet hominis justificatio, seu *modus quo* potest justus haberi apud Deum.'—Pp. 69, 70. Dr. John Brown (Edinburgh), ' Analytical Exposition of Epistle to the Romans,' refers to Storr's. ' Opuscula,' Voorst's ' Annotations' on Romans i. 17, to Zimmermann, ' De vi et sensu $\delta\iota\varkappa\alpha\iota\text{o}\sigma\acute{\upsilon}\nu\eta\ \Theta\varepsilon\text{o}\tilde{\upsilon}$,' to Moses Stuart and Fritzsche ; and then gives his own view to this effect,—that $\delta\iota\varkappa\alpha\iota\text{o}\sigma\acute{\upsilon}\nu\eta$ usually signifies Justification, either as a privilege bestowed by God, or as a benefit enjoyed by men—that when it is said, ' Christ is made of God unto us righteousness,' the meaning is, that we are justified. ' In the 3d chapter it exactly suits " the divine method of Justification," and it suits nothing else. I, therefore, consider " the righteousness of God " here, as meaning " God's way of treating a sinner," as if he were just in consistency with His own righteousness,—*the Divine Method of Justification.*'—Pp. 9, 10. This interpretation is far too vague to be satisfactory. The loose paraphrase of δικαιοσύνη Θεοῦ by 'the divine method of justifying sinners,' leaves the question open—What that method is? and whether it be by a personal and inherent, or by a vicarious and imputed, righteousness? whereas the Apostle specifies the righteousness by which we are justified, and contrasts it with another righteousness which is excluded. And then, when it is described as 'God's method of treating a sinner, as if he were righteous, in consistency with His own righteousness,' the statement is defective; *first*, because God's treatment of a sinner, as if he were just, must necessarily imply a righteousness which, in the case of a sinner, cannot be personal; *secondly*, because mere treatment is not all that is implied in Justification, for it presupposes a judgment by which the sinner is constituted and pronounced righteous, as the ground or reason of that treatment; and *thirdly*, because the phrase, 'in consistency with His own righteousness,' is either altogether unmeaning, or it must refer to some provision, such as the satisfaction and vicarious obedience of Christ, by which God is 'declared to be just, and the justifier of him that believeth in Jesus.'

(2), p. 349.

Prof. M. Stuart, 'Commentary on Epistle to the Romans,' pp. 575, 581, 584.

(3), p. 353.

Dr. Owen, Works, xi. pp. 209-216; 'Princeton Theological Essays,' First Series, three excellent papers on 'Imputation,' Essays vi. vii. viii. pp. 128-217; Dr. Boardman (Philadelphia) on 'Original Sin,' p. 52.

(4), p. 355.

Antinomian misrepresentations of the Protestant doctrine have been made the ground of Popish, Socinian, and Neonomian objections against it. Bishop Downham, 'Treatise,' pp. 25-40, 245; Bishop Davenant, 'Disputations,' i. pp. 176-193; Brown, 'Life of Justification,' pp. 38-57, 188-214, 226, 242, 506; Roborough, 'The Doctrine of Justification,' P. i. p. 45, P. ii. pp. 1-50; Dr. Prideaux, 'Lecs. Decem,' pp. 162, 171; Dickinson, 'Fam. Letters,' pp. 185-200; Knox, 'Remains,' iii. 160; Beart, 'Vindication,' P. i. 66, 73; Luther on Epistle to the Galatians, p. 207; Hervey, Works, ii. 130, 240, iii. 53, 57.

(5), p. 356.

Placæus advocated the doctrine of a 'mediate' imputation in the case of original sin; and was followed by Stapfer. The doctrine of a 'mediate' imputation in the case of Christ's righteousness, is involved in the Popish and Neonomian scheme of Justification; and in the former there is even a 'mediate' imputation of Christ's *passive obedience* by means of our personal sufferings or penance. This is evidently implied in the statement of Vasquez, where he says that, God's grace being supposed, ' Nos re ipsa nunc satisfacere Deo pro nostro peccato et offensa.' And then, referring both to mortal and venial sins, he adds, ' Si contritio præcederet infusionem gratiæ habitualis ex parte efficientis, non solum *satisfaçeret* pro maculâ peccati condignè, sed etiam condignè *mereretur* gratiæ habitualis infusionem. . . . Ita concedimus homini justo pro suo peccato veniali condignam et perfectam *satisfactionem*, ut ea *non indigeret favore Dei condonantis peccatum*, vel aliquid illius, aut acceptantis satisfactionem, sed talis sit, ut ex naturâ suâ deleat maculam et pœnam peccati venialis.'— *Archbishop Wake, Defence*, p. 34. It may be doubted whether this is so much as a doctrine of 'mediate' imputation; since the grace of God in the infusion of righteousness only is spoken of, and no mention is made of the satisfaction of Christ.

(6), p. 359.

On Imputed Righteousness, see a brief but clear and forcible statement of the doctrine by Dr. Chalmers, in his preface to Mr. Russell's (of Muthil) 'Sermons;' Rev. D. Wilson, ' The Doctrine of Justification through Imputed Righteousness a Divine Doctrine,' reprinted in 1845 by a respected elder of the Free Church in Edinburgh ; Nath. Mather, 'The Righteousness of God through Faith,' Second Edition, 1718; Rev. T. Cole, 'The Incomprehensibleness of Imputed Righteousness for Justification by Human Reason,' 1692; Bishop O'Brien, 'Essays on Faith,' pp. 88-97, 408-415, 424-440 ; Dr. Cunningham, Works, i. pp. 404, iii. 20, 45, 51, 116 ; Witsius, Misc. Sac. ii. pp. 735, 789-791 ; Ro. Traill, ' Vindication,' Works, i. p. 310 ; Bishop Downham, ' Treatise,' pp. 15-27, 39-42, 69, 125-138, 157-171, 371, etc.; Bishop Davenant, ' Disputation,' i. pp. 163, 176, 186, 230, 236-253 ; Brown, ' Life of Justification,' 22-25, 38-57, 58-97, 98-117, 118-179, 180-247, 431-446; Roborough, 'The Doctrine of Justification,' pp. 55-58, 139, 143-160; A. Burgess, ' The True Doctrine,' 17, 20 ; Dr. John Prideaux, ' Lec. Decem,' p. 163; Dickinson, ' Familiar Letters,' pp. 181-192; Dr. Junkin, ' Treatise,' pp. 109, 309; Faber, 'Primitive Doctrine,' pp. 17-26, 126, 178, 195-197; Bishop Kaye, ' Charges,' p. 259; Dr. Owen, Works, ix. 248-254 ; Bishop Andrewes, vol. v., on Jer. xxiii. 6, pp. 116, 123, etc. etc.

(7), p. 360.

Wesley's 'Letter to Hervey,' Hervey's Works, vol. iv.; Richard Watson, ' Theol. Instit.,' vol. xi. c. xxiii. pp. 172, etc.

'It has been the general opinion of Christians,' says a profound writer, ' that Christ suffered instead of sinners, and that we have remission of sins through faith in His blood-shedding; but the opinion of an imputed righteousness is far from being general, though a substitution is every whit as intelligible, and perhaps as much wanted, in one case as the other; and the same reasons that hold for the rejecting one, will equally hold for the rejecting of both. . . . There is no more absurdity in trusting wholly to Christ, than there is in trusting to Him only in part; to His atonement and righteousness, or to His atonement only.'—*Adam, Private Thoughts*, pp. 152, 174. 'As Christ was "made sin for us,"' says another distinguished ornament of the Church of England, 'so we are "made the righteousness of God in Him." But what righteousness? Our own? No, "the righteousness of God,"—radically in Him, but imputatively ours; and this is the only way whereby we are said to be made "the righteousness of God," even by the righteousness of Christ being made ours; by which we are accounted and reputed as righteous before God. These things considered, I very much wonder how any man can presume to exclude the active obedience of Christ from our Justification before God; as if what Christ did in the flesh was only of duty, not all of merit; or as if it was for Himself, and not for us. Especially, when I consider, that suffering the penalty is not what the law primarily requireth, for the law of God requires perfect obedience.'— *Bishop Beveridge, Private Thoughts*, p. 74.

Many Wesleyan Methodists, following the example of their founder, have strenuously defended the doctrine of a free remission of sin through the atoning sacrifice of Christ, and have as keenly opposed that of His imputed righteousness. They have taught with great earnestness, that 'He who knew no sin was made sin for us,' but have not been equally clear and explicit in showing, that 'we are made the righteousness of God in Him.' Much of the success of their preaching has arisen from their bold proclamation of some of the peculiar doctrines of the Gospel, such as those of original sin, in so far as it consists in inherent hereditary depravity, of the imputation of our sins to Christ as our substitute, and of His atoning sufferings and death; for these great truths have commended themselves to the hearts and consciences of many anxious inquirers, even among the rudest classes of society; and no one will doubt, what even Southey and Coleridge have admitted, that we are largely indebted to them for the preservation of vital religion in many a neglected district of our land. All this may be granted, and yet we may still maintain the fundamental importance of the doctrine of Christ's imputed righteousness. For although they refuse to admit it, and often argue keenly enough against it, this arises, in many cases, either from some misconception of its meaning, or from some sincere but groundless apprehension of its moral tendency; and we cannot doubt that some earnest souls even in the Romish Church, and not a few amongst our Wesleyan brethren, really believe all that we mean by that doctrine, when, emptied of all self-righteousness, they cast themselves down at the foot of the Cross, and trust only in the 'merits of Christ.' It has been well said, that it is safer to judge of some men from their prayers, than from their professed opinions; for some will object in controversial discussion to the doctrine which affirms the irresistible efficacy of divine grace, and yet, when they fall down on their knees, they will make use of the Psalmist's prayer, 'Create in me a clean heart, renew in me a right spirit;' and others will object to the doctrine which affirms the imputation of Christ's righteousness, and yet, when they come into the divine presence, can find no language more suitable to their case, or more expressive of their feelings, than this: 'If Thou, Lord, shouldest mark iniquity, O Lord, who shall stand? Enter not into judgment with me, for in Thy sight shall no flesh living be justified.'[1]

For this reason we can cheerfully acquiesce, and cordially concur, in the truly catholic deliverance of Dr. Owen, when, speaking of the sentiments of Calvinistic divines on this point, he says: 'They do not think nor judge, that all those are excluded from salvation who cannot apprehend, or do deny, the doctrine of the imputation of righteousness, as by them declared. But they judge that they are so, *unto whom that righteousness is not really imputed;* nor can they do otherwise, whilst they make it the foundation of all their own acceptation with God and eternal salvation. These things greatly differ. To believe the doctrine of it, or not to believe it, as thus or thus explained, is one thing; and to enjoy the thing, or not enjoy it, is another. I no way doubt, but that many men do receive more grace from God than they understand or will own, and have a greater efficacy of it in them than they will believe. Men may be really saved by that' (irresistible, efficacious) ' grace which doctrinally they do deny; and they may be justified by the imputation of that righteousness which in opinion they deny to be imputed. For the faith of it is included in that general assent which they give unto the truths of the Gospel; and such an adherence to Christ may ensue thereon, as that their mistake of the way whereby they are saved by Him, shall not deprive them of a real interest therein. And for my part, I must say, that notwithstanding all the disputes that I see and read about Justification, I do not believe but that the authors of them (if they be not Socinians throughout, denying the whole merit and satisfaction of Christ) do really trust unto the Mediator of Christ for the pardon of their sins, and for acceptance with God, and not unto their own works or obedience. Nor will I believe the contrary, until they expressly declare it.'—*Dr. Owen, Works,* xi. p. 203.

(8), p. 362.

Archdeacon Hare, 'Contest with Rome,' p. 31; Dr. Junkin, 'Lectures on Justification,' pp. 50-64. G. S. Faber gives 'A Barrister's Opinion,' p. 428. A professional friend has kindly supplied the following note:— 'A "fictio juris" is something quite different from a presumption. Those things are presumed which are likely to be true; but a "fictio juris" is a supposition of law that a thing is true, which is either certainly not true, or at least is as probably false as true; and it is defined by some doctors, an assumption of falsehood for truth in a possible thing that it may have the effect of truth, in so far as is consistent with equity. Thus, in the Roman law, one was by adoption held for the son of him who

[1] Ps. cxxx. 2, cxliii. 2.

adopted, though he was not his son. . . . A "fictio juris" exists, where law, disregarding evidence and probability, holds as true what may be untrue, or what cannot possibly be true. Thus summonses narrate a complaint to the Sovereign by the real party, which might be true, but is always false; while the rules, that "the Sovereign cannot do wrong," —that "an heir is *eadem persona cum defuncto*," and that "the person of a wife is sunk in that of her husband," are examples of impossible fictions.' —*Erskine's Institutes*, B. iv. t. ii. sec. 38; *Principles*, B. iv. t. i. sec. 5, p. 178.

(9), p. 364.

Prof. M. Stuart, 'Commentary on the Epistle to the Romans,' and Albert Barnes, Introduction, p. xii. to 'Notes' on the same Epistle.

제13강의 각주

(1), p. 368.

The Socinian doctrine is referred to, Lecture VI., p. 161, and Notes.

(2), p. 370.

The Council of Trent rejects the meaning of the term GRACE which has been generally received by Protestants. Sess. vi. Canon xi. De Justificatione: 'Si quis dixerit, homines justificari, vel solâ imputatione Justitiæ Christi, vel solâ peccatorum remissione . . . aut etiam GRATIAM, quâ justificamur, esse tantum *favorem Dei*, anathema sit.'

Bellarmine treats of it at large, tom. iv. lib. i., 'De Gratia in genere, id est, de nomine, definitione, et partitione Gratiæ,' p. 470. Tourneley, 'Prælectiones Theol. De Gratia Christi,' 2 vols. (1725), vol. i. pp. 2, 3, 5, 7: 'Proprie, nomine Gratiæ intelligimus *donum quod cunque*, seu beneficium supernaturale creaturæ rationale gratis concessum . . . Gratia vulgò definitur, donum supernaturale creaturæ rationali gratis à Deo concessum intuitu passionis et meritorum Christi, ordinatum ad vitam æternam,' p. 5. See Osorio, lib. v. p. 315; and Dens, Theologia, ii. 402, 'Quid est Gratia? Est beneficium Divinum supernaturale creaturæ intellectuali gratis datum, in ordine ad salutem æternam.' See also iv. p. 39.

M. de Fontenay, 'De la Grace de Dieu,' 1787: 'La nature de la Grace consiste principalement dans l'amour de Dieu;' . . . 'l'amour, la Grace intérieure,' pp. iv. vi. Lombard treats 'De Gratia' in lib. ii., and says, 'Gratia est duplex.'—*Dist.* 26 *a*. 'Gratia operans et co-operans. Gratia Dei prævenit voluntatem hominis.'—*Dist.* 26 *c, d*. 'Gratia præveniens voluntatem est FIDES CUM DELECTIONE.'—*Dist.* 26 *e, u*. 'Gratia principalis est bona voluntas,' etc. Petavius, 'Dogm. Theol.' tom. ii. lib. viii. c. 4, 5, 10, 11. 'Justificatio et Adoptio filiorum Dei per ipsam Spiritus Sancti substantiam communicatam nobis,' c. iv : ' Spiritus Sancti substantiam ipsam donum esse, illamque ad justos et adoptivos Dei filios *efficiendos* divinatus effundi,' p. 457. ' Interior, sive spiritalis missio tum fit cum, . . . *Spiritualia dona*, quæ dicuntur *charismata*, tribuuntur. Præcipuum tamen, et quod *unum* propemodum communem appellationem sibi propriam facit, est *charitatis donum*,' p. 458. The χαρισματα seem to supersede the χαρις, from which alone they are derived. The subject is fully treated by M. Arnauld, in his 'Instructions sur la Grace, selon l'Ecriture, et les Peres ;' by M. Barcos, in his 'Exposition de la Foi de l'Eglise Romaine touchant la Grace ;' 'et plusieurs autres Pieces sur ce Sujet,' in a volume published at Cologne, A.D. 1700. The Jansenists held sounder views on this subject than were commonly received in the Romish Church.

(3), p. 376.

Archbishop Whately, ' Difficulties in the Writings of St. Paul,' Essay vi. pp. 182, 185.

(4), p. 377.

The proof of this point is much more fully stated by President Edwards, ' Works,' vol. vi. pp. 240-254,—an admirable specimen of moral proof.

(5), p. 384.

On the relation of Faith to Works, see Bishop O'Brien, ' Essays on Faith,' 140, 146, 186-194, 253-260 ; Dr. Cunningham, Works, iii. 79-84, 105, 108 ; Witsius, ' Misc. Sac.' ii. p. 824, 840 ; Bishop Downham, ' Treatise,' pp. 48, 351, 389-395, 502 ; Bishop Davenant, ' Disput.' i. 274-283, 294-302 ; Brown, ' Life of Justification,' pp. 24, 30, 254 ; Dickinson, 'Familiar Letters,' iii. pp. 229-333, 285-306 ; Dr. Junkin on 'Justification,' pp. 317, 321 ; Dr. Owen on 'True Gospel Holiness,' Works, iii. p. 75.

(6), p. 386.

Osorio, Bellarmine, Wesley, Whately, M. Stuart, and many others, have agreed in setting aside the latter part of Romans vii. 14-end, as a proof of remaining sin in believers. On this subject, see Bishop Downham, ' Treatise,' pp. 137-157, 249, 255, 454, 463 ; Bishop Davenant, ' Disput.' pp. 20, 50, 56, 83, 104-111, 286, 330-340, 373 ; ii. 7-28, 209-215 ; Brown, ' Life of Justification,' pp. 273 ; Dr. Burgess, ' The True Doctrine,' pp. 23, 58-79, 111, 139 ; Dickinson, ' Familiar Letters,' pp. 130, 142 ; Dr. Shedd, ' History,' ii. 69 ; G. S. Faber, ' Primitive Doctrine,' pp. 271-286 ; Bossuet, ' Exposition,' p. 13. See Dr. Owen's Treatises on ' Indwelling Sin,' and ' The Mortification of Sin in Believers,' Works, vol. xiii. ; Carmichael, 'The Believer's Mortification of Sin by the Spirit,' edited by the late Dr. W. K. Tweedie, Free Tolbooth Church, Edinburgh (1846); and Fraser (of Alness) on ' Sanctification.'

Those who have laboured to show that the passage in Rom. vii. 14-25 does not relate to the experience of Paul as a converted man, seem to have forgotten that the doctrine of indwelling sin does not rest on that passage alone, but is declared in general terms in Gal. v. 17 : 'The flesh lusteth against the Spirit, and the Spirit against the flesh ; and these are contrary the one to the other, so that ye cannot do the things that ye would.' The doctrine generally received among Protestants is, that the prevailing power of sin is broken, but its presence is not excluded, by the new birth of the soul : its dominion is taken away, but its influence is still felt, throughout the whole course of a believer's life on earth. This important practical truth is manifest from the Apostle's experience, as it is recorded in the latter part of the seventh chapter of his Epistle to the Romans, where he says,—as every true believer since his days has had occasion to say (Rom. vii. 14-25),—'That which I do I allow not : for what I would, that do I not ; but what I hate, that I do.' 'To will is present with me ; but how to perform that which is good I find not. For the good that I would I do not : but the evil which I would not, that I do.' 'I find then a law, that, when I would do good, evil is present with me.' 'I see a law in my members warring against the law of my mind, and bringing me into captivity to the law of sin which is in my members.' Many strenuous attempts have been made to show that in this passage the Apostle is not speaking of his own experience as a believer, but is personating an unrenewed man, or a sinner awakened for the first time to a sense of the corruption of his nature. But the experience of a sinner under his first convictions is vividly delineated in the preceding verses, where he says, 'I was alive without the law once ; but when the commandment came, sin revived, and I died ;'[1] and the subsequent verses contain expressions which cannot be applied to the case of any unrenewed man, consistently with the doctrine of Scripture, that 'the carnal mind is enmity against God, for it is not subject to the law of God, neither indeed can be.' For how can any man whose carnal mind is 'enmity against God, and not subject to the law of God,' be supposed, without a great intervening change, to express himself thus : 'I consent to the law, that it is good,'—'I delight in the law of God after the inward man,'—it is 'the law of my mind,'—and, 'With my mind I serve the law of God ?' Is this the language of unrenewed nature, in which 'there dwelleth no good thing ;' and if it be, why was Pelagianism denounced by Augustine, and rejected by the Church, as an unscriptural and dangerous perversion of God's revealed truth ?

(7), p. 390.

The Christian community is much indebted to two elders of the Free Church—the late Mr. John Johnstone, for a new edition of Dr. Owen's Works, carefully edited by the Rev. Dr. Goold ; and to the late Mr. Nichol, for his excellent Series of the 'Puritan Divines,' published at a

[1] Rom. vii. 7-13.

price which makes them accessible to every Pastor and Preacher who is really interested in the study of divine truth.

(8), p. 391.

The *title* to eternal life depends entirely on the mediatorial work of Christ; the '*meetness* for the inheritance of the saints in light' is equally necessary, and depends on the renewal of our nature by the inward work of the Holy Spirit. See *infra*, Lec. xv.

제14강의 각주

(1), p. 394.

See *supra*, Lec. iv. Note (1), and *infra*, Lec. xv. John Foxe, 'Free Justification by Christ,' in reply to Osorio, 'De Justitia,' pp. 223-228.

(2), p. 397.

Dr. Tuckney (of Cambridge), 'Prælectiones Theologicæ,' p. 79; on Rom. i. 17, pp. 20-161; on Rom. iv. 1, pp. 177-196; on Rom. iv. 3, pp. 196-312. A solid and learned work, which,—like those of Dr. Owen, Dr. T. Goodwin, and Mr. Pemble,—shows what the Theology of the English Universities once was, and what it might yet become, were suitable men appointed to conduct a course of systematic study, and were candidates for the ministry required to give regular attendance on their Lectures and Examinations.

(3), p. 401.

Dickinson, 'Familiar Letters,' pp. 203-206; Bishop O'Brien, 'Essays on Faith,' pp. 445, 465-471.

(4), p. 404.

Works on Saving Faith are innumerable. The following may be mentioned:—Dr. T. Goodwin, 'The Object and Acts of Faith,' Works, vol. viii.; Dr. T. Jackson (of Oxford), 'Justifying Faith, or the Faith by which the Just do Live' (1631), 2d Edition; John Downe, B.D. (of Cambridge), 'Treatise of the True Nature and Definition of Justifying Faith,' Oxford, 1635; John Ball, 'A Treatise of Faith, in Two Parts— the Nature and the Life of Faith,' 1632; Polhill on 'Precious Faith;' James Fraser (of Brae), 'A Treatise on Justifying Faith,' 1749; Rutherford's 'Trial and Triumph of Faith;' Rev. Andrew Gray, 'The Mystery of Faith,' 1755; Dr. John Erskine, 'Dissertation on the Nature of Justification;' Rev. W. Romaine, 'Treatises on the Life, Walk, and Triumph of Faith,' 2 vols., 1824, with Essay by Dr. Chalmers; Henry Grove, 'A Discourse concerning Saving Faith,' 1736; 'Saving Faith: a Series of

Works by Dr. John Anderson, U.S., Rev. Ebenezer Erskine, and Rev. William Cudworth,' Edinburgh, 1843; Dr. James Carlile (of Dublin), 'The Old Doctrine of Faith,' 1823; Rev. William Burgh, 'Six Discourses on the Nature and Influence of Faith,' Dublin, 1835; Bishop O'Brien, 'Essays on the Nature and Effects of Faith,' 2d Edition; Mr. T. Erskine (Linlathen), 'Essay on Faith;' Rev. A. M'Lean, Works, i. 186, ii. 96-146, etc. etc.

(5), p. 407.

On the assurance which is involved in the direct act of Faith, see Lec. vi. p. 185, and the Note.

On the assurance which springs from the reflex exercise of Faith, see Boston's 'Marks of True Conversion,' appended to 'The Covenant of Grace;' Guthrie's 'Trial of a Saving Interest in Christ.' 'Effectual calling,' says Archbishop Leighton, 'is inseparably tied to eternal *foreknowledge* or *election* on the one side, and *salvation* on the other. These two links of the chain are up in heaven, in God's own hand; but this middle one is let down to earth, into the hearts of His children; and they, laying hold of it, have sure hold on the other two, for no power can sever them. If, therefore, they can read the characters of God's image in their own souls, those are the counterpart of the golden characters of His love, in which their names are written in the book of life. Their believing writes their names under the promises of the revealed book of life, the Scriptures; and so ascertains them, that the same names are in the secret book of life, that God hath by Himself from eternity. So, finding the stream of grace in their hearts, though they see not the fountain whence it flows, nor the ocean into which it returns, yet they know that it hath its source, and shall return to that ocean which ariseth from their eternal election, and shall empty itself into that eternity of happiness and salvation.'—*Commentary on First Epistle of Peter*, on c. i. v. 2d, p. 14.

(6), p. 408.

The Antinomian view of the function of faith as a mere evidence or manifestation, and not a means, of Justification, is refuted by Dr. Burgess, 'The True Doctrine,' pp. 189-215; Beart, 'Vindication,' P. ii. iv.-viii. Pref.; Nath. Mather, 'The Righteousness of God,' p. 78; see Lec. vi., Antinomians, and Note.

(7), p. 408.

On the term 'Condition,' see Dr. Cunningham, 'Historical Theology,' ii. 74, 76; Dr. John Edwards' 'Survey of Dispensations,' i. pp. 368, 375; Barrett on 'The Covenants,' pp. 135-143, 183; Witsius, 'Misc. Sacra,' ii. pp. 742, 743, 801-804, 820, 821, 843; Bishop Downham, 'Treatise,' pp. 306, 307, 331, 372; Brown, 'Life of Justification,' pp. 20, 341-350; Dickinson, 'Fam. Letters,' p. 249; Fraser, 'Life of Ebenezer Erskine,' p. 235; M'Crie's 'Life of Dr. M'Crie,' pp. 333, 334; Dr. M'Crie on

'Marrow Controversy,' Christ. Instructor, xxx. pp. 542, 692; Faber, 'Primitive Doctrine,' pp. 72-80; Hickman, 'Animadversions,' pp. 355, 457; Walker (Dublin), 'Seven Letters to Alex. Knox, Esq.,' pp. 312, 313; Rev. J. Taylor, 'Establishment of the Law,' p. 37; Beart, 'Vindication,' Pref. xviii. xix. xxv.; Hervey, 'Works,' iv. pp. 124-128; Wesley's 'Letter to Hervey,' Hervey's Works, iv. x. xiv. xv., Hervey iv. pp. 63, 172-175.

(8), p. 409.

On the Reason and Warrant of Faith, see Owen, 'The Reason of Faith,' Works, iii. p. 233; Halyburton, 'Works,' edited by Dr. Burns, reprinted 1865; 'An Essay on the Ground and Formal Reason of Saving Faith,' pp. 3-87; Boston, 'Warrant of Faith,' appended to 'Covenant of Grace;' 'Sum of Saving Knowledge,' appended to 'Westminster Confession of Faith,' p. 435.

(9), p. 413.

On the phrase 'by faith only,' see Bishop O'Brien, 'Essays on Faith,' pp. 99-105, 117-123, 138, 474; Dr. Cunningham, 'Works,' i. 146, iii. 23, 56, 61, 69, 72, 77; Bishop Downham, pp. 15, 179, 327-331, 366, 442, 494; Bishop Davenant's 'Disput.' i. pp. 313, 314; Bishop Barlow, 'Remains,' p. 601; Brown, 'Life of Justification,' pp. 417, 422; Dr. John Prideaux, 'Lectiones Decem,' pp. 155, 157, 168; Faber, 'Primitive Doctrine,' pp. 72-80, 228, 229; Scott, 'Continuation of Milner,' i. pp. 84, 98, 99, 238, 254, 264, ii. 235, 271, 272, 357; Bishop Kaye, 'Charges,' p. 263, etc. etc.

A recent work by the Rev. R. F. Collis, Rector of Kilconnel (Dublin 1856),—entitled 'The Three Tribunals, or the Vicarious Justification of Sinners in Christ,'—attacks the Lutheran doctrine of 'Justification by Faith only' as being unscriptural, and the last clause of the 11th Article of the Church of England, with the homily on salvation to which it refers, as containing that doctrine, pp. x. xi. 105, 109, 122, 124, 131, 169. It contains an elaborate and unfavourable criticism on Bishop O'Brien's 'Sermons on Faith' (1st Edition), pp. 110-168,—which evidently proceeds on the supposition that the Bishop substitutes faith for the righteousness of Christ, as the ground of our acceptance with God. But although one or two expressions in his 'Sermons' might possibly bear such an interpretation, the general tenor of his reasoning points to the satisfaction of Christ as the ground, and to Faith merely as the means or instrument, of Justification. Mr. Collis speaks of three Tribunals,—that of God's holiness and justice,—that of man's conscience and experience,—and that of the final judgment; and of three corresponding aspects of Justification,—that of our justification at the bar of God's holiness and justice, where neither faith nor repentance has any place, but only the vicarious righteousness of Christ; that of our justification *in foro conscientiæ*, where faith, but not faith only,—since it must be a living and not a dead faith, such as is associated with all other graces,—is the evidence of Justification; and that of our Justification at the judgment of the great day, where neither faith nor repentance, but good works, will be the evidence. He does not speak of more than one Justification, but merely of its different aspects; but his three distinctions may all be reduced to that between *actual* and *declarative* justification, unless his theory of the 'Vicarious Justification in Christ of believers,' should be intended to refer, not to their actual justification in time, but their justification merely on the eternal purpose of God, in which case faith can only be an evidence, and not in any sense a means, of their enjoying that privilege. The aged Rector promises another work, which may probably make his doctrine more complete; at present, he seems to confound Election with Justification, and to make faith a mere manifestation, and not a means, of our acceptance with God. See Note 5, Appendix, p. 509.

제15강의 각주

(1), p. 417.

'Christianity,' says Bishop Butler, 'contains a revelation of a particular dispensation of Providence, carrying on by His Son and Spirit, for the recovery and salvation of mankind, who are represented in Scripture to be in a state of ruin. And, in consequence of this revelation being made, we are commanded to be " baptized," not only " in the name of the Father," but also " of the Son, and of the Holy Ghost;" and other obligations of duty, unknown before, to the Son and the Holy Ghost, are revealed. Now, the importance of these *duties* may be judged of, by observing that they arise, not from positive command merely, but also from the *offices* which appear from Scripture to belong to these Divine Persons in the Gospel dispensation, or from the *relations* which, we are there informed, they stand in to us. By reason is revealed the relation which God stands in to us. Hence arises the obligation of duty which we owe to Him. In Scripture are revealed the relations which the Son and Holy Spirit stand in to us. Hence arise the obligations of duty which we are under to them.'—*Analogy*, P. ii. c. i. p. 321. See also Dr. Waterland, 'The Importance of the Doctrine of the Trinity,' *passim*.

(2), p. 420.

Dr. Thomas Goodwin has distinct treatises on the work of the Father, of the Son, and of the Holy Spirit, in the scheme of Redemption; see vols. iv. v.

(3), p. 426.

Dr. Thomas Goodwin, 'The Work of the Holy Ghost in our Salvation,' Works, vol. v.; Dr. Owen, 'Discourse concerning the Holy Spirit,' Works, vols. ii. iii. (Russell's edition); Dr. Jamieson, 'Reality of the Spirit's Influence;' Howe, 'The Work of the Holy Spirit with reference to particular Persons;' Archdeacon Hare, 'Mission of the Comforter;' and M'Laurin's 'Essay on Divine Grace,' vol. ii., and 'Sermon,' vol. i.

(4), p. 428.

Dr Heurtley's 'Bampton Lectures,' *passim*, and his previous work on 'Union to Christ;' Dickinson, 'Familiar Letters,' pp. 311-334, 'The Nature and Necessity of our Union to Christ.'

(5), p. 431.

Dr. Samuel Clarke, 'Discourse of the Being and Attributes of God,' p. 39. Dr. Clarke strikes at the root of the Antinomian error, when, speaking of 'the manner of our conceiving the eternity of God,' he says, 'The scholastic writers have generally described it to be, not a real perpetual duration, but *one point or instant comprehending eternity*, and wherein *all things are really co-existent at once*. But unintelligible ways of speaking have, I think, never done any service to religion. The true notion of the divine eternity does not consist in making past things to be still present, and things future to be already come (which is an express contradiction). But it consists in this, and in this it infinitely transcends the manner of existence of all created beings, even of those which shall continue for ever,—that, whereas their finite minds can by no means comprehend all that is past, or understand perfectly the things that are present, much less know, or have in their power, the things that are to come,—but their thoughts and knowledge and power must of necessity have degrees and periods, and be successive and transient as the things themselves,—the Eternal, Supreme Cause, on the contrary, has such a perfect, independent, and unchangeable comprehension of all things, that in every point or instant of *His* eternal duration, all things, past, present, and to come, must be,—not, indeed, themselves present at once (for that is a manifest contradiction); but they must be as entirely known and represented to Him in one single thought and view, and all things present and future be as absolutely under His power and direction, as if there was really no succession at all, and as if all things had been,—not that they really *are*,—actually present at once.'—*Ser.* i. p. 81.

(6), p. 433.

'A Modest Enquiry: Whether Regeneration or Justification has the precedency in order of Nature,' by Professor Halyburton, 'Works,' edited by Dr. Burns, pp. 547-558, reprinted in 1865, along with 'The Reason of Faith,' etc., pp. 9-118.

결론의 각주

(1), p. 437.

Reinhard published a striking work on this subject, from which copious extracts are given in the Appendix to the late Dr. Morren's 'Biblical Theology.' See also Brown, 'Life of Justification,' c. vi. p. 34; 'What Mysteries are in Justification;' Dr. Shuttleworth, 'Consistency of Revelation with itself and Human Reason,' pp. 223-250.

(2), p. 440.

Charles Hodge, D.D., 'Essays and Reviews' (1857), pp. 575, 581.

(3), p. 440.

Le Blanc's 'Theses Theolog.,' pp. 248-316; Curcellæus, 'Quaternio,' Diss. iv. p. 463; Dr. Pusey, 'Eirenicon,' p. 19.

부록 2.
찾아보기

공덕 교리 132, 135, 139
그로티우스(Grotius) 176, 196, 199
그로퍼(Gropper) 158, 163, 166
그리스도의 공로 101, 112, 114, 116, 121, 130, 132, 136, 142, 143, 146, 151, 152, 155, 159, 168, 169, 208, 229, 286, 342, 343, 357, 359, 390, 392, 399
그리스도의 대속사역 80, 189, 356, 357, 416
그리스도의 만족 194, 196, 335, 336
그리스도의 순종 197, 198, 327, 333-338, 360
길(Gill) 209
뉴만(Newman) 182, 195
뉴헤이븐(Newhaven) 216
능동적 순종 200, 202, 205, 206, 333, 359
다브넌트(Davenant) 115
다운함(Downham) 35, 115, 170, 224, 241, 257
대감독 라우드(Laud) 243
대감독 패커(Parker) 243
데븐포트(Davenport, Bishiop) 172, 226
데지우스(Dezius) 172
도넬란 강의 231, 241
도덕률폐기론 14, 206, 273
도르트 총회 200, 226
듀 핀(Du Pin) 159, 176
디오그네투스(Diognetus) 108
라우터왈드(Lauterwald) 182, 183
라이더(Ryder) 231, 241, 242
라티스본(Ratisbon) 157, 158, 160-166, 222
레 블랑크(Le Blanc) 175, 225
레이브니츠(Leibnitz) 176

로렌스(Laurence) 226
로마 가톨릭교회와 연합 239
로마 가톨릭교회의 사죄 교리 129-131
로마 가톨릭의 오류 138, 218, 240
로버트 바클레이(Robert Barclay) 195
로버트 트레일(Robert Trail) 13, 39, 390
로버트슨(Robertson) 231, 445
루터의 논제 137
루터의 선포 128, 177, 179, 390
루터의 저작 101, 179, 180, 185, 284
리들리(Ridley) 10, 221, 222
리챠드 백스터(Richard Baxter) 202
마로우 논쟁 208-210
마우리스(Maurice) 231
마틴 부스(Martin Boos) 176, 177
만장일치 34, 35, 37, 94, 178-180, 197, 224, 432
멜랑톤(Melancthon) 124, 155-159, 163, 166, 182-184, 221-223
면죄부 125-137, 152
모라비안 교도 207, 208
모라비안 교회(Unitas Fratrum) 208
모세 율법 89, 90, 95, 264, 376
모헬러(Moehler) 225
몽테규(Montagu) 226, 227
믿음의 보증 40, 393, 409, 410
믿음의 특별한 기능과 직무 414
- 사도적 전례 269
- 영적 은혜 148, 401, 402
- 의롭다하시는 의 311, 414
- 칭의의 수단 140, 144, 145, 148, 160, 161, 394, 413
바레트(Barrett) 226
바로(Baro) 226
바로우(Barrow) 226
바스퀘즈(Vasquez) 170, 237
바실(Basil) 118
바이어스(Baius) 138, 173, 176
발로(Barlow) 35, 225
버나드(Bernard) 115, 116, 122, 123, 388
버넷(Burnet) 226, 243

버제리오(Vergerio) 163
법적 허구 361-363
베가(Vega) 167, 168, 172
베넷(Bennett) 37, 115, 241
베셀(Wesel) 138
벨라마인(Bellarmine) 36, 170, 171, 225, 237, 239, 284, 360
보수에트(Bossuet) 172, 181, 225
보이드(Boyd) 200, 201
보증 30, 55, 56, 75, 85, 148, 150, 207, 210-214, 258, 295, 317, 325, 326, 335, 349, 353, 363, 383, 393,404
부서(Bucer) 158, 163, 166, 221, 222, 226
불(Bull) 36, 37, 227
비버리지(Beveridge) 225
산데마니안(Sandemanian) 214, 215, 402
산타 클라라(Sancta Clara) 230
삼위일체 110, 189, 318, 364, 420
상징주의 173, 174, 225
생명의 약속 49, 295, 296
샬레톤(Carleton) 226
성령의 사역 215, 415, 416, 420-430
성사(Mass) 134, 137
성육신 98, 105, 110, 191-194, 196, 230, 232, 236, 309, 310, 319, 320, 328-330, 364, 425, 436
소시니안주의 184, 192, 216, 232, 244, 317, 360, 440
소토(Soto) 167, 168, 172
수동적 순종 200, 202, 333, 359, 360
스콜라 신학 113, 123-126, 130, 131, 139
스탄카리(Stancari) 183
스탄카리(Stancari) 183
스튜어트(Stuart) 216
스펜젠버그(Spangenberg) 208
시편 66, 68, 282
신율법주의 88, 192, 202, 204, 210, 228, 317
신플라톤 학파 232, 233
신흥 감리교 183, 200, 202-204, 228
아다나시우스(Athanasius) 236
아리안(Arian)의 칭의 교리 88, 109, 110, 191-194, 244, 317
아메시우스(Amesius) 170

아미랄더스(Amyraldus) 201
아브라함의 칭의 107, 118, 268, 370
아우구스부르크 회의 155, 157, 162
- 고백서 114, 155
- 변증서 155
- 페이버(Faber) 155
- 에키우스(Eckius) 155, 158, 163
아이삭 테일러(Isaac Taylor) 37
아터베리(Atterbury) 226
안드라디우스(Andradius) 170
안드류스(Andrewes) 225
안셀름(Anselm) 138
알미니안주의 199-205, 226, 227, 243, 438
알미니안주의와 펠라기우스주의 226, 227
알미니우스(Arminius)의 의견 196
알버트 반즈(Albert Barnes) 216
암브로우스(Ambrose) 118
앤드류 멜빌(Andrew Melville) 200
얀세니우스(Jansenius) 176
얀센주의자 138, 173
양자 85, 159, 234-236, 275, 277, 286-288, 362, 363, 369
어거스틴(Augustine)의 교리 115
- 공로 115, 120, 121
- 칭의 115, 120, 121
어셔(Usher) 115, 116
에라스무스(Erasmus) 157
에키우스(Eckius) 155, 158, 163
영국 국교회의 신앙조항 9, 15, 34, 98, 105, 156, 180, 187, 219-228, 231, 242
오리겐(Origen) 119
오브라이언(O'Brien) 36, 37, 115, 198
오소리오(Osorio) 36, 170, 224
오시안더(Osiander) 182, 195, 231
오시안더(Osiander) 182, 195, 231
옥스퍼드(Oxford) 102, 230, 243
우주적 구원 200
원죄 117, 129, 139, 145, 149, 173, 191, 242, 303-306
웨스트민스터 신앙고백서 210, 211, 408, 440
웨슬리파 감리교 202, 205, 207, 208

웨이크(Wake) 170, 176, 226
위클리프(Wickliffe) 138
유대교회 66, 74, 90
율법과 복음 43, 48
율법폐기론주의 14, 180, 183-188, 207-210, 228, 263, 273, 288, 317, 390, 431
율법폐기론주의자 185-188, 203, 204, 208, 227, 228, 276, 355, 388, 431
은혜 언약 49, 76, 302, 327
은혜와 구속 54, 117, 148, 178, 267, 315, 367, 382, 416, 436
의식주의 11, 29-35
이레니우스(Irenæus) 117
이방인 57, 61, 70-74, 83-97, 105, 117-119, 195, 265, 376, 378
이성주의 11, 28-30, 34, 35, 243
이신칭의 교리 11, 12, 139, 402, 430
- 개신교 교리 112, 155, 160, 222, 224, 239
- 그리스도의 사역 128, 152, 161, 186, 191, 204, 215, 217, 230, 293, 307, 317-322, 335, 347-349, 357, 358, 389, 401, 412, 420-425, 430, 439
- 바울의 교리 272
- 사면과 용인 40, 74, 85, 143-146, 161, 174, 189, 190, 196, 204, 208, 228, 241, 274, 277, 281, 285-287, 374, 375, 392, 393
- 사실적 칭의 257, 259, 263-272
- 선언적 칭의 257, 259, 261-272
- 성령의 사역과의 관계 13, 415
- 야고보의 교훈 272, 273
- 용어의 의미 115, 190, 241, 252, 253, 256, 257, 274
- 율법과 하나님의 정의 238, 292, 363
- 은혜와 행위 198, 366
- 죄인의 칭의 62, 83, 85, 91, 92, 97, 98, 110, 112, 124, 126, 129, 134, 139, 143, 150-154, 172, 176, 178, 185-188, 190, 196, 202-204, 232, 268, 272, 280, 283, 286, 291, 343,
- 즉각적인 근거 204, 308, 351, 358, 392, 412
- 최선의 준비 247
- 축복의 본질 146, 274, 280
- 칭의와 성화 142, 248, 288, 289, 438
- 칭의와 은혜 376
- 칭의의 결과 17, 140, 150
- 칭의의 근거 62, 142-146, 176, 185, 189-191, 202, 204, 252, 257, 266, 284, 312, 343, 344, 348, 366, 385, 390, 394, 402, 420, 425

- 칭의의 기초 90, 97, 98, 110, 116, 124, 139, 142, 143, 267
- 칭의의 본질 139-141, 188, 240, 252, 268, 279, 291, 343, 392
- 칭의의 수단 140, 144, 145, 148, 160, 161, 394, 413
- 칭의의 의미 238, 264

익나티우스(Ignatius) 107
잠정협정 166
저스틴 마터(Justin Martyr) 107
제롬(Jerome) 119
조지 휫필드(George Whitfield) 243
존 굳윈(John Goodwin) 202
존 낙스(John Knox) 10, 200, 222
존 웨슬리(John Wesley) 36, 206-208, 243, 445
존 웰쉬(John Welsh) 200, 201
존 폭스(John Foxe) 170, 224
종교의 일치에 관하여 157
죄의 전가 303, 352
- 계시된 사실 360
중보적 율법 327
진젠도르프(Zinzendorf) 208
쯔빙글리(Zuingle) 220, 222
찰머스(Chalmers) 24, 263, 442, 443
첫 약속 53, 56, 58, 61, 70, 72
쳄나이츠(Chemnitz) 168, 170
칭의 교리의 역사(History of the Doctrine) 42-218
카에(Kaye) 221
카제탄(Cajetan) 138, 163
칸테레너스(Contarenus) 138
칼빈(Calvin) 10, 101, 102, 111, 113, 123, 182-184, 197, 200, 220-223, 284, 390
커닝험(Cunningham) 25, 445
케이브(Cave) 227
퀘스넬(Quesnel) 138, 173, 176
퀘이커(Quaker) 195
크랜머(Cranmer) 10, 221, 222
크리소스톰(Chrysostom) 101, 119
크리습(Crisp) 202, 203, 209
키프리안(Cyprian) 117
킹슬리(Kingsley) 231

터툴리안(Tertullian) 102, 180
토마스 보스톤(Thomas Boston) 209
트렌트 공의회 138, 139, 166-169, 172, 183, 220, 225, 241
틸레누스(Tilenus) 200, 201
틸롯슨(Tillotson) 243, 284
펜(Penn) 195
포브스(Forbes) 114
푸세이(Pusey) 230, 231
프라하의 제롬(Jerome, of Prague) 207
프란시스 아 산타 클라라(Francis Sancta Clara) 172, 226
프란시스(Francis) 171, 177
프랑스 개혁주의 교회 201
프레이져(Fraser) 213
프렌드 파 195, 236
프린스톤 신학 저널 216
플럭(Pflug) 158
피셔(Fisher) 208-210
피스카토(Piscator) 183, 200-202, 284
피스토리우스(Pistorius) 158
피터 마터(Peter Martyr) 222, 223, 226
하나님의 공의 53, 66, 83, 144, 194, 196, 204
하나님의 심판 72, 87, 177, 253-255, 265, 372, 377
하도우(Hadow) 209, 210
하지(Hodge) 216, 439
해독제 168
행위들 34, 36, 81, 82, 84, 91, 96, 106, 107, 112, 117, 120, 128, 132, 156, 183, 270, 353, 360, 363, 371, 373-393, 400, 402, 403, 415
허스(Huss) 138, 207
헤르만(Hermann) 158
헤른허르트(Herrnhutt) 208
호그(Hog) 209, 210
호들리(Hoadley) 227
홉킨스 신학 216
홉킨스(Hopkins) 296
후커(Hooker) 35, 225

주요 도서 목록

위클리프 성경사전
  미국 무디 출판사가 213명의 보수주의 학자들을 동원하여 전공 분야별로 집필케 한 강해적 성경백과 사전으로, 성경의 지명, 인명에 대한 어원과 고고학·역사학적 위치의 조명은 물론 성경의 용어 및 신학적 숙어를 특이하게 풀이한 감동의 책. 6천여 항목, 340여 컷의 고고학 사진, 관련 지도 등을 완역 게재하는 한편 부록으로 국·영·헬라어·히브리어를 병행 색인. 한국 보수교단의 신학자들이 공동 번역하여, 지난 15년간 한국 교회 목회자와 신학자들에게서 확실한 검증을 받은 내용과 모양이 돋보이는 책. ●무디 판 / 호화양장 / 4×6배판

크리소스톰 / 로마서 강해
  황금의 입이라는 별칭을 가졌던 크리소스톰. 전 교회사를 통해 설교의 일인자라는 그의 평가에는 변동이 없다. 어거스틴이 자주 인용했던 그의 강해는 1천 6백여 년이 지난 오늘에도 수정없이 사용되는 성경 해석의 원전. 바울을 너무나 사랑했던 한 초대 헬라 교부가 남긴 뜨거운 설교. 간추린 로마서를 부록으로 실어 본문의 시대적 이해를 도왔다.
●요한 크리소스톰 / 송종섭 옮김 / 반양장 / 신국판

크리소스톰 / 에베소서 강해
  황금의 입. 요한 크리소스톰의 주옥 강해. 서신서의 강해에서 그만의 주석학적 개성이 나타난다. 특히 에베소서 강해에서 그는 성령과 교회의 신비로운 관계를 바울 사상과 가장 근접한 거리에서 파헤친다. 4장 1절 한 절로 왜 그는 전체 10분의 1의 지면을 할애하는가. 초대 교회로부터 오늘날까지 이어져 온 강해 설교의 진수가 어떤 것인가를 보여 주는 책.
●요한 크리소스톰 / 송영의 옮김 / 반양장 / 신국판

존 칼빈 / 목회서신 강해
  종교개혁가와 신학자로서의 명성에 오히려 가려졌던 칼빈의 목회자와 설교자로서의 진면목이 이 책에서 드러난다. 불신자나 교황주의자들보다 '교회를 아는 바른 지식'에서 기독교인들이 더 나을 게 무엇인가 하고 그는 개탄한다. 디모데전·후서와 디도서 강해에서 명설교 14편을 뽑아 묶은 책.
●존 칼빈 / 김동현 옮김 / 반양장 / 신국판

조지 휫필드의 일기
  바울 사도 이후의 최고 전도자로 불리는 저자의 육필 일기. 대서양을 열세 번이나 건너며 미국 뉴잉글랜드의 복음화를 주도했던 영적 거인 휫필드. 하나님은 그를 어떻게 부르셨고, 그는 어떻게 쓰임받았는가. 피땀을 복음화와 대부흥에 쏟고 간 하나님의 사람 휫필드의 생애와 신학의 진면모를 보게 하는 책.
●조지 휫필드 / 엄경희 옮김 / 호화양장 / 신국판

박순용 목사 저서 시리즈

[1] 하나님의 영광에 대한 목마름
  믿는 자들 가운데, 그리고 나에게서 하나님의 온전한 다스림이 이뤄지고 있는가. 불신 이웃에게 믿는 우리의 모습은 어떻게 비쳐질까. 자주, 그리고 쉽게 우리는 하나님의 영광을 내세우고 거론한다. 그러나 그러한 우리에게서 하나님의 영광은 무참히도 짓밟히고 철저하게 무시된다. 하나님의 영광에 대한 냉담함에 불을 던지는 한 선지자적 울음이 담긴 책. ●반양장 / 신국판

[2] 하나님의 영광을 위하는 삶
  하나님의 영광에 대한 바른 이해에 서고 그 영광을 위해 살고자 하는 사람에게는 "그러면 '어떻게' 살아야 하는가?"라는 질문이 따르게 된다. 하나님의 영광을 위해 우리 삶에서 제해야 할 장애들을 집중적으로 다룬『하나님의 영광에 대한 목마름』에 이어, 이 책에서는 구체적인 삶 속에서 하나님의 영광을 위한 삶이 어떤 것인가를 전해 준다. ●반양장 / 신국판

경건 신서 목록

1 아키발드 알렉산더 / 영적 체험·회심에서 임종까지

어린 시절에 받은 종교적인 인상은 임종의 병상에까지 따라간다. 여기 젊은 날의 거듭남과 영적 갈등, 낙심과 회심의 빛나는 체험들이 있다. 그리고 두려움에 일렁이는 죽음의 강을 기쁨으로 찬미하며 건너간 성도들의 모습이 있다. 내 진흙 장막의 끝날, 헌신의 임종을 준비케 하는 은혜와 감동의 책. ●아키발드 알렉산더 / 서문강 옮김 / 반양장 / 신국판

2 존 칼빈 / 욥과 하나님·칼빈의 욥기 강해

욥기 주석을 쓰지 않은 대신 칼빈은 159편의 주옥 같은 강해 설교를 남겼다. 그중 하나님의 주권적 은혜와 엄위를 가장 극명하게 선포한 20편을 뽑아 묶었다. 속기로 남았던 그의 설교가 400년 뒤 이 땅에서 처음 빛을 보게 됨은 진정 크신 은혜이다. 고난의 값진 용도를 깨우치라고 그는 강단에서 열변을 토한다. ●존 칼빈 / 서문강 옮김 / 반양장 / 신국판

3 F.W. 크롬마허 / 고난받는 그리스도

그리스도인에게는 장차 가야 할 하늘나라가 있듯, 반드시 가 보아야 할 과거의 장이 있다. 갈보리에서 고난받는 그리스도를 만나 보지 않은 사람은 하늘 보좌 우편에 계신 영광의 주를 만날 수 없다. 독자는 이 책을 통해 고난받는 그리스도를 53장면 속에서 철저히 만난다. 저자는 독일 황제 앞에서 설교한 개혁 교회의 대설교가이자 신학자.
●F. W. 크롬마허 / 서문강 옮김 / 반양장 / 신국판

4 죠나단 에드워즈 / 신앙과 정서

대부흥의 때에 마귀는 모조적 부흥으로 맞불을 놓는다. 그래서 성도들은 혼돈을 느끼고 부흥은 흔히 일과성으로 끝난다. 신앙에 있어서 정서란 무엇인가. 거짓된 정서일수록 겉으로는 더 은혜스러워 보인다. 참된 정서는 삶을 통해 반드시 실천의 열매를 맺는다. 대신학자가 쓴, 거짓과 참정서의 분별을 위한 절대지침서. ●죠나단 에드워즈 / 서문강 옮김 / 반양장 / 신국판

5 죠나단 에드워즈 / 그리스도를 아는 지식

미국이 낳은 대사상가요 철학자이자, 대부흥 신학자인 죠나단 에드워즈의 명설교 10편을 묶은 책. 그의 설교를 들은 청중들은 모두 통회하며 구주를 영접했고, 그의 사후에까지 설교를 읽은 많은 사람이 회심하는 놀라운 역사가 있었다. 이미 믿는 자들은 이 책을 읽고 지금까지의 삶에 대해 무서운 자책을 느낄 것이다. 그리고 이 책은 믿지 않는 혈육과 이웃들이 장차 당할 가공할 저주의 장면을 우리 눈으로 보게 한다. ●죠나단 에드워즈 / 서문강 옮김 / 반양장 / 신국판

6 존 오웬 / 그리스도의 영광

마지막 청교도 신학자로 불리는 저자의 최후의 저작으로, 믿는 자의 가장 큰 복락은 그리스도의 영광을 천국에서 직접 보고 참예하는 것과, 이 땅에서 그 영광을 묵상하고 갈망하는 것이라고 저자는 단정한다. 옥스퍼드 대학교 부총장과 크롬웰 경의 국목을 지낸 그의 저작들은 종교개혁 이후 지금까지 가장 탁월한 작품으로 인정받는다. ●존 오웬 / 서문강 옮김 / 반양장 / 신국판

7 리챠드 백스터 / 회 심

저자는 에스겔서 33장 11절에서 일곱 가지 교리를 추출하여 회심하지 않는 악인의 필연적 죽음과 그 죽음의 책임은 전적으로 회심하지 않는 자에게 있으며, 하나님께서는 악인의 죽음보다는 돌이켜 사는 것을 기뻐하신다고 강변한다. 그리고 완전한 회심에 이르지 못한 성도에 대한 경계를 이 책에 담고 있다. 저자는 17세기 영국 청교도 신학의 거목으로, 이 책은 '회심 설교'의 최고봉으로 인정받는다. ●리챠드 백스터 / 백금산 옮김 / 반양장 / 신국판

8 존 플라벧 / 마음, 참된 성도의 마음

그리스도인은 지켜야 할 그 모든 것 위에 자기 마음을 지켜야 한다. 그럼으로써 은혜로 받은 값진 구원을 지켜야 한다. 마귀는 참으로 묘한 시기에 절묘한 방법으로 성도의 마음을 공략하여 자기의 깃발을 꽂는다. 하찮은 세상적 일에 마음을 빼앗기고 '버려진 소금' 신세가 된 사람이 얼마나 많은가. 청교도 대신학자가 쓴 우리 영혼의 수성(守城)을 위한 지침서.

●존 플라벨 / 이태복 옮김 / 반양장 / 신국판

9 존 번연 / 상한 심령으로 서라
사람은 처음부터 악한 존재로 태어난다. 그러기에 심령이 찔림을 받아 상함을 입지 않으면 하나님 앞에 서지 못한다. 어떤 것이 상한 심령이며, 무엇이 심령을 상하게 하는가. 상함이 있은 후 반드시 치유가 있다. 평생을 교인으로 살면서 종교의 외적 의무에는 충실했지만, 아직도 심령의 진정한 상함을 입지 못한 분들에게 드리는 영적 전율의 책.
●존 번연 / 이태복 옮김 / 반양장 / 신국판

10 리챠드 십스 / 꺼져 가는 심지와 상한 갈대의 회복
잔재하는 부패성 때문에 믿음에 든 후에도 자주 실족과 상함을 경험하는 우리 영혼. 그로 인해 심지는 꺼질 듯 가물거리며 그을음을 태운다. 그리스도께서는 그러한 우리의 심지를 끄지 않으시고 보듬어 돌우시어 온전한 불꽃으로 키우신다. 우리 영혼에 그의 통치권이 승리할 때까지.
●리챠드 십스 / 전용호 옮김 / 반양장 / 신국판

11 매튜 미드 / 유사 그리스도인
밀과 가라지, 알곡과 쭉정이가 함께 섞여 있는 지상교회의 아픔을 해부한 책. 가짜가 진짜보다 더 빛나는 것처럼 유사 그리스도인이 종교의 외적 의무에는 더욱 충실하다고 저자는 말한다. 유사 그리스도인의 대표적 사례 스무 가지를 성경적 근거에서 논리적으로 제시한다. 이 책은 허울 좋은 그리스도인들의 위선의 탈을 벗기고, 아직 믿음이 여리기는 하나 참된 그리스도인의 신앙을 크게 고취시킨다. ●매튜 미드 / 장호익 옮김 / 반양장 / 신국판

12 존 번연 / 경외함의 진수
엄위로우신 하나님에 대한 우리의 사랑과 불경건한 공포를 저자는 확연하게 구분한다. 경건한 두려움은 은혜로 주어지는 양자의 영에 의해 비롯되며, 그것으로 인해 하나님께서 혐오하시는 죄를 우리 자신도 미워하게 된다. 아버지를 두려워하는 아들은 아버지의 영광을 위해 효성을 다하게 된다. 성도가 자칫 종의 영에 사로잡혀 불경건한 두려움에 빠지는 경우를 저자는 경계한다.
●존 번연 / 이태복 옮김 / 반양장 / 신국판

13 스테판 차녹 / 당신의 거듭남, 확실합니까
거듭남의 참 의미를 밝히는 〈거듭남 교리의 총체〉 시리즈의 제1권. 처음 복음을 영접할 때의 한 현상 정도로 거듭남의 의미를 잘못 이해하고 있는 오늘날의 교회에, 저자는 거듭남이 처음 복음을 영접할 때 시작되는 것일 뿐 아니라 성화에 이르기까지 그 거듭남의 상태가 지속되어야 한다는 진리를 설파한다. ●스테판 차녹 / 이태복 옮김 / 반양장 / 신국판

14 찰스 스펄전 / 스펄전의 부흥 열망
누구보다도 생생하게 부흥을 경험했던 위대한 설교자 찰스 스펄전의 부흥을 향한 열망을 담은 책. 그의 사역 전반에 걸쳐 계속적으로 외쳤던 부흥에 관한 설교 20편을 뽑았다. 인위적, 또는 작위적 양적 성장을 참된 부흥으로 잘못 생각하는 오늘날의 한국 교회에, 스펄전은 진정한 부흥은 부흥을 열망하는 기도 위에 쏟아부어지는 하나님의 복주심 그 자체라는 것을 성경적으로 너무나 명쾌하게 웅변하고 있다. ●찰스 스펄전 / 송용자 옮김 / 반양장 / 신국판

15 오바댜 세즈윅 / 하나님의 백성들의 은밀한 죄와 거룩
믿는 사람 누구에게나 있는 은밀한 죄, 당신은 그 죄를 온전히 회개했고 용서함을 받았는가. 청교도 영적 거인인 저자는 다윗을 예로 들어 죄의 해악성을 극명히 파헤친다. 또한 정직해지려는 다윗의 몸부림을 통해, 우리의 거룩성을 일깨운다. 전형적인 청교도 설교 두 편, 곧 죄에서 돌이키는 자를 위한 '자비의 보좌'와 성령을 거스르는 죄의 본질을 다룬 '공의의 법정'이 부록으로 실렸다.
●오바댜 세즈윅 / 박현덕 옮김 / 반양장 / 신국판

16 리챠드 십스 / 돌아오는 배역자
영적 암흑기, 인류의 반역이 최절정에 달했을 때 하나님께서는 절망적인 그들을 치료하실 구제책을 마련하셨다. 그것이 호세아서의 결론인 14장의 주제이다. 천상의 위로자로 불리는 청교도 저자는 죄인들을 향한 하나님의 본심이 무엇인지를 명쾌히 강론함으로써 죄로 인한 배역의 가책에

시달리는 모든 영혼에게 풍성한 위로를 준다. ●리챠드 십스 / 이태복 옮김 / 반양장 / 신국판

17 토마스 빈센트 / 보지 못한 그리스도를 향한 참된 성도의 사랑

본서는 우리가 아직 눈으로 보지도, 또한 직접 만나지도 못한 그리스도를 어떻게 뜨겁게 사랑할 수 있는가를 극명하게 선포한다. 그리스도를 뜨겁게 사랑한다는 것이 무엇인지를 상세히 밝힐 뿐 아니라, 아직 그리스도를 향한 사랑이 미미한 사람이 어떻게 그리스도를 참으로 사랑할 수 있는지도 명쾌히 설명해 준다. "그리스도께서 당신을 사랑하는 자들에게 자신을 나타내 보여 주신다"는 감미로운 약속이 부록으로 실려 있다. ●토마스 빈센트 / 이태복 옮김 / 반양장 / 신국판

18 토마스 굿윈 / 어둠 속을 걷는 빛의 자녀들

'내게서 하나님은 얼굴을 돌리셨는가.' 택함받은 자도 때로 영적 침체에 빠져 심한 자학을 경험할 때가 있다. 스스로 어찌할 수 없는 지경에서 성령께서는 우리의 영적 어둠을 어떻게 담당하시는가, 그때 사탄은 우리를 어떻게 압박하는가. 올바른 구원의 확신과 위로를 가장 성경적으로 풀이한 청교도 3대 거목으로 꼽히는 저자의 명저. ●토마스 굿윈 / 박현덕 옮김 / 반양장 / 신국판

19 토마스 브룩스 / 확신, 지상에서 누리는 천국

이 책은 하나님의 은혜의 약속, '확신'에 대해 말하고 있다. '확신'에 수반되는 본질적인 문제들과 우리 삶에서 부딪치는 '확신'의 영향력을 정교하고 치밀한 논리로 풀어내어 하나님께서 약속하신 정결하고 신령한 '확신'으로 들어서게 한다. 저자가 제시한 '확신'으로 온전히 나아갈 때 성도들은 이 땅에서도 풍성한 천국을 누리게 될 것이다. ●토마스 브룩스 / 이태복 옮김 / 반양장 / 신국판

20 찰스 스펄전 / 십자가, 승리의 복음

이 책은 설교의 황제 스펄전이 그의 생애에 걸쳐 계속적으로 부르짖었던, 이사야서 53장을 본문으로 한 그리스도의 고난과 승리에 관한 외침들이다. 메시야로 오신 그리스도를 유대인들은 왜 십자가의 죽음으로 내몰았는가. 전 인류에게 내려지는 하나님의 공의의 채찍을 그리스도는 그의 몸과 영혼으로 가로막아 대신 맞으셨다. 그리하여 나음을 입은 우리는 무엇을 어떻게 해야 하는가. 죄라는 질병을 낫게 하는 신묘한 치료제, 승리의 복음을 모든 병자들에게 알리라고 저자는 말한다.
●찰스 스펄전 / 송용자 옮김 / 반양장 / 신국판

21 호라티우스 보나르 / 복음의 진수로 나아가라

십자가에서의 그리스도의 장엄한 죽음은 우리와 하나님 사이의 화평을 끌어냈다. 이제 우리는 하나님을 가까이 모시고 그분으로 인해 한없는 기쁨을 누린다. 6백여 편의 찬송시를 쓴 청교도 저자 보나르는 이 책에서 우리가 용서받은 그 죄는 얼마나 엄청난 것인가, 그러기에 행복한 열심으로 하나님을 지속적으로 섬기는 삶을 살아야 한다고 역설한다.
●호라티우스 보나르 / 이태복 옮김 / 반양장 / 신국판

22 호라티우스 보나르 / 거룩한 길로 나아가라

그리스도와 함께 십자가에서 죽은 옛사람은 그리스도와 함께 새사람으로 거듭났다. 그리하여 다시 하나님과의 화평을 누리게 된 이제는 거룩하신 아버지의 형상을 닮아가야 한다. 화평과 거룩은 동심원이자 두 바퀴로 천국에 이르는 외길이다. 저자는 너무나 간절하고 친절한 어투로 그리스도께서 가신 거룩의 길에 서라고 권한다. ●호라티우스 보나르 / 이태복 옮김 / 반양장 / 신국판

근간

회심을 위한 불 같은 외침 [경건신서], 송용자 역
C. H. Spurgeon's Evangelistic Sermons
조지 휫필드의 설교(Ⅰ · 서창원 역) / *Sermons on Important Subject*
조지 휫필드의 설교(Ⅱ,Ⅲ,Ⅳ · 서문강 역) / *Sermons on Important Subject*
조지 휫필드의 설교(Ⅴ · 최승락 역) / *Sermons on Important Subject*

성령, 회심과 부흥의 사역 [청교도 신학 시리즈 2], 강문진 역
The Office and Work of the Holy Spirit / James Buchanan

영원한 의 [경건신서], 송용자 역
The Everlasting Righteousness / Horatius Bonar

은혜의 진수 [경건신서], 박의서 역
Grace: The Truth, Growth and Different Degrees / Christopher Love

예배 속에서 방황하는 영혼을 위하여 [경건신서], 송광택 역
A Remedy for Wandering Thoughts in Worship / Richard Steele

하나님의 자녀들이 고통당할 때 [경건신서], 권은희 역
When God's Children Suffer / Horatius Bonar

보통 사람이 천국으로 가는 길 [경건신서], 송용자 역
The Plain Man's Pathway to Heaven / Arthur Dent

기도와 성령 [경건신서], 박흥규 역
Work of the Holy Spirit in Prayer / John Owen

은혜의 방법 [경건신서], 이태복 역
The Method of Grace / John Flavel

신앙 성장의 시련 [경건신서]
The Trial of A Chiristian's Growth / Thomas Goodwin

그리스도인의 영적 변화, 그 시작과 끝 [경건신서]
Spiritual Refining / Anthony Burgess

가련한 영혼을 회복케 하는 하나님의 은혜 [경건신서]
The Poor Doubting Christian Drawn to Christ / Thomas Hooker

복음 안에서 용서를 경험하라 [경건신서]
Gospel Remisson / Jeremiah Burroughs

죄인들의 마음 문을 두드리는 그리스도 [경건신서]
Christ Knocking at the Door of Sinners' Hearts / John Flavel

모든 사람이 영접할 가치가 있는 복음 [경건신서]
Gospel Worthy of All Acceptation / Fuller

거듭남 교리의 총체 II, III, IV, V [경건신서]
The New Birth II, III, IV, V / Stephen Charnock

사람의 영혼에 내재하는 하나님의 생명 [경건신서]
The Life of God in the Soul of Man / Henry Scougal

시들은 내 영혼에 내리는 단비 [경건신서]
The Case and Cure of A Deserted Soul / Joseph Symonds

웨일즈의 대설교자들 [경건신서]
Great Preachers of Wales / Owen Jones

인간 본성의 정밀 진단 [경건신서]
Human Nature in Its Fourfold State / Thomas Boston

우리가 정말 알아야 할 죄의 해악성 [경건신서]
The Mischief of Sin / Thomas Watson

우리가 정말 갖춰야 할 영적 체계 [경건신서]
Spiritual Refining / Anthony Burgess

청교도 설교 시리즈 전 24권 / Puritan Sermons 1659-1689.

그리스도의 인격 [경건신서]
The Person of Christ / A. A. Bonar.
참된 회개 [경건신서]
Repentance / John Colquhoun
침잠에서 비상으로 [경건신서]
A Lifting up for the Downcast / William Bridge
은혜의 언약 [경건신서]
A View of the Covenant of Grace / Tomas Boston
부흥과 기도 [경건신서]
The Power of Prayer / Samuel Prime
죄인들을 향해 쏟으시는 그리스도의 뜨거운 마음 [경건신서]
The Heart of Christ in Heaven towards Sinners on Earth / Thomas Goodwin
복음의 영광 [경건신서]
The Glory of Gospel / Thomas Goodwin
그리스도는 우리의 모든 것 [경건신서]
Christ Set Forth / Thomas Goodwin
바로 알아야 할 그리스도 [경건신서]
On the Person of Christ / John Owen

P&R 신학 시리즈 1(청교도 신학 시리즈 1)
칭의 교리의 진수

지은이 | 제임스 뷰캐넌
옮긴이 | 신호섭

펴낸곳 | 지평서원
펴낸이 | 박명규

펴낸날 | 2002년 12월 14일 초판
2014년 9월 1일 초판 2쇄

서울 강남구 역삼동 684-26 지평빌딩 135-916
☎ 538-9640,1 Fax. 538-9642
등 록 | 1978. 3. 22. 제 1-129

값 25,000원
ISBN 978-89-86681-37-6-94230
ISBN 978-89-86681-98-7(세트)

메일주소 jipyung@jpbook.kr
홈페이지 www.jpbook.kr
페이스북 www.facebook.com/jipyung
트 위 터 @_jipyung